意识探秘
——意识的神经生物学研究

［美］克里斯托夫·科赫（Christof Koch）　著
顾凡及　侯晓迪　译

上海科学技术出版社

图书在版编目（CIP）数据

意识探秘：意识的神经生物学研究 / （美）克里斯托夫·科赫（Christof Koch）著；顾凡及，侯晓迪译. —— 上海：上海科学技术出版社，2021.8（2024年1月重印）
书名原文：The Quest for Consciousness: A Neurobiological Approach
ISBN 978-7-5478-5411-2

Ⅰ. ①意… Ⅱ. ①克… ②顾… ③侯… Ⅲ. ①意识—神经生物学—研究 Ⅳ. ①B842.7②Q189

中国版本图书馆CIP数据核字（2021）第127508号

The Quest for Consciouness: A Neurobiological Approach by Christof Koch
First published in the United States by Roberts & Company
Copyright © 2004, Roberts & Company
All rights reserved.

上海市版权局著作权合同登记号 图字：09-2021-0281号

意识探秘
——意识的神经生物学研究

［美］克里斯托夫·科赫（Christof Koch） 著
顾凡及 侯晓迪 译

上海世纪出版（集团）有限公司 出版、发行
上海科学技术出版社
（上海钦州南路71号 邮政编码200235 www.sstp.cn）
上海盛通时代印刷有限公司印刷
开本 787×1092 1/16 印张 36 插页 2
字数 410千字
2021年8月第1版 2024年1月第2次印刷
ISBN 978-7-5478-5411-2/N·223
定价：99.00元

本书如有缺页、错装或坏损等严重质量问题，请向工厂联系调换

献 给

朋友、导师与科学家——

弗朗西斯·克里克

中文版序

当上海科学技术出版社同我联系出版《意识探秘》的中文版时，我非常高兴，立即同意了该书的翻译。尤其是得知本书的两位译者之一侯晓迪正是我们加州理工学院实验室的成员，这让我更为振奋。侯晓迪对当前意识领域的研究非常熟悉，而且他还是我"意识的神经基础"这门课的助教。这些知识令他能够和顾凡及先生一起，出色地翻译本书。

对于从科学角度理解意识，我们看到，越来越多的中国学者和学生开始对这一问题深感兴趣，这是非常令人激动的。并且我也听说，克里克（Francis Crick）所著的《惊人的假说——灵魂的科学探索》一书在中国引起广泛的反响。作为克里克的长期合作者，我们就意识的神经基础这一问题共同发表了数十篇论文，他也为《意识探秘》的英文版作了序。本书将会使中国读者进一步了解，在《惊人的假说》出版以后，我们的研究工作和思想有了哪些新进展。

在2004年本书面世后，在意识研究领域内又取得了许多新的进展。我们现在知道，选择性注意与意识并不相同（有兴趣的读者可以参考 Tsuchiya and Koch, 2009）。上百篇讨论功能成像方面的论文，使我们对人脑中的意识神经基础有了更深的了解（Tononi and Koch, 2008）。如果您想紧跟此领域内的最新进展，不妨去读读我为每期《科学美国人：心智》（Scientific American: Mind）上的专栏"意识的回归"（Consciousness Redux）所写的一系列文章。

中国文化向来对意识之谜有所探讨。中国古代的许多学者对意识研究做出了深刻而经久不衰的贡献。在第8章开篇，我就引用了三位中国禅师那段著名的对话。

中国学者在神经科学、认知科学以及人工智能等相关研究领域一直十分活跃。我希望本书的中文版能够鼓励更多年轻的中国学者进入这一领域。这对于人类最终解释"主观的意识如何同客观的脑产生联系"这一关乎我们存在的深刻问题，是非常有必要的。

最后，我要感谢两位译者在这数十个月以来的出色工作和艰苦努力。翻译任何文字都是一件极耗心力的工作，它需要译者首先理解纸面上文字背后的含义，然后才能将其组织润色成另一种语言。好的译者总是隐身幕后，使读者与作者好像在直接交谈一样。因此我对二位译者所做的一切深表感谢，并祝他们心想事成。

克里斯托夫·科赫　教授
于美国加州帕萨迪纳加州理工学院

Tononi G & Koch C.（2008）The Neural Correlates of Consciousness: An Update. *Ann. New York Acad. Sciences,* **1124**: 239—261.

Tsuchiya N & Koch C.（2009）The Relationship between Consciousness and Attention. In: *The Neurology of Consciousness.* Laureys S. and Tononi G, eds.: 63—77. Elsevier.

弗朗西斯·克里克*序

我们常常不知道应该问什么样的问题，直等知道了答案才恍然大悟。

——温伯格**

我非常高兴能为这本佳作写序。克里斯托夫为撰写本书付出了艰苦的努力，那清新活泼却又逻辑严密的文风正是他的特色。如同我们合作发表的那些文章一样，本书中绝大多数的思想都是克里斯托夫和我在长期合作研究中发展起来的，克里斯托夫也让我参与了写作此书的某些事务。因此，我对本书的评价多少带有点倾向性。

---

* 克里克（Francis Crick，1916—2004），20世纪后期最有创新精神和影响力的英国生物学家。他最初学的是物理学，在第二次世界大战后转向生物学研究。当时，有两个科学上无法回答的问题，一是生物如何与非生物世界相区别，二是意识的生物学本质是什么。克里克首先针对第一个问题研究了基因的本质，花了2年时间与沃森（James Watson）一起解开了这个谜，并因此获得1962年的诺贝尔生理学或医学奖。1976年，60岁的克里克又开始研究后一个科学难题。这次他与年龄相差40岁的计算神经科学家科赫进行了长达20年的合作，一直到他生命的终结。他们的研究为用神经科学的方法探讨意识问题开辟了道路。坎德尔把克里克称为"诸如哥白尼、牛顿、达尔文、爱因斯坦那样的科学大家"。——译者注

** 温伯格（Steven Weinberg，1933— ），美国物理学家。因对基本粒子间弱相互作用和电磁作用的统一理论的贡献而与萨拉姆（Abdus Salam）和格拉肖（Sheldon Glashow）分享1979年诺贝尔物理学奖。——译者注

我要向神经科学家和对意识问题抱有兴趣的其他领域的科学家，强烈推荐本书。

意识问题是生物学中尚未解决的主要问题。正如克里斯托夫在第1章中阐明的那样，有关这个问题的答案，从基本规律（general nature）方面来说现在都还没有共识。哲学家所称的"主观体验特性"（qualia；红色事物所产生的"红"知觉、疼痛所产生的"痛"知觉）是怎样从神经细胞、神经胶质细胞及相关分子的协同作用中产生出来的？我们能够用近代科学中的既有知识来解释，抑或需要某种非常不同的解释？要怎样才能着手研究这个看起来非常棘手的问题呢？

过去几十年里，已出版了大量有关意识的书和论文。而在这之前，不但行为主义的研究拒不讨论意识，更令人不解的是，在代之而起的认知神经科学的早期，也有许多人对有关"意识"问题的严肃讨论几乎一律予以扼杀。

那么本书有何不同？本书并不去对心身问题（mind-body problem）的根源再做无谓的争论，我们的策略是首先寻找意识的神经相关集合（neuronal correlates of consciousness, NCC*）。由于我们强调的是神经元的行为，因此我们主要集中在可以用猕猴做研究的问题上，同时也涉及一些可相应地在人身上做的研究。这样，我们极少甚或不谈语言和做梦的问题。你怎么来研究猴子的梦呢？

我们也回避了诸如"自我意识"和"情绪"等意识问题中更复杂的方面，而集中讨论知觉，特别是视觉。我们还试图从许多不同的层

---

* 旧译"意识的神经相关物"，但是"物"一词容易使人误解成特定脑区这样有形的物质，但是按照本书作者在术语表中的定义"神经元的某种机制或事件的集合。该集合是形成某个特定知觉或体验所需要的最小集合（图1.1及第5章）。这一概念是本书的核心。"这一概念不仅和特定脑区有关，还和这些脑区中的神经活动的模式等（事件、机制）有关，是所有这些要素的最小集合，因此改为今译"意识的神经相关集合"。——译者注

次上去研究视觉，这些层次包括视觉心理学、脑扫描、神经生理学和神经解剖学，再往下一直深入到神经元、突触和分子，等等。

为此，我们需要分析批判大量的实验观察，其中也必定会有一些结果最后被确认为是错误的，或是误导性的。与此同时，我们还要检验各种不同的理论假说。虽然这些思想并不全都是新的，但把它们组合在一起加以考虑就可能是新的。

因此，书中的许多部分不可避免地充斥着大量的"事实"，尤其那些介绍猕猴视觉系统的章节更是如此，不过克里斯托夫在每章的最后都有一段小结（除了第19章*，该章本身就是对本书内容的扼要回顾），所以读者在初读时可跳过书中的某些细节。

本书的另一大特点是，虽然书中要讲到大量的事实，可是读起来依旧趣味盎然。克里斯托夫轻松的文笔会吸引读者一直读下去（学术期刊的编辑会禁用这种文笔）。本书也带有克里斯托夫的个人特色，包括他对狗的热爱以及对音乐的爱好，书中还旁征博引了亚里士多德（Aristotle）、艾伦**、卡罗尔***、费曼****和伍斯特*****等的许多名言。

本书很容易阅读，克里斯托夫还准备了注释和参考文献，使读者可以查到内容广泛的综述和关键论文。读者如果感兴趣，对书中涉及

---

* 此处有误，本书第19章也有一节小结。第20章则没有小结。——译者注

** 艾伦（Woody Allen, 1935— ），原名艾伦·斯图尔特·科尼斯堡（Allen Stewart Königsberg），美国著名电影导演、电影剧本作家、演员、作家、音乐家和剧作家。他以多产和自编、自导、自演闻名。他还是一位爵士音乐的黑管手。——译者注

*** 卡罗尔（Lewis Carroll, 1832—1898），原名道奇森（Charles Lutwidge Dodgson），英国作家、数学家、逻辑学家，卡罗尔是他的笔名。他最著名的作品是《爱丽丝漫游奇境记》（*Alice's Adventures in Wonderland*）和《爱丽丝镜中游记》（*Through the Looking-Glass*）。——译者注

**** 费曼（Richard Feynman, 1918—1988），美国物理学家，因在量子电动力学方面的贡献而获1965年诺贝尔物理学奖。他对原子弹的研究也有贡献，又是"挑战者号"灾难事故的调查组成员。他对生物学也很有兴趣，并有许多生物学家朋友。——译者注

***** 伍斯特（Bertie Wooster）是英国作家沃德豪斯（P.G.Wodehouse）笔下的一个人物，是一位英国绅士。——译者注

的绝大部分论题都可以轻松地找到大量的相关文献。

　　虽然不能排除突然冒出某些深刻观察和见解的可能性，但是要想解决意识问题，需要来自各个领域的众多科学家的艰苦努力。本书是给科学家，特别是年轻科学家写的一本入门性读物，希望他们能为这个领域做出贡献。仅仅几年以前，在投给英国《自然》(*Nature*)杂志和美国《科学》(*Science*)周刊的稿件中还绝不可以使用"意识"这个词，在科研基金申请中也不可以这样做。但是谢天谢地，时代正发生着变化，这一主题现在已成熟到可以进行深入的探讨了。请读下去吧！

前　言

> 我们一定要知道，我们也一定能够知道。
> ——德国数学家希尔伯特*的墓志铭

我早就服用了阿司匹林，牙疼却一点也没缓解。躺在床上，下臼齿的阵阵剧痛让我无法入睡。为了分散注意力，我拼命想为什么会牙痛。我知道，牙龈发炎所产生的电活动沿着三叉神经的一条分支直达脑干，经过几次转换以后，最终前脑深处神经元的活动产生了疼痛感。但是所有这一切都没能解释为什么牙疼会有这样的感觉！为什么钠离子、钾离子、钙离子和其他离子在脑中的运动会让我这么难受！从1988年夏天起，有关古老的心身问题的这样一种朴素的想法一直萦绕在我心头。

所谓心身问题，可以用这样一句话来概括："像脑这样的物理系

---

* 希尔伯特（David Hilbert，1862—1943），德国数学家，为19世纪和20世纪初影响最深最广的数学家之一。他在不变性理论、几何公理化、希尔伯特空间（泛函分析的基础之一）等方面都提出并发展了许多基本思想。他也继承和捍卫了康托（Georg Cantor）的集合论。1900年他在巴黎举行的国际数学家大会上提出23个数学难题，引导了许多数学家在20世纪的研究。他也是证明理论和数理逻辑的奠基人。——译者注

统，怎样会有主观体验？"随便举个例子，如果连接到计算机上的温度传感器很热，处理器就会亮起红色警灯。但是谁也不会说，为接通警灯而流过晶体管门电路的电流会让计算机感到不舒服。那么，神经活动又怎么会引起灼痛感呢？脑是不是有什么魔法呢？这一切与脑的构筑、相关的神经元类型或者电–化学活动模式有关系吗？

现在已经知道，脑中发生的许多事情（即使不说是绝大多数事情），都是内省所察觉不到的，这就使问题变得更为神秘莫测。我的绝大多数日常动作（系鞋带、开车、奔跑、登山、简单会话）都是自动进行的；而与此同时，我的头脑却正忙于处理更为重要的事务。那么从神经学上说，这些行为和引起有意识知觉的行为有何不同呢？

在本书中，我将在神经科学的框架内寻求这些问题的答案。我要论证的研究计划，其最终目标就是要发现意识的神经相关集合（neuronal correlates of consciousness，NCC）。所谓意识的神经相关集合，就是指足以产生某些特异性的、有意识的感受（conscious feeling）所必需的脑机制和脑事件，这种有意识的感受既可简单到像红颜色这样的知觉，也可复杂到像在看某本书封面上的丛林景色时所引起的那种引起强烈感官刺激的、带有神秘和原始色彩的知觉。描述清楚 NCC 是我们这个时代对科学的最后挑战之一。

为了直捣问题的核心，我必须尽可能接近感知觉体验与脑这一机体构造之间相互关系的关键所在。以往对此的研究多以视觉为主，这就是为什么本书把讨论集中在"看"上。我把与此有关的解剖学、神经生理学、心理学以及临床资料作了通盘考虑，并把它们交织在一起，从而为思考意识的神经基础提供了一个全新的框架。

本书是为所有对这个古老的争论有好奇心的读者而写的。这一争论现在又重新燃起当代哲学家、科学家、工程师、医生和爱思考的一般公众的极大兴趣。什么是意识？它和自然万物有着怎样的联系？它有什么用处？唯独人类才有意识吗？为什么我们有那么多的动作并不需要通过意识？对这些问题的回答将对"究竟什么是人"产生一种新观念。在今天，这一新观念正在慢慢形成，并与我们习以为常的一些传统观念相左。谁能知道这种探索会把我们引向何方？正如邓萨尼勋爵*所说："和渺小的人类相比，黑夜是如此广袤与神奇！"

　　本书所表达的思想是克里克和我在加州圣迭戈北部拉荷亚（La Jolla）的索尔克研究所（Salk Institute）深入合作的成果。我们的第一次相遇是1981年在德国图宾根，当时我们和波焦**在一起讨论树突棘的功能问题。随后我到剑桥的麻省理工学院工作，并和厄尔曼***一起提出了一些基于人工神经网络解释视觉注意的方法。希蒙（厄尔曼）和我一起拜访了弗朗西斯（克里克），在那儿进行了为期一周的热烈而富有启发的讨论。在我到帕萨迪纳的加州理工学院（从拉荷亚驱车到那里只需要2小时）担任教授以后，我们之间的交流步伐大大加快了。

　　弗朗西斯对意识的生物学基础一直怀有兴趣，这可以追溯到第二次世界大战结束后的那些日子；我则对从计算的角度思考视觉注意和视觉觉知****（visual awareness），并把它们与神经生物学回路联系起来怀有极大的热情。这两者汇合到了一起。20世纪80年代末，我们一起

---

*　邓萨尼（Edward John Moreton Drax Plun-Kett Dunsany，1878—1957），是第18代邓萨尼男爵，爱尔兰剧作家和小说家，作品多写神仙故事，共出版了80多本书，邓萨尼勋爵（Lord Dunsany）是他的笔名。——译者注
**　波焦（Tomaso Poggio），出生于意大利的热那亚，在热那亚大学获理论物理博士学位。现在是美国麻省理工学院教授，专攻计算神经科学，他在学习理论、视觉计算理论、计算的生物物理基础等方面都有贡献。——译者注
***　厄尔曼（Shimon Ullman，1948—　），1977年在美国麻省理工学院获得博士学位，是马尔（David Marr）的第一位博士生。现在是以色列魏茨曼研究所（Weizmann Institute of Science）的计算机科学教授。他的研究领域是人与机器的视觉信息处理，特别是物体和人脸识别。——译者注
****　觉知是一个心理学术语，其意思实际上和意识差别很小。许多神经科学家觉得意识这个词哲学味道太浓，而宁愿使用觉知这个词来代替。——译者注

以重新发现猫视皮层神经脉冲发放的振荡和同步活动作为切入点，提出了具体的猜想。弗朗西斯和我在 1990 年发表了我们合作的第一篇论文《意识的神经生物学理论刍议》(*Towards a neurobiological theory of consciousness*)。随着新资料的不断出现，也随着我们的观点不断演变以涵盖意识的诸多不同方面，我们又陆续发表了一系列论文。在过去的 5 年里，我每个月都要在弗朗西斯家中待两三天。弗朗西斯出于个人原因认为，还是不把他作为本书的共同作者为好。然而为了强调本书中所表达的主要思想是我们共同提出来的，我常用"我们"一词来表示"弗朗西斯和我"。我知道这样做有点异乎寻常，不过我们之间的合作本身就是异乎寻常的。

我从青年时代起就一直对某些希腊和德国哲学家[柏拉图 (Plato)、叔本华 (Arthur Schopenhauer)、尼采 (Friedrich Nietzsche)、小维特根斯坦]* 抱有很大热情，且至今不衰，而我的写作风格却竭力追随明白易懂的盎格鲁-撒克逊传统。《经济学家》(*The Economist*) 杂志在投稿须知中把这种传统归结为"力求简明"。我力图把客观事实和我的主观推测区分清楚。在注释中，我给出了大量的参考文献，这样可以帮助一般读者略过他们不太感兴趣的种种复杂细节。当书中第一次出现某个专业术语时，我用斜体字把它标出**，并在书后的术语表中做进一步的解释。

如果你以前从未接触过这些问题的话，那么我建议你先读一下第 1 章以及最后一章的问答。最后一章以不那么学究气的方式，总结了我对许多问题的思考。第 2、9、11、13 和 15 章介绍了最新的技术进展，

---

* 维特根斯坦 (Ludwig Wittgenstein, 1889—1951)，奥地利哲学家、数理逻辑学家，对逻辑实证主义和语言哲学有很大影响。——译者注
** 在此译本里用正体的楷体。——译者注

而第 14、18 章则更带有猜测性。

本书是"意识的神经生物学"这门导论性课程的教材。该课程的网站 www.klab.caltech.edu/cns120 提供了包括课后作业和我讲课录像在内的各种教学材料。

本书是在许多朋友的帮助下才得以问世的,我在此向他们表示感谢。首先当然要感谢克里克,要是没有他经常性的指导,没有他的洞察力和创造性,那么这本书根本就写不出来。本书中所有的基本思想,弗朗西斯和我都在这些年里发表过了。他读了本书的好几稿草稿,并提出了意见。我谨将本书奉献给弗朗西斯,奉献给他对真理炽热而执着且不计成败利钝的追求、他的睿智,以及他在面对无法避免的事情时的那份坦然*。我不知道还有谁能够像他一样。

在过去的那些年里,我一直受到弗朗西斯的夫人奥迪尔·克里克(Odile Crick)亲切而慷慨的款待,享用她烹饪的种种美食佳肴,而我极少有机会回报。本书的书名正是她提出来的,那时我们正在拉荷亚他们家那洒满阳光的天井里共进午餐(我们经常在那里用午餐)。

我实验室里的研究项目进行得非常深入且耗费时间,当然也非常令人满意。项目经费的数额也颇为庞大。过去这些年我荣幸地得到了许多研究单位的慷慨资助。首要的资助单位是巴尔的摩**领导下的加州理工学院。这是一片绿洲、一座象牙之塔,对于探索以大写字母"T"***开头的真理(truth)来说是再合适不过了。校外的资助来自美国科学基

---

* 意指克里克对疾病和死亡的态度。就在本书出版之前不久,克里克因患癌症于 2004 年去世。当他被确诊为癌症晚期,在忍受着极度疼痛的情况下,依然执着地继续研究意识的神经相关集合问题。直到他去世前几个小时,他还在修改他的科学论文。朋友去探访他时,他从不谈论他的病情而是继续讨论科学问题。——译者注
** 巴尔的摩(David Baltimore, 1938—),美国生物学家,1975 年诺贝尔生理学或医学奖得主,1997—2006 年期间任加州理工学院院长,现在是该校的生物学教授。——译者注
*** 加州理工的缩写"CalTech"或"CIT"里,也有大写字母 T。——译者注

金会、国家健康研究院、国家精神健康研究所、海军研究办公室、国防高科技研究计划署、凯克（W. M. Keck）基金会、麦克唐奈-皮尤（McDonnell-Pew）基金会、艾尔弗雷德·斯隆（Alfred Sloan）基金会、斯沃茨（Swartz）基金会、穆尔（Gordon and Betty Moore）基金会。

我也要感谢我的学生、博士后工作人员以及我的同事，他们和我儿子亚历山大（Alexander Koch）以及女儿加布丽埃尔（Gabriele Koch）一起读了部分书稿，并提出了富有见解的反馈意见。他们是：阿博特（Larry Abbott）、贝克（Alex Bäker）、布莱克（Randolph Blake）、卡拉韦（Edward Callaway）、赫佐格（Michael Herzog）、海曼（Karen Heyman）、赫尔伯特（Anya Hurlbert）、克赖曼（Gabriel Kreiman）、劳伦特（Gilles Laurent）、米尔纳（David Milner）、穆夫雄（Anthony Movshon）、纽瑟姆（William Newsome）、奥尔斯豪森（Bruno Olshausen）、奥格尔（Leslie Orgel）、派博（Carl Pabo）、佩雷斯-奥里韦（Javier Perez-Orive）、波焦（Tomaso Poggio）、雷诺兹（John Reynolds）、罗迪克（Robert Rodieck）、沙因贝格（David Sheinberg）、辛格（Wolf Singer）、斯夸尔（Larry Squire）、土屋（Nao Tsuchiya）、塔尔文（Endel Tulving）、弗拉霍斯（Elizabeth Vlahos）、万德尔（Brian Wandell）、威尔肯（Patrick Wilken）以及泽基（Semir Zeki）。

与下列哲学家讨论了我的这些研究项目的概念基础，并使我获益良多。他们是：贝恩（Tim Bayne）、布洛克（Ned Block）、查默斯（David Chalmers）、丘奇兰（Pat Churchland）、丹尼特（Dan Dennett）、法伯（Ilya Farber）以及诺埃（Alva Noë）。

我还有幸得到下面9位热情读者的帮助，他们通读了全稿。一位是专业的策划编辑默德泽克（John Murdzek），还有另外8位"意识迷"——贝恩（Tim Bayne）、博根（Joseph Bogen）、霍夫斯端特

（Constanze Hofstötter）、兰多尔特（Oliver Landolt）、尼布尔（Ernst Niebur）、纳奇夫（Parashekev Nachev）、佩雷斯-奥里韦（Javier Perez-Orive）以及范罗伦（Rufin Van Rullen）。我的3位同事布里奇曼（Bruce Bridgeman）、卡特（McKell Carter）以及法伯（Ilya Farber）耗费了大量时间和心血校阅了全稿。这些读者不断提出建议，消除了许多大大小小的不妥之处，并大大加强了本书的可读性。我要感谢本书的编辑罗伯茨（Ben Roberts）先生。从最初的草稿到最终出现在读者手上的这本大部头著作，整个过程都离不开他卓越的指导。作为一位真正的书迷，无论从形式还是内容上，他总是用最高的标准来要求本书。从绚丽多彩的封面到插页图版中的美术、正文中的插图、字体和全书的版面编排，都是由保罗（Emiko-Rose Paul）和她在回声医学媒体（Echo Medical Media）的团队以及翁（Mark Stuart Ong）设计的。因泰格尔（Integre）技术出版社的盖伦（Leslie Galen）校对了全书的每一个字，并监督了整个出版过程。我不可能要求有比这更好的专业队伍了。

最后要提到我最亲近的家人：伊迪丝（Edith Koch）、亚历山大、加布丽埃尔以及我们的爱犬——特丽克西（Trixie）、诺西（Nosy）和贝拉（Bella），没有他们我就茫无所从。能和他们共享人生，我实在是太幸运了。

那么，各位尊敬的读者，祝您阅读愉快！

2003年8月于帕萨迪纳

缩写词对照表

ACC	anterior cingulate cortex	前扣带皮层
AIT	anterior part of inferior temporal cortex	前下颞叶皮层
CIT	central inferotemporal	中下颞叶皮层
CO	cytochrome oxidase	细胞色素氧化酶
EEG	electroencephalogram	脑电图
FFA	fusiform face area	梭状回的脸区
FI	frontoinsular	前岛叶
fMRI	functional magnetic resonance imaging	功能性磁共振成像
GABA	gamma-amino butyric acid	γ-氨基丁酸
HAL	heuristically programmed algorithmic computer	启发式编程算法计算机
ILN	intralaminar nucleus of the thalamus	丘脑板内核
IT	inferior temporal or inferotemporal cortex	下颞叶皮层

LFP	local field potential	局部场电位
LGN	lateral geniculate nucleus	外侧膝状体
MEG	magnetoencephalograph	脑磁图
MPTP	1-methy1-4-pheny1-1236-tetrahydropyridine	1-甲基-4-苯基-1236-四氢吡啶
MRF	mesencephalic reticular formation	中脑网状结构
MST	medial superior temporal area	内侧上颞叶区
MT	middle temporal area	中颞叶区
MTL	medial temporal lobe	内侧颞叶
NCC	neuronal correlates of consciousness	意识的神经相关集合
NMDA	N-methy1-D-aspartate	N-甲基-D-天冬氨酸
PCP	phencyclidine	苯环己哌啶
PDA	personal digital assistant	个人数字助理
PET	positron emission tomography	正电子发射断层扫描成像
PFC	prefrontal cortex	前额叶皮层
PIT	posterior inferotemporal cortex	后下颞叶皮层
PP	posterior parietal	后顶叶
REM	rapid-eye-movement	快速眼动（睡眠期）
SC	superior colliculus	上丘
STS	superior temporal sulcus	上颞叶沟
TMS	transcranial magnetic stimulation	经颅磁刺激
V1	primary visual cortex（area）	初级视皮层（第一视觉区）
V2	secondary visual cortex（area）	次级视皮层（第二视觉区）

目 录

中文版序　001

弗朗西斯·克里克序　003

前言　007

缩写词对照表　015

第1章　意识研究导论　001

　　1.1　需要解释什么？　002
　　1.2　各种各样的解答　005
　　1.3　我的研究方法是一种注重实效的经验方法　013
　　1.4　意识的神经相关集合　018
　　1.5　小结　021

第2章　神经元——知觉的原子　023

　　2.1　大脑皮层的组织　024
　　2.2　外显表征、柱状组织和主节点　027
　　2.3　发放率、振荡和神经同步化　038
　　2.4　小结　051

第 3 章 看之初 054

- 3.1 视网膜是一种层状结构 055
- 3.2 色觉需要三种视锥 057
- 3.3 眼中的空洞：盲点 059
- 3.4 感受野：视觉的关键概念 060
- 3.5 从眼出发的多条并行通路 063
- 3.6 上丘：另一个视觉脑 069
- 3.7 眼动：眼球跳动无所不在 070
- 3.8 小结 072

第 4 章 初级视皮层是典型的新皮层区域 074

- 4.1 猴子视觉作为人视觉的模型 075
- 4.2 新皮层是一种层状结构 076
- 4.3 各种皮层细胞类型 078
- 4.4 V1：视觉的主要入口 082
- 4.5 小结 091

第 5 章 什么是意识的神经相关集合 093

- 5.1 意识产生的前提因素 094
- 5.2 情绪及对意识的调制 099
- 5.3 麻醉与意识 100
- 5.4 界定 NCC 的一般策略 102
- 5.5 神经元特异性和 NCC 107
- 5.6 小结 110

第 6 章　意识的神经相关集合不在初级视皮层　112

　　6.1　没有 V1 你就看不到东西　113

　　6.2　即便你看不到它，V1 依然能对它适应　114

　　6.3　做梦用不到 V1　116

　　6.4　直接刺激 V1　117

　　6.5　猴子的 V1 神经元与知觉无关　118

　　6.6　小结　122

第 7 章　大脑皮层的构筑　124

　　7.1　如果要认识功能，就先要认识结构　125

　　7.2　皮层有一种等级结构　127

　　7.3　丘脑和皮层：一种紧密的联系　133

　　7.4　驱动性联结和调制性联结　134

　　7.5　用背侧通路和腹侧通路作为指导原则　136

　　7.6　前额叶皮层：执行所在地　138

　　7.7　小结　139

第 8 章　初级视皮层以上的脑区　141

　　8.1　更多的拓扑区：V2、V3、V3A 和 V4　142

　　8.2　颜色知觉和梭状回　145

　　8.3　皮层区域 MT 专门处理运动　147

　　8.4　后顶叶皮层、动作和空间位置　153

　　8.5　下颞叶皮层和对象识别　156

　　8.6　小结　159

第 9 章　注意和意识　162

  9.1　变化盲，或者说魔术师是如何愚弄你的　164
  9.2　注意某个区域、特征或对象　166
  9.3　意识需要注意吗？　172
  9.4　绑定问题　178
  9.5　小结　182

第 10 章　注意的神经基础　184

  10.1　注意的组织　185
  10.2　视觉系统各级都受到注意的影响　189
  10.3　忽略症——患者不瞎，但是看不见　192
  10.4　小结　195

第 11 章　记忆和意识　197

  11.1　根本区别　198
  11.2　长时记忆的分类　200
  11.3　短时记忆　208
  11.4　瞬时记忆或图标记忆　214
  11.5　小结　217

第 12 章　你能无意识地做些什么：体内的僵尸　219

  12.1　日常生活中的僵尸体　221
  12.2　知觉性视觉和动作性视觉大不相同　227
  12.3　你的僵尸动作得比你看还要快　229

12.4 僵尸能嗅东西吗？ 230

12.5 小结 232

第 13 章 失认症、盲视、癫痫和梦游：僵尸的临床证据 234

13.1 视觉失认症 235

13.2 盲视 238

13.3 复杂的局部性癫痫发作 241

13.4 梦游 243

13.5 僵尸体和 NCC 244

13.6 对意识有某种图灵试验吗？ 246

13.7 小结 247

第 14 章 有关意识功能的几点猜测 249

14.1 意识作为对决策的总结 251

14.2 意识和对感觉-运动僵尸体的训练 254

14.3 为什么脑并不是一组僵尸？ 256

14.4 感受有什么用？ 257

14.5 意义和神经元 259

14.6 主观体验特性是符号 262

14.7 NCC 的具体位置意味着什么？ 265

14.8 小结 267

第 15 章 时间与意识 270

15.1 视觉有多快？ 271

15.2 知觉的"全或无"特性　273

15.3 掩蔽刺激，清除意识　278

15.4 整合与脑内直接刺激　284

15.5 知觉是离散的还是连续的？　286

15.6 小结　290

第 16 章　游移不定：追寻意识的踪迹　292

16.1 双眼竞争：当两眼产生分歧时　294

16.2 知觉遏制发生在何处？　296

16.3 意识的踪迹指向下颞叶皮层及脑的更深处　300

16.4 悬而未决的问题和下一步的实验　304

16.5 小结　309

第 17 章　分裂大脑，分裂意识　311

17.1 你若不清楚要找什么，想要找到东西也难　312

17.2 两个大脑半球并非用于同样的功能　314

17.3 一个身体里的两个意识　315

17.4 小结　318

第 18 章　关于思想和无意识微型人的进一步思考　320

18.1 意识的中层理论　321

18.2 无意识微型人　324

18.3 主观体验特性的本质　326

18.4 小结　329

第 19 章　一个有关意识的理论框架　331

19.1　为理解心身问题而提出的 10 条工作假设　332

19.2　与他人工作的关系　341

19.3　下一步要做什么？　343

19.4　小结　345

第 20 章　访谈录　347

术语表　364

注释　382

参考文献　448

索引　510

译后记　543

图版

第 1 章

意识研究导论

> 意识使心身问题变得非常棘手……如果没有意识,心身问题就会索然无味;可一旦有了意识,要想搞清楚它又似乎渺无希望。
> ——内格尔*《如果变成蝙蝠将如何?》
> (*What Is It Like to Be a Bat?*)

在托马斯·曼**未完成的小说《骗子费利克斯·克鲁尔的忏悔》(*Confessions of Felix Krull, Confidence Man*)中,库库克(Kuckuck)教授对韦诺斯塔侯爵(Marquis de Venosta)讲述了创造的三个基本而又神秘的阶段。其中最基本也最神秘的是从虚无中创造出万物,也就

---

* 内格尔(Thomas Nagel, 1937—),美国哲学家,现为纽约大学哲学和法律教授。其主要兴趣是有关心智的哲学问题、政治哲学和伦理学。1974 年其名作《如果变成蝙蝠将如何?》批判了有关心智的还原论观点。——译者注

** 托马斯·曼(Thomas Mann, 1875—1955),德国文学家,1929 年获诺贝尔文学奖,以深入剖析知识分子的心理著称。1911 年他写了一篇有关费利克斯·克鲁尔的短篇小说,但是此作直到 1936 年才在他的一本短篇小说集中发表。这本书是他对原来那篇短篇小说的扩展,1955 年他的离世使这本书未能完成。——译者注

是说创造出宇宙；创造的第二步是从无机的死物中产生生命；而神秘的第三步则是如何从有机物中产生意识[1]，以及有意识的生物，也就是说能够对自身进行思考的生物。人类还有某些动物，不仅能够检测光、转动眼睛、做一些别的动作，同时还有相应的"感受"（feelings）。很有必要解释一下物质的这种奇妙特性。意识至今仍是以科学认识世界所面临的最重要的谜团之一。

1.1 需要解释什么？

有史以来，人们一直想知道自己如何能看会嗅，会思考自我，并且还能记忆。这些感觉是怎样产生的？在心身问题的核心，最基本的问题是：有意识的心智，它和机体中产生它的电-化学相互作用之间，究竟存在怎样的关系？[2]神经元构成的网络，怎么会产生出薯片的咸味和松脆的口感、狗淋雨后散发出的特殊气味，或是徒手吊在峭壁上看见脚下数米之远就是悬崖上最后一处安全立足点时惊心动魄的心情？这些感觉特性是意识体验（conscious experience）的组成部分，通常被称为主观体验特性（qualia）。令人不解的是：一个物理系统怎么会有主观体验特性？

另外，为什么某种特定的主观体验特性会是这样而不是别样？为什么红色看起来是红的，而蓝色给我们的感觉则完全不同？这些主观体验特性并非一些任意的抽象符号；对生物体来说，它们表示某种意义。哲学家谈论着心智表征或者表示（about）事物的能力，但意义是怎样从巨大的脑神经网络的电活动中产生出来的呢？这依然是一个谜。这些网络的结构以及相互之间的联系当然在其中起作用，但问题是怎样起作用的[3]。

人类和动物为何会有体验呢？为什么人没有意识就不能生活、生育和抚养后代？主观经历告诉我们，如果失去了意识，生活就会像梦游一样，这根本就不像是活着。那么从进化论的角度来看，为什么要有意识呢？主观的精神生活对生存有什么价值？

在海地的传说中，僵尸*（zombie）是被巫师施过魔法的尸体，它必须按控制者的意愿行动。在哲学里，僵尸是某种想象出来的生物，它的行为和动作就像正常人那样，但是它绝对没有意识，既没有感觉，也没有知觉。某个特别狡猾的僵尸甚至谎称自己也有体验，其实它根本就没有。

我们很难想象没有意识经验的生活会是怎样，意识对于生活太重要了。根据笛卡尔（René Descartes）在论证自身的存在性时所说的名言**，我可以确定"我是有意识的"。虽然并非在所有情况下都这样，例如在睡着而不做梦的时候，或者在麻醉的情况下。但我经常是有意识的：当我阅读、讲话、登山、思考、讨论问题，或是坐下来欣赏万物之美的时候，我都是有意识的[4]。

不过脑中有许多过程并不需要意识，这就让问题变得更加扑朔迷离。电生理实验证明，大量神经元的剧烈活动并不总能产生有意识的知觉或者记忆。如果发觉有虫子在脚上爬的话，你会立即反射性地跺脚，而要意识到这一点，则是稍后的事了。当看到一个可怕的景象，例如一只蜘蛛或者一支枪，在意识到这一点以前，身体已经有了反应：手心开始出汗、心跳加快、血压升高，并分泌肾上腺素。在知道自己害怕以前，所有这一切都已经发生了。这是为什么呢？许多相当复杂

---

* zombie 这个术语很难翻译，词典里一般译为僵尸、蛇神等。与作者讨论之后，我们确定把它译为僵尸，它在这里的意思是指不需要意识的动作和行为，或者说是没有意识参与的动作和行为。——译者注
** 指"我思故我在"。——译者注

的感觉-运动（sensory-motor）行为都与此类似，快速而没有意识。事实上，训练的目的就是要教会自己的身体不假思索地迅速执行一连串复杂动作，例如接球、躲开攻击、系鞋带。无意识的处理还会进入心智的最深层。弗洛伊德（Sigmund Freud）认为，幼年的经历（特别是痛苦的经历）会深刻地影响成年以后的行为，而本人却意识不到这一点。大部分高级决策，以及灵感的产生，都是不需要思考的，在第18章中笔者还要更深入地讨论这个问题。

日常生活中有许多行为都是在没有意识参与的情况下进行的。临床上，人们已发现了一些最有力的依据。我们来看一下神经损伤患者D.F.的古怪病例。她既看不到形状，也认不出日常用品的图画，却能抓住一个球。她虽然讲不出像信箱投递口那样的狭缝的朝向（它是水平的吗），却能敏捷地把信投进狭缝里去（图13.2）。通过研究此类病例，神经心理学家推断出在脑中确实存在无需觉知（也就是说不牵涉到意识）的僵尸体（zombie agents）（请参考本章的注释2，笔者把觉知和意识等同起来）。这些僵尸体执行一些刻板的任务，诸如转动眼睛或者改变手的位置。这些动作通常很快，并且不需要外显记忆。第12和13章中，笔者还要回过头来再讲这些问题。

那么为什么脑并不是大量僵尸体的集合呢？假定真是如此，生活可能会变得很枯燥。既然这些僵尸体可以迅速而又毫不费力地工作，那还要意识干嘛？意识究竟有什么功能？笔者在第14章中提出，有了意识之后，人就能采用一种通用的、巧妙的处理模式来计划未来的动作过程。要是没有意识的话，情况会糟糕得多。

意识的私密性非常强。一个人不能把某种感觉直接传送给其他人，通常只能比照其他的体验来形容。请尝试描述一下看到红色的体验，最终还得把它与其他的知觉联系起来，例如"红如落日"或者"红得像中国的国旗一样"（但如果是与先天失明的人对话，就没法这样做了）。说起不同体验之间的关系，人们总能讲得头头是道，但是如果只谈论某个单独的体验，人们就无法描述它了。这个问题有待以后解释。

本书接下来的部分主要围绕以下几个问题展开：对于某个特定的有意识的感觉，其神经基础为什么只与这种感觉有关，而不与其他感觉或者完全无意识的状态有关？这又是如何做到的？为什么感觉是以脑内现有的方式组织起来的？它们如何获得意义？意义为什么是私密的？最后，为什么有那么多无意识行为？这又是如何实现的？

1.2 各种各样的解答

自从17世纪中叶笛卡尔发表《论人》(*Traité de l'homme*)以来，哲学家和科学家就开始以现代的视角思考心身问题。但是直到20世纪80年代为止，绝大多数脑科学研究都根本不提意识。在最近20多年中，哲学家、心理学家、认知科学家、临床医师、神经科学家甚至还有工程师，发表了许多专题报告和书籍以"揭示""解释"或是"反思"意识。但是许多此类文献要么纯属猜测之词，要么缺乏周密的科学步骤来系统揭示意识的神经基础，因而对本书中要讨论的内容甚少帮助。

在介绍我的长期合作者克里克和我研究这些问题的方法之前，笔者要对种种哲学观点作一概述，以便读者了解过去人们是怎样试图解答这个问题的。不过要记住，对于诸多不同的立场，我们只能走马观花[5]。

意识来自非物质的灵魂

柏拉图是西方哲学的祖师，他相信人是囚禁在必有一死的肉体中的不死灵魂。他还认为思想是真实存在的，并且是永恒的。后来《新约全书》吸取了柏拉图的这些观点，使之成为古典的罗马天主教灵魂学说的基础。全世界的许多宗教信仰都认为，在意识的核心，有一种超自然的不朽灵魂[6]。

到了近代，笛卡尔把广延实体（res extensa）与思维实体（res cogitans）区分开来，广延实体是在空间上存在的物理实体，包括在神经中流动并在肌肉中弥漫的"动物精气"，而思维实体只有人类才有，并由此产生意识。笛卡尔的这种本体论划分正是二元论（dualism）的实质：有两种形式的实体，物质性的和精神性的。在早些时候，亚里士多德（Aristotle）和阿奎那*也以不那么严格的形式提出过二元论。现代二元论的最著名的捍卫者是哲学家波普尔**和神经生理学家、诺贝尔奖得主埃克尔斯（John Eccles）。

尽管严格的二元论在逻辑上也能自圆其说，但从科学上来说它站不住脚，尤其是有关灵魂和脑之间的相互作用这一问题。如果确实有这种相互作用的话，那么它究竟发生在什么地方，又是怎样发生的呢？这种相互作用很可能与物理学定律相容，那么我们就得解释这种相互作用所需要的能量交换。另外，当作为载体的脑死去以后，灵魂又将如何呢？它是不是像鬼一样在某个超空间到处游荡呢？[7]

假定灵魂是不朽的，并且完全独立于脑，那么有关非物质实体（immaterial essence）的概念就还说得通。但这种无法形容、不可检测、用赖尔***的话来说可称为"机器中的幽灵"的东西，已不在科学讨论的范畴之内了。

---

* 阿奎那（Thomas Aquinas，1225?—1274），中世纪意大利神学家和经院哲学家，其哲学和神学理论被称为托马斯主义。——译者注
** 波普尔（Karl Popper，1902—1994），澳大利亚和英国哲学家，生前是伦敦经济学院的教授。——译者注
*** 赖尔（Gilbert Ryle，1900—1976），英国哲学家，反对笛卡尔的二元论。——译者注

科学方法无法认识意识

对意识之谜的另一种传统解释来自神秘主义[8]，它认为由于意识太过复杂，所以人不可能认识它。人类认识的这种局限性既可来自理论思考（某个系统怎么能够完全认识它自己），也可来自实际考虑，即悲观地认为人的心智无法在理性上取得必要的巨大改进以做到这一点（一头猩猩有多大可能懂得广义相对论）。

另外一些哲学家断言，他们看不出物理的脑如何能产生意识，因此任何探索意识的物理基础的科学计划都注定要失败。这种论点是以"不可知"为基础的：现在人们还不能确定脑与有意识的心智之间的联系，但是这并不意味着这样的联系就不存在。当然，为了回应这些批评，科学必须找到有关的概念和证据来支持这种联系。

虽然科学家也许永远也不能完全认识（甚至仅仅是从原则上来说，更不必说要实际做到）脑的工作以及意识的起源，但是现在就下这样的结论还为时过早。神经科学是一门年轻的科学，它正在用越来越精巧的方法快速积累新知识。在这些新发展充分发挥作用以前，我们没有理由得出这种失败主义的结论。某位学者不能理解意识的产生，并不意味着整个人类都不可能认识它。

意识是幻想出来的

哲学上，另一种观点是根本否认存在这样的心身问题。这种源自行为主义传统的观点与一般直觉相反，塔夫茨大学（Tufts University）的哲学家丹尼特*是最活跃的代表人物。他在《意识的解释》

---

* 丹尼特（Daniel Dennett，1942— ），美国哲学家，主要研究心智哲学、科学哲学和生物学哲学，特别是与进化生物学以及认知科学有关的领域。——译者注

（*Consciousness Explained*）一书中提出，人们所想象的意识，不过是感觉和运动输出结合在一起形成的某种精巧错觉，且由于社会一直在影响着个人，而每个人本身也一直在学习，这些过程更让人觉得似乎真的有"意识"这个东西。他承认人们都自认为是有意识的，而且为什么人会长期存在这种错觉也有待解释，但对主观体验特性中难以琢磨的部分，他却否认它们的内在真实性。他认为对意识的常规思考方式是极其错误的。丹尼特想要解释意识的第三人称观点（third-person account），却拒不承认意识的第一人称观点（first-person account），然而正是由于后者才使意识无法还原[9]。

牙痛时人们往往会表现出或想表现出某种行为：停止用疼痛的这半边嘴来咀嚼，把自己窝在角落里直至牙痛消退，一脸苦相等等。这些丹尼特所称的"反应倾向"（reactive dispositions）是真实的，但是按照他的想法，牙痛的痛苦并不真实，这种虚幻的知觉根本就不存在[10]。

由于主观感受在日常生活中极其重要，想要说明主观体验特性和知觉都是虚幻的，就需要有非常充分的事实根据。仅凭逻辑分析得到的哲学论点，即使加上认知心理学的结果，还是不足以为脑的每一处细节下定论。哲学方法最善于提出问题，但是在解答问题方面乏善可陈。在本书中我们暂且认为，主观体验是生命的基本事实，而我们尝试解释它[11]。

意识需要全新的定律

为了揭开意识之谜，有人认为需要新的科学定律，而不仅仅在有关脑的事实和原理方面添砖加瓦。牛津大学的彭罗斯*在其杰作《皇帝

---

* 彭罗斯（Roger Penrose，1931— ），英国数学物理学家，牛津大学数学教授。——译者注

新脑》*（*The Emperor's New Mind*）中提出，现今的物理学不能解释数学家——更广泛地可推及全人类——的直觉能力。彭罗斯相信有某种尚未发现的量子引力理论，它可以解释人的意识如何能执行数字（图灵）计算机所不能实现的过程。彭罗斯和亚利桑那大学图森分校的麻醉学家哈梅罗夫（Stuart Hameroff）共同提出一种假设，认为遍布细胞内的微管——即可自装配的细胞骨架蛋白，能够协调一大群神经元的相干量子态（coherent quantum state）[12]。

数学家对那些不可计算的真理能有多少了解？它们是否可在计算机上实现？对这些问题，彭罗斯引发了一场大辩论。但我们还是难以想象，量子引力理论要怎样才能解释在某类高度组织的物质中是如何产生出意识的。意识和量子引力都很令人费解，但我们不能因此就草率地认为其中一个是另一个的原因。现在没有任何证据表明在脑中有宏观的量子力学效应。在本书中，我不会进一步探讨这一观点。

亚利桑那大学图森分校的哲学家查默斯**提出了另一条思路。他认为信息有两个不同的方面：一个是在计算机中用到的、客观存在的方面，另一个则是从外面接触不到的、主观体验的方面。在他看来，包括从恒温器到人脑在内的所有信息处理系统，至少在某种原始的意义之下，都是有意识的（尽管查默斯也承认不大会有"我是一个恒温器"的感觉）。虽然"任何信息表达系统都有其主观体验"的大胆假设简洁而又有吸引力，但是我不清楚如何才能用科学的方法来检验查默

---

* 湖南科学技术出版社1993年出版了中译本，书名译为《皇帝新脑》。不过译文不大理想，书名的翻译也有点问题。在所讨论的问题中，不能把脑和心智混为一谈。——译者注

** 查默斯（David Chalmers, 1966—   ），澳大利亚哲学家，专长为有关心智的哲学问题。2004年迁居到澳大利亚大学任哲学教授。——译者注

斯的假设。因此到现在为止，这种现代版的泛心论（panpsychism）还只是一种有趣的假设。随着时代的进步，我们也许能建立起某种基于概率和信息论的理论来解释意识。但是即便接受了查默斯的理论框架，也还需要研究更为定量的理论。是不是某种类型的处理架构（例如大规模并行而非串行的架构）更有利于产生意识？我们有如此丰富的经验，这与记忆的容量、记忆的组织形式（是否共享，是否有等级结构，静态的记忆还是动态的记忆等等）有没有关系？[13]

尽管我不能完全排除需要全新定律来解释意识的可能性，但至少在目前看来，这并不是急需的。

意识需要行为

意识的行动主义（enactive）或感觉运动（sensorimotor）学说强调不能孤立地研究神经系统。神经系统所在的生物体总是处于环境之中，它毕生通过无数感觉运动相互作用，获得了世界（也包括它自身在内）的运作规律。生物体巧妙地利用这些知识与外部世界打交道。提出这种观点的人虽然承认脑是知觉的基础，但他们认为神经活动并不足以解释意识，所有寻找意识的物理起源或者意识相关物的尝试都是徒劳的。置身于特定环境中、具有某种行为的机体，才能产生感觉[14]。

这一观点的提出者正确地强调了知觉通常是在有动作的情况下发生的，但是我对他们忽视知觉的神经基础非常不以为然。在脑科学界，科学家最有把握的一件事就是脑活动乃生物产生知觉能力的充要条件。各方面的经验都支持这一事实。比如说，梦境是一种高度有意识的状态，但几乎所有的随意运动都受到抑制。这也就是说，每个晚上都有些时间我们能感受到知觉却不能动[15]。另外，直接给脑施加电或磁的脉冲刺激，可以触发简单的知觉，例如看到有色闪光，这已成为目前专门针对盲人的神经假体研究的基础。此外，有许多患者不幸暂时[16]或永久地[17]丧失了运动能力，却能继续体验这个世界。

我的结论是，动作并不是意识所必需的。当然，这并不是说躯体、眼睛、四肢等等的运动对形成意识就不重要，它们确实重要！但是为产生主观体验特性，并不一定要有行为。

意识是某些生物系统的突现性质

本书的工作假设为：意识是从脑的神经元特性中突现*（emerges）出来的[18]。要想认识意识的物质基础，很可能并不需要什么稀奇古怪的新物理学，而是需要更深入地理解由大量形形色色的神经元构成的、高度互联的网络是如何工作的。通过与外部世界相互作用及自身的内部活动，神经元集群具有强大的学习能力，这一点往往被人们低估。单个神经元本身就是极为复杂的实体，它的形态独一无二，有数千个输入输出。神经元间的相互连接（也就是突触）是具有学习算法的分子机器，可在不同的时间尺度上修正其强度和动力学特性。面对这样庞大的组织，人类显得经验不足，即使生物学家也需要花很大力气才能理解神经系统的性质和能力。

这就像 20 世纪初生机论**（vitalism）和遗传机制之间的大辩论一样。仅仅靠化学作用怎么就能把所有表达个体特征的必需信息储存起来呢？化学如何能解释在青蛙的胚胎还仅仅只有两个细胞的阶段，把它一分为二就会发育成两个蝌蚪呢？这是不是需要某种生命

---

* 即意识并不是单个神经元本身的特性，它是由大量神经元相互作用构成的整体突然产生出来的，是整体的性质。——译者注

** 一种认为生物的机能和活动产生于物理学和化学都无法解释的生命力的理论。——译者注

（vitalistic）力,或是像薛定谔(Erwin Schrödinger)所说,需要某种新的物理定律呢?

当时,研究人员的最大问题是他们无法想象单个分子竟能有如此强的特异性。20世纪初期英国遗传学家中的领军人物之一贝特森(William Bateson)的话能最好地表达这一点。他在给诺贝尔奖得主摩尔根(Thomas Hunt Morgan)及其合作者所著的《孟德尔遗传性的机制》(*The Mechanism of Mendelian Heredity*)一书所写的评论中说道:

> 生物性质必然与其物质基础相关,尤其是可能与核染色质有关。令人惊讶的是,不管染色质或是其他基质的微粒如何复杂,它们一定具备遗传因子或基因所必需的能力。染色质粒子看起来都一样,在任何一种已知测试下,它们几乎都是同质的。难道生命的特性就是由染色质粒子的物质特性决定的?即使是最坚定的唯物主义者也无法接受这样的假设。

限于当时的技术条件,贝特森和其他人并不知道染色质(也就是染色体)只是在统计上才是同质的,因为它由大体上数量相同的4种核酸碱基组成,而核苷酸的确切线性序列才编码了遗传的秘密。遗传学家过去根本想不到这些核苷酸的存储能力大得惊人。他们也低估了在好几十亿年的进化过程中,自然选择作用所产生的蛋白质分子的令人惊异的特异性。在对意识基础的探索中,我们不能重犯同样的错误。

我再次假设,意识的物理基础是神经元和它的元件(element)通过特定相互作用所产生的突现性质。虽然意识和物理定律是完全相容的,却很难用这些定律去预测或者认识意识。

1.3 我的研究方法是一种注重实效的经验方法

为了能在上述难题上取得进展，同时又不陷入对各种细枝末节的争论中去，我先要作出一些假设，但不会一一详细论证。后面对这些暂且提出的工作假设很可能还会做进一步修正，甚至完全放弃。物理学家出身的分子生物学家德尔布吕克（Max Delbrück）宣扬，在做实验时需要"有限马虎原则"（the principle of limited sloppiness）。他建议先用粗糙但容易着手的方法去尝试，看看有没有苗头。我也采用这一原则对脑进行研究。

工作定义

什么叫做有意识？对此每个人都有个大致的想法。按照哲学家瑟尔（John Searle）的说法，"意识是由三种状态构成的：感觉（sentience）、知觉（feeling）以及觉知（awareness）。每天早上我们从无梦的睡眠中醒来时，意识随即而来并时时刻刻都存在，除非我们陷入昏迷、死亡或者再度入睡，这才又变成无意识。"[19]如果我问你看到了什么，而你能用适当的方式作出回应，那么我就会认为此时你是有意识的。某种形式的注意对意识是必需的，但光有注意还不够。从实际操作来说，非常规的任务需要记住信息几秒钟，这就要有意识参与。

暂时对意识这么下定义，虽然相当含糊，但是作为开始已经足够了。随着意识科学的进步，这个定义也会进一步修正，并用更基本的神经科学术语来加以表述。在我们对意识有更深入的认识之前，过于追求其定义要么会产生误导，要么会有很大局限，或两者皆是。这并非我的推脱之词，我们可以试着定义基因（gene）看看。基因是遗传的稳定单位吗？一个基因只编码一种酶吗？什么是结构基因和调节基因？基因对应于核酸上的某个连续片段吗？内含子又如何呢？如果把基因定义为"经过所有的编辑和剪接之后的成熟的 mRNA 的转录本"是不是更合理呢？现在，我们对基因已经知道了很多，但没有一个简单的定义能够描述它，更何况是意识！[20]

从历史上看，重要的科学进展通常是在没有正式定义以前实现的。举例来说，欧姆（Ohm）、安培（Ampère）和伏特（Volta）有关电流的现象学定律都是在 1892 年汤普森（Thompson）发现电子以前得出的。在现阶段，我就采用上述有关意识的工作定义，看看沿这条路能走多远。

意识并非人类所独有

很可能某些动物——特别是哺乳动物——也具有某些意识特性（并不一定要有所有的特性），它们能看、能听、能嗅，能用其他方式体验周围的世界。当然，每种动物都有自己特有的感官系统，以适应其小生境（ecological niche）。但是我认为，这些动物也有知觉和主观状态。如果你不同意这一点，就显得有些武断了。所有的实验证据都表明，动物和人的行为并没有截然分开的鸿沟，毕竟我们都是大自然的孩子。

对猴子和猩猩来说更是如此。它们的行为、发育和脑结构都非常像人（如果从人脑和猴脑中对应的部位各取出 $1\ mm^3$ 的组织，只有专家才能区分出哪个是人的，哪个是猴的）。事实上，目前若要研究与刺激有关的觉知，最好的方法就是找出受过训练的猴子的行为与其神经元反应的相关性。正是因为人与猴的相似性，以人道的、合乎伦理规范的方式进行适当的非人灵长类动物实验，是研究意识机制的一个有力途径[21]。

当然，语言能力是人与所有其他生物的根本不同之处。真正的语言使人类得以表达和传播任何复杂的概念。由语言而产生出写作、代议民主制、广义相对论、苹果计算机以及种种其他活动和发明，这些都远远超越了我们的动物朋友。语言对文明生活举足轻重，因此哲学家、语言学家都相信没有语言就不可能有意识，也只有人才能产生知觉和进行内省。尽管就自我意识（例如"我知道我正在看红色"）而言，这个观点在某种程度上并不算错，但是由裂脑患者、自闭症儿童、进化研究和动物行为而得到的所有证据，都与"哺乳动物至少有听觉和视觉体验"这一观点吻合[22]。

目前，还不清楚在多大程度上有意识的知觉能为所有动物共有，很可能意识与机体神经系统的复杂程度有关。乌贼、蜜蜂、果蝇甚至线虫，都能表现出相当精巧的行为。或许它们也具有某种程度的觉知，也能知觉到疼痛、体验快乐并且能看。

如何才能用科学的方法研究意识

意识有许多形式，我们最好从容易入手的形式开始。至少就理解意识而言，视觉比其他感觉有若干优点。

首先，人是依赖视觉的生物。大片脑组织用于分析图像以及视觉在日常生活中的重要作用都说明了这一点。比如，当你感冒流鼻涕时嗅觉不灵，这对你的生活影响不大；但如果你失去视觉——哪怕只是几分钟，例如在雪盲的情况下，则会是非常可怕的事情。

其次，视知觉栩栩如生，包含大量信息。静态的图片和动态的电影都蕴含大量的结构性信息，用计算机图形学技术，还可以很容易地对图片进行调整。

再其次，就像1813年年轻的哲学家叔本华所指出的那样，视觉比其他所有的感觉更容易上当受骗。这表现为无数的错觉现象。以动致盲（motion-induced blindness）为例：屏幕上同时显示许多随机运动的蓝点和3个静止但非常清晰的黄点。受试者盯着屏幕上任何一点，过了一会儿，1个、2个甚至所有3个黄点都消失不见了![23]这是一个惊人的视觉现象：尽管3个黄点还在刺激视网膜，但那团运动着的蓝点可以将其擦去，使之不复可见*。这时把眼睛动一下，黄点就又出现了。尽管这种感觉现象和哲学家常谈到的"意向性"（intentionality）、"意识的内涵"（aboutness of consciousness）、"自由意志"（free will）等概念相去甚远，但是我们若能了解视错觉的神经基础，将会对认识脑中意识的物理基础非常有帮助。在分子生物学的早期，德尔布吕克重点研究噬菌体（一种吞噬细菌的简单病毒）的遗传问题。你可能以为，噬菌体把信息传给后代的机制与人的遗传性没什么关系，但事实并非如此。类似地，坎德尔（Eric Kandel）对海兔的研究也非常有远见。他相信，这种低等的海蜗牛对人类揭开记忆的分子及细胞机制大有启发[24]。

最后，也是最重要的，就是对各种动物的许多视觉现象和错觉的神经基础，研究人员已做了大量研究。有关知觉的神经科学已进展到了这样一步：我们已构造出了非常复杂的计算模型，这种模型在指导实验方案和分析数据方面很有价值。

因此，我的注意力主要集中在视觉感觉或觉知上。艾奥瓦大学

---

* 读者可以登录本书原文版网站 http://www.questforconsciousness.com/conscious.html 看到这一错觉。——译者注

的著名神经学家达马西奥（Antonio Damasio）把觉知的这种感觉形式称为核心意识（core consciousness），并把它和外延意识（extended consciousness）区分开来[25]。核心意识只与当时当地的感知相关，而外延意识则需要自我知觉（有许多人认为，只有关于自我的意识才是意识），它还需要对过去的记忆和对未来的预测。

在现阶段，我的研究暂时不会涉及外延意识，也不涉及意识的其他方面（诸如语言和情绪）。意识的这些方面对人确实是极其重要的。失语症患者、严重自闭症儿童，或者失去了自我知觉的患者，他们的生活都有很大障碍，只能住在医院或疗养院里。然而，其中大多数人依然能够看，也能知觉到疼痛。外延意识和感觉意识（sensory consciousness）一样神秘，却难以通过实验进行研究。我们很难用实验动物来研究这些能力，也就找不到其相关的神经元。

我之所以选择这样的研究角度，隐含的假设是：意识的不同方面（嗅觉、痛觉、视觉、自我意识、想做一个动作的知觉、发怒的知觉等等）都有共同的机制。因此，研究清楚某一个感觉模态的神经基础之后，对于其他模态的研究也会轻松许多。从内省的角度看，这个假设非常大胆。声音、影像和气味之间，难道有什么共性？这三种知觉的内涵各不相同，但它们都是通过奇妙的神经活动形成的。作为自然选择的产物，不同的主观感觉很可能都是由相似的神经活动和神经回路产生的。

我也会提及非视觉方面的工作，例如嗅觉，或者巴甫洛夫条件反射。有的时候，这些知觉的某些特性会便于我们做实验。我们一直希望能建立意识与单个神经元发放模式及其组织结构之间的关系。用活动的小鼠进行实验就势在必行。现在分子生物学工具的发展日新月异，科学家已经能用可控、精密的实验来对啮齿动物的脑产生可逆的影响。

在灵长动物的脑上，我们现在还做不到这一点。

本书不会涉及异常的意识状态（altered states of consciousness）——催眠状态、灵魂出窍（out-of-body）经历、栩栩如生的梦境、幻觉、冥想（meditation）等等。虽然这些对人类的个案研究非常有意思，但是通过它们难以揭示其内在的神经表征（你能催眠一只猴子吗）。当然，一个完善的意识理论最终也必须要能够解释这些奇妙的现象[26]。

1.4 意识的神经相关集合

弗朗西斯和我专心于揭示意识的神经相关集合（neuronal correlates of consciousness，NCC）。任何在 NCC 中表征的信息，你都能意识得到。我们的目的是要找出足以引起特定有意识知觉的神经活动及其机制的最小集合（图 1.1）。NCC 涉及前脑神经元的发放活动[27]。正如下一章还要详细讲到的那样，在这里我所讲的发放活动是指神经元兴奋时发放的一串幅度大约为 0.1 V、时程大约为 0.5～1 毫秒的脉冲。这些全或无的锋电位或者说动作电位，是前脑神经元的主要输出。假如将来某一天能发明一种技术，精确地复制神经元的发放模式，并用它来刺激有关细胞，那应当与直接用自然的图像、声音或气味刺激一样，会产生一样的知觉。如同我在前面强调的，我假定意识仅依赖于脑内部的活动，并不一定取决于机体的行为。

NCC 的概念比图中所示的要微妙得多，还必须一一说明在什么条件下，神经活动才能与有意识的知觉相关联。是不是仅当主体（subject）清醒时，这种关系才能成立呢？在做梦时或者在病理条件下，又如何呢？这种关系是不是对所有的动物都一样呢？在第 5 章，我们会讨论各种复杂问题。

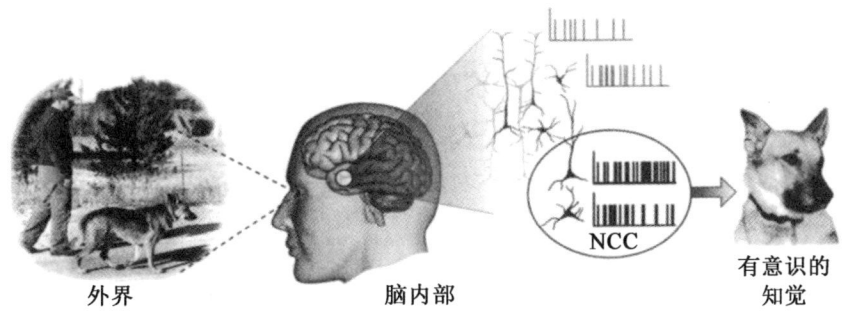

图 1.1　意识的神经相关集合

NCC 是足以引起特定有意识知觉的神经活动——在这里是新皮层锥体神经元的同步动作电位——的最小集合。

如此理解 NCC 就意味着，若是我觉知到某个事件，那么我脑中的 NCC 就会对其进行表达。在精神事件及其神经相关物之间，必然存在某种外显（explicit）的对应关系。换句话说，主观状态的变化必将反映在神经状态的变化上[28]。请注意这句话反过来说就不一定对了：两个不同的神经状态可能对应于相同的心智状态。

很可能 NCC 并不表达为某些神经元的发放活动，而也许是由靶细胞树突内的胞内自由钙离子的浓度来表达的[29]；或者神经细胞的无形伴随者——对神经细胞及其脑内环境起着支持、营养和维持作用的神经胶质细胞（glia），可能直接与 NCC 有关（尽管这种可能性不大[30]）。不管相关物是什么，它必须直接而非间接地对应于有意识的知觉。要形成特定的体验，只需要 NCC 本身就够了。

NCC 可能与一类或几类特殊神经元的活动有关，这些神经元具有某些特殊的药物学、解剖学和生物物理学性质，而这些活动必须要超过某个阈值，并能持续一段时间。

正如我要在第 14 章说明的那样，意识不大可能仅仅是一种附带产生的现象。相反，有意识的生命体更容易生存。这意味着 NCC 的活动会以某种方式影响其他神经元。这种"后 NCC"（post-NCC）活动影响了别的神经元，并最终产生行为。这种反馈也能影响到 NCC 本身，甚至是等级结构中的更底层——这就令情况变得更加复杂。

如果我们找到 NCC，就会在揭开意识之谜的道路上前进一大步。找出 NCC 就可以使神经科学家用药物和基因操控来操控其细胞基质。也许有可能培育出可快速、安全地开关其 NCC 的转基因老鼠。一个僵尸啮齿动物会有怎样的行为呢？NCC 的发现对临床学也会有好处，比如说可更好地认识各种精神病，发现新的更有效的、副作用更少的麻醉剂。

最后，我们还需要建立理论，从而在"解释的鸿沟"之上架起桥梁。这种理论要能解释下列问题，比如为什么某个神经元集群的活动会成为某种特定知觉的基础（或许就等同于这种知觉）。这一理论还要告诉我们，为什么那种活动对机体会有意义（例如为什么会疼），为什么主观体验特性会带来这种感觉（例如为什么看见红色会产生这种感觉，和看蓝色的时候很不一样）[31]。

按照这一思路研究下去，需要解决环绕神经事件和精神事件之间确切关系问题的大争论。物理主义*（physicalism）断言这两者是等同的；关于紫色知觉的 NCC 本身就是知觉，别无他者。尽管前者是用微电极来测量的，后者是脑所体验的。他们所喜欢做的一个类比是有关气体温度和气体分子平均动能之间的关系。温度是用温度计测量的一种宏观变量，而动能则是用另外一套工具来研究的微观变量，但是这两者等价。尽管从表面上看，两者完全不同，但是温度和分子的平均动能是一样的。分子运动越快，温度就越高。我们并不能把其中一个

---

* 认为每种有意义的表述都必须直接或间接地证之于可观察到的事物属性。——译者注

当作原因，把另一个当作结果——如果有人说"高速的分子运动产生温度"就会显得很荒谬。上述两个因素互为充要条件[32]。

目前，我还不能确定 NCC 与对应的知觉是不是也等价。难道它们真的是同一样东西、只不过观测的角度不同？脑状态的特征和知觉状态的特征看上去差别太大，很难想象这两者可互相转化。我猜想它们之间的关系比传统想象的还要复杂。在眼前最好不要忙于下结论，而应该集中精力找出脑中的意识相关物。

1.5 小 结

意识是心身问题的核心所在。即便到了 21 世纪，它依然显得非常神秘，一如几千年以前人类最初开始对自身的心智感到好奇时的情形一样。但是在研究意识的物理基础方面，今天的科学家比以往任何时候都更有利。

我的方法很直接，许多同事认为这种方法太天真或鲁莽。我认为，主观体验一定存在，并假设脑活动是生物有体验的充要条件——不再需要别的什么了。我从脑细胞、它们的相互连接和活动中去寻求知觉状态的物理基础。我的目标是找出这些活动的具体特征、意识的神经相关集合，并确定 NCC 与那些不需要意识参与就可以影响神经活动的行为*有什么不同。

本书集中讨论意识的感觉形式，特别是视觉。与其他感觉比较起来，对视觉意识更容易进行实验研究。情绪、语言、自我感觉以及对他人感觉的感受，在日常生活中都至关重要，但还是把这些方面留到

---

* 诸如反射。——译者注

将来，等我们对其神经基础有了深入认识以后再去研究吧。像探索生命之谜一样，发现 NCC 的构造，确定其分子机制和生物物理学、神经生理学特性，很可能会帮助我们揭开意识之谜的核心内容，即某些系统的活动如何形成知觉的物理基础——甚至产生知觉本身。

"意识仅限于人类"，这样的观点是与进化的连续性相矛盾的。我认为，人的心智和动物（特别是像猴子和老鼠这样的哺乳动物）的心智有某些共同的基本特性。我不会讨论意识的精确定义，也不讨论"我的脊髓是否也有意识，只是'我'不知道而已"这样的细节问题。这些问题最终会有答案，不过今天就去讨论这些问题只会阻碍进步。你不会通过先打最难的仗去赢得战争。

在这场持之以恒的长期实验研究中，必然会犯错误，也免不了对问题作过度的简化。但是这些都只有随时间的流逝才会显现出来。在目前，科学应该面对挑战，并在脑中探索意识的基础。就像在刚开始登山时只看到云雾缭绕的雪山峰顶一样，意识之谜的无穷魅力不可抗拒。诚如老子在很久前说的那样，"千里之行，始于足下"。

现在我们已经出发了。在下一章，我会先介绍一些重要概念以引导我们的探索。特别地，我需要解释清楚外显神经表征（explicit neuronal representation）、内隐神经表征（implicit neuronal representation）、主节点（essential node）等概念，以及各式各样的神经活动。

第 2 章

神经元——知觉的原子

> 对我来说,这个思想既清楚又优美,我深深地为之着迷。这就像爱上了一位女士,只有在你还不够了解她,以致看不到她的缺点时才会迷上她。但只有当爱情已深得能把你维系在她身边,你才有机会在日后逐渐发现这些缺点。
>
> ——费恩曼

科学家以一种完全冷静而客观的态度去观察世界。他们记录每一个事实,权衡其重要性,如果事实可靠,就把它归入描写宇宙万物的某种理论体系(例如量子力学、广义相对论或是自然选择)中去。

这种陈词滥调与研究人员的实际工作习惯相距甚远。对于神经科学这样年轻的科学,其研究对象就规模来说是已知宇宙中最复杂的实体,上述那种过于理想化的研究方式对它尤其不适用。从全世界的生物学及心理学实验室涌现出大量观察资料,为了能从中觅出有价值的内容,研究人员要对他们想找什么有所设想。面对海量数据,不可能把所有关于脑的观察记录照单全收，必须分清良莠、去芜存菁；况且观察数据中有很多还互相矛盾，除了对它们进行遴选之外别无他途[1]。而且，科学家必须对自己的个人偏好抱以开放的心态，每当出现新的证据或想法，要经常对自己原来的想法重加考虑、仔细检查。

本书所要讨论的问题是，脑作为一种物理系统可产生感受——也即各种有意识的知觉，这一切是怎么发生的呢？每时每刻，有许多与主观状态无关的神经活动，但这些活动仍旧能够影响行为。这种神经活动与能产生意识的活动有何不同呢？

神经元是知觉、记忆、思想和动作的原子，神经元彼此之间的突触连接使许多单个细胞短暂地组合成较大的群体，并产生知觉。要想解释意识的神经基础，就必须在毫秒级的时间尺度上具体描述神经细胞间如何相互作用。

让我在这里提出两个基本观点。首先对 NCC 来说，外显神经表征至关重要；其次，神经活动可以有许多不同的形式。如果应用得当，这两个观点对解释神经行为大有帮助。

本章需要读者多动动脑筋，一旦你消化了这些材料，书中余下的大多数想法就容易懂了。本章从简要介绍皮层的基本性质开始。你至少要对皮层的某些性质有所了解才行——毕竟只有脑实质（brainmatter）才能产生意识（至少我们目前是这么认为的）。

2.1 大脑皮层的组织

粗看起来，脑像是一棵糊状的、煮过了头的花椰菜，但实际上它是高度分化的。脑活动的一个通性是它所执行的动作表现出惊人的多样性和特异性。感觉系统要处理几乎无穷多样的图像、景物、声音等等，而且对这些刺激的每个细节都作出了非常精确的反应。感觉系统得到了高度的进化，有高度的特异性，并且可以通过经验大量地学习。

"快速反应"这一特质在自然选择中大有优势。这正应了那句谚语"过犹不及"（the best is the enemy of the good），及早得到一个偶尔不那么完美的结果，比慢慢算出最优解更重要。那个正在花时间寻求最佳方案的生物，可能早就被方案不怎么样但行动更快的竞争者吃掉了。倘若考虑到脑所用的部件速度都很慢，其"开关"速度只有晶体管的100万分之一，那速度问题就更加重要了。脑的另外一个普遍原则是多管齐下，使用多个粗略但容易实现的方法来算出结果，而非只采用一种方法。

感觉皮层的主要功能是构建并运用高度特异的各种特征检测器来检测朝向、运动和面容等[2]。用微电极对动物所做的实验研究表明，大脑皮层不同区域内的神经元有各自的特异性，执行不同的任务。例如，枕-颞部位某个区域的神经元对刺激的颜色或色调特别敏感；中颞叶区（middle temporal area，MT）的神经元则能检测运动；后顶叶皮层中有个部位的神经元为眼球运动编制执行的指令程序；听觉皮层的神经元则编码音色。对神经损伤患者的临床观察进一步支持了大脑皮层特定区域执行特定功能的观点。如果某个成人由于中风、枪击或是某种别的伤害而损伤了某块大脑皮层，会发生高度特异性的罕见缺陷[3]。

脑后部的皮层区域大致上是按等级结构进行组织的，至少可以分成12个层次，每个层次都从属于上级层次。在某个区域内，当一群神经元收到来自更下层的强烈驱动性输入时，这些神经元会把输出发送到较高层的另一区域或者神经元群（神经解剖学家把这称为从较低区域"投射"到较高区域去）。如果仔细深究的话，事情就更复杂，因为反馈联系数量极大；在有些区域，它们在等级结构中所处的地位不那么分明，并且还存在短路。

从外界来的感觉信息通常并不完备，有时还会导致模棱两可的解释[4]。在这种情况下，皮层网络就会对这些信息进行补插（fill in），它们会根据不完整的信息作出最好的猜测。在脑各处都可能发生补插，这一普遍原则又称作"忽略过程、直奔结论"，在人的许多行为中起着指导作用[5]。

任何一个视觉场景都会在脑中引起广泛活动。对外部世界不同物体进行编码的神经元集群（coalitions）彼此竞争，也就是说每个集群要竭力压制对场景中别的物体进行编码的神经元群体的活动，在脑的高级部位尤其是如此。注意某事件或物体，会使这种竞争向有利于该事件或物体的方向发展[6]。

当你想回忆某个熟人的名字时就可体验到这种竞争。这个名字可能就在嘴边，但让人着急的是你怎么也记不起来；你想起的反而是一些不相干的人的名字。半小时以后，那个名字突然跳到了你脑海中。我猜想，这正是因为这些与不相干名字有关联的脑活动抑制了那些负责正确的名字的神经元。当这种抑制的长时效应（包括突触修饰）消退以后，正确的神经元才能最终活动起来，让那个正确的名字在不经意间脱口而出。

对同一场景，可存在不同的竞争性细胞集群，对场景作出不同的解释。NCC与这种对竞争者的遏制有密切关系。通常只有一个群体能够胜出，这个群体的特性正是你所觉知的。在某些条件下，如果神经表征没有重叠，两三个群体可能会和平共处，至少能共存一会儿。赢者全取的倾向并不意味着脑中其他部分的神经元就不能保持活动，后者为下意识心智的痕迹。

神经元间的竞争就像大选

脑内这种高度动态的过程，就像民主选举。许多候选人进行竞争，每个候选人都受到代表环境保护主义者、工会、军产复合体、教会、政党组织等等势力集团的支持或反对，最终只有一个集团及其候选人脱颖而出取得胜利。与获胜集团有关的活动就对应于有意识的状态。

然而，败选的集团在选举以后并没有消失，它们还继续活动，并影响政治；它们还有可能赢得下一次选举。民主政治是一场竞争性的博弈，在几天时间里就能发生剧变，这与在几分之一秒内兴奋性神经元和抑制性神经元之间的相互作用很类似。当人的注意力在多个对象中游移时，首先有一个集群占优，在它被第二个集群取代之前，你意识到的就是这个占优的对象，这之后你才会觉知到其他对象。

当然，无须把上述政治过程与脑活动一一对号入座[7]，这里打这个比方只是想让你了解与意识有关的前脑神经元活动有多么复杂。

2.2 外显表征、柱状组织和主节点

我们的第一条指导原则是NCC需要外显的（explicit）神经表征。尽管以内隐（implicit）方式编码信息的细胞可能对行为造成影响，但它们并不足以产生有意识的知觉。

计算深度（The Depth of Computation）

在阐释我所要表达的东西前，先介绍计算的逻辑深度（logical depth of computation）这一概念。这种度量是指为了得到某个结论所必需的计算步数[8]，可以把它看作进行计算的工作量，以及保存"中间

结果"以备今后参考所需的工作量。例如，考察两种神经元活动，一种是视网膜中的神经节细胞把视野中局部区域的反差报告给位于眼球外的靶细胞，另一种是明确表示观察者看到了一只猎豹的皮层神经元活动，前者的逻辑深度就比后者要浅得多。

沿海地区报纸上刊载的潮汐表就是这样的一个例子，它可以减少读者所需的计算逻辑深度。读者根据牛顿定律，按照地球、月亮和太阳的轨道位置（并考虑当地的水深），可以大概算出涨、退潮时的潮高以及时间；或者，他们也可以根据以前的潮汐数据估算。然而，这两种方法都需要许多数据并进行大量计算，所花的工夫相当多。相比之下，潮汐表明晰地给出了这些信息，水手、码头工人、冲浪者只花很少的钱就可以直接查到。

外显和内隐是什么意思？

外显表征比内隐表征有更深的逻辑深度，因为外显表征实质上是对所有内隐信息的总结。

可用电视新闻来作类比。电视屏幕上的彩色斑点构成了一个图案，它包含新闻播音员的脸的内隐表征，但是在电视屏幕上外显表达出来的只是每个图像元素（像素）的亮度及其位置（也请参看图2.3）。想要从这些像素推断出有人脸，机器视觉的算法需要大量烦琐的计算，这是一项困难的任务。如果不管脸的大小、角度、表情如何，只要屏幕上出现一个人脸，算法最终总能点亮一个发光二极管，那么这就是脸的外显表征。研究人员已发现存在有类似行为的神经元（图2.2和图2.4）。如果定义适当[9]，内隐和外显的区分就是绝对的，而与观察者无关。

进入脑的所有视觉信息都是由两眼中2亿多个光感受器内隐地加以编码的。但是在高级处理阶段从中抽提出有意义的特征之前，这样的海量数据没有多少用，视网膜活动的逻辑深度很浅。

得克萨斯贝勒学院（Baylor College）的电生理学家洛戈塞蒂斯*及其同事根据麻省理工学院的理论家波焦（Tomaso Poggio）提出的方案，发现神经元对一些弯成各种形状的曲别针有外显编码。他们对一些猕猴进行了长期训练，使这些猕猴非常善于识别弯成特定形状的曲别针，并能区分出这些看上去非常类似的形状。科学家随后记录了下颞叶皮层（inferotemporal cortex，IT）神经细胞的动作电位，IT是一个与视觉物体识别有关的高级皮层区域（参看图版1C和图版2）。图2.1显示了一个这样的细胞的发放活动。

当猴子从某个特定的"最优角度"看曲别针时，神经元就猛烈地发放。当略微旋转物体，使它不再位于最优角度时，细胞的反应就减

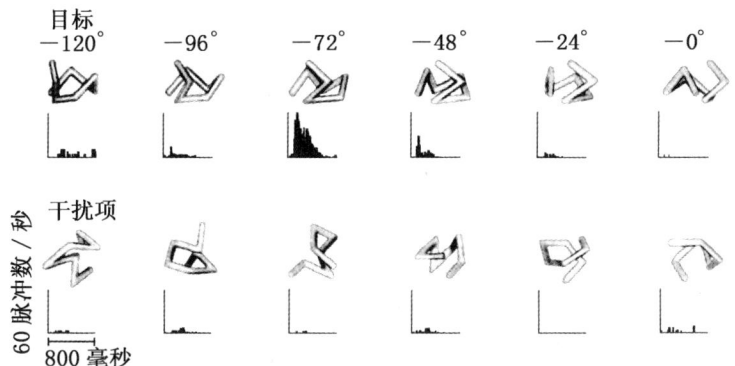

图2.1　单个神经元层次上的外显编码

图示猕猴下颞叶皮层中神经元的发放活动。猕猴已经过训练，能识别由铁丝弯成的各种对象。在曲别针弯成的各种图形之下的是猕猴看见相应图形之后的平均反应。特定细胞只在从某个特定的角度看某个特定形状的曲别针时才有猛烈发放。当把观察对象从最优角度转过24°或更多时，细胞的发放就减少了。如果把曲别针弯成别的形状就根本引不起这个神经元的兴奋。改画自 Logothetis and Pauls（1995）。

---

* 洛戈塞蒂斯（Nikos Logothetis），现在是德国马普生物控制论研究所所长。——译者注

少了。把曲别针弯成别的形状，即使改变不大，不经训练的话根本就看不出来，但它诱发细胞所产生的反应还是会变得非常小，仿佛看到的是完全不相关的图片一样。在洛戈塞蒂斯所记录的细胞中，每 10 个就会有 1 个有这种高度选择性的发放。所有这些细胞一起就构成了曲别针的 1 个外显表征[10]。

输入中包含一些与外显表征所表达的特征无关的信息，对于这些信息，外显表征应该具有不变性（invariant）。这也就是说，不管室内是昏暗还是明亮，不管曲别针放得很远还是很近，也不管猴子向左边还是右边扭头，等等，这个细胞都应该保持其选择性不变。不变性说明对有些信息必须弃之不顾（例如背景光的强度）。一般说来，进入皮层越深，那里的细胞就越不关心刺激的确切位置、朝向或是大小，舍弃的信息也就越多，而神经元的计算逻辑深度也越大。

在人体所有几万亿个细胞中，只有很少一部分才有这种神奇的能力，能对外部世界中的重要方面进行外显编码。虽然肝、肾、肌肉或皮肤细胞也会根据环境波动而产生变化，但是这种信息永远都不是外显的。

我并不是说所有的外显表征都参与有意识的知觉，而是说外显表征是 NCC 的必要但非充分条件。

皮层的柱状组织

外显和内隐的一个关键区别是柱状组织，这是感觉皮层的一个显著特点。在垂直于皮层表面、纵贯皮层几毫米厚的柱体里，大多数神经元都有些共同特性。例如，初级视皮层（V1）中彼此叠在一起的细胞都对视野里特定区域中的视觉刺激（例如凡有对角方向的物体）的朝向进行编码；而在 MT 区中的细胞柱则表达某个特定的运动方向（例如向右运动的任何物体）。神经元在脑中不是随便堆在一起的，而是按照某些有序的原则组织起来的，神经科学家正在逐步揭示这些原则[11]。

我们猜测这种以柱状形式表征的特征也是以外显的方式表达出来的。如果是这样的话，那么 V1 细胞就外显地表达视觉朝向，而 MT 神经元则外显地表达运动的方向和幅度。外显编码和柱状组织是不同的概念。为什么外显编码某个特征（比如说运动）的神经元，一定得以柱状形式组织起来，这并没有什么合乎逻辑的理由，很可能只是为了使轴突的连线尽量短[12]，但是这两个结构特征总是在一起出现。

从祖母细胞到群体编码

外显表征的一种极端形式就是神经元只对某种特定的对象或概念起反应。这种高度特异化的细胞称为祖母神经元（grandmother neuron）：每当你看到你的祖母时，这种神经元就开始活跃，但当你看你的祖父或是其他老太太时它不活动。若干这样的神经元群的联合活动，就可很方便地表达任何一种复杂的东西，比如说微笑着的祖母、跳着舞的祖母，或是祖母的眼镜[13]。

关于神经元能对特定个体起反应这一观点，人们提出了各种各样的反对意见，但这样的神经细胞确实存在。图 2.2 所示的是在人杏仁核的一个神经元中记录到的发放活动。杏仁核是位于内侧颞叶皮层的一组皮层下核团，它接受来自高级视皮层区域（和其他区域）的输入。在加州大学洛杉矶分校的神经外科医生弗里德（Itzhak Fried）的实验室里，研究人员让神经损伤患者看演员、政治家、其他名人、动物、建筑物等等的图片，同时监视神经元的活动[14]。有一个神经元在 50 幅图片中只对 3 幅有反应：美国总统克林顿（Bill Clinton）的素描、克林

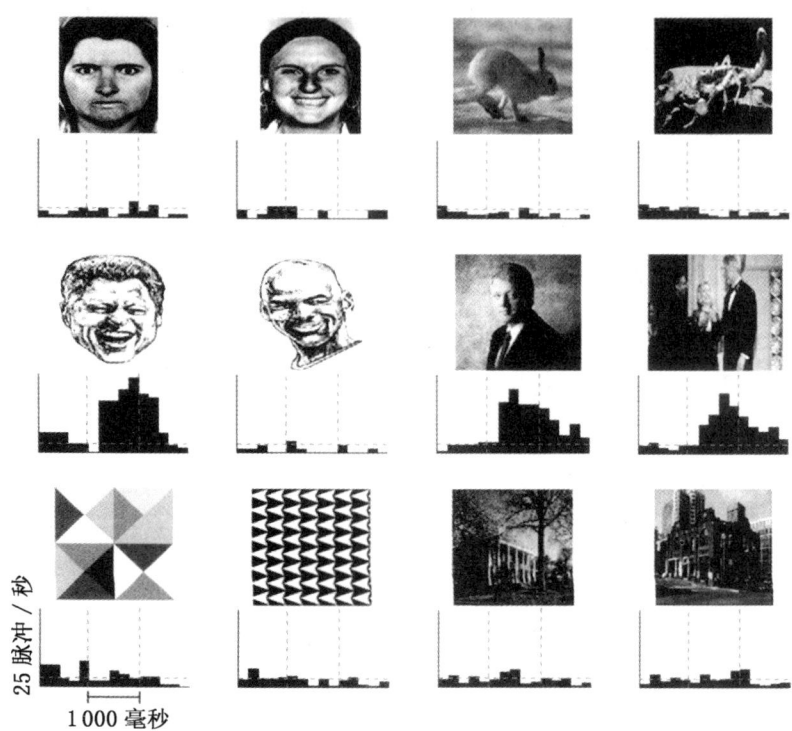

图 2.2 对克林顿的图片有选择性的细胞

每次看图片或照片 1 秒钟（两条虚线之间的时段）患者杏仁核神经元的发放模式。这个细胞对克林顿的铅笔画、官方肖像和与他人的合影都有猛烈的反应，而对其他美国总统（图中没有显示出来）、著名运动员或是无名演员的像却保持安静。改编自 Kreiman（2001）。

顿的总统肖像、克林顿与他人的合影。这个神经元对其他名人或其他总统的图片都没有发放。在像素层次上，这 3 张照片的区别很大，所以这个细胞所表现出来的不变性的程度很值得注意。请想一下要计算机程序判断图片中有没有克林顿所需要的计算深度吧！

考虑到克林顿总统的知名度，对于经常在媒体上出现的总统，患者脑中能够形成针对他的神经元是合乎道理的，但我并不是说这一个细胞就构成了知觉到"克林顿总统"的整个神经相关物。单个皮层神经元的发放过于微弱，它本身不足以强烈地激活与它连接的所有细胞，要许多细胞才行。这也加强了这种编码方案的鲁棒性*。我猜想有许许多多细胞，它们对经常要碰到的物体（例如名人、祖母、你的看家狗、你的笔记本电脑，如此等等）起反应。但是超市收银员的陌生面孔并不是用这种稀疏的（sparse）方式来表征的，而是另有不同的方式。

群体编码（population coding）是一种更为普遍的神经表征形式，按照这种方式，信息是由一大群细胞的发放活动来编码的。这些细胞对于刺激物的选择性较弱，单独来看，每个细胞都没有提供多少信息。但是如果能正确解释整个群体的发放模式，就可以表达许多细节。神经科学家会提到分布式表征（distributed representation）。如果编码完全是分布式的，群体内的每个神经元都会贡献一部分信息（图 2.3 是现实生活中一个采用粗糙的内隐群体编码的例子）。在稀疏表征（sparse representation）中，任何时刻都只有很少一部分神经元在活动。在极端情况下，一种非常稀疏的表征最后就归结为祖母神经元表征。

在第 3 章我会介绍颜色编码，这是一种著名的视网膜群体编码。它有赖于三种光感受器（视锥）的联合活动，这三种视锥的反应特性（作为入射光的波长的函数）各不相同。把来自所有这三类细胞的信息结合起来才能得出对色调的知觉。那些不幸只有一种视锥的人就只能看到灰色。

群体编码的另一个例子（8.5 节）是视觉等级结构顶端的脸神经元。有一组神经元编码人脸识别，而另一组神经元则关注其面部表情（例如生气或是害怕），第三组神经元的反应会随着脸的角度变化而渐

---

* 鲁棒性（robustness），也有译为"稳健性"的，表示这种编码方案有很强的对抗外界干扰的能力。——译者注

图 2.3　内隐群体编码举例

在加州帕萨迪纳的玫瑰碗体育场，啦啦队席上的每个观众都有一张黑卡和白卡。一声令下，每个人立刻举起其中一张卡片，拼出"CALTECH"几个字*。每张卡片本身只是二值图像中的一个元素，它对持卡人本身来说没有什么意义。群体活动中所蕴含的意义有赖于外部观察者（此处就是观众），在脑中则要靠其他的神经元群体来读出。加州理工学院供图。

变（图 2.4）。对脸的完整表达可能要包括我刚才讲到的那些高度特化的神经元（图 2.2），再加上对性别、头发、皮肤纹理以及注视角度等起反应的细胞。当看一个人脸的时候，哪怕是看完全不认识的人，也会引起脑中许多部位的普遍活动，有些细胞发放很猛烈，但是大多数反应很弱，也更杂乱。那些构成外显的特征——也就是存在柱状组织的特征——正是在当时情况下足以引起有意识知觉的特征。

比起稀疏表征来，分布式表征的主要优点是能够存储更多的数据。比如说你需要对你能认得出的每个人的脸部特征进行编码，可能有几千人。如果每张脸都要由单个祖母细胞来编码的话，那么需要几千个

---

* CALTECH 是加州理工学院的英文缩写。该场比赛是 1961 年在玫瑰碗体育场举行的美国大学橄榄球赛，由华盛顿大学对明尼苏达大学。加州理工的几名学生在赛前潜入华盛顿大学啦啦队领队的旅馆，偷换了卡片指令，完成了这一经典恶作剧。——译者注

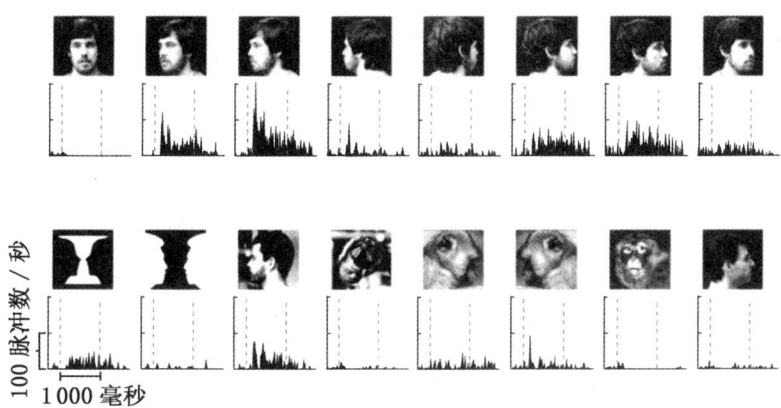

图 2.4 脸细胞

让猴子看各种脸部照片时,在猴 IT 神经元中所记录到的发放率(虚线之间)。这个细胞的最优刺激是有胡须的人脸侧面像。D.Sheinberg and N.Logothetis 供图。

细胞才能做到这一点(且不说为了鲁棒性起见,每个神经元都要有若干备份),而群体编码利用组合原理可对多得多的脸进行编码。假定有 2 个脸神经元,要么完全没有反应,要么猛烈地发放。仅靠这 2 个细胞,可以表达 4 张脸(一张脸由 2 个神经元都不发放来表达,第二张脸由一个神经元发放、另一个神经元不发放来表达,如此等等)。10 个神经元可以编码 2^{10} 个,也就是大约 1 000 张脸。实际情形要比这更复杂,但组合编码的基本思想还是成立的。有计算表明,只要不到 100 个神经元就足以鲁棒地从几千张脸中认出任何一张。考虑到在 1 mm² 的皮层中大约有 100 000 个细胞,任何一个皮层区域的潜在表征能力都极其巨大[15]。

活动原则

几年以前,弗朗西斯和我就提出过"*活动原则*(activity principle)"假说:任何直接的、有意识的知觉都有赖于某种外显表征,且其神经

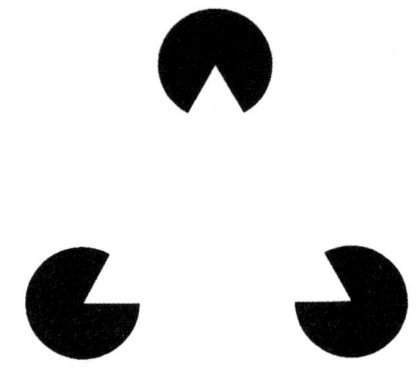

图 2.5　卡尼萨三角形错觉

虽然那个三角形在纸面上并不存在,你却能清楚地知觉到它。对这种直接体验,总是有一个或几个神经元群体外显地表征该知觉的不同方面。这就是我们的活动原则。

元以某种特定方式发放。一个生动的例子是卡尼萨三角形(Kanizsa triangle)(图 2.5),这个名称来源于意大利格式塔(Gestalt)学派*的心理学家卡尼萨**。虽然在三个缺角圆盘之间并没有边界线,但每个人都看到有一个三角形。这种错觉是如此醒目,以致我认为应该有单个神经元对它起反应。在视皮层中,人们也的确发现了对这种错觉边界产生发放的神经元(图 8.2)。

活动原则的一个重要推论是:如果没有这种细胞群外显地编码,人们就不可能意识到某些特征。这就是为什么你看不到你身后视野之外的一片黑色空白区域,但通过声音、触摸或其他手段间接地,你可以有把握地推断在这个空白区中存在许多物体。而你的脑中没有这部分世界的外显表征,因此这部分环境也不是你视觉体验的一部分。

---

* Gestalt 一词来源于德文,也译为"完形"。这个学派的心理学家认为,人们是按照组成对象的各个部分的相似性、邻近性、连续性等原则来组织整体知觉的。——译者注

** 卡尼萨(Gaetano Kanizsa,1913—1993),意大利心理学家,的里雅斯特心理研究所的奠基人。——译者注

人们很容易陷入有关微型人（homunculus）的错误想法，这也就是说暗中假定有某个小人在看着脑、在知觉并作出决定。但是并没有这样的微型人（至少从传统的意义上来说是这样的，参阅第 18 章），有的只是许许多多相互连接的神经元。外显的柱状组织是我们产生某种知觉的先决条件，一旦失去了这种表征，由这些神经元集群所表征的知觉也将不复存在。但是，这种丧失很可能并不是永久性的，因为脑有惊人的自我修复能力。

脑中的主节点

某块特定脑组织的损坏可能会使患者不再能体验世界的某个方面，但是并不影响到其他感觉。英国伦敦大学学院的神经科学家泽基*提出了主节点（essential node）这一概念，用它来指脑的某个特定部位，如果这个部位受损，会导致某种特定意识特性的丧失。例如，梭状回的某个区域中有颜色知觉的主节点，在其前部则有脸知觉的主节点，而对害怕的面部表情产生知觉则需要杏仁核的某些部分[16]。

主节点这一概念来自对神经损伤患者的观察。它并没有说明在受损的脑中到底是哪些特殊神经元群对受影响的意识知觉的特定方面起关键作用。这是所有的神经元呢，还仅仅是那些兴奋性的神经元，或者只限于那些投射到该脑区以外的神经元？我们还知道，一侧脑的主节点在对侧脑常有一个与它对应的主节点——这使得整个问题更为扑朔迷离。那么，是不是只有当这两个主节点都失活，才会丧失知觉的特定方面？请考虑一下全色盲（achromatopsia），这是视皮层受到局部

---

* 泽基（Semir Zeki）的主要兴趣是灵长类动物视觉系统的组织，1967 年以来共发表了 150 多篇论文，出版了 3 本书。他也对创造性的神经基础感兴趣。——译者注

损伤而丧失了颜色知觉、但其他视觉能力都还保持完好的病症。有些患者的损伤仅限于一侧皮层半球，对应该侧半球视野中的物体都没有颜色，看起来全是灰色的。因为另一侧半球的主节点还是完好的，在其对应的视野中，物体就有其正常色调[17]。

很可能脑中对某个刺激属性（例如脸）进行外显编码的部位就是该特征的主节点，如此想来，我们就能把单个细胞的概念（外显编码）与临床上的概念（主节点）建立起联系。

有意识的知觉是由许多主节点的活动综合形成的。举例来说，对脸的知觉包括编码眼睛、鼻子、性别、脸的形状、注视角度、表情等等的诸多脑区，可以把这称为多中心（multi-focal）活动。如果在一段时间里（0.2～0.5秒的数量级），这些节点各自及其相互之间都能保持发放，就可以建立对整张脸的有意识知觉的基础。如果任何一个节点受损，就会丧失它所表达的那个特征，然而其他方面依旧维持不变。

请记住，这种丧失仅是对知觉的某个特定方面而言。举例来说，整个 V1 就不是运动或者颜色的主节点，因为去掉 V1 将会导致丧失所有正常的视知觉。

2.3　发放率、振荡和神经同步化

本书中充斥着诸如"神经元对脸有反应"或是"发放活动提高了"之类的表述。我究竟想表达什么意思呢？这个问题与神经元用以在彼此间交流信息的编码这一基本问题有关。正如你会看见的，区别神经活动的各种形式十分重要。外显的神经表征可能要用到不止一种的此类形式。

动作电位作为普适的通信协议

在神经科学中，人们观察到的基本事实之一就是，动作电位是在神经元之间快速传输信息的基本手段[18]。

锋电位以每毫秒一毫米到几十毫米的速度沿轴突传输，其速度取决于轴突纤维的直径，以及它是否被绝缘物包裹。这些锋电位把某个神经元上所发生事件的时间信息也就是定时（timing）告知其靶细胞——这些靶细胞分布在脑各处，少则有一个，多则有数百个。对大多数动物来说，借助脉冲传播信息是一种既具普适性又有鲁棒性的通信协议（protocol）。比起连续的电位变化来说，全或无的脉冲更不容易受噪声和环境干扰的影响，传输也更快。

脑中的其他通讯方法，若是用在快速知觉和运动动作，不是太慢就是太过全局性。举例来说，大量释放某种神经化学物质会影响到扩散范围中所有具备相关受体的神经元。此外，如果浓度变化要传播到几微米以外，以扩散这种方式传播的速度也太慢。

一种更全局性的通信方法就是局部场电位（local field potential，LFP）。LFP是由突触活动和锋形活动产生的，在离源头几毫米甚至几厘米处都可用电极检测到。然而，对于神经元之间共享信息来说，电磁场是一种粗糙而效率低下的方法。除去在病理条件下（例如癫痫发作），由锋电位所产生的细胞外电位都非常微小（亚毫伏级），且其衰减与距离成反比。此外，LFP对同距离所有各点的影响都是一样的。当然，我并不完全排除旁触相互作用*（ephaptic interaction）会起某些功能作用（例如在视神经中100万根纤维紧紧地捆绑在一起），神经组织

---

* 指平行神经纤维之间侧向的相互作用。——译者注

的生物物理性质极大地制约了它们的这种作用[19]。

还有一种作用模式，它涉及皮层中的抑制性中间神经元群，这些神经元由被称为电突触（electrical synapse）或缝隙连接（gap junction）的特殊低电阻细胞器连接在一起。在某些条件下，所有这些中间神经元同时触发动作电位，就像一个独立单元那样起作用。这种现象与有意识的知觉有什么关系，现在还所知不多[20]。

意识的亚神经元理论或者场理论，都面临这样的实际困难。要使任何一种主观体验——一抹隐隐的粉色或是一首狂想曲似的华尔兹——能够在多个皮层区和皮层下区域之间通信，除了锋电位之外还需要其他的东西吗？除非有某种新发现能极大地改变神经生物学家对单个神经细胞如何工作的认识，否则，沿轴突传播、触发突触事件的动作电位，就是在神经组织中传播信息的标准手段。

大胆的神经科学家试图认识神经元之间是如何通话的。这个问题能有多难，不妨借助下面这个类比。想象一下在一个正进行比赛的露天足球场，这个体育场的上空有一只飞艇在盘旋，飞艇上载有摄像机、话筒，还有一组研究人员，他们试图辨别下面的人是怎样彼此交谈的。机组人员可从远处听到射门时群众的狂呼声，以及罚点球之前的片刻静默。在把话筒降到地面的过程中，采集到的说话人数也越来越少：一开始可听到主队啦啦队的声音，然后是一片看台的声音，最终可听到一个观众的声音。然而，这个过程是随机的，不同时刻听到的观众是不同的；也不可能辨认出这些观众，不可能知道他们的年龄、性别、职业等等。在很短的时间尺度内，飞艇上的科学家只知道这些人是在用声音通信。但是怎样通信呢？有人提出，唯一有意义的特征是观众彼此交谈的声音有多响。只有声音的幅度，从轻声耳语到大声狂呼，编码有用的信息，其他的一切都是噪声。这个例子有点类似下面要讨论的发放率编码。

发放率编码

脑科学家把动作电位的基本性质看作既定事实，有争议的是利用这些锋电位的神经编码的本质是什么。

一道闪光、一张图片或是一句话，都会触发不规则的动作电位序列。如果重复给予相同的刺激，在各次试验中，锋电位对于刺激物的相对时刻就会前后变动，但锋电位的平均数目变化较小。也就是说，在第一轮试验中，如果某一神经元在给刺激后 200 毫秒的时段里比它的"自发发放"多了 12 个锋电位，那么在下面三轮中该刺激可能分别多诱发 11、14 和 15 个锋电位，因此这个神经元的平均反应是 13 个锋电位。这种普遍现象支持了有关编码的发放率（firing rate）观点。这一观点认为，连续变化的发放率才具有实质性意义，发放率是对多次重复刺激的发放反应进行平均得到的。发放率编码需要假定有一群神经元表达大体相同的特征，这就使得该编码策略就用到的神经元来说代价高昂，但对损坏来说是鲁棒的。几乎所有的神经生理学实验记录都是遵循这种方法作分析并发表的。

关于发放率和行为之间的关系，最严格的依据来自对 MT 皮层单细胞的研究。研究人员训练猴子执行一项复杂的知觉运动任务（在 8.3 节中再做详细解释），同时记录 MT 中的发放活动。在足以载入电生理学研究史册的这项研究中，纽瑟姆（William Newsome）、穆夫雄（Anthony Movshon）等人将受到运动刺激后 2 秒时段内神经元所发放的平均锋电位数，与这个动物在该实验中检测到运动信号的概率关联起来。这使得生理学家仅根据神经元的反应率（response rate）就可以预测动物的行为。当然，这种预测是在多少有些限制和不自然的条件下进行的。

对于发放率代码来说，只有单位时间里的锋电位数才是有意义的。除了输入本身的时间因素以外，这种代码不带有任何其他时间调制。因此当光线有规律地时亮时灭时，发放率也应该按同样的节律变化。此外，某个细胞产生锋电位的确切时刻，与其他神经元锋电位的时刻无关。这就是说，对于同一个刺激，两个相邻的神经元可能同时增加它们的发放率，但是在发放率代码中，两个细胞的发放时刻在毫秒尺度下不相关。

神经系统中的发放率编码这种传统观点有许多可取之处。它简单、鲁棒，并且也与几十年来所得到的各种数据和模型相容，尤其对接近感觉外周的神经元来说更是如此。这一观点的核心是，假定神经元是噪声很大的不可靠元件，神经系统靠着对许多细胞进行平均，来补偿由这些元件的不可靠性所带来的问题[21]。

但大量数据表明，信息编码远不止发放率的变化，脑中的噪声水平极低，神经元是非常精巧的计算装置，锋电位出现的确切时刻是重要的。非常有意思的一点是，在这种新的神经编码观点下，原来发放率编码中所认定的噪声成了信号的一部分。这正像运动场中的观众一样，他们发出的声音不只有轻重的区别，声音本身的抑扬顿挫产生的正是人的语言！下一节我们将要给出一些依据，说明锋电位是以周期模式进行发放的。

脑中的振荡

脑是由许多非线性处理元件组成的一个巨大而复杂的集合。诚如电气工程师所熟知的那样，设计一块高增益并带反馈的开关电路是件困难的事，这就像是在死寂般的卡里布迪斯大漩涡和狂暴的西拉岩礁之间小心翼翼地航行一样*，既要防止系统失去响应，又要避免它像"癫痫发作"一样无法控制。即便能满足这两点，正反馈网络还是很容易发生振荡——除非采取有源的阻尼措施[22]。

脑电图（electroencephalogram，EEG）揭示了广泛存在的脑节律或者脑波。在颅外记录到的电位中充满了不同频段的振荡活动。这些振荡的频率从每秒一周开始到将近每秒 100 周（Hz）。在各种不同的行为状态以及在病理状态下，这些振荡都各具特点（EEG 也因此在临床上得到了应用）。

对一位闭目养神的人来说，主宰节律落在 8～12 Hz 之间的 α 频段。如果这人睁开眼睛，或者想些有意义的事情，这种活动就会被 β 频段（15～25 Hz 之间）和 γ 频段（30 Hz 以上）的高频振荡所替代 [α 阻断（alpha blockade）]。其中，γ 频段与认知操作有关。当困倦或睡眠时，就出现频率落在 δ 频段（1～4 Hz）内的一组高幅低频振荡。低频放电异常可用来诊断某些特殊的睡眠紊乱。

周期性的脑电位反映了产生它的皮层神经元、皮层下神经元以及支持细胞的同步活动。由于神经组织电阻很低，而且颅骨还会导致信号畸变，一般很难对产生特定 EEG 模式的细胞发生器进行精确定位[23]。

安置在颅骨底下的电极记录到的 LFP 证实，的确存在一段段上下起伏的振荡，它们与受试者的行为及精神状态相关。这种颅内脑电记录（intracranial EEG）还表明，在海马以及接受其输出的结构中，能可靠地记录到另外一类信号：一种 4～8 Hz（θ 频段）的持续振荡，它与

---

* 该典故出自希腊史诗《奥德赛》。卡里布迪斯大漩涡和锡拉岩礁都位于意大利墨西拿海峡中，两者遥遥相对。航行其间非常危险，若要想避开卡里布迪斯大漩涡，就不得不靠近锡拉岩礁。因此英语中以"在卡里布迪斯大漩涡和西拉岩礁之间"来形容两难处境。——译者注

工作记忆以及定向之类的认知过程有关[24]。

由于听觉对埋藏于背景噪声中的信号非常敏感,因此电生理学家常把神经元的电活动放大,通过扬声器播放记录到的锋电位发放。在某些条件下可以听到稳定的呼呼声,同时夹杂着单个动作电位产生的噼啪噪声。运用傅立叶变换等数学运算,可以证实其中确实存在周期信号,这个信号是由许多皮层神经元按周期发放(每 20~30 毫秒一次)的趋势而产生的。有些细胞的规律性非常强,它们的发放就像钟表一样。这些节律的频率在 30~70 Hz 之间皆有分布,峰值位于 40 Hz 左右,因此这类节律又俗称为 40 Hz 振荡或者 γ 振荡(图 2.6)。

40 Hz 振荡是在 20 世纪中叶由阿德里安*爵士在兔子的嗅觉系统中发现的。当时人们认为它太古怪,因而没有受到主流观点的重视,直到 20 世纪 80 年代才由位于德国法兰克福的马普脑科学研究所的格雷(Charles Gray)和辛格(Wolf Singer)在猫的视皮层中重新发现[25]。

在猫和猴的视皮层上,这种节律对刺激的依赖性都得到了深入研究。神经元自发活动时基本上不存在这种节律,它强烈地依赖于视觉刺激,但是刺激与节律间并不存在时间锁定**。γ 振荡总是可以在 LFP 中观察到,在记录多个神经元的活动时,偶尔也能看到这样的振荡[也就是相邻细胞的总合锋电位(summed spikes)]。想要在单个神经元的发放模式中检测到这种节律,会遇到更多问题,不同实验室得到了完全不同的结果。

在头皮上记录到的电位中也可观察到与此类似的振荡。尽管在颅表的记录中,对某种刺激起反应的电位变化非常微小,但可通过把几

---

* 阿德里安(Edgar Douglas Adrian, 1889—1977),阿德里安男爵一世,英国电生理学家,1932 年因其对神经元的研究而荣获诺贝尔奖。——译者注
** 也就是说,两者的时间差并不固定。——译者注

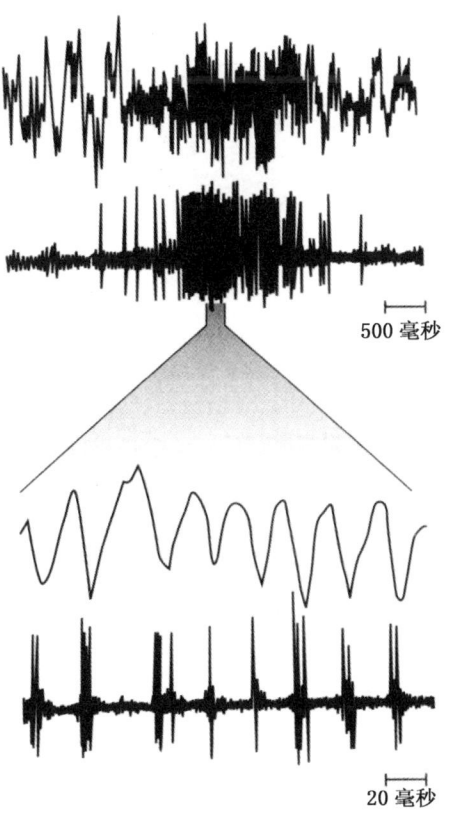

图 2.6 40 Hz 范围中的振荡

在计算机屏幕上显示移动的条形刺激时,在猫的初级视皮层上记录到的 LFP(从上数起第一和第三条记录)以及从许多相邻神经元上记录到的发放活动(第二和第四条记录)。下两条记录是上两条的局部放大,从下两条记录中可以观察到 40 Hz 左右的节律活动。改画自 Gray and Singer（1989）。

百次记录叠加起来对信号进行放大,从而得出可靠的信号,这就是诱发电位（evoked potential）。当受试者有视觉体验时,心理学家测量到了视觉诱发电位,并断定 γ 频段的活动标志着视知觉的形成,其基础则是有一群神经元以 40 Hz 的发放率发放。有假说认为,视知觉的神经相关物就是皮层中有显著节律活动的细胞集群。尽管这种解释很可能是对的，但是颅外记录到的大量神经元的电活动的空间分辨率很低，这就极大地限制了EEG及其相关方法的应用。试想一下仅靠测量海面上来回涌动的波浪就企图推断海洋的结构和深度，这会是多么困难啊！[26]

通过耳机向耳朵发送短声可以诱发听觉诱发电位，它明显地包含25毫秒的周期，也就是每秒40周[27]。临床上，医生正是以这个显著节律的消失作为麻醉深度的指标，判断脑是否从清醒过渡到无意识。40 Hz成分越弱，患者越不可能在手术过程中清醒过来，或者有什么回忆。全局意识（global consciousness）——如临床上定义的那样——与40 Hz频段里的活动有关，这一点本身并不太能说明这种振荡有什么特殊功能。不管怎么说，如果你笔记本电脑的交流电源适配器不再以50 Hz或60 Hz（这要看你是在世界上什么地方）嗡嗡作响，计算机就要缺电而关闭，但这并不意味着这种50 Hz或60 Hz的电活动与计算机所执行的操作有什么关系。对于40 Hz和麻醉之间的关系，一个确切而保守的解读是：当皮层受到某种药物严重影响时，这种标志性的活动消失了，意识也消失了。

如果40 Hz节律的发放对脑真的很重要的话，那么接受这些锋电位的神经元就必须能对它们进行解码。这些神经元必须能把它们（周期在20～30毫秒的信号）与随机发放或是以其他节律发放的脉冲区分开来。要想分析这一问题，就必须先了解神经元之间同步的程度及其范围——这是编码领域今后的一个重要问题。

神经元之间在时间上的同步化

在电生理学中，探测脑的主流方法是用单根电极追踪一个或相邻几个神经元的活动（如图2.1、图2.2和图2.4所示）。尽管在过去的几十年里，这种方法取得了丰硕的成果，但是它也有严重的局限性。

一般说来，在几十亿个神经细胞中只监听其中一个的活动，就想要对脑作出任何推断，这看上去几乎是毫无希望的。举例来说，CPU有几千万个晶体管，如果一个电气工程师仅仅监视其中的一个，会有多大把握能据此理解计算机的运作呢？作为事后诸葛亮，我只能赞叹脑的早期探索者不顾困难、一往无前的顽强决心。单细胞的电生理学已揭示出神经系统的基本处理单元，以及它们彼此之间相互连接的方式。但是，要想对相互竞争的神经元集群的动力学特性有更深入的认识，就必须要考虑几十、几百、几千甚至更多神经元的发放活动。

特别地，单细胞技术忽略掉了多个神经元锋电位之间的确切时间关系，但其中很可能包含了丰富的信息。如果有两个神经元编码同一个特性，它们是否更有可能在同一时刻发放？它们是同步发放，还是彼此独立地发放？

请想象一棵大圣诞树装饰有几百只灯泡，其中每个灯泡都随机地闪烁。为了使树顶上的一群灯泡分外醒目，你可以加快灯泡的闪烁频率，还可以控制这群灯泡齐亮齐灭，灯泡同时闪烁使它们大为醒目（只要总是同时亮灭，那么不管点亮熄灭是有固定周期的还是随机的，都会十分醒目）。如果我们把某些神经网络看作"观赏圣诞树的人"，那么类似的逻辑对脑也适用。神经元的生物物理性质使得它们对同步的兴奋性突触输入比随机输入更为敏感。举例来说，在一个较大的锥体细胞的树突上分布着100个快速兴奋性突触，如果它们在1毫秒内都活动起来的话，那么这些输入就足以产生1个动作电位。但是，如果突触前锋电位在25毫秒内陆续到达，那么突触的数量必须翻倍才能使这个细胞发放。同步化的突触输入通常比不同步的输入更容易驱动一个靶细胞[28]。

人们普遍接受上述的这些说法。争论的焦点在于，究竟是皮层细胞能够在几十毫秒的时间里把大量的输入整合起来，还是神经元能够以亚毫秒的精度检测同时到达的输入信号？

20世纪80年代，德国的理论神经科学家冯·德·马尔斯伯格（Christoph von der Malsburg）认识到神经系统可以利用同步发放来解决众所周知的绑定问题（binding problem）（在9.4节中还要更详细地讨论）。脑怎么能"知道"遍布皮层各处的各个映射区（map）上的发放活动是对应于哪个物体的哪种性质呢？正如我们先前讲过的那样，有意义的物体（例如人脸）都会在皮层及其相关附属系统的许多部位诱发出发放活动。所有这些分布各处的活动是如何结合，形成单一知觉的呢？此外，怎样才能把这些活动与同时看到的另一张脸所引起的活动区分开来呢？所有的锋电位看上去都是一样的。冯·德·马尔斯伯格认为，脑是利用同步化把这些神经元集群区分开来的。就像圣诞树上的灯泡一样，表达同一个知觉的同一群神经元同步地发放，而与编码别的脸或背景中的种种对象的集群则不同步[29]。

这些发现足以让格雷、辛格及其同事们兴奋不已。他们不仅报道了40 Hz的发放模式，还报道了这些振荡反应会在某些刺激条件下变为同步（图2.7）。科学家移动两根细条，使其穿过猫视皮层中两处神经元的感受野，这两处神经元上各放一个电极记录细胞的反应。这种刺激可以很好地诱发神经元的发放活动，但是两处产生动作电位的具体时间则互相独立。也就是说，这些锋电位并不同步。但是，如果用单独一根较长的细条来代替原来的那两根细条，当它的运动被上述两处细胞感知到时，神经元活动的同步化程度明显增强[30]。

从蝗虫的嗅觉系统，到未麻醉的猫和猴的视皮层、视动（visuo-motor）皮层、体感皮层和运动皮层样本中，人们都发现了锋电位同步化[31]。

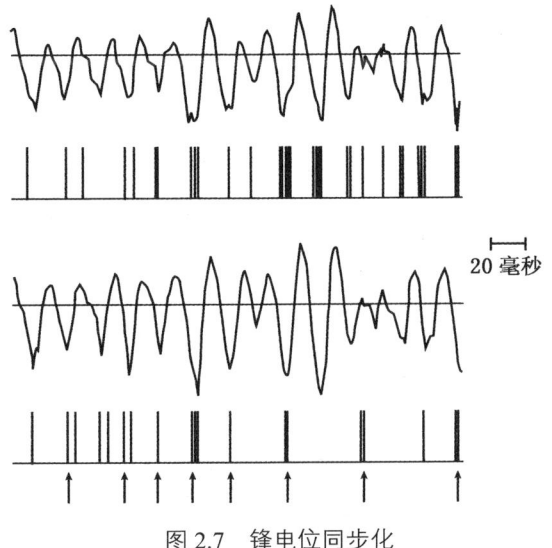

图 2.7 锋电位同步化

长的光条扫过视野时,在猫视皮层中两处记录到的 LFP(第一条和第三条)以及神经元的锋电位活动(第二条和第四条)。箭头标出了两锋电位时间差在几个毫秒之内的地方。LFP 表示的是大区域中的电活动,大致上以每秒 40 次波动。改画自 Engel et al.(1990)。

发生同步化的概率和同步发放强度都与细胞之间的距离成反比(分开越远,同步化的程度也越小),而与神经元选择性的相似程度成正比。也就是说,如果这些细胞都对同样朝向的细条有最强反应,那么它们之间的同步化要比两者朝向选择性不同时强得多。通常,同时发放(coincident firing)的精度在 10 毫秒以内,这意味着当一个细胞发放一个锋电位时,与此关联的另一个细胞要在 5 毫秒内也发放一个锋电位。

让我们再回到体育场的比喻上来。高处飞艇中的观察者很清楚,话筒接收到的相邻观众的话语是相关的,这种相关性随距离而减小(球迷的座位相隔越远,两者交谈的可能性越小)。但有时即便是坐在体育场两端的人,也会发出相关的输出,比如当球逼近球门时观众的欢呼声。

同步化和振荡之间究竟有何种关系？这是一个棘手的问题。原则上说，两者可以是彼此独立的。看看主要的股票指数，例如美国纳斯达克指数、道琼斯工业指数、日本的日经指数和德国的 DAX 指数等等。以日为单位来看，这些指数都是显著相关的。如果美国的股票交易量增加了，那么其他主要股市也会很快跟上，但是这种相关性中并没有任何明显的周期成分。反过来，看看妇女的月经，任意选取两位妇女，她们的月经周期都必在 28 天左右。她们在同一天月经来潮的机会是很小的，这就说明了有振荡并不一定会有同步化。但是，在脑这样紧密耦合的反馈系统中，振荡和同步化是密切相关的，有后者往往就意味有前者。事实上，相隔很远的两个神经元间的同步化，往往是以振荡的形式发生的[32]。

1990 年，弗朗西斯和我断言，注意某个物体时相应的神经元集群所产生的 40 Hz 同步振荡是 NCC 的标记。换句话说，如果在某个时刻，有一群前脑神经元以 20～30 毫秒为周期，并且仅在振荡的特定相位发放（称作相位锁定），就可以此确定那个时刻意识的内容[33]。

我们有关 γ 频段中同步化与意识之间的关系的说法，在神经科学界内外引起了广泛注意：有人热情赞扬，有人表示出很大兴趣，也有人对此嗤之以鼻。要想解读有关的实验现象困难重重。其原因是复杂的，但归根到底是一个问题，就是要知道该去记录哪一部分神经元；要想从震耳欲聋的背景噪声中找出一个微弱的语音绝非易事。在将来，如果能采用多神经元记录技术，同时并且连续地监测能行动的动物的几百个神经元的发放活动，这些问题最终会得到解决[34]。

现在弗朗西斯和我都不再认为同步发放是 NCC 的充分条件。从已有资料来看，同步化的作用更可能是帮助某个新生集群与其他新生集群竞争[35]。正如在第9章要解释的那样，当你注意某个物体或者事件的时候，就会发生竞争。在竞争中有所偏好的神经基质（neuronal substrate）很可能就是某个特定频段的同步发放（请参阅第10章注释11）。某个集群一旦取胜，你就会意识到与它相关的属性。此时，这个集群至少在一小段时间里无须同步也能维持。因此同步振荡很可能出现在知觉的早期阶段，在后期则并非必需。这有一点像学术界的终身制，一旦你取得终身教职后就可以稍稍松口气了。

我对发放率、振荡和同步编码策略分别做了概述。在这里要提到另一个问题，就是超稀疏时间编码（ultra-sparse temporal coding）。尽管在早期皮层区域（early cortical areas）中，单个神经元可以在一两秒内产生上百个锋电位，但是海马中的细胞可能只需要几个锋电位就可以通信了。这样稀少的发放很难与传统的发放率编码观点相容，除非是从很大一群神经元中计算出其平均发放率。在一些别的网络中，某个适当的刺激可以触发一小串锋电位，比如说在10毫秒左右的时间里发出1～4个锋电位。在随后的几秒里，神经元则保持静默，根本就没有"自发"发放。在实验中观察到的这种特异性着实让人惊讶，细胞就像是在一首演奏着的乐曲中仅仅发出一个音符，而后就保持静默了[36]。

有人也提出了别的编码原理[37]。由于我们现在对介观尺度（mesoscopic）上的神经组织（从几个到几万个神经元的神经组织）还所知甚少，目前还很难排除任何一种编码方案。本书特别强调了振荡的同步化，这是因为有大量证据表明它对我们的探索非常重要。

2.4 小　结

NCC牵涉到一些临时组织起来的神经元集群，它们对特定的事件或物体进行编码,并且与其他集群竞争。注意会选择某个特定的集群,增强其发放,最终因为该集群的发放强度最强而成为获胜集群。该集群对应于当前的意识内容。在一段时间里,它会抑制其他竞争者,直到它疲劳或者产生了适应,或者有新的输入产生了新的获胜集群。由于在任何时刻都只有一个或少数几个这样的集群占主导地位,因此我们可以讲到串行处理,但又不完全是死板地按部就班。这种动态过程与民主政治相似,在那里投票集团与利益集团不断形成又解散。

弗朗西斯和我假定 NCC 是建立在外显神经表征的基础之上。如果某个特征靠一小群相邻的神经元直接编码,那么这个特性就是外显的。包含在内隐表征中的计算深度要比在外显表征中的浅。要把一个内隐表征转换成外显表征需要额外的处理过程。V1 中刺激的朝向,或是 IT 中的面部编码,都是外显表征的例子。外显表征是 NCC 的必要条件,但不是充分条件。

主节点是脑的某个部分,毁坏了它就会对某类知觉,例如脸、运动、颜色或是恐惧知觉,产生特异性的缺陷。我们假设某种属性的外显表征所在的部位就对应于其主节点。

对外显表征和主节点这两个概念而言,它们的神经基质都是信息的柱状组织。这就是说,一小块皮层正下方细胞所共有的感受野特性,就对应于这种特性的主节点,也对应于外显表征。

神经活动有各种不同的形式,其中的关键点是如何让信息通过动作电位在脑中快速传播。发放率编码认为,在某个特定时段内,峰电位的个数包含了待编码变量的全部信息。也就是说,神经元是通过喊得有多响来编码的。在神经系统,特别是外周神经系统中(那里的持续发放率可以超过每秒 100 个锋电位),发放率编码非常普遍。至于在什么情况下还需要其他编码机制(例如通过振荡或同步化来编码),这个问题至今尚无定论。

早些时候弗朗西斯和我曾提出过有意识的知觉是基于同步发放的神经元集群，这些集群有节奏地或盛或衰，在几百毫秒的时间里就能相互作用。尽管几乎还没有实验数据能直接支持这一猜测，但有证据表明，当有多个输入争相吸引注意时，每秒 40 周左右的振荡以及相应的同步发放是产生知觉的必要条件。

在这一理论框架下，我要在第 3 章和第 4 章概述哺乳动物的视觉系统。只要有可能，我也会把视觉系统的神经元及组织结构的各种属性与有意识视觉的种种特性联系起来。

第 3 章

看 之 初

> 细节决定成败（Le bon Dieu est dans le détail）。
>
> ——福楼拜（Gustave Flaubert）

本章开篇的引言可以直译为"上帝就在细节中"。而另一些人则喜欢说"魔鬼就在细节中"*。不论细节里隐藏的是上帝还是魔鬼，科学就是要与这些细节打交道。虽然在意识、主观体验特性和僵尸这些问题上，我有很多故事可以讲，但要想认清脑的工作原理，就必须先知道它的基本性质。因为本书的大部分内容都与视觉相关，所以我先来讲讲视网膜中的处理过程和眼的运动（眼动）。在后面几章，我会介绍皮层中的视觉机制。关于视觉是怎样形成的，我要讲的这些故事会与人们的直观认识大相径庭。

---

* Le bon Dieu est dans le détail 的英文就是 God is in the details。这一成语还有种种变体，"The Devil is in the details"就是其中之一。——译者注

3.1 视网膜是一种层状结构

你能看到东西,是因为光透过眼睛的角膜和晶状体。这就像一台照相机,景物透过眼内的玻璃体把倒像聚焦在视网膜上。光透过这个微型的神经系统到达视网膜后部,被光感受器所吸收(图3.1),光

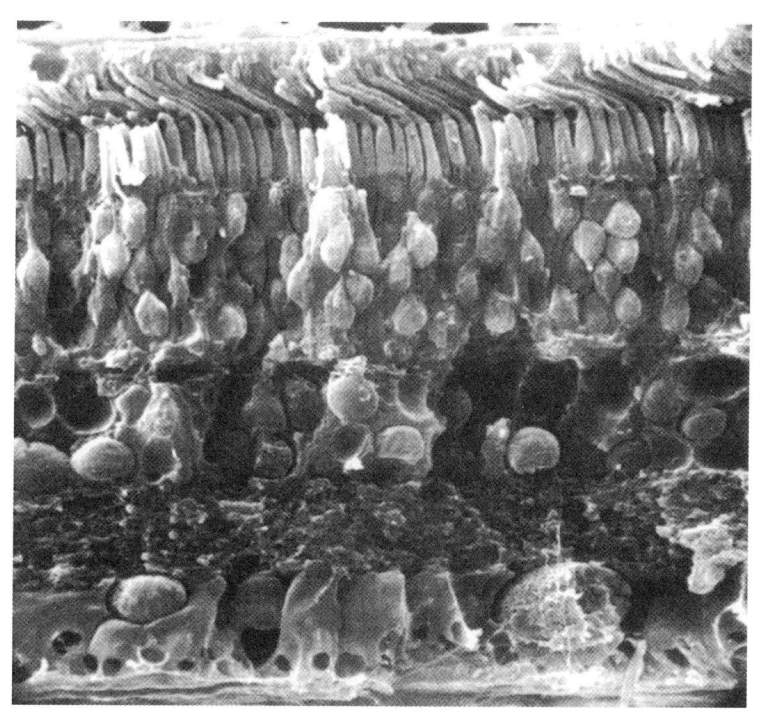

图 3.1 视网膜剖面图

在这张兔子视网膜的照片中,光线从底部进入,穿过整个视网膜,最终引起光感受器(图中顶部)的光化学反应。视觉信息首先转换成跨膜的电位变化,之后反方向通过许多细胞层(图中自上向下),直到在神经节细胞(图底部)中产生全或无的动作电位。视神经由超过100万个神经节细胞的轴突构成。锋电位沿视神经传向脑中的视觉处理中枢。"R.G. Kessel and R.H. Kardon, *Tissues and Organs: A Text-Atlas of Scanning Electron Microscopy*, W.H.Freeman & Co., 1979"持有版权,并保留所有权利。

信号转换成了电信号。接下来,水平细胞、双极细胞、无长突细胞和神经节细胞等通过一连串复杂的步骤,对这一信号进行处理。据统计,视网膜上大约有60种不同的细胞类型,很可能每种都有不同的功能。物理学家和数学家习惯于寻求简洁、有力而且普适的原理来解释脑的设计和功能,这么多细胞类型自然很令人烦恼。但同时,这一现象也在警示我们——皮层及其附属器官中的细胞种类很可能会有好几百种[1]。

视网膜的神经元能增强画面的时空对比度,并且根据不同光感受器对光子的吸收程度来编码波长信息。这一处理过程的细节和我所要做的探索没有直接关系[2]。视网膜唯一的输出就是150万根神经节细胞的轴突,它们构成了视神经(optical nerve)。

如果用显微镜去观察一台新式摄像机,你会看到成像面板上布满了完全一样的电路单元。这就像美国西部某处巨大的新住宅开发区,望不到边的房子全都一模一样。但是,眼睛所遵循的却是完全不同的设计策略。

在视网膜上不均衡地分布着两类光感受器。大约有1亿个视杆适于在微光条件下工作,还有500万个反应更快的视锥负责白昼视觉。对大多数日常活动(包括阅读)来说,视杆的输出都饱和了,只有视锥才能提供可靠的信号。

在视网膜中,中央凹的中心分辨率最高(图3.2),视觉最敏锐。视锥感受器的有效密度从中央凹向四周随距离增大而快速下降,以视角(或者说偏心度)来计算,距中央凹12°以外就没有视锥了。在中央凹中心1°以内的小区域中,集中了极大量的光感受器和神经节细胞,而其外的光感受器和神经节细胞数量则要少得多[3]。

由于感受器的分布不均匀(中心部分多、外周少),人们需要不断

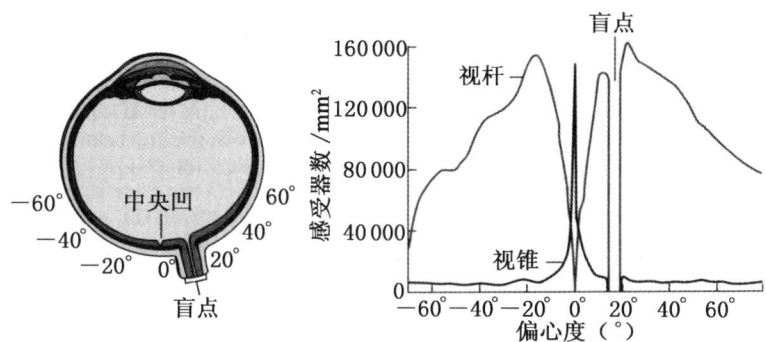

图 3.2　光感受器的分布是不均衡的

左图是眼睛切面的示意图。相对于视觉最敏锐处（即中央凹）的角度称为偏心度。在中央凹外，视锥的密度下降极快。与此相反，夜间视觉由数目多得多的视杆介导，它们在离开中央凹的某段距离外最为密集。在盲点处没有光感受器，此处神经节细胞的轴突形成视神经，把眼睛和脑连接起来。改画自 Wandell（1995）。

转动眼球，把中央凹对准环境中他们感兴趣的地方。这种运动使得视网膜神经元能够以最高的分辨率对这一区域采样。人们在主观上并不能感受到光感受器的这种非均衡分布，视觉仿佛到处都一样敏锐和清楚，但其实这只是一种很逼真的错觉。用下面这种简单办法就能证明你眼角的余光并非那么清晰。请盯着下一行中间的"●"，不要转动你的眼球，并试着认出尽可能多的字母：

txet siht fo tsom ● daer t'nac uoy

在两边你能读出的字母都不会超过两三个。离中心较远的那些字母，需要按距离成比例放大才能看清。

3.2　色觉需要三种视锥

色觉这一极端重要的感觉，是神经系统的产物。它把不同类型视锥的活动作比较，进行计算，并得出结果。世界上其实并没有什么

"红色"或"蓝色"的物体。像太阳这样的光源，所发出的电磁波波长范围很广，物体表面对辐射的反射也是连续分布的，射入眼睛的亮度也是连续的，但我们大家却要把一些物体说成是红色、蓝色、紫罗兰色、紫色、洋红色等等。颜色与深度或波长不同，它并不是一个直接的物理量，而是由脑构造出来的。不同物种所具有的视锥类型数量也有所不同，所以它们面对同一物体，也会看到不同的颜色。举例来说，有种虾有11种视锥细胞，它们看到的世界必定十分绚丽多彩！

大多数哺乳动物有两种视锥感受器。人、猿和旧大陆猴则是例外，它们有三种视锥。按照光谱中它们所最敏感的那部分光的波长，可将视锥分为短波、中波和长波视锥，简称为S、M和L视锥。由于感受器的敏感区域互相交叠，所以任何一个光子都可被不同感受器中的视色素所吸收。每种视锥都会报告它们一共吸收了多少个光子，但是光谱成分并没有任何外显表征。因此在这个早期阶段，颜色是由三个数（也就是三类视锥的相对激活程度）来内隐编码的，这就成了扬（Thomas Young）和亥姆霍尔兹（Hermann von Helmholtz）著名的色觉三色理论的基础。由于科学家对人类视色素的基因差异有了更多认识，因此三色理论需要拓展，使之能合理解释有些女性有四种视锥感受器、有些男性只有两种视锥感受器的情况[4]。

三类视锥在视网膜上的分布是不均匀的。在中央凹中心没有S视锥，由于这里是视觉最敏锐的地方，也许会以为这种缺陷任何人都很容易察觉到。事实上，要想察觉这种缺陷，不能依赖于直接观察，而要靠间接推理，让观察者看一个中间有洞的紫色圆环（想象有一个压扁了的面包圈，请看图3.4的最下面一行）就可推断出来。只要观察者精确地注视圆环中心，使洞正好落在视网膜中心没有S视锥的部分，人脑就会假想周围的紫色延伸到了中心区域。这样，看到的就会是一个圆盘而非圆环。在 2.1 节中，我曾提到过脑总是根据邻近区域的信息推断缺失的数据[5]。

在中央凹以外，S 视锥也要比 M 视锥和 L 视锥少得多；而且，M 视锥和 L 视锥最为密集的区域彼此混杂在一起。然而，这些视锥细胞的不均匀分布并不会表现出来，当你看到单色表面时，你不会觉得它上面有斑点。这大概是因为在视野中到处都有补插机制在起作用，这些都是似乎带有"欺骗性"的知觉的一部分[6]。

3.3 眼中的空洞：盲点

在中央凹不远处，所有神经节细胞的轴突聚成一束离开眼睛（图 3.2）。这个区域中没有光感受器，也就无法直接得到这一部分图像的信息。这就是盲点（blind spot）[7]。

正常情况下，来自一只眼的输入弥补了另一只眼的盲点。但即使闭上一只眼睛，你还是看不到视野中有一个洞。而要是家里的摄像机有了坏点，那么每帧图像上都会出现难看的黑点。这两者差别何在呢？

与电子成像系统不同，脑不是简单地忽略盲点。脑会用补足（completion）（如图 2.5）、插值（interpolation）（如 3.2 节所述）和补插（filling-in）（2.1 节）等主动处理手段，为这个盲点添上一些性质。皮层神经元根据一些合理假设来进行补插：自然界中某位置的视觉性质（颜色、运动、边界朝向等等）与它邻近位置的性质类似。如果你在盲点位置横放一支铅笔，你看到的还是一支完整的铅笔，它的中间并没有洞。盲点左右的神经元发出水平轮廓（即铅笔）的信号，负责表征盲点处视觉信号的神经元就假定在盲点处也存在轮廓[8]。

加州大学圣迭戈分校的心理学家拉马钱德兰*（Vilayanur Ramachandran）做了许多巧妙的实验来研究补插问题。与刚刚讲过的中央凹实验类似，他让观察者盯着一个黄色圆环看，并使没有一点黄颜色的中心部分完全落在盲点内。观察者看到的是一个黄色圆盘，只要稍微偏开一点，观察者就能清晰地辨认出圆环。脑不完全依赖于视网膜的输入信息，它对盲点处的内容作了合理的猜测。在盲点处，并没有任何视网膜神经元对光信息进行处理，因此 NCC 不可能在视网膜里。否则，你在看世界的时候应该看到两个洞[9]。

3.4 感受野：视觉的关键概念

神经节细胞是信息从视网膜传出的唯一通道，很容易用微电极捕捉到它的全或无发放活动（图3.3）。洛克菲勒大学的哈特兰（Keffer Hartline）在研究马蹄蟹（鲎）的视觉系统时引入了感受野这一概念，库夫勒（Stephen Kuffler）在巴尔的摩的约翰·霍普金斯大学工作时开创性地以实验深化了这一概念。实际操作中，可把感受野定义为视野中的某个区域，对这个区域进行适当刺激，例如一个闪烁的光点，就可以调制这个细胞的反应[10]。

电生理学家常把电极的输出放大后接到扬声器上，这样就能比较容易地根据神经元放电的声音来定位其感受野。没有任何刺激时，许多细胞也能自发地每秒发放一个或一串锋电位，但如果有一个小光点落到细胞的感受野中，扬声器就会发出一阵噼啪声，听起来就像机关

---

* 拉马钱德兰（Vilayanur Ramachandran），印度裔神经学家，因在行为神经学和心理物理学方面的工作而闻名于世。坎德尔把他称为当代布罗卡。——译者注

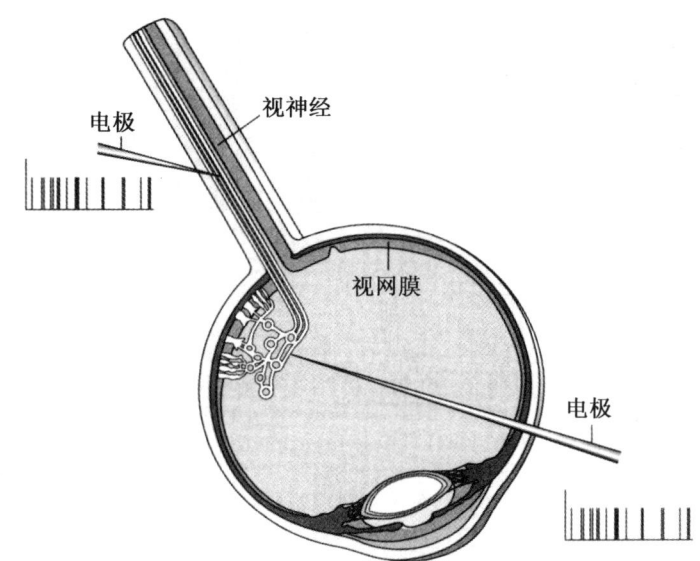

图 3.3　记录神经节细胞的活动

既可以把微电极插在视网膜神经节细胞的细胞体附近记录动作电位，也可在眼球之外的视神经里进行记录。改画自 Enroth-Cugell and Robson（1984）。

枪在开火。这种声音就代表有一个给光中心细胞（on-center cell）（图 3.4 左图）。如果把光点从感受野的中心向外移开一点，它就起遏制的作用。落在中心区域之外的周围区域里的光点都这样。如果把光从这个抑制性的周边（surround）区域撤除（关闭光源），就能引起细胞的撤光反应。因此，对给光中心细胞来说，一圈黑暗环绕的光点产生的反应最强。

撤光中心细胞（off-center cell）也具有这种同心圆式的中心–周边组织，但是符号正相反（图 3.4 右图）；也就是说，被光环所环绕的暗中心所引起的神经细胞反应最强。

绝大多数视网膜神经节细胞的感受野有一种空间拮抗结构：来自中心区域的反应对抗来自周边区域的反应。用一个大光点刺激就能说

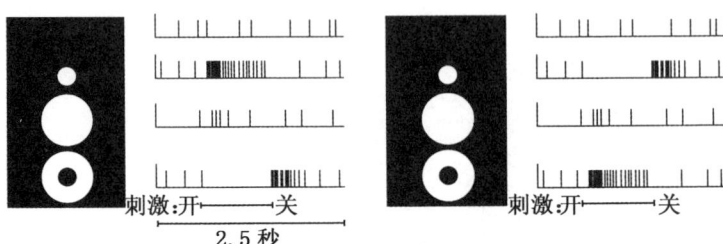

图 3.4 给光中心细胞和撤光中心细胞

猫视网膜中的给光中心神经节细胞(左图)和撤光中心神经节细胞(右图)在 4 种条件下的发放反应。第一行:在黑暗中;第二行:小光点落在感受野上;第三行:大光点落在感受野上;第四行:光环。这些神经元对圆形光斑或暗斑的反应最大。改画自 Hubel (1988)。

明这种拮抗作用。如果光点既能盖住中心区又能盖住周边区,那么细胞的反应通常很弱(图3.4)[11]。

正如在 2.1 节强调的,神经元的感受野这一概念是知觉神经科学的基石。这一概念并不仅限于空间布局(即中心-周边组织),也可以是细胞最敏感的光的波长、使神经元反应最大的刺激运动方向,等等。这一概念也能推广到其他感觉模态,例如听觉神经元的感受野既可以针对最优音高,也可以针对特定音源(哪侧耳朵驱动)。

在这一概念背后隐含了两条假设。第一,人们相信生物体可以把复杂场景分解为单个神经元的反应。当然这种说法有些过于简单,多细胞的协同发放很可能比单个神经元携带更丰富的刺激属性[12]。第二,想对感受野做定量分析,需要先知道神经元反应中有哪些特性对大脑其余部分会有重要意义。可不可以只考虑锋电位的个数或是峰值发放率?这两种常用的度量默认神经元依靠发放率进行编码(图2.3),抑或锋电位的时间模式中也携带信息?如果考虑到生物鲁棒性,也为了实际操作的方便,大多数神经科学家只记录某一段特定时间中锋电位的个数。

现在到了概括 NCC 的研究策略的时候了。这就是要把单个神经元的感受野性质和受试者的知觉关联起来。如果有意识知觉的结构无法与某个细胞群的感受野性质对应起来，那么仅靠这些神经元不大可能产生有意识的知觉。如果知觉体验与感受野性质相关，那么下一步就要确定，是这些细胞本身足以产生有意识的知觉，还是这些细胞不过碰巧与知觉相关。为了证明两者之间存在因果关系，还需要进行更多的实验来揭示神经元群与知觉之间的关系。

这只要举一个简单的例子就够了。令人惊奇的是，人们竟然不知道他们究竟是用左眼还是用右眼看到某一图像的。譬如有一个小光点从正前方直射到一只眼睛里，观察者只能猜测究竟是哪只眼受到了刺激（不允许眨眼或摇头等作弊手段）。所以说，负责视觉意识的神经元集群无法外显地编码源眼（eye-of-origin）信息[13]。

3.5 从眼出发的多条并行通路

再回到一个很普通却很关键的眼睛结构：神经节细胞的轴突。神经科学的创立者、西班牙人卡哈尔（Santiago Ramòny Cajal）在 19 世纪末首先染色并辨认出脊椎动物视网膜的基本细胞类型。与鉴别邮票类似，神经元通常是根据外观来进行分类的；也就是说，按照它们的细胞体、树突和轴突终末的形态、位置和大小来进行分类。现在，除了这些信息之外，还会加上特定的分子成分来区分神经元，例如是否有特殊的钙结合蛋白[14]。

迄今为止，已知数量最多的神经节细胞是侏儒神经元（图 3.5）。在中央凹，单个视锥通过中间神经元刺激一对给光/撤光侏儒神经元，这也是侏儒神经元唯一的输入。有光点刺激时，给光细胞的发放率增

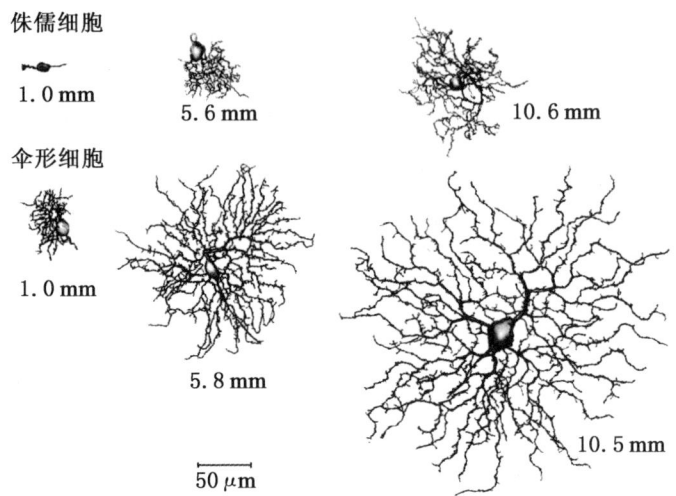

图 3.5　视网膜神经节细胞

从视网膜到丘脑的输出主要有两类细胞。在离中央凹一定距离范围内，树突树小而致密的侏儒细胞（midget cell）的数量，比树突较大的伞形神经元（parasol neuron）的数量要多得多。远离中央凹时（以偏心度记，也就是距离中央凹的毫米数）细胞大小会稳步增大。改画自 Watanabe and Rodieck (1989)。

大，撤光细胞则正好相反。反过来，撤光细胞在光从其感受野的中心区撤除时猛烈发放。由于单个视锥光感受器与侏儒细胞之间有这种一对二的连接，它们起传送图像细节信息的通路作用。

每 10 个神经节细胞中大约有 1 个是属于伞形的。如果偏心度相同，伞形细胞比侏儒细胞的树突树更大（图 3.5）。伞形神经元从许多视锥搜集信息，对感受野的中心区给光时，其发放率也会相应地增大（给光型）或减少（撤光型）。随着视网膜偏心度的增大，树突树的空间范围也增大，相应地，它们的感受野也会增大。

外侧膝状体：视网膜和皮层之间的中途站

向细胞体注射化学示踪剂后，细胞就会将这种物质一路传送到轴突终末，这样就把整个轴突都染上色，神经解剖学家就可看到某个细胞群体的投射模式。反过来，在逆行输送中示踪剂沿着轴突倒传到细胞体中。

对神经节细胞染色时，能发现至少有九成细胞都投射到一中枢丘脑结构——外侧膝状体（lateral geniculate nucleus，LGN）（图3.6）。在好几个处理视觉信息的核团中，这是最著名的一个。

LGN位于视网膜和皮层之间。视网膜传来的信息在膝状体中继神经元上进行转换，并向前传送到V1。LGN投射细胞的感受野与其输入纤维的感受野几乎完全一样，以至于人们通常认为来自视网膜的输入在LGN中并没有做什么重要变换。

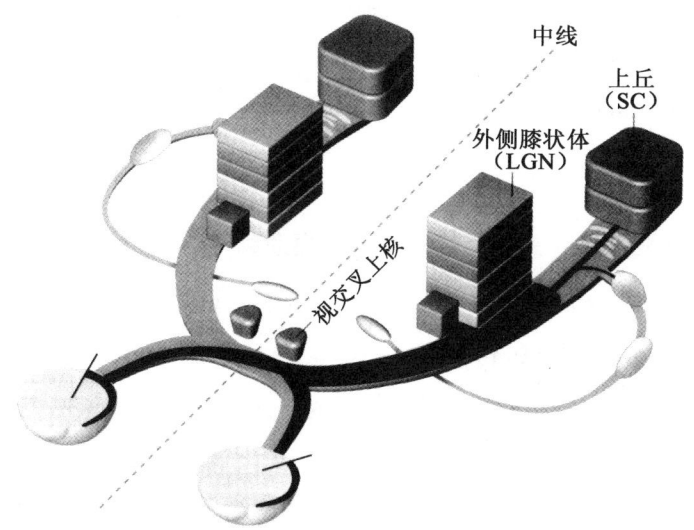

图3.6 视网膜输出后的历程

大概有90%的视神经纤维投射到丘脑的外侧膝状体（LGN），由此再投射到V1。这一通路主宰有意识的视知觉。大约有10万个神经节细胞投射到中脑顶端的上丘（superior colliculus，SC），这些细胞负责有较强自主性的眼动行为。有些更小的神经元群体投射到一些小核团，这些核团与意识之外的背景活动有关。本图是示意图。图版1C给出了真实的大小。改画自Rodieck（1998）。

这么想很可能是不对的。因为从 LGN 到初级视皮层（V1）不仅有前向投射，还有大量的并行皮层反馈。在猫脑中，从 V1 到 LGN 反向投射的纤维要比前向投射多出约 10 倍！这就像一台连接到计算机上的摄像机，从计算机反过来连到摄像机上的电缆要比从摄像机接到计算机的电缆粗得多。在 LGN 的所有突触中，大约有一半来自皮层，还有许多突触来自脑干的弥散性投射。它们有什么功能？对于途经 LGN 的视网膜输入，皮层很可能有选择性地对其增强或遏制，但像这样对所有丘脑核团的大规模反馈，其功能尚不清楚[15]。

LGN 的形状就像一块 6 层蛋糕。最底下的 2 层含有称为大细胞（magnocellular）神经元的大细胞体，顶上 4 层则含有称为小细胞（parvocellular）神经元的小细胞体。要是仔细观察，还可发现夹在层与层之间的亚结构中，有一种锥形的小神经元，称作尘粒状细胞（koniocellular）神经元。在膝状体的每一层，视觉环境的映射都是连续的。

膝状体-皮层通路是视网膜输出的主要通路

视网膜中的每个侏儒细胞将其输出传送到 LGN 四个小细胞层中的一层。中继细胞从 LGN 出发，进一步投射到 V1 中一个非常清晰的亚层，它被令人费解地标记为 4cβ，只有几分之一毫米厚（见图 4.1）。各偏心度处的所有侏儒细胞，加上它们在膝状体的靶细胞，以及在皮层的接受者，合在一起称为小细胞流、小细胞通道或者小细胞通路（parvocellular stream, channel or pathway）。类似地，每个伞形细胞也都会投射到两层大细胞层中的一层。在那里，膝状体细胞支配初级视皮层的 4cα 层和第 6 层。这一系列细胞合在一起称为大细胞通路（magnocellular pathway）。尘粒状细胞神经元在 V1 有明确的终止区。

生物学中，功能与结构密切相关。视网膜神经节细胞的不同解剖性质，以及它们在 LGN 和 V1 中各自分开的终止模式，都与它们的行为和功能特性有关（表 3.1）。

表 3.1　有意识视觉主要由视网膜到 V1 的两条通路负责

性　　质	小细胞神经元	大细胞神经元
颜色拮抗	是	否
感受野的大小	较小	较大
对阶跃光的反应	持续	瞬时
低反差的运动刺激	反应弱	反应强
高视锐度视觉	是	否
在神经节细胞中所占的百分比	70%	10%

小细胞神经元对给光或撤光刺激能产生持续反应。这就是说，只要刺激还在，它们就一直维持发放（尽管发放率会降低）。而大细胞神经元的反应则是瞬时性的。一般说来，大细胞神经元对快速变化的刺激（如运动）更易产生反应，而小细胞神经元则更容易对持续或慢速变化的刺激起反应。

小细胞神经元比大细胞神经元多得多，它们负责表征具体细节，也表征颜色。红-绿拮抗细胞（red-green opponent cell）是小细胞神经元的一个亚类，它们的感受野中心兴奋性部分接受来自 L 视锥（红色）的输入，而在外周则接受来自 M 视锥（绿色）的输入。与之互补的另外一种细胞则受投向中心的绿色光点驱动，而为红色环状光圈所抑制。这些细胞群体就对应于红-绿拮抗通道（red-green opponency channel）。早在 18 世纪，就有人从测量感觉的实验中推测过这种通道。大细胞神经元对波长很不敏感，也不存在颜色拮抗组织。它们携带的信号仅与亮度有关（L、M 和 S 视锥都有贡献）。

这些通路的一大特点是在解剖上相互独立。科学家可以通过多次注射化学毒素，破坏猴 LGN 某一层内的所有细胞体，从而选择性地破坏某个通路。在完全破坏某个通路之后，可以训练动物识别颜色，或者识别需要有一定视锐度才能恰当分辨的模式，这与验光师检验视力的方式很类似。

破坏小细胞层会严重影响颜色视觉和高分辨率的空间视觉。无论是细节，还是反差较低的图形，猴子都无法顺利检测。如果目标仅包含颜色信息，猴子就完全找不到目标。但是这只猴子依然能顺利检测随时间迅速变化的模式。反过来，如果破坏大细胞通路，猴子对细节的敏感性不会有显著变化，但是它检测快速变化的能力会有所下降[16]。

除了大细胞流和小细胞流，还有第三条通路，即尘粒状细胞通路。在空间上，尘粒状细胞神经元没有明显的中心-周边组织，但这些细胞传输颜色拮抗信号，即对 S 视锥与 L 和 M 视锥之和的差［S-(L+M)］起反应。赫林（Ewald Hering）根据颜色知觉的实验，认为这条通路与黄-蓝拮抗通道（blue-yellow opponency channel）有关[17]。

只要人的眼睛一睁开，这三条通路中的 100 万条纤维便可每秒传送 1 000 万比特以上的视觉信息。这个数量非常巨大，但是在第 9 章会发现，意识忽略了其中绝大多数的信息。

虽然大细胞神经元、小细胞神经元和尘粒状细胞神经元是视网膜的主要输出，但视网膜还有些次要输出。除了下一节将要讨论的上丘投射之外，许多神经节细胞还会把视觉信息传送到各个小核团上去，这些核团负责眨眼、注视、瞳孔控制、昼夜节律和其他调节功能（图

3.6）。所有这些核团中都没有视觉世界的映射区（map），它们不大可能在有意识的视觉中起作用。

3.6 上丘：另一个视觉脑

大约有10万条神经节细胞的轴突从视网膜传向中脑顶部的上丘（superior colliculus, SC）。在鱼类、两栖类和爬行类中，上丘是最重要的视觉处理中心。在灵长类中，皮层取代了上丘的许多功能并加以扩展，但上丘对朝向反应以及眼睛和头的运动还是很重要的。

有些患者丧失了部分或全部V1以及V1周围的一些皮层区域，尽管他们的视网膜-上丘通路依然完整，但是在受损区域对应的视野里，他们没有视觉[18]。因此，仅靠上丘可能无法产生有意识的视觉。

灵长类动物不断进行着眼球跳动*。在这种快速眼动中，上丘起了关键的作用（在下面几页中还要再讲这个问题）。上丘发出的信息包含了眼球当前位置与将要注视位置的差异，这一信息直接传到脑干中控制眼球肌肉的眼动区，及丘脑中的丘脑枕核（pulvinar nuclei）。

上丘的三个层次十分明显：表层、中间层和深层。其中，表层以拓扑图的方式接收来自视网膜神经节细胞的直接输入。较深的两层神经元与行为有关，这一点已通过直接输入电流刺激的实验得到了证实。如果电流的幅度足够大，就会触发眼球跳动。

---

* 原文为saccades，旧的名词审定中译为"扫视"。但据我国研究眼动的先驱孙复川教授的意见，眼球进行扫视运动时根本就看不到东西，而且这是一种陡然的跳动，并非以一定速度"扫"过去。因此他认为把saccades译为"扫视"不妥，而建议译为"眼球跳动"，简称"跳动"。——译者注

3.7 眼动：眼球跳动无所不在

眼睛及其各种运动模式不仅广为文人墨客所称道，其中包含的奇妙信息也吸引了大量科学家。6 块眼肌控制眼球以若干种不同的模式转动。

眼球跳动是一种双眼同步进行的快速运动。在进化过程中，完成一次眼球跳动的时间渐渐缩短到小于 0.1 秒。脑的目标是要瞄准某个点；一旦眼球开始跳动，中间就没有任何视觉控制，直到眼球停下来。如果眼球停下时偏离了目标，眼球还会再做一个小幅度的校正性跳动，使目标恰好落到中央凹。

人的眼睛一直在动。阅读时，眼球用一系列小的跳动掠过文字。看着人脸时，眼球会快速掠过眼睛、嘴、耳朵等等。以每秒几次跳动的频率计，平均下来一个人每天要经历 10 万多次眼球跳动，与心跳的次数差不多。与视神经上的信息传递类似，这种无休止的眼动几乎全不进入意识之中（在 12.1 节中，会进一步探讨这一点）。

两次眼球跳动的时间间隔非常短，只有 120～130 毫秒。这个时间恰好是注视时处理信息所需的最短时间。

快速移动目光看似轻而易举，实际却需要全脑各处通力合作。大体说来，有两条并行通路负责眼球的跳动。有物体在一旁出现时，上丘负责产生反射性的眼动和注视物体，而后顶叶和前额叶皮层区域则负责有计划的、随意的眼球跳动。如果有一个系统受到损伤，另一个系统多少能给予一点弥补[19]。

追踪一只飞鸟时，眼睛的运动模式称为平滑追踪（smooth pursuit）。脑中的另外一些部位负责控制这种运动。

图像固定时视觉消退

如果不让眼睛运动（例如人为地把图像固定在视网膜上），视觉很快就会消退。在视觉功能的脑成像实验中，科研人员会要求受试者尽可能保持眼睛不动，以减少运动伪迹，从而提高信噪比。受试者躺在磁铁中间，凝视标记点，整个视野就会逐渐消退（某种暂时性失明）；如果中途眨眼，这一现象便消失[20]。

人们常常以为，消退纯粹是视网膜上的现象，是由视网膜神经元对时间求导所致。这遵循着下述箴言：如无变化，请勿无事报告。但是这个解释并不全面。20世纪50年代末的实验表明，线条画的消退与图像的全局性质有关，而这些性质在视网膜上并无表达。

很遗憾，目前还不清楚消退的神经基础。表达视觉意识的神经元，其兴奋性的变化应该能反映知觉上的消退。这就是说，如果图像从意识中消退，那么NCC中的相关活动也会减弱消失。

眼球跳动的遏制——为什么看不到自己的眼睛运动

眼动对视觉系统的其余部分有什么影响？刚刚会摆弄摄像机时，满屋子转着跟拍蹒跚学步的小孩，看回放时可能很快就会感到头晕目眩。摄像机的突然运动会让人很不舒服，但为什么每次转动眼睛时却没有这种感觉呢？从主观上来说，外部世界看上去是如此稳定，为什么？[21]

可以想见，快速眼动的另一大缺陷是使图像模糊。如果用低速快门拍摄一辆飞驰而过的汽车，就会出现类似的情况。在眼球跳动的那30～70毫秒内，视野本应该很模糊，但事实上它却非常清楚。这是怎么回事呢？

眼动时视觉还能保持清晰稳定，这是许多过程综合控制的结果，其中包括眼球跳动的遏制（saccadic suppression）。这一机制在眼动时对视觉进行干涉,照镜子就能体验眼球跳动的遏制。首先注视你的左眼,然后注视你的右眼,如此轮流交替,你永远不会看到自己眼睛的运动——这并不是因为眼睛运动得太快——你能清楚地看到别人的眼球跳动。在眼球转动的瞬间,一些视觉功能被关闭了。这样你才不会感到模糊,也不会觉得外部世界每秒都抖动几次[22]。

那为什么在平时,视觉中并没出现恼人的"空白片段"呢?一定存在某种巧妙的跨眼球跳动整合(trans-saccadic integration)机制,在这些时段里插入某种"虚构情景",把眼球跳动前后的图像综合起来。但是这种整合的机制,还有它在脑中的位置,现在还不清楚[23]。

眨眼

眨眼时,眼泪润滑角膜表面,保持眼睛清洁。在读本小段时,一般人都会眨几次眼。每次眨眼都会遮住瞳孔,在 0.1 秒左右的时间里完全失去视觉。人们对室内光线的闪烁异常敏感,但是对眨眼却浑然不觉[24]。

所以我认为 NCC 对眨眼根本不关心。也就是说,眨眼时,虽然视网膜神经元停止发放,但在视觉临时关闭的这段时期,NCC 神经元还会继续维持发放。

如果把日常生活当成一部电影,那么其中由于眼球跳动和眨眼而被"剪"掉的片段加起来竟有 60～90 分钟之多!有一个多小时的"片子"消失了,而我们并没有发觉。更令人惊讶的是,在 19 世纪科学家开始研究这个问题以前,竟然没有人想到过这一点。

3.8 小　结

视网膜是一种非常神奇的组织,具有多层神经处理结构。它比一张信用卡还要薄，其中有 50 多种特殊细胞。神经节细胞的轴突构成视神经离开眼睛。它就像一条电缆，传送着以电脉冲时间序列编码的消息，并按照多个并行通道组织起来。可以粗略地用几十个照相机来打比方，其中一个传送黑白信息，另一个传送红-绿拮抗信息，再一个传送黄-蓝拮抗信息，还有一个通道则对亮度随时间发生变化之处非常敏感，如此等等。

这方面研究得最多的是大细胞通路、小细胞通路和尘粒状细胞通路，这些通路通过外侧膝状体投射到初级视皮层。大细胞神经元传送有关亮度和时间变化的信号（例如在观察运动物体时），小细胞神经元传送红-绿拮抗信息以及空间细节。尘粒状细胞通路关心的是黄-蓝拮抗和另外一些图像特性（现在我们还不太清楚）。所有这些通路，都是有意识的视觉体验的基础。

从眼球出发的第二大神经束投射到上丘，它与自主快速眼动有关。还有许多其他神经机制用于控制跳动和其他快速眼动，这些眼动速度快、精确，并且有适应性。还有少数神经节细胞投射到脑干的一些零星部位。这些部位控制着注视、瞳孔缩放以及其他重要的日常功能，但大部分这些信息不会进入意识。

我们并非用眼在看，而是用脑在看。神经节细胞的编码与意识知觉存在许多差异，其中包括：随着与中央凹距离的增加，空间视锐度迅速下降；在视觉最敏锐之处，只有两种光感受器；在视野外周没有颜色表达；盲点；眼动时图像模糊；眨眼瞬间失去视觉输入。

丘脑和皮层的神经结构解读视神经信号，并对整个外部世界产生一个稳定、统一而合理的观感。尽管要想看见东西就一定要有眼睛，但在视网膜中，肯定没有 NCC。下一章就来谈谈视觉皮层吧。

第4章

初级视皮层是典型的新皮层区域

> 必须把下面这一点作为一条普遍原理来认识,这就是:皮层物质……赋予生命,即感觉、知觉、认识和意志;它也产生运动,即按照意志和天性行动的能力。
>
> ——斯韦登堡*

即使没有皮层,你也能活着,但那样你只是个毫无觉知的植物人。在1740年写下上述引文的瑞典人斯韦登堡是博学家和神秘主义者,他是最先阐述皮层对精神生活重要性的人之一。皮层是知觉、记忆、言语和意识的最根本的物质基础。

从种系发生的角度来看,大脑皮层可以分成古老的嗅皮层和海马皮层,以及较新的新皮层(neocortex)。只有哺乳动物才有新皮层这种

---

* 斯韦登堡(Emanuel Swedenborg,1688—1772),瑞典科学家和神学家。从研究自然科学转向神学,其通灵幻象和对圣经的神秘解释成为新耶路撒冷教会的基础。——译者注

覆盖在脑表面的多层结构。事实上，新皮层和乳腺一样，都是哺乳动物的标志性特征。由于新皮层对意识知觉的重要性，有必要详细讨论它的解剖和生理特性。

本章重点介绍新皮层（为简短起见也写作皮层）的一般性质，以及初级视皮层（V1，视网膜–膝状体输入的目的地）的一些特点[1]。V1是迄今为止研究得最多的皮层区域。其他皮层将在第7章和第8章进行介绍。

4.1 猴子视觉作为人视觉的模型

任何一种合理的意识理论都必须建立在神经元的基础之上。研究神经元一定会用到微电极、解剖学染料，还有别的侵入性（且常常是不可逆的）操作。因此对人脑来说，这些技术中的大部分都不可用。

人们以猕猴为实验对象来研究知觉的神经基础。除人类之外，猕猴是分布最广的灵长类动物（有关人和猴子的分类问题请参看第1章注释21），其中包括普通猕猴（Macaca mulatta）和食蟹猴（Macaca fascicularis）。这些动物在进化上和人分开已有3 000万年了，它们都不是濒危动物，也能很好地适应圈养。

在进化过程中，从最简单的灵长类动物（如原猴亚目）到人，皮层的量（amount）增加了几百倍，但是皮层细胞的类型却没有发生与之相当的变化。事实上在所有的哺乳动物中，都能找到小的和大的兴奋性锥体神经元、有棘星状细胞，以及抑制性的篮状细胞、无棘星状细胞、双束神经元（double bouquet neurons）和其他各种抑制性神经元[2]。

迄今为止，唯一的例外是梭状（spindle）神经元，这是一类巨型细胞，只存在于额叶皮层的两处新皮层区。这些细胞在人脑中密度很高，在类人猿中就少很多,而在猴、猫和啮齿动物中则完全没有。一些诱人的线索提示这类细胞可能与自我监视以及自我觉知有关[3]。

猴子天性好奇,经过几个月的训练就可以完成复杂的视觉-运动任务。它们在许多视觉任务上的表现,如果采用合适的方式与人类进行比较,两者的共性超过差异。本书提到的许多实验表明,猴子与人有同样的运动、深度、形状和颜色知觉。它们也与人一样,能对相同的视错觉作出反应;与人一样,猕猴的两只眼睛也向前,也有3种类型的视锥光感受器,中央凹也比其外周灵敏;它们的眼动类型、负责视觉的皮层区也都与人相似。如果所研究的行为越来越复杂,那么肯定避免不了物种之间的差异。本书的主题是感知觉,而不是自我、抽象推理或语言。在前一层次上,猴子与人在视觉方面虽有差异,但不会有本质区别[4]。

4.2 新皮层是一种层状结构

人的新皮层及其连接物占了整个脑体积的80%左右。与丘脑、基底神经节或脑干之类的脑结构不同,新皮层是一层薄片,其面积大大超过了厚度。它高度褶皱,具有层状结构(见图版3和图版4)。皮层表面积的大小随物种而不同,从鼩鼱的$1\ cm^2$左右,到猕猴的$100\ cm^2$,直到人的$1\ 000\ cm^2$,而某些鲸类的皮层表面积比这还要大几倍。可以把自己的大脑皮层想象成是两张揉皱了塞在头颅里的薄饼,其直径为35 cm,厚2~3 mm。

神经元的整体密度是相对恒定的,与区域无关(唯一的例外是V1),每平方毫米表面下的皮层中大约有100 000个细胞[5]。

新皮层中的灰质由一大堆神经元的细胞体、树突、突触以及支持细胞组成。按照细胞体与纤维的类型不同和密度差异，又可以再细分为若干层（如图版 3 和图版 4 所示）。一般认为新皮层分 6 层，还可进一步细分。神经元可以按照它在这种层状结构中的层位（laminar position）加以标识。细胞体所在的层位可以大致说明该神经元在皮层结构中的功能。后续内容涉及的一些解剖规则，会在第 7 章进一步详述。

最上面的第 1 层就在包裹脑的膜下面，该层的特点是缺乏细胞体（图 4.1）。这一层接收来自其他皮层区域的反馈，以及某些非特异性的丘脑输入。可以把这一层看作为给其下各层的神经元提供了广泛联系的环境。下面的第 2、3 层属于表层（superficial layers），或称为上层（upper layers），与第 1 层不同，它们里面充满了神经元。作为一条经验规则，皮层内部的皮层-皮层前向投射全都起源于表层。第 4 层中的细胞体最为丰富。例如，V1 中充满了一种小型的非锥体细胞，称为有棘星状细胞（spiny stellate cell）。第 4 层往往进一步分为若干亚层，它是皮层的输入区。正如第 3 章讨论过的那样，绝大部分的膝状体输入都终止于第 4 层的 2 个亚层。底下的第 5、6 两层称为深层（deep layers）或下层（lower layers），许多大型锥体神经元都位于此。当皮层需要与神经系统的其他部分通信时，深层的锥体神经元就会发出锋电位。举例来说，如果需要把信息从 V1 传输到上丘，那么必须先把信息送到第 5 层的锥体神经元。运动皮层的输出方式也与之类似。脑的白质完全由轴突束和其上的脂肪质覆盖物（它保证了脉冲能够快速传导）构成，位于第 6 层下面。

总的说来，皮层的构成在脑的各处都差不多。这种普适的或"统一"的观点认为，不同个体在视、听等皮层上的差异，是由于输入信号（图像流或声音流）的差异造成的。当然，这并不是说不同区域没有特异性，例如运动皮层中的第 4 层就很不发达，而初级视皮层中的第 4 层则特别厚。存在这种特异性是因为运动皮层的主要工作是控制肌肉（其功能是输出），而 V1 则需要高分辨率的视觉输入。

4.3　各种皮层细胞类型

人们利用形态学、药理学以及分子上的特征对神经元进行分类。2 个看上去很相似的神经元可能位于不同的层中，发送轴突到不同的靶区，它们的锋电位也可能携带不同的消息。图 4.1 中给出了人 V1 中的各种细胞类型，而有关猴 V1 中的各类细胞则见图版 3 和图版 4。

根据对其靶细胞膜电位的影响，神经元分成兴奋性和抑制性两类。皮层中大约有 4/5 的神经元是兴奋性的。这种细胞的突触输出引起靶细胞膜电位的短暂上升，使之接近产生动作电位的阈值，从而增大触发锋电位的概率。

锥体细胞：皮层中的役马

皮层神经元主要表现出一种纵向（垂直于皮层表面）的组织结构。一片染好色的皮层切片（如图 4.1 所示），看上去就像一片森林，树枝和树根水平伸展，主干竖直向上。

这种朝向性在锥体细胞中最为明显，每 4 个皮层神经元中就有 1 个是锥体细胞。这些细胞最大的特点是从锥形的细胞体上笔直向上发出一根朝向表面的顶树突（apical dendrite）。细胞体还向四面八方发出几十根基树突（basal dendrite），就像一团乱发。

许多锥体神经元的轴突离开细胞体所在区域，与其他皮层区域或丘脑、基底神经节等亚皮层靶区进行通信。在传向远处的靶区之前，

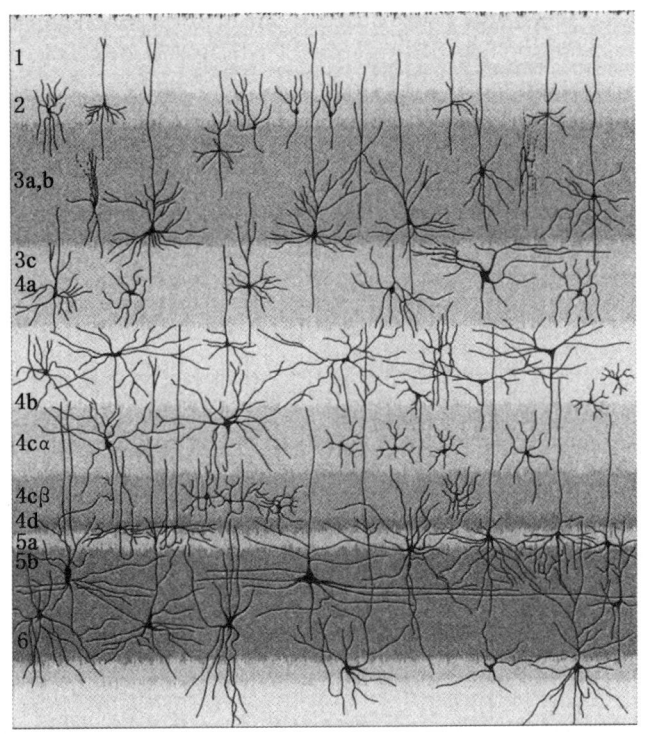

图 4.1 新皮层细胞的类型

人初级视皮层的细胞组成,其中纵向组织占主导地位。通常按细胞体的层位来标记神经元(请看图左边的标号)。新皮层各处有许多细胞是同一类型的。图中只画出了该区域中极少一部分的细胞。改画自 Braak(1976)。

轴突还发出许多分支,称为侧枝(collateral)。轴突侧枝发送到相邻细胞的信息,与轴突送到脑中远处的信息一模一样。轴突末端的突触通过释放信使分子谷氨酸使其靶区兴奋。

锥体细胞负责绝大部分跨区通信,这是将消息快速传送到皮层外的唯一手段。源自锥体细胞的神经束包括连接皮层两半球的两亿多根胼胝体纤维束(图 17.1)、不同皮层区之间的反馈通路、从皮层到丘脑的反馈通路(第 7 章),以及运动皮层借以影响随意肌系统(voluntary musculature）的皮层脊髓束（corticospinal tract）。在这些分布范围很广的投射中，轴突通常不分支（除了在末端靶区之外，轴突在此处形成大量的突触连接）。这也就是说，极少有锥体细胞发送一个分支到皮层区 A，同时又发送另一个到皮层区 B。正相反，如果有一组发送信息到 A，而另一组发送到 B，那么必须要用两组在层的起源、形态或其他方面多少有所不同的神经元才行。这就好像要为接受方特别准备好信息，并且需要不同的神经元。

这与源于脑干的多重投射系统完全不同。后一系统在前脑的许多部位释放去甲肾上腺素、5-羟色胺或乙酰胆碱。正如将在第 5 章中讲到的那样，这些上行通路就像大范围广播一样通知脑内神经元："喂！快起来！出事了！"皮层细胞则把特定的消息送到特定的地址。

大锥体细胞的胞体位于第 5 层，它的顶树突像天线一样直达皮层表面。小一些的锥体细胞的顶树突则可能终止在其上面一层。

兴奋性神经元的树突布满了树突棘，它是一种长约 1 μm 的棘状结构。因为每个棘上至少有一个兴奋性突触，所以在皮层通信中，许多地方都要牵涉到树突棘。一个较大的神经元可能布有上万个棘，也就是说至少会有上万个兴奋性突触的输入汇集至此（但并不一定来自上万个神经元，因为两个神经元间可以有多个突触）。

虽然皮层各处都可以找到锥体细胞，但是在不同区域，它们的微观解剖结构可以差别很大。澳大利亚昆士兰大学的埃尔斯顿（Guy Elston）对猕猴不同皮层区域中第 3 层的锥体细胞作了染色并加以重建。他和同事们发现，当他们逐渐向脑前端采样时，这一类型细胞的基树突的复杂度（树突树的范围、分支点的数目以及兴奋性突触的数目）会一步步增大。因此，脑前部锥体神经元的树突树比脑后端 V1 的要大且复杂得多。如果比较锥体神经元兴奋性突触的个数，前脑是 V1

的16倍。在高级皮层区域内，神经元更为复杂，其计算能力比起感觉区的神经元来说可能也会更强[6]。

有棘星状细胞是另一类兴奋性神经元，仅存在于初级视皮层的第4层，非常紧密地聚集在一起（其有效密度最高可达每立方毫米180 000个细胞）。它的形状就像是去掉了顶树突的锥体细胞。绝大多数星状细胞都是局域性的，它们的轴突很少伸出其邻近范围。

像许多人一样，皮层总是在自言自语。每立方毫米皮层组织中，有3亿~8亿个突触，其中只有很小一部分是由这块皮层区以外的轴突形成的，其余都由邻近的神经元形成。在V1中只有不到5%的兴奋性突触起源于膝状体轴突。从高级区域反馈回V1的，大约也就那么多。绝大多数突触来自区域内部的神经元。总体上说，其他皮层区域大约也是这个百分比。为保证皮层正常工作，必须对这样大量的正反馈加以控制，否则的话，整个皮层组织将会陷入疯狂发放之中[7]。

多种多样的抑制性神经元

有些神经元的树突非常光滑，没有树突棘，此类神经元称作无棘光滑神经元（smooth neurons）。它们的突触终末释放抑制性神经递质γ-氨基丁酸（GABA）。激活GABA突触会降低突触后细胞的膜电位，降低它的发放概率。强抑制可以完全关闭细胞，阻止任何锋电位发放。

无棘光滑神经元是中间神经元，它只在其细胞体周围或相邻的上下层中形成突触，而不会在远处的皮层区域中形成。科学家已经发现了20多种抑制性中间神经元，占皮层神经元总数的20%。这些神经元的形状和功能各异，一些主要以细胞体和轴丘作为靶区，调节快速动作电位的启动和发放，另一些则支配树突，协助局部计算，或者协助确定动作电位的发放时刻[8]。

数量最多的抑制性中间神经元是篮状细胞，各层中均有这种细胞。从球形细胞体中长出的树突可长达几百微米。它的网状突触阵列包裹着兴奋性神经元的细胞体和近心端树突。其他的抑制性神经元还包括枝形（chandelier）细胞和双束细胞。

有多少种细胞？

大约有多少种不同的神经元呢？神经网络理论中只有2种——兴奋性细胞和抑制性细胞；但脑中很可能有数百种。仅在视网膜中，就已发现了50多种细胞。如果其他皮层区域也有这种多样性（这是非常可能的），那么细胞种类可能会达数百种[9]。

视网膜神经元覆盖（tile）了整个视野，每一点至少被每种细胞的树突覆盖一次，所以每种细胞都可接收到整个视野的信息。如果把同样的覆盖原则应用到视皮层，就可估计出大约有1 000种细胞[10]。如果每种细胞都以其独特的方式与其他细胞突触连接，那么细胞间的特定连接数就会大得惊人。只要想想分子领域中蛋白质与酶之间的一一对应，神经元间可能存在的海量特异性就不足为怪了。无论就复杂性还是特异性来说，神经元比分子只会有过之而无不及。

4.4 V1：视觉的主要入口

既然已对皮层中的主要角色一一做了介绍，那么就来看看它们在视觉系统中首次亮相的位置，这就是初级视皮层（V1）或称布罗德曼17区。人类的V1有很大一部分隐藏在脑内襞的距状裂（calcarine fissure）中（请看图版1）[11]。

一个半球中V1的大小和厚度与一张信用卡相仿。距状裂这种标记性特征的位置和朝向因人而异，甚至在同一个人的两个半球中也不一样。每个人皮层的沟裂和脑回的具体形状都独一无二，就像指纹一样。

LGN 的输出，也就是多达几百万根的膝状体轴突（geniculate axons），投射到 V1 的不同亚层。究竟投射到哪个亚层取决于 LGN 的中继细胞是从哪类视网膜神经节细胞接受的输入（3.5 节）。

世界以拓扑的方式映射到 V1 上

如果要一位工程师来设计视觉系统的话，视网膜的输出多半会直接连接到同侧半球的 V1，但是进化所采取的方式却不是这样。进化不但在视网膜和皮层之间插入了 LGN，还发明了一种半交叉的投射模式，其结果是整个左半视野映射到了右边的 V1，而右半视野则由左边的 V1 来表征（图 3.6）[12]。

视觉通路是以类似于映射的形式组织起来的，视野中的邻域会投射到皮层中的邻域，这叫做拓扑组织（topographic organization）。正像中央凹在视网膜中受到过度表征一样，皮层对视野中心也比对外周更为重视（图 4.2）。事实确实是如此，中心区 1° 在 V1 中的代表区，与只有一只眼睛看得到的那部分外周视野在 V1 中对应的区域一样大[13]。生理学家把这种空间组织结构称为视网膜拓扑映射图（retinotopic map）。

尽管从总体上说这些映射图相当有规律，但是也有显著的凌乱之处。在几分之一毫米的尺度上，相邻感受野的位置会参差不齐，甚至还有跳变。换句话说，外界到 V1 的投射在宏观上是光滑和连续的，但在微观上有扰动，偶尔还有不连续之处。

V1 感受野性质的剧变

20 世纪 50 年代末，哈佛医学院的休伯尔（David Hubel）和威塞尔

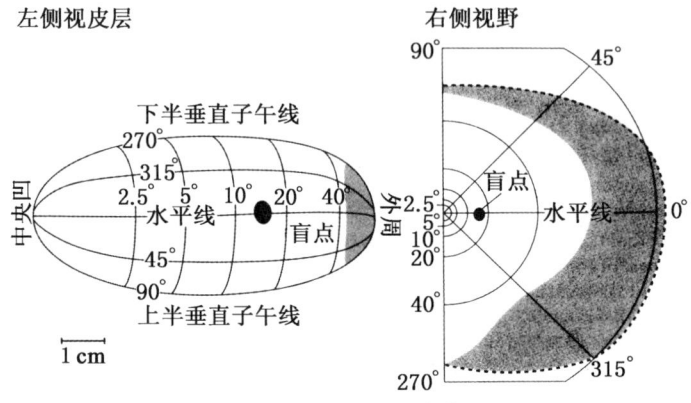

图 4.2　从 V1 看到的世界

图中所示为展开的左侧初级视皮层，它接受来自右侧视野的输入。中央凹映射到皮层的后端，水平线沿距状裂的底部延伸。皮层中近乎垂直的线条对应于视野中有相同偏心度的半圆。灰色区域涵盖了只有右眼才看得见的月牙形区域，虚线之外的东西都看不见。改画自 Horton an Hoyt（1991a）。

（Torsten Wiesel）发现了 V1 中感受野组织与视网膜相比有很大不同。此前，研究人员一直试图找到对光斑刺激、光环刺激以及其他圆形刺激有猛烈反应的皮层细胞，但都不成功。一次偶然的实验让休伯尔和威塞尔发现，V1 中的绝大多数细胞对边缘、条形物或光栅刺激（任何有特定朝向的东西）能产生反应。一些细胞对特定朝向的亮条有反应，一些则偏好在明亮背景之上具有相同朝向的暗条，还有一些则对明暗边缘有最强反应。这些神经元是形状知觉的基础单元[14]。

V1 区对来自膝状体的输入进行计算，不仅能算出刺激物的朝向，还有其他属性。许多细胞偏好运动刺激，其中部分细胞只有当某个角度的细条以某个特定的方向——即其最优方向（preferred direction）运动时，才会发放（图 4.3），在其他方向上的运动不会令这个神经元兴奋。有时候，刺激物沿细胞的零方向（null direction）（通常与最优方向垂直）运动甚至还会遏制神经元的自发发放。另外，细胞发放还会随

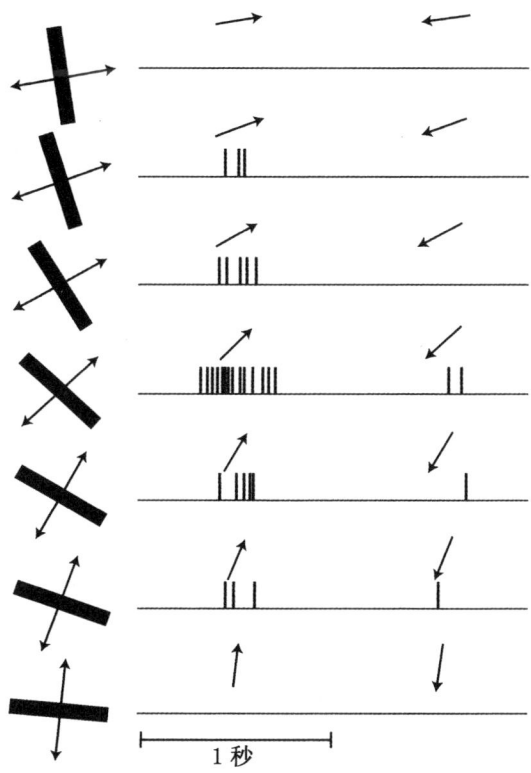

图 4.3　方向选择性细胞

当条形物的朝向和运动方向改变时,猴子 V1 区中单神经元的反应。如果条形物向右上方运动,细胞的发放最强。改画自 Hubel and Wiesel(1968)。

刺激物的速度变化而变化。

对朝向选择性细胞进一步分析之后,休伯尔和威塞尔发现可把它们分为两类。较少的一类叫做简单(simple)细胞,它对刺激物确切位置的要求非常苛刻,只消把条形物移动几分之一度,细胞的反应就会大大减弱。通常来说,简单细胞是线性的,因为它对同时出现的两个刺激的反应,等于对每个刺激单独反应的叠加。无论在视野的中心还是边缘,总可以找到具有大、中、小各种感受野的简单细胞。小感受野的细胞检测精细的空间细节，而大感受野的细胞则检测类似长条的形状。据此，人工智能和机器视觉的学者认为，V1通过多空间尺度、多朝向的滤波器组，对视觉场景进行变换[15]。

另一部分数量较多的神经元称为复杂（complex）细胞，它们对边缘的确切位置不敏感，只要刺激物具有特定的朝向和运动方向就行。复杂细胞就好像是接受了许多简单细胞的输入，这些简单细胞具有相同的朝向选择性，但是感受野的位置彼此略有变动。或者换句话说，复杂细胞对刺激的确切位置没有简单细胞那样敏感。

对绝大多数皮层区域，可能都有这类从简单细胞到复杂细胞的转换。例如，一个"简单"脸细胞可能只对视野的上半象限中它所偏好的脸有反应，而"复杂"脸细胞对脸的响应则不太在乎其在视野中的位置。

V1中的神经元还对别的刺激特性表现出选择性。例如著名的端点（end-stopped）神经元，它们对长条的反应比对短条的反应小得多。这种细胞可能用来检测线段或轮廓线的曲率。还有一些细胞则对拮抗色构成的复杂空间图形起反应。

在经典感受野之外还有很大一块区域，那里也能调制皮层神经元的反应。在这块非经典感受野中，刺激物并不能直接产生锋电位，却能极大地改变细胞在经典感受野中的反应。这种效应通常取决于动物的视觉经验，它会随时间而逐渐产生。在视网膜中，尚未发现这类可塑性。

例如，想象一根有最优朝向的条形物正好落在了某个细胞感受野的中心，这个神经元于是猛烈地发放。但是，如果这根条形物只是一列有相似朝向的条形物中的一条，它们形成了某种均匀的纹理，那么该细胞的反应就会下降。相反，如果中心条形物的朝向与周围条形物的朝向不同的话，那么这细胞的活动就会比只有中心条形物时更剧烈。经典感受野中的刺激相对周围越是显著，细胞的反应也越剧烈。这可认为是把中心刺激放到了整个视觉场景的适当背景（context）之中的结果[16]。

背景调制还与邻域内是否有其他线段有关。如果一个线段是穿过视野的轮廓线的一部分，这时它所引起的反应要比只有这一线段时强。所有这些影响很可能需要来自高级皮层区域后续发生的反馈。通常在细胞开始反应后的80～100毫秒，这些现象才会发生。

非经典感受野的效应可以非常复杂。这表明，由任何刺激所引起的知觉，必定与场景中的其他元素有关。想要完全认识一个刺激，就不能将其孤立起来。这正是两次世界大战之间在德国兴起的格式塔（Gestalt）运动的中心思想。

皮层结构和柱状原则

神经结构的一大原则是，相近的神经元编码相似的信息。这一性质在皮层和其他神经组织中很普遍，它可以节约布线长度（功能上需要互联的神经元彼此相邻）[17]。这种空间聚类可以有不同的形式。

输入层中的细胞一般是单眼的（monocular），主要由来自一只眼的输入驱动。在这一层之外，大多数细胞都是双眼的（binocular），也就是说，左右眼的输入都能影响它们的反应。双眼细胞是皮层通路上最早汇聚的阶段。原则上说，由于左右眼存在视差，由此造成微小差异，通过比较这种差异，这些细胞就能够判断其感受野中特征的深度。

把电极斜插穿过4c层时，由某只眼驱动的细胞聚集在一起，然后是由另一只眼驱动的细胞。对一只眼注射放射性示踪剂，可以标记出受其驱动的细胞。它们形成的条带与未被标记的细胞形成的条带交替出现，显示出非常美丽的斑马状条纹。这些眼优势（ocular dominance）条纹只限于输入层[18]。

在绝大多数层中都发现有这种聚类以后，神经科学家就提出信息的柱状表征（column representation）问题了。同一个柱体中的所有神经元（从皮层表面一直到深层）都有一个或几个共同特征。正如在2.2节中详细讨论过的那样，柱状原则与信息的外显编码密切相关。实际上，弗朗西斯和我猜想以柱状形式所表征的正是外显信息。

在V1中，至少有两种不同的柱状表征相互交叉，其中一个针对朝向，另一个则针对与颜色有关的一些特性。

朝向柱

在休伯尔和威塞尔刚开始研究皮层时，他们就发现用一根电极同时记录两个神经元活动时两者的最优空间朝向很类似。他们还发现，如果电极垂直于皮层表面插入，穿过不同层时记录到的神经元也有相同（相近）的朝向选择性。而且，它们的感受野所覆盖的空间位置也相同。这一现象非常重要：在垂直柱体中的所有神经元，它们对视野中特定区域、特定朝向的刺激进行编码。

如果电极斜向插入皮层，神经元的朝向选择性就会很有规律地渐变（图4.4）。神经科学家把这些柱体称为朝向柱（orientation columns），用高分辨率的光学成像就可直接观察到它们。在 1 mm² 的皮层组织上可以观察到所有的朝向[19]。

在皮层上，朝向的变化通常是连续的，但有时朝向图也会产生不连续或断裂。这些可能与感受野拓扑图（topography）的非均匀性有关。在微观尺度上，视觉空间的映射很可能存在扭曲。如果仔细测量，就能找到这些不精确之处，就像早期制图者绘制地图时由于信息错误

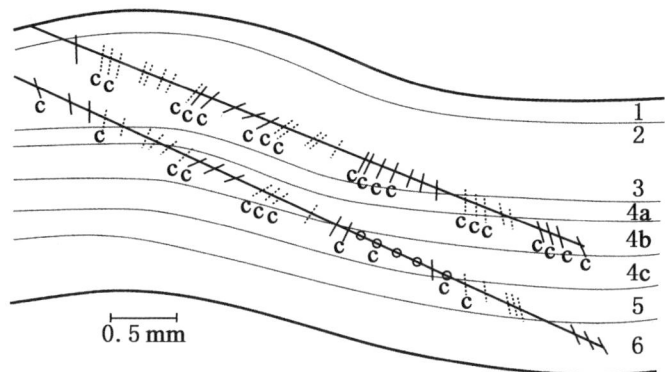

图 4.4 皮层中的邻域关系

在猴视皮层中用电极两次斜插时所记录到的细胞的朝向选择性、颜色灵敏性和眼优势。邻近神经元的选择性很相似。短线表示细胞的最优朝向，圆圈表示神经元的感受野为圆形。虚、实线分别代表左、右眼优势。c 表示对颜色敏感的细胞。改画自 Michael（1981）。

而造成的畸变失真（比如把两个不靠近的地方画为相邻）[20]。

这种扭曲对于意识的空间知觉意味着什么？我们现在还不得而知。对于它们的功能，我有如下解释：在我们观察一个渐渐靠近的物体时，会因近大远小而产生畸变，而这种畸变可以和物体位置的主观体验联系起来。譬如，在夜幕下观察由远及近的闪烁光点，实际上你只能看到光点在跳跃，而且其步长越来越大。在脑中，一定需要其他细胞对步长的变化进行分析，才能产生物体位置的知觉。在 V1 上发现的视觉空间的扭曲，很可能就是为了方便后续处理，而对近大远小的差异进行补偿。它本身可能不会在行为或知觉中体现出来。

斑块系统（The Blob System）

20 世纪 70 年代末，威斯康星大学的黄-赖利（Margaret Wong-Riley）偶然发现，如果用细胞色素氧化酶（cytochrome oxidase，CO）对猴皮层染色，就可以发现一种独特的结构。在表层的第 2、3 层上会显现出圆斑阵列，在第 6 层中也有，但要模糊得多。这些斑块（blobs）与眼优势柱对得很准，每个斑块都落在单个眼优势柱内部。可以把它们看作是 V1 中一个单独的房室（compartment），因为斑块倾向于与别的斑块形成突触连接，而斑块间区则与别的斑块间区连接。互相关研究进一步证实了这些观察。事实上在 V1 区外，也可以找到斑块系统[21]。

CO 斑块内的细胞与周围的细胞有所不同，它们没有朝向选择性，但是对颜色却很敏感。双拮抗（double-opponent）神经元首先是在斑块内部发现的。之所以称为"双拮抗"，是因为它们有在空间结构和颜色两方面都拮抗的感受野。最普通的一类双拮抗细胞可以为落在其经典感受野中心的红光所兴奋，为绿光所抑制；但是落在外周的红光则起抑制作用，绿光起兴奋作用。[22]

V1 中的多重映射图（Multiple Maps）和并行流（Parallel Streams）

视皮层包含多个叠加在一起的映射图（chart），这些图分别表示刺激的位置、朝向、运动方向、眼优势和颜色等属性。它们之间有什么关系呢？彼此之间是随机分布的吗？是不是有某种规则的马赛克图形分布（mosaic）——用晶体学的语言来说就是某个晶胞（unit cell）——使所有这些变量都可以在其中得到表征？在这种马赛克中，每次覆盖都应该能编码与相应属性的所有可能值有关的信息。理论分析表明，皮层至多能连续表征 9～10 个属性。但在绝大多数区域中，科学家只发现了一两种映射（第 8 章），这意味着要么还有别的属性有待发现，要么就是其他属性不能外显地在 V1 中表征出来。目前，神经科学对此还没有定论[23]。

在 3.5 节中讲过的 V1 的输入层中的大细胞、小细胞和尘粒状细胞通路，究竟发生了什么呢？它们后来怎么样了？至少有一条大细胞的支路从 4cα 层投射到 4b 层,其轴突由此再进入运动区 MT。但是小细胞通路也有贡献。一般说来,输入流存在大量的区内和区间处理,很难将它们分开。尽管早期研究者认为大小细胞的输入通路直至皮层深处在解剖上都是分开的,但两者其实有交叉。

接着,两条新的通路——知觉性视觉(vision-for-perception)流和动作性视觉(vision-for-action)流——从 V1 发出继续通往前额叶皮层。7.5 节中还要介绍它们的特征和目的地。

4.5 小　　结

本章总结了与视皮层的结构和功能有关的大量资料。这些对大多数皮层区域也都适用。用我的终极目标——寻找 NCC——来衡量一下,这些资料中有哪些与意识研究直接相关呢?

皮层神经元有许多种。如果根据细胞体的层位、树突形态以及轴突靶区来进行分类,大概可以分出 100 种细胞类型(可能还会更多),其中锥体细胞数量最多。部分锥体细胞负责将局部回路计算得到的信息传递到皮层内外的其他节点。

视网膜和膝状体细胞的感受野结构较为刻板,皮层细胞则对刺激的运动、颜色、朝向、深度以及其他属性具有丰富的选择性。它们的非经典感受野在空间上非常大,远远超出了直接兴奋此细胞的区域。非经典感受野提供了单个视觉刺激所处的背景。对于同一条短线,如果把它放到一大堆线段之中,神经元的反应就会大不相同。

如果把电极垂直于皮层表面插进皮层,触碰到的神经元在感受野的位置和最优朝向上都很类似。当电极斜着插入皮层时,所接触到的神经元的感受野性质会逐渐变化。简而言之,就是"物以类聚"。这在朝向柱、眼优势柱和颜色斑块方面都有表现。

遵循第 2 章所提到的普遍原则，这种对刺激的位置和朝向的柱状表征，意味着这些变量在 V1 中是外显表征的（请注意，这是 NCC 的必要条件，但不充分）。对朝向的这种敏感性还不能整合得对像脸、身体部位或物体那样的复杂图像也敏感。也就是说，脸是由 V1 细胞内隐编码的，要到较晚阶段才出现其外显表征。

在下一章中，我试图阐明围绕 NCC 这一概念的几个彼此对立的观点，在这之后才在第 6 章说明 V1 中的神经元并不是看的 NCC 中的一部分。

第 5 章

什么是意识的神经相关集合

> 许多人想拥有所谓的"高级意识"。值得注意的是,高级意识对他们来说并不只是一种虚拟的状态,而是名副其实、真切存在的精神感应状态。从理论上说,可以用意识计仔细测量这种真实状态。
>
> ——阿肯巴克*《外星人的俘虏》

意识的神经相关集合(NCC)这一概念简单明了,很有吸引力。一组特定的神经元参与某些特殊的活动,构成某个有意识的知觉的物理基础——难道有比这更简明扼要的吗? 2.3 节中提到过一个普遍接受的假设:NCC 是皮层-丘脑系统中一组临时形成的神经元子集,这些神经元同步发放。但是如果观察得更仔细一些的话,就会发现这当中

---

* 阿肯巴克(Joel Achenbach),美国《华盛顿邮报》的撰稿人。引文源自他的作品《外星人的俘虏:在广袤的宇宙中寻求生命和真理》(*Captured by Aliens: The Search for Life and Truth in a Very Large Universe*, 2003)。——译者注

还有许多微妙和复杂之处。

整个脑是产生意识的充分条件,正是它不断产生有意识的感觉。然而,如果把全脑都作为 NCC 就没有意义了,很可能只需脑的一部分就能产生意识。我所感兴趣的正是产生某一特殊知觉的神经元的最小集合。

要使意识内容在脑内表达出来,至少需要什么样的背景条件呢?研究情绪或者麻醉对发现 NCC 有帮助吗?看见一张脸,听见高音 C,被牙痛所折磨,这些感觉的 NCC 有什么共同之处?看到一个物体,与想象该物体或是梦见该物体的 NCC 有多少相同点和不同点?本章就要来谈这些棘手的问题[1]。

5.1 意识产生的前提因素

意识的产生必须先要有无数的生物学过程。研究 NCC 的时候,必须把前提因素(enabling factors)和特异性因素(specific factors)区分开来。

前提因素是产生任何形式意识都必须要有的营养条件和系统(tonic conditions and systems);特异性因素则是产生某种特殊的有意识知觉(例如在阿尔卑斯山上仰望星空的壮丽感)所需的要素。不过这样的分类也并非绝对如此,有些神经事件还会调制意识的程度。但是就目前而言,这种简单的分类已经足够了。

有些权威认为,有必要把意识的内容(content)与"有意识状态的特性"(quality of being conscious)或"意识本身"(consciousness as such)区分开来[2]。这一划分与我的分类异曲同工。

要想产生意识,必须先具备某些神经前提条件。我把这些条件称为 NCC$_e$。任一特定知觉的 NCC 都是局部作用的、高度特化的、转瞬即逝的，相比起来，NCC$_e$ 的作用方式更全局化也更持久。要是没有相关的 NCC$_e$ 的话，机体或许也还能有简单的行为，但在这样做时绝不会有意识（可能发生这种情形的某些病理条件将在第 13 章讨论）。根据定义可知，如果没有 NCC$_e$，就不可能形成任何 NCC。

会不会有这样一种状态，即生物体虽然有意识，却意识不到任何具体内容？换句话说，NCC$_e$ 能否脱离 NCC 而单独存在呢？某些冥想的目标就是要进入这种没有具体内容的意识形式[3]。但是在目前，还很难对它进行严格的分析。

那么有哪些前提因素呢？适当的血液供应是必需的。如果截断血液供应，意识在几秒钟内就会丧失[4]。但是这并不意味着意识来自心脏。类似地，脑中数量极多的神经胶质细胞对脑起到支持和代谢作用，但是它们并不具备产生知觉所必需的特异性和快速性。

20 世纪 40 年代后期，莫鲁齐（Giuseppe Moruzzi）和马古恩（Horace Magoun）进行了一系列具有里程碑意义的研究。他们发现，脑干中一大块称为中脑网状结构（midbrain or mesencephalic reticular formation，MRF）的区域控制着动物的觉醒或清醒水平[5]。它也被称为上行激活系统（ascending activation system）。如果对这一块多功能的复杂结构直接施加电刺激，就可唤醒前脑。皮层脑电波（EEG）会突然从深睡时的高幅同步慢波转变为清醒时的低幅去同步化快波，不需要任何感觉刺激就可实现唤醒。如果双侧 MRF 都被损毁——破坏单侧通常不够——那么不论感觉刺激多强，动物也不会有反应。如果患者脑干的这一区域受损，通常会陷入昏迷，不省人事。

人们一度认为激活系统是单一的整体，但是现在认识到在脑干（延髓、脑桥和中脑）内部有 40 多个极不相同的核团，它们的细胞结构都不相同。这些核团各有其独特的神经化学属性，它们的构筑，也就是其中神经元的三维组织与皮层的层状组织非常不一样。不同核团的细胞制造与存储不同的神经递质，并在突触末梢释放它们（如乙酰胆碱、5-羟色胺、多巴胺、去甲肾上腺素、组织胺及其他神经递质）。这些细胞集团中的各个神经元的投射非常广泛——虽然还是有所偏重——这种投射会遍及中枢神经系统的大部分区域[6]。有许多脑干核团负责监视和调制生物体的状态，例如睡眠-觉醒交替。整体而言，这些核团负责处理内环境、痛觉、体温，以及肌肉-骨骼系统的各种信号。

蓝斑（locus coeruleus）位于脑桥两侧，这个致密核团包含约1万个神经元，脑中释放去甲肾上腺素的细胞有一半以上集中在这里。虽然细胞的数量不多，但是蓝斑神经元的信息传递很广。其单根轴突上有许多分支，能到达许多不同的脑区，例如额叶皮层、丘脑和视皮层。在快速眼动（rapid-eye-movement，REM）睡眠期，做梦一般都发生在这个阶段，这些去甲肾上腺素神经元几乎不活动。直到动物醒来后，它们的活动水平才会增强。而在极度警觉或是面对敌人要么进攻要么逃跑时，它们的活动水平最强[7]。然而，REM睡眠期的典型现象就是生动的梦境，虽然醒后未必记得，但是梦中的确能产生意识体验。在睡眠时并没有去甲肾上腺素能的输入，因此去甲肾上腺素不可能是NCC_e的一部分[8]。

如果说起一种对意识最为关键的神经递质，那么非乙酰胆碱莫属。但要严格地证明这一点却很困难，因为释放乙酰胆碱的、也即胆碱能传递的突触分布很广，它们既可以在外周远端运动神经元和肌肉的接触点，也可以在中枢皮层的深部，随接收端突触后靶细胞膜上的受体的不同，释放乙酰胆碱既可能引起膜电位快速短暂上升，使膜电位更接近于发放动作电位的阈值；也可能上调或下调细胞的兴奋性，这种

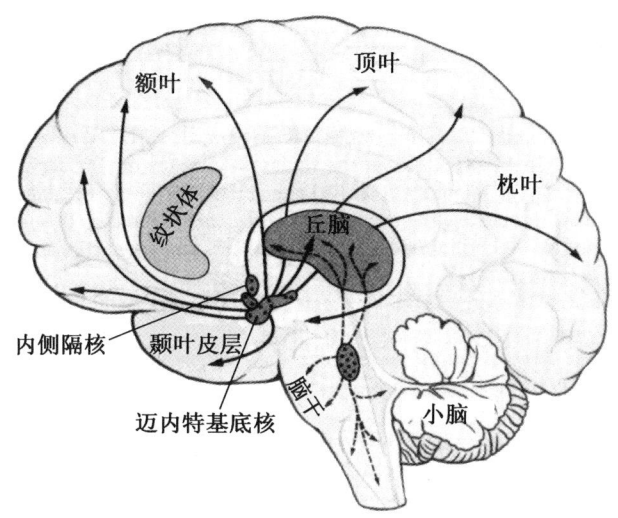

图 5.1　胆碱能前提系统

释放神经递质乙酰胆碱的那些离散核团的活动，是产生意识的前提因素，也是 NCC_e 的一部分。这些核团所处的位置可影响整个皮层、丘脑和基底神经节（也就是所谓前脑）中的处理。但是还没有证据表明这些神经元的活动足以产生特定知觉。据 Perry and Young（2002）改画。

调节较为缓慢，持续时间也更长[9]。

两条主要的胆碱能通路分别从脑干和前脑基底部发出（图 5.1）。脑干细胞向丘脑发出上行投射，并释放乙酰胆碱，帮助信息从感觉外周传输到皮层；凭借其有利位置，胆碱能细胞可通过控制丘脑而影响到整个皮层。与之不同，前脑基底部的胆碱能神经元则会投射到脑内各个结构，包括丘脑、海马、杏仁核以及大脑皮层[10]。

胆碱能的活动随睡眠-觉醒周期起伏。一般说来，在觉醒或 REM 睡眠期，胆碱能神经元的发放活动增强；而在非 REM 睡眠或慢波睡眠期，其活动会减弱。最后，许多神经性疾病都与胆碱能神经元的选择性缺失有关，这些疾病的症状中包括意识障碍，例如帕金森病、阿尔茨海默病，以及其他形式的痴呆[11]。

对多方面的数据进行总结后，我得出结论：胆碱能神经元的活动是意识的前提因素，即 NCC_e 的一部分。如果这种神经递质的水平过低，就会阻碍作为 NCC 基础的神经元集合的形成。

意识的另外一个前提因素是所谓的非特异性丘脑核团（nonspecific thalamic nuclei）要有足够强的活动。丘脑中的这些非特异性核团并不具体负责某种特定的感觉模态，而是投射到许多皮层区域的表层。其中最著名的是 5 个（或更多个）板内核（intralaminar nuclei，ILN）。ILN 是胆碱能脑干神经元的靶区，也是上行激活系统的一部分。

人就算失去很大一块皮层也不会完全丧失意识。事实上，世界上有好几百名患者，虽然只有单侧大脑半球，但他们的生活没有太大问题。相比起来，丘脑 ILN 或脑干部分有较小的双侧损伤会令人完全丧失意识[12]。身遭此祸的受害者对任何刺激都没有反应，也没有证据表明他们有任何精神生活[13]。

脑干中有很多核团，依受损程度和损伤确切位置的不同，会产生不同程度的全局性意识障碍。随着损害加深，患者的症状会越来越严重，会从觉醒状态逐步演变为深度认知障碍。从最小意识状态（minimally conscious state），到永久性植物人状态（persistent vegetative state），直到昏迷（coma）。昏迷时既无有目的的运动或反应，也没有睡眠-觉醒周期，只剩下最基本的反射。从主观体验上来说，昏迷和死亡是一对亲兄弟[14]。

脑干或者 ILN 中的神经元没有任何外显表征，它们也不对刺激的朝向、形状、颜色或者其他感觉特性进行编码，所以这些神经元缺乏表达所觉知到的刺激内容的基础结构[15]。

如果没有脑干和丘脑核团的上行影响，生物体就无法产生意识。这些核团为前脑提供了某种维持生命的"仙水"——恰到好处的乙酰胆碱以及其他物质对体内稳态、唤醒乃至睡眠-觉醒周期都至关紧要。它们是保障者，而不是内容提供者。意识的内容要由皮层和丘脑来提供。

5.2 情绪及对意识的调制

外延意识（extended consciousness）是指意识的某些方面，这些方面会让人觉得仿佛脑内存在着一个观察者主宰一切。达马西奥指出，外延意识与它所在肉体的信息环境密不可分；如果没有本体感觉、内脏感觉和身体的其他感觉（这些感觉不断地通知脑有关身体的状态），外延意识就会消失。对情绪来说也是一样。他认为自我感需要情绪，如果不考虑这一点，对觉知的研究就会变得空洞而毫无希望[16]。

毫无疑问，心情（mood）对人的生活和行为有很大影响，如你在发怒或者忧伤时就是如此。情绪失常是人们遭受忧郁、失眠、焦虑、精神错乱和其他无数病痛的根源。心情和情绪对生存至关重要，也使我们看到的世界更丰富多彩。

一般说来，那些评价性（evaluative）反应，诸如"唔，看上去不错""呸！真恶心""喔！有危险"，在日常思维中无所不在。如果要对意识进行完整的科学研究，就必须考虑这些评价性因素，了解它们如何影响有意识的知觉，以及其NCC基础。

弗朗西斯和我觉得，还是先把研究范围加以限制为好，先集中研究那些在实验室中易于操控、可通过实验进行研究的意识方面。就目前的科技水平而言，还很难在单神经元层次上研究情绪和心情——唯一的例外是恐惧。譬如诗人和作曲家相信，恋爱时，颜色显得更鲜艳明亮。尽管也许能找到害相思病的大学生用实验验证这一点，但即便如此，还是很难——虽然并非绝无可能——提出一种动物模型，来研究心情在感觉刺激下对丘脑-皮层反应的调节作用。

当你忧伤、高兴或是发怒时，事件和知觉会呈现出不同的意义。但是你脑中的影像不会改变；你依然看到周围的运动、颜色、深度等等。在实验室条件下，让一位多少感到有点无聊的大学生去看屏幕上闪动的图像时，他并没有强烈的情绪，但还是完全能意识到这些图像。与此类似，额叶受损的患者失去了许多表情和欲念，对自己病症的严重程度也表现漠然，但他们还是有意识的。他们看得到颜色，听得到声音，在感知周围世界方面也很少有缺陷。

如果要完整地说明意识的神经基础，那么一定要能够解释情绪、心情和价值观如何帮助形成并塑造神经元集群的动态过程，并从中产生意识知觉。在现阶段的讨论中，我有意略去这些重要的方面，因为我想集中在可以用实验进行研究的那些意识方面。

5.3 麻醉与意识

每年都有几百万人为了动手术而进行麻醉，这时他们的意识会被安全地、无痛苦地暂时打断，然后再重新恢复[17]。麻醉学已经有150年左右的历史。通过研究麻醉学自然也会使我们对NCC有所了解。

全身麻醉剂是一类化学药品，包括氙等惰性气体、一氧化氮（笑气）、氯仿、乙醚、苯环己哌啶、巴比妥类药物、胆碱能制剂以及类鸦片活性肽。如今，麻醉师会通过混合多种药剂来达到所要求的效果。其中有类似箭毒的麻痹剂用以松弛肌肉，从而方便手术的进行并防止患者动；还有控制自主反应（例如稳定血压）的药物；消除痛苦和记忆的药物；还使用苯二氮卓作为镇静剂，使患者忘记手术过程。这样的混合物会让患者安然入睡，手术后患者醒来时也不会残存任何记忆。

过去认为全身麻醉剂系统地干扰了细胞膜的双脂质成分，但是对麻醉剂分子的旋光异构体——化学成分相同但是三维结构镜像对称的化合物——进行实验后发现，全身麻醉剂很可能直接与蛋白质结合。它们最常见的靶区是突触处的神经递质门控离子通道。绝大多数麻醉剂能提高抑制性突触的效能。由于抑制性突触广泛存在于脑中各处，不太可能只使某个脑区单独被麻醉剂所抑制。

两种在静脉内解离的药物氯胺酮（ketamine，一译克他命）和苯环己哌啶（phencyclidine，PCP）都不在抑制性突触处结合，而是以兴奋性突触处的 *N*- 甲基 -*D*- 天冬氨酸（*N*-methyl-*D*-aspartate，NMDA）受体作为靶体，这些兴奋性突触利用谷氨酸作为神经元-神经元信使。NMDA 突触与神经元间突触连接的长期修饰有关，这是学习和记忆的基础。剂量较低时，氯胺酮和 PCP 都会让人产生幻觉，扭曲对自己身体的感觉以及思维混乱。剂量较高时，它们就会产生麻醉。根据 NMDA 突触的特性，尤其是它能加强同时活动的神经元之间的联系这一性质，德国药物学家弗洛尔（Hans Flohr）推测，NMDA 突触在组织神经元形成集群并产生意识的过程中起了关键作用。弗洛尔认为，如果将全部依赖于 NMDA 的过程都加以抑制，就会阻碍大规模皮层神经元集群的形成，其结果是丧失意识，麻醉就是这种情况；如果只抑制部分过程，则会使意识状态发生变化，例如精神错乱。

如果不激活 NMDA 受体，就会丧失意识——弗洛尔的这一猜测很可能是对的。但是也可以说，不激活对谷氨酸敏感的兴奋性突触，也会丧失意识。此外，NMDA 突触遍布整个脑，阻断它们会影响到大量的过程——譬如，感觉信息就无法传输到皮层等级结构中的高级皮层。有正常功能作用的 NMDA 突触是产生优胜集群、进而产生意识的诸多 NCC_e 之一[18]。

人们常常会忘记这样一个事实，即很长一段时期内电生理研究几乎全是在麻醉动物身上进行的。确实，初级视皮层的选择性视觉神经元——例如对移动边缘起反应的神经元（参见图4.3）——是在麻醉状态的猴子身上首先发现的。只是到了20世纪六七十年代，神经科学家才逐渐完善实验技术，以监测清醒状态的猴子在注视、拉操纵杆或按按钮时的神经元活动[19]。在麻醉状态下神经元还有反应，说明那种认为人或动物在麻醉时脑活动完全停止的天真想法是错误的。

那么，麻醉使脑发生了什么变化呢？麻醉的猴子（它的眼睛还是睁开着的）神经元感受野性质与清醒且注意力集中的猴子的有何不同呢？[20]有关实验表明，麻醉动物的皮层细胞发放较弱，选择性也差，并且缺乏与周围环境有关的非经典感受野的一些性质。沿皮层等级结构上行，这些影响会累积起来，使得皮层高端的神经元反应变弱、延迟变长、特异性变差[21]。

我最初以为麻醉可以安全、迅速并且可逆地开启和关闭意识，因此利用麻醉就可以深入认识NCC。对此我满怀热情，但我的希望还是落空了。麻醉剂在脑内各处都与受体及通道蛋白结合。到目前为止，麻醉手段过于粗糙，因而不足以用来探索意识。在将来，这种情况也许会有所改观[22]。

5.4 界定NCC的一般策略

表5.1列出了5类与意识有关的不同神经活动，这5种形式不是完全没有关系的。举例来说，视网膜动作电位并不直接产生意识（第1行），但它是视知觉的前驱活动（第3行）。对于看物体来说，尽管下颞叶皮层神经元最有可能是NCC（第16章），但是在深度睡眠时，它

们的发放不足以产生意识。

表 5.1　神经活动的不同形式及其对应的感知觉状态

神经活动	例　子	精神状态
完全无意识的活动	深度慢波睡眠	无意识
产生固定模式的感觉-运动行为的前馈活动	产生眼动、姿势调整的活动	无意识
NCC 的前驱和后继活动	视网膜和脊髓中的活动	无意识
瞬时性集群	与未加注意的事件有关的活动	瞬时意识
高级感觉区和额区中维持时间很长的细胞集群（真正的 NCC）	下颞叶皮层和前额叶皮层的同步化活动	集中注意的知觉意识

只有两种活动形式可以令主体知觉到内容（底下两行），这两者的基础都是神经元集群。如果刺激时间非常短，或是未引起选择性注意，那么这种集群很快就解体了，而觉知也转瞬即逝（第 9 章）。本书主要讨论知觉意识或者说持续时间更长的意识形式，因为这更便于在实验室中进行研究[23]。

接下来谈谈产生某一知觉所需的特定神经元因素，即 NCC。需要特别强调的是，它是足以产生特定意识体验的神经事件的最小集合（假定已经满足前提条件）[24]。

我的基本假设是，每个时刻 NCC 都对应于一个神经元集群的活动。这个集群位于皮层、丘脑以及与之紧密联系的其他组织中。这种"活动"的确切本质是什么？它是怎样形成的？它能持续多久？它对脑的其余部分有什么作用？[25]再者，在每一时刻，集群是由哪些神经元构成的？是不是只有某类神经元才能构成集群？集群是否可以细分成几个子群？如果是的话，那么有多少子群，在每个子群中又有多少个神经元？同一个子群中的成员有什么共性？不同的子群又是如何连接的？

也可以换一个角度问，当知觉变化时，正在活动的集群会如何变化？特别地，是不是有些类型的神经元永远也不会加入集群？或者，会不会脑——或者更保险地说，仅限于大脑皮层和相关丘脑核团——中每类神经元都能成为NCC的一部分？

第2章已介绍了一些工作假设。弗朗西斯和我假定NCC基于神经元的外显表征，又假定作为这种表征的最小神经元集群由同类细胞（大概是锥体细胞）组成，因而它们都以类似的方式投射到大致相同的区域，它们在皮层柱以及皮层下结构中的相应位置也靠得很近。皮层柱中绝大多数细胞都有某些共同特性，例如局部边界的朝向、运动方向、深度调谐等等，但是根据此信息在靶区的不同作用，这些特性有不同的表现形式。

这绝不是说NCC仅由一类神经元在某个皮层柱中表达，恰恰相反，很可能在一小片皮层内，有多种投射细胞同时表达NCC，而这些细胞的排布也可能非常不规则。不同类细胞把它们的信息传输到皮层系统中许多别的区域去。这就像认知科学家巴尔斯（Bernard Baars）提出的"意识的全局工作空间（global workspace）"模型，皮层各处都会有NCC的信息[26]。这也就是说，NCC广泛地传播信息。由于一类锥体细胞通常不会投射到多个区域，因此每处NCC很可能包含不止一种神经元。

不同种类的知觉会有一样的NCC吗？

由于皮层的区域特异性，颜色的NCC与运动或脸的NCC不同。负责这些知觉的神经元集群包含不同的成员（例如，看颜色需要V4区细胞，这在第 8 章还要进一步讨论，而运动知觉则需要其他皮层区域中的细胞）。泽基创造了一个值得注意的术语——微意识，来强调某一属性（如颜色）主节点处的 NCC 和另一属性（如运动）主节点处的 NCC 可以彼此独立[27]。

不同 NCC 也可能有交叠，例如在脑的前部。这意味着负责不同形式微意识的集群可以共享某些神经元。特别地，一如我将在第 14 章和第 15 章要讲的那样，这些共享的神经元很可能位于脑的前部。此外，颜色、运动、脸等不同主节点的 NCC 也会有一些相同的性质，诸如它们轴突的投射模式，或是它们倾向于以簇发方式发放动作电位。

负责识别人脸的 NCC 和回忆这张脸的 NCC 是如何关联起来的呢？通过在患者身上进行的单细胞记录，发现了一类皮层神经元，这类神经元只有当受试者看到某类图片，如动物，或者头脑里浮现出这些曾经看过的图片时，才会选择性地发放。例如一个这样的细胞对披头士歌手（The Beatles）麦卡特尼（Paul McCartney）的照片有发放，但是对其他人、房屋或者动物的照片都没有反应；受试者进行回想时，细胞的发放也有相同的选择性，仅当回想起麦卡特尼时才有反应。知道了该神经元对实际刺激的反应幅度，也就可以知道它在回想时的反应活动，因此可推断，负责回想的 NCC 要么与正常视知觉的 NCC 有交叠，要么是它的子集（参看 18.3 节）。

梦的 NCC 是什么样子呢？做梦时梦境显得十分真实，就像身历其境一样。那么这是否就意味着，当妈妈站在你面前时，负责"妈妈"知觉的神经元集群与梦到她时活跃的集群有密切联系呢？这非常有可能，不过不包括早期皮层区域，例如初级视皮层。做梦时，这些皮层的活动程度很低[28]。

科学家正在研究利用经颅磁刺激（transcranial magnetic stimulation,

TMS）人为地直接触发脑活动，以此来影响 NCC。这类实验借助放在颅外的线圈产生强力而短暂的磁场，无损地刺激神经组织[29]。

有可能产生有意识知觉的条件，其范围本来就很广，而神经元常常参与不同的集群，这就使得要想解释这些条件更加困难。产生某一知觉的集群神经元在不同情况下又是另一知觉所对应的集群的成员。或者，这些神经元负责快速的视动（visuo-motor）行为，与意识根本就没有关系（参阅第 12 章）。最终，对这些情况我们都要加以考虑。

单细胞性质与 NCC 的关系

神经元集群具有各种分子性质及生物物理性质，我的研究目标是把这些性质与对刺激的觉知联系起来。最终它们的发放活动必须与受试者在每次测试时的行为相关。例如，假定我正在观测前面提到过的"麦卡特尼"神经元。受试的患者正在看一幅幅一闪而过的照片，其中某张照片上有麦卡特尼。如果"麦卡特尼"神经元的发放率降低，或者它与其同类神经元的同步率减少，我就能预计出患者没看清那张有麦卡特尼的照片。当然，只有当这个神经元与其他许多主节点有连接时，这个神经元的发放才会对神经系统的其余部分有意义（见 14.5 节）。

一旦找到了某类知觉所对应的 NCC 的具体位置，就有可能在啮齿动物身上对 NCC 进行基因操控；还可对婴幼儿进行跟踪研究 NCC，以确定意识的不同阶段是在什么时候开始的；也可以在自闭症患者和精神分裂症患者身上观察 NCC，如此等等。

如果想从相关性（correlation）进一步深入到因果性（causation），那么还需要进行更细致的实验。如果事件 A 引起事件 B，那么 A 要先于 B；如果阻断 A，那么 B 也会消失（除非还有也能引起事件 B 的其他因素）。如果知道引起 NCC 的一系列事件的确切时间信息，对我们的研究会很有帮助；如能选择性地干扰产生这一事件的前因亦如此。另外，还有一些实验能够阐明神经事件与有意识知觉之间的因果关系。人为刺激潜在的 NCC 神经元，应该也能诱发出知觉，就像受到自然刺激一样。如果用一些方法阻止 NCC 神经元的发放（例如阻断其突触受体），知觉就会随之消失。阻断 NCC 的下行通路，也会有类似效果。

在一个整合紧密的反馈网络中，很难把原因与结果区分开来。这就像是暴力冲突中的群体行为。在暴动人群中，究竟是哪件事、哪些人引发了冲突？是第一个扔石块的抗议者吗？但他难道不是受到周围人的鼓动才动的手？是否就是因为有人扔石头引发了后续的枪击事件？这是否就是整个社团自组织行为的一个例子？这种行为很难从个体层次上加以分析。也许吧。但如果这场骚动是由专门鼓动暴乱的密探挑起的，那又该如何分析呢？

5.5 神经元特异性和 NCC

在探索 NCC 时，弗朗西斯和我一直觉得 NCC 很可能与某种特定的生物机制相关[30]。本节我将展开讨论这一问题。

与"特定神经元"这一假设相对，另一个极端假设认为每个神经元都在某种程度上参与了 NCC。那么，意识就是整个神经系统的突现性质，而不能局限于某个特殊的神经元子集。这一整体论观点源于一种想法，即强烈的知觉——落日的深红色及其含义——不可能仅仅来自有某种特异性的小群细胞。反过来，任何一种有意识知觉都需要数百万神经元间格式塔式的相互作用。一些人对用某种特殊机制来解释丰富多彩的意识这一想法深为反感[31]。

加州拉荷亚的斯克里普斯研究所（Scripps Research Institute）的分子生物学家和神经生物学家埃德尔曼（Gerald Edelman）及其同事精神病学家和神经科学家托诺尼（Giulio Tononi；现在威斯康星大学）特别强调了意识的全局性。他们认为，有意识的心智可体验的潜在状态数量极大，这就要求必须在遍及全脑的很大的神经元集群中有紧密的相互作用。这些想法很可能是正确的[32]。这些质疑意味着我的探索可能是堂吉诃德式的——难逃失败的命运。

然而，意识研究的整体论也并非无懈可击，它无法解释为什么有些在脑中分布很广的活动能产生与意识有关的行为，而另一些则不能。这两者有什么区别？以第1章中提到过的动致盲为例，有时你能看到黄色斑点，而几分之一秒后却又看不到，对这一现象全局论又将如何解释呢？对于某些皮层区的激烈活动并不一定能进入意识这样的事实（第16章），全局论如何解释？

如果NCC的神经元共有一些特性，例如很强的突触连接、独特的细胞形态，或是使得细胞拥有某些得天独厚的特殊离子通道配体，那么无论从原理上还是从具体实验上来说都很方便。科学家——特别是分子生物学家——就可以利用这种特异性，短暂并可逆地开关NCC神经元，从而对刺激产生的觉知加以精确干涉。

当然，自然不会像我们想得那么简单，这种局部论也可能会失败。但是在一开始先采取最为简单直接的假设是合乎道理的，这也是本书的一贯方针。

生物学上有一条普遍规律，即生物体总能进化出一些令人意想不到的奇特结构。即使是有才智的设计师也很可能会先入为主地拒绝采用这种结构。分子生物学的发展史充分证明了这一点。像蛋白质这样的长链大分子，其功能的多样性源于它们特殊的一维分子构型。这种线性表征决定了它们的功能。这些大分子悬浮在胶体溶液中时展现的宏观特性（bulk properties）和行为，对理解它们在生物体内的机制并没有多大帮助[33]。

蛋白质的这种惊人的分子特异性，甚至可以表现在行为层次。以对长波敏感的视锥光感受器的视色素基因为例，略微超过半数的男性的这个基因在第180个位点编码的是丝氨酸，而其他男性在此位点则编码丙氨酸。按照受试者对各种红颜色进行配对时的表现对他们进行筛选，可发现在分子层次上的这种微小差异在色调知觉方面亦有表现[34]。

那么，为什么神经元在特异性方面就应该比蛋白质差呢？就像生物大分子一样，神经细胞也是经过了上亿年带有一定盲目性的自然选择而塑造出来的。它们的形状、形式和功能，都有着我们难以预料的多样性。这很可能也反映在NCC的特异性方面。因此，我一直在寻找某种特殊机制，这种机制使神经元集群拥有对应于意识知觉的特性。其中一种可能是小群的皮层锥体细胞，它们接受来自其他锥体细胞集合的强烈的兴奋性突触的输入，这些输入以交互方式直接作用在细胞体上。这种组成方式很可能形成回路，神经元集群一旦被触发，就一直保持发放，直到受另一群神经元的主动抑制才停止。它们发放的动力学特性与意识的特性有类似之处，可在几分之一秒内保持活动，而不像单个动作电位，其时间尺度只有毫秒级[35]。

分子生物学家安德森（David Anderson）曾向我讲过NCC与蛋白质在功能上的相似之处。蛋白质的功能特异性取决于其三维构型。在水的溶液中，一维的氨基酸序列缠绕、折叠，最终确定构型。对此，局部分析起不了什么作用。然而，一个典型蛋白质由数百个氨基酸构成，其中也并不是每个氨基酸都同等重要。如果在序列的关键部位换掉某个氨基酸或者一小段氨基酸序列，很可能就会彻底改变蛋白质的形状，从而破坏其功能。对构成主要结构——例如 α 螺旋或是 β 片层——的氨基酸进行微调，很可能会严重影响最终的三维结构。然而如果所调整的氨基酸位于松散的插入序列，那么对最后的形状就不会产生显著影响。局部性质对解释蛋白质的许多功能都很关键。这对 NCC 的研究也是一个启示。

5.6 小　　结

本章的讨论围绕着我对 NCC 的定义，即能引起特定意识知觉的最小神经事件的集合。

任何体验都需要脑干、前脑基底部以及丘脑中的许多核团不断地对皮层及其附属物进行调节。这些细胞的轴突投射非常广泛，它们释放乙酰胆碱等物质，对保持神智、觉醒及睡眠起重要作用。这些上行纤维共同创造了产生意识内容的必要条件。它们是产生意识的前提（因此被称为 NCC_e），但是它们的特异性、局域性和速度都不足以产生意识内容。只有前脑的神经元集群才有形成 NCC 所必需的性质。

一些因素能对知觉进行调制，影响知觉本身。情绪、心情和价值观就是此类典型。在现阶段，我暂不讨论这些因素，而是重点研究有意识知觉的细胞基础。

全身麻醉是一种安全且可逆的过程，它可以阻断感觉，由此消除手术所带来的疼痛和焦虑。但是，因为麻醉的效应范围非常广，到目前为止还不知道它们对探索 NCC 有什么帮助。

弗朗西斯和我寻找意识的神经相关集合（NCC），即在某些条件下（例如患者、猴子，等等，在看或回想时）产生特殊知觉的物理基质的最小神经事件集合。我介绍了一些研究策略，利用它们就能确定 NCC

的位置及性质。简而言之，这些研究策略是先把每次测试的神经元感受野特性、发放模式与对刺激的觉知联系起来，然后通过操控NCC以影响相应的知觉。

特异性是分子生物学和细胞生物学的一大特点，这一特性对我们的研究也有所启示，也许意识的相关物也是基于类似的特殊生物学机制和结构，譬如某类特定的神经元，它们以特殊的方式互连，并以某种相应的方式发放。不过NCC也可能包括很大的神经元集群。

本章所讲的想法也许听起来相当枯燥，下面我将使它们丰满起来，我将说明在V1神经元中没有NCC。

第 6 章

意识的神经相关集合不在初级视皮层

> 问题不在于你看着（look at）什么，而在于你看到了（see）什么。
>
> ——梭罗*

在上一章中，我对 NCC 的概念作了进一步的阐述，并介绍了探寻这种相关物的实验方法。在本章，我会把这些概念应用到初级视皮层（V1）。我们会惊奇地发现：虽然 V1 和视觉密切相关，但许多（即使不是所有的话）V1 细胞并不直接对视觉意识有所贡献。

那又怎样？人脑有 100 多个皮层区域，谁会在意其中一个是不是 NCC 的一部分呢？对此的简短回答是，只要你想了解意识的神经基础，那你就应当在意这一点，因为上述的发现意味着，并非所有的皮层活

---

* 梭罗（Henry David Thoreau, 1817—1862），美国作家，超验主义运动的代表人物，主张回归自然，代表作《沃尔登或林中生活》，反对蓄奴制和美国侵墨战争，其《论公民的不服从》一文影响巨大。——译者注

动都一定与意识有关；同时你也应该了解得出这一结论所用的方法。

有充分的理由证明，V1细胞只是间接地对有意识的视觉作出贡献。在第14章会提到意识的主要功能之一就是做计划。这意味着NCC神经元与大脑的计划和执行中枢有密切联系。大体说来，这些中枢位于前额叶皮层。由于V1神经元没有任何直达皮层前部的输出，因此弗朗西斯和我在1995年就预言过，仅靠V1细胞不会直接产生有意识的视觉。尽管V1对正常视觉是必需的（眼睛也是必需的），但V1神经元对感知觉体验并无贡献[1]。本章的前4节集中讨论由对人做实验观察到的种种证据；在第5节，我会介绍在猴身上所做的单神经元研究。

6.1 没有V1你就看不到东西

由于中风或者其他局部损伤，某些患者的V1完全受损，他们就会完全看不见东西。如果患者左侧V1受损，右侧视野就会失明，反之亦然。他们看不到落在对侧区域内的目标。这种病叫做偏盲（hemianopia）[2]。这一现象似乎说明V1对NCC来说至关紧要。但是若按照这样的逻辑，那么光感受器的跨膜电位也要成为NCC的一部分了。请回想一下，尽管视网膜神经元对于看东西来说是必要的，然而其活动与视觉体验有根本的差别。

我的观点是，V1的活动先于视知觉，而发放脉冲的V1神经元是先于NCC（pre-NCC）的神经活动之一例（表5.1）。

下面的临床观察更具说服力：有些患者的V1是完整的，但如果V1周围距状裂（calcarine fissure）上侧（或下侧）的条形皮层区有缺失，患者就看不到视野的下（或上）半象限[3]。换句话说，正常的早期视觉系统（包括V1）对有意识的视觉来说还不够。

6.2 即便你看不到它，V1 依然能对它适应

从获取图像到形成意识知觉，构成了一个处理流。有时，心理学实验可以帮我们找出某个特定过程究竟发生在处理流的哪个阶段上。哈佛大学的何生（Sheng He）*、卡瓦纳（Patrick Cavanagh）和因特里利盖特（James Intriligator）的研究就是这方面很好的例子，他们发现某种看不见的刺激能引起看得见的后效（aftereffect）[4]。

他们的实验设计基于普通的视觉后效（和 8.3 节中要讲的瀑布错觉属于同一类）。先让受试者凝视水平条纹一分钟，然后再去看一个比较暗淡的水平朝向的测试光栅，这时受试者看见光栅的能力会有所下降。这类适应（adaptation）具有朝向特异性（对垂直光栅的敏感性就几乎不变），而且很快消失。之所以会产生后效，是因为受试者长时间凝视光栅时，对水平朝向响应的细胞一直在发放，它们"疲劳"了，需要重新调整。在这种情况下，需要比往常强得多的输入才能使细胞有强的反应。

何生和他的同事在计算机屏幕上显示单个光栅（效果和通过一个小圆孔看到的差不多）。尽管这个诱导光栅（inducing grating）位于视野外周，它依然清晰可见，并且还能够诱发可预测的、和朝向有关的后效（orientation-dependent aftereffect）。他们对这个实验稍加变化，在原来那个光栅附近添上 4 个类似的光栅（图 6.1）。这就掩蔽（masked）了诱导光栅的朝向。尽管受试者能看到有东西在那儿，却说不出光栅

---

* 何生（Sheng He, 1964—   ），毕业于中国科学技术大学，现在是明尼苏达大学心理系教授。他的主要兴趣是视觉注意和视觉觉知。——译者注

第6章　意识的神经相关集合不在初级视皮层　　115

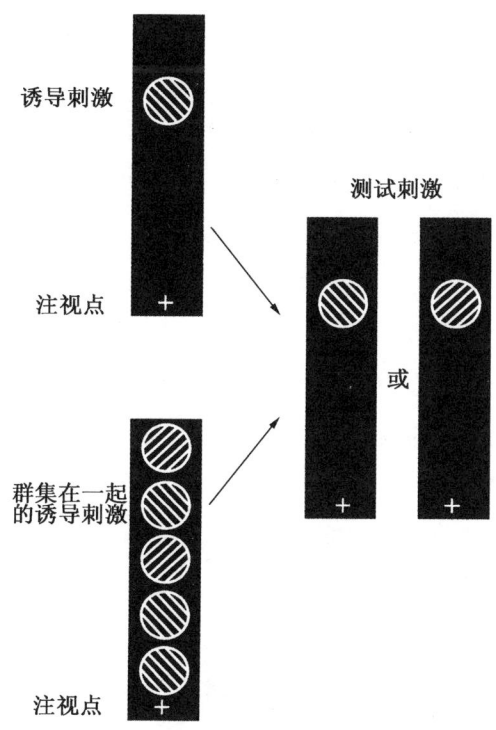

图 6.1　刺激的是脑，而不是心智

受试者注视左侧两图像之一中的十字符号，在持续观察几分钟后，就能得到稳定的、和朝向有关的后效。要估计后效的强度，可以短暂闪现右侧的低反差测试图。为了让受试者能看见测试图，左斜（\）的反差要比右斜（/）高出不少。在左下方图中，诱导光栅受到附近光斑的掩蔽，此时受试者无法断定光栅的倾斜方向，却能产生后效。根据 He, Cavanagh and Intriligator（1996）改画。

的朝向——即便观察很长时间也不行（这种掩蔽作用只有在受试者用余光看光栅时才会发生）。这时虽然看不到诱导光栅的朝向，但是后效的强度和朝向特异性却与原来受试者可以清楚看到诱导光栅朝向时的情形一样。

何生及其同事的实验表明，产生视觉觉知的位置，是在产生朝向特异性适应的位置之后。一般认为，朝向特异性的适应是由 V1 及其后有朝向选择性的细胞所介导的[5]，用我的话来说就是 NCC 在 V1 之后。

何生和麦克劳德（Don MacLeod）设计了另一实验，进一步支持上述结论。他们用激光干涉法（interferometry）绕过眼睛的光学系统（不这样做的话细节会变模糊），把很细的光栅直接投射到视网膜上。这些光栅可以诱导出和朝向有关的后效，这只能说明光栅激发了 V1 或其后与朝向有关的神经元。但是，观察者看不到这些细条纹，也区分不出细条纹和均一的背景有什么区别。这个实验说明，这些精细得看不到的信息，能沿视觉系统传递，在皮层处产生某些效应，却并不引起有意识的感觉[6]。

并非所有的后效都与能否看得见无关。在诱导运动不可见时，某些运动后效的强度（8.3 节）会大大减弱[7]。

6.3 做梦用不到 V1

对于梦的研究也证明，V1 神经元并不是 NCC 的一部分。我们都体验过做梦，梦中声、形俱全。尽管做梦时的意识和觉醒状态时的意识有所不同（例如梦中缺少内省和顿悟），但是梦境中的感觉却是实实在在的。在做梦和清醒时，介导视觉 NCC 的神经元集群很可能有局部交叠。

以前人们一直认为，REM 睡眠期和清醒时，脑部活动非常类似。因此 REM 睡眠也被称为异象睡眠（paradoxical sleep），这是因为用标准的 EEG 评判标准很难把它和清醒状态区分开来。与之相反，非 REM 睡眠（或称慢波睡眠）则有不同于清醒状态的鲜明特征：在 EEG 中存在大而慢的振荡。

如果研究人员剥夺受试者一夜睡眠，并在他第二天晚上补觉时用正电子发射断层扫描（PET）监视皮层血流，就可以看到更为微妙的情形：脑在做梦时的活动模式非常独特，和清醒的脑大不一样。尤其是 V1 和直接与其相邻区域都受到了抑制（与慢波睡眠相比较），然而梭状回和内侧颞叶皮层的高级视区却高度活跃。因此可以假定，正是后面这些结构介导了看到梦境不断展开的那种感觉[8]。

有的患者由于中风失去了初级视皮层。但是他们依然还能做梦看到东西，这就进一步表明 V1 的活动对做梦来说并非必需[9]。

6.4　直接刺激 V1

自古以来人们就知道，猛击后脑会让人眼冒金星，这叫做光幻视（phosphenes）（所以漫画人物头部受到打击时，画家总在他们的头上画有星星和闪电）。但是这并不能说明 V1 神经元是 NCC 的一部分。

在今天，研究者们采用更为精巧的刺激工具。加拿大的神经外科医生彭菲尔德*和他在蒙特利尔神经病学研究所（Montreal Neurological Institute）的同事们收集了大量有关脑功能局部拓扑图（local topography）的信息。这些信息源自数千位为了治疗严重癫痫发作而接受开颅脑外科手术的患者。在手术中，他们在患者暴露的大脑皮层表面安置电极，刺激某些枕叶皮层部位。如果刺激足够强，就可以引起一些基本的视感觉，例如闪光、蓝-绿色斑和红色斑、星星、轮子、转动的颜色球，以及诸如此类的感觉[10]。

---

* 彭菲尔德（Wilder Graves Penfield, 1891—1976）是在美国出生的加拿大神经外科医生，他发现了躯体感觉和运动在皮层代表区的拓扑图，他还发现刺激高级皮层会诱发患者产生非常复杂的栩栩如生的知觉。他在世时曾被称为是"在世最伟大的加拿大人"。——译者注

这些发现告诉我们，也许可以用某种人工装置帮助那些在成年之后*失去视觉的人们。这种神经假体（neuroprosthetic）使用一台微型照相机获取图像，绕过受损视网膜，直接刺激视觉皮层。有许多医生、科学家和工程师团队正在竭力研究，如何才能把这样的电子装置安置到脑中去[11]。

这一假体技术告诉我们，NCC 并不需要视网膜和膝状体的活动。直接刺激 V1 就可以使人产生基本的视知觉——位置、亮度以及颜色。但是神经元的兴奋并不仅限于 V1 内，它还会传播到 NCC 所在的 V2 和其他高级区。理论上讲，如果有这样一个患者，他的高级视觉区受损，但在刺激初级视皮层后他还能体验到某些视知觉（也许是通过 V1 中保存完好的皮层下输出通路来实现的），那么我们关于 NCC 不在 V1 的假设就会是错的。不过我认为这样的患者根本不存在。

6.5 猴子的 V1 神经元与知觉无关

V1 细胞和感知到的视觉内容无关，这一论断最有力、最直接的证据来自对可行动猴子的神经发放活动记录。

V1 细胞对局部深度有反应，但是并不产生深度知觉

第 4 章介绍了双眼细胞，它们从两只眼睛都接收输入。这些细胞利用左右眼微小的视角差异提取双眼视差（binocular disparity），由此判断深度。如果你把手指伸远一点，先用你的左眼注视手指，然后再用右眼注视，在这两次观察中，手指相对于背景的位置发生了变动。

---

* 即视觉系统本身已经发育完全。——译者注

这一变动即对应于双眼视差，它编码了深度信息。手指离两眼越远，这种变动越小。根据 V1 中双眼细胞发放率的大小，电生理学家就可以知道这些细胞编码深度的能力。

牛津大学生理学实验室的卡明（Bruce Cumming）*和帕克（Andrew Parker）通过一系列巧妙的图像操控，在清醒猴中记录到了一些对双眼视差有选择性的细胞。这些细胞对局部的深度线索（局限于图像的某一斑点）作出有意义的反应，但是并不引发整体上的深度知觉。也就是说，这些细胞编码局部的视差信息，而并不产生相应的深度知觉。

实验员给出两个深度线索，它们能分别产生不同的全局性深度知觉，而有一些细胞却以同样的方式对它们作出反应。卡明和帕克由此断言，在根据视差产生立体线索的过程中，这些细胞处于最初的关键阶段，但是深度知觉还要留待后续过程才能产生[12]。

哪个眼睛看到图像？

虽然绝大多数比 V1 更高层的神经元，它们对投射到左右眼的图像都有反应，但 V1 细胞中有相当一部分是单眼的——换言之，它们只对来自某一只眼睛的输入有反应。从原理上说，通过监视"左眼"和"右眼"细胞的活动，一个精巧的神经网络可以决定是哪个眼睛接收到输入。

这一观察和我们是否接收到了"源眼"（eye-of-origin）信息的问题有关。假定有一个小图像通过一根管子投射到你的左右眼之一，你能知道图像投射到左眼还是右眼吗？这一问题的答案让人大吃一惊：除

---

* 他在牛津大学获得博士学位，其后一直从事和立体视觉有关的研究。从 2000 年以后，他一直是美国国立健康研究所（NIH）的研究员。——译者注

非眨眼或转头，否则你就分不出！在合适的条件和严格的控制下，人们无法判断他们究竟是通过哪只眼睛看到的[13]。

在皮层中，单眼细胞仅存在于 V1，因此人们不禁会下结论说 V1 并不是 NCC 的一部分。但是我们不能因为 V1 细胞接收源眼信息，就认定脑的其余部分也会接收到这一信息[14]。从进化角度来说，让高层视觉皮层外显地表达源眼信息，这样做也许不会产生什么有意义的行为。

眨眼和眼动对 V1 细胞都有影响

在 3.7 节中我们说过，大多数人不会注意眨眼时两眼都闭上的短暂瞬间。因此，就可以通过追踪不受眨眼活动影响的神经元来寻找 NCC。亚拉巴马大学伯明翰（Birmingham）分校的高恩*和马丁（Julie Martin）指出，猕猴 V1 上层的细胞在反射性眨眼时没有活动。在对比实验中，研究人员让整个图像变暗数十毫秒（与眨眼时间相等），虽然这样也可降低神经元的发放，但在眨眼时神经元活动会降得更低。如果 V1 中所有的神经元都有这种特性的话，那么我们就可以有把握地下结论：V1 细胞并不对应于视知觉，因为在眨眼时，我们依然还有视觉[15]。

正如我们在第 3 章强调的，脑会自动地、无意识地、持续地对眼睛运动作补偿。不管你是把目光在屋内来回扫动，还是平滑地追踪一只飞过的鸟，外部世界看上去都是稳定的。我们可以利用这种知觉稳定性来测试 NCC 神经元。

比较下面两种情形下的神经反应：一种是场景不动而眼睛在动，

---

* 高恩（Timothy Gawne），美国亚拉巴马大学伯明翰分校副教授，视觉科学研究中心计算机室主任。主要研究视皮层中单细胞和细胞集群的信息处理，广泛使用计算工具。——译者注

另一种是眼睛不动而场景以相反方向运动。如果把外界的图像运动小心地调整到正好和自主驱动的眼动一样，那么它们看起来就会是完全一样的（例如，眼睛向左运动和图像向右运动相同）。这时你就需要视网膜以外的信息来区分这两种情形。事实上，V1 细胞在下列两种情况下的反应确实是一样的：一种是由眼睛平滑追踪某一目标的运动，另一种是眼睛不动而图像向相反方向运动。与之相似，V1 细胞也不能区分眼球自身跳动和场景以类似模式颤动。从这个意义上讲，V1 的行为就像是视网膜。只有 MT 及更高层的皮层区细胞才能区分眼动和场景运动[16]。换句话说，猴子眼睛移动时，外部世界投射到 V1 表面的图像也在移动，这和它所体验到的世界截然不同。

同样令人感兴趣的是，有些实验表明，视网膜上的图像和动物的行为（不妨假定它就代表了猴子的知觉）并没有明确的关系。这些记录很清楚地表明，绝大多数 V1 神经元反映的只是视觉刺激而非知觉。几万个甚至几十万个 V1 细胞产生数以几百万计的动作电位。然而，这些激烈的活动在觉知中一点都没有反映出来[17]。这个问题非常重要，在第 16 章中，我们会专门介绍。

对 V1 的反馈对于意识是否重要？

从高级皮层区返回 V1 的纤维所携带的活动信息对产生觉知是否关键呢？这一反馈大部分终止于表层。它们有可能增强 V1 细胞在某个阈值以上的发放活动。许多著名的神经科学家认为，正是在前馈活动与皮层-皮层反馈的交界处，神经活动超过了某种阈值，意识才随之产生。在第 15 章我还会回过来讲这个问题。

如果把大量 V1 细胞的活动叠加，根据叠加后信号的晚成分，我们就能够推测反馈通路的功能。这些晚成分与对刺激的知觉有关，而与动物的反应无关。但很可惜,目前的药物阻断剂还无法既选择性地切断对 V1 的反馈,而又不致干扰前向的信息流。所以,这些想法还难以得到验证[18]。

6.6 小　　结

本章讨论了 V1 神经元的活动在多大程度上和视觉意识有关。表 6.1 列举了意识的神经相关集合的某些必要条件,要使某些神经活动成为 NCC 的一部分,就必须满足这些条件,同时还要满足必要的背景条件（NCC$_e$）。在第 4 章已经讲过,初级视皮层符合表中所列举的前 3 个条件:V1 包含对视觉刺激的位置和朝向的外显表征;没有 V1 患者就看不见;电刺激 V1 会引起光幻视。另一方面,正如在本章中刚读到的那样,V1 细胞并不满足条件 4、5、6。

表 6.1　刺激属性成为 NCC 的某些必要条件

1. **外显表征**。此属性应该在某种柱状组织中得到外显表征。
2. **主节点**。当包含 NCC 的脑区受到损伤或失活时,个体就感知不到这种属性。
3. **人工刺激**。给予该脑区适当的电刺激或磁刺激,可以引起具有相应属性的知觉。
4. **知觉和神经活动之间的相关性**。在每次测试中,有关神经"活动"的起始时间、持续时间和强度,都应该和相应属性的觉知相关。
5. **知觉的稳定性**。眨眼和眼动会干扰感觉输入,但是对知觉没有影响,因而 NCC 也应该不受到眨眼和眼动的影响。
6. **和计划阶段有直接联系**。NCC 的神经元应该投射到计划和执行阶段。

无论在正常还是病理条件下,V1 中无疑都有一些信息,在当时的意识中没有得到表达。但想证明"V1 的任何活动都不足以成为当时视觉意识的内容"这一命题,则困难得多。现有的心理物理和单细胞资料,其结果都支持我们的假设,即 V1 神经元并非 NCC 的一部分[19]。

V1中的活动就像视网膜中的活动一样，它们对正常的有意识的视觉是必要的，但并不充分（做梦和想象大概也不需要有完整的V1）。

和物理学中那些"无一例外"的原理（"exclusion" principles；譬如，没有哪一种物质的速度可以超过光速，或者不可能造出永动机）不同，视觉意识并非从V1中产生这一论点并不是一条绝对的定律，而是与神经解剖有关。因此，我们不能推出所有的初级感觉皮层（诸如初级听皮层和初级体感皮层）都不是NCC这样的结论。对每一个区域，我们必须根据其自身的特点、联结模式和构成它的神经元群体的反应模式来进行研究[20]。

在后面几章中，我将用更多的例子来阐述神经反应和知觉之间的关系。但首先，我需要先解释下面的问题：解剖学家如何定义不同的皮层区域？这些区域之间有什么关系？尽管大脑皮层无论看起来还是摸起来都像一棵煮过头的花椰菜，但是其实它内部的结构井然有序。

第 7 章

大脑皮层的构筑

我的中心思想是复杂性经常表现为有等级结构,而等级系统则有一些和其具体内容无关的共性。我要说等级结构是复杂性建筑师所采用的中心结构方案之一。

——司马贺*《关于人为事物的科学》
(*The Science of the Artificial*)

当科学家面临像皮层这样复杂的结构时,常把它分解为越来越小的部分,并对这些部分进行分析,希望通过这种还原,最终得以认识整体。然而这种策略从一开始就碰到困难,因为脑的灰质在各处看起来都差不多。直到发明了近代的显微镜、化学染色以及选择性地只和

---

* 司马贺(Herbert Alexander Simon, 1916—2001;司马贺是他自起的中文名),美国经济学家和心理学家,他的研究领域涉及认知心理学、计算机科学、公共行政、经济学、管理、科学哲学。他也是人工智能、信息处理、决策、问题求解、注意经济学、组织论、复杂系统和科学发现的计算机仿真的奠基人。他的主要工作是在卡内基·梅隆大学作出的。他发表了 1 000 多篇引用很广的出版物,他被认为是 20 世纪最有影响的社会科学家之一。他获得过图灵奖(1975)、诺贝尔经济学纪念奖(1978)、美国国家科学奖章(1986)和 APA 奖(1993)。——译者注

某些细胞成分（例如包裹轴突的髓鞘或是细胞体中的核糖核酸）结合的染料之后，才得以对皮层进行全面的观察。随着科学家在研究神经元特殊分子成分方面的进展，根据虽然微妙却十分明显的局部差异，对脑的构筑的研究已经取得了很大进展。

7.1 如果要认识功能，就先要认识结构

基于上述染色技术，对脑的每一部分进行了编号，并绘制图谱。其中最著名的图谱是德国神经学家布罗德曼*在第一次世界大战以前的那些年里对人大脑皮层所作的分区，他根据自己研究的先后次序给不同的脑区以 1—52 的编号（图 7.1），其中有些分区沿用至今。不过其中大多数分区就像以前的国境线一样已经有了变动，或是进一步分解成了一些更小的分区。这是因为现在有了在他那个时代还没有的一些新的生理准则，并为代谢染色（即有一些细胞群基于其活动状况而选择性地吸收某些化学药物）所证实。不过布罗德曼的分区作为位置的标记还是有用的，就像"戏院区"代表市中心的某个特殊区域一样[1]。

可以用脑后部的视觉区域（对应于生理上所定义的初级视皮层，亦即布罗德曼的 17 区附近）作为把脑组织不断细分的例子。布罗德曼的 18 区是所谓纹外皮层（extrastriate cortex）的一部分，它至少包含 4 个分开的区域。如果可以对所有的布罗德曼区都作这样的细分，那就意味着存在 100 个以上的皮层区。

这些细分和皮层的工作有关吗？抑或这只是一些无关紧要的细节，

---

* 布罗德曼（Korbinian Brodmann, 1868—1918），德国神经学家，他的主要贡献是对大脑皮层进行分区。——译者注

126   意识探秘

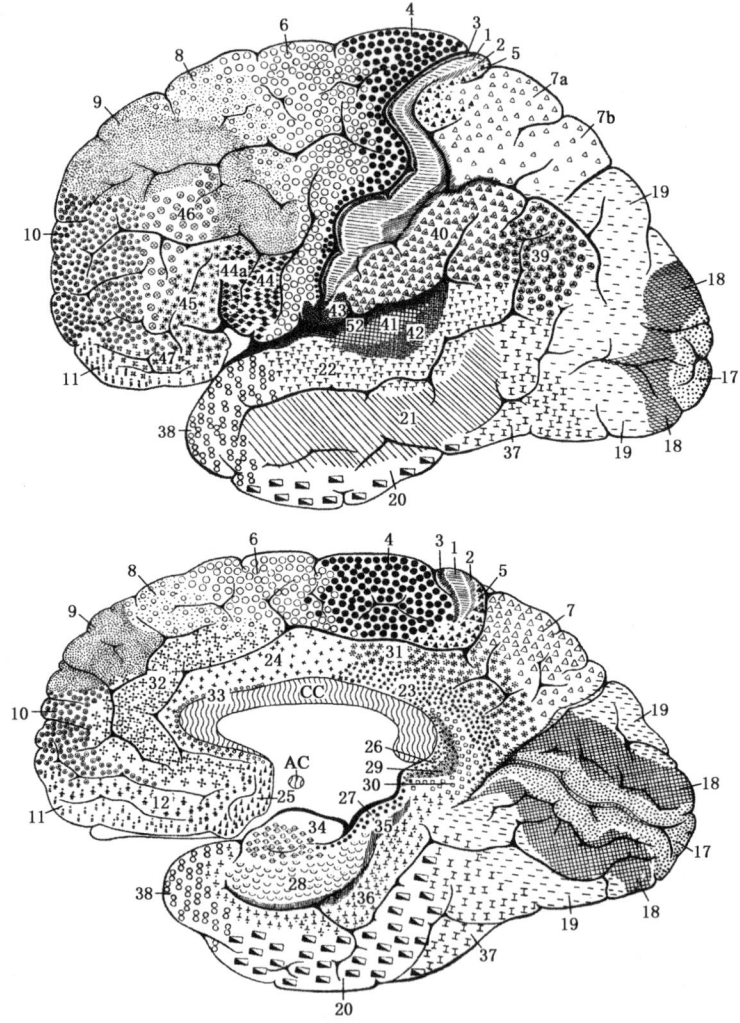

图 7.1　布罗德曼对人脑新皮层的分区
根据灰质中细胞的分布密度、形状和纹理方面通常很微小的差别，布罗德曼把皮层分成一些离散的区，并对其中的每一个区都指定一个编号。据 Brodmann（1914）改画。

就像被褥上的彩色图案？生物学家深信结构和功能是紧密相关的。这就是说，结构上的差异必然反映为功能上的差异，反之亦然。躯体上看起来不同的各个部分在功能上也是不同的。对神经组织来说也是如此。如果细胞密度增大，或是有髓鞘的程度有变化，或是开始出现某种酶，那么这很可能意味着已经越过了某个功能边界。

在计算机中结构和功能的联系是明显的。面对一块处理器芯片，一位训练有素的电路设计师可以一眼就分清楚上面的输入板和输出板、初级存储和次级缓存存储（secondary cache memories）、总线结构、算术-逻辑单元、寄存器和其他结构。所有这些结构都有着不同的功能。

7.2 皮层有一种等级结构

直到20世纪70年代为止，人们普遍相信视皮层只分成少数几个子区，这些子区以串行上行的方式联系起来。奥尔曼*和卡斯（Jon Kaas）在新大陆猴上做了开创性的研究，泽基在旧大陆猴纹外皮层上也作了大量探索[2]，受此推动，这种简单的图景逐渐变得复杂起来。以前人们常把初级感觉皮层之外的未知区域简单地贴上联合皮层（association cortex）的标签（因为对其功能极少认识），目前正在进行的一些研究（在下一章还要详细地讲这些研究成果）确定了其生理特性，并把它分成许多有公共功能特性的区域。

现在的问题是，所有这些区域之间的确切关系是什么？为了揭示大尺度构筑所采取的原则，研究不同区域之间的相互联结对此会有帮

---

* 奥尔曼（John Allman），在加州理工学院工作的神经科学家，以认知神经科学和进化神经科学见长。他们首先在人和大猩猩的前扣带皮层中发现大梭状细胞。——译者注

助吗？不管怎么说，皮层-皮层之间相互联结的纤维构成了皮层下面大团的白质。研究清楚这些纤维打哪儿来又往哪儿去，就应该有可能搞清楚，是不是每个区域都和另外的每个区域有联结，这些区域是随机地堆在一起的呢，还是可以从中发现某种等级次序。

前向联结和反馈联结产生等级

神经解剖学家罗克兰*和潘德亚**观察到皮层区域之间的联结至少可以分成两类。他们深刻地提出这些联结把信息流分成了前向通路和反馈通路。他们是围绕第4层的重要作用来进行分类的。回想起第4章中讲过，在构成V1的各层皮层组织中，第4层接受来自视网膜-膝状体的输入。一般说来，充分发育的第4层是任何一种感觉区的标志。

如果轴突主要终止于第4层，那么我们就认为两个皮层区之间的这种联结是上行的（ascending）或者说是前向的（forward）。如果发出这种轴突的投射神经元的细胞体位于表层2和表层3，那就更是如此。如果轴突绕开第4层而终止于上层（尤其是第1层，也就是最表面的一层），偶尔也有终止于第6层（最底下一层）的，那么这种联结就是下行的（descending），或者说是反馈的（feedback）。发送反馈轴突的锥体神经元的细胞体通常都在深层。

曼塞尔***及其博士学位导师范埃森（David Van Essen）当时在加州理工学院，他们根据这些解剖学模式提出有关等级组织的一个明

---

    * 罗克兰（Kathleen Rockland），美国艾奥瓦大学神经病学系副教授，现于日本理化学研究所脑研究所工作。专长为大脑皮层的神经解剖、皮层细胞和模块，以及皮层的高级功能。——译者注
   ** 潘德亚（Deepak Pandya, 1932—　）印度裔美国神经解剖学家。对认识猕猴的皮层和皮层下联结作出了很大的贡献。1995年他从马萨诸塞州贝尔福特（Bedford, Massachusetts）的退伍军人部医疗中心退休以后，任职于波士顿大学医学院的解剖学与神经生物学系。——译者注
*** 曼塞尔（John Maunsell），现于哈佛医学院神经生物学系工作。主要兴趣是当注意转移时，皮层表达会有什么样的变化。——译者注

确的假设。根据罗克兰-潘德亚的层状规则（laminar rules）就可以决定任何一个区域在等级结构中的相对位置。如果区域 A_2 在其第 4 层接受来自 A_1 的前向性输入，同时又通过其表层投射到区域 A_3 的第 4 层，那么 A_1 必定低于 A_2，而 A_2 又低于 A_3。

和前向投射神经元轴突的终止区相比，从高层次把信息反馈到低层次的轴突的终止区，其范围要广得多，它们和大群神经元形成兴奋性的突触连接[3]。

除了上行和下行联系以外，还有侧向的联结。侧向联结把等级结构中同一层次的皮层区域耦合起来。侧向联结可以源自皮层中有往外投射的所有各层（也就是说除第 1 层和第 4 层以外的各层），并且终止于接受区皮层柱的所有各处。

在有了这些规则之后，原来看起来像一团乱麻的皮层-皮层联结现在就多少有了些规则。费勒曼*和范埃森把早先有关这种等级组织的说法又作了进一步的推广。最后得到的组织图（organizational chart）有十几个层次（图 7.2），它就像老式厂房中由蒸汽管道组成的迷宫，非常复杂，有无数的支路、短路，还有看上去随机的附属品。尽管联系非常复杂，但并不是每一个区域都和所有别的区域有联系。事实上，至今在所有可能的联结中，只有大约 1/3 确有报道说是实际存在的[4]。

就像一套俄罗斯套娃一样，每个娃娃里面又有娃娃，图 7.2 中的每个方框本身也是一个很精巧的神经网络，有大量的子结构。两个这样的"蒸汽管道工厂"，也就是你脑的左右两半球，通过上亿根胼胝体纤维联结在一起，并装到了一个头颅里面。体感和听觉模态也有类似的等级结构。

---

* 费勒曼（Daniel Felleman），美国得克萨斯大学医学院神经生物学和解剖学系副教授，目前主要研究 V2、V4 和后 IT 皮层中对颜色和形状的处理。——译者注

这种等级结构说明什么？

由这种层状规则所揭示的等级结构看起来并不完善。用范埃森和费勒曼的话说起来就是：各种各样的不规则性——

> 提出了皮层是否内在地就只是某种"伪等级（quasi-hierarchical）"结构的问题，这种结构里有相当数量（或许达到10%）真正的不规则性，它不服从你能想得出的任何一种准则。另一种可能性是，视皮层实际上有相当完善的解剖等级结构，却因为所用的解剖分析方法本身带有"噪声"而未得到透彻的研究。

这种等级结构可能并不是唯一的，就是说，可以生成许多不同的组织结构，它们都满足同样的解剖联结约束，不过结构更为复杂、层次也更多[5]。

尽管图 7.2 和大学或者公司的组织图有某些相似之处，但是在这里并没有一位校长或者首席执行官在监督全局，并没有单个的奥林匹斯山*在俯瞰整个视觉系统。图中最顶上的区域或者投射到皮层以外，或者投射到脑的额部区域，再从那里投射到执行脑命令的（前）运动结构。正如泽基指出过的那样[6]，每个皮层区域都无一例外地把它的输出轴突发送到其他某个地方，没有一个区域是单向的中心区。如果真有这种区域的话，这种区域不可能成为原因所在（causal agent），它也

---

* 古希腊人把奥林匹斯山（Olympian region）尊奉为"神山"，他们认为奥林匹斯山位于希腊中心，而希腊又居地球的中心，于是奥林匹斯山也就是地球的中心。那些统治世界、主宰人类的诸神就居住在这座高山上，他们在这里饮宴狂欢、主宰地球。主神宙斯就居其上，他呼风唤雨，投雷掷电，降祸赐福，随意施行，不仅主宰人类，而且主宰诸神。作者在这里把奥林匹斯山比喻为最高层的控制中心。——译者注

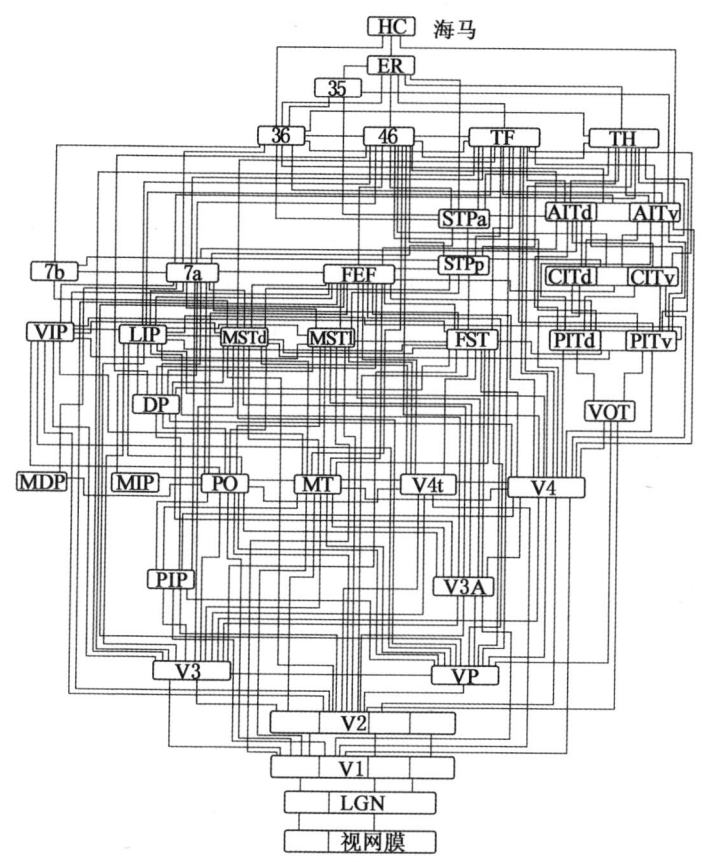

图 7.2 视觉系统是非常有序的

范埃森和费勒曼把猴脑中的各个视区安排在高度分层的等级结构中，这些区域通过几百条连线相互连接起来，这些连线中绝大多数都是双向的（reciprocal）。这一从视网膜出发的处理树（processing tree）深入到额叶和运动结构。要想了解得更细致一些，可参看本章的注释 4 及本书的图版 2。据 Felleman and Van Essen（1991）和 Saleem et al.（2000）改画。

不可能负责任何有用的意识。

人们普遍认为，有证据表明在脑后部的感觉模态中有等级组织，但是还不清楚在多大程度上也可以在脑的前部辨认出有前向及反馈的皮层-皮层投射。下颞叶、后顶叶和前额叶皮层区域之间的联结更是如此[7]。事实上有没有反过来的等级结构（和视觉中所发现的等级结构成镜像对称），也就是从前额叶皮层的高端向下到初级运动区？对此还需要做进一步的研究。

为什么要有等级结构这一问题使脑科学家感到困惑。理由之一可能是这种构筑使高级皮层区更易于检测低级区域中的神经元之间的相互关系。而在更高一个层次，可以照此建立起相互关系间的相互关系（correlations between correlations），如此等等。这使我们得以详细阐述感受野的种种性质（下一章将对此作介绍）。

视觉系统中的等级结构是解剖学上的结构，并不一定在信号沿皮层等级上行的潜伏期上有所表现。特别地，同一层次的所有区域并不一定同时为视觉刺激所兴奋。正如第3章指出过的那样，到V1去的大细胞流和小细胞流的速率是不同的。这种时间上的差异在以后的处理阶段就更明显了，脑前部的前眼视区（frontal eye fields）*接受视觉信息就先于后部的V2区和V4区[8]。

试把随眼动产生的神经活动想象成是沿视神经经过外侧膝状核到皮层的锋电位波。这可以和沙滩边上的波浪作类比：浪涛通过岸边的坑洼分成许多小股，其中有的股比其他股速度要快，这取决于坑洼的深度和一些别的因素。在脑中也是如此。因为在皮层网络中既有短程的联结，又有长程的联结，这种活动波在某些情况下有可能跳过中间区域。由刺激触发的发放的快速增强沿着视觉等级结构的各个环节向前传播，而很少改变波前沿的陡峭度。我把这称为网络波或网波（net-wave）。实验表明网波的出现既可靠又精确。甚至在皮层深处也可检测到它们的印记，其变动不超过10毫秒甚至更短[9]。我在13.5节中要说

---

* 大致位于4、6、8区之间。——译者注

明，这种前行网波（forward traveling net-wave）可以触发起相当复杂然而是下意识的行为（也请参看表5.1），而意识则跟位于皮层前部和后部之间的某种类型的驻波有关。

绝大多数皮层之间的皮层-皮层通路都是双向的。因此，如果区域A投射到区域B，那么区域B通常也投射回区域A。丘脑和皮层中间的多重联结（multiple connections）也有双向性，但并非都是如此。主要的单向投射包括从视网膜出发的视神经、从视皮层到上丘的下行纤维，以及从额叶到基底神经节的通路。

7.3 丘脑和皮层：一种紧密的联系

丘脑是一种状如鹌鹑蛋的结构，位于中脑的顶部，是通向新皮层的大门。丘脑和皮层在进化发育方面的联系非常紧密。除了嗅觉以外，所有的感觉模态都要经过丘脑作为中继才最后到达皮层[10]。

丘脑又再分成一些离散的核团，每个核团都有各自分开的输入和输出通道，以及独特的功能关系[11]。一些特异性的核团把体感的、听觉的、内脏觉的以及视觉的信息发送到相应的皮层区中去。

在这些核团中迄今研究得最清楚的是外侧膝状体（LGN），我们最先在第3章讨论过它。它并不是最大的核团。丘脑枕（pulvinar）*的情况也一样。从种系发生上讲，丘脑枕是丘脑最新的部分。在食肉动物中它虽然比较小，但是轮廓比较分明，其大小从猴到猿逐渐增大，直到在人中已经相当大了。灵长类的丘脑枕分成4个部分，并且至少有3个分开的视觉映射区（数目可能还不止于此）[12]。和皮层不一样的是

---

* 视丘之后内侧作垫状隆起部分。——译者注

这些映射区并不相互连接。事实上，丘脑核团很少直接相互交流，也很少和另一侧半球中的相应部分交流。

回想起在5.1节中讲过双侧板内核（ILN）的急性损伤影响到唤醒和觉知，有时候这种影响非常显著。临床研究、脑功能成像和电生理记录都说明这些区域（还有丘脑枕的某些核团）是警觉、注意、有目标视动行为（最显著地表现为眼动）的基础。专心致志地凝视一簇树叶（因为你可能看到有人藏在后面）或是查看前方的路面，都可能激活这些丘脑区域[13]。

可以把这些丘脑核团中的神经元分成两大类——把轴突发送到皮层中去的兴奋性投射细胞，以及局域性的抑制性中间神经元。对丘脑进行两种普通钙结合蛋白的染色，发现丘脑构筑的一些至今还不清楚的方面。投射神经元至少又分成两类——核心细胞（core cell）和基质细胞（matrix cell）。核心细胞聚集成团，并投射到皮层区域中间层轮廓清楚的接收区。LGN中的大细胞和小细胞中继细胞及其在V1中按拓扑组织起来的终端，是核心细胞的经典例子。基质投射细胞则以较为弥散的形式投射到附近的几个皮层区的表层。这更有利于散布到许多神经元群体，帮助这些群体同步活动，或者给它们定时信号。核心细胞把特异性的信息传送给其皮层接收者，而基质细胞则可能有助于把分布很广的神经元集群组织起来，这些集群负责任何有意识知觉的许多方面[14]。

7.4　驱动性联结和调制性联结

人们常常想当然地假设图7.2中各个区域之间的联结都是类似的，但事实绝非如此[15]。例如，终止于V1第4层的膝状体轴突可以使有某种最优刺激特性的V1神经元产生一阵猛烈的发放。当没有这种输入时，这些细胞不发放。反过来,从中颞叶区(MT)到 V1 和其他早期视觉区域的反馈,则通过调制初级的前向反应而影响某些非经典感受野效应[16]。

作为某种初步近似,弗朗西斯和我把前向投射当作强的驱动性联结。这些联结快速而可靠地驱动其靶细胞,从 LGN 到 V1 或是从 V1 到 MT 的投射就是如此。反馈投射(例如从 MT 到 V1 去的那种投射)通常终止于细胞体位于深层的锥体细胞树突树的远端。这种远端的输入可以调节这些细胞的发放行为,但是就其本身而言不大可能激起猛烈的锋电位发放。反馈调制接收细胞的反应,调节神经元反应的幅度(细胞的增益)。

在研究皮层和丘脑之间的双向联结时,也可以看到强的驱动性(前向性)联结和弱的、调制性(反向)联结。在这里,一般规则是从第 6 层出发的皮层-丘脑轴突很可能调制丘脑的靶细胞(和 V1 到 LGN 的通路类似),而从第 5 层出发的皮层到丘脑核团去的投射则可能是强联结。反方向的规则可能是,从丘脑到第 4 层或第 3 层下部的输入通常是强联结[17]。

当用这种两分法来看待脑区之间的联结时,就可以得出两点有意思的结论。第一点,在皮层-丘脑系统中似乎不存在强回路*,也就是丘脑区或皮层区都不会直接或间接地以强投射循环地联结起来。换句话说,不可能既有从区域 A 到区域 B(可能通过中间环节)的驱动性通路,又有从 B 回到 A 的驱动性通路。尽管脑中有许多部分的线路细节还不清楚,但是弗朗西斯和我认为不可能发现这种强回路。我们猜想强的双向联结会引起如同癫痫发作那样不受控制的振荡[18]。第二点,图 7.2 中的等级结构在一级近似之下可以看作是某种受到反馈联结调制

---

* 这里所讲的"回路(loops)"并非 circuit,而是一种首尾相接的环路。——译者注

的前馈网络，即使把某些丘脑核团加进去也还是如此。以这种观点看起来，信息流从视网膜出发沿等级结构上达顶端的内侧颞叶和前额叶皮层，信息由此下行到运动脑区。有许多功能可能还需要有近路绕过等级结构的某些层次以及反馈通路。

在将来，按照联结强度、时间过程以及别的一些特点来区分不同的联结类型会十分重要。这将使我们更容易认识系统的行为。这种区分与化学中区分分子内力（intramolecular force）和分子间力（intermolecular force）很类似。分子内力是使原子或离子分别组成分子或离子晶体的强共价或离子键。而另一方面，分子间力则是较弱的双极相互作用，例如氢键和范德瓦尔斯力（van der Waals forces），这是在相邻分子的原子之间起作用的力。如果把蛋白质所有的分子内键和分子间力都看成一样强和一样稳定的话，那就不可能理解蛋白质的分子结构了。

一些过于乐观的解剖学教科书告诉读者，人脑中的许多通路（即使不说是大多数通路）都已经搞清楚了，而且编了目。这是很不真实的。现在还亟需对人的神经解剖进行广泛而持久的探索[19]。如果没有关于人脑布线的详尽知识，就会大大延缓对 NCC 的探索。

7.5 用背侧通路和腹侧通路作为指导原则

20 世纪 80 年代初，位于华盛顿特区郊外的国立精神健康研究所的昂格莱德*和米什金**提出视觉信息在新皮层中沿两条分离的皮层通路

---

* 昂格莱德（Leslie Ungerleider），美国实验心理学家和神经科学家，国立精神健康研究所脑和认知实验室主任，美国科学院院士。以发现视觉信息处理的背侧通路和腹侧通路而闻名于世。2001 年她获得了女神经科学家终身成就奖，2008 年获得美国国立健康研究所（NIH）的杰出研究员称号，2009 年获得心理科学学会威廉·詹姆斯奖。——译者注

** 米什金（Mort Mishkin），美国认知神经科学家，美国科学院院士。国立精神健康研究所神经心理学实验室代理主任。——译者注

行进，这是视觉研究中的一个重要进展。他们把解剖的、神经生理的以及临床的资料综合起来，在此基础上提出了他们的上述论点。

人们把下颞叶（IT）有损伤的猴子的视觉能力和后顶叶（posterior parietal, PP）皮层（图 7.3）被毁的猴子进行比较，这些实验结果非常重要。IT 受损而 PP 完好的猴子在用视觉辨认物体方面发生困难；而另一方面，PP 受损而 IT 未受损的猴子不能执行视动任务（例如去摸某个看得到的目标或是伸手到某一狭缝里）。由局部脑损伤的神经患者得到的资料进一步证实了上面的发现。昂格莱德和米什金下结论说，IT 中有专门辨别和认知物体的回路，而 PP 则对计算空间关系以指导眼睛转向某个对象或者某一肢体伸向某个对象是必要的[20]。随之而来的功能成像研究又进一步证实了昂格莱德和米什金所做的这种划分，这现在已成为视觉神经科学的基石之一。

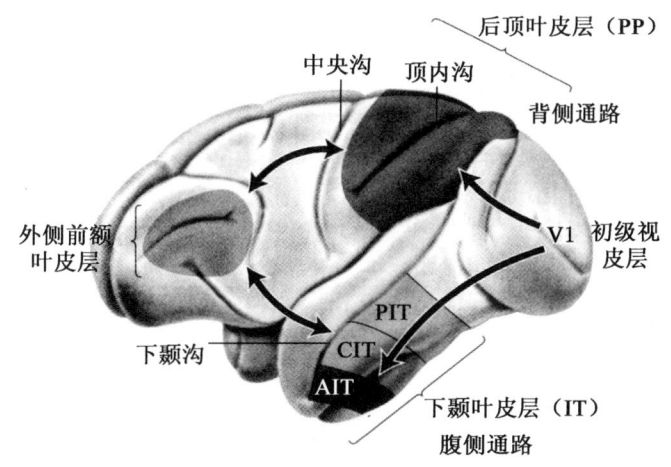

图 7.3 两条视觉信息流

昂格莱德和米什金发现视觉信息流在 V1 分成两条支流，在外侧前额叶皮层再重聚到一起。腹侧视觉信息流通路或者说知觉视觉（vision-for-perception）流主管形状或物体认知，而背侧视觉信息流通路或者说动作视觉（vision-for-action）流则携带空间信息，以定位目标并执行运动动作。（据 N.Logothetis 改画）

今天，神经科学家讲到两股信息流：背侧的和腹侧的。它们从 V1 出发分开以后，又再在外侧前额叶皮层会聚在一起。腹侧视觉信息流通路经过 V2 和 V4 到达 IT，并由此投射到腹外侧前额叶皮层。这条通路负责分析形状、轮廓、颜色，并检测和辨认物体。下颞叶皮层及相关区域和有意识的视知觉有关，这在第 16 章中还要再详细说明。背侧通路从 V1 出发经过 MT 进入后顶叶皮层，由此再发生远程投射（far-flung projection）进入背外侧前额叶皮层。PP 神经元和空间、运动以及深度有关。当眼睛或肢体需要从许多目标中选取其中之一，就要涉及后顶叶皮层的神经元。背侧视觉信息流通路处理引导眼睛、手或臂运动（也就是动作）所必需的视觉-空间线索。腹侧视觉信息流通路和背侧视觉信息流通路也常常分别被称为"什么"（what）通路和"何处"（where）通路*，或者知觉视觉通路和动作视觉通路。

腹侧视觉信息流通路和背侧视觉信息流通路有许多直接的交互联结而有些区域（特别在上颞叶皮层内及其附近）位于这两条通路的界面处，所以不能作简单分类[21]。

7.6 前额叶皮层：执行所在地

大致说来，中央沟后面的所有新皮层区域，处理的都是感觉输入和投射，中央沟前方的新皮层扩展很大，这就是额叶皮层，它主管动作。运动皮层、前运动皮层、前额叶皮层和前扣带皮层都属于额叶皮层（参看图版 1 和图 7.3）。其功能是主导、控制和执行运动输出（例如骨骼运动或眼动）、情绪表达、语言或内部精神状态（如下意识的思

---

* 也有人把"何处"通路称为"怎样做"（how）通路。——译者注

想，请读第 18 章）。随着机体的进化，其动作也越来越复杂，它们的目的在时空两方面都有了扩展；机体更少受到本能的驱动，而更多地依靠既有经验、顿悟以及推理。这就要求在不确定的环境下作计划、决策，进行认知控制，回想和实时存储信息，以及有主体感（the feeling of authorship）。在这些高级的执行功能方面，前额叶皮层有其独特的作用。

前额叶皮层（PFC）是大脑皮层最前端的部分，是内背侧丘脑核团投射神经元轴突的皮层接受区。PFC 的大小随种系进化而显著增大[22]。PFC 和前运动皮层、顶叶皮层、下颞叶皮层、内侧颞叶皮层、海马和杏仁核之间都有广泛的双向联结。但是它和初级感觉皮层和初级运动皮层之间没有直接的联系。PFC 也是新皮层中唯一和负责释放激素的下丘脑有直接交流的区域。这就使前额叶皮层适于把所有来自感觉和运动模态的信息整合起来。其另一个作用是把和机体有关的信息在短期内实时地存储起来。我在第 11 章还要再讲这个问题。

额叶皮层和基底神经节关系密切，后者是一个很大的皮层下结构，其中包括纹状体及苍白球。这些古老的区域负责有目的的运动、一系列运动动作、思维和运动学习。在没有皮层或皮层发育很差的脊椎动物中，基底神经节是最重要的前脑中枢。

皮层深层的神经元直接把它们的轴突发送到纹状体。基底神经节通过包括丘脑在内的中转站又投射回皮层。[23] 在像帕金森病或亨廷顿病这样有严重运动缺陷（直到完全不能运动）[24] 的失常中，基底神经节受到很大的影响。

7.7 小　　结

本章进一步介绍了对探索意识很重要的解剖结构——丘脑和前额

叶皮层，也介绍了三种普遍的组织方案，这使我们对大量的丘脑核团和皮层区域有所认识。

皮层构筑的一个普遍原则是它的等级结构。把有关轴突终止在什么地方和作为起源的细胞体位于哪里作为线索，可以把脑后部的皮层-皮层投射分为前向、反馈和侧向三类。根据这一分类，可以把视区分配到范埃森-费勒曼等级结构的十几个层次之一。视觉输入触发一个传播很快的峰电位网波，这个波通过这些层次最后到达一个或几个效应器。有关这种等级结构的精确功能及其完善程度依然存在争论。

根据强的前向性联结和调制性的反馈联结之间的区别，弗朗西斯和我认为，皮层和丘脑中没有强回路，这种回路有可能驱使神经组织陷入不可控的振荡。由于没有这种回路，视觉系统（包括 LGN 和丘脑枕核团）的形状就像是一个很大的前馈网络，其活动又受到反馈通路的调制。

视觉信息在皮层中沿两条通路流动，这就是腹侧（知觉视觉）和背侧（动作视觉）通路。这两者从 V1 出发以后就分开走向下颞叶皮层（腹侧）或后顶叶皮层（背侧）。它们由此投射到前额叶皮层的不同部位，而在前额叶皮层重新会聚。腹侧系统负责有意识的形状和物体视觉，而背侧通路则提取为视觉驱动的运动动作所必需的信息。

在重新回到本书的主题之前，我还要在下一章更为详细地介绍 V1 以上的皮层组织的卓越性质，以及这些组织如何分析和表达视觉信息。

第 8 章

初级视皮层以上的脑区

> 有三位禅宗和尚看到一面旗在风中飘动。第一位和尚说道："旗在动。"第二位和尚说："不对，是风在动。"最后，第三位和尚纠正说："动的是心啊。"*
>
> ——帕格尔斯**《理性之梦》

初级视皮层用一些分辨率高低不同的映射区来表征世界。这些区域突出了图像的一些典型特征，如朝向、图像中有变化的地方、和波长有关的信息，以及局部深度。但是在执行视觉功能的众多皮层区域中，初级视皮层只不过是最前面的一个。概而言之，人的大脑皮层中约有1/4参与视知觉和视动行为。

---

* 原文出自中国佛典《六祖坛经》："时有风吹幡动。一僧曰风动，一僧曰幡动，议论不已。惠能进曰：'不是风动。不是幡动。仁者心动。'一众骇然。"——译者注

** 帕格尔斯（Heinz Rudolf Pagels, 1939—1988），美国物理学家、洛克菲勒大学物理学副教授、纽约科学院执行理事。以其科普作品闻名于世。主要作品有《宇宙密码》(The Cosmic Code, 1982)、《完美的对称》(Perfect Symmetry, 1985) 和《理性之梦：复杂性科学的兴起》(The Dreams of Reason: The Rise of the Sciences of Complexity, 1988)。——译者注

把金属板放在任何一处皮层表面使之冷却,就可以把它"关掉"。用这种方法关掉 V1,整个视觉等级结构中的视觉反应都大为降低。某些区域的反应甚至低到定不出感受野。

但是 V1 的失活并不能完全遏制皮层运动区 MT(8.3 节)。当冷却 V1 时,MT 神经元的发放虽然大为降低,但是它们对运动依然有某种程度的选择性。MT 主要接受源自视网膜的两条通路的输入,其中的一条通过 V1,而另一条则经过包括上丘在内的更为迂回曲折的通路到达皮层。和这种看法相一致,人们观察到如果同时损毁 V1 和上丘的相应区域,那也就消除了 MT 细胞的所有反应。这种皮层下支路也许可以使 V1 受到损伤的患者能够非常有限地做某些下意识的视动行为(在 13.2 节中我们要来讲这种盲视患者),但是这条支路并不足以激活腹侧通路,后者负责有意识的物体视觉[1]。

在下一节中,我要讨论某些视觉皮层高级阶段中神经元的感受野性质。这些性质负责把视网膜信息转换成有意识的知觉和动作。

8.1 更多的拓扑区:V2、V3、V3A 和 V4

视觉二区(V2)就在 V1 边上,大小也和 V1 差不多(图 8.1)。初级视皮层中的细胞以点对点的方式投射到 V2 的相应细胞。其结果是,V2 的拓扑表征和 V1 中的很类似(图 4.2),其中处理中央视觉的神经元要比处理外周视觉的神经元多得多。

皮层各处的映射都跟 V1 和 V2 之间的映射有些类似,它们是逐渐变化的。高级视区也是如此。不存在变化很突然的边界。一般说来视觉世界是光滑地映射到这些区域的。近来用功能性磁共振成像(fMRI)得到的图像也证实了这一点(图 8.1)[2]。人的枕叶皮层也包括有关周

第8章 初级视皮层以上的脑区 143

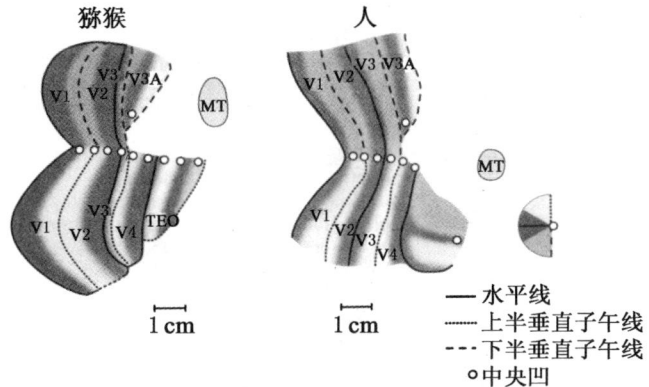

图 8.1 类人猿和人的拓扑视区（topographical visual areas）
利用功能性磁共振成像，科学家已经在人的枕叶皮层上辨认出不同的映射区，这些区域的确切形状和范围还有待确定。他们也画出了猕猴的相应区域（图上只给出了人的中心 2/3）。在最右端用极坐标图（polar angle scheme）画出了视网膜拓扑图。这就像一幅印象主义的拼贴画，外部世界通过平移和镜面反射表征多次。脑的后部在图中表示为左侧。（据 Hadjikhani et al，1998）

围世界的多个表征，这和用微电极在猴中的发现很类似。

当从 V1 进入 V2，或是进入其他皮层区，就不容易再看到像 V1 的输入层（也就是皮层入口处的感受野）那样的变换。V2 的感受野要比 V1 处的大，但这是可以预料到的，因为多个 V1 细胞会聚到一个 V2 神经元上。V2 细胞对深度、运动、颜色和形状敏感。有许多细胞对端点（end-stopped）敏感，它们对短的条状物、短线或短的边缘反应最大。如果条状物变得太长，其活动就减小[3]。

错觉边界（illusory edges）可以勾画出某个纸面上实际并不存在的形状，例如一个三角形（还记得图 2.5 吗）。这里并没有什么强度变化，然而你却看到了边界。根据我们的活动原则，任何一种这样的直接知觉，都必须要有某种外显的神经表征作为基础。瑞士苏黎世大学（University of Zürich）的冯德海特（Rüdiger von der Heydt）和彼得汉斯

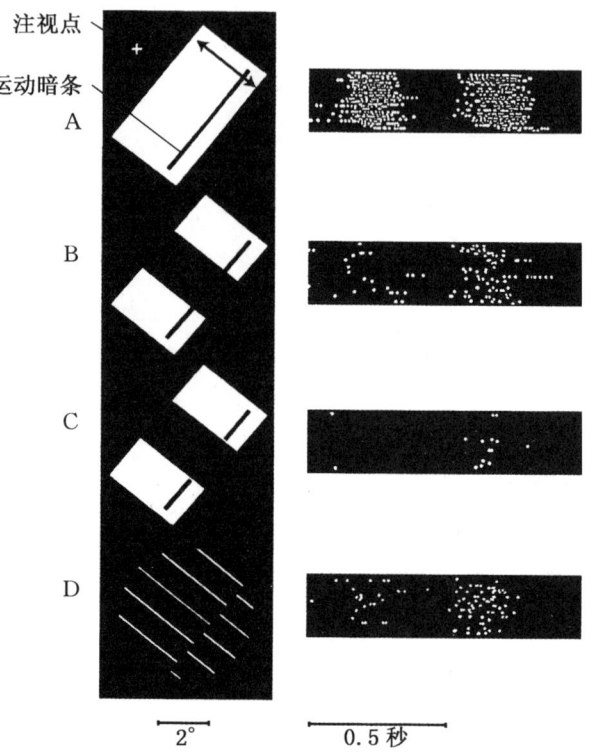

图 8.2 V2 细胞对错觉边界的反应

这个神经元能够识别有一定朝向的边界，无论是真实的边界还是错觉的边界都行。让猴子凝视注视点，某个暗条在明亮的背景上来回移动。A：细胞对有适当朝向的暗条有发放。B：当暗条的中心部分不再可见，细胞的反应减弱。C：对左右两边暗条截断处加上端点标记，错觉边界不再可见，发放也停止了。D：这个神经元对由一系列断线生成的错觉边界也有反应。由多次给予刺激所诱发的锋电位显示如右，明显分成两半，分别对应于向前运动和向后运动。据 Peterhans and von der Heydt（1991）改画。

（Ester Peterhans）在猴的 V2 区发现有对真实边界和错觉边界都有明显反应的细胞（图 8.2）。这种神经元很可能对辨认部分受到遮蔽的图形非常重要[4]。

根据对这些细胞以及其他表征边界的 V2 细胞（这些边界可由反差、运动、深度或错觉边缘所确定）的研究，我断言 V2 神经元的一个子集处理图形-背景分离所必需的信息，这些子集识别对象的形状。生理学实验说明 V2 在形状视觉中起重要作用，选择性地损毁猴 V2 区的行为研究进一步支持了这一点[5]。

和 V2 相邻的是第三个视区（V3），它把视觉世界分裂为成镜像表征的两半，一半表征上半视野，而另一半表征下半视野。在其前是 V3A 和 V4，这是另外两个各有其视网膜拓扑表征的区域（图 8.1）。V4 既接受直接来自 V1 的输入，也接受分别来自 V2 和 V3 的投射，其感受野也要比输入的感受野大。当视觉处理的等级升高时一般都是如此。然而，腹侧通路各处的映射区都保持了对落在中央凹处的刺激的偏好，中央凹毕竟是你通常的注视之处[6]。如此等等一直往上。有关这些皮层区在视觉中所起的不同功能作用，还所知不多。神经元的数目以百万计，但是只用了那么少的微电极去记录它们！

8.2 颜色知觉和梭状回

正如叔本华*强调指出的那样，颜色是心智的产物，而不是外部世界的产物[7]。人们知觉到的色调，和不同视锥光感受器群体的相对活动有关（3.2 节），并且是相对于整个图像光谱成分总体分布的评估结果。心理学家谈到颜色恒常性（color constancy），也就是当光源的光谱成分发生很大变化时，对象的颜色看上去只有很小的变化。色调知觉在一定程度上和照明光源的变化无关。不论是在满月的白光下，或是在天空的带蓝色的光照下，还是在白炽灯的黄光下，一只成熟苹果的

---

* 叔本华（Arthur Schopenhauer, 1788—1860），德国哲学家，唯意志论的创始人。认为意志是人生命的基础，也是整个世界的内在本性。著有《作为意志和表象的世界》、《论自然界的意志》等。——译者注

颜色差不多总是一样的。虽然在这三种情况下波长成分有很大的不同，情况依然如此。

泽基在其一系列广为人知的文章中提出猕猴的V4区和颜色知觉有关。他对麻醉猴用电生理方法研究了V4细胞的波长敏感性，正是根据这一研究他提出了上述假设。许多V4神经元表达颜色，而不是原始的波长。当有一些（比如说）中等波长的光落在V1的某个双拮抗细胞（double-opponent cell）的感受野里时，这个细胞可能会发放；但是当中等波长的光刺激落在V4细胞的感受野中时，它是否有反应还和刺激在整个视野中其他区域的光谱分布有关[8]。对颜色有选择性的细胞并不限于V4，在一些其他区域里也有发现。

对人来说，如果枕叶和颞叶的腹侧表面、部分梭状回（见图版1A）受到损坏，就会选择性地干扰色觉。一位全色盲患者知觉到的世界全是灰色的，就像一台彩色电视机变成了一台黑白电视机。他丧失了色调知觉，尽管他还有形状视觉和其他方面的视觉[9]。泽基由此推断，在人的梭状回中有颜色的主节点。

脑功能成像揭示，当有颜色知觉和作颜色判断时，在脑的这一部分有许多区域被选择性地激活了[10]。现在还不清楚的是，在多大程度上可以在不同受试者身上得出彼此一致的高度离散的颜色区域。

有趣的是，当受试者在颜色消失后体验到颜色后像时，某些对颜色敏感的脑区域也会有活动。如果你凝视某种饱和色一段时间（例如鲜红色），然后再去看一片均匀的灰色，你就会看到其补色（在此情况下是绿色）。这种负后像（negative afterimage）可以非常明显，并在一分钟内消退。一部分梭状回中的fMRI活动随这种知觉而变化：这种活动随着产生虚幻的颜色后像而增大，而在色斑消失以后的很短一段时间里下降回复到基线水平[11]。

有一种有色听觉（colored-hearing）现象，某些词、声音或者音乐老是会引起特定的颜色感觉。和其他形式的联觉（synesthesia）一样，有色听觉是自主的、非随意的，并且在许多年里都保持稳定。有色听觉因 A·赫胥黎*的作品《知觉之门》(*Doors of Perception*) 而广为人知。有些人非常幸运，不用服药就可以终身享受这种感觉。对于有联觉的人来说，由词引起的色调知觉触发梭状回脑活动的那部分区域，正好和由颜色刺激所触发的区域相同。值得指出的是，出现有色听觉时，V1 和 V2 并没有 fMRI 反应。这些观察不仅支持了梭状回区域对色调知觉具有特异性的看法，也支持了弗朗西斯和我关于颜色的 NCC 和 V1 活动无关的看法[12]。

8.3　皮层区域 MT 专门处理运动

中颞叶区（middle temporal area，MT）是一块很小的皮层区域，有拇指指甲那么大（图 7.2、图 8.1，以及图版 1C）。它对运动有明显的反应。MT 的所有神经元（除了极少数例外）对有特定方向的运动有偏好，平均说来，它对其最优方向运动的刺激的发放率要比对反向运动的刺激的发放率高 10 倍以上。这些神经元在相当大的速度、刺激大小和位置的范围里都保持这种选择性[13]。简而言之，MT 外显表征了某些形式的运动刺激。

MT 对真实运动和错觉运动（illusory motion）都有反应

直到几年以前，都还只能在尸体上研究人的 MT[14]。但是在发明

---

* A·赫胥黎（Aldous Leonard Huxley，1894—1963），英国作家，1937 年移居美国。擅长小说、诗歌、游记、电影故事等。晚年对心理玄学（parapsychology）等神秘现象感兴趣。——译者注

磁共振成像（MRI）以后，根据 MT 对运动光点、光栅和不断扩展的圆圈的特异性反应，如今在活人身上定位 MT 已成为常规了[15]。

如果你觉得有东西在动，但是实际上并没有东西在动，就像瀑布错觉（waterfall illusion）那样，那么在 MT 里会发生些什么呢？这会不会也使 MT 活跃起来呢？如果你对瀑布凝视几分钟，然后看它旁边的静止背景，你就会产生树和岩石都在朝天上运动的奇怪感觉。下面是另一种产生运动后效（motion aftereffect）的方法，凝视上面画有螺旋线的转盘中心几分钟，如果你接着去看一位朋友的脸，脸就会以相反方向扭曲。你甚至会看到脸上的一些东西在动，虽然它们的实际位置并没有发生任何变化。这究竟是怎么回事呢？运动意味着有位移，所以这在物理上是不可能的。如果考虑到脑通过不同的过程编码位置和运动，那么这也就不足为奇了。

瀑布错觉的机制是什么？在长时间注视瀑布以后，表达向下运动的细胞的状态有了变化。它们对这些持续不变的输入的反应变弱。由于编码向上运动的神经元并没有对向下飞流的瀑布起反应，因此它们也不会适应。运动知觉是表达相反方向运动（向下运动和向上运动）的神经元群体相互竞争的结果。长时间看一个方向运动的结果打破了原有的平衡，使之有利于反方向的运动。用功能性磁共振成像（fMRI）能使运动错觉的神经基质可视化。这也说明了心身问题的微妙性，本章一开始所引用的那段话就体现了这一点[16]。

运动知觉的选择性缺失

如果破坏了 MT，那会怎样呢？对猴子来说，小的损害只是使它在判断运动刺激的速度和方向的能力方面受到轻度暂时性损害，但是如果整个区域都毁坏了，那么这个动物的运动知觉就永久性地毁了。人也一样。

L.M. 是一位神经患者,她表现出明显的高度特异性的知觉缺陷。她由于血管问题而丧失了两侧 MT 及其附近区域。这种极少有的情况使患者根本看不到运动,或者用泽基所用的术语来说,就是运动盲(akinetopsia)。下面是有关这一病例的原始报告。

> 举例来说,她斟茶或者咖啡时就有困难,因为茶水在她看来像是冻结了起来,就像冰柱一样,她不能适时停止倾倒,因为她知觉不到液体在杯子或壶中上涨时的运动。此外,患者也抱怨说和人对话有困难,因为她看不到对方脸上的运动,特别是嘴的运动。当房间里有两个以上其他人在走动时,她也感到不安和不舒服,通常她会立刻离开,因为"人会到处突然冒出来,而我根本没有看到他们走动。"这位患者在热闹的街道和场所也碰到同样的问题,只是更为严重,因此她尽量避免到这些地方去。她不敢穿马路,因为她不能判断车辆的速度,但是她能轻易地认出汽车。"当我开始看到汽车的时候,它好像还远在天边。但是当我要穿马路时,汽车却突然近在咫尺。"她慢慢学会了根据声音变响来"估计"运动车辆的距离。

L.M. 可以根据对象随时间而发生的位置变化来推断它的运动。但是她有正常的颜色和形状知觉、空间敏锐度,也能检测光的闪动。她好像生活在一个用频闪灯(stroboscopic lamp)照明的世界里,就像在迪斯科舞厅里那样,虽然跳舞的人清晰可见,但是看上去都像停止不动了似的;这也好像在看一部放映得非常慢的电影,可以看清其中的每一帧,这是我在第 15 章还要回过来再讲的重要观察[17]。

MT 神经元和知觉决策（perceptual decision）之间的联系

这些观察推动了一项有关单个神经元发放和行为之间关系问题的经典研究。斯坦福大学的神经生物学家纽瑟姆（William Newsome）和纽约大学的穆夫雄（Anthony Movshon）设计并做了这些实验[18]。

训练猴子从一大片向各个方向运动的光点（噪声）中检测出某组一起（比如说）向上移动或向下移动的光点（信号）。增强噪声，运动信号被弱化，任务就变得更为困难，动物也更容易犯错误。在没有信号的极端情况下，每个点可以向任意方向运动，就像调到空台时电视机屏幕上的雪花。实验者记录动物在执行这个任务时单个 MT 神经元的发放率。根据信号检测的数学分析，研究者记录了在 2 秒钟时间段内 MT 神经元的平均发放率，并在它和动物做出的选择之间建立起定量关系。总体说来，从有噪声的刺激中提取运动弱信号的表现方面来说，这些细胞和动物本身一样好。这就是说，一位擅长数学的观察者只要知道了各个细胞对一段 2 秒长的录像起反应发放的锋电位数，平均说来就可以像该动物那样推断出信号的运动方向。

甚至当运动信号几乎完全淹没在噪声中时，动物还是能够以高于随机水平的准确率检测运动方向［因为信号只有朝上或朝下的运动，如果纯粹是猜测的话，那么反应正确（并赢得果汁）的次数应该约占全部实验次数之半］。对每个特定的运动信号，动物的反应随各次实验而随机变化，MT 细胞发放的锋电位数也作类似的变化。如果 MT 神经元和动物的行为之间有因果关系（或许这些神经元还是运动知觉的基础），那么在重复实验中行为和发放率应该协同变化，而这正是纽瑟姆及其同事的发现。当某个细胞以高于锋电位的平均发放数发生反应时，猴子多半会选择这个细胞的最优运动方向。这是很令人惊奇的，因为这意味着行为可以受到单个皮层神经元的影响。模型研究也证实了这一点。猴子可以根据少于 100 个 MT 细胞的弱相关活动进行决策[19]。

为了进一步说明在这两者之间不仅有相关性而且还有因果关系，纽瑟姆及其同事在动物执行这个运动任务时直接刺激 MT 区。如果这种微刺激（microstimulation）能够起作用的话，那就是运动柱状性质的一个证据（图 8.3）。假定对不同运动方向有选择性的神经元在 MT 各处是随机散布的，在这种情况下，兴奋相邻的细胞不大可能会产生净信号，因为各个 MT 细胞对动物决策的贡献会互相抵消。但是如果电极插到了编码向上运动的柱体内部，那么刺激这些细胞就使动物的决策偏向于这一方向。

生理学家把电极插到皮层的 MT 组织内，向其注入电流脉冲，激活其尖端周围几分之一毫米范围内的神经元。当猴子看运动点的显示时，如果刺激编码向上运动的皮层柱，猴子更可能报告向上运动。微刺激的结果就等价于以某个固定的数量增强向上运动的信号[20]。

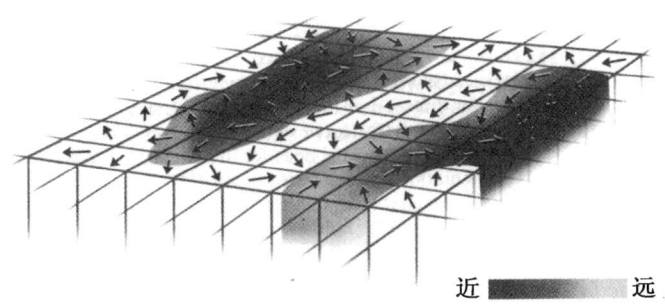

图 8.3　运动和深度聚类

周围世界拓扑映射到 MT 区。在皮层的整个厚度中，有类似感受野性质的神经元都聚集在一起。这也就是说，在每一片下面的细胞都有类似的运动方向（以箭头标记）和对深度的偏好（以灰度表示）。当沿皮层表面移动时，这种选择性也随之光滑变化。为了说明方便起见，图中对聚类的离散性作了夸张的描绘。此处所画的面积的数量级为 1 mm^2。据 DeAngelis and Newsome（1999）改画。

猴子究竟看到了什么呢？微刺激本身不会引起动物作出反应。因此，电流可能太弱而不足以引起像光幻视这样的知觉，但是它可以影响知觉的属性[21]。在我们得以在人身上重复这样的实验（可能是为了治疗目的，在对癫痫患者进行手术时做这种实验）以前，我们不可能知道答案。

运动感觉是在 MT 中产生的吗？

这些发现提示 MT 是随机点运动知觉的主节点：如果切除 MT 及其附近区域，也就丧失了对运动的主观感觉和相关的行为。再者，MT 有非常美丽的运动方向柱状结构（图 8.3），说明这一属性在这些细胞的发放率中已经是外显的了。

不能仅仅因为 MT 区是运动的主节点，就认为如果把它连同其视觉输入一起从脑中切下来放到碟子里也会意识到运动。我以为，为了产生运动觉知，MT 必须和其他区域有双向（bidirectional）相互作用[22]。MT 不仅投射到皮层以外的地方（通过其第 5 层投射到上丘），而且投射到前眼视区（frontal eye fields）以及后顶叶皮层的若干个对运动敏感的区域，其中包括外侧内顶叶区（lateral intraparietal areas）、腹侧内顶叶区和内侧上颞叶区（medial superior temporal area，MST）（见图 7.2 和图版 1、图版 2）。MST 中某部分的细胞，选择性地对在环境中行动所产生的各种光流视场（optical flow fields）起反应（例如向前运动伴之以光流的扩张，而头的转动则产生旋转的光流视场）。MST 中不同部分的神经元帮助你用眼睛追踪运动对象。

由发起运动所触发的网波波阵面（front）自视网膜通过 V1 到达 MT 及其以上别的背侧区，这一波阵面足以引发快速的行为反应[23]。另一方面，运动觉知大概也需要从皮层额部返回 MT 和其他运动敏感区的反馈。在 15.3 节中还要再提到这个问题。

MT 也对深度信息编码

很少有哪个皮层区域是只有单一功能的，MT 同样如此。那里的神经元不仅编码运动，也编码深度。正如你在 6.5 节中读到过的那样，任何一个对象的像，投射到左右两个视网膜上都有一点差异。两个眼睛中像的相对岔开就是对象的双眼视差。有许多 MT 细胞对视差很敏感。有的细胞只有当对象很靠近时才发放，而另一些细胞则当对象很远时有反应。纽瑟姆和迪安杰利斯（Gregory DeAngelis）发现在一大片对视差很不敏感的神经元大海中有一些对深度或者说视差有选择性的 MT 细胞孤岛。在柱体内部，从深部到表层各处的神经元都表现出相同的视差选择性。这一片状组织就叠加在运动方向的柱状组织之上（图 8.3）[24]。

纽瑟姆的研究组重复了他们的微刺激实验，只是在一处做了改变，这就是动物要执行的任务变成了辨别深度。直接加到 MT 的外部电流产生了一个偏置信号，此信号根据电极尖端附近神经元对视差的选择性，而影响动物的行为与深度知觉[25]。

8.4　后顶叶皮层、动作和空间位置

灵长类动物不断地在进行着大量例行的、"无心的（mindless）"感觉-运动动作，例如从树丛中捡取水果，拿一件用具，跨越障碍，或是用眼睛看场景各处。完成所有这些任务都需要视觉的引导，但是大概并不需要意识。

为了得出目标位置，需要把它们在视网膜上的相对位置转换成另

一种形式。这样，负责捡取和导向的神经网络就可以利用此信息来指挥眼、头、臂和手指。对猴子所做的电生理记录、临床报告和对人所做的脑成像都说明后顶叶皮层（posterior parietal cortex，PP）把位置信息组合起来加以表达，并将此付诸行动。在猕猴中，PP 进一步分成 6 块功能上有所不同的区域，改进后的技术还在不断发现新的区域（见图 7.3，以及图版 2 中的 LIP、VIP 和图 7a）。

这些区域的共同点在于它们的神经元反应既不是纯粹感觉性的（视觉、听觉和本体感觉信号对这些细胞都有影响），也不纯粹是运动性的，而是两者兼而有之。单细胞实验表明 PP 和下列不同功能都有关系：分析各个对象之间的空间关系，控制眼睛和手的运动，决定把视觉注意投向何处。有些细胞编码猴子在下几秒时间里想要执行的眼、手或臂的运动。注意对另一些细胞有很大影响。相对于对动物无关痛痒的刺激，从行为角度来说重要的刺激（或许动物只有当盯着这个刺激看时才能得到一小口果汁的奖励）会诱发更强的反应（在第 9 章和第 10 章我还要回过来再讲注意的问题）。

PP 是和行动有关的信息的一个重要渠道。PP 的损伤持久地影响猴子伸手触摸对象或是把手握成适当形状以攫取对象的能力。这种缺陷非常严重，以致早期的研究者认为有这种损伤的猴子已经瞎了，而事实上动物还是能看的，只是不能靠视觉引导它们的四肢而已。其输出通路包括从后顶叶皮层第 5 层出发、到脊髓和脑干运动结构的直接投射，也包括到额叶前运动区和前额叶区大量的双向皮层-皮层联结。

人的后顶叶皮层受到损伤，会引起空间知觉和视觉行为的缺陷。特别令人感兴趣的是忽略症（neglect），其特征是在空间觉知方面受到了严重干扰，同样令人感兴趣的是视觉共济失调（optic ataxia），患者不能把手伸向目标或是指点目标[26]。

通过增益野（gain fields）对空间的编码

脑是如何表征对象的位置的呢？在机器人学界和计算机科学界盛行下列好办法：以外部世界作为坐标系而得到有关环境的一张全局图。就像普通的城市地图那样，这种表征方法告诉机体，对象相对于外部界标，落在什么地方。当主体真的去亲历其境时，根据来自所有感受器的信息对原图予以更新。

脑遵循的是不同的策略。有许多映射区利用和执行机构（actuator）有关的内隐表征（请回想一下 2.2 节中讲过的内隐和外显的区别），来编码对象的位置，因此眼动系统对空间的表征就不同于编码在视觉导引下伸手运动的脑区表征。一个恰当的例子就是 PP 中的空间编码。

在绝大多数神经生理学实验中，猴子坐在椅子上，如果它能保持其眼睛绝对不动（通常不许猴子把头转动或者点头），那么就奖给它果汁之类的东西。这样，实验人员就可以标出神经元在视网膜坐标系中的感受野。但是假定动物转动其眼睛，那会发生什么情况呢？如果刺激落在视网膜上的位置始终保持不变，细胞会像神经节细胞那样一直有反应吗，抑或对刺激的编码与凝视角度无关？

实验结果和上述两者都不同。PP 神经元混用这两个坐标系。一般说来，可以把细胞的发放反应表示为两项之积，其中一项只和相对于视网膜的视觉反应有关（传统上所定义的细胞感受野），另一项则随眼睛在眼眶中的位置而变。举例来说，如果眼睛向左转，神经元对落在其经典感受野中的刺激反应最大；如果眼睛朝前看，发放适中；如果眼睛向右，就根本没有发放。换句话说，感受野的输出，也就是它的增益，受到眼睛位置的调制。这被称为增益野（gain field）策略[27]。

因此，位置是以内隐方式编码的。要把来自许多细胞的信号综合起来才能确定位置，这是群体编码的非常好的例子（2.2 节）。另一个增益野编码头颅相对于肩膀的位置。在这种情况下，可以把神经元的反应写成三项之积：其中一项有赖于视觉刺激相对于视网膜的位置；另一项有赖于眼睛相对于头颅的位置；再一项则有赖于头颅相对于肩膀的位置。我在 2.2 节中说过，外显表征是 NCC 的必要条件。因此可以根据这些发现认为，绝对的空间位置并不进入意识，只有相对位置（相对于眼睛、头颅*、身体或是视野中别的对象）才进入意识。这可以利用空间觉知所需的坐标系，并把它们和控制视动行为的坐标系进行比较，来加以检验（参看 2.2 节）。

在脑中也确实有些细胞外显地编码位置。当啮齿动物身处其环境中的某个特定区域（例如在饮水器和门之间）时，其海马中的位置细胞（place cells）发放最猛烈。离开这个特定区域，细胞就没有发放[28]。这些细胞会是知觉位置的 NCC 的一部分吗？也许吧，但是在目前我们还不知道。

8.5　下颞叶皮层和对象识别

我们从背侧通路讲到腹侧通路以结束本章。腹侧视觉信息流通路从 V1 出发，经过 V2、V4、后下颞叶皮层（PIT）等一系列阶段，直到最前面的下颞叶皮层顶端（anterior part of inferotemporal cortex，AIT；见图 7.3 和图版 2）。虽然有时候也会跳过一两个中间阶段，但在大多数情况下，还是保持着这种等级结构。

对猴子来说，AIT 是最后一级主要的视觉处理区。再后面的阶段或

＊ 原文误印为"手（hands）"。——译者注

者是和多种感觉有关，或者是和动作或记忆有关。AIT 除了把高度处理过的视觉信息发送到内侧颞叶皮层以及基底神经节的纹状体以外，还投射到前额叶皮层。从内侧颞叶皮层来的反馈大概起提取视觉记忆并馈送到下颞叶皮层（IT）中去的作用[29]。

IT 神经元的感受野几乎总是把中央凹包括在内，它可能很大，经常不仅涵盖来自对侧视野的信息，也涵盖来自同侧视野的信息（通过绕行胼胝体的轴突）。拓扑组织在 AIT 中很不明显或者根本没有。这可以说明为什么用以产生图 8.1 中各部分的 fMRI 成像技术不能显示 IT。

IT 细胞的作用之一是表征所知觉到的对象的形状和其他表面特征。如果猴子虽然正看着隐藏在复杂场景中的某个目标或其附近（请想一下流行儿童读物中的沃尔多*吧），却未能发现该目标，那么本来应该对这个目标有发放的 AIT 细胞现在依然沉默[30]。第 16 章总结了有关 IT 及更高部位的神经元外显表征当时视觉意识内容的证据。

在下颞回（inferior temporal gyrus）和上颞沟（superior temporal sulcus, STS）的邻近区域，都发现有对于对象的选择性很强的神经元。例如有些神经元对弯成一定形状的曲别针有猛烈的发放（图 2.1），有些神经元则对从合适的角度看到的树、手、猴子或人的脸发放猛烈（图 2.4）。这种倾向于更稀疏的外显表征是腹侧通路的特征。人也是如此，有些内侧颞叶皮层神经元的选择性非常强，它们只对某个特定的、名人或者熟人的各种不同图像起反应（图 2.2）[31]。这种特异性是由经验造成的。

---

* 沃尔多（Waldo）是英国插图画家汉福德（Martin Handford）创作的儿童系列图书《沃利在哪里？》（*Where's Wally?*）[这些书在美国和加拿大名为《沃尔多在哪里？》（*Where's Waldo?*）]的主角。每本书都是整页复杂的图画，每张图中都有几百个小人在做各种各样的事。要求读者从中找出沃利，或者说沃尔多。沃利总是穿着红白相间的横条衬衫，头戴顶上缀有小球的帽子，戴眼镜，手持手杖。还要求读者从图中找出一些其他的东西，例如书本、野营营具、沃利的鞋子等。——译者注

日本理化学研究所（RIKEN）脑科学研究所的田中启治（Keiji Tanaka）研究出了一种技术，使他可以探索能引起最大发放反应的视觉刺激，他借此系统地研究了猴 AIT 神经元对刺激的选择性。他发现最关键的一些特征要比朝向、大小、颜色以及简单纹理复杂，但是并不详细到足以体现一个实际对象的全貌（除了人和猴子的脸以外）。

田中发现有对圆圈、角、拉长并有一定朝向的椭圆斑、脸的一些公共部分（common aspects of faces）等等敏感的柱状结构。利用光学成像（optical imaging）技术，根据来自皮层的反射光，对代谢上激活的区域和未激活的区域进行对比，我们就可以看到这种组织。任何一个中等复杂程度的对象都可以在 IT 表面上引起许多活动热点，每个热点的直径大概有 0.5 mm。整个区域可以有 1 000 个以上的这种热点。柱状表征是连续的。例如当脸的视角改变时，表征它的斑块在皮层表面也作有系统的移动。我对这些现象的解释是，这意味着对诸如角、几何形状、脸、视角等一系列视觉特征都有外显表征。

对人脑所作的功能成像发现，在皮层上有对于对象具特异性的区域。有些对象可以选择性地激活包括梭状回和外侧枕叶区在内的腹侧颞叶皮层（见图版 1）。绝大多数研究者认为，看到人脸倾向于激活梭状回中的梭状脸区（fusiform face area，FFA）[32]。损伤此区域附近常造成不能认识脸（面容失认症，prosopagnosia）[33]。

目前存在着激烈的争论。一方是局域论者（localists），他们认为腹侧通路上的一小块脑区负责对脸的精细分析，另一块则分析身体的各个部分，还有第三块分析房子和空间场景。另一方是整体论者（holists），他们认为对象识别广泛地分布在许多斑块上，这些斑块的活动彼此有重叠。就像在科学中经常发生的那样，争论双方可能都是对的。

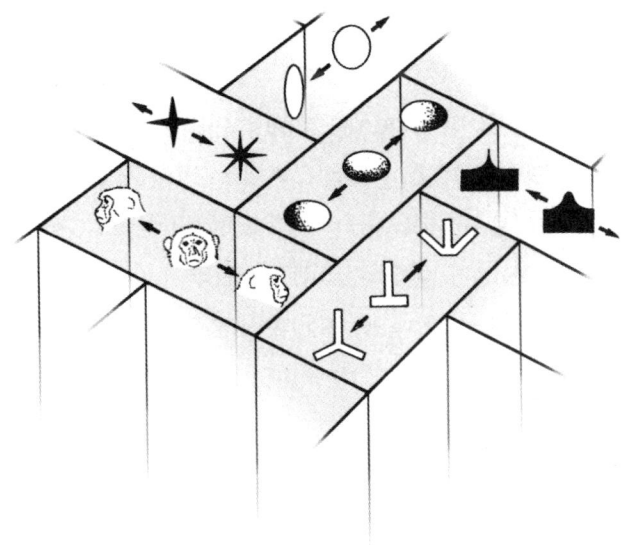

图 8.4 复杂形状特征的聚类

在猴下颞叶皮层的前端，编码类似的高级视觉特征（诸如脸、角、有阴影的圆斑等等）的细胞群集在一起。人很可能也有类似的空间组织，脑功能成像可以揭示这种组织。改画自 Tanaka（1997）。

8.6 小　　结

　　本章对所有视皮层作了鸟瞰。早期区域 V1、V2、V3、V3A、V4 和 MT 通过一系列有畸变的映射区表征环境，在所有这些区中都强调了凝视的中心区。在这里，神经元分析和编码了形状（包括错觉边界）、颜色、深度和运动。当沿等级结构上行时，感受野越来越大，它们的触发特性也越来越特异。与此同时，视网膜拓扑图逐步变模糊。V1 和 V2 中表现出高度的空间秩序，而这在 PP 和 IT 中都已不复存在。在脑所有各处，对于类似的特性敏感的神经元（like-minded neurons）群集在一起，各种刺激特性都有相应的柱状结构。

人梭状回邻近区域以及 V4 中的细胞对颜色敏感。因为破坏了这些区域就会干扰甚至丧失对色调的知觉。由此可推测，在这一大块皮层区域中包含一个或几个有关颜色的主节点。

MT 区编码运动着的点、光栅、长条的运动方向和速度及深度。鉴于 MT 中有发育良好的运动方向和深度的柱状组织，可知这些特性在 MT 中是外显表征的。在猴的运动识别任务（motion discrimination task）中，可以根据 MT 中一些细胞发放的强度来推测猴子的决定。此外，微刺激这一皮层中的一些小片，可以系统性地改变动物的行为。脑功能成像发现，受试者不管是知觉到实际运动，还是知觉到错觉运动，MT 都剧烈地活动起来。最后，MT 及其邻近区域双侧大范围受损的患者不能知觉快速的运动，尽管她还能认得出运动的对象是什么。用泽基的话来说，MT 是简单运动知觉中运动方向和速度的主节点。

除 MT 之外，其他皮层区也对运动对象或是由眼动或头动所引起的光流视场有反应。每个区域对运动知觉有不同方面的贡献。

后顶叶皮层中的神经元以内隐的方式把视觉、听觉、本体感觉和眼的命令信息结合起来。作为背侧通路的一部分，这些细胞编码对象的位置，并导引眼和手朝向它们。

在下颞叶皮层和更高级部位发现，有些神经元有非常精细的视觉反应特性。它们提供了为识别对象所必需的信息。存在有复杂特性的柱状组织，意味着这些性质在这里是外显表征的。正是在下颞叶皮层和内侧颞叶皮层（IT 的一个输出区），发现了编码特定对象的特定形象或同一对象的不同形象的细胞。我将在第 16 章指出，这些区域中神经元群体的活动，传达了能有意识看到的对象属性，也就是 NCC。fMRI 成像证实了人包括梭状回在内的腹侧颞叶皮层中有大群神经元对脸、物体、房子和场所敏感。

有这样多的视觉区域存在这一事实，产生了一个令脑科学家感到困惑的问题：如果没有一个脑区编码所有有关的信息，那我们怎么几乎总还能够体验到单一完整的知觉？下一章我们就要来谈这一绑定问题。与此有关，我们还要讲到非常有意思的一点：绝大多数的感觉输入都不进入有意识的心智。

第 9 章

注意和意识

> 关于感觉还有一个进一步的问题,这就是如果我们假定强刺激总是压倒弱刺激的话(这就是为什么当我们陷入深思或是受到惊吓,或是正在倾听很响的噪声时,我们会对眼皮底下的东西视而不见),那么我们是否还有可能在同一时刻知觉到两件事?
>
> ——亚里士多德《论感觉和可感对象》
> (*On Sense and Sensible Objects*)

看东西似乎十分简单。睁开眼睛,朝周围一看,在你的头脑里立刻就建立起了有关周围世界的稳定表征。你很清楚地看到书架上排列成行的书本,地板上波斯地毯的彩色抽象花纹,窗外花园里树枝的颤动。从使用者的角度来看,视觉就像是一种自动过程,它直接把外部的物理真实映射到内在的精神世界(mental universe)[1]。

但是自我观察几分钟就会发现,外部世界和内在世界之间的关系要远远复杂得多。体验并不像某些经验主义者所断言的那样完全由外界决定。不管有意无意,从感觉外周大量涌入的数据洪流中,你的心智只选取少量和当前有关的有用信息。正如我们在第3章中提到过的那样,只要睁开眼睛,每秒钟都有几千万比特的信息沿着视神经流向脑。脑并不能处理所有这些数据,脑只是选择性地注意其中的极小一部分,而略去其余的绝大部分,以此解决信息超载问题[2]。

通过选择性地注意特定的事件和东西,你可以从不计其数的世界中只体验其中之一[3]。当我艰难地攀登悬崖时对这一点深有体会。除了我攀岩的动作之外,呼啸的狂风和其他一切都浑然不觉,既感觉不到背包重负在肩,也感觉不到肌肉酸痛,吓人的雷暴和我下面万丈深崖摄人心魄的诱惑也都似乎不复存在。登山家克拉考尔*写的下面这段话可谓深得其中三昧[4]。

> 你的注意力逐渐变得非常集中,你不再注意到关节的疼痛和大腿的痉挛,你也不再感到一直保持集中注意的劳累。你陷入了一种近乎催眠的状态,攀登变成了白日梦。几个钟头过得就像几分钟。日常的种种不安和纷扰,统统被暂时置诸脑后,占据你全部思想的只有一个异常清晰的目的,以及认真完成当前任务。

你所意识到的东西通常就是你在注意的东西。心理学中以前确实也有一种传统见解,把对某个对象或事件的意识和对它的注意等同起来。但是,千万不要把这两个概念相混淆。注意和意识是不同的过程,它们之间的关系比传统上想象的可能要复杂得多。

---

* 克拉考尔(Jon Krakauer, 1954—),美国作家和登山家,由于写作户外登山活动而闻名。——译者注

让我先来谈一下注意是什么，以及它是怎样工作的。大家都知道很难给注意下一个精确的定义。让我们采用美国心理学之父威廉·詹姆士*的下列现象学定义[5]。

> 每个人都知道注意是什么。注意就是心智以清晰而生动的方式从若干个同时可能出现的对象或思想流中选取其中之一……这意味着舍弃了某些事物以便能更好地处理另一些事物……

在任何一个时刻都只能以此种方式选取一个或少数几个对象（关于可以选取多少个对象的问题放到 11.3 节中来谈）。如果同时执行两个任务，而这两者又都需要注意的话，那么两者就会彼此干扰[6]。在视觉研究领域中，关于选择性注意，人们一直采用一种探照灯（searchlight）隐喻。被探照灯所照射的物件由于得到额外处理而获益。

9.1 变化盲，或者说魔术师是如何愚弄你的

如本章卷首的引语（这条引语可追溯到公元前 4 世纪）中指出的那样，要是你的注意力被吸引到了别处，你就常常会对近在眼前的事物视而不见。所谓变化盲（change blindness）就是注意不到两幅几乎完全相同的图像中某一处明显的不同，它是上述问题最生动的例子（图 9.1）。两张图中的差别可以非常明显，一旦指出以后，就再也不会被忽略过去了，例如一架巨大的喷气式飞机一再丢失发动机，风景中的一

---

* 威廉·詹姆士（William James, 1842—1910），美国心理学家和哲学家。他一开始学的是医学，他有关心理学的书对后世影响非常大。——译者注

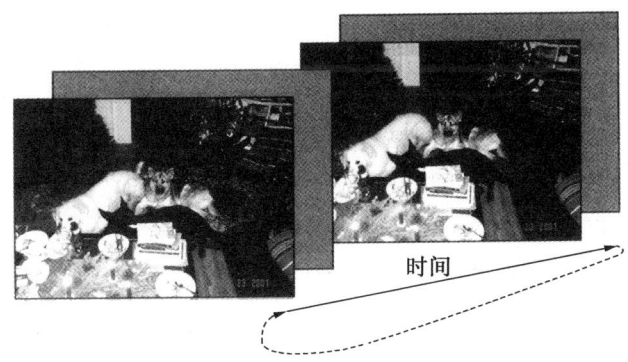

图9.1 你能找到发生变化之处吗？

在这短短的一组图片中，第三帧是对第一帧稍加改变后的结果，把这几帧图片不断重复播放，直到受试者看到有东西突然出现又突然消失为止。令人惊奇的是这需要好长时间。中间插入的空白图片消除了由对象变化所引起的强烈的瞬态信号，否则这个过程就没法进行了。

座桥梁消失后又出现了，衬衫颜色从红到蓝又改为黑色[7]。

更自然一点，可以抓拍下列一组镜头：心理学家随机地找一位行人搭话。在这期间，两位"工人"抬着一块门板，粗鲁地插进实验者和不知就里的受试者之间。就在被门板挡住的那段时间里，有一位工人和实验者彼此互换。有一半受试者竟然注意不到他或她后来是在和另一个人交谈！[8]

受试者如果事先没有思想准备的话，甚至会注意不到在他们眼前一闪而过的清晰目标。这种令人惊奇的现象被称为疏忽盲（inattentional blindness）[9]。在造成交通事故或飞行事故的人为错误中，根本原因很可能就是丧失注意。在能见度很高的条件下，也没有醉酒、吸毒、机械故障或违章驾驶的证据，司机或飞行员竟莫名其妙地撞到了明显的障碍物上去。有这样一个例子，要求民航飞行员在飞行模拟器中模拟驾驶波音727飞机降落。有时实验员出人预料地给屏上的跑道添加了一架小飞机的图像。8个飞行员中竟有2个漫不经心地继续他们的模拟着陆动作,也不采取任何规避动作。知觉系统的这种失误可能导致灾难[10]。

几千年来,舞台上的魔术师们就是利用了疏忽盲和变化盲。穿着比基尼泳装的美丽女助手让观众分心,物体就这样在众目睽睽之下消失了。如果你连续去看两场表演,并且小心盯住魔术师的双手,你就会明白我的意思(虽然这会使你对这种错觉的乐趣荡然无存)。

在1.3节中谈到过动致盲,还有在第16章中要详细讨论闪现遏制(flash suppression)和双眼竞争,它们是这方面的另一些例子,说明不注意很可能是使这些刺激消失不见的关键。以上发现告诉我们,假定你的注意被别的事物所吸引,那么你会对自己眼皮底下的事物视而不见。虽然你确信自己看到了周围的一切,但事实上并非如此。

9.2　注意某个区域、特征或对象

把注意力集中在一个事件上加快了处理

在神经心理学家波斯纳*(当时在俄勒冈大学)所做的一个经典的反应时(reaction time)实验中,受试者注视空白监视器中心处的一个记号。在一轮实验中的某个时刻,在屏幕的四个部位之一闪过一道光。要求受试者一看到光就按一个按钮而不移动目光。在许多轮实验(但不是全部)中,注视点处的一个线索(例如一个箭头)提示将要出现闪光的所在部位。如果受试者不知道闪光可能出现在什么地方,那么他们对闪光的平均反应时大概在290毫秒左右,但是如果他们事先得到线索的话,那么只要260毫秒就够了。如果提示他注意左方,而

---

* 波斯纳(Michael I.Posner, 1936—),美国俄勒冈大学心理学系退休教授。他的专长是研究注意在视觉搜索、阅读等高级过程中的作用。近年来他的兴趣集中在婴幼儿和儿童注意网络的发育问题。——译者注

光实际上是在右方出现的话,那么反应时会增加到320毫秒。最简单的一种解释就是注意会使闪光的检测加快30~50毫秒。会聚式注意(focal attention)也可以提高低反差和模糊空间特征的能见性[11]。很难同时注意两个彼此分开的部位。

这些发现使人们把会聚式注意想象为照亮世界的探照灯。这种说法尽管很有吸引力,但毕竟只是一种隐喻而已。如果想完全解释这些现象,探照灯必须和它所照亮的对象或区域的形状匹配,而且其大小还必须能根据事先的期望而进行调整。此外,探照灯光从一个部位连续地扫到另一个部位,而注意并非如此。一个更为恰当的类比是舞台灯光,它在某个部位熄掉了,又在另一个部位亮起来,它照亮的是出现在舞台中心的那一位演员[12]。

视觉搜索,或者说如何在一群中变得突出

研究注意的一种流行方法是,要受试者去寻找某样东西,比如说要在许多彩色字母中找一个红色的"D"。现今在普林斯顿大学工作的特丽丝曼*和在贝尔实验室工作的尤勒茨**开创了有关视觉搜索(visual search)研究的先河。他们集中研究了一个表面上看来很简单的问题:随着使人分散注意力的对象数增多,找到目标所需要的时间是如何增加的?[13]

对于有些目标和干扰项(distractor),搜索一点都不用花力气。目

---

* 特丽丝曼(Anne Marie Treisman FRS,1935—),美国心理学家,现在普林斯顿大学心理学系工作。她的主要研究领域是视觉注意、对象知觉和记忆。她最有影响的工作是有关注意的特征整合理论(feature integration theory of attention)。按照这一理论,不同种类的注意把不同的特征绑定成可以有意识地体验到的整体。——译者注

** 尤勒茨(Béla Julesz,1928—2003),在美国工作的匈牙利视觉神经科学家和实验心理学家。从事视觉和听觉知觉的研究。他是随机点立体图的创始人,他也最先提出用二阶统计量研究纹理辨识(texture discrimination)。——译者注

标一下子就从显示屏上跳了出来。要想从散布于各处的 4、8、16 或 32 个绿色条状物中找出一个红色条状物，这是很快的，而不管到底有多少个绿色的东西。如果在屏幕上有许多"L"，那么"+"一下子就跳出来了（图 9.2）。用计算机科学的话来说，这种搜索是并行地进行的（除非各个元素挤在一起）。

一般说来，如果目标和干扰项在某个基本属性（例如颜色、大小、形状或运动）方面显著不同，那么就会发生这种"跳出"（pop-out）（这就像当你快速前后移动计算机鼠标时，你就可以找到光标在屏幕上

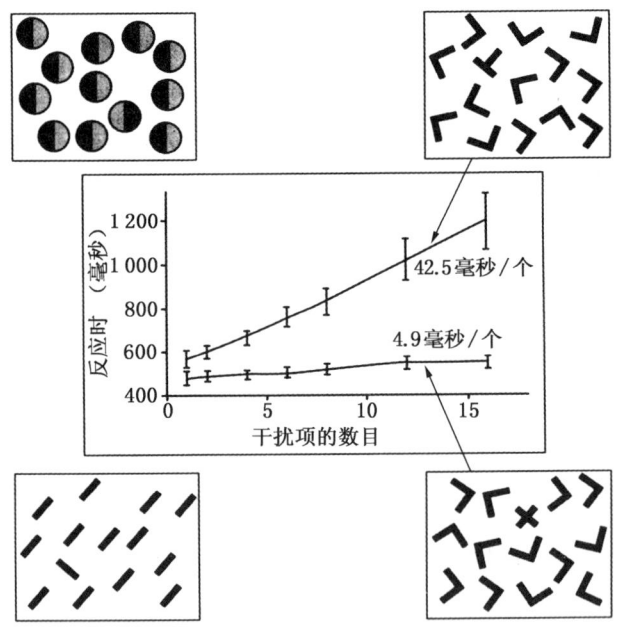

图 9.2 会聚式注意的视觉搜索方案

在并行搜索（parallel search）中目标跳出（pops out）（如底部两个框中的例子）。在实际情况下，检出目标所需的时间随搜索阵列中干扰项的增多而缓慢增大。在串行搜索（serial search）中，当干扰项的数目增大时，检出目标（在左上图中是要从一群暗－亮的圆盘中找出亮－暗的圆盘，而在右上图中则是要从"L"中找出"T"）就更费力。中图表示 8 个受试者在执行右面 2 个任务时的反应时。据 Van Rullen and Koch（2003a）改画。

的位置)。跳出不仅有赖于局部的刺激构型,还和格式塔心理学家所强调的更为全局性的文字或图形效应(textural or figural effects)有关[14]。

通过选择性注意整合特征

对另一些目标-干扰项组合,反应时大致随显示屏上物件数的增多而线性增加。当你要从图9.2的许多"L"中找出一个"T"时,就需要这种串行搜索[15]。当目标仅由唯一一个特性(例如颜色或者朝向)确定时,就可以并行地找到目标;但如果目标是由这些特性的组合确定,那就不行了。如果要从许多绿的垂直条和任意朝向的红条中找出绿的水平条,那么当潜在的目标数增多时,所需要的时间也增多。

为解释这些发现,特丽丝曼假定,简单特性都表征在V1、V2或别处的朝向和颜色的拓扑映射区中。她认为,要确定究竟是哪两个基本特性(例如绿色和水平朝向)组成了某个对象,则需要注意资源。这也就是说,要想同时确定两个特性,就需要注意。由于要使注意的探照灯从一个潜在目标转移到另一个潜在目标需要时间,因此当需要检查的对象数增多时,反应时也延长。她的这一理论框架被称为"特征整合理论(feature integration theory)"。下列事实进一步支持了她的这一理论:比起显示屏上有目标时的反应时-干扰项数目曲线,没有目标时的反应时-干扰项数目曲线的斜率增加了一倍(图9.2)。当对象随机散布时,从统计上来说,探照灯需要在搜索了一半对象以后才能找到目标;而如果没有目标的话,那么只有检查了每个对象以后才能确定。这可以非常好地说明斜率上的这种差异[16]。

按照特丽丝曼的想法,只有基本特性才是外显表征的,而这些特性的组合则是动态地组织起来的,或者说是根据所要求的任务按"需要"结合起来的。

为解释这些实验现象，在心理学界掀起了一股研究狂潮。不幸的是，原先的发现中有许多无法推广。如果考察得更细致一些，就可以发现搜索的斜率几乎是连续变化的（从每个物件 10 毫秒到 150 毫秒或更高），具体数值视刺激的确切构型而定。这些材料大大动摇了简单的探照灯假设的基础。此外，某些联合搜索任务（conjunctive search tasks）（例如把运动和深度或形状结合在一起，或是寻找由三个特性确定的对象）非常容易，并且是并行处理的。为了解决这些相互矛盾之处，有人提出了根本不同于串行扫描对象的解释。这些解释强调了神经元群在争夺主导权中进行竞争。

在所有这些实验中，抽象知识对注意起了决定性作用；某一线索指点某一部位，或是告诉你要去找一个"T"。这被称为是自上而下（top-down）的、依赖于任务的（task-dependent）或是意向控制的注意（volitional-controlled attention）。由于你可以把注意力集中在空间的某一特定区域里，有时也将此称为会聚式注意。

也可以按照特殊的性质（例如"粉红色"或"向右运动"）来规定自上而下的注意。基于特性的（feature-based）注意在整个视野中进行搜索时偏好所选定的特性。例如你要是知道，在一群拥挤的孩子中你女儿穿的是粉红色服装，或者你想在夜空中追踪的卫星自东向西运动，那就会使搜索变得容易一些。

选择性注意可以把整个对象或是细长的外周轮廓（elongated contour）作为目标。这就是说，当你注意刺激的某一特性时，你也就连带地选择了与之联系在一起的其他特性。如果你凝视两个在空间上交叠在一起的对象（例如两个彼此叠印在一起的字母），你可以选择性地注意其中之一。令人称奇的是，你认不出你未加注意的那个图形的形状。即使它和你所注意的对象重叠在一起，也还是认不出[17]。

总之，注意的目标既可以是视野中的某个区域，也可以是在任何一处的某个特性，或是某个广义的对象（an extended object）。

在上面所讲的大多数实验中，都要求受试者用眼角去注意，也就是注意某个远离中央凹的部位，而中央凹则是看东西最清楚的地方。这是相当不自然的，几乎总是忍不住想把眼睛转到目标上去[18]。在实际生活中，转动眼睛和注意转移之间有密切的联系。这两者的神经回路相重叠，而注意的转移对准备开始眼动也是必需的[19]。

显著的对象吸引注意力

有些东西并不需要会聚式注意就会被注意到。这是由于和其周围环境比起来，这些东西的某些内在属性本身就是引人注目的。例如，在一大群暗色的带黑领结的小礼服中，个别红色宴会外套，或是嵌在许多水平线中间的一条垂直线。这些都是这方面的例子。这些显著的对象在一刹那间就自动地吸引注意（要想不去看客厅吧台上方电视机上的运动图像，还真得有意这样做才行）。某个对象是否显著，这和任务或者行为无关，它并不随任务的变化而改变[20]。如果某个刺激足够显著，那么由于自下而上的注意在整个视野中都起着作用，这个刺激物就会跳出来。

计算机建模表明，可以用"基于显著性（saliency-based）"的选择原则来解释注意转移、眼动和对象检测的许多方面。选择是由某个外显的显著性映射区（saliency map）来加以控制的。这种映射区所编码的并不是某个特殊的刺激属性（例如颜色或者朝向），而是使之突出之处，也就是说，使这个刺激不同于其四周之处。一种"赢者全取"（winner-take-all）的机制选择当前映射区中最显著的部位，并通过某种门控（gating）机制把注意转向这个部位。过了一会儿，显著性映射区中的这个部位受到抑制,探照灯自动地转向图像中下一个最为显著的部位[21]。

把注意的这种基于显著性的自下而上的形式,和前面讨论过的会聚式的自上而下的选择结合起来,就得出两成分的注意理论框架(表9.1)[22]。前者是自动的和瞬时的,而后者是随意的和持续的(需要努力)。有意的注意很有效,但是也要付出代价。使视觉系统得知任务信息("找一个十字记号")需要时间。会聚式注意需要把目光盯在某个潜在目标所在的部位上,然后从此部位移开,再转到另一个部位。这整个过程所需要的时间估计在几百毫秒到半秒钟或更长。

注意的二元理论可以很好地解释变化盲。如果对象非常显著,或者如果你注意看这个对象,那么你就能检测到这个对象的出现与消失。否则你就视而不见。

表9.1 两种不同的注意选择形式

性　　质	自下而上	自上而下
空间特异性	全视野	会聚在某个空间部位
特征特异性	在所有时间对所有特性都起作用	可以选择特定的特性
时程	瞬时性	持续
是否和任务相关	否	是
是否受到意向的控制	否	是

9.3　意识需要注意吗?

在本章的早些部分说过,大多数心理学家认为注意和意识是紧密联系在一起的,你只能意识到你正在注意着的东西。但是这和我们所看到的世界不太一致。当我专心凝视远处的峭壁以辨明其确切的形状,并断定它上面有没有合适的落脚点以便攀登时,世界的其余部分并没有变成朦胧一片,世界也没有收缩到只剩下注意探照灯照亮的那一片区域[23]。

一心两用

要想评估会聚式注意是否为觉知所必需,方法之一是看看:当你集中注意某处时,其他你还能看到些什么。现工作于英国普利茅斯大学(University of Plymouth)的布朗*是探讨这种双重任务范式(dual-task paradigm)的大师。他对受试者进行训练,让他们一方面在他们凝视的中央凹处执行一个需要努力注意的任务,同时又用他们的眼角余光在外周执行一个次要的任务。在一个这样的实验中,要求受试者从许多对象中辨认出一个外周处的目标。如果目标很显著,如果它在一群干扰项中显得鹤立鸡群,那么很容易就把它检测出来了,而不会干扰在中央凹处执行的中心任务[24]。训练有素的受试者在成功地执行中心任务的同时,甚至还能够区分外周的两个条形物,讲出它们的颜色和朝向。这就是说,当自上而下的注意集中在注视点时,受试者还可看到某些距离之外的一个或两个对象,只要它们足够显著。用布朗的话来说,就是"观察者于注意焦点之外,还能在相当程度上欣赏对其周围的视觉觉知"。

原来落在注意焦点之外的人为刺激并不引人注目,但是如果改用自然图像作为刺激,那么它就一下子跳出来了。加州理工学院的李飞飞(音译,FeiFei Li)**和范罗伦***做了一个双重任务实验(图9.3),

---

* 布朗(Jochen Braun, 1957—)从2004年起转到德国奥托-冯-格于吕克(Otto-von-Guericke)大学工作,领导在那里的认知生物学实验室。——译者注
** 现在斯坦福大学领导一个视觉实验室。——译者注
*** 现在法国图卢兹(Toulouse)的脑和认知研究中心[the Centre de Recherche Cerveau et Cognition(CerCo)]工作。——译者注

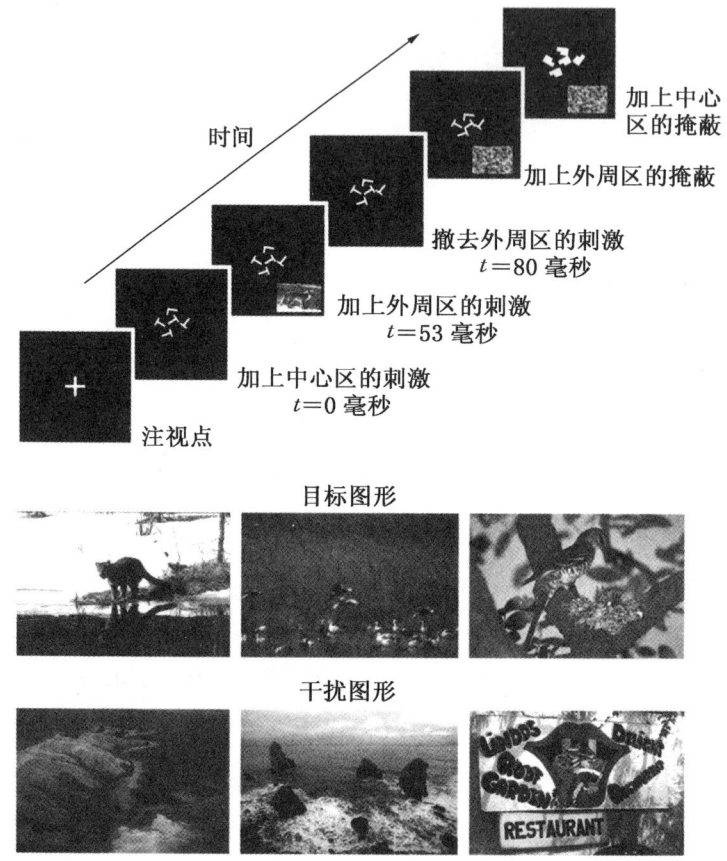

图 9.3 在注意焦点之外看东西

在双重任务中受试者必须同时做两件事。在注视点，他们必须认定一闪而过的字母是否都相同，还是其中有一个不一样；同时，他们还得判断在视野外周闪过的一幅自然景色彩照中是有一个或几个动物（目标），还是什么动物也没有（都是干扰项）。令人称奇的是，他们可以做到这一点，但是如果外周的任务改成要受试者决定在外周某处是否有一个半红半绿或半绿半红的圆盘，他们就为难了。改画自 Li et al.（2002）。

实验员要求受试者在一幅一闪而过的自然景色（例如，丛林、郊外、无树草原等等）中认出图中是否有一个或若干动物（或汽车）存在，实验表明这并不需要会聚式注意。这一结果相当令人惊奇，因为从计算的观点来看，要想从照片中找出某种动物是相当复杂的，对这一结果还没有合理的解释。与此形成鲜明对比的是，一些看起来很简单的任务（比如从半绿半红的圆盘*中找出一个半红半绿的圆盘）却需要会聚式注意[25]。

要点知觉（Gist Perception）

生活在北美的乐趣之一是在荒野中驱车数小时，经过高原、沙漠和西部的群山，两旁景色从眼旁一掠而过。我可以沉思生命的奥秘，或是倾听全套《尼伯龙根的指环》（Ring des Nibelungen）**而中间不被打断。开车就像在用自动驾驶仪（第12章会介绍在线系统或自动系统的一个例子），我的心思都在音乐上面，而不在眼前掠过的景色。即使在这样出神的条件下，我仍旧能够意识到前面的弯路、前方爬行的卡车、右侧掠过的广告牌、即将到来的立交桥等等。虽然在实验室里没怎么研究过，但人们经常边想心事，边漫步行走。

我看到的只是要点（gist），也就是对熟悉景色的一种高层次的、语义学上的表征，它使我们能够一下子就掌握要点。这是某种简化，是对当前事物的概括，它省略了细节，例如足球比赛中的一群人、单个摩托车手、一座山。要点知觉甚至还可能有下列情况：我们知道有某种动物，但是并不知道它长得怎么样，也不知道它在哪里（就像我刚才讨论过的那个实验中的情况）。我猜想要点知觉并不需要会聚式注意[26]。

视觉系统高级部位的神经元可能直接外显编码要点。这些语义神经元可能对——比如说——任何动物或是办公室的情景，或是对一群

---

* 指左半边为绿，右半边为红的圆盘。——译者注
** 德国作曲家瓦格纳（Richard Wagner）以26年之久（1848—1874）创作的4部系列歌剧。——译者注

小孩有反应[27]。要点知觉大概在你觉知到场景的细节之前就发生了[28]。因为要点神经元是在等级结构的高级阶段发现的（而细节则是在较早的阶段表征的），它们可能很快就建立起优势集群，从而能有意识地知觉到要点。我在第 15 章要说明下列观点：NCC 需要某种来自前额叶皮层的反馈，它在影响到低级区之前要先影响到高级区。这可以解释为什么当图像只闪现很短一段时间时，你确信似乎看到了面前的一切，却报告不出其中任何一样东西。这正是要点之所在：只看到森林却看不到树木！

会聚式注意可能并不为知觉所严格必需

当你注意某个对象时，你通常意识到它。我在这里加了一个限定词"通常"，这是因为，如果处理时间或者资源严重不足，光靠注意来加强微弱的刺激，可能还不足以使之达到意识水平[29]。反过来又怎样呢？你能够不把注意力集中到某个事件上去，却能意识到它吗？[30]

会聚式注意就好像是有意识知觉的看门人，但并不是唯一的看门人。它有双重的作用[31]。首先，正如特丽丝曼的特征整合理论所假定的那样，注意必须要动态地产生神经选择性，而这在单个神经元层次上并没有明显地表现出来。它解决对新奇刺激的绑定问题（下面几页中会作出解释）。其次，当两个或更多对象共享某些神经表征时，注意帮助解决由此引起的竞争问题。在有许多事物的自然场景中就会发生这种情形。在这种情况下，注意偏向于编码某个对象的集群，由此遏制了与之竞争的集群，并减小了神经的不确定性（neuronal uncertainty）。为了确定由腹侧通路高端细胞群的发放所外显表征的孤立特性或对象类别，并不需要会聚式注意（如果这种解释听起来难于理解，请别担心，在下一章中我对这些想法还要进一步展开来讲）。

此处，我现在还只是猜想，请耐心听我讲。面对现实世界，在杂乱无章和嘈杂的环境中充满了形形色色随时间不断在变化而且局部受到遮挡的对象，自上而下的注意选取某个（或某些，11.3 节）对象，并加强其神经表征，直到有关集群占据优势地位。如果这个集群能维持足够长的时间，那就产生"看到"这个对象的有意识的知觉。但是这个集群的胜利是短暂的，因为注意很快就转移到了下一个感兴趣的事物上去，而游戏又重新开始。

由会聚式注意的这些假定的功能可知，如果不需要动态绑定（因为早就已经有了现成的外显表征），也没有任何实际的竞争（因为周围只有一个或很少几个彼此分离的对象）的话，那么意识就不需要会聚式注意。在一个只有我们熟悉的、彼此分开的、看得很清楚的刺激（例如一片运动着的光点或者一张脸）的世界里，要认出这些刺激并不需要会聚式注意。

由于基于显著性的注意总是在起作用，它所引起的神经活动有可能触发某种程度的瞬时性的视觉觉知（见表 5.1）。心理学家伦辛克*把这种亚稳态的神经元集群称为原对象（proto-objects）。如果没有受到进一步的注意，这些结构很快就解体了[32]。其结果是醒着的人总是有某些视觉体验，只有把眼睛闭上才能使之消失。

这种体验和要点知觉有关，其信息容量相当有限（就像变化盲所说明的那样），但是这已足以使你产生现实感，也就是你相信你看到了周围的一切。

正如在谈到变化盲或疏忽盲时讨论过的那样，如果某个对象是出

---

* 伦辛克（Ronald Rensink），加拿大不列颠哥伦比亚大学心理系副教授，同时也是该校计算机科学系的副教授。主要兴趣是视觉机制和计算机视觉。——译者注

乎意料的话，那么人就不容易看清它。这使我们清楚地认识到注意的另一种作用，甚至还可能是一种不同类型的注意，这种注意和受试者的期望有关。举例来说，在受试者能够很好地完成双重任务实验以前，要先接受大量的训练。只有当他们有很大把握预期他们会看到什么东西时，他们才能很好地同时执行这两个任务。此外根据我自己的体会，最初几次看一闪而过的视觉刺激，除了有"看到某种东西"的模模糊糊的感觉之外，很难看清任何东西。只有在经过十几次甚至更多次的试验之后，我才最终体验到了完全有形状的稳定的视知觉。

如果把期望当作是注意的一种变种，那么为了形成有意识的知觉，某种形式的选择性注意可能是必需的，但并不是充分的。令人泄气的是，如果没有一种有关注意的可实际操作的定义，就很难严格证明上面的论点。必须小心，不要在没有充分理由的前提下对注意加以具体化。从神经元层次来讲，注意可能只不过是一组临时机制，它能把一些神经元组合成一些集群，并影响到刺激之间的竞争。如果不需要这些功能，那么可能也就不需要注意了。光靠现有的心理学方法还不能最终解决这些问题。

9.4 绑定问题

第 2 章介绍过绑定问题，这个问题是由脑的构筑引起的。在脑中，外部世界是由 100 个以上不同区域的神经活动来表征的。

假定我正在看一位微笑着的年轻男子。他的脸触发了梭状回脸区以及和识别脸有关的其他皮层区。他皮肤的色调激活了颜色神经元。当他的头来回晃动时，许多和运动有关的脑区中的神经元产生锋电位。他的声音触发听觉皮层和与语言有关的脑区的大量神经活动，如此等等。但是所有这些各不相同的活动，被体验为单个整合成一体的知觉——我的儿子在和我说话。对于散布在脑各处的网络中如何实现整合的问题，冯·德·马尔斯伯格*是先驱者之一[33]。

各种不同的绑定

必须把几种不同类型的绑定加以区分。正如弗朗西斯和我在1990年说过的那样[34]。

绑定可以有好几种类型。从某种意义上说，某个神经元对有某种朝向的线段起反应，这也可以看作是把许多点绑定在一起。这种神经元的输入大概取决于基因，也就是取决于从我们远祖的经历而进化出来的发育过程。另外一些绑定形式，例如要想识别一些熟悉的对象（如众所周知的字母表中的字母）所需要的绑定，则可能是通过反复经验得到的，也就是通过超量学习**得到的。这很可能意味着参与其中的神经元由此而紧密地联结在一起（请回想一下绝大多数皮层神经元都有好几百个联结，而在一开始这些联结可能都是很弱的）。这两种类型的绑定很可能都有一个相当大、然而还是有限的容量。

这第二种绑定可能是我们在日常生活中看到和听到的许多东西的基础。假定你在看一位著名的政治家，他的脸经常出现在电视屏幕、报纸以及杂志封面上，以致你视觉等级结构高端的神经元学会以一种

---

* 冯·德·马尔斯伯格（von der Marlsburg），德国理论神经科学家，德国鲁尔大学和美国南加州大学教授，他因为提出同步振荡可能是解决绑定问题的机制而闻名于世。——译者注
** 超量学习（overlearn）意指学习或熟记到能够立即回忆出来的程度。——译者注

稀疏而外显的方式对其发生反应（图2.2）。这些神经元的发放就变成了代表此人的记号。它们做到这一点是通过检测输入中共有的相关性，并改变其突触和另一些性质，从而得以更轻松地作出反应。至于这一切究竟是如何具体实现的，目前还存在争议。存在这种神经元就意味着它们所代表的特性可以不用自上而下的注意就能检测出来。这一猜想可以通过双重任务的方法来加以检验。

因为可以很快地就募集起这种特异性的神经元，使之参与存储和辨识新学得的景象，所以很可能你绝大部分的日常经验都是由超量学习来编码的。你家人、朋友及名人的脸、你的宠物、你的汽车、你个人文件所用的字体、自由女神像等等，很可能都是由专门的神经元来表征的，这些神经元以硬件来解决绑定问题[35]。

弗朗西斯和我进一步提出了第三种绑定机制。

我们特别关注的是第三种绑定类型，这既不是渐成发育（epigenetically）决定的，也不是超量学习得到的。这种类型特别适用于其确切的特性组合对我们说来可能是十分新奇的对象。积极参与其中的神经元很可能并不都有很强的联结，至少在多数情况下是如此。这种绑定必须发生得很快。这种绑定就其本性来说多半是瞬时性的，而且还必须有几乎无限的容量，尽管在某个特定时刻其容量可能是有限的。如果某个特定的刺激经常出现，这第三类瞬时性的绑定也可能最终建立起第二类超量学习的绑定类型。

一如我们所主张的，正是这种形式的绑定需要会聚式注意。它使你可以看到你以前从来也没有经历过的陌生对象，或者看到一些其部分虽然是熟知的，但是过去从来也没有看到过这些部分以现在这样的形式组合起来所成的事物[36]。这种形式的绑定可能通过同步振荡而得到实现，不同脑区中编码注意对象的神经元以同步的方式一起发放（参看本章注释33）。

对多个对象的绑定和错觉结合

把单个对象绑定起来似乎就已经非常复杂了，但是当脑碰到许多对象时，它所面临的就是更为令人生畏的挑战了。在早期拓扑区中（例如V1和V2），景物中不同处物体的边缘、颜色以及其他要素，相应地是由皮层的不同部位来编码的。在大多数场合，这些部位没有或者极少交叠。但是高端腹侧区又如何呢？在那里并没有（或极少）明显的拓扑次序。两个占据不同空间部位的对象常常有互相交叠的神经表征，这就可能产生混淆。

假定你在看两条狗，一条是脖子上戴了红领圈的黑色德国牧羊犬，另一条是戴了蓝领圈的白色库瓦茨狗*。在脑中表征颜色和物体的脑区中，至少有4群神经元要被激活：一群表征德国牧羊犬，一群表征库瓦茨狗，另一群表征红领圈，还有一群则表征蓝领圈。但是脑怎样能够知道，代表"红领圈"群的活动是和"黑狗"组成一组的呢？其他组合也同等可能，下一阶段有可能把这些活动模式解释为黑狗戴了一条蓝领圈（换句话说，发生了错觉）。这样的错觉偶尔确实也会发生。当处理时间非常短时，就可能产生这种结合性错误（conjunction errors，也就是把一个对象的属性误认为是另一个对象的属性）[37]。

脑中的非拓扑视觉区也许可用下列方法来解决这个问题，即把表

---

* 库瓦茨（Kuvasz）狗，一种匈牙利种的大狗，有短而略有卷曲的白毛，多用作牧羊犬或者看家狗。——译者注

达黑色牧羊犬的细胞和表达红领圈的细胞连接起来,但是这要以时间为代价,而且占用大量的神经元。正如冯·德·马尔斯伯格提出的那样,要解决这个问题还有另一条途径,即脑可以通过锋电位发放的时间同步化来标记相应的神经元集群[38]。在 V1 和有关的拓扑区中并不发生这样的困难,因为这两条狗的映像占据不同的部位,因此兴奋不同的神经元群体不会产生混淆。

9.5 小　　结

神经选择机制以下列方法来防范信息过载,即只让部分感觉数据进入觉知。变化盲、疏忽盲和魔术表演都很生动地说明了,除非特别给予注意,或者这些事本身就引人注意,否则你就有可能注意不到眼前事物。

为了总结基于视觉搜索和双重任务实验的大量心理物理学实验事实,可以假定有两种选择性机制(也就是自下而上的、瞬时性的、基于显著性的注意,以及自上而下的、持续性的会聚式注意)。基于显著性的注意是由图像的内在特性(例如相对于其四周有某些特征)驱动的。这种注意能够很快地自动起作用,其作用遍及全视野,并且负责跳出。在正常情况下,只有把眼睛闭上才能消除这种形式的注意。有意的、自上而下的注意需要长一些的时间才能起作用,并指向空间中事先规定的区域(proscribed region)、个别对象,或是遍及全视野的某些特殊的属性。

注意和意识是不同的过程。对有意识的知觉来说,某种类型的注意选择大概是必需的,但很可能并不充分。当注意某个事物时,世界的其余部分并没有消失不见。甚至当你陷入深思时,你还是可以意识到面前场景的要点。和原对象（就是那些没有足够时间建立起来的不够完善的神经集群）结合在一起，要点的神经表征造成了似乎能看到一切的感受。当在同一个神经网络中要表达两个或更多的对象时，会聚式注意的作用之一就是要解决此时的竞争问题。在这种情况下，注意偏向于编码某个对象的集群，由此也遏制了其他的集群。

我讨论了绑定问题：当产生某种知觉的神经表征散布于脑的各处，这种知觉怎么会被体验成一个整体呢？当需要表征两个或更多个对象的属性时，这个问题就变得更为严重，如果处理时间不足，绑定就会发生错误，这就是错觉结合。

脑至少有三种不同的整合机制来处理绑定问题。其中之一是汇集由遗传和早期感觉经验得到的信息，使神经元对两个或更多个特性的组合外显地作出反应。第二种机制涉及快速学习。如果多次碰到同一对象，神经元就重新组织它们之间的联结而外显地对此加以表达。这一策略很有效，也不要求过多的硬件。第三种绑定处理的是新奇的、以前从来也没有经历过的对象或其组合。这种注意动态地产生神经选择性，在单个细胞层次并没有外显表征，并且依赖于会聚式注意。

如何实现注意选择性的机制呢？注意怎样影响到神经元的发放呢？搞懂了这些对于认识 NCC 将大有裨益。请继续读下去。

第 10 章

注意的神经基础

一切都必须尽可能简单,但不要简单过度。

——艾伯特·爱因斯坦

有许多事在你周围发生,而你都没有注意到。正如你刚从上一章得知的那样,你有选择地注意某些地方、对象或者周围发生的事,并对此做进一步的分析。通常你还能够意识到它们,而其他一切都归于消失。因此,选择性处理也要付出代价——有大量事件永远都知觉不到了。如果注意能够既快又明智地选定对象,并能学会对付新的威胁,那么这种策略就是成功的。

这些选择性的机制是如何工作的呢?心理学家讲到处理的局限性和注意瓶颈,但是脑有出色的大规模并行构筑,并且把环境映射到许多皮层区。注意和觉知的串行性质是怎样从这种大量分散的网络中产生出来的呢?

在讨论相关事实以前,让我们先回忆一下 2.1 节中介绍过的选举隐喻。在像印度或美国这样人口众多的国家中，都有好几亿的独立选民，民主选举也就真正成为大规模的并行活动。然而最终只有来自一个党派的一个人，得以成为总理或总统。这就相当于表征你意识内容的那个获胜的神经集群。根据某些规则，领导人换届（偶尔也有为辞职或暗杀所中断的），这就像注意焦点从一个对象转移到另一个对象。为了当选或是通过法案，彼此竞争的利益集团需要暂时结盟，例如大企业和工会可能暂时联手，击败某个主张严格环保政策的候选人。但是一旦达到目的，他们又可能为市场自由化而争斗。每个人之间关系的数目（the number of relationships），也就是他们之间的联系，可能相当广泛，虽然多数人大概不会像某些和几千个其他细胞有输入输出关系的锥体细胞那样群居在一起[1]。

有了这种类比，请转到注意如何影响脑中神经网络的问题。由于在注意和觉知之间有密切的关系（虽然还没有到密不可分的程度），因此先要讲一下和 NCC 直接有关的问题。

10.1 注意的组织

回想起在 9.3 节中讲过的，注意的两个功能是：动态地把没有外显神经表征的对象的特性绑定在一起，以及解决当有多个对象或事件在同一个网络中作表征时所产生的竞争问题。

不幸的是，要想直接检验绑定假设是一场艰苦的战斗，它所要对抗的是某种神经海森伯测不准原理*（neuronal Heisenberg uncertainty

---

* 在量子力学中，德国物理学家海森伯（Werner Heisenberg）提出了下述著名的"测不准原理"：某些成对物理量（例如位置和力矩）不可能以任意精度同时被确定。也就是说，如果其中的某个量测量得越精确，那么另一个量就越不精确。不可能以任意精度或者确定性同时测量微观粒子的位置和速度。测量动作本身会干扰测量的结果。——译者注

principle）。这也就是说，越是对脑作探测，脑就改变得越多。为了评估猴子在会聚式注意时的同步化，实验员需要教它学会某种视觉辨别任务。这就必须做大量的训练。每天都要做好几个钟头，日复一日要做许多个月。临到猴子学会执行任务时，它已经看到过刺激好几千次了，这已足以在猴脑内形成某些外显神经表征来表示各种输入。这也就是说，绑定可能已不用在大的神经元集群中动态实现了，而变成只要在单个神经元层次上就可以解决了。虽然也可以用动物不熟悉的对象来避免超量学习的问题，但如果不事先加以小心防范，这又可能把动物弄糊涂了。另一方面，对注意如何影响神经元之间的竞争，现在也已积累了不少的知识[2]。

有偏竞争（biased competition），或者注意瓶颈的起源

V1 中的感受野，特别是包括中央凹在内的感受野是很小的（小于 1°）。沿着腹侧视觉信息流通路上行，感受野的大小逐步增大，直到下颞叶皮层（IT）中的感受野已经能够包括整个视野中的很大一部分（同时还保留对中央凹处刺激的某种偏好）。在自然条件下，这表明这些高级阶段的神经元把许多对象集合在一起作为输入，在图 10.1 中我儿子和女儿的脸在一起构成输入。细胞可能会对此感到困惑，很可能只是微弱地起反应。如果能把视觉输入收缩到单个对象周围，也就是注意焦点处，反应就会强得多。

现在来讨论一个简单一些的场景例子，在那里只有一条垂直线和一条水平线（图 10.2）。这一输入会在视皮层中激活几万个细胞（如果不是更多的话）。假如有一个神经元本身偏好于对单个垂直条起反应，而对水平条几乎不起反应，那么对这个神经元来说，这种双重刺激会产生什么作用呢？

第10章 注意的神经基础　　187

图 10.1　需要注意

假定你正从一张高中毕业照看我的家人。在这里我以一种图解的方式，沿着视知觉通路的 4 个阶段，把一些示例性的神经元感受野加以理想化，然后画在一起。注意使得细胞能够有效地把它们的输入仅限于其感受野的某个局部区域，从而增强其选择性和反应性。

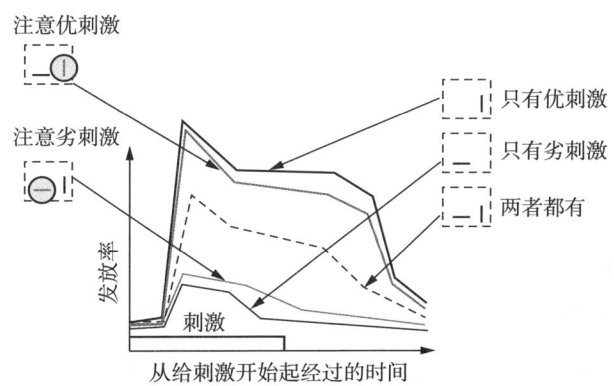

图 10.2　在神经元层次上的注意

当某一对象落在若干个皮层神经元的感受野中，这些神经元彼此之间的竞争朝有利于受到注意的事物的方向发展。在这里我们假定有一个 V4 细胞对其感受野中单独的垂直光条反应最强，而对水平光条反应很弱（图中以方框表示感受野）。当这两个光条一起出现时，如果对两者都不加注意，那么细胞的反应幅度介于单独只出现其中之一时的那两个反应之间。如果猴子把注意力集中在垂直光条，细胞的反应就如同没有水平光条时的情形。而如果把注意力集中到水平光条，那么神经元的反应很弱，就好像它的触发特征（也就是垂直光条）被移去了一样。据 Reynolds and Desimone（1999）改画。

在猴子注意别处时，神经元对同时呈现的两个光条，反应要弱于单独只呈现垂直光条时。发放的这种减少是由于神经元之间激烈竞争的结果，这对于看现实世界有很深的影响。在现实中，往往充满了许多靠得很近、甚至有交叠的对象。如果没有注意的话，那么皮层神经元会对所有这些对象一视同仁地起反应，因之，任何一个集群都很难脱颖而出。其结果是前额叶皮层只听到一片不和谐的微弱声音。

如果动物注意垂直光条，那么情形就发生了变化。这时候，细胞几乎完全恢复了原来那种猛烈的发放。就好像所有最优朝向为垂直朝向的细胞都得到了加强，使它们得以击败那些非最优刺激的抑制性影响（图10.2）。猴子注意这些细胞的非最优刺激（水平光条）时的情形也可以按同一种逻辑来解释，不过情形正好相反。由于受到注意的加强，邻近朝向柱中选择水平朝向的细胞反应更强烈。因此它们可以更为有效地遏制编码其他朝向的细胞（例如垂直细胞）的反应[3]。在有竞争刺激（附近的一些对象）时，注意某个对象的净结果就和单独只有这个对象时的反应相近。在经过几个层次之后，这种效应得到进一步的加强，使得受到注意的对象的神经元表征要大大强于不受注意的对象（除非这些对象本身就非常显著）。

对于注意在细胞层次的表现，可以理解为是帮助一个正在兴起的集群取得对其他集群的支配地位。美国国立精神卫生研究院的电生理学家德西蒙（Robert Desimone）*和英国剑桥 MRC 认知组的心理学家邓肯（John Duncan）明确地提出了这一原理[4]。他们的有偏竞争假设（framework）假定注意信号（自上而下的或自下而上的）会对竞争产生

---

* 2004年以后他转任麻省理工学院麦戈文（McGovern）脑研究所主任。他是美国科学院院士，被公认为是研究视知觉、注意和执行控制的脑机制的权威。还在普林斯顿大学做研究生的时候，他就和他的导师格罗斯发现了脸神经元。——译者注

影响，而有利于受到注意的刺激[5]。

注意的作用取决于刺激之间的距离，以及这些刺激是在等级结构的哪一个层次上得到表征。只要有关的神经网络不交叠，就不大会有相互干扰，因此这些刺激彼此之间也不会直接竞争。这一原理解释了9.3节所讲的双重任务实验中所表现出来的许多现象。

自下而上的、显著性驱动的注意，和自上而下的、受意向控制的注意，都会使竞争产生倾向性，直到下颞叶皮层前部表征某个或少数几个事物的集群胜出为止[6]。这些事物就是受试者觉知到的事物。接受内侧颞叶的记忆系统工厂以及前额叶区的计划和决策系统输入的一组皮层区域，被有关这些受注意对象的信息所支配。

用选举隐喻的话来说，会聚式注意相当于为进行一场宣传造势所花的钱。它使竞选有利于资金充足、组织能力强的候选人。

10.2 视觉系统各级都受到注意的影响

注意会表现出什么样的影响呢？对猴子所做的电生理实验和对人所做的脑成像研究都表明，会聚式注意会对皮层各处［包括V1、V2、V4、MT、背侧通路和腹侧通路的顶颞叶区和下颞叶区（parietal and inferior temporal areas），以及前运动结构和前额叶结构］还有丘脑的反应起调制作用。按照背景的确切情形，注意实际上可能对视网膜以后的所有层次都有影响。

最早在外侧膝状体和V1就可以看到注意的影响[7]。这种作用有一定的空间范围，并取决于任务的难度[8]。另一些工作则研究了早期区域（V1和MT）中基于特性和对象的注意在神经元水平上的表现[9]。

在一些研究中记录了单个V1神经元的动作电位，结果发现注意会增强发放活动，但只是略有增加。相反，在通过记录 V1 内血流动力学信号所做的研究中，则观察到大而鲁棒的注意效应。这两种研究所得的结果并不一致，可能是因为通过磁扫描所看到的反馈活动只引起突触活动，并增强局部代谢，但是不一定增大 V1 细胞的发放率。

不管是对人所做的 fMRI 研究，还是对猴所做的单细胞研究，研究人员都发现在高级区域有很强的注意调制作用。得克萨斯州休斯敦的贝勒医学院（Baylor College of Medicine in Houston, Texas）的曼塞尔（John Maunsell）及其学生麦克亚当斯（Carrie McAdams）对此进行了定量研究，他们发现注意所引起的增强是加博尔*小片（Gabor patch，以某一特定朝向倾斜的波动光栅）朝向的函数。他们记录了好几百个 V4 细胞，结果发现平均说来，注意使细胞的反应大概增加了 1/3（图 10.3）。细胞的增益（就像收音机的音量）增大了，然而调谐特性不变。有报道说，当改变对象的运动方向时，也有类似的结果[10]。曼塞尔认为注意放大了细胞反应中超过自发活动的部分，其作用类似于增大所注意对象的反差。探照灯隐喻非常适用于这一情形，因为被注意照亮的对象非常突出。

一般说来，对于反差越小或越不明显的目标，注意产生的效果越强。对反差很强的刺激，几乎看不到注意有什么效果。用选举隐喻来打比方，如果某位候选人已经遥遥领先，那么再做更多的电视或无线电广告，也不会对她的领先程度有太大帮助。

注意不但影响到细胞的发放率，还会改变锋电位的确切出现时刻。有两组对猴做电生理研究的科学家发现，如果一些细胞的感受野都受到注意，那么自上而下的注意就会增强这些细胞锋电位之间的同步性。

---

* 加博尔函数是高斯函数和正弦函数之积，常用作滤波器的核函数。——译者注

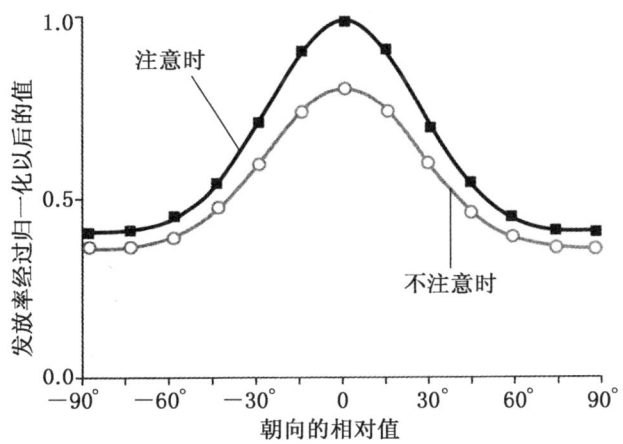

图 10.3　选择性注意增大了神经元的增益

麦克亚当斯和曼塞尔测量了在注意和不注意时 V4 神经元的朝向调谐特性，从而在细胞层次上对注意选择性的作用给出了定量表示。如果在某个感受野内部的刺激受到注意的话，那么该神经元的发放率大约会增加 1/3。据 McAdams and Maunsell（1999）改画。

比起不受注意的对象，对受到注意的对象起反应的两个细胞的锋电位更可能同时发放。比起随机发放的细胞，这将大大增强其突触后效应。正如 10 年以前尼布尔（Ernst Niebur）和我预言过的那样，刺激的显著性可能是由锋电位的相干性（coherency）直接编码的[11]。

在 V1 中产生注意效应大概需要 100 毫秒或更长时间，而在高级脑区所需的时间则要少得多。这可能是由前额叶来的反馈投射的拓扑结构引起的。这种到高级视区的反馈投射更强也更快，而到初级视区的投射则要弱一些也慢一些[12]。

有利于竞争的注意信号是从哪儿产生的呢？自上而下的、有意的注意（willful attention）的源头，一定要到前额叶结构中去找。正如第 11 章要讨论的那样，正是在前额叶皮层中，为了保持信息，神经元在许多秒里加大了发放率。上一章讲过视觉搜索任务，这些神经元很可能就是用来编码相应的指令，以便成功地执行此任务（比如说，记住你正在找一条垂直的红条）。

自下而上的、由显著性介导的注意，来源区域很多，其中包括丘脑的丘脑枕核[13]、后顶叶皮层中的外侧内顶叶区[14]，以及前眼野（frontal eye fields）[15]这样的区域。

10.3 忽略症——患者不瞎，但是看不见

损伤了上述结构中某些部分会引起注意的病理现象，这一点并不令人感到奇怪。其中有一种失常是空间半侧忽略症（spatial hemi-neglect），或者就简称为忽略症（neglect）。通常这是在右下侧顶叶皮层梗阻以后发生的[16]。

患有空间忽略症的患者注意不到在他左面的对象，也不会去探究空间的左半边[17]。因此，他会撞到左边的门框（doorway）；不吃他盘中左边的食物；如果有人从左边走近他，他就注意不到；他会走进女洗手间，因为他看漏了"WOMEN"的头两个字母。通常，他的眼睛、初级视皮层或运动系统一切都好。如果硬是把患者的注意力引到他忽略了的信息，他也可能注意到它，通常是直接盯着它看。

消退症（extinction）是这种症状的一个变种，或许是比较轻的一种形式。如果在患者的左视野中只有某个孤立的刺激，那么患者可以看到它。当在右半视野出现了第二个刺激，它就完全夺取了注意。这时从知觉上来说，患者就看不到左边的对象了。右面的刺激把左面的刺激消退掉了[18]。

忽略症并不仅限于视觉。听觉和体感也能发生忽略症，忽略甚至能扩展到患者自己的身体。在后一种病例中，患者坚持说他的左臂是别人的。对患者来说不幸中之大幸是，真正的忽略症通常在受伤几星

期后就消失了，而另一方面，消退症却可能无限期地延续下去。

从主观上来说，忽略症患者没有意识到他左边的对象。这一区域就像你身后的空间一样，既不是灰色的，也不是黑暗的。它根本就没有在意识上得到表征。从这方面来说，空间忽略症和偏盲是很不相同的，偏盲是 V1 受伤以后所引起的半侧视野完全看不到东西（6.1 节）。一位偏盲患者知道自己有这一缺陷，并学着通过转动眼睛或者头部来弥补，这和忽略症患者是很不一样的。因此说来奇怪，尽管偏盲患者在感知方面的缺陷更严重，但是处理日常生活却比忽略症患者要好。忽略症患者也许可以间接推知自己的缺陷，但是这类理性认识对他的行为并不能产生持久的影响。一位神经学家可以帮助患者知道，从他肩膀上垂下来的手确实是他自己的，而不是其他别的什么人的，但是因为没有任何一点来自感觉的证据说明"这条晃来晃去的手臂确实是我的"，这种认识很快就烟消云散了。

遭到忽略的空间区域并不能完全用视网膜上的位置来加以说明（例如所有在凝视点左边的东西），而是和头及身体的方向或注意的焦点有关。因之，如果让忽略症患者临摹一幅图画，他可能把图中每样对象的左半边都丢掉了。意大利神经学家比夏克（Eduardo Bisiach）说明，甚至在想象中也可以表现出忽略症。他要求几位来自米兰的患者想象站在天主教大教堂的台阶上俯瞰教堂广场（Piazza del Duomo）。在这种情况下，这些患者想不起市场广场（the market square）的左半边。然后要求这些患者想象站在广场的另一端面向大教堂，他们还是忽略了广场的左半边，不过这一次他们忽略掉的半边，正是上次他们从另一端能很好地想象得出的那半边[19]。这就是说，不管是实际看还是在想象中，哪些信息得以保留取决于受试者的视角。

尽管患者缺乏对被忽略掉的视野部分的觉知，他对那部分视野还是保留着有限的、下意识的处理能力[20]。假定让一头动物或者一棵蔬菜的图画闪现在有功能的半侧视野，并要求患者很快讲出是什么东西。如果同时也把同一范畴（动物或蔬菜）的图画投射到受到损伤的半侧视野，患者的反应就变快；如果加在空间受到忽略的那部分的图画来自不同的范畴，患者的反应就变慢。因此，受到影响的半侧视野还是能够执行简单的分类。对行为所做的另一些间接测量表明，受试者从他所看不到的对象中还是能"猜"出颜色、形状，或者它是什么东西[21]。

功能成像研究揭示了下意识处理的血流动力学活动。有一位68岁的男患者，他的右侧下顶叶受到损伤而表现出明显的左侧消退症。让他躺在磁扫描器内看人脸和房屋的图[22]，当把图像单个显示在左视野或右视野，患者都能正确地辨认出来。但是当同时呈现两个图像，一个在注视点的左侧，而另一个在注视点的右侧，他就看不到左侧的那个图像（消退）。但是在初级视皮层对应于知觉上空无所有的半视野的部位上，磁共振扫描器还是记录到了脑的活动。这种活动就其时程和幅度来说，都和只有单侧给图像而能看到时所产生的活动毫无二致。神经学家甚至还能在腹侧通路梭状回的脸区记录到活动。这些结果不但进一步支持了我早先提出的看法，即V1活动并不对应于视觉意识内容，还有力地说明，对表征在某个区域中的特性来说，光有明显的fMRI信号并不意味着就有相应的觉知。这可能是因为并没有激活关键的神经元，或者这些神经元的发放还不够猛烈。

如果顶叶区对视觉体验极为重要，那么左顶叶和右顶叶同时损伤应该在整个视野中都发生严重的忽略症，也就是完全丧失视觉，但事实并非如此。患有一种稀有的称为巴林特综合征（Balint's syndrome，或译为"皮层性注视麻痹综合征"）的患者双侧顶叶受损。这种病的症状特征是患者老注视同一个对象。这就是这种患者所看到的一切，其他事物都被忽略掉了。他们可以认出他们聚精会神看到的东西，也能对它进行描述，但是讲不出它和其他东西的相对位置。这些患者迷失在一个没有任何可辨认得出的空间结构的世界中，他的世界只有注意点所在的那一点[23]。很清楚，后顶叶皮层的神经元编码对象之间的空间关系，在知觉到的世界中建立起了秩序，但是为产生特定的视知觉并不需要它们。

10.4 小　　结

上一章讲的是选择性注意及其两种可能的功能，也就是，把不熟悉的对象的特性动态地绑定起来，以及对神经元集群之间的竞争有所偏好，因之就加强了所注意的对象的表征，而遏制了不注意的刺激。本章则集中讨论了这些效应的神经基质。对于绑定的机制还几乎毫无所知，而在另一方面，已经积累了大量的生理学证据支持第二种功能。如果两个刺激的表征有交叠的话（如果两个刺激落在同一个感受野中），那么在这两个刺激之间就会发生相互干扰。如果两个刺激之间没有竞争的话，那么在处理它们的时候就不一定要注意。这一有偏竞争的理论具有很强的普遍性，对电生理数据和成像数据都适用。

当沿皮层的等级结构上行时，感受野变大，因此产生更有竞争性的相互作用（因为许多刺激都更有可能兴奋同一个神经元）。在经过一连串这样的竞争以后，只有少数神经元集群得以幸存。这些幸存者使脑额部计划和记忆中枢的其他神经元群也参加进来。所有这些神经元在一起互相加强，它们就形成了 NCC，而受试者就开始意识到它们所表征的内容。在一个表征有交叠的并行构筑中进行等级处理，这就造成了注意瓶颈。

注意偏好（the attentional bias）加强了注意所及的感受野处神经元的输出，或者加强了表征某一特定属性（例如向下运动）的神经元的输出。迄今为止考察过的所有皮层区无一不受注意调制的影响。这些效应的强度和时程依赖于任务的确切性质和刺激的性质。其起源则是各种各样的。后顶叶皮层和丘脑枕中的区域提供自下而上的显著性驱动的线索，而前额叶皮层则提供自上而下的指令。

如果这些区域中有一些出了问题，就像在单侧忽略症或者消退症中的情形那样，竞争破灭，患者就不能觉知受到影响的一侧视野中的刺激，尽管还可能保存有某些下意识的处理能力。巴林特综合征的患者双侧顶叶受到损伤，他们除了能看到正注意看的东西以外，其他一概都看不到。为了要能看到整个场景和表征该场景中各个对象之间的空间关系，就需要后顶叶皮层产生注意信号，但这对于有意识的物体知觉来说并不是严格必需的。因此要到其他地方去找 NCC，主要是沿腹侧视觉信息流通路和前额叶皮层去找（我将在第 16 章这样去做）。下一章中，我将详细讨论记忆系统的类型，以及它们和意识之间的关系。

第 11 章

记忆和意识

> 康妮（Connie），你对下面的问题想过没有？除了现在正从你身边一闪而过、你都来不及反应的事物以外，生活都只不过是一些记忆而已。康妮，除了不断逝去的每个时刻以外，生活真的都只是一些记忆。
>
> ——引自田纳西·威廉斯*《奶车此处不再停》

所有生物不管大小都生活在此时此刻。重温的旧梦都只是一些有关过去的、经过简化和很大修改的版本。我记得在 7 年级时为了种族歧视而打了一架的情形，我也记得 10 年以后在试着攀登一块陡峭的岩石时掉下来的情形。这些记忆可能生动得像真的一样，但是和我身临

---

* 威廉斯（Tennessee Lanier Williams，1911—1983），原名托马斯·拉尼尔·威廉斯（Thomas Lanier Williams），美国著名剧作家，1939 年他移居新奥尔良，并改名田纳西，以纪念他父亲出生的那个州。他曾获普利策戏剧奖等多个重要奖项。《奶车此处不再停》（*The Milk Train Doesn't Stop Here Anymore*）是他在 1963 年完成的一部作品，内容主要是一位富婆和留在她庄园上的一位年轻男子之间的对话。然而演出并不成功。——译者注

其境时所得到的丰富体验比较起来，记忆只不过是一些拙劣而苍白的仿制品而已。这种可以随意地回忆起过去发生的特定情景的能力，使得生命有了自我感、归属感和目的。

人们为解开记忆之谜所做的探索，和文明本身一样历史悠久。一直到19世纪初以前，这种探索一直是哲学家的专利。不幸的是，在以科学方法有系统地探索心智以前，人们只有内省再加上逻辑推理这样的方法，而用这些方法去研究如此复杂的系统是远远不够的。直到20世纪把心理学和临床研究结合起来以后，在这方面才有了真正突破性的进展。在用记忆的动物模型和对人做的脑功能成像武装起来以后，脑科学在揭示记忆组织方面取得了巨大的进步。

灵长类动物用许多不同的模块来保存信息。从存储的内容、如何获取这些信息、可以维持多长时间、表达这些信息的地点，以及作用的生物物理机制等方面来说，这些模块各不相同[1]。但是为了要有所体验，却几乎并不需要这些模块。意识所必需的只是记忆的快速形式，现在对此还知之不多。

11.1 根本区别

什么是记忆？在最广义之下，记忆就是在有所经历之后所发生的任何变化。但是这个定义过于泛泛而没有多少用，因为它把受伤、疲劳以及生长发育所产生的变化也都包括了进来。以色列神经生物学家杜达伊*提出了一种更有用的、可操作的记忆定义，即记忆是在时间

---

* 杜达伊（Yadin Dudai, 1944—　），以色列魏茨曼研究所（Weizmann Institute of Science）神经生物学系主任。——译者注

上保存有赖于经验的内部表征（the retention of experience-dependent internal representations over time）[2]。在神经元层次上，可以把记忆分成短时的、有赖于活动的记忆（activity-dependent memory）和长时的结构记忆（structural memory）。

有赖于活动的记忆是由神经元集群的持续发放来编码的。假定有某个图形（比如说，一幅红色圆圈的图画）能触发受试者前额叶皮层中某些神经元的发放，如果不让受试者再看到这些图形，但是要他记住它，这时这些神经元继续有发放，虽然发放率有所降低。这些细胞具有选择性，因为如果受试者回想的是绿色三角形，则它们并不发放。它们升高了的发放率是瞬时记忆的神经表现。

结构记忆是通过适当调整神经硬件本身产生的，其中的一种特别形式是通过改变神经元之间的突触强度（突触可塑性，synaptic plasticity）而产生的。特别地，海马中 NMDA 型的突触受体（5.3 节）参与了对长时记忆的巩固[3]。学习和记忆也可能来自非突触性的结构改变，例如改变离子通道密度（离子通道密度控制细胞发放反应的增益和阈值），或是改变其树突形态。可塑性的持久形式则需要合成蛋白质，以及改变细胞核中的基因表达[4]。

作为一种类比，回想一下计算机的存储器也有两类，就是随机存取存储器（RAM）和只读存储器（ROM）。动态 RAM 中的内容只有在芯片通电时才能保持，而 ROM 中的内容在没有电的情况下也能保持许多年。人也有类似的情形，当头一击或是麻醉可以使人失去知觉，消去了他们当时正在想的东西，但是一般说来对他们的长时记忆没有什么影响[5]。

对意识来说，有赖于活动的记忆和结构记忆之间的这种区别很重要，因为 NCC 和前者有关而和后者没有关系。

11.2 长时记忆的分类

把有关信息储存几个小时、几天或几年的长时记忆系统有许多形式。它们的存储容量很大,几乎无限。

非联合型记忆

最简单的学习形式是非联合型的,例如适应(adaptation)、习惯化(habituation)和敏感化(sensitization)。在 6.2 节中讨论过和朝向有关的后效,这是适应的一个例子。当你身处某个有恒定背景噪声的环境之中时就会发生习惯化。在开始时你可能会注意到这种嗡嗡声,但是由于这种声音始终如此,也没有什么危害,它最终就从你的知觉中消退了。这时如果有人放了一枪,你会惊跳起来,过了一段时间,任何突然发出的噪声都会吓你一跳,因为你变得敏感化了。纽约哥伦比亚大学的坎德尔及其同事用海蜗牛(海兔,*aplysia*)对这种学习形式的分子和细胞基础做了非常细致的研究[6]。

联合型条件反射(Associative Conditioning)

在沙皇时代的圣彼得堡,伊凡·巴甫洛夫(Ivan Pavlov)因发现了经典条件反射(classical conditioning)而声名卓著。他观察到,当狗看到喂食的助手走近时就流唾液,结果就开始了这一系列研究。动物学会了把看到人和触发消化反射的食物联系起来。蚱蜢、蝇、鸟、鼠、猴和人都可以建立条件反射。为了实现这一点,要把两个不同的事件联系起来。条件刺激(conditioned stimulus)在开始时对机体来说并没有任何意义,它必须紧随某个强化事件,也就是无条件刺激

(unconditioned stimulus)。之所以称之为无条件刺激，是因为光这个刺激本身就会引起某个可以预见结果的反射，例如流唾液或是惊跳反应（startle response）[7]。

在恐惧条件反射（fear conditioning）中，把电击、很响的噪声或是吓人的图片和某一声音联系在一起。在经过一到几次这样的配对以后，这个声音本身就能可靠地诱发条件反应。对人来说，这可能引起心率变化或者皮肤电导（galvanic skin conductance）增大。当你听到这个声音的时候，你会变得不安和开始出汗（测谎仪根据的就是这个道理）。对小鼠来讲，通常把木僵（freezing）作为对恐惧的度量，这时全身的所有运动都停止了（除了呼吸之外）。

有一种称为背景恐惧条件反射（context fear conditioning）的变种，受试者避免到过去发生过灾祸的情景中去（包括地点、气味、景色和声音）。举例来说，如果把一只小鼠放到它以前受到过电击的笼子中去，那么它在小心翼翼地探究新环境以前会木僵好几分钟。

对下面的问题一直争论不休：为了成功地建立条件反射，是否需要受试者觉知到条件刺激和无条件刺激，以及它们之间的关系（例如在某个纯音之后通常总跟随电击，而在嘶嘶声以后则没有电击）？在这种背景之下，加利福尼亚大学圣迭戈分校的神经科学家斯夸尔（Larry Squire，他是研究人记忆的先驱）和克拉克（Robert Clark）在研究眨眼条件反射（eye blink conditioning）时作出了一项重要发现。把某个纯音和向眼吹气结合起来。在这样做了100多次以后，受试者一听到这种纯音就会眨眼。他们的脑预料到，在听到纯音之后接着就会有气吹到眼球上，因此就反射性地眨眼来保护眼睛。

克拉克和斯夸尔让一组志愿者在纯音和对眼的刺激同时发生的情况下，学会这种联系。不知道出于什么原因，他们把这种条件反射称为延迟条件反射（delay conditioning；就如图11.1所标的那样）。而第二组受试者则是在听到纯音0.5～1秒以后眼睛才被吹气。这称为痕迹条件反射（trace conditioning）。除此以外，这两种条件反射的其他方面都一样。绝大多数受试者都知道某种特定的声音预示着有气吹来而眨眼。

奇妙的是，这一点点差别（吹气是在声音完全停止之后，而非两者在时间上有所交叠）使得条件反射的建立变得大大地困难起来。事实上，要建立这种条件反射变得如此费劲，以致受试者必须小心注意这两个刺激，并且觉察到两者之间的关系。为了表明这一点，克拉克和斯夸尔在建立条件反射的过程中使受试者分心。就像9.3节所讲的双重任务实验那样，在给受试者听纯音和用气吹眼的同时，要求受试者追踪一闪而过的数字，或是看一段电影。分心对延迟条件反射没有什么影响；受试者还是学会把纯音和吹气联系在一起，即使他们并未有意识地注意到声音和烦人的吹气是同时发生的。但在痕迹条件反射的情况下，事情就并非如此。如果受试者相当专注于吸引他们注意的第二个任务，在纯音和吹气之间所插入的一段痕迹时间间隔（trace interval）就妨碍了条件反射的建立。

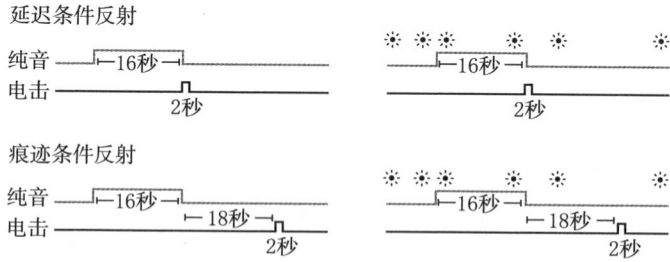

图11.1　对注意和觉知的试验

小鼠可以学会把纯音跟即时的电击（延迟条件反射）和延迟一段时间以后的电击（痕迹条件反射）联系起来。如果在播放纯音和给予电击前后，在昏暗的笼子中随机发出强烈的闪光，那么痕迹条件反射就会大大减弱，就好像闪光妨碍了小鼠去注意并觉知到纯音和电击之间的关系。如果电击紧随纯音之后，这种干扰就不起作用。据Han et al.（2003）改画。

克拉克和斯夸尔在实验以后经调查发现，只有能建立痕迹条件反射的受试者才能讲出这些刺激之间的关系。而那些不能建立痕迹条件反射的受试者则搞不清楚哪个刺激先于吹气，哪个刺激不是这样。为了建立起条件刺激和无条件刺激间的联系，似乎需要注意和觉知[8]。

对鼠意识的测试

　　这些发现给我以很大的启发。我想也可以把这种方法用到鼠的实验上去，可以用一系列可操作的试验，测试鼠是否有注意和觉知。建立起某种对意识的图灵试验（Turing test）*是非常令人兴奋的，让我告诉你为什么。

　　目前正在进行的寻找 NCC 的大量实验，有对人进行的，也有对别的灵长类动物进行的（参见第 16 章）。为了把产生 NCC 的回路孤立开来，必须做一些严格的、受到控制的实验，然而出于伦理上的原因，一般说来不能对人脑这么做。如果行事小心并且富于爱心的话，那么可以对非人灵长类动物（例如猴子）做电生理或药物学方面的实验。但是大量的实际问题（例如怀孕期、大小和花费）严重限制了广泛使用这些动物。

　　但是在这里可以采用一些分子生物学的技术，利用这些技术在另一种哺乳动物（小鼠）中廉价而迅速地操控从基因上可以辨认得出的神经元集群。迄今为止，还无法系统地训练小鼠执行对人或猴普遍使用的那种视觉分辨或检出的任务，因此为了可以系统地、迅速而又方

---

* 20 世纪中，英国数学家、计算机科学的先驱和密码专家图灵（Alan Turing）提出来的一种检验某个未知系统是否有智能（甚至有意识）的准则。他认为，如果这个系统能够回答提问人的任何问题，而使提问人不能区分这个回答究竟是由机器给出的还是由人给出的，那么这个系统就是有智能的。这就是判断一个系统是否有智能的图灵试验。图灵试验还有一些变种，上面的这种说法是最普遍为人接受的。不过关于能否以通过图灵试验作为系统有智能的判据或定义，尚存在争论。——译者注

便地评估小鼠意识，找出某种可操作的替代方法就变得十分重要了。

在加州理工学院安德森实验室和我实验室工作的两位博士后韩（C.J.Han）和奥图阿泰夫（Colm O'Tuathaigh），与加州大学洛杉矶分校（UCLA）的范泽洛（Michael Fanselow）和奎因（Jennifer Quinn）进行合作研究，他们在这方面前进了一大步。首先韩要设计出一种实验方案，用这种方案能可靠地在小鼠中建立痕迹恐惧条件反射和延迟恐惧条件反射。把短促而尖锐的纯音和电击结合6次，就足以可靠地使啮齿动物一听到这种纯音就发生木僵（图11.1）。作为第二步，奥图阿泰夫表明视觉干扰项（例如昏暗笼中的闪光）可以选择性地只对建立痕迹条件反射起干扰作用，而对延迟条件反射则没有什么影响。就好像闪光会使动物分心而不去注意纯音和电击之间的关系，这样就使痕迹条件反射大为减弱，而对延迟背景下的学习则没有什么影响[9]。

根据用人做实验所得到的资料，对这种现象的解释是，当纯音和电击不在同时发生时，闪光减弱了鼠对这两者之间关系的觉知。如果纯音和电击是紧接着的话（就如在延迟条件反射中的情况），则并不需要什么觉知。这就解释了这种选择性的干扰作用。

这一实验方案给了我们一种有效的工具，使我们可以借助于药物学的或基因的操控，来测试究竟哪些区域和哪些种类的神经元，和人觉知条件刺激及无条件刺激有关[10]。如果我们能恰当地使用这种实用的检验方法，大规模筛选行为上的突变体就成为实际可行的了。在几千个近交系的实验室小鼠中，确实有可能找到某些不能建立痕迹条件反射的个体，它们或是因为缺乏注意选择机制，或是因为NCC其他方面的问题。在野外，这种没有意识的小鼠是活不长的，但是在实验室饲养的条件下，却可能并不暴露明显的缺陷。要是因为没有仔细检查而错过了找出这些品系的机会，那就太可惜了。对其他种的动物（包括出色的遗传学上的模型动物——果蝇）也可进行类似的操作试验（operational test）和筛选[11]。尽管人们直观地认为，蝇类就像自动机一样，但蝇和其他一些昆虫可能也有某些初等的感知觉（dim feelings）、对疼痛和气味的主观体验特性，或是性的愉悦。脑究竟需要多少个神经元才能表达意识呢？是1万个、100万个，还是10亿个？目前我们还毫无所知。

联合型学习的另一种主要形式是操作条件反射（operant conditioning），这种条件反射由于斯金纳（B.F.Skinner），还有以他的名字命名的训练动物用的斯金纳操作箱而闻名遐迩。在这种反射中，动物知道动作会有什么结果，并以此来寻求获取奖赏和避免惩罚。例如老鼠能学会压杠杆获取食物颗粒。操作学习或者说工具学习（instrumental learning）是有目的行为的核心所在。

程序性学习：技能和习惯

程序性学习（procedural learning）是技能和习惯的基础，这些技能和习惯决定了我们的生活方式。打领结、驾驶汽车、骑自行车、写字、敲击键盘，如此等等都需要大量的练习。但是一旦学会了，这些感觉-运动程序就可以保持终生，而且也不大会像外显记忆那样由于时间长了而逐渐淡忘。

大家都知道，很难用抽象的方式（也就是只通过讲解）来教会感觉-运动技能，相反，为此必须进行实践和练习。这就是为什么，有些教练会谈到"肌肉记忆（muscle memory）"（当然，这些技能实际上是储存在脑中的）。程序学习产生出僵尸体，它默默无闻地在下意识状态下工作，并且是许多日常行为的基础。第12章和第13章要专门来讲僵尸体的问题。

我们不能直接有意识地回忆技能，这是为什么通常把程序性学习当作内隐记忆（implicit memory）或非陈述性记忆（nondeclarative memory）的原因。但是要学习这些技能大概还是需要注意和意识的。

学会和保持技能及习惯的神经结构很多，其中包括感觉-运动皮层、纹状体以及有关的基底神经节结构，还有小脑。

陈述性记忆：再现过去

对绝大多数人来说，记忆就是有意识地再现过去的事实和事件。在这里必须区分两类不同的记忆：情景记忆（episodic memory）和语义记忆（semantic memory）。

情景记忆或者叫做自传体记忆（autobiographical memory），它使你知道自己是谁，来自何方，上星期看电影时的情形，今天早上吃什么。另一方面，语义记忆存储的是抽象的事实、关系、词义，以及所有其他构成我们文化、法律、科学和技术的种种知识。

这两种形式的记忆都是陈述性的，因为信息是有意识地提取出来的，并且你也知道，你是在访问你原来存储在那里的信息。其结果是，你不会把你对某个事件的记忆和这件事本身混淆起来。存储这种信息并不是有意识的。在你读到"自由女神像"这段文字以前，你的脑中并不存在编码这位女神形象的激活了的神经元集群。她仅仅表现为某种分布式的突触模式。

很久以前就有人猜想，陈述性记忆和内隐记忆是不一样的，但是人们长期为此争论不休，一直到神经科学界知道了患者 H.M. 的故事才画上句号。为了控制大范围癫痫发作，医生切除了他双侧相当大部分的内侧颞叶皮层（MTL）[12]。H.M. 并没有明显的知觉方面的问题，但是他严重丧失记忆。对于从他手术以前几年起开始的事他都严重遗忘（amnesic）[13]。事情只要一不看到或是一不想起，就忘了。如果他反复念某个三位数，那么他可以在这段时间里记得它。但是只要一打岔，他就忘了。如果有人从房间里走出去，几分钟以后又走了回来，H.M. 就记不起以前曾见过他。饭后一小时，他就记不起吃的是什么了，甚至连他到底是否吃过都记不起来了[14]。

但是 H.M. 在智力方面没有任何问题，他有正常的即时记忆（immediate memory），并可以学会而且保持新的技能，例如照着镜子描图（mirror-drawing），虽然他记不起他是怎样学会这样做的。他当然是有意识的。他可以描述他所处的环境，也能在其中活动，对刚刚发生的事他也能正确地回答问题，如此等等。

他所表现出来的症状表明，获得和保存陈述性记忆和程序性记忆的部位是不同的。H.M. 的前一个系统损坏了，而后者安然无恙。以后对动物所做的研究也证实了海马结构（hippocampal formation）及其邻近的内嗅皮层（entorhinal cortex）和旁嗅皮层（perirhinal cortex）对陈述性记忆起关键作用。双侧损坏 MTL 导致严重的遗忘症。但海马并不是外显记忆最终的储藏所，最终的储藏地在新皮层，特别是颞叶皮层和前额叶皮层。海马把从各种感觉模态来的、有关所要记住事件的种种信息综合起来，并在几个星期的时间里把这些信息在有关脑区中加以巩固。

有关韦尔林（Clive Wearing）的病例最生动地说明了，在几乎完全丧失陈述性记忆的情况下，还可以一直保有意识。他是一位很有才气的音乐家和学者，得了病毒性脑感染，几乎为此丧命，从而破坏了他双侧颞叶的许多部位。他的病情极其严重，这既表现在他的逆行性遗忘症范围很广（他对自己究竟是谁只有非常朦胧的概念），也表现在他不能学习任何新事物。但是他的音乐才能却大部分保留了下来[15]。韦尔林能有意识地体验到的只有现在。他既没有童年，也没有过去。就像希腊悲剧中的一个演员，他老是扮演同一个角色，周围的一切和时间的流逝对他都没有什么影响[16]。

韦尔林、H.M. 和其他一些遗忘症患者都是活生生的证据，说明对于是否有意识来说，形成新的陈述性记忆和记得自己过去的生活都不是必要的。丧失这些能力虽然使他们的生活极度乏味，但还是有意识的。此外，因为这些患者在看、听以及摸（feel）方面没有什么问题，所以前海马和 MTL 的其他部分对意识来说都不是严格必需的[17]。

11.3 短时记忆

短时记忆或者说即时记忆（short-term or immediate memory），是一个含义极广的术语，泛指把信息暂时存储几十秒。如果脑没有一个临时缓冲器供存储数字之用，那么连查了电话号码以后打电话这样的事都无法做到。和长时记忆比起来，即时记忆更不稳定，容量也远远要小得多。

在脑中并没有单独的、动态的、像 RAM 那样的缓冲存储器，所有的信息都可以通过它而被遗忘，或者进入更长久的存储。相反，不同的感觉模态有其自身的临时性记忆功能，它们并行地进行工作。

心理学家用工作记忆（working memory）来替代短时记忆这一相对而言较为模糊的概念，他们认为工作记忆是由中枢执行装置（central executive）和若干个从感觉体（slave modalities）组成的，这些从感觉体包括像存储视觉信息的视觉缓冲器或者说视觉便笺簿

（visual buffer or scratchpad）以及存储语言的**语音回路**（phonological loop）等等[18]。

解决当前所面临的问题需要工作记忆

当你倾听某人谈话时，他们说话的片段就存储在语音回路中作为备份，以供离线处理之用[19]。不论是数字相加，还是按配方下料、准备驱车去电影院、比较两件衬衣的色调、依样描图，或是填写你的退税表，所有这一切都必须依靠工作记忆。人的智力可以用智力测验来衡量，它和工作记忆的好坏关系非常密切。工作记忆的特点是存储容量很小，保存时间很短，采用语义表达。如果不主动重复的话，所要保存的内容在一分钟时间里就消退了。

通过某种注意选择过程，中枢执行装置控制对语音回路、视觉缓冲器以及别种感觉模态临时存储的访问。注意和工作记忆两者密切地交织在一起，很难把它们清楚地区分开来。工作记忆占用越多，要想集中注意不受干扰项的分心就越困难。任何参加过任务难度很大的心理物理实验（例如像图9.3所示的那种实验）的人，或是长时间边驱车边打手机的人，都对此深有体会[20]。

要想估计工作记忆可以存储多少信息，方法之一是均匀地显示一串随机数字或字母（比如说在20秒钟的时间里列出10个数），并要受试者以正确的顺序把这些数复述出来。受试者所能想得起的项目数就是他的**记忆跨度**（memory span）。在大学生中，口述数字的跨度在8和10之间[21]。

一瞥之下，你能看到多少东西？

可以通过短暂地呈现一幅图像，来测试视觉缓冲器的存储容量。

你能看到多少细节？在以后再提问你时，你能记起多少？

在加州理工学院我的实验室中工作的范罗伦（Ruffin VanRullen）做了下面的实验，他让一些图像在显示屏上闪现1/4秒，在每幅这样的图像中都有一些物体（汽车、自行车、狗）自然地散布各处。为了消除残留的后像，在每次显示一幅这样的图像以后，立即显示另一幅散乱的图像以掩蔽（masking）（15.3节）由原始输入所引起的神经活动。紧接着，出现20个词，其中有10个词描写图中出现过的10个物体，还有10个词所表示的物体则是原图中所没有的。平均说来，受试者只能认出比2个稍多的物体。他们虽然知道还看到过更多的物体，但已经讲不清是哪些了。

接着要求观察者再从这20个名称的表中挑出一些，直到满10个为止。如果他们已经记不清楚了，那么就要他们猜测。排除随机猜对的因素以后，受试者还能下意识地检测出2个对象。这就是说，这些对象在脑中多少还留有某些痕迹。心理学家把这种现象称为启动效应（priming）（在本例中是正启动效应）[22]。

范罗伦总结起来说，他的受试者能够以某种形式记住这10个对象中的不到一半。他们能看到其中1个以上的对象。到底是哪一个对象则取决于这个对象是否醒目，是否熟悉，以及别的一些因素，但是他们所能看到的[23]要远少于全体对象。脑可以登录大约5～7个物体，这和以前对文字工作记忆容量的估计是一致的。

工作记忆缺陷

请看一下工作记忆受到损伤的患者。有的患者甚至不能记住2个数字，尽管他们还可能拥有正常的长时记忆[24]。许多人说话结结巴巴、犹犹豫豫，或不合语法，并且常常词不达意，但他们还是有意识的。

英国神经心理学家里多克*和汉弗莱斯**检查了3位这种患者[25]。无论对口头报告的字母和词、供阅读的文字表，或是对非语音的图形材料，这些患者的记忆广度都大为减少。要他们依样描图或是做需要两位或两位以上心算的简单计算（例如要他们算132－47或13×9），他们都有困难。要他们判断两条直线是否有相同的朝向或长度，或是两个圆是否一样大，他们都常常会出错。但是所有这3位患者都能清楚地看到各种物体，并叫出它们的名称，他们也有正常的视觉。

这有可能说明工作记忆并非意识的前提条件。为了知觉到头顶上蔚蓝色的天空，你并不需要语音回路，只有在以后你谈起它时才需要。但是很难检验这一假设，因为如果你丧失了整个工作记忆的话，你怎么能恰当地把你的体验告诉别人呢？得顾及你连把信息保留很短时间都不行的情况。

此外，我怀疑能否同时有意识地体验到工作记忆中的所有项目。当你在工作记忆中主动保持7～10个数字的时候（我班上的许多学生都能做到这一点），你真的能意识到所有的数字吗？更可能的是你只意识到1个或2个数字，而其他的数字只是隐藏在背景中呼之欲出；你很容易想到这些数字，但是在当时你并没有意识到它们[26]。

尽管在任何时刻都只能意识到工作记忆中的部分内容，看来在正常健康的脑中，工作记忆和意识之间的关系是非常密切的。因此对于像新生儿或者动物这样不会说话的个体来说，可以把是否有工作记忆作为标志，来判断该主体是否有某种形式的意识。

---

* 里多克（Jane Riddoch），英国伯明翰大学认知神经心理学教授。主要研究视知觉和认知。——译者注
** 汉弗莱斯（Glyn Humphreys），英国伯明翰大学认知神经心理学教授和心理学院院长。他的兴趣包括视觉认知、认知神经心理学、认知的计算模型、功能成像和经颅磁刺激（TMS）。——译者注

前额叶皮层和工作记忆

工作记忆位于脑中的哪个部分呢？一旦图像从视野中消失，在早期视区*中，神经反应很快也就消退了。但是猕猴的前额叶皮层（PFC）并非如此。加州大学洛杉矶分校（UCLA）的神经生理学家富斯特**正是在这里发现了一些神经元，它们对依赖于活动的记忆进行编码。富斯特用两种相关的实验方法，研究了这些细胞的特性。这两种方法至今仍在普遍使用。在一次延迟反应（delayed response）实验中，用某一线索提示动物注意两处地点之一。之后这一线索消失不见，在实验员要猴子指出这一地点之前，猴子必须一直记住这一位置（图11.2）。在有延迟的样本匹配（delayed matching-to-sample）实验中，只让猴子看目标图像一眼。在让猴子注视空白屏幕一会儿以后，同时呈现目标图像和另一个不同的图像，要求猴子不管目标图像出现在屏幕的哪个部位，都要很快就对它注视，而不去看另外那个干扰项。如果猴子做对了，就奖励它一滴可口的果汁。

富斯特的实验，还有后来耶鲁大学的戈尔德曼-拉基奇***及其同事所做的实验，都在背侧PFC特别是46区中，找到在延迟期进行发放的神经元（图7.1中的上图）[27]。此外，如果动物犯了错误，那么延迟期的活动也显得凌乱（faltered）。在对照实验（mock trials）中或线索不完整时，常常不出现这种活动。因此有理由认为，这些细胞是工作记忆基础结构的一部分（虽然突触强度的短时程变化在其中可能也起作

---

* 即视觉等级系统较底层的一些视区。——译者注
** 富斯特（Joaquín Fuster, 1930— ），西班牙精神病学家，1957年移居美国。他现在是HCLA医学院精神病学教授，也是该院脑研究所和神经精神病学研究所的研究员。——译者注
*** 戈尔德曼-拉基奇（Patricia Goldman-Rakic, 1937—2003），美国神经科学家，以其在额叶皮层和对工作记忆的细胞基础的开拓性工作而闻名于世。——译者注

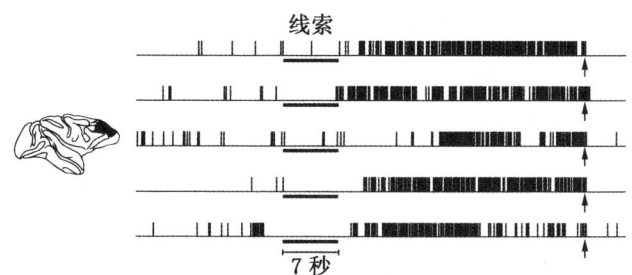

图 11.2　前额叶皮层中的工作记忆

延迟反应实验评估了猴子把两个位置之一记在脑中的能力。有一类对此起反应的前额叶皮层神经元（位于小图中用灰色标出的部分）的基础发放率很低，当呈现线索时这些神经元则干脆停止发放，而在长达 32 秒的记忆阶段则发放增大，尽管此时并不呈现刺激。当猴子开始指点目标时（图中用箭头标出），细胞停止发放，这时不再需要记住这个位置了。据 Fuster（1973）改画。

用）。对别的记忆部位所做的电生理记录以及计算机模型都支持下列想法，即有关信息的这种临时性存储，可能来自一小群紧密耦合的神经元群体中的回响性相互作用（reverberatory interactions）[28]。

接下来的实验探究了哪些神经元存储所要记住的对象，哪些神经元存储其位置，而哪些神经元则两者都加以存储。麻省理工学院（MIT）的米勒*及其同事鉴定出 3 类外侧 PFC 神经元：一类只关心要记住哪个对象，第二类编码其位置，而第三类则对要记住的对象的特征和位置都要加以编码。知觉视觉通路和动作视觉通路在外侧前额叶皮层会聚，在那里既表征看到的对象，也表征记忆中的对象（图 7.3）。

前额叶皮层并不是孤立地起作用的。后顶叶（PP）神经元对于对象的位置有发放，而下颞叶（IT）神经元则对已经从视野中消失不见的特定对象有反应。但是当动物把注意转移到别的刺激上去时，IT 细

---

* 米勒（Earl Keith Miller, 1962—　），美国认知神经科学家，专门研究学习、记忆和认知。是 MIT 的神经科学教授，也是该校皮科佛（Picower）学习和记忆研究所的副所长。——译者注

胞就不再维持这种有样本选择性的信息。PFC 神经元的延迟活动则不受非匹配图像干扰的影响[29]。对此的一种解释是，下颞叶皮层（IT）对最后注意到的（因此可能也是意识到的）刺激保存有短暂的感觉痕迹（快照，snapshot）[30]。

11.4 瞬时记忆或图标记忆

对于意识经验来说，某种持续时间更短的记忆形式可能是至关紧要的。在黑暗中挥动点燃着的香烟，由此所产生的红色痕迹就是这种记忆的视觉形式。如果你挥动很快，那么你甚至能赶在挥动开始时产生的痕迹消失以前，就在空中画出一个完整的圆圈。这一类观察表明，这种记忆消退的时间是几分之一秒。

1960 年心理学家斯珀林*对此作出了更加定量化的估计。在这些经典实验中，斯珀林闪现 6 个清晰可见的字母，并让受试者尽可能多地指出在什么位置有什么字母。平均来说，他们能正确地记起 4.3 个字母。即使把呈现时间延长到 0.5 秒也没有多大差别，他们还是只能报告出不到 5 个字母，尽管清楚地"看到过"更多的字母。

为了找出造成这种差异的原因，斯珀林把显示的字母表改成 3 行，每行 4 个字母（图 11.3）。他的高明之处在于，在图像消失以后，他用高、中、低 3 个不同音高的纯音，来表示上、中、下 3 行。这个声音提示受试者应该读出哪一行字母。在这样的实验中，受试者能够报告出所指定行中 4 个字母里的 3 个。因为他们不可能预先知道要他们报

---

* 斯珀林（George Sperling），美国加州大学欧文分校认知科学教授，同时也是神经生物学和行为科学教授。——译者注

```
P  T  F  K
S  X  W  Z
M  B  D  O
```

图 11.3 对快速图像记忆的测试

在短暂地显示字母阵列之后，经过很短一段时间，响起频率分别为高、中或低的纯音。这表示要受试者讲出顶上一行、中间一行、或最低一行中所有的字母。如果在图像显示后的几百毫秒时间里就发出纯音，受试者能正确地回想起所要求行中的大部分字母。这种图标记忆或者瞬时记忆的保持时间不超过 1 秒。我相信这种记忆对于视觉经验是非常重要的。据 Sperling（1960）改画。

告的是哪一行，平均说来受试者需要记住 3×3 个字母，这比原先实验中得出的 4.3 个字母要多。斯珀林也改变从图像消失到听见提示音之间的时间。如果把这个时间延长到 1 秒，那么受试者的表现就和没有提示时的表现一样。

这个实验表明，字母是从一种称为图标记忆（iconic memory）的存储中读出的，这是一种容量大然而衰减快的视觉存储形式。这种记忆建立很快，并且至少能保持几百毫秒。图标记忆有各种不同的成分，可以通过改变显示的内容来分别进行研究。有些内容是归类前的（pre-categorical），例如一大堆杂乱无章的斑点、阴影和边缘。有些内容则是归类后的（post-categorical），例如可以把内容归类为字母 A 或是爱因斯坦的画像[31]。

图标记忆的保存时间和图像何时消失的关系，不如图像何时出现那么大。也就是说，要紧的并不是图像消失以后所经过的时间（如果是被动地衰减的话，就会和这个时间有关），而是刺激呈现了多长时间（总的呈现时间）。这表明，此种记忆的功能之一是让脑有充分的时间来处理很短的信号，其结果是短暂地打断视觉流（例如眨一下眼）并不会对这种处理产生干扰。按照我关于图标记忆是视知觉所必需的直观想法，这意味着意识知觉必须要有某个最短的处理时间（急于想知道更多详情的读者，请参阅第 15 章）。

图标记忆大概遍布于整个视觉系统，最早起自视网膜，并包括各种各样的皮层区，以及与之相关的丘脑核团。由于图像触发的网波沿等级结构上行，依次激活视网膜神经节细胞，外侧膝状体的中继细胞，V1、V2 和 IT 中的神经元等等，可以把图标记忆当作是某种神经元的后发放高潮（neuronal afterglow）。这种活动为局部组织以及皮层和各个丘脑枕核之间回路的回响活动所延长和增强[32]。在刺激停止以后，视网膜细胞还能再反应 60 毫秒，而 IT 及其邻近区域中的神经元的后发放高潮（afterglow）则能持续 300 毫秒[33]。这部分正是你所体验到的瞬时记忆。

我相信，图标记忆对视觉意识非常重要。如果神经活动不能持续某段最低限度时间的话，我无法想象你还怎么能够看到东西。考虑到图标记忆的神经基础具有分布性的特点，很难检验上述想法。

把图标记忆和视觉意识联系起来的某些猜想

图标记忆中存储的信息很不稳定，如果不予加强的话，很容易消退。我们能够意识到的只是它的要点和其中的一部分内容。至于什么资料会被放到意识的聚光灯下，取决于这些资料从自下而上的角度看有没有显著性，以及从自上而下的角度看有没有受到会聚式注意（9.3 节）。由于某些字母比其他字母更醒目，或由于有人告诉你要注意某个对象，注意增强了有关的神经集群。通过扩大视觉等级结构顶层这种集群的大小并延长其寿命，这些集群激活 PFC 和其他区域中的神经元，而这些神经元又反馈投射到底下的区域，使之产生构成 NCC 的稳定发放模式，并得以存储在工作记忆中。

有一种很具吸引力的想法认为,图标记忆的归类后阶段可能位于 IT 和外侧 PFC 之内或其周围区域[34]。在这些区域里,存在有关对象身份信息的外显表征,而且即使在刺激消失以后,还能维持较高的发放率。可以把这些区域中的活动当成是场景的快照,其中能辨认出这一场景中的一些对象并加以标识,对这些对象彼此之间的空间关系也作了编码。正如上一章讨论过的那样,因神经元之间的竞争,只有很少一些对象才能以此种方式得到表征。

在 15.3 节中我要论证,为产生有意识的知觉,这种活动必须持续相当长的时间,并超过某个阈值。该过程牵涉到 IT、PFC、内侧颞叶和部分丘脑之间的双向反馈回路。当只编码屏幕中某些字母的获胜神经元集群的活动趋于稳定以后,只要它们的活动就已足以产生有意识的知觉。它们剧烈的、还很可能是协调一致的发放活动,就使这些信息得以到达工作记忆和脑的计划中枢。

11.5 小　　结

记忆从感受上说好像是一个整体,但实际上有许多过程。

在联合型条件反射中,机体把两个同时发生或几乎同时发生的事件联系在一起,因此由其中之一就可预测另外一个。有些形式的巴甫洛夫条件反射需要选择性注意,也需要对条件刺激和无条件刺激之间关系的觉知。因为小鼠很容易学习,所以可望把这些形式的条件反射改进成对鼠类觉知的可操作的测试手段。

程序性记忆包括许多指令,例如怎样骑自行车、系鞋带,或执行一系列的攀登动作。情景记忆编码自己在过去生活中所遇到的事件,而语义记忆则处理更为抽象的知识。后两种记忆形式都是陈述性记忆。

严重的遗忘症患者不仅不能形成新的陈述性记忆，而且不能提取以前储存好的记忆。这些不幸的患者的双侧海马和有关的内侧颞叶结构都受到了损伤，但显然还是有意识的。这明确无误地说明，意识并不依赖于长时的情景记忆。

时程短一些的记忆则要依靠活化的神经回路。最为典型的是工作记忆，它的存储容量很有限。工作记忆以一种抽象的、分类的方式进行存储。除非不断重复，工作记忆在1分钟内就消退了。它对需要把信息暂时保存和操作的日常事务来说非常重要。

对于功能正常的脑来说，工作记忆和意识的关系非常密切。任何有工作记忆能力的机体，很可能也是有意识的，因此对不能诉说自身体验的动物、婴儿或患者来说，是否有工作记忆就成了对是否有意识的一种检验。但是反过来不一定对。我猜想，如果剥夺了一个人的工作记忆，他也还可能是有意识的，他还能对世界有所感受，即使他以后可能讲不出来。

而在另一方面，图标记忆（这是一种瞬时性视觉信息存储形式，其持续时间短于1秒）大概是视知觉所必需的。其神经基质是沿视觉等级结构上行的锋电位波的后发放高潮，局部或更为全局的反馈回路加强了这种后发放。图标记忆可能有下列功能：它保证了即使呈现时间很短的图像也能引起维持时间足够长的活动，从而触发 NCC。

把信息保持几秒钟（就像在痕迹条件反射或工作记忆中的情况）是和意识密切相关的许多过程的共同特征。13.6 节将对这个思想加以详细发挥，使之成为对意识的一种实际检验方法。但是在我这样做以前，让我告诉你一些有关体内僵尸（zombie within）的事。

第 12 章

你能无意识地做些什么：
体内的僵尸

> 此刻除了强烈地想和贝尔卡西姆（Belqassim）厮守在一起之外，她说不出自己还在想什么。自从她大声宣泄其思绪以来已经过了很长的时间，她已经习惯于做一些自己也没有意识到的事。她只是做一些她一直在做的事。
>
> ——引自鲍尔斯* 著《遮蔽的天空》**

僵尸可能就生活在我们中间，至少有些哲学家是这么说的。这些

---

* 鲍尔斯（Paul Frederic Bowles, 1910—1999），美国作曲家、作家和翻译家。他在 1949 年出版了他的第一部小说《遮蔽的天空》(The Sheltering Sky) 而名声大噪。1947 年他移居摩洛哥直到去世。——译者注

** 故事讲的是一位音乐家波特（Port）和妻子姬特（Kit）来到北非企图挽回他们岌岌可危的婚姻，却又各自出轨。在经过种种曲折、两人重新走近、发现彼此才是自己的真爱后，波特撒手而去。姬特因剧痛而神志恍惚，跟着一队骆驼帮走进了撒哈拉沙漠的深处，成为帮主贝尔卡西姆的女人；后来又脱离骆驼帮流浪在非洲集镇上，沦为乞丐，最后被美国大使馆找到。人还是那个人，但灵魂已经出窍了。该书后被意大利导演贝尔托鲁奇（Bernardo Bertolucci）于 1990 年改编成同名电影。——译者注

虚构的生物没有任何主观感受，但是其行为却和有同样外表的、有意识的正常生物一模一样。其实并没有什么真正的僵尸，它只不过是哲学家凭空想象出来的一种东西，用以说明意识的微妙性质。有些人认为，从逻辑上说，有可能存在僵尸这一点表明，意识并不遵循宇宙中的自然规律，它只是一种副现象。从这种观点看来，人有没有感受对他们自己、对他们的子女，以及对整个世界都无足轻重[1]。

在弗朗西斯和我看来，这样的观点毫无意义。我们感兴趣的是现实世界，而不只是仅仅在逻辑上有可能的、僵尸在其中到处游荡的魔幻世界（never-never land）。而在现实世界中，进化产生出有主观感受的机体。这些主观感受对存活大有裨益，因为意识和拥有下列能力密切相关：能够作计划，考虑许多可能的动作过程，并且选取其中之一。在第 14 章还要对这一点展开来讲。

非常有意思的一点是，我并不意识到在我头脑中所进行的许多过程。随着马齿渐增，回想往事，我领会到一生中有很大一部分活动不需要意识。我不假思索自动地做许多事，做许多复杂的动作，例如开车、讲话、到健身房去、做饭等等。

你下次再讲话时，请注意你是怎么说话的。你会听到流利的词句从口中滚滚而出，但是你一点也不知道这些合乎语法的句子是怎样生成的。你的脑对这一切都照管得很好，而不需要意识参与其中。你可能会提醒自己，要讲到某件趣闻轶事，或者某个观察结果，但是有意识的"你"不会去遣词造句。

这一切都没什么新鲜。从 19 世纪下半叶起，下意识或者无意识（这被定义为脑中所有正在进行而不足以引起有意识感受、感觉或记忆的过程）就一直是学术讨论的一个论题[2]。在西方的主要思想家中，尼采首先探讨了隐藏在人内心深处、下意识地想支配他人和凌驾其上的阴暗心理，这种欲望常常伪装成怜悯的样子。作为医生和作家，弗洛伊德毕生都在论证：存在着受到压抑的欲望和思想，以及它们暗中影响行为的神奇力量[3]。

科学上有充分的证据表明，存在大量各种各样特异化的感觉-运动过程，我把这些过程称为僵尸体。它们无须直接的有意识的感觉或控制，就可以执行许多例行任务。你也可以意识到僵尸体的动作，但是这通常都是在做完这个动作之后，通过内部反馈或外部反馈才意识到。和哲学家所讲的僵尸或巫毒教*中的僵尸都不同，僵尸体在所有人身上都一直在起作用。

在实际生活中，这些僵尸体动作的后果也许使一些人大失所望：仅仅表现出某种看上去很复杂的行为，并不意味着其主体就有意识。令宠物的主人或者初为人父母者大失所望的是，爱犬摇尾巴或婴儿笑得那么可爱，很可能都是自动进行的。必须进一步想出某种准则来检测意识。

12.1　日常生活中的僵尸体

从某种意义上说，僵尸的行为就像是一些反射。有东西突然靠近眼前你要眨眼，呼吸被堵住你要咳嗽，灰尘使鼻子发痒你要打喷嚏，出乎意料的噪声或者突然的运动会使你吓一跳，都是这方面的简单例

---

* 巫毒教（voodoo），又译伏都教，源于非洲西部。16 世纪时，海地沦为法国殖民地，随着大量非洲黑奴被贩卖到海地，流行于非洲的原始宗教也被带到了海地，后来这些非洲黑奴将罗马天主教许多繁杂的宗教仪式与当地土教混合，便形成了巫毒教。"伏都"原来的意思是"精灵"。据说巫毒教的巫师向主家收取一定数量的金钱后，便施法术向指定的某个活人施以毒咒使其死亡，再对其尸体施以还魂术使之复活，将其变成无知觉、无意识而能干活、任由主人随意奴役和支配的"僵尸"。人类学家梅特罗在他的专著《海地的巫毒教》中这样描写僵尸："他全身冰凉，能行动，能吃东西，能听从主人对他的指令，但没有记忆力，也不知道自己身处的环境。"——译者注

子。你可能只有在事后才会觉知到。这些反射动作是自动进行的，非常迅速，并依赖于脊髓或脑干中的神经回路。僵尸行为可看作一种有灵活性和适应性的反射，高级中枢参与其中。本章要讲的是它们在健康人中的作用方式，而第 13 章则讲述从脑损伤患者那里所得到的证据。

眼动

有许多核团和网络是专门用于眼动的。一般说来，它们默默无闻地工作着，并不引起觉知。加拿大西安大略大学（the University of Western Ontario）的神经心理学家古德尔＊及其两位同事，用下面的方法相当生动地展示了这一点。一位志愿者坐在暗处盯着看单个发光二极管。研究者让位于中心处的光熄灭以后，又在外周重新亮起来，受试者通过一种快速的眼动——眼球跳动，把注视点移到新的亮点。因为眼动通常不能一次就达到目标，需要做第二次跳动以补偿这一误差，并最终落到目标上。这就是跳动的任务。

有时，研究者在受试者的眼球正在跳动时再次移动光点。因为在这些快速眼动的过程中视觉被局部阻断［请回想一下 3.7 节所讲的眼球跳动所产生的遏制作用（saccadic suppression）］，受试者注意不到目标位置的变动，而只能猜测其移动方向（图 12.1）。但是受试者的眼球并不错失这一跳动，它还是执行一个大小恰当的跳动以达到新位置。她的眼睛知道一些她自己不知道的事[4]。

眼球跳动系统对目标位置异常敏感。由于这一系统是高度专业化的，所以就不再需要意识参与到这种刻板的动作中来了。如果要你觉

＊ 古德尔（Melvyn Goodale），英国出生的加拿大神经心理学家。他以其在大脑皮层视觉通路的功能组织、神经患者的眼动控制方面的工作而闻名。近年来他用 fMRI 研究执行各种视觉任务时的脑活动。——译者注

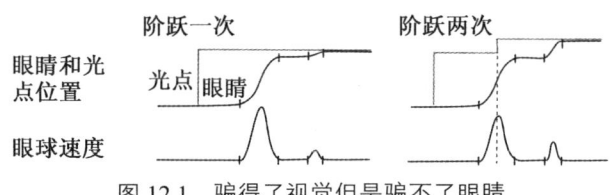

图 12.1　骗得了视觉但是骗不了眼睛

当改变光点位置时，观察者迅速移动眼球（左图）；继开始时一个大跳动之后，又有一个较小的校正性眼动使目标正好落在中央凹。在某几次实验中（右图），当眼球正处在跳动过程中，光点又再次发生移动。虽然受试者并没有看到光点位置的这一变动，但眼睛还是对这一从知觉上来说是看不到的移动作出补偿。据 Goodale, Pélisson and Prablanc（1986）改画。

知到每一次眼动，对此作出计划并予以执行，那么你就做不成其他事情了。如果所有这些细节都可以包给专门系统来做的话，为什么还要让它们来干扰主观体验呢？

躯体平衡

另一些无意识的僵尸体控制头、肢体和躯干的姿势。当你在人行道上一大群行人中穿梭而过时，你的躯干、腿和臂不断地进行调整以使你保持挺直，而且不会碰到其他人。你无须想到这些动作，而这些动作在时间上还要配合得非常精确，同时要求神经和肌肉协调得非常好，现在还没有一种机器能接近做到这一点。

在一个巧妙的实验中，心理学家[5]让受试者站在一间假的房间里，这个房间的四壁是用聚苯乙烯做的，它们都悬挂在一间大屋子的天花板上。当这些泡沫墙壁轻轻地前后晃动几毫米时，受试者也跟着前后晃动调整姿势。绝大多数受试者始终未能觉知到房子的运动，也觉知不到自身的补偿性姿势调整。

负责平衡和躯体姿势的网络不仅从视觉，还从许多其他感觉模态接收到不断更新的信息。内耳提供有关头转动和线性加速度的信息，皮肤、肌肉和关节中大量有关运动、位置和压力的感受器则监视身体在空间中的位置。所有这些信息都为高度协调然而无意识的僵尸体所用，这使你免于被迎面驶来的车撞倒，也让你在朋友出其不意地拍你背时还能保持平衡[6]。

估计山坡陡度

当你在山间驱车时，有没有产生过下面的问题：即指路牌上标明的坡度和你感到的坡度之间有"明显的"差异，你觉得山坡要陡得多。弗吉尼亚大学夏洛特斯维尔分校（the University of Virginia at Charlottesville）的心理学家普罗菲特（Dennis Proffitt）确证了这一点——这只不过是知觉和动作分离的一个突出例子罢了[7]。

普罗菲特及其助手立在山脚下，以口头报告、目测和用手表示三种方法，对路过的 300 名学生进行调查。当用目测判断时，受试者需要转动安装在一个量角器后面的圆盘，一直转到他们认为和清晰可见的山坡坡度相匹配为止。在用手表示时，志愿者摊平手掌调整安装在一个三脚架上面的倾斜平板。为了避免受到视觉的"污染"，不允许受试者看自己的手。

当用口头报告或目测判断时，受试者都大大高估了这些山的坡度，但是当他们用手来推断坡度时，误差却落在合理范围之内（图 12.2）。

奇妙的是，知觉到的山坡坡度和视觉导引下的动作（例如放手或抬脚）之间不一致的程度有多大，和个体的生理状态有关。在一次筋疲力尽的赛跑以后，用口头或目测方法估计陡度的高估程度会增加 1/3，但是用手所做的盲估却不受影响。因此当你疲劳时，山看起来会比你养精蓄锐时要陡[8]。你有意识看到的东西和实际指导你动作的东西并不是一回事。

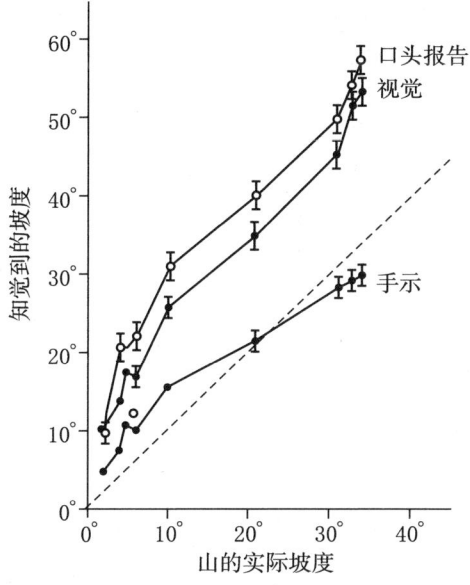

图 12.2　身体比眼睛认识更正确

受试者通过口头报告、目测，或者调整张开着的手掌斜度，来表示山坡的陡度。在最后一种情况下，估计比较正确，受试者在口头报告或目测时都一致地高估坡度。据 Proffitt et al.（1995）改画。

夜游

　　1994 年夏，我有一部分时间在新墨西哥的圣塔菲复杂性研究所（Santa Fe Institute for Complexity）工作。布莱克斯利*是一位住在这一地区的科学新闻记者，她动员我去参加一次由心理医师以及信奉道家学说的作家津克（Nelson Zink）和帕克斯（Stephen Parks）所组织的夜

---

* 布莱克斯利（Sandra Blakeslee），纽约时报的科学版记者和科普作家。她的作品以脑科学为主，其中有些书影响很广，如和霍金斯（Jeff Hawkins）合著的《人工智能的未来》（*On Intelligence—How a New Understanding of the Brain Will Lead to the Creation of Truly Intelligent Machines*, 2004；陕西科技出版社，2006），和拉马钱德兰（V.S. Ramachandran）合著的《脑中的幻影——探测人心智的奥秘》（*Phantoms in the Brain—Probing the Mysteries of the Human Mind*, 1998）等。——译者注

游。我饶有兴趣地参加了这次活动,希望这会给出和意识知觉分离的自动进行的视动行为的另一个例子。

我们晚上在城外峡谷底集合。无月的夜空万里无云,满天星斗普照大地,因此虽然能见度很低,但并不等于零。我带了一顶棒球帽,从帽子上向前方伸出一根金属丝,在其顶端有一个荧光小球。这个小球在用手电筒照射后能暗淡地发光几分钟。要求参加者眼看着悬挂在帽子底下的小球,在暗中笔直前行,并且要求参加者始终注视着小球,尽管人总会情不自禁地想看看前方的地面。在刚开始时,我在砂石混杂的地面上小心翼翼地向前挪动,在整个重心前移以前都要先用脚试探一番。但是过不了一会儿,我就满怀信心地在这凹凸不平的地面上轻快地走了起来,并且眼不离小球。最后没有必要再注视小球了,只要注视远方的地平线或者某颗星星,就足以防止靠中心视觉帮助落脚。

对这种夜游的解释之一是,从前方搜集到的信息内隐地储存了起来,并在到达该地时指导如何落脚。在这种布满了沙丘、沙坑以及干涸了的河床的峡谷中,这样行走需要高度的技巧[9]。

还有一种可能是,视觉外周的底下部分可能控制着落脚的角度,同时也控制着抬脚的高度,以免脚趾踢到石块上去,而在这样做的时候,并不产生任何视觉体验。视野在上丘中的表征正好延伸到脚部,因此神经系统可以接收到这些信息[10]。视觉的外周部分并不需要对对象进行分类,这就解释了为什么有意识的视觉并不及于此。

这些想法可以用下面的方法来加以检验:只要测定在光线很暗淡的条件下,外周的下半视野对实际行走究竟有多少帮助。夜行者在说出地面坡度或是地面上障碍物高度时,能做多好?他们的这些主观判断和他们实际落脚比起来有没有差异?脚是不是知道一些视知觉不知道的东西?

12.2 知觉性视觉和动作性视觉大不相同

在英国达勒姆大学（University of Durham）工作的神经心理学家米尔纳（David Milner）还有古德尔都认为，有多个视-动系统（visuo-motor systems），其中每个系统都控制着某个特定的行为，例如眼动、姿势调整、握拳，或用手指点、落脚，等等，并且其中没有哪一个能引起有意识的感觉[11]。可以把其中每个系统都看成在实时执行某种高度特异化的计算。米尔纳和古德尔把它们称为实时系统（on-line system）。这些视动行为都只关心此时此地。它们不需要访问工作记忆或者陈述性记忆，这不是它们的任务。心理物理学实验确凿无疑地表明，如果要求受试者在短暂的视觉刺激结束2～4秒之后才做事先规定的手或眼的运动，那么就会得到有关周围世界的不同的空间映射图，这个映射图接近于视知觉所用的映射图，而和执行即时的运动反应所用的映射图大不相同[12]。

这些视动系统就像是由僵尸体组成的大军。与此并行工作的是负责对象分类、辨识和识别的一些网络，也就是负责有意识知觉的一些网络（表12.1）。

表 12.1 米尔纳和古德尔的双视觉系统假设

	僵 尸 体	"看"系统
视觉输入	简单	也可以复杂
运动输出	刻板的反应	有多种可能的反应
最短处理时间	很短	较长
几秒钟延迟的影响	不再能工作	可以继续工作

(续表)

	僵尸体	"看"系统
所用坐标	以自我为中心	以对象为中心
意识状态	无意识	有意识

因为实时的僵尸体帮助机体安全地漫游世界，它们必须得知目标相对于自身的真实位置。而在另一方面，知觉必须要识别物体，并且给它们贴上诸如"烂香蕉""涨红了的脸"之类的标签。不论远近，也不管是在中午光亮的条件下还是在晨曦薄暮之中，都必须认得出这些对象，因此对象的知觉必须不随距离、光照、落在视网膜上的确切位置等等而改变。其结果是，和你无意识的僵尸体在计划下一步时所需要的信息比较起来，你有意识看到的空间位置没有那么精确。

从计算的观点看，这一策略是完全合理的。拿一样工具（动作性视觉）所需要的神经算法是在某个参照系中运算的，它的不变量和把对象识别为锤子（知觉性视觉）的运算的不变量是不一样的。

在日常生活中，僵尸体和负责知觉的网络联系非常紧密。你所知觉到、知道或记得的，都是无意识过程和有意识过程交织在一起的产物，要想把两者区分开来绝非易事[13]。米尔纳和古德尔通过研究知觉性视觉和动作性视觉分离的情形，在相对孤立的条件下对两者进行了测试。

知觉必须要识别出对象是什么东西，而不管它们在哪里。相反，运动系统必须知道它要操控的对象相对于机体的确切空间关系。米尔纳和古德尔从这个观点出发，论证了大小恒常性错觉（size constancy illusion；也就是物体不管远近看起来都一样大小的现象）只适用于知觉性视觉，而不适用于动作性视觉，后者的工作是注视、指点，或者去拿物体。这就需要有关对象大小、位置、重量和形状的精确信息。这些诱人的想法已经开始得到检验，但是迄今为止还没有定论[14]。已经发现了一些动作性视觉和知觉性视觉之间的分离现象（上节中对坡度的估计就是明证），但是在另一些地方则得不到证实[15]。

下列假设非常有吸引力，即同时有一组特异化的视-动僵尸体，再加上某种通用的、多功能的有意识视觉模块。它和第 14 章要提出的看法吻合得很好，即意识的功能就是处理所有需要出奇制胜灵活反应的情形。

12.3　你的僵尸动作得比你看还要快

僵尸体最主要的优点之一就是它们的特异性，这使它们的反应比通用的知觉系统快。你在实际看到铅笔从桌上滚落以前就把它抓住了，你在感到灼热的炉灶高温以前就把手缩回了。

最后一点非常重要，因为它说明下列想法是不对的，即认为你缩手是由于你有意识地感到了疼痛。受到伤害性刺激缩回肢体是一种脊髓反射，它根本不需要脑。事实上，去头动物和截瘫患者的低级脊髓和脑失去了联系，但是他们都还有这种回缩反射（withdrawal reflexes），不需要意识参与其中（在第 14 章讨论意识的功能时，请记住这一点）[16]。

法国布龙（Bron）认知科学研究所的让纳罗（Marc Jeannerod）是国际上有关动作的神经心理学研究的领军专家。在一个出色的实验中[17]，让纳罗及其同事估计了快速的手动反应（manual response）和主观觉知之间的时间差。观察者把手放在桌子上，在她前面放三根圆棒。突然从下面照亮中间的圆棒，要她尽快抓住。有时，在手开始动作以后，立刻把光转到左边或右边的圆棒上，而这根棒就成了新的目标。要求受试者一看到新目标亮起来就叫一声。

平均说来,从开始手动到发声之间需要 315 毫秒。在有些情况下,受试者在理解这是一个新目标之前,就已经把这第二根棒拿起来了,也就是说,动作先于觉知。就算考虑从发声器官的肌肉开始收缩到开始发出声音需要一段时间,即使打宽里算,就算它 50 毫秒吧,那么从抓棒的行为,到有意识地知觉到并喊叫起来,也还有 1/4 秒的时间差。这段时间就是为了意识到所必须支付的代价。

要想正确理解这一点,想想田径运动员吧!姑且假定听觉系统也有这样 250 毫秒的延迟,那么短跑运动员在意识到、听到发令枪声之前,他早已冲出起跑线了!类似地,当一位棒球运动员面对以每秒 40 m 高速飞来的球时,他必须在意识到究竟要迎击这个球还是让它过去之前,已经开始挥动球棒了。

12.4 僵尸能嗅东西吗?

僵尸体并不仅限于视觉,在所有的感觉模态中都有它们。其中嗅觉很值得加以探索。虽然现代文明强烈地厌恶体味,由此催生出无数企图掩盖它们的产品,但我们确实是生活在一个充满气味的世界中,而不管我们是否觉知到。很久以来人们就猜测许多性的、食欲的、繁殖的和社会的行为都是由下意识的嗅觉线索触发的。很难严格建立起这个理论。

人们广泛研究了各种基于嗅觉进行决策的例子,从在电影院中挑座位这样的区区小事,一直到挑选性伴侣这样的终身大事。居住在一起或在一起工作的妇女(如在大学宿舍或兵营中的室友)的月经周期会同步化,是这方面最为人所熟知的例子[18]。芝加哥大学的麦克林托克*在一个设计严密的实验中,把取自某些妇女腋下的没有气味的化合物涂在另一些妇女的上嘴唇上,结果后者的月经周期就缩短或延长了,究竟是缩短还是延长则要看前者月经周期的相位而定[19]。

这种效应可能是通过外激素(phenomones)起作用的,外激素是由某个个体分泌的一种易挥发的化合物,可以改变其他个体的生理状态或行为。有些动物可以对单个外激素分子起反应[20]。对人类来说,男性的腋窝分泌物含有睾酮衍生物,而女性则分泌类似雌激素的化合物。这两种通过空气传播的物质都引起深层神经结构中有性别特异性的生理变化[21]。

这种通过空气传播的无意识的信号,是通过什么起作用的呢?犁鼻器(vomeronasal organ)是可能的候选者之一。有一种观点认为,哺乳动物有两种嗅觉而不是一种,这一观点并未得到普遍的认同。初级嗅觉器官从鼻中的主上皮(main epithelium)出发投射到嗅球,再从嗅球投射到嗅皮层。该器官是调谐很广(broadly tuned)**的通用系统。第二个模块则从鼻腔基底部的犁鼻器出发。其轴突由此走向副嗅球(accessory olfactory bulb)并进入杏仁核。犁鼻器感受外激素,并和性别特异性的通信有关[22]。

现在对鼠嗅觉受体的分子已积累了大量知识,因此可以阻断它们在某一器官中的表达,而并不阻断它们在其他器官中的表达,这样我们就有可能研究在基因上预先编码性行为或繁殖行为的分子和其神经相关物[23]。

犁鼻系统也被称为雅各布森器官(Jacobson's organ),人的这个器

---

* 麦克林托克(Martha McClintock),美国芝加哥大学心理学教授,该校心智和生物学研究所所长。以发现外激素和月经同步现象著称于世。——译者注
** 意指对范围很广的各种气味都有反应。——译者注

官可能已经退化而不起作用了。初级嗅觉通路可能已接管了它的功能。还有一种不同的可能性是，只有一部分成人表达相关受体。深入的研究有可能找出对"无臭"气味（odorless smells）敏感的个体，据此做进一步的基因或生理筛查，由此对有意识和无意识嗅觉处理的神经基质进行对比。

12.5 小　　结

本章综述了有关僵尸体的大量证据［所谓僵尸体就是高度特异化的感觉-运动体（sensory-motor agents），它们能工作得很好，而并不产生感知觉］。僵尸体的特点是：① 快速的、类似于反射那样的处理；② 只对少数特定输入有反应，有很强的特异性；③ 有特异性的行为；④ 无须访问工作记忆。

在视觉领域，米尔纳和古德尔论证了有两类不同的处理策略，也就是动作性视觉和知觉性视觉，它们分别由背侧通路和腹侧通路中的网络来执行。因为视-动体（visuo-motor agent）的任务是抓住东西或者指点东西，所以它们需要编码自身和这些对象之间的距离、对象的大小，还有其他可测的度量。知觉性视觉这一模式负责有意识的视觉。它必须不管事物的大小、朝向或位置如何，都能认出它们。这就说明了，为什么比起知觉来，僵尸体接收到有关外界空间关系的更为精确的信息。也就是说，在你可能还没有看到那边有什么东西的时候，你的运动系统已经知道了。这种分离现象的一些突出例子包括：用眼睛追踪目标，调整身体姿势，估计山坡坡度，以及夜游。

僵尸体控制着你的眼睛、手、脚和姿势，并且迅速地把感觉输入转换为有固定模式的运动输出。吸入一阵特殊的物质，甚至还可能会触发性行为或者攻击行为。但是这一切都不通过意识。这就是你的僵尸方面。

迄今为止,我还完全没有谈到有关僵尸模式和有意识处理模式在神经层次上的差别。由短暂的感觉输入触发并向前传播的网波,可能太过瞬时性而不足以建立起NCC,但是已经可以产生僵尸行为。要想产生有意识的知觉,必须要有充分的时间,使从额叶区来的反馈活动能够建立起稳定的集群。15.3节还要就此展开来讲。

在疾病的条件下,这种有意识行为和无意识行为的分离可以表现得更为明显。这就是下一章所要讲的。

第 13 章

失认症、盲视、癫痫和梦游：僵尸的临床证据

说到疾病，我们会情不自禁地问：我们能活着不生病吗？

——引自尼采《快乐的科学》*

在生病时，一些健康时注意不到的特质会清楚地显现出来。在脑研究的历史上，临床观察一直是我们认识脑内部机制最丰富的源泉之一。大自然造成了许多千奇百怪的失认症、中风、肿瘤和其他病理性失常。如果能对这些病理材料作出恰当的分析，将对我的研究大有裨益。

在健全的脑中，僵尸行为和有意识的行为结合得非常紧密，很难把两者分开。就算某个反应是自动产生的，不到一眨眼工夫，你也已经觉知到了。接下来，我会介绍 4 种临床综合征，以此说明僵尸体的作用。

---

* 《快乐的科学》（*The Gay Science*，德文原名 *Die fröhliche Wissenschaft*），第 1 版出版于 1882 年，1887 年又出版了第 2 版。尼采把这本书说成是他所有著作中最富有个人色彩的，书中收录了大量诗作。现有中文版《快乐的知识》（中央编译出版社，2009）。——译者注

13.1 视觉失认症

纯粹的失认症（agnosia）是很少遇到的，其定义是患者不能识别物体。这不同于最基本的感觉缺陷（例如视网膜缺陷）、智力或语言退化，或是注意力受到干扰。通常，这种缺陷仅限于某个感觉模态。一个典型的例子是，一位视觉失认症患者认不出在她面前晃动的一串钥匙。但是如果让她抓住这串钥匙，或者让这串钥匙叮当作响，她立刻就知道这是什么东西了。

这一症状曾经有个富有诗意的名字——Seelenblindheit（字面上的意思就是灵魂盲），后来弗洛伊德把它改称为 agnosia（失认症），并一直流传了下来。失认症还有各具特异性的各种亚类，其中包括不能知觉颜色（全色盲，参见 8.2 节），看不到运动（运动盲，参见 8.3 节），不能识别脸（面容失认症，参见 8.5 节）和卡普格拉*综合征——得了这种病的患者坚持认为他的某个亲人（比如说他的妻子）被一个容貌、言谈和其他各方面都和她一模一样的陌生人冒名顶替了[1]。

失认症患者的脑损伤通常都是局部性的，这意味着负责特定知觉属性（例如颜色、运动、脸，或者亲密感）的 NCC 仅局限于大脑皮层的某个部位，也就是说，特定的脑区是相应知觉特性的主节点。根据猴的单细胞实验数据，弗朗西斯和我猜想，这些主节点 NCC 的基础是某种外显的柱状表征（2.2 节）。

试以 D.F. 为例，她是一位非常严重的物体失认症患者，在 34 岁时

---

* 卡普格拉（Jean Marie Joseph Capgras，1873—1950），法国精神病学家。他在 1923 年的一篇论文中首先报道了这样的病例，后来类似的症状就以他的名字命名。——译者注

因煤气中毒几乎死去，缺氧导致大面积、不可逆的脑损伤[2]。

D.F. 几乎无法通过视觉识别物体，但只要她摸到物体，就能认出。她分不清举在她面前的铅笔是横着的还是竖着的，也讲不出她看到的究竟是一个方块，还是一个三角形。她也不能临摹很简单的图画（图13.1）。但是她并不瞎，她能看到颜色，有时甚至还能根据物体的特定颜色或纹理而认出它们（例如一根黄香蕉）。她也能凭记忆画出物体的轮廓。D.F. 行走自如，也能跨过路上的障碍物，还能接住丢给她的球或木棍。D.F. 不费吹灰之力就能相当精确地拿起放在她面前的物体（尽管她认不出这是什么东西）。她看不出某个长条形狭缝的朝向，她就是讲不出来，她也无法通过转动手腕来比划这个缝隙的斜度。但如果要她伸手把一张卡片插入到狭缝里，她能轻易办到。在她开始把手伸向狭缝时，她的手就已经转到正确的朝向上了（图13.2）。在她开始

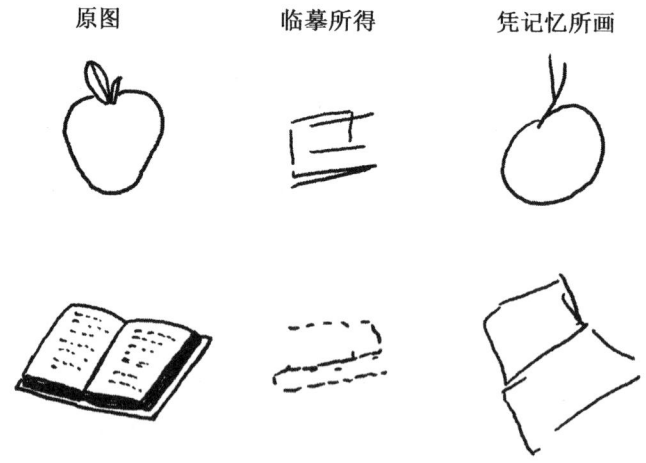

图 13.1 视觉失认症患者所看到和所画出来的物体

患者 D.F. 认不出左侧两幅素描画的是什么物体。当要她临摹这两幅画时，她的表现也很差（中图）。但是她能凭回忆画出一个苹果和一本打开的书（右图）。据 Milner and Goodale（1995）改画。

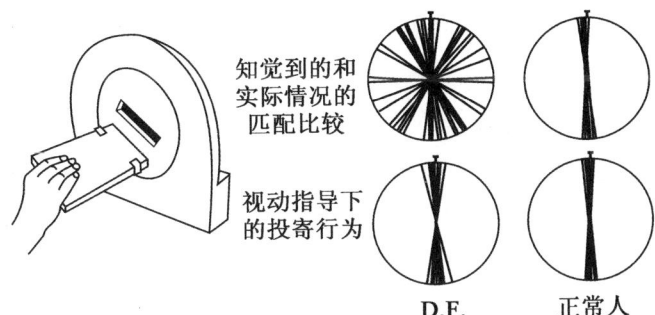

图 13.2 僵尸控制手的动作

D.F. 看不到长条狭缝的朝向,也无法使手持卡片的朝向与此相同(第 1 行;同一行右图是年龄相仿的健康受试者的对比实验结果)。但是,她能轻松地把卡片投到狭缝里去。在做动作时,她轻巧地把手转到适当的朝向并将卡片插入(第 2 行)。据 Goodale(2000)改画。

伸出手后,如果把光熄掉,她还是能完成动作。换句话说,患者的动作不需要视觉反馈。

尽管 D.F. 讲不出物体的大小,但是当要她去取某些物体时,她能按物体的大小张开手指。物体越大,拇指和其他手指也分得越开。如果在把物体移走 2 秒以后再要 D.F. 去取,她的手指就不张开调节大小了。对正常人来说,做这个动作不会有任何困难,手指张开的幅度也完全正确。这一现象意义重大,它支持了我最初在 12.2 节中所提出的论点。就是说,负责 D.F. 伸手运动的网络并没有工作记忆。是啊,为什么要有呢? 因为这些网络仅负责眼前的情况,它们纯粹是实时操作的[3]。

这位失认症患者的病例生动地告诉我们,虽然视觉形状和物体的信息未能进入意识,但是这些信息依然指导着行为。D.F. 丧失了部分能力,同时也保留了某些能力。米尔纳和古德尔正是由此受到启发,开创了双视觉信息流通路的理论框架(two-visual-stream framework)。在 2 条通路中,有一条负责有意识的视觉,而另一条则负责把视网膜输入转换为运动动作,但不引起任何感觉。这一理论进一步拓展了昂格莱德-米什金（L. G. Ungerlwidwe-Mishkin）的"何处"（where）与"什么"（what）双通路的概念（7.5 节）。米尔纳和古德尔认为，无意识视动动作的神经基质位于背侧的动作性视觉通路（vision-for-action pathway），而检测物体以及其他牵涉到视觉意识的任务则要依靠位于腹侧的知觉性视觉通路（vision-for-perception pathway），后者在 D.F. 的脑中由于失认症而受到严重损伤（图 7.3）。

13.2 盲　　视

盲视是一种罕见症状，患者能够找出目标，或者正确地"猜"出目标的颜色或朝向，但他本人竭力声称自己什么也没看到。和视觉失认症不一样，患者在受损视野内看不到任何东西 *。盲视的症状太过奇怪，以至于在文献首次报道这种病例时，人们不但不相信，反而还嘲笑这一发现。牛津大学的神经心理学家韦斯克兰茨（Larry Weiskrantz）和考威（Alan Cowey）以及德国杜塞尔多夫大学（University of Düsseldorf）的神经心理学家施特里希（Petra Stoerig）经过几十年合作研究，对最初的批评给出了恰如其分的回应。这种症状表明，有些患者虽然看不见东西，却残存着有限的视动行为。因此，他们为这一症状起了个看似矛盾的名字——盲视（blindsight）[4]。

盲视是由于初级视皮层受到损伤，结果患者就看不到受损 V1 对侧半侧视野中的任何东西。他在那半侧视野里是盲的，却能大致指出亮光的方向，按照患者的描述就是："我不知道目标在什么地方，但可能在那里。"有位叫 G.Y. 的患者几乎总能猜出光点的运动方向，但如果运

---

* 视觉失认症患者可以看到东西，却认不出看到的是什么。——译者注

动太慢或者目标的反差太低，他的表现就会降至随机水平（此时，患者完全是在瞎猜）。如果运动非常明显，患者可能会有某种模模糊糊的"有意识知觉"，用某位患者的话来说，那感觉就像"闭上眼，在自己面前挥手"一样。其他盲视患者可以区分十字和圆，也可以区分横线和竖线，还能猜出面前的颜色是2种中的哪一种。

某些盲视患者还能抓住物体，尽管他们看不到物体的形状。如果缩短"看"和抓之间的时间间隔，他们的动作成功率会更高[5]。也就是说，患者越早去抓那个看不见的物体，他的表现就越好（请回想一下，经过2秒延迟后，D.F.就不能把手指张开到合适的大小）。在盲视情况下，下意识刺激表征是很脆弱的。因为没有来自知觉系统的反馈，显著延迟会破坏盲视的表现。

有必要强调，盲视患者由于意识不到而没有正常的视觉能力。现在还没有证据表明，盲视患者能在多个独立运动的物体里追踪其中之一，或是处理多个物体的信息，或是认出复杂的图片。最重要的一点是，因为他们看不见，所以他们也不能利用视觉信息来进行计划。如果硬要患者去做，一位盲视患者也许能够正确地猜出在盲视野里有没有水瓶，但在穿越沙漠时，他就会对面前的水瓶"视"而不见。盲视野中的信息无法自动地被患者有意利用，这类患者和哲学家讲的僵尸是很不一样的。

在盲视的情况下，主要的视网膜输出（膝状体-皮层通路）到不了它在V1中的靶点。那么视觉信息是如何到达运动区的呢？最可能的一条路径是从视网膜，通过神经节细胞连接到上丘（图3.6）。信息由此通过丘脑枕到达纹外视皮层，绕过受损的V1[6]。

在第8章一开始就曾提过，通向视觉等级结构的皮层下支路太弱（无论是幅度还是时程），因此无法汇入腹侧通路内的相关神经元集群，并且保持一段时间从而产生意识。虽然如此,这一通路也许可以在某些简单的情况下(例如只有单个目标,几乎所有的盲视研究都是如此)触发某种行为。我猜想在碰到复杂场景时,各种对象表征互相干扰,如果不集中注意,就抽不出足够的信息以触发正确的反应。

如果神经科学家损毁猴子双侧 V1 以产生盲视,会出现哪些变化呢?简单说来,几乎没有变化!在手术后几个月内,很难发现这些动物有什么异常之处。它们能利用视觉线索确定自身位置,还能找出花生,避开障碍物。人们不禁会问:"这些动物在其盲视野中有没有视觉体验呢?"这一问题乍看起来根本无法回答。对一个既不会说也不会写的生物,你怎么知道它们看东西时有什么感受?

考威(A. Cowey)和施特里希(P. Stoerig)证明,事实并非如此[7]。在实验中,他们手术切除了 3 只猕猴的单侧 V1,然后训练它们触摸计算机屏幕上短暂闪光的位置(强制选择定位,forced-choice localization)。一如预期的那样,不管光点是落在猴子正常的半视野中,还是盲视的半视野中,猴子都能很好地执行这个任务。

接下来,考威和施特里希做了另一个实验(信号检测任务,signal detection task)。和前一个实验类似,当光点出现时,猴子必须触摸屏幕上相应位置。然而这个实验的不同之处在于,有时会出现没有光点的空白屏幕。如果没有目标,猴子需要去按某个特殊的按钮,表明屏幕上什么也没有。经过如此训练后,当光斑投射到受损的半侧视野时,猴子会按下代表"视野为空"的按钮;当光斑落在视野可见部分时,则不会这样。

换句话说,目标出现在盲半野时,如果强制猴子必须做动作,它们能找到物体——这和盲视患者的情况完全一样;然而如果能有机会表达"我看不到目标"(按"视野为空"按钮)时,它们就会表明自己什么也没看到。从感知觉的角度来说，它们在有盲视的半侧视野中什么也看不到。

考威-施特里希实验非常经典，它说明行为心理学在窥探动物心智方面所起的巨大作用。

13.3 复杂的局部性癫痫发作

癫痫发作时，正常脑的活动多少受到了干扰。癫痫发作有许多不同的形式。人们最为熟知的是最剧烈的全身性发作（generalized seizures）或者说大发作（grand mal）。这种发作波及整个脑，伴随有抽搐（肌肉作节律性的紧张和松弛），并完全丧失意识[8]。

研究意识的学者最感兴趣的是局部发作（focal or partial seizure），这种发作只从脑的某一部分开始，或仅限于某一部分脑。简单局部发作时，患者的意识健全。癫痫发作时典型的节律性抽搐可能仅限于某个肢体，患者可能会产生某种奇怪的味觉、嗅觉或者其他感觉。这些症状被称为先兆（aura），它预示着接下来还会发生更糟糕的事——简单癫痫发作会转变为复杂发作。

复杂局部发作的典型特征是意识受到损害甚至丧失意识，并伴有自动症*，诸如咀嚼、咂嘴、手和臂有规律的运动（就好像在指挥一场想象中的交响乐）、发笑，或是做一些吓人的动作、无目的地用手拨弄衣服、低声嘟囔等等。如果不加限制，患者还会到处乱走，在离家或医院很远的地方"醒来"。通常患者记不起发作期间的任何事。发作一结束，有些患者会精疲力竭地昏睡过去，或有一段时间神志不清，而

------

* 自动症（automatisms），不由自主地做一些动作。——译者注

另外一些患者则能立刻完全恢复神志，就好像拨动了一个开关似的[9]。复杂局部发作常常位于颞叶，并能持续好几分钟。

这种患者在发作时，如果只从行为和表面上的情绪表现来看，他们似乎还有意识。但是在下一次发作中，他们表现出同样的动作，虽然并非每个细节都一样。患者会再一次微笑，并想起床。她就像一位正在排练的演员，一再演出同一场景，每次都在一定的时候微笑。在观察了一些这样的患者以后，根据这种行为所表现出来的不自然和强制的性质，你能很容易地把这种不由自主的动作和有意识的行为区分开来。

在短暂发作时，有些患者依然可以和周围环境进行一定程度的互动。有一位患者可以回答例行的问题。还有在骑车上班时癫痫发作的例子。一位患者早上骑车出发以后，偶尔他会发现自己又沿老路骑回家，这些全都是在他癫痫发作时发生的。还有一些患者，会在晚上到处游荡[10]。所有这一切现象都直指一个问题：这些不由自主的动作，都是由一小部分僵尸体驱动患者在无意识的情况下进行的活动吗？

我们很难在临床上确证，癫痫发作时到底在多大程度上丧失意识。要想测试在发作时是不是只有僵尸行为，方法之一是评估此时的工作记忆[11]。正如第11、12章提到过的那样，只有意识才能把信息存储许多秒钟并加以利用，僵尸并不具备这一能力。

很可能异常的电活动破坏了构成NCC的集群，而负责僵尸行为的神经活动则较少受到干扰，这时就表现出自动症。临床证据表明，癫痫发作时，两侧半球有所不同。比起右侧颞叶发作来说，左侧颞叶或双侧颞叶病变所造成的局部发作更可能影响到意识[12]。

要想严格地研究自动症很不容易。我们不知道自动症会在什么时候发生，患者也许不能执行预先经过多次练习的动作，因为他的脑不能合作。现已搞清楚的一点是，在很少（如果不说完全没有的话）有意识感觉的条件下，还是能产生一些相当精巧的感觉-运动行为。

13.4 梦　　游

梦游又是怎么回事呢？梦游（somnambulistic）活动包括最常见的在床上坐起来，嘟囔一些莫名其妙的话；少见些的包括穿衣脱衣，上卫生间，搬动家具；更吓人的是会爬出窗外或开汽车。执行这些动作的是不是僵尸体呢？梦游者在卧房里磕磕绊绊地行走，对别人的问话不作回答，次日早上起来也记不起有任何异常的事发生过，这些看起来很可能都是无意识的。

梦游的持续时间可以从几分之一分钟到半小时。儿童患梦游的要比成人多，梦游发生在睡眠的非快速眼动（non-rapid eye movement phase）期。在醒来以后也没有外显的、有意识的记忆[13]。

梦游患者表现出一些僵尸的特点，例如没有感觉和感受，瞪着无神的眼睛[14]，力大无穷，行动笨拙。恐怖电影迷一下子就能认出这些特征，那就是，

他们虽然处于一种盲目而又极度亢奋的状态，却好像不知道自己正在做什么，对外界的刺激也没有任何反应[15]。

偶尔，梦游者也会采取暴力行动，并对他们自己和睡在一起的伴侣，以及其他人造成危险；在极少的情况下，梦游甚至还会导致死亡。当审理这些案件时，辩护人会以某种非精神病的自动症（noninsane automatisam），即在凶案发生时被告不知道自己在做什么为由来进行辩

护。按照今天有关有意识意图（conscious intention）的法医学标准来说，梦游者就像是一个僵尸，他只存在有限的行为模式，但没有意识感觉[16]。

现在人们还不清楚，梦游时到底能表现出哪些行为。在视觉方面，基于显著性的注意起不起作用呢？——有可能。那么，梦游者能不能（自上而下地）注意一些事件或对象呢？——大概不会。梦游时有工作记忆吗？——不大可能。是控制眼动、姿势、肢体运动和步态的感觉-运动僵尸体在起作用吗？——在某种程度上很可能是这样的。

梦游的病理机制是什么？梦游发生在深度睡眠期，由脑干产生的唤醒信号很弱，不足以支持必要的持续反馈活动，使优势集群成为NCC（也就是说，不满足第5章所讲的NCC_e条件）。但是，这样的唤醒信号能支持短暂的前向活动，使僵尸体起作用。除非有人能发明出一种能可靠地在志愿者、猴子或小鼠身上诱导出梦游的方法，我们很难明确回答上述问题。

13.5　僵尸体和NCC

现在我们知道，每个人的头脑里都有整整一组僵尸体。如何能利用这一点来帮助我们对NCC进行探索呢？

首先这说明，某个感觉-运动任务的计算复杂性不能说明这个动作究竟是无意识的还是有意识的。僵尸体可以产生相当复杂的动作，而不仅仅是反射动作。例如，保持直立姿势就非常复杂：先要计算眼睛看到的光流（optical flow），并和来自前庭*的信息相整合，然后再调整

---

* 负责平衡感。——译者注

肌肉-骨骼系统以保持身体直立；然而如果这一切一再发生，那么皮层和基底神经节就能学会（11.2节）。如果你想把无意识过程和有意识过程区分开来，那你就必须把这种学习方面考虑在内，对此我们在下一章还要展开来讲。

其次，产生僵尸动作的通路又如何呢？有一种猜想认为，这种通路和产生NCC的网络在物理上就是彼此分开的不同通路。这也就是说，脑内某些区域的神经活动无须意识就能调控行为，而另一些区域的活动则产生感觉。米尔纳和古德尔有力地论证了动作视觉是由背侧通路执行的，而知觉性视觉则由腹侧通路执行。另一种猜想认为，僵尸动作与意识是同一个神经网络的两种不同的工作模式（modes）。一种模式基于瞬时性网波，这种网波起源于感觉外周（例如视网膜），并沿各个皮层处理阶段快速传播，最后触发某个刻板的无意识反应。这种前向传播的网波持续时间太短，以致不能在过后继续维持强烈地发放。这就是动作的僵尸模式，此时的脑实质上是以前向方式工作的，而没有显著的反馈活动（表5.1）。

再次，如果输入的持续时间更长，并为自上而下的注意所加强，在网络中也可能产生某种驻波或共振，反馈回路对此有很大的贡献。局部反馈和更全局性的反馈可以令神经元同步发放，这种同步比由感觉输入所产生的同步强得多。和彼此独立的发放相比较，这种发放可以产生更强的突触后作用。如此就能形成强力的神经元集群，可以影响到远处的皮层和皮层下结构。这可能就是负责有意识知觉的慢模式（slow mode）。

虽然这些想法还很不成熟，但是它们对进一步的研究有指导意义。本章讨论的各种脑损伤，其性质、时程各不相同，再加上人体实验的诸多伦理限制，此类研究只好主要在适当的动物模型上进行。但是当脑损伤和意识有关时，要想充分地解释清楚其现象学，对患者进行研究是关键性的。然而要想阐明产生这些现象的神经回路，就要求在广大脑区中选择性地对准某些细胞成分做实验，而这是不能在人身上做的。

13.6 对意识有某种图灵试验吗？

1950年，数学家图灵（Alan Turing）发表了一篇论文，在文中他以某种模仿游戏（imitation game）的形式提出了"机器能不能思维"的问题，这就是今天所说的图灵试验（Turing test）。测试者通过打印出来的自然语言和某个对象进行内容范围极为广泛的对话，从世俗琐事到专业知识无所不包。如果经过一段时间以后，测试者还是不能判断和他对话的究竟是机器还是人，那么就应该认为，这个对象是有智能的[17]。图灵试验提供了一种实际手段，来衡量设计智能机器方面所取得的进展。在意识研究中，我们也需要类似的可操作的方法，来对自动的僵尸行为和需要意识的行为加以区分。

通过比较正常人、D. F.和盲视患者的行为我们发现，只要延迟超过几秒钟，就能完全阻止僵尸行为。这一现象意义重大。在第11章我做过下列猜想：一些需要将信息保持几秒钟的精巧动作，例如痕迹条件反射（trace conditioning）或者工作记忆，很可能可用作进一步测试的手段。把许多这样的操作综合在一起，就有可能区分自动行为与有意识行为。

对于某个物种，选一种你感兴趣的感觉-运动行为进行实验。在感觉输入和动作执行之间插入几秒钟的等待时间。如果有了这段延迟后，受试者无法执行动作，那么该动作大概就是由僵尸体执行的。如果这种延迟对机体的表现没什么影响，那么输入信息一定被存储在某种短时的中间缓冲器中，也意味着受试者有某种程度的意识。如果在此期间加上某个引人注意的刺激（如闪光），致使受试者受到了干扰，影响了它的表现，那么这就增强了下面的结论：在延迟阶段，注意参与到了对信息的主动保持之中。

狗（其他哺乳动物大概也一样）可以很容易通过这种试验。我把骨头藏在狗看不到的地方，然后要它坐着不动。过一会儿再让它找出来，这不会有任何问题。

并不是说这种试验就是绝对可靠的，但是从医院和实验室的实际应用目的来说，这已经够好了。当然，这种试验和研究机器意识的问题没有什么关系，因为计算机、机器人和其他人造物的机制，和生物机体是根本不同的。

13.7 小　　结

本章讨论了一些病理症状，简单介绍了人在无意识状况下的奇特行为。

视觉失认症患者丧失了视知觉的某些特定方面（颜色、运动、脸和形状）。患者 D. F. 就是一个很好的例子。她认不出物体，说不出物体的形状。但是她在视觉反应性方面几乎没有什么问题：她可以把手伸到有各种朝向的狭缝中去，她可以自然地把物体攥在手里，她也可以来回走动而不撞到途中的物体。盲视患者的部分视野是盲的，但是如果硬要他们去做，他们也能够指点亮光，把眼睛转到亮光的方向，猜测他们看不到的物体的颜色等。

如果硬要患者在刺激消失几秒钟以后才采取动作，患者对有些行为就无能为力了。这表明患者缺少把信息存储几秒钟以上的必要机制。这里提出的延迟测试给了我们一种可供实际操作的手段，以实验方式区分动物、婴儿或严重残疾患者的僵尸体和有意识系统。

有些复杂性局部癫痫患者和梦游患者可以完成自己熟悉的运动，其中有一些运动模式非常精巧；他们到处游荡，搬动家具，或是开汽车。通常，他们对别人的命令没有反应，也不会对这段时间里的事产生记忆。这些自动症只是执行某个内部程序，虽然这个程序在一定程度上也可以受环境的影响。

自动行为和依靠意识的行为在机制上有什么不同呢？从概念上来说，最简单的一种可能性是有不同的网络分别负责僵尸行为和有意识的行为。僵尸体可能位于皮层外以及皮层中的背侧视觉信息流通路处，而有意识的视知觉则是在腹侧通路中产生的。这就像一对老夫妻，两人各有自己的优缺点，但是总能在一起协同工作。

也有可能，同一个网络以两种不同的模式工作。瞬时性的网波从感觉外周沿着皮层的等级结构，传播到输出阶段。这一切发生得很快，以致每个神经元最多只来得及发放几个锋电位。在网波过后，则留不下什么持久的活动。这就足以产生有刻板模式的动作，而不伴以任何感觉。另一方面，如果输入的持续时间更长，或是为自上而下的注意所加强，就会建立起长期的回响活动，产生有意识知觉的集群。

既然僵尸如此方便好用，那意识的功能是什么呢？为什么非要有意识呢？接下来讨论这些问题时，我们必须时刻牢记心身问题的两个核心概念——主观体验特性和意义。

第 14 章

有关意识功能的几点猜测

> 心理学的导言：有关人类行为的理论……能把心智和肉体分离开吗？要是分离得开的话，那么两者中哪个更重要……尤其要把意识和下意识对照起来进行研究，这有助于保持意识清楚。
>
> ——引自艾伦《报复》*

我们为什么非要有意识呢？前两章讲了正常人和脑损伤患者的感觉-运动僵尸体。我特别强调过，对于那些已经学会了的刻板行为，这些僵尸体执行得迅速而正确。这就引起了一些令人困惑的问题。如果有那么多的处理无须任何感受，那为什么还需要有意识的精神生活呢？从进化的角度看，和只有一大堆僵尸体的脑相比，有意识的脑有些什么优越性呢？

---

* 《报复》(Getting Even) 是艾伦在 20 世纪 60 年代在杂志上发表的一些文章的文集，出版于 1971 年。——译者注

意识是某些高度进化的生物器官的属性[1],因此感知体验非常可能有某种具体功能。在一个竞争激烈的世界中,有意识的生物必定要比无意识的僵尸有某种优越性。

在过去 20 多年里,小说家、哲学家、科学家和工程师写下了大量有关意识功能的作品。其中绝大多数猜想都是从计算角度来说的,认为某些信息处理任务对意识起关键作用。

猜想的功能很多,其中包括:

有助于调用短时记忆;

知觉分类;

决策;

对动作进行计划和控制;

动机;

设定长期目标;

学习完成复杂任务;

检测外界和体内的失调或异常之处;

对现时加以标记;

实现自上而下的注意选择;

创造性;

进行类比;

自我监督;

建立递归模型(recursive models);

处理非计算性的功能;

推断别的动物或别人的状态;

使用语言。

由于某些最先进的计算机是按并行计算机构筑建造的,因此人工智能的先驱马文·明斯基*认为,大量自治而功能相对简单(simple-minded)的智能体(agents)之间进行着复杂的相互作用,从中突现产生出意识。认知科学家约翰逊-莱尔德**把意识看作某种控制多模块、多级并行计算机的操作系统。这种系统激活一些程序,而使另一些程序不起作用。它还能产生有关其自身的模型,由此产生自我意识。总之,这是上面所讲到的种种功能的一个大杂烩,虽然其中有些功能可能跟解释意识的作用有更密切的关系[2]。

这里要声明一点,本书在此前所讲的,大体上都是一些实验事实,特别是有关心理学和脑科学中的一些工作。本章与前面的不同之处在于:要跟读者分享弗朗西斯和我在意识及主观体验特性的功能方面的一些猜想。这些猜想和前面讲到的许多见解的不同之处可能是,我们始于猜想,止于预言,其中有的预言有望用实验作具体验证。如果你对这些猜想不感兴趣的话,可直接跳到 14.7 节。

14.1 意识作为对决策的总结

在我们最初发表的有关意识的论文中,我们尚不知道意识是在脑中的哪些部位,它怎样工作。这使弗朗西斯和我感到,揣测意识的目的还为时尚早。几年以后我们重新考虑了这一立场,并把我们有关其功能的猜想叙述如下。

---

* 明斯基(Marvin Minsky, 1927—),美国认知科学家,专长于人工智能。他是麻省理工学院人工智能实验室的创立者之一,在人工智能和哲学方面著述甚丰。——译者注

** 约翰逊-莱尔德(Philip Johnson-Laird, 1936—),普林斯顿大学心理学系教授,是好几本有关人的认知心理学名著的作者。——译者注

我们……假设的根据是，视知觉（或者更严格一点讲，其神经相关物）对于生物体具有普适的用处。这就是要根据自身或祖先的经验（体现在我们的基因之中），对视觉场景适时作出最好的解释，并能把这种解释不断提供给脑中主司思考、计划和执行某种类型随意运动的区域[3]。

就像当今世界中许多日理万机的人一样，中枢神经系统也饱受信息爆炸之苦。随着环境的不断变化，大量信息沿感觉通路蜂拥而入，脑来不及实时处理这一切。记得第3章讲过，每秒沿视神经传输的信息有几百万比特。你的躯体不断运动，随时改变着位置，并向脑传送有关关节角度、肌肉伸展度等等编码信息的锋电位。大群气味分子包围着你，这些分子在鼻腔中的黏液旁飘荡，并与之发生相互作用。种种声音不断落入耳际。在这样纷杂的种种感觉事件中，只有很少一部分胜出的事件能被感知，其余部分都被滤去而不为人所知。

自然选择所采取的策略是，只对外部世界的重要事实进行概括，并传送到作计划的脑区，筹划最优的动作过程。如此概括不可避免地会丢失信息。但是在杀机四伏的环境中当机立断并立刻采取动作，要比花大量时间去寻求最佳方案更为可取。在适者生存的世界里，过分追求完美反而得不到好结果。

脑把这几条称作"主观体验特性"的信息传送到作计划的区域，以决定随后的动作。例如，你看到面前有一条露齿嚎叫的狗，而在你的右边有一扇门开着。在这种时候，其他一切都无关紧要了。

意识的这种功能就像许多大组织领导人所采取的策略，这就是"我要一份有关事实的简明纪要，现在就要。"美国前总统里根

（Ronald Reagan）在这方面负有盛名，他总是要求他的助手把任何要他决定的问题（从税收改革到战略导弹防御）都精简到一页纸，并依据这一执行概要（executive summary）作出最后的决策。虽然助手和数据库可以为每个专题提供大量的背景信息，但是经常由于时间太紧，首席执行官只能根据这些简要的意见和事实，再加上自己的经验来作决定。

我们认为脑的情形也是类似的。脑需要在某段适当的时间里，把有关外界的简要表征提供给合适的脑区，从而能够从不同的行动计划中作出选择。这就是意识知觉的任务。由于这样表征的项数很少，因此信息可以很快得到处理。

在进化产生意识之初，意识很可能只起辅助性作用，甚至也许能用当时就有的其他功能替代。毫无疑问，无论对语言、艺术、数学和科学推理[4]，还是与他人的交流来说，意识都非常重要。此外，一旦意识到了某个信息，就可用它来克制一些不合时宜的僵尸行为、动作或记忆[5]。但是在现代人类出现之前几百万年，就已经产生了有意识的生物[6]。也就是说，那些人类独有的高级意识，不太可能是有意识的生物在进化中战胜僵尸的决定性因素。

具有成千上万视觉、触觉、听觉和嗅觉感受器的动物，都面临着同样的感觉信息涌入，若是能有某种执行概要，它们就能提前计划下一步行动，并从中受益。

我并不是说计划和决策本身必然是有意识的精神活动，确实也有大量的证据说明事实并非如此。我想要说的是，知觉就产生于感觉处理和计划之间，并维系着二者。

所有这些有关意识功能的想法都需要谨慎对待。重要的是，这些猜想能在多大程度上揭示NCC，我在14.7节还要再谈这个问题。

14.2 意识和对感觉-运动僵尸体的训练

生活中存在着许多无须通过意识的、有固定程式的感觉-运动行为，我们的假设和这一事实并不矛盾。但是一群专才难于应付出乎意料的新鲜事。这就要靠觉知来处理了。因为NCC对应于一类持续性活动，这种活动到前脑的投射虽有选择性，但是分布极广，所以，某个事件一旦进入意识，脑就可以动用大量的计算和记忆资源对其进行处理。此外，运动系统也随时待命以执行所要求的动作。这样意识就可以处理日常生活中碰到的许多互相冲突的实际任务（例如在陌生的环境中认路）。

但是为此也要付出一定的代价。为了意识到某个感觉事件，需要几百毫秒的时间——要知道，在生存竞争中，这几分之一秒就足可以决定生死。

幸运的是，由于脑有惊人的学习能力，因此可以训练僵尸体执行以往需要意识才能进行的活动。这就是说，通过不断重复，就有可能把一连串的感觉-运动动作结合成精巧的运动程序，当你学习骑自行车、划船、跟着摇滚乐跳舞、攀爬峭壁，或是演奏乐器时，就是如此。在学习阶段，你非常注意自己手、脚、手指的一举一动，一丝不苟地跟着教师的指令做动作，对环境密切注意，如此等等。但是练习久了，完成这些技能就变得不费吹灰之力，你躯体的动作顺畅迅速、干净利落。在执行动作时，你已经超越了自我，超越了觉知，你不用想下一步该怎么做，一切都像行云流水一样自然[7]。

令人感到奇怪的是，在熟练之后，意识反而常常会干扰流畅的动作。如果你在打网球时夸奖对手反手球打得好，在下几个回合中，她刻意注意回球反而可能有失水准。如果有某首曲子你曾经练得很熟，但是以后有一段时间再没有演奏过，那么当你再次演奏时，也可能发生类似的情形。最好是顺其自然，如果演奏时惦记着某个旋律或是某串音符，反而会使你出错。

棒球运动员花了大量时间进行练习，不断改善眼手之间的协调，直到可以不假思索地接球并投向一垒。他主动建立起了一个僵尸体。在训练开始时，后顶叶和内侧前额叶皮层、和它们有联系的基底神经节，以及小脑，都在起作用。一旦训练完成后，前额叶皮层就不再重要，因为纹状体和另一些基底神经节结构能够自动执行那些例行的、实现某个目标的行为。这些结构协调各块肌肉的运动配合，优化其表现，避免有意识作计划所造成的固有延迟。这就是为什么，运动员、战士和表演艺术家对那些在几分之一秒时间里决定生死成败的情景要反复地练习。

随便拿起一本运动训练手册，你都可以读到和下面类似的话。赫里格尔*所著的《射箭艺术的禅理》(*Zen in the Art of Archery*)是一本有关冥想的出色著作，它就是个很好的例子。在这本小册子的最后，赫里格尔对如何精通击剑艺术作了如下描述。

> 初学者必须逐步领会某种新的感受，说得更确切一点，是要学会对自己的种种感觉产生新的"警觉"，使他仿佛能预感到剑锋逼近一样，避开对方的突然一击。一旦掌握了这种闪避的艺术，他就不用再全神贯注地注视对方（甚至同时有几个对手）的每一

---

* 赫里格尔（Eugen Herrigel，1884—1955），德国哲学家，1924—1929年期间在日本仙台教授哲学，并把禅理介绍到欧洲。——译者注

个动作。相反，他能预感到将要发生的情形，间不容发地躲过危险。这就说明了：闪电般的反应不再需要精心观察。初学者若能使自己不必刻意为之，就是一种极大的进步。

人们醉心于这类成就，并津津乐道。但是请记住，只有在极少数情况下，我们才有必要达到这种熟练程度（比如以此为生的职业顶尖高手）。这就是为什么还需要某种更为通用的机制，来处理新的问题或是很少碰到的情况。这种机制使人们得以作计划、推理和决策。他们的动作更灵活，但是也更慢。

14.3 为什么脑并不是一组僵尸？

如果这些实时的感觉-运动僵尸体动作既快、效率又高，那为什么还需要意识呢？如果把比较慢的有意识计划单元换成一组无意识僵尸体，也许最终对生物体会有好处。不利之处是没有了主观的精神生活，根本就没有了感受这一类东西。

大量的环境信息通过许多种感官（眼睛、耳朵、鼻子、舌头、皮肤）涌向脑，脑又控制了许多不同的效应器（眼睛、头、臂、指、腿、脚和躯干）。如果对每一种可能的输入-输出组合都有一个专门的僵尸体负责，这种方法大概是很不经济的。这需要海量的僵尸体，特别是当这些僵尸体的目标有冲突的时候，还要对它们的动作进行协调。这种神经系统很可能会变得非常庞大，而且也不灵活。我们的脑则采用了一种"混合"策略，把僵尸体和更具灵活性的意识模块结合在一起。

我并不是说不可能存在这种超级僵尸（uber-zombie），或者不可能人工造出这样的系统。对此我不知道。我只能说，自然选择造就了采取双重策略的脑[8]。

如果用嵌入式数字处理器（embedded digital processors）作为类比，可能有助于理解这个问题。我们把小而快的低功耗微处理器用于特定任务，这已普遍应用于手机、游戏机、洗衣机、个人数字助理（personal digital assistants, PDA）以及汽车中。与此成对照的是，用于个人计算机中的更大、更贵、耗能更多，不过功能也更强大的中央处理器。一台真正有适应性的机器人或是其他人造物，应当两者并用。我们的脑可能也是如此。

14.4　感受有什么用？

通过上面的讨论，我们还是无法理解心身问题的核心内容。为什么作计划——或者其他各种功能，必须和感受联系在一起呢？

自古以来，许多思想家都把有刺激感受性（sentience）或主观体验特性看作是生命的既成事实，但是这仍旧无法解释意识有什么功能，因此他们断言，意识必定是某种副现象（epiphenomenon），和功能并没有什么因果关系。这就像心跳时发出的声音虽然有助于心内科医生进行诊断，但这种声音对身体本身并没有什么用处。英国博物学家、达尔文学说的捍卫者T·H·赫胥黎（Thomas Henry Huxley）用以下一段给人深刻印象的话表达了这一信念。

就意识和肉体机制的关系来说，意识只不过是肉体工作的副产品，而无法影响肉体。这就像机车蒸汽机工作时汽笛的鸣叫对其运转没有任何影响一样[9]。

在当代哲学家中，下述观点相当普遍：感知觉意识虽然是真实的，但是对物理世界并不能产生多少影响。尽管在目前，我们还不能完全否定这一观点，但它也绝非颠扑不破，因为这样的逻辑有诡辩之嫌。

可以把意识中所有具备功能的方面归为一类，美国哲学家布洛克（Ned Block）称之为功能意识（access consciousness）。它们包括：有意识地注意和察觉到某些特定事件、计划，而后作出决定、记住一些情形，等等。因为这些过程都有某种功能，故而从原理上说，我们很容易想象神经系统是如何执行这些功能的（尽管在实际上，由于仪器及概念上的局限性，这方面的工作还得再做几十年）。这就是为什么，查默斯要把它们归为意识的简单问题（easy problem）的原因。如果你想起某种新的功能，那么就把它归为功能意识。

除去功能意识，剩下的就是一些感受，也就是感知觉意识（phenomenal consciousness）。在听戴维斯*的《泛蓝调调》**时心中泛起的强烈感伤，或是彻夜狂舞如痴如醉的感受，这些都是感知觉意识。这些主观体验特性确实存在，却并没有什么功能。昨天的牙疼疼得你在床上打滚，这属于功能意识，而牙疼的痛苦性质则属于感知觉意识。查默斯最为人熟知的论断是，他把"在一般物理世界中，如何产生主观体验特性"的问题称为困难问题（hard problem），他认为，由于主观体验特性没有功能，因此永远都不可能把困难问题化为一些简单问题来加以解释[10]。

我觉得这样的推理没有说服力。有的人无法想象主观体验特性究竟有什么功能，但这并不意味着它就没有功能。这很可能只是因为此

---

* 戴维斯（Miles Davis, 1929—1991），美国小号演奏家。——译者注
** 《泛蓝调调》（*Kind of Blue*）是最伟大的爵士乐专辑之一。——译者注

人的概念框架不够完善。我现在就来提出一个与之不同的新观点。

14.5 意义和神经元

为此我需要先来研究与此有关的意义（meaning）问题。图 2.1（29 页）中，当猴子从某一个角度看到曲别针时，神经元产生反应。神经科学家通过对实验设备、曲别针、细胞反应等等的观察，从而知道了这一点。但是猴脑中接收这个细胞输入的其他神经元，它们又是怎么知道的呢？这就是有关意义的问题［哲学家也称之为意向性（intentionality）问题］。

传统上谈到意义，必定要在语言学的语义（semantics）框架下来探讨。在过去几百年中，随着符号逻辑和计算理论的兴起，人们通过语言表征（linguistic representations）来分析意义。人们老是辩论、探讨和反思诸如"'狮子'这个词语，怎样能够表示外界真实存在的狮子？"之类的问题。但是语言表征一定是从人和动物共有的空间、视觉及听觉表征中进化而来的。从理解脑状态怎样能表征事物这一角度看，只关心逻辑和语言是远远不够的。幸运的是，现在这一切都正慢慢让位于神经语义学（neurosemantics），它主要研究意义是怎样从脑这一进化产物中产生出来的[11]。

这里有两个关键问题。首先，意义是从哪里产生出来的？其次，黏乎乎的神经元组织如何体现意义？

意义的来源

在这个世界上意义有许多来源。其中之一是由遗传先天决定的倾向性。新生儿生下来并非一张白纸，他们也有心智。他们寻求愉悦，例如从母亲的乳房中吮吸乳汁，以及避免疼痛。追求愉悦的本能无疑有助于他们存活。

从你出生之日起，就不断进行着大量的感觉-运动相互作用。对意义来说，这是第二个、也是更丰富的来源。当你思考、动作或是讲话时，这种相互作用能让你不言而喻地对自己的动作产生某种期望。譬如，当你转头的时候，视觉皮层会预测出视网膜上的像也跟着移动。当你去拿一把像锤子那样的物体时，你会想当然地认为它很重，并相应地调整你的肌肉。你知道当你拿起一满杯水时，必须十分小心不要让水洒出来。通过大量经验，你的神经系统学会了这些期望，并在不知不觉中将它们用于将来。一个完全不会动的机体或是生来就全身瘫痪的人，不可能体验到此类意义。

意义的第三个来源，是同一感觉模态或多个感觉模态的信息融合。玫瑰花是红色的，有特别的香味，茎上的刺会刺痛你。当你看某人讲话时，你会期待这个人的嘴唇和下颚会随声音而同步运动。当实际情况与你的期望有出入——就像看译制电影那样，你会感到不自然。比较高等的脑有更多的感觉输入和运动输出模态。比起简单的神经系统，它们能产生更为丰富的意义。

对人来说，意义还可以来自抽象的知识或者人生的阅历。例如，看到舞台上的布鲁图斯 * 背叛了信任他的朋友凯撒 **；或是在几何学中，学到 π 是圆周长和其直径之比；在小时候，祖父把你搂在怀中。这些事实和记忆就默默地编织成了你的认知背景，你就生活在这种背景之中。

---

* 布鲁图斯（Marcus Junius Brutus，公元前85—前42），罗马共和国末期的政治家，以领导暗杀凯撒的密谋而闻名于后世。——译者注
** 凯撒（Gaius Julius Caesar，公元前100—前44），罗马军事家和政治家。他在把罗马国家从共和国转变为帝国的过程中起到了关键的作用。——译者注

神经元如何产生意义？

在神经元的层次上，意义是如何体现的呢？弗朗西斯和我相信，意义发生在获胜集群（即 NCC）向其外神经元投射的突触后连接处。

让我们回顾图 2.2 中的"克林顿神经元"，该神经元所在的集群负责产生"看见前总统克林顿"这一知觉。如果毒害其轴突末梢，使其突触囊泡不能释放，那么尽管其轴突还能产生动作电位，但是对觉知已毫无贡献，因为它不再能对它的靶细胞产生任何影响[12]。如果用这种方法把你脑袋中这种集群的全部输出都加以阻断，你就不能迅速地认出克林顿总统，或是想象他的模样，甚至是想象与克林顿有关的概念也会碰到麻烦。若果真如此，神经病学家就会把你诊断为得了某种特殊形式的"认知不能症"（a-cognita）。

任何与意识属性有关的意义都是 NCC 后活动（post-NCC activity）的一部分，它们都来自获胜的神经元集群。集群内部的各成员彼此之间紧密联系，而且，它们同外部非成员之间也有接触。例如，克林顿神经元之类的细胞会使表征"总统"或者"白宫"概念的细胞产生兴奋。克林顿神经元还能刺激另外一些神经元，例如对应克林顿总统独特嗓音的神经元等。这些相关神经元构成了 NCC 的意识背景（penumbra）[13]。

和一个只有较少外显表征的脑比起来，这就意味着，如果脑内存在更多感觉刺激的外显表征或概念，就可能有更为丰富的联系网，以及更有意义的主观体验特性。或者从皮层区域层次考虑，主节点越多，意义就越丰富（2.2 节）。至于某一属性的外显程度，可通过测试皮层柱内的神经元来得知。原则上说，这种可操作的方法可以用来测量任何一种意识经验的意义，并且比较同一个体在不同时间（或对不同物种）的各种感觉模态的意识经验的意义。

意识背景表达了 NCC 的各种关联，它为知觉到的属性赋予意义，其中包括过去的联想、对 NCC 结果的预期、认知背景，以及和 NCC 神经元有关的运动（或至少可能的运动计划）。例如，一个表达绳索的集群会影响到攀爬的计划。意识背景位于 NCC 之外，在有些时候，其中的某些元素可能参与到下一个 NCC 中，例如当你的思绪从克林顿总统转移到了现任美国总统上去。

我不知道仅仅激活意识背景的突触，是否足以产生意义，也不知道 NCC 是否需要触发意识背景中细胞的动作电位才行。这个问题的答案有赖于从意识背景回馈到 NCC 的投射在多大程度上支持或维持了 NCC。

意识背景本身不足以产生意识，虽然当 NCC 转移时，也可能会有部分意识背景成为下一个 NCC 的一部分[14]。意识背景中投射回 NCC 的神经元可能有助于支持这一集群。意识背景给脑提供了有关主节点的意义，也就是它的内涵（aboutness）。

14.6　主观体验特性是符号

上面的讨论一直在强调：任何一种知觉（例如我儿子的脸）都和大量的信息（即其意义）有关。在产生该知觉的那个时刻，这些有关信息中的绝大部分，在脑中都不是外显的，而是内隐地处于意识背景。我上次看到他时他长得怎么样，就我所知他的个性、成长和教育、嗓音、他的冷面幽默感，还有我对他的感情等等，所有这一切都在意识背景之中。这当中包括数量极大的详细信息，以及我的一般知识。这些信息不一定是主动表征——神经元未必会发放，而是以更为被动的形式，表达为突触前或突触后末梢中钙浓度的升高或是树突去极化，这可能会引起突触后放电，但是也可能不会。

要想有效地处理这一信息，脑就必须使之符号化。简单来说，这正是主观体验特性的作用。对于大量无法用语言形容，但在某段时间内要用到的信息，主观体验特性以符号进行表达。主观体验特性是意识经验的基本元素，它使脑不费吹灰之力就可以处理这些同时而来的信息。看到紫色时所产生的感受是一种符号，它能让你联想起大量的紫色物体，例如罗马皇帝的紫袍、紫水晶、紫心勋章等等。

在动致盲实验中（1.3 节中第 3 小节），有时候你会看不到黄色圆斑，因为一团运动着的蓝色光点在知觉上占优，它抑制了对黄色圆斑的感知。在这时，黄色圆斑的影响很弱。可是你一旦看到它们，对应的神经元集群就会激活意识背景，并维持一段时间，使你得以意识到黄色。代表这种状态的符号，就是相关的主观体验特性，它可以维持一段时间（在 18.3 节中我会讨论主观体验特性的各个不同方面）。

任何一种知觉都有大量不同的属性，它们之间相互关系的数量则更为巨大。"感受"就是为了实时处理这些高度复杂的信息而形成的。主观体验特性是一种强有力的符号表征，它表征了和任何一种知觉有关的信息，也就是它的意义，这些信息数量极大而且同时到达。它是某种高度并行的反馈网络所特有的性质。生物体正是为了有效地应对海量信息，才进化出了这种特性。正是从表征紫色的 NCC 及其相关意识背景的发放活动中，突现产生了代表这种色调的主观体验特性。

为什么主观体验特性必须有所感受？

但是为什么这些符号要引起感受？为什么脑不像传统计算机那样，只提取和编码这些信息，而并不产生任何感觉？

查默斯猜想（参见 1.2 节），感知觉的状态是任何一种信息处理系统都具有的基本性质，这是一种普适的量，就像质量或者电荷一样。从这个观点看来，线虫乃至于单细胞的草履虫（*paramecium*）都会有意识（不一定有智能很高的意识，更不用说自我意识）。从形而上学的角度来看，这类极端的泛心论也确实有其魅力，因为它使体验（experience）成了某种普遍的性质，但是这种想法看来不可能加以验证。另外一种更为合理的假设是，主观状态仅存在于某些信息处理系统，这种系统要具有特定的计算结构、某类行为，或者其复杂度必须高于某个值[15]。不管怎么说，要想解答为什么感受和这些符号有关的问题，也许要从第一及第三人称视角出发，提出某种信息理论表述才行。

在这些新领域中，学者们还未能达成多少共识。若要巧妙地对脑进行人为干涉，现行的手段还非常有限，我们很难用实验的方法去证实或否定这些想法。对我眼下的研究来说，不把精力放到这些基本问题上，而是专注于 NCC 研究，才是明智之举[16]。

主观体验特性在多大程度上是脑独有的特性？这个问题发人深省。计算机或是机器人能有感受吗？有没有下列可能性：由于我们还没有认识到的某些原因，串行机（哪怕功能再强大）永远都不可能像脑中的主观体验特性那样，表征对象或事件的所有方面，以及它们之间所有可能的关系。

为什么主观体验特性是私密的？

幸运的是，心身问题并非在每一方面都这么难。就拿诗人常常提到的问题来说吧，为什么一个人无法把自己的确切体验传递给其他人？为什么感受是私密的？我相信对于这类问题有一个直接的答案，其内容分两方面。

首先，任何感觉的意义都有赖于一个人的基因组成，以及他先前的经历和生活史。因为没有两个人在这些方面是完全一样的，所以也就不容易在另一个脑中复制某种感受。

其次，任何一种主观知觉都是由多个位置的主节点共同编码的。如果我想告诉你，我在看到绚丽的紫色时有何体验，就得把有关信息从这些节点传输到脑中的语言中枢，再到声带和舌头。由于皮层中总是有大量的支路和反馈联结，这样的传输过程必然要对信息重新编码。因此，控制我语言肌的运动神经元所表征的外显信息，同颜色主节点的外显信息相关，但不完全一致。

这就是为什么我无法告诉你，我对颜色的确切体验，哪怕我们对波长敏感的光感受器完全一样也不行[17]。

但要想表达两个知觉间的差异（例如橙色和橘红色之间的差异）倒是可能的，因为颜色区发放活动的差异可以和运动区发放活动的差异建立起联系[18]。

14.7 NCC 的具体位置意味着什么？

14.1 节讲到过，关于 NCC 的生物学意义，人们（也包括我们）提出了各种猜想。只有当一个猜想能够揭示 NCC 的奇妙本质时，它才称得上有意义。让我现在展开来讲。

皮层额部和思考、计划以及执行某些随意运动输出有关。总体上说，前运动皮层、前额叶皮层和前扣带皮层都主动地保持感觉或记忆信息，帮助从长时记忆中提取信息，并对这些信息进行处理以制订计划。通过观察额叶损伤患者，以及对正常受试者做 fMRI 实验，都证实了上述观点[19]。

如果我们的执行概要假设成立，那么脑的计划模块，特别是前额叶和前扣带皮层必定直接接收来自某些主节点的输入，这些主节点表征外显感觉信息。从皮层的神经解剖角度来看，在这些主节点和计划中枢之间，不大可能还存在额外的神经中继站的间接联结。生物物理学的观点认为，那样的间接联结太弱，不足以有效而可靠地驱动靶神经元。关键通路必定是单突触结构，从神经元到神经元。

此外，皮层后部的主节点神经元也会接受来自皮层前部的反馈。往返于下颞叶（IT）或内侧颞叶皮层与前额叶皮层中某些神经元集群之间［也包括IT和语言区或者说布罗卡区（Broca's area）之间的直接联结[20]］的持续发放活动，可能就构成了物体知觉的NCC。类似地，MT区和前眼视区之间的回响活动（reverberant activity），可能正是"看到运动"这一意识的NCC。一个视区仅当有到皮层额部的直接投射时，其活动才可能直接进入觉知，因为它还需要额区活动的帮助，才能建立起在皮层中取得优势地位的集群。

这个假设意味着：没有前额叶和前运动皮层的人，不可能有意识。但是这一结论在目前还难以检验。据我所知，现在还没有哪个患者在丧失了两半球的所有这些区域之后还能存活[21]。并且我们现在的技术手段也还无法快速、可逆并且安全地使双侧的这些组织失活。

关于这方面，也有一些相关实验。在切除猴子的边缘叶、顶叶和额叶皮层之后，从功能上看，它就像瞎了一样，无法再利用视觉信息。从目前的结果看，腹侧通路要想影响行为，必须要有非视觉皮层的参与[22]。还有直接证据表明，如果患者离皮层后部很远的背外侧前额叶皮层有损伤，也会表现出视觉缺陷[23]。

通常前额叶受到损伤的患者并不抱怨他们在意识知觉方面有什么问题。脑中线附近组织严重受损的患者也是如此（第17章）。类似地，如果患者丧失了部分视野中的颜色知觉,他也不会报告说"这部分视野是灰色的,而其余部分是彩色的"(第8章注释9)。令人惊讶的是,人们往往注意不到自己的严重缺陷。这很不幸,因为它说明人类心智的内省能力非常有限。

执行概要假设有一个很有意思但并不直观的推论。猕猴初级视层的直接投射都不越过中央沟。换句话说,V1发出的轴突都不超过V4和MT——当然,更没有到达前运动皮层或前额叶皮层[24]。因此,弗朗西斯和我在1995年作出结论,认为V1的活动并不直接进入意识——有关看的NCC并不在V1,尽管对正常的看来说,功能正常的V1(当然,还要有完整的视网膜)是必要条件。

正如我们在第6章中解释过的那样,猴子的V1细胞对它看不见的东西也有猛烈的发放,对看不见的刺激也能产生后效,这说明V1以后的视觉处理对知觉起到了关键作用。唯一不支持我们论点的证据来自fMRI实验,有人用它来说明人的V1和受试者的知觉有关。但是这个结论建立在对fMRI信号的一种特别解读之上,而现在已经有人开始质疑这种解读了(请看16.2节)。

14.8 小　　结

由于意识是高度进化的生物组织的性质,它必定有某些功能。本章带有猜测性,讲的就是这个问题。

弗朗西斯和我提出了执行概要假设:NCC之所以有用,是因为它使得机体可以对外在世界各种事件的当前状态作总结,这其中也包括自己的身体状态,并把这一简要的总结送至计划中枢。所谓的主观感受,正是指这个概要的种种属性。这些主观体验特性正是构造意识经验的原材料，它们影响到额叶皮层中通用的、灵活而又细致的推理和决策机制。

研究结果和常识都告诉我们，为了学会快速而自然的僵尸行为，需要意识参与。如果某些爱好（比如攀岩、击剑、跳舞、演奏小提琴或弹钢琴等等）正好需要高度程序化的感觉-运动活动，那么意识的参与尤其重要；但如果在某个任务上已经得到了足够的训练，有意识的内省反而会干扰动作的顺利进行。要想真正精通某项运动，就需要摒弃意识，让内心归于"无"，从而让身体和感官取而代之。

是否会有和我们类似的生物体，但他们没有任何有意识的精神生活呢？也许可能吧。不过在高等动物中，感受器和效应器的数量是如此巨大，为了产生各种行为，不大可能针对每一组输入-输出分别进化出感觉-运动僵尸体。更聪明的办法是在大量快速而能力有限的感觉-运动僵尸体外，再辅以某种策略。这种策略的速度虽然稍慢，却更为灵活，它能总结外界发生的情况，并相应地计划未来的动作。

但是这种想法还不足以解释为什么我们能感到自己有意识。有一种流行的观点认为，这些感受、主观体验特性并无特别意义，它们只不过是一些副现象。这种看法看来是成问题的。主观体验特性有非常强的结构性（too structured），因此不大可能仅仅是脑的一种无关紧要的副现象。我倾向于认为，主观体验特性和意义有着密切的联系。

NCC的意义来自它和其他神经元集群的突触联系，而那些神经元集群本身不一定有活动。意义编码了与有意识知觉相关的大量概念和体验，这就是意识背景。意义蕴含着大量同时出现的信息。对它们来说，主观体验特性是一种强有力的符号表征，它能把所有这些信息都简洁地编码。主观体验特性是大规模并行网络的一种特殊性质。这一理论框架也解释了：为什么主观体验特性是私密的，为什么一个人不可能把主观体验特性传达给另一个人。

由我们的执行概要假设出发可以推出，NCC 必定和计划中枢有密切的关系，并且位于前运动皮层、前额叶皮层和前扣带皮层。根据这些，弗朗西斯和我断言，NCC 神经元必然直接投射到皮层前部。在猴子中，从 V1 到任何额区都没有直接联结，因此我们有理由认为，NCC 不可能位于 V1（第 6 章特别强调了这一点）。

现在，让我从猜想回归到更具体的一些领域。下一步我要研究视觉意识的微结构和动力学，研究某种单一知觉的演化，这将为我们寻找产生意识的回路提供关键线索。

第 15 章

时间与意识

"那，时间是什么呢？"汉斯·卡斯托普（Hans Castorp）问。他使劲把鼻子探向一边，鼻尖变得惨白且毫无血色。"你答得上来吗？想感知空间，我们靠的是各种感官，或看，或触摸。是的，那我们用什么感官感知时间，你讲讲看？瞧，不知道了吧。对于这个人们完全不了解的东西，我们甚至连一个特性也说不出，又何谈去测量？一谈到时间，有人说'逝者如斯'。这话没错，但若要测量这种流逝……等一等，要让流逝可测，我们首先得假设时间是均匀流逝的，可谁又能保证这一点呢？就我们的意识来说，它肯定不是这样。人们假设它均匀不过是为了方便；我们计量时间的单位，纯粹是约定俗成的习惯而已。"

——摘自托马斯·曼《魔山》(*The Magic Mountain*)

只有死掉的脑才是静止而沉寂的，活体动物的脑具有令人难以想象的动态性。神经元在没有明显外来刺激的时候也自发地放电（或者说，我们现在还不知道神经元为何在那个时刻放电）。脑电图（EEG）也揭示了这种动态性的特点：在一个剧烈变化的背景活动之上（神经科学家对此还不太明白），出现了很强的不断变化的活动。脑内各种化学信号和电信号的激荡，在主观体验的层次也能体现得出。你回想一下就能体会，长时间把思想只集中在一个问题上该有多难。你的思想老是在转移：你坐在计算机前，时而抬头看看窗外摇曳的树枝，时而听听犬吠——突然你又回过神来，想起项目报告下周就要截止。要想保持一心一意，你得作出许多努力。

对照这些经历，让我们来探讨意识的动态特性。知觉不是瞬间发生的。在形成 NCC 之前，脑处理过程需要相当长的一段准备时间。要想有意识地知觉到一个刺激物，需要花多久？它与前面提到的背景活动有什么关系？产生这种知觉的 NCC，是瞬间勃发形成的，还是缓慢构筑而成的？如果一幅新的图片紧跟着前一幅图显示出来，会发生什么情形？第二幅图会使人完全看不到第一幅图，又是怎么做到的？这些现象对揭示 NCC 的本质能起什么作用？知觉的变迁是连续的，还是像电影一样有离散的帧？这些问题都会在本章中得到讨论。

15.1 视觉有多快？

想要看见东西，至少要花多长时间？为解答这个问题，我们可以测量反应时：在屏幕上闪现一个刺激，让受试者在看到刺激或能够辨认出刺激是横向还是竖向光栅时，立刻放开按钮*。这类实验的问题在

---

* 心理学研究表明，让受试者保持按下按钮的状态，在作响应时抬起按钮，这个动作比按下按钮要快。由于本实验对时间精度要求很高，故而采用抬起按钮的实验设计。——译者注

于，如此记录的反应时不仅包括从视网膜提取信息的处理时间，还包含了产生运动响应以及活动指尖肌肉的时间。

来自法国图卢兹脑与认知研究中心（Centre de Recherche Cerveau et Cognition）的索普（Simon Thorpe）及其同事，进行了一个图像辨识的实验，并从中测量了视觉诱发的头皮电位（2.3 节）。每幅自然环境的彩色照片（如图 9.3）仅在屏幕上显示极短时间，受试者必须快速决定该图片是否包含动物。这个实验非常具有挑战性，因为受试者事先并不知道会出现何种动物（比如可能出现丛林中的老虎、树上的鹦鹉，或者草原上的大象）。但实际上，无论受试者是否经过训练，他们都能很轻松地完成这个实验，并且反应时略短于半秒钟。

心理学家对比了当看到有动物的图片与没有动物的图片时，受试者平均诱发电位的差异。在图片刚出现时，这两个信号并没有什么差别；然而 150 毫秒之后，两者出现了明显的分歧。也就是说，早在这个时候，脑中的某些机制就已经知道了答案（图片中是否有动物），并开始编码了[1]。

由光照诱发活动形成的网波在离开视网膜后，只要 35 毫秒就能到达 V1 的大细胞输入层（这条通路是发自视网膜、空间分辨率较低的快速通路）。这样会剩下 100 多毫秒的时间来启动 IT 区周围以及更深处的网络，来为每幅图片提取 1 比特的信息（即判断图中是否有动物）。考虑到单个神经元对突触输入的反应时约在 5～10 毫秒，上述神经反应中不太可能有大量的迭代运算[2]。

虽然脑在 150 毫秒内就能判断是否出现动物，但意识不一定就能获取到这个信息，这还需要更长的时间。事实上，如果在图片短暂闪现之后立刻用另一幅图遮住，受试者（的意识）经常会觉得根本没看到第一幅图，更不要说动物了。可是他们做出判断的正确率只比之前的实验稍微低了一点点[3]。所以，上面这一实验只能说明视觉处理可以很快，但若是想测量产生有意识知觉的时刻，就不能直接使用这类实验了。

15.2 知觉的"全或无"特性

暴风雨中的一道闪电能勾勒出整个世界的鲜明轮廓。虽然闪电的放电时间极短，但大量的光子到达视网膜，就足以形成清晰的像。这与我们在黑夜中使用闪光灯的经历类似，都说明我们确实可以知觉到非常短暂的事件——尽管在逼近光感受器和神经元的时间分辨率极限时，脑内的反应可能会比较模糊[4]。然而知觉本身是如何随时间变化的？它是缓慢地变清晰然后渐渐消退，还是像雅典娜从宙斯脑袋里蹦出来一样，一下子就完全呈现出来，并且还以同样突然的方式消失？无论是突变还是渐变，我认为知觉的变化过程一定会映射到神经相关物上。例如，假若某个感觉是瞬间形成的，那么它所对应的 NCC 也会一下子突现出来。

来自爱沙尼亚大学（University of Estonia）的巴克曼（Talis Bachmann）是意识微构（microgenetic）法的积极倡导者[5]。该理论认为，任何有意识的知觉，其形成过程都是时间的演化——就像照片显影一样。形成知觉需要许多认知活动共同参与，它们的时间动态特性各不相同。虽然意识的微构模型源自实验心理学，却可以很自然地对应到脑内各种神经生物学机制。

早在 19 世纪，人们就开始研究知觉随时间变化的过程。有一种叫速示器（tachistoscope）的投影设备可以在非常短的时间内显示一幅图片。在实验中，受试者分别观察不同时长的闪光与恒定光

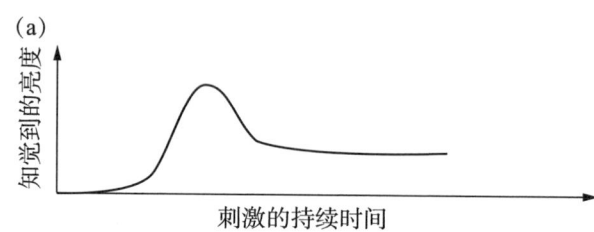

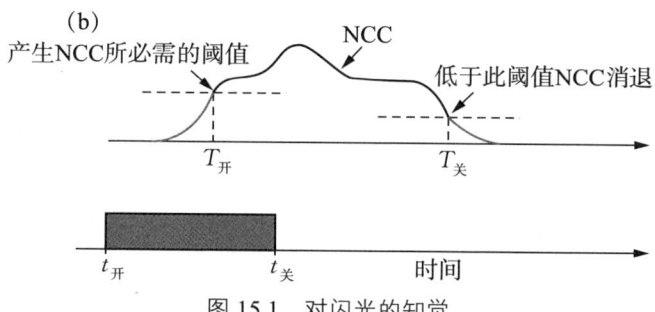

图 15.1 对闪光的知觉

（a）对于不同时长的闪光与同照度的稳恒光源，进行亮度知觉的比较。如果闪光时间很短，知觉到的亮度会强于恒定刺激。这一曲线并不意味着知觉会随时间上下波动。（b）在受到长度固定为 $T_\text{关}-T_\text{开}$ 的闪光刺激时，对应于亮度知觉主节点处的"关键"活动按时间变化的假想曲线。当主节点的活动强度超过开阈值（Threshold$_\text{on}$）时，神经活动就能投射到整个皮层，此时受试者就会产生亮度知觉。在 NCC 的强度低于关阈值（Threshold$_\text{off}$）之后，知觉就不再被表达了。注意，b 图的整条曲线对应于 a 图上的一个点。

源［闪光与恒定光源的照度（luminosity）相等］，并判断两者亮度（brightness）的感觉差异。对于实验得到的曲线（参见图 15.1）人们作如此解释：受试者先是瞬时性地体验到亮度感觉随时间增强，从基线攀升至某个顶点；随着刺激时间继续延长，则感觉的强度亦会渐渐降至某个平衡水平。

在加州马丁内斯的退伍军人医院（Veterans Hospital in Martinez）工作的神经心理学家埃弗龙（Robert Efron）指出，上述结论不过是一种常见的错误，图 15.1a 并不能体现知觉沿时间的演化，它只不过是图示闪光时长和所体验到的亮度之间的关系:短闪光看上去较同光强的长闪光要暗一些,而长闪光又比恒定光源看起来更明亮[6]。对于固定强度的闪光,没有任何依据说明亮度的知觉会随时间上下波动。这就跟我们平时看到快速闪烁的灯光时会觉得比较暗是一个道理。

在 15.3 节中,我们会讨论埃弗龙的一个实验。首先显示 10 毫秒红色闪光,紧跟着是 10 毫秒的绿色闪光。所有的受试者都只看到单一的黄色光,却看不到红光变成绿光。

从这些实验现象来看,NCC 应该是瞬间勃发而非缓慢形成的。图 15.1b 描绘了这样一个假想的情况:在纹外皮层(extrastriate cortex)处,有一个负责亮度知觉的主节点。它的某种"关键"活动——例如同步发放——慢慢增强,直至突破某个阈值。在这一瞬间,很可能会突然产生大量锋电位一齐发放,其活动强度足以触发视觉处理等级结构远处的其他区域,包括较初级的区域以及前皮层。这种分布各处的神经元活动,又反馈回来加强了该处的活动,最终趋向平衡。到那时,对亮度的外显信息就会散布于多处。受试者也将看到光。知觉到的亮度则根据构成 NCC 神经元的群体编码而定[7]。

有许多种情况可以令知觉消失,例如眼睛移动,或者输入刺激消失,或者由于产生了适应,突触和神经元的反应变得越来越弱。来自其他早期知觉之间的竞争也会消灭当前知觉的 NCC——因为脑必须防止同一个神经集群长期维持优势[8]。有的时候,前一个 NCC 的活动还会留下一些直接或间接的残余,就像大火之后的余烬一样。通过一些行为学测试,例如启动效应(参见 11.3 节),我们就可以检测出这类残迹。

通过测量知觉判断的置信度(confidence),就可以衡量意识的程度[9]。在前述实验中,受试者看到闪光,就会放开按键。我们进而要求受试者以 0～9 来量化自己对"看到闪光,放开按键"这一判断的把握有多大。如果他很肯定,就选 8 或 9;如果刚才是在猜,那就选 0 或 1。中间的数字对应中等程度的信心。最后,我们以置信度等级对各次实验进行排序。把受试者正确报告出闪光的概率看作置信度的函数,我们会得到一条上升的曲线:当受试者在猜测时(置信度低),正确概率会很低。在置信度较高的区域,如果受试者报告在某一次实验中看到闪光,那么很可能在该次实验中真的出现了一个闪光。可是,这种连续的函数关系与我所主张的"全或无"立场如何能够协调起来呢?

这里有两个因素。因为受试者的注意状态和脑背景活动都存在不可控因素,主节点的活动有时超过阈值,有时则达不到;受试者时而"看"到光,时而看不到。另一方面,受试者自己为了估计每次作答的置信度,还需要借助 NCC 其他方面的信息——譬如相关集群的存在时间。在每次实验中,主节点中的集群处于超过阈值状态的时间越久,受试者对出现闪光就越有把握。我假设在理想情况下,超过阈值的概率与集群存在时间不相关,两个过程是相互独立的随机过程(真实情况下这两者不可能完全独立)。因此,就算对应亮度的主节点超过了阈值,其他因素也还会影响到 NCC 存在时间的长短(例如,上一次实验是否看到了闪光,受试者是否正在惦记他的女朋友,或者受试者是否在稳定地注视着屏幕)。在这些情况的影响下,将置信度看作正确率的函数,则它很可能是一个平滑的递增函数。若知觉时间极短,活动强度可能仅在一瞬间超过阈值,这时受试者就只能靠猜测来决定是否有闪光了。

到目前为止,我只涉及了一种知觉,即亮度知觉。现实世界的物体有各种各样的属性。一张人脸包含有空间位置、身份、性别、发型、肤色、目光方向，以及粉刺之类的皮肤瑕疵等各种属性。它们都在不同的主节点外显地表征了出来。不同位置的活动是否一定要在同一时间超过阈值呢？这需要不同神经元间的高度同步。9.4 节已讨论过，要求同步是绑定问题的一部分。但如果没有同步现象发生呢？如果不同主节点处的 NCC 在不同时间开始活动，这是否意味着我们会在不同的时刻知觉到不同的属性？

这很有可能！我们先来分析一下泽基在探索纹外皮层时（第 2 章曾有介绍）的惊人发现。泽基和他的学生仔细分析了内容发生变化时，有哪些不同属性是同时被知觉到的。他们发现，知觉到颜色变化要比知觉到运动变化快 75 毫秒。这一结果的令人惊讶之处在于，大细胞通路负责处理运动信息，它的反应比传递波长信息的小细胞（parvocellular）通路要快（表 3.1）[10]。

根据这些发现，泽基总结道：虽然玄学和哲学都在强调意识的统一，但是这个被过分夸大的概念可能只是我们的错觉（至少对短时知觉而言）。对于不同属性的知觉（或知觉改变）可能不是同步发生——不同的脑区在不同的时间分别生成对应于颜色、运动、形状等属性的微意识（microconsciousness）。

如果意识的这种不同步时间真这么长——换算成看电影的话，大约能持续好几帧——这不该会很明显么？可是当我看到一辆疾驶而来的汽车，车体运动看起来并没有滞后于车身的颜色。或者我们应该这样问："脑怎样才会注意到这种不同步呢？"脑本身很难验证这种不同步现象，除非脑内有某种机制，能对不同节点处 NCC 的开始、结束、持续时间加以比较，并把比较的结果用另外的节点外显地表征出来。若是没有这类处理过程，我们对汽车各个不同属性的体验总会"感觉像是在同一时刻发生的"一样。

15.3 掩蔽刺激，清除意识

到目前为止，我们只讨论了单一刺激所诱发的神经活动。但是，若两个刺激前后相继，会发生什么情况呢？第 9 章讨论选择性注意的功效时，用了很大篇幅强调，如果不同刺激带来的脑内活动有公共部分，它们之间就会产生竞争。如此想来，第二幅图会对第一幅图的知觉产生巨大影响，也就不足为奇了。如果两图的时空位置非常接近，就会发生奇怪的事情：距离会缩短，物体会变形甚至完全消失。此刻，你进入了类似电视剧《迷离境界》*里的某种奇幻境界。在你头脑深处，无论是时间空间还是因果律等各种常识都将不再起作用。

瞬间显示的两个刺激会合二为一

在埃弗龙的一个实验中，前 10 毫秒，显示器上先显示一个红色的圆盘；紧接着，在接下来的 10 毫秒，显示一个绿色圆盘。受试者只能看到单一的黄光，却看不到红光变成绿光。类似地，如果显示 20 毫秒蓝光后再显示 20 毫秒黄光，受试者会看到一束白光，而非两种颜色光的变化[11]。这些实验证实了存在某个整合期（integration period），在此期间内的刺激物会混合成单一的知觉。

整合期的长度与刺激强度、显著度以及其他参数相关，它究竟能持续多久现在还没有定论。如果显示 500 毫秒绿光，接着是 500 毫秒

---

* 《迷离境界》（*The Twilight Zone*）是由塞林（Rod Serling）创作的一套美国科幻电视连续剧，后又被改编为电影。译名有《阴阳魔界》《迷离境界》等，我们这里取和本文内容比较相关的《迷离境界》这一译名。其中每一集都包含玄虚、科幻、悬疑或恐怖的元素，其结局常常出人意料。播出后广受欢迎。——译者注

红光，受试者就能看到绿光变红光[12]。整合期长度的临界值可能小于 0.25 秒[13]。

两事件的时间顺序不会丢失

上述的讨论并不是说，脑无法区分这两个短暂的序列。对受试者而言，从红到绿的闪光比从绿到红的闪光看上去更带绿色。类似地，如果我们在屏幕相邻位置快速闪现两个光点，闪现时间相差 5 毫秒，脑依然能判断出这两者的先后。受试者看到的是点从第一个位置移动到第二个位置。如果两个光点的播放顺序反过来，受试者对运动的知觉也会相反[14]。

我们的听觉系统则更加擅长处理这类问题。如果相差几百微秒而对左右耳先后播放同一个短声，你会听到单一的声音，但它好像就来自头颅内部偏左的某个位置。若右耳的短声早于左耳，你会感觉音源在右侧。

在上面这些实验中，事件的时间顺序都被赋予了知觉意义。在 100 毫秒的时间范围里，既有很低的为区分时序所需的最小阈值（order discrimination threshold），又存在整合期，这看似有些矛盾，然而我们可以设想有不同的机制分别处理这些任务。事实上，脑信息处理的一大原则就是用不同的机制去处理不同的问题。不论多么细微的工作，总会有单独的神经处理机制来负责。这些机制各司其职，每部分只负责单一任务，而不会去管其他工作——哪怕是非常类似的工作——这与人们的想象大相径庭。

用掩蔽来隐藏刺激

掩蔽（masking）是研究知觉的一个很好用的方法（参见 6.2 节和

11.3节）。它是指前一个刺激——即掩蔽物（mask）——可以对后一个刺激——即目标（target）——造成影响的能力。掩蔽实验表明，客观世界发生的事件与知觉之间的联系，可能和朴素实在论*相去甚远，这就为意识的研究提供了丰富的素材[15]。其中，最常见的形式是后向掩蔽（backward masking），这里目标先于掩蔽物。这种掩蔽效果强得甚至能令先出现的目标完全看不到。在前向掩蔽（forward masking）中，顺序则相反，先显示掩蔽物，之后是刺激。

法国巴黎的认知心理学家德阿纳（Stanislas Dehaene）及其同事通过掩蔽实验，对比受可见或不可见单词刺激时脑会产生的响应。受试者躺在核磁共振仪内，眼前闪现大量包含简单单词的图片，每幅图出现29毫秒。在第一组实验中（图15.2左图），单词清晰可辨。但在第二组实验中，每幅单词图片前后都有掩蔽物干扰（各种字母和几何形状随机排列），此时受试者就无法看到单词（图15.2右图）。

请思考两组实验在血流动力学活动上大得惊人的差异[16]。虽然未能产生意识的刺激也能诱发梭状回（属于腹侧通路的一部分）反应，但当意识"看"到单词后，产生的反应幅度会大得多。对单词的知觉还会诱发遍布在左侧顶叶及额叶多个中枢的活动。

掩蔽可以这样解释：刺激诱发了多个神经网络，它们之间有部分互相重叠，不同刺激的竞争最终干扰了知觉。如果没有掩蔽，刺激物产生的网波可以畅通无阻地进入皮层深处，然而掩蔽可以干扰网波向深处的传递[17]。

后向掩蔽实验值得三思。后面的输入图片为何能对前面输入所产

---

* 朴素实在论（naive realism）认为，知觉通常是正确的。通过直接的观察、触摸等感觉，我们总能够正确知觉物体的各种属性。——译者注

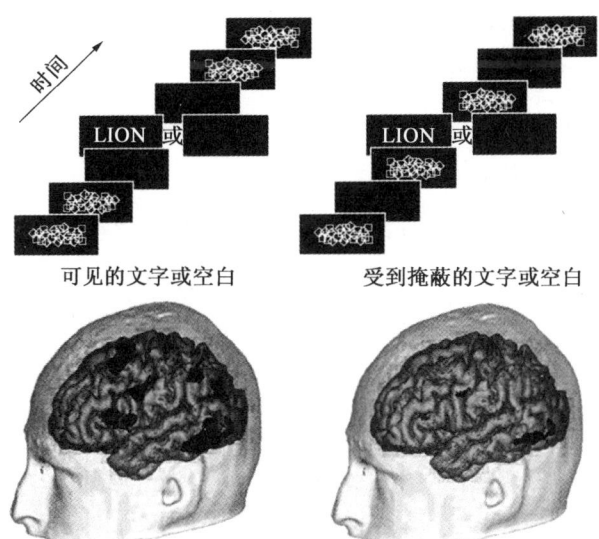

图 15.2 视觉掩蔽的效果

脑对"看到的"和"没看到的"单词所作的反应。受试者看到一系列图片，其中含有单词的图片显示 29 毫秒（其余每帧图片显示 71 毫秒）。在右图所示的实验中，由于单词每帧前后都有随机图形影响知觉，受试者无法看清单词。如果去掉这些掩蔽（左图），受试者就能看到单词。以磁共振成像来测量（在左右每组实验内，对比播放单词与播放空白图片的响应差异），此时的脑活动更强。无论是否看见单词，刺激都会诱发左腹侧通路的活动，然而两者的强度相差很大。有意识的知觉同时还会触发左侧顶叶及前额叶皮层。图片选自 Dehaene et al.（2001）并作修改。

生的知觉造成影响？掩蔽诱发的活动如何影响到 29 毫秒之前那幅目标图所对应的 NCC？如果网络中没有反馈通路，掩蔽产生的网波不是应该永远落在目标图产生的网波之后吗？如果 NCC 有赖于皮层–皮层或者皮层–丘脑的反馈回路，那较迟的输入的确有可能影响皮层对先前刺激的处理。至于能影响到多久以前，则要依回路的延迟而定。

从行为上来看，（后向）掩蔽有效的间隔期最长可至 100 毫秒，即图片出现后 100 毫秒，掩蔽物才显示在屏幕上。这时它依然可以对目标图片的知觉产生影响。

后向掩蔽虽然可以阻断知觉的形成，却无法消除下意识的处理过程。在闪光实验中，受试者本人感觉自己只是在猜，但是受到下意识的影响，他猜测的正确率还是会高于随机水平。在掩蔽实验中，下意识的处理机制很可能主要依靠前向活动[18]。

闪现滞后错觉（flash-lag illusion）为知觉需要额外时间这一假说提供了进一步的支持，很可能的确存在某种反馈回路。当某一线段（或光斑）运动到某处时，如果在此时此处闪现另外一个线段（或光斑），则受试者看到闪现的线段出现于运动线段之后。换句话说，虽然两个对象同时同地出现，但运动刺激看起来像位于闪现的刺激之前。对这一现象可作如下解释：只有在事件发生 80 毫秒（或更久）之后，才能进入知觉[19]。

要想看到东西，至少要花 1/4 秒

网波从视网膜传递到腹侧通路的高层区域（参见 15.1 节）至少要花 150 毫秒，再加上我们刚刚讨论后向掩蔽时估计出的 100 毫秒间隔，这样我们至少也需要 1/4 秒才能看见东西。

按照图 15.1b 所示的理论框架，这 250 毫秒指从刺激开始到形成对应 NCC 所需的时间，即 $T_开 — t_开$。刺激物的特性、此前看到的内容，以及皮层活动的起伏，这些不确定因素也许会让我们花更长的时间才能看见东西，但 250 毫秒很可能已经是下限了[20]。知觉的产生总会比现实落后一点点，而现实事件的变化又是如此之快，有时 NCC 会跟不上节奏。这样想来，许多让人困惑的知觉现象就豁然开朗了。相比而言，僵尸体的反应速度比意识更快。

整合期的优势在于它使得 NCC 不光依靠当前输入，还能够有额外的时间来检索外显记忆或是存储于短时缓存（short-term buffer）内的信

息，并把它们整合进入最终的知觉。若是在这 100 毫秒内新进入的感觉信息与原有信息相抵触，则会产生一种新的混合知觉。如果外部事件变化过快，那么最佳策略应该是先看清楚情况变化，再去解释究竟发生了什么。

前向活动与反馈活动

后向掩蔽使我们进一步确信，无意识的处理过程很可能依靠快速的前向活动。这个过程太过短暂，所以不会有计划模块参与其中。这种处理方式可能仅仅产生僵尸行为而无意识参与。相比而言，有意识的处理过程必须包含从前皮层向后部的反馈[21]。

如果有一个棒球运动员正准备击打飞来的球。棒球由远及近的轮廓会触发一个网波，它会沿视觉等级结构向上传播，从 V1 到 MT 甚至更高层的区域。在网波上行途中的某处，脑作出了是否挥棒击球的决定。这个决定传达到第 5 层的锥体神经元，然后投射到基底神经节、脊髓以及相关肌肉。这一系列活动的发生都与觉知无关。击球手的僵尸系统比他的意识反应更快（12.3 节）。

击球手要是想看到飞来的球，就需要他的前皮层连同工作记忆与计划模块收到视觉信息，并反馈到高层视觉通路。这些锋电位会增强位于脑后部主节点的活动，并反过来进一步加强额叶的活动。这种自放大的反馈回路速度非常快，其作用无论从哪个方面看都像阈值一样。当该回路活动时，它从后顶叶、内侧颞叶、前扣带回、前额叶以及运动前皮层各处，整合并稳定住一个遍布全脑的拟稳定（quasi-stable）集群。对应这一集群的体验，就是一个快速靠近的棒球[22]。对物理学家而言，这种反响活动像是在非线性介质中传导的驻波[23]。

意识的中间状态也会存在：当击球手将全部精力集中在投手身上

等待他投球的时候,背景里的队友和观众都在动。这些不断游移的画面在 V4、IT 以及其他区域形成了转瞬即逝的集群(即第 9 章提到的原对象)。除非击球手的注意力转移到这些对象上,这些集群的活动无法得到增强,会很快弱化,并被新的集群所取代。所以,击球手对背景中发生的事最多只有一瞬间的觉知。

有什么办法来证明上面提到的这些想法呢?皮层-皮层以及皮层-丘脑的反馈是以谷氨酸为神经递质的兴奋型联结。我们几乎可以肯定,反馈通路使用的谷氨酸亚类,一定不同于前向通路。或者,这两种通路的突触蛋白质会有所区别。世界各地的实验室都在集中精力标定这些蛋白质,进而在分子层面对特定亚类谷氨酸受体的功能进行干预。我们今后可能会对小鼠或者猴子进行基因改造,能够不影响前向或侧向联结,而让反馈联结在短时间内失活,抑制其功能。在这种情况下,这些"僵尸动物"或许依然能够完成一些本能行为,却无法做出受意识控制的动作。

15.4 整合与脑内直接刺激

有关脑内存在阈值以及知觉整合期的各种推测,都在神经外科实验中得到了证实。在 20 世纪 60 年代,来自加州大学医学院旧金山分校的神经心理学家利贝(Benjamin Libet)有一个项目专门研究知觉体验的定时问题[24]。

一些患者受到帕金森病或无法抑制的疼痛困扰,需要进行开颅手术治疗。出于临床上的需要,神经外科医生用探针探测暴露在外的体感皮层及其他相关皮层表面,这种探针可将电流脉冲送入灰质。利贝记录了产生感觉所需的最小电流强度 I_{min}。低于这个强度,无论刺激多长时间，受试者也不会产生任何感觉。随电极位置的不同，患者报告其感觉也随之不同。这些感觉包括：轻刺、发麻、刺痛、震动、感到冷暖、被触摸、做运动，以及受压感。

利贝十分强调有意识知觉的全或无特性："感觉体验只有经过足够长的刺激之后才会出现（哪怕刺激很弱）；如果刺激不够长，则不会产生哪怕一丁点感觉。"[25]利贝还发现，产生感觉所需的最小电流强度与刺激时长成反比（图15.3）。即，低强度的刺激所需的刺激时间更长。

利贝以这些实验观测为基础，提出了启动时（time-on）理论。他认为，一个事件从无意识到意识的转变，需要特定神经元活动的时间持续到一定的长度。当活动时间超过了某个最小值后，就足以产生意识。

就图15.3中的曲线来说，弗朗西斯和我猜想这些曲线或许能用简单的数学模型进行拟合——此模型假定电流会导致某种物质不断积累直至超过阈值，于是NCC就产生了。电流幅度越高，达到这个值的速

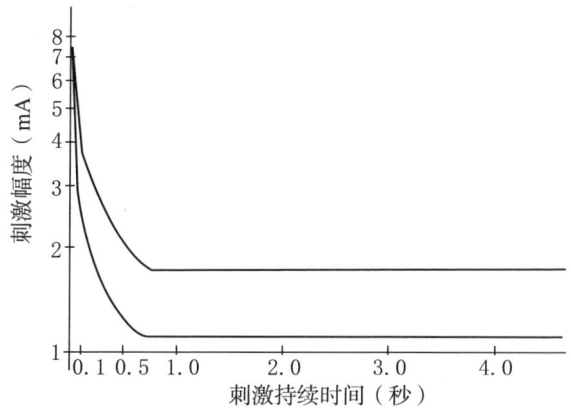

图15.3 对体感皮层进行电刺激

利贝直接刺激了神经外科患者暴露在外的大脑皮层。上图表明，能让患者产生感觉（患者通常可以感到轻刺、被触摸，或是震动）所需的最小电流幅度与刺激时间的关系（下面一条曲线所对应的电极，其脉冲频率是上面一条曲线对应电极频率的2倍）。电流强度越低，产生感觉所需施加刺激的时间就越长。图片摘自Libet（1996）并作修改。

度就越快,患者也就越早产生感受[26]。

这种拟合的背后代表了什么机制?此问题发人深思。刺激电极位于第一层的顶端,它可以激发许多神经元活动。由于人为刺激无法区分不同细胞,因此兴奋性和抑制性神经元都会放电,两者共同作用产生的效果并不大(因为互相抵消)。此时,在电极之下的细胞会渐渐产生适应,细胞的发放率会逐渐降低——其原因可能是 Ca^{2+} 流入细胞体。如果抑制性细胞发放率比兴奋性细胞降低得更快,它们对兴奋性细胞的制衡可能就会在某一时刻失效。当这种情况发生时,兴奋活动就会很快超越正常水平,并引起患者奇怪的体验。这就好像外科医生的电极造成了一种"微发作(micro-seizure)",触发了 NCC 一样。至于这一过程是只在局部发生,抑或牵扯到较远处其他部分的活动,目前还不得而知。

15.5 知觉是离散的还是连续的?

讨论到目前为止,我们一直默认:人对世界的体验是连续的;知觉体验没有一丝接缝的痕迹,这一特性反映在 NCC 平滑的诞生和消退过程上;NCC 随着世界的改变而改变(改变的速度存在上限,过快会导致信号混杂)。

然而,这并不是唯一的解释。知觉也可能是在每个离散的时间段内进行的,我们称之为知觉时刻(perceptual moments)、帧(frames)或者快照(snapshots)。你的主观生活可能是由这种帧组成的无穷序列;除非你进入深度睡眠,否则这个序列不会中断[27]。

在一个知觉时刻内部,对于亮度、颜色、深度以至于运动的知觉都是恒定的。我们可以想象一下运动是如何"嵌"入每一个快照之内的（图15.4）。体验运动，并不像看电影或是运动盲患者（8.3节）那样来自对连续两帧快照中位置变化的比较；在单帧快照内，运动就有所表征。

如果有新的输入——譬如是由眼睛移动造成的，它就会触发一个新的网波，其锋电位与当时脑内的背景信号相叠加。对应某些属性的主节点活动会逐渐增强，直至产生一个优势集群，并形成NCC。如果受试者继续关注刺激物，系统的动态特性就会使NCC有规律地关闭再打开。在一个知觉时刻内NCC是恒定的，但是从一个知觉时刻到下一个知觉时刻，NCC会有所改变，直至达到某个新的拟稳态（quasi-steady state）。由于绝大多数神经过程都是以更为连续的方式演化的，

图15.4 对运动的离散知觉

快照假说认为，运动的意识知觉是由运动主节点NCC中近于恒定的活动来表征的。这幅由O·克里克*所绘制的图片有助于我们理解这一观点。它表现了静态图片如何间接地体现运动，就像弗兰克·格里**的建筑风格一样。

---

* O·克里克是F·克里克的夫人。——译者注
** 格里（Frank Gehry）是美国知名后现代主义、解构主义建筑大师。位于洛杉矶的迪斯尼音乐厅就是由他设计的。——译者注

因此这种开/关的处理方式有可能透露了 NCC 的内部秘密。

大量心理学数据支持离散知觉的观点。每个快照的时长有较大波动，变化很大，从 20 毫秒到 200 毫秒不等。如此大的波动（相差 10 倍之多），究竟是反映了我们探测脑的工具不够，还是存在多种离散的处理过程，它们有各自的处理周期，或是只有一个处理过程，但整合期的时间可变，抑或是其他什么原因？对此，我们现在还没有答案。目前最能支持离散知觉的线索包括：反应时具有周期性[28]，以及反转运动方向的惊人错觉。在这一错觉实验中，等间距的物体朝一个方向运动，但有的时候，你会看到物体仿佛在朝相反的方向运动[29]。

离散处理周期的一大特性是，对于落在同一时段的事件，意识会认为它们是同时发生的。如果两个事件分别位于前后两帧，那么对它们的体验就会有前后关系。人们巧妙地用连续的两束闪光验证了这一特性，在实验中，受试者有时知觉到单一闪光，有时则会看到两道连续的光[30]。若要确保受试者只看到一个闪光，则闪光间隔的最长时间约为 20～120 毫秒[31]。间隔时间如此之长，说明很可能有另外的专门神经回路处理微小的时间差异，这与我们上述的讨论相吻合。

知觉瞬间经常同 α 频段（8～12 Hz）脑电波放在一起讨论，有人认为离散时间的处理机制是依照 α 波的节律进行的。而且，当外部刺激触发一个新的整合期时，α 波的相位也会因此而重置[32]。

当弗朗西斯和我发表了这些观测结果后，神经学家萨克斯（Oliver Sacks）对此给予了高度评价。他关注的焦点在于一种他称之为断续影像视觉（cinematographic vision）的现象。在视觉诱发的偏头痛中，偶尔会产生这种罕见的神经异常。萨克斯本人就经历过这种病痛。他曾经生动地描述道[33a]：

我请她看照片、讲话、做手势、做鬼脸——随便做什么动作，只要保持运动就行。这时，让我既兴奋又不安的事发生了：我发现时间断裂开了，空间也是！我看她的动作不再连续，而是不同轮廓不同位置的静止画面一个接一个地出现，画面之间没有丝毫过渡，仿佛闪烁变换的幻灯片一样——而且刷新帧率极低。她就像被定住了似的。这种奇怪的、断断续续的、有如马赛克拼贴画似的场景就像被一一撕裂了开来，互不连贯。

萨克斯大胆的预测非常具有远见，他写道："断续影像视觉反映了运动感（这其实只是一种错觉）消失之后，所揭示出来的视觉体验到的本质。"别的一些疾病也会发生类似的时序混乱，让时间变得毫无连续性可言。这些患者常常用刷新速度很慢的幻灯片作比[33]。这种情况可能是因为，偏头痛导致皮层运动区暂时失效，令萨克斯和其他一些患者失去运动错觉，最后只剩下一段段静止的知觉。如果我们能通过经颅磁刺激（TMS）或其他无害的实验手段诱发受试者的脑进入这种状态，那将是非常激动人心的事情。

倘若意识知觉仅存在于离散的时刻里，那么对时间流逝（passage of time）的知觉就和快照的频率有很大关系。要是知觉时刻的时长较长，则1秒内知觉时刻的个数就会变少。一个外部事件就会显得更短暂，时间也流失得更快。反过来，如果单个快照的时长变短，同样是1秒就可以塞进多个快照，这就会让人感觉时间慢下来了[34]。

最后一个现象叫做时延（protracted duration）。人们在经历事故、自然灾害及其他灾难性事件时，时间的流逝会显得非常慢。常有人使用这样的描述："在我摔倒的那一刻，整个人生就像过电影一样在眼前闪现"，或者"他缓缓举起枪口对准我，动作慢得仿佛连空气都凝固了"。的确，要在电影中表现这类镜头，慢动作摄影早已是标准的技巧。他们对某些事件多拍了几帧，例如子弹离膛时就多拍几帧，以反映角色第一人称的内心体验。在这种情况下，自上而下的注意可能会参与进来。这一点是否会缩短单个快照的时长[35]？

刺激开始时间与快照相位之间有什么关系？如果这两者之间的关系是随机的话，那就能够解释反应时的差异为何总那么大。如果我们能将刺激开始时间与快照开始时间的差固定住，是否就能减小数据的差异[36]？具有某种周期的光、声刺激，能否促成知觉时刻的产生[37]？

如果只有一小部分与 NCC 相关的神经元以离散时间的方式处理信息，我们就很难借助 EEG、MEG 或者 fMRI 等技术将它们检测出来，因为这些技术都需要对大量组织进行宏观观测。甚至连用微电极记录多个神经元的活动都很难捕获到这类神经元——除非你不是盲目地把电极插入脑组织，而能事先精确地找准相关的神经元集群*。我们需要一种可靠的光学或电学实验手段，在整个脑内同时记录数百甚至更多的皮层和丘脑神经元。这样才能找到具有一定周期的发放模式。

15.6 小　　结

脑对视觉信息的处理非常快，它只用 150 毫秒就能认出图片中是否出现了动物，并在半秒内作出行动。有意识地"看"到动物所需要的时间稍长，估计至少要 250 毫秒。

---

* 要想避免"盲目地将电极插入脑组织"，研究人员通常会借助 fMRI 或其他的宏观测量手段。然而如上文所说，对于寻找与离散时间相关的神经元，fMRI 等手段很可能行不通。——译者注

意识知觉很可能具有"全或无"的特性。由此我们推测，脑中任何部位的 NCC 都要在超过阈值之后突然形成。

在对短暂的刺激进行知觉时，我们感觉不到时间的流动。如果两个短暂的事件前后出现，脑会将它们混在一起，并产生单一、恒定的知觉。在后向掩蔽实验中，后出现的图片可以影响前一幅图，使受试者看不到它。下述假定可能是对这一现象最方便的一种解释：我们可以假设，位于某主节点的"关键"活动必须在前脑反馈的帮助之下，才能超过阈值而形成意识知觉。反馈所需的额外处理时间大约 100 毫秒，说明知觉并不是客观实在的翻版，而是对它作了修正和剪裁。

这里有两点线索非常重要：NCC 的形成需要反馈活动才能超过阈值。利贝对患者脑的直接刺激实验进一步证实了这个观点。

知觉和 NCC 的演化可能并不是连续的（尽管外界在连续变化），而是离散的。这个假说让人感到耳目一新。在一个处理周期（称作快照）内，所有知觉属性都是固定不变的。在每个时刻，哪怕刺激物正在运动，你所知觉到的内容也都是静态的（运动信息"嵌"在每张快照之内）。心理学、临床以及 EEG 的一些研究文献都支持这一理论。该理论还有助于解释人们在感受时间流逝时所经历的一系列奇特现象。

虽然意识的研究刚刚起步，但是我们已经能通过一些实验来确定下颞叶（IT）以及脑更深处进行物体识别的 NCC 神经元。在下一章，我将重点介绍位于新兴意识科学核心的这些实验。

第 16 章

游移不定：追寻意识的踪迹

> 一念已足，心无二用。
>
> ——帕斯卡尔 *《思想录》（Pensées）

让我们来考虑确定 NCC 最直接的办法。意识源自大脑，因此对意识之谜的一切研究都离不开脑内的微观变量，即神经元的锋电位。主要的方法是做生理学（physiological）** 和心理物理学（psychophysical）*** 的实验。我们发现外部世界与我们的内心状态的对应并不是一对一，而是一对多。由于没有更好的表达方法，我称这类现象为知觉刺激（perceptual stimuli）。

知觉刺激的特点是，同一个输入可以对应于不同的感知觉状态。

---

* 帕斯卡尔（Blaise Pascal, 1623—1662），法国数学家、物理学家和天主教哲学家。他对发明机械计算器、流体研究、建立射影几何学和概率论都很大的贡献。——译者注
** 这里主要指电生理学，相对心理物理学而言更加微观。——译者注
*** 心理物理学主要研究客观刺激与主观感受之间的关系，更强调宏观状态。——译者注

最终感知到的状态则取决于许多因素，例如之前是否也接触过这一刺激、受试者的注意状态，或是脑内各种因素的扰动等。

让我们来看一下由 12 条线段组成的内克尔立方体（Necker cube；图 16.1）。因为从二维图中想象三维形状这个问题本身就包含了不确定性，所以对这些线段，我们可以有两种空间朝向正好相反的理解。如果图上没有阴影或者透视特征，则看到这两者之一的概率各半。在实验中，这些线条构成的物理刺激完全没有变化，但是你的意识知觉却在两种理解之间反复切换。这就是双稳态知觉（bistable percept）[1] 的典型例子。

你决不会看到立方体从"朝下"正在往"朝上"变化时停在一半的样子。你也不会看到两种朝向混在一起时的样子。你心里没法让两种形状同时显现出来。实际上，这两种理解会互相竞争，试图取得知觉优势（perceptual dominance）。这个实验只不过是一大类现象中的一个例子：当遇到意义不明确的时候，与其给出两个结论，心智宁可作

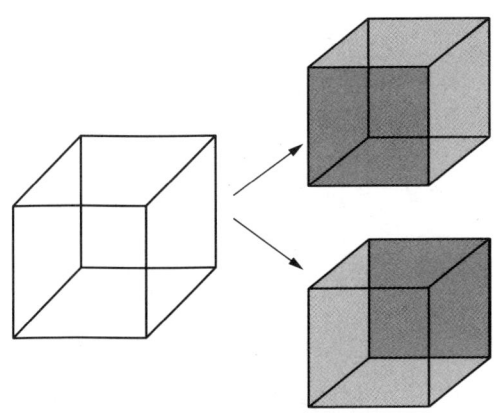

图 16.1　双稳态内克尔立方体

左侧的线条可以产生右侧所示的两种理解。在没有其他线索时，你的视觉系统会在这两种理解之间反复，但你决不会看到两者混在一起的样子。

出唯一的解释，尽管这个解释可能会随时间而变化。这类体验又被称作意识的统一性（unity of consciousness）[2]。

另外一种知觉刺激叫做动致盲（1.3 节），它体现了意识的多样性[3]。脑科学家们最常用到的知觉刺激有双眼竞争和闪现遏制（flash suppression）。通过这两类刺激，如果仔细观察就可找出与主观体验相关的神经元。与对物理刺激亦步亦趋的那些神经元不同，这一类细胞代表了神经元中的意识踪迹。

据我们对视网膜的了解，视网膜上的电位活动不太可能随着知觉改变而改变。你眼中的神经节细胞会在你看到一个光斑或者立方体的一个顶点时自动反应，这与你感受到的立方体朝向没有关系。换句话说，同样的视网膜状态可以对应于不同的感知觉状态。然而在你大脑的深处却存在这样一些神经元，它们的活动反映了你意识知觉的变化。我们已在猴子和人类的脑内发现了这些细胞，它们是 NCC 的候选单元。本章将重点介绍这类神经元。

16.1 双眼竞争：当两眼产生分歧时

在日常生活中，我们的双眼总是看到类似、但不完全相同的画面。通过比较这些微小差异，大脑可以获得充足的信息来判别深度。

如果我们左眼与右眼对应区域看到的是完全不同的图片，又会发生什么情况呢？通过在鼻子前放几面镜子或隔板，我们就可以进行这样的实验。假设你的左眼看到竖条，右眼看到横条，你想当然地认为，很可能这样就会看见黑白格相间的图案——也就是横条和竖条叠加后的样子。有时候，你的确可以看到这样的图案。但条件合适时，就会发生更加有趣的现象：一开始，你只能看到呈现给某一只眼的图案——比如左眼的竖条。几秒钟后，该图案会渐渐退去；而此时，右眼的图案会显现出来。经过一个短暂的转换期后，你只能看到横条的图案（竖条则完全消失）。虽然两眼一直睁开着，但是这两种知觉会无限交替下去。从知觉的角度，一只眼睛看到的图案会抑制另外一只眼里的图案（图 16.2）[4]，心理学家称这种现象为双眼竞争（binocular rivalry）。

左右眼分别看到的两个图案，像人脸与移动光栅、微笑的女孩与汽车等，它们之间竞争的程度取决于其反差、空间频率成分以及熟悉程度等方面的差别。如果两幅图片的显著度相等，那么两者可见的时间基本持平。这种优势期（dominance period）——即图案可见时间的

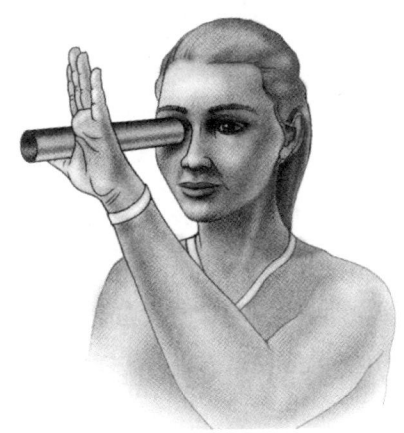

图 16.2　在我的手上有个洞

只要用一张纸，我们就可以观察到类似竞争的现象。首先，将纸卷成圆筒，用左手虎口夹住。按照上图所示，用右眼朝圆筒里看 *。这时，你应该能看见在你左手上有一个洞！如果将圆筒朝向暗处并扶稳。过一会儿你就能看见自己的手背，该知觉与看到洞（或者任何你正对着的东西）的知觉互相交替。如果你的优势眼是左眼，请将说明中的"左""右"对调，再进行试验。

---

* 同时保持左眼睁开。——译者注

长度，在不同的受试者以及在不同次实验中，差异很明显[5]。如果一幅图片本身比较暗淡，或是显著度较低，有时候它也依然可能在竞争中获胜，并取代较强的刺激，只不过优势期的时长较短。双眼竞争是在两种知觉之间不由自主的交替，它可以受感觉或认知因素的影响，但是这些因素无法完全消除它。

小图片最容易诱发竞争现象。如果竞争图片尺寸较大，除非对这两幅图精心设计，否则就会在各个局部产生不同的知觉，视野不同区域的知觉分别被两幅图所控制，形成一幅马赛克一样的拼贴画——就像是挂毯上的图案那样。受试者在每个局部知觉到的内容仅来自一幅图片，但不存在两图叠加的知觉。

在神经元层面上，人们一直认为竞争现象体现了两个拮抗神经元集群彼此间的互相抑制，这两个集群分别表征两眼所看到的图形。一个集群发放脉冲就会抑制另外一个的反应。而当这种抑制机制渐渐变弱之后，另外一个集群就会转而成为优势集群。这有点像美国的总统大选，选民的投票好像有一定的规律，使得民主党和共和党轮流入主白宫。

最近的心理学和脑成像研究发现，某种与注意有关的主动机制对两个集群间的切换起到了辅助作用。该机制位于前额及顶叶区域，可以对这两个集群有所偏好。被选中的集群由此可以建立起足够的强度来获得优势，并将其信息内容广泛传播，最终产生"看见"的知觉[6]。

16.2 知觉遏制发生在何处？

为了取得优势，不同集群的竞争到底发生在脑内的什么位置？视网膜神经元不受知觉的影响，它们完全是由光感受器驱动的。知觉调控最早发生在从视网膜到初级视皮层通路中途的外侧膝状体。但是，在外侧膝状体神经元处所做的记录表明，当猴子看相互竞争的一对刺激时，这些细胞的活动水平与看并无竞争的刺激相比，没有什么差异[7]。优势集群与被抑制集群之间的相互作用应该发生在大脑皮层内。

初级皮层的活动主要取决于刺激

数十年以来，为探索双眼竞争机制所对应的脑区，洛戈塞蒂斯设计了许多漂亮的实验。他的早期工作是与沙尔（Jeffrey Schall）一起在麻省理工学院完成的，后续的一些工作则是与休斯敦贝勒医学院（Baylor College of Medicine）的沙因贝格（David Sheinberg）和利奥波德（David Leopold）合作完成的。洛戈塞蒂斯现在德国图宾根的马普生物控制论研究所（Max Planck Institute for Biological Cybernetics）工作[8]。

由于技术上的诸多限制，在可行动的动物脑中记录锋电位活动非常困难。实验的另一大挑战则来自双稳态知觉本身的特性——他人无从知道受试者的主观体验。在双眼竞争实验中，给予报酬的志愿者（通常是大学生*）可以给出他们知觉的口头报告，或者为了得以和动物实验进行对比起见，可以要求他们按某些按钮来表示他们的知觉。电生理学家可以训练猴子执行同样的任务，并通过各种测试保证猴子的反应与人类似。这样就保证了动物大体上和人以同样的方法报告其知觉体验[9]。

这类实验的基本原理并无复杂之处，但是在实验中面临诸多细节问题，在这里我只做简单的介绍。实验人员训练猴子在看到太阳图案时扳一个手杆，在看到人、面孔、蝴蝶、人造物体等其他图案时扳

---

* 各个大学的实验室通常会直接在校内寻找学生作为受试者。——译者注

另一个手杆。在双眼竞争实验条件下，给猴子的一只眼看太阳的图案，而给另一只眼看其他物体。猴子通过扳不同的手杆来表示自己看到了哪类图案（猴子经过训练，在两个知觉的转换期内不做任何动作）。按照这种方式训练好猴子后，实验者在某个有发放的神经元附近放置电极，接下来就开始寻找使这个细胞兴奋的最优刺激（preferred stimulus）——也就是通过在图片数据库中找出一张图片，以便每当猴子看到此图时，就能够稳定地诱发出该神经元的强烈反应。

在竞争实验中，猴子一只眼看到的是最优刺激，另一只眼则看到太阳图案。通常，实验神经元对太阳图案只产生极其微弱的反应。在猴子用手杆表示看到何种图案的同时，该神经元的活动也会被记录下来。接下来的问题，其答案可谓价值连城[10]："这个细胞的发放率，究竟是反映了恒定的输入信号，还是反映了不断变化的意识知觉？"

在初级视皮层和次级视皮层，绝大多数细胞的发放率与知觉的反复变化无关。总体来说，只要一只眼睛有输入刺激，神经元的发放就会增强，这与猴子究竟看到了什么无关。在实验记录的33个细胞中，仅有6个表现出了知觉调控。当猴子没"看"到最优刺激时，这些神经元的反应较之"看"到刺激时为弱[11]。绝大多数的V1神经元不管猴子看到的是哪个刺激都有发放。这些实验数据很好地支持了我先前的观点——剧烈的皮层神经元活动并不一定意味着意识知觉。也就是说，并非所有皮层活动都与意识相关。

V1神经元的发放活动并不受知觉左右，这就解释了为什么后效虽然和这些神经元有关，却不受知觉遏制的影响。6.2节提到过，依赖于朝向的后效可以由不可见的刺激诱发。在双眼竞争实验中，人们首次发现不可见的刺激对视觉依然能造成影响。尽管一只眼睛中的信号被抑制了，该信号仍可造成依赖于朝向或依赖于运动的后效[12]。我们的假说认为,在 V1 细胞中不存在 NCC,而这些结果与该假说吻合。

不过这个问题还未定论。有两项对人 V1 所做的 fMRI 双眼竞争实验,结果与前述观点相左。其中一项实验发现,V1 区的血流动力学变化和竞争是一致的。对应于可见图片的血流动力学信号比被抑制图片的信号要强[13]。另一项实验则更有创意——追踪盲点在皮层中表征处的脑反应(图 4.2)。这一研究发现,该区域的信号受双眼竞争的影响非常强,就像直接把一个不被知觉的刺激加上和撤掉一样。由此他们得到结论,双眼竞争在 V1[14] 区就已经全部解决了。

认为 V1 区就足以决定哪只眼的信号在竞争中获胜,这样的结论很值得怀疑。这是因为它假设血流动力学这样缓慢变化的信号与投射神经元(projection neurons)飞速变化的发放活动这两者直接相关。但有时,这两者恰恰相反[15]。各种突触活动,不论是释放或吸收神经递质,还是局部回路中的电处理,都会伴随着血流及供氧量的增加而产生 fMRI 信号。然而,突触输入并非总能产生动作电位并沿轴突向下传递——它取决于兴奋性与抑制性输入的相对量。如果从这个视角(从生物物理的角度来说,它更有根据)解读 fMRI 数据,那么来自高层的反馈信号到达 V1 后,诱发了一些突触活动,但并没有改变从 V1 向外投射的神经元的发放率。在今后几年的研究中,我们有望解释单细胞电生理与 fMRI 技术在结果上的差异。

竞争是否发生在中层区域?

在 V4 区和 MT 区,神经元的反应模式较 V1 区差异更大[16]。在 V4 区,大约有 40% 的神经元与动物的行为相关,也就是说,和我们所假想的它们的知觉有关。一个令人惊奇的现象是,这些神经元中大约有 1/3 在猴子看到最优刺激时发放增强,而其余的神经元会在最优刺激的感知被抑制时产生最强的反应。在 MT 区内进行的移动光栅实验*也得到了大致相似的结果。约有 40% 神经元的发放率随动物的知觉而变。其中有一半神经元会在最优方向的感知被抑制时发放。这两个脑区都有一部分神经元仅在看不到其最优刺激时才发放信号。这就像是对于被抑制的刺激产生了某种下意识的"弗洛伊德"**表征。

许多 V4 和 MT 区神经元的发放特性表明,在知觉改变时,这些神经元的输出也随之改变。一个可能的解释是,这些中层区域的集群之间通过互相竞争来消除两幅不同输入图片的歧义。在某一时刻,获胜集群在竞争中脱颖而出,它的输出传递到后续的处理机制(被抑制的刺激,其信息可能也会往后传递)。

16.3　意识的踪迹指向下颞叶皮层及脑的更深处

沙因贝格和洛戈塞蒂斯在对猴子下颞叶(inferior temporal, IT)皮层及上颞叶沟(superior temporal sulcus, STS)的下侧(该区域与 IT 上部相邻)进行实验记录时发现,刺激之间的竞争在这一区域已经得到了解决。在记录的 10 个细胞中,有 9 个的反应与猴子的知觉相吻合。只要当猴子"看"到了最优刺激图片,细胞就有发放。当另一幅图(太阳图案)占优势时,该细胞则没有发放。与 V4 和 MT 区不同的是,在 IT 区并没有细胞对不可见刺激或者对被抑制的刺激有反应[17]。

让我们以图 16.3 为例。实验人员首先找出了一个神经元,它对猴子脸图片有很强的反应,但对太阳图案则反应较弱。在图中灰色区域

---

* MT 区的每个神经元仅对朝某一特定方向运动的光栅有最优反应。在这类实验中,两眼分别输入不同的移动光栅,其中一只眼看到的运动方向是该神经元的最优运动方向。——译者注
** 弗洛伊德的理论强调与意识相对立的下意识处理过程。——译者注

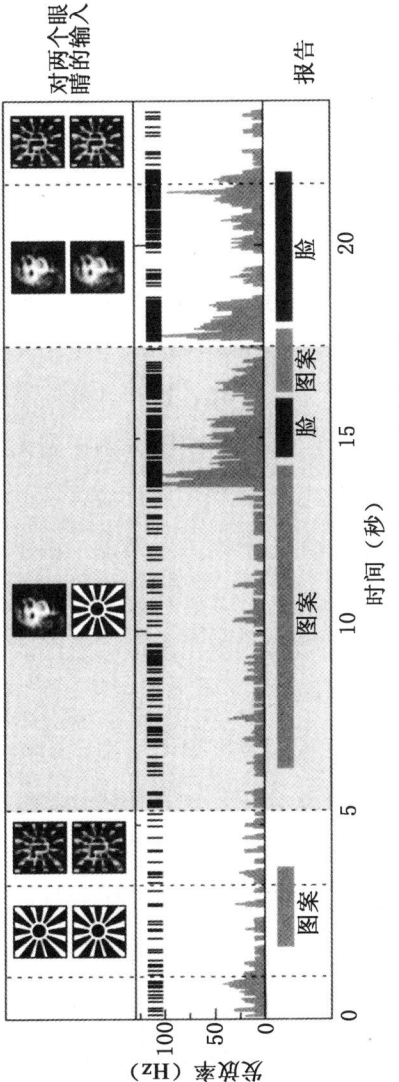

图 16.3 下颞叶区神经元的双眼竞争实验

这是一个典型 IT 细胞在不到半分钟之内的行为。第一行是输入信号。刺激变化以竖虚线分隔。第二行的每个竖条代表一个锋电位。第三行显示了对多次实验结果平滑后的发放率。最下面一行是猴子经过训练,只根据看到的图像扳动某一个手杆,而如果什么也没看到,就不扳动任何手杆。对于双眼同时看到的太阳图案,或者在第 5 秒左右出现的太阳与脸叠加在一起的图片,该细胞都只表现出很微弱的反应。在双眼竞争阶段,猴子的知觉在"看到"脸与"看到"太阳之间摇摆不定。在每次"看到"脸时(以及看到脸之前的瞬间),该神经元的发放率都会显著提升。图片取自 N.Logothetis(私人通信)。

所示的时间段内，猴子的两眼分别看到两张图片，并报告自己"看到"的内容。当猴子的心思发生变化时，这个神经元也会随之改变状态。虽然视网膜的输入不变，但是在猴子"看到"脸的时候，该神经元的发放要比"看到"太阳图案时强得多。

当两个神经集群在脑内激烈竞争时，它们的反响也可以被对人脑所做的脑成像捕捉到。麻省理工学院的视觉心理学家坎威协尔（Nancy Kanwisher）曾经发现（参见 8.5 节），梭状脸区对于人脸的反应，比看见房屋、场所或者名胜建筑物图片时产生的反应更强。而在海马旁回位置区（parahippocampal place area），其反应特性则正好相反：在这一区域，对于房屋的反应要强于人脸。于是，她和她的同事们设计了一个实验，让受试者躺在磁共振扫描仪内，双眼分别接到人脸和房屋的双眼视觉刺激。通过分析每个区域对脸和房屋反应强度的差异，就可以比较这两个位于视觉高层区域的血流动力学活动。该实验的结果与单神经元数据吻合：这两个区域的血氧动力学信号反映了主观的知觉。实际上，该信号的精度甚至可以提前预测出受试者看到的是房屋还是人脸——从某种意义上说，这已经可以算是读心术了[18]。

为了进一步证实，在下颞叶皮层及其周围所记录的神经元的确代表了有意识的视知觉，我们接下来介绍闪现遏制错觉。这一错觉是沃尔夫（Jeremy Wolfe）在麻省理工学院攻读博士学位时的研究课题。闪现遏制也是一种双眼遏制，而比通常的双眼竞争更容易知觉到。假定你先只用左眼观察一幅图片，过一会儿，另一幅图片在你的右眼前闪现。如果两幅图像正好投影在两眼视网膜上的对应部位，这时候，虽然较早的图片还在左眼前，你却只看得到右眼的图片。因为这幅图看上去比较"新鲜"，其显著程度高于前一幅图，它就把你对第一幅图的知觉完全消除了[19]。

从猴子的行为来看，它们在这个实验中的体验与人相似。沙因贝格和洛戈塞蒂斯仿照双眼竞争实验，训练猴子通过扳某一手杆来表示它们看到的东西，并同时监测单神经元的活动。在这个实验中，当猴子一只眼睛看到小猩猩脸的图片时，被记录神经元产生强烈反应（参见图 16.4 左图）。如果此时对另一只眼睛播放闪烁的太阳图案，则会抑制先前对脸的知觉。尽管作为诱发刺激的猩猩脸图片还在，但是该神经元的反应很快就几乎完全消失了。在较低层的视觉区域，神经元的抑制不那么彻底。图 16.4 右图表现的是相反的情况。太阳图案本身很难诱发锋电位，但是当猩猩脸的图片出现在另外一只眼里之后，该神经元的反应立刻增强，并且猴子也表示它看到了脸。这两种情况的物理输入一模一样，而猴子体验到的内容却相差很大，并且这种差异可在单个神经元中得到体现[20]。

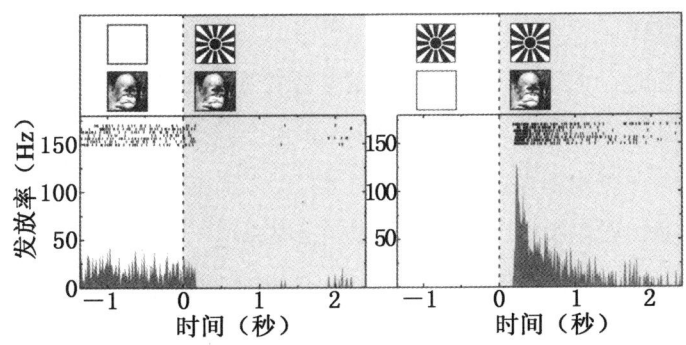

图 16.4　神经元的反应与受试者的主观知觉相吻合

左图：位于上颞叶沟（superior temporal sulcus, STS）的一个神经元，对于小猩猩脸的图片有强烈的反应。当另一只眼看到闪现的太阳图案时，猴子扳动手杆表示自己看到了太阳图案，而不再看到猩猩的图片。尽管猩猩脸是该神经元的最优刺激，但是在新的图片闪现后，神经元的反应迅速降为零。右图：反过来，如果猴子盯着太阳图片看一会儿，然后再让猩猩脸的图片在另外一只眼前闪现。此时受试猴子就能看见脸的图片，而且细胞的反应也会非常强烈。在较低级的皮层，神经元在很大程度上不会受这种知觉变化的影响。图片取自 Sheinberg and Logothetis（1997）并略作更改。

大多数 IT 和 STS 的神经元都有类似的反应模式。当猴子知觉到的内容恰好是该神经元的最优刺激时，神经元就会起反应。如果图片对应的知觉被抑制，则相应神经元也不活动，而不去理会 V1 区大量神经元在受到图片刺激之后的猛烈发放[21]。V1 区剧烈的神经活动对知觉完全没有帮助——初步看来，这一实验现象支持了我们的假说，即 NCC 不在 V1 区。

让我们回顾一下第 2 章注释 14。神经外科医生弗里德为了定位癫痫患者脑内的病灶，将一些电极埋入患者大脑内侧颞叶及额叶。我实验室的一位博士研究生克赖曼（Gabriel Kreiman）利用了这一难得的机会，通过在较大的探针上搭载微电极，让患者在病床上做闪现遏制实验，并记录神经元的反应。克赖曼发现，内侧颞叶（medial temporal lobe, MTL）的神经元对于特定类别的物体有反应，例如动物或者名人（参见图 2.2）。根据这一发现，我们可以进行闪现遏制实验。实验结果显示，MTL 内大约 2/3 的神经元与患者的知觉一致。当患者的意识知觉到图片时，神经元就会发放；当患者看不到图片时（虽然这时眼睛仍然注视着图片），该神经元的发放率也会降到平时的基准水平。同时，我们没能找到在知觉被抑制时才产生反应的神经元。这一结果让我们很难找到在这部分脑中存在"下意识表达"的踪迹[22]。这再次说明，尽管在实验中，受试者是第一次经历闪现遏制这样的实验，但他们单个神经元的反应却和经过长期训练的猴子非常类似。

16.4 悬而未决的问题和下一步的实验

近年来，对知觉刺激的神经生物学机制的研究，进展势头非常迅猛。科研人员利用各种可能的手段，一步步深入地探究造成意识内容转变的内部机制。和其他富有成效的研究项目一样，探索双稳态知觉的神经元特性，也为我们进一步探索 NCC 的本质开启了新的篇章。

这当中还有个问题迟迟未能解决：在对优势知觉信号进行编码时，锋电位同步化到底扮演了什么样的角色？IT 细胞之间的锋电位同步化，是不是标明 NCC 的事件？或者换句话说，是否只有许多神经元高度同步化才能产生优势集群，并对应到某种特定的知觉？[23]

另一个问题是，神经元的活动与生物体的知觉，这两者仅仅是同时发生，还是说这些神经元就是这个知觉的 NCC？在每一次实验中，发放产生的确切时刻及其强度与动物行为这两者之间，究竟有多大的关系？[24]

神经生物学不仅仅是在进行观察。近年来的一大研究趋势是通过量化的方式对神经系统进行干预，进而影响生物体的行为。通过这种侵入式的实验，我们可以进一步分析系统的因果关系，而不仅仅是相关性。

对脑内某部分施加微刺激是一种最简单的干预方式。在双眼竞争中，我们是否可以对 IT 区或 MTL 区内对应于知觉的神经元施加刺激，从而改变优势期的时长？8.5 节曾经提到，表达人脸的细胞聚集在下颞叶皮层。当人脸与其他图片相互竞争时，用皮层内电极在 IT 区一片细胞附近施加双极电流脉冲，就可能延长受试者对人脸知觉的优势期的时长，而缩短遏制期的时长。

在不久的将来，我们还可能使用其他种类的干涉进行试验。例如，用基因的方法使某一类细胞（如 IT 表层细胞，这类细胞投射到额叶）失活。如果失去了这些和前皮层交换信息的细胞，一个动物会不会还存在意识？它是否还能对知觉转换作出反应？

有哪类细胞参与？

在 IT 和 STS 内有许多种类的细胞，其中每一种都和知觉有关，但是未必都能直接展现其感知觉特性。在这些神经元中，一定有某些细胞参与了"赢者全取"的操作；另外一些则将优势集群的属性传递到运动中心以触发某个行为，或是存入短时记忆以备将来使用；还有一些会在知觉转换时负责发放一个瞬时信号；又有些神经元，也许它们表达了与知觉相同的信息，却存在着延迟。

当我们分析这些区域细胞反应的时间特性时，我总是惊讶于不同细胞之间的差异性。不同神经元迥异的发放模式可谓千奇百怪。有的细胞仅在一个瞬间发放，另外一些则较为持久；有的发放呈现簇发性，有的很明显按照 4～6 Hz 的频率有节律地发放；还有的（比如图 16.4 右图）先猛烈发放，接着按照某个较低的速率持续发放。这种种特性是不是反映了不同的细胞种类具有不同的功能以及不同的连接模式呢？这一问题的答案至关重要[25]。

寻找 NCC 这一问题，可以进一步转化为如何将知觉属性（可见度、亮度以及其他等等属性）的时间演化过程映射为特定种类的发放模式。对于知觉的编码，究竟是通过数分之一秒以后的持续发放强度来决定，还是通过相邻神经元之间同步的强度来决定？如果我们能做下面这个实验，那么许多争论很可能都将不复存在：在对受试者施用一种迅速见效的麻醉剂前后，分别进行闪现遏制实验，并记录神经元反应。让猴子进入睡眠状态有何作用？无论 NCC 是以何种形式存在，在这样做以后都会遭到破坏。

为了进一步研究 IT 的内部机制，神经解剖学意义重大。来自加州拉荷亚市索尔克研究所的莫里森（John Morrison）与他同事的一项研究具有里程碑式的意义。他们将 IT 区域中靶区是前额叶皮层主沟（principal sulcus）周围的神经元（参见图 16.5 小图）标记了出来[26]。这些细胞的细胞体位于表层第 3 层和较深的第 5、6 层。解剖学家根据

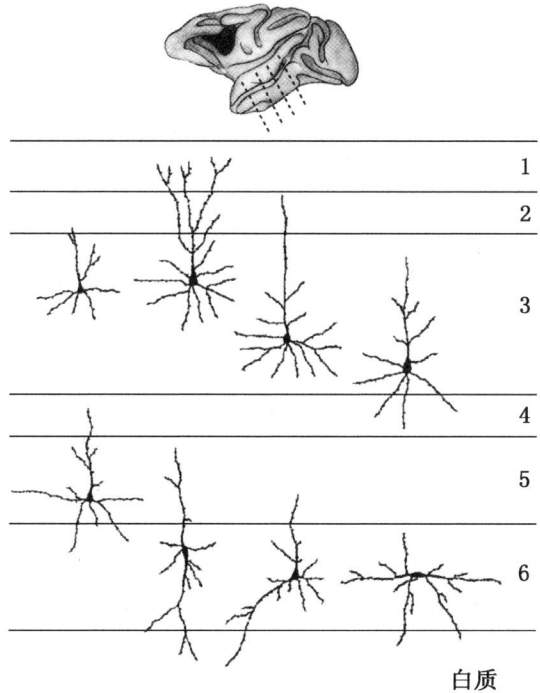

图 16.5 这些细胞是 NCC 的神经基质吗?
猴下颞叶皮层中(取自图中用虚线表示的 4 个剖面处)投射到前额叶皮层局部区域(小图中布满小点的区域)的各种类型细胞。按 de Lima et al.(1990)改画。

树突的形态学以及细胞所处的层位,分出了 8 种不同的细胞类型(图 16.5)。虽然单独的每一类细胞都只存在于皮层的特定纵向位置,但是这全部 8 种锥体神经元以及它们的树突遍布了整个皮层的各个深度。

在其中,有些投射神经元可能会形成 NCC 的一部分,但它们是哪一类?它们的轴突究竟投射到前额叶皮层的哪一层?它们会不会再形成分支,去支配其他的皮层区域?根据解剖结构进行的分类,与我在前一页中提到的发放模式分类,这两者之间有什么联系?这些神经元投射到前额叶皮层,它们是否也能收到来自前额叶皮层相同细胞的突触输入，进而形成直接回路？这些细胞有没有某些独特的分子特性，使得我们可以用更巧妙的实验手段快速、精确地使细胞在一段时间内丧失功能，并且整个过程可逆？

对分子生物学家而言，在突触重塑时，只知道突触处某一部分激酶（kinase enzymes）或者具有某种特定结构的蛋白质发生了改变，是无法令人满意的。生物学家希望能够确定，在实现突触功能所必需的数百种蛋白质中，到底哪些是正向调节，哪些是反向调节，它们之间是如何建立起联系的，哪些蛋白质位于细胞膜上，哪些在细胞质中，等等。在知觉问题上，如果我们的解释不够详细，又如何能让神经生物学家满意呢？

知觉优势与前额叶皮层

下颞叶皮层及其周围区域不光投射到前额叶皮层，同时还接收来自那里的传入信号。在竞争以及类似的现象中，这种反馈联系到底起什么作用？第14章提出，NCC需要和位于前额叶的计划中枢进行联系。这种联系必然是双向通道，发自IT的前馈活动为来自前额叶区域的反馈活动所加强。如果没有了这些区域（例如通过冷却等手段使之失活），虽然双眼竞争中的两个刺激可能还会自动互相切换，但意识知觉将不复存在。也许IT神经元还会在某种程度上随着刺激变换进行调制，但远不会像神经系统未受损的受试者那样，调制得如此彻底。在不久的将来就会有实验来检验这些预测。

伦敦大学学院（University College London）的鲁姆勃尔（Erik Lumber）和里斯（Geraint Rees）设计了一个很有新意的fMRI实验，来对比由竞争导致的切换与直接视网膜驱动时的情形（也就是说，直接停止显示某一只眼前的刺激图片）。他们得到的结论是，额叶-顶叶区域在知觉优势转变的时候会产生活动[27]。这个假设被临床观察进一步证实：前额叶受损患者的双稳态知觉在转换时通常不正常[28]。

如果这些区域能影响何时改变知觉，那么它们也需要收集当时被抑制知觉的信息。11.3 节曾经介绍过，在前额叶皮层主沟内及周围的神经元负责形成短时记忆。如图 16.5 所示，IT 神经元恰好投射到上述区域。位于前额叶的这些细胞对先前看到但后被抑制的图片进行编码，它是否也负责让这幅图片在下一周期重现于意识中呢[29]？

16.5 小　　结

知觉刺激就像一块罗塞塔石碑*，勇于探索的研究人员根据它可以在 3 种语言之间互译：主观的用来描述感觉与体验的俗语，客观的行为心理学术语，以及用锋电位和神经元集群表达的脑科学语言。同时参照这 3 种语言最有希望揭开 NCC 之谜。

双眼竞争和闪现遏制都是常见的"一对多"知觉刺激。它们的效果很强，并且容易控制。虽然两只眼睛分别注视两幅图，但受试者只能看到一幅，另一幅会被抑制。在竞争中，两幅图交替进入意识，不断往复循环。在此过程中，我们只能看到某一幅图片，但看不到两图的叠加——因为两眼的竞争非常残酷，谁获胜，谁就占领全部意识。闪现遏制与双眼竞争类似，但相比起来更容易预测受试者所知觉到的内容。新闪现的图片永远会盖过老图片。

在受训猴子身上得到的神经生理学线索表明，在 V1 和 V2 中，只有很少一部分神经元会随知觉而改变发放率（LGN 中完全没有这样的

---

* 罗塞塔石碑是一块成于公元前 2 世纪的埃及石碑，上面用 3 种语言镌刻着国王的诏书。近代考古学家通过对照不同语言，最终解读出了石碑上埃及象形文字的意义。——译者注

神经元）。较之竞争过程中知觉的完全转变，这种发放率的变化要弱。几乎所有 V1 细胞发放都与受试者的意识知觉不相关。这也就解释了，为什么通过被抑制的——亦即不可见的刺激，也可以产生后效。

在 V4 和 MT 区，有超过 1/3 的神经元与知觉相关，其中有许多用于编码优势刺激，还有很大一部分对不可见刺激进行表达。

大多数 IT 和 STS 神经元与动物的行为相一致。在这一区域，没有神经元对被抑制的刺激进行表达。对人类内侧颞叶的单细胞记录也有同样的特性。绝大多数具有选择性的细胞都随着知觉而改变发放率。没有找到编码不可见刺激的神经元。这一现象非常明显、非常稳定，以至于根据发放率本身就可以精确预测受试者的行为。

腹侧通路，即知觉性视觉通路，它的上层区域完全被获胜的神经元所统治。这当中的某些神经元最有可能成为 NCC。为了进一步分析这一观点，我们必须将有意识知觉的微观结构与神经元的动态发放特性对应起来。同时，还需要以合适的方式刺激这一区域的神经元，从而确立这两者的因果联系。

从神经生理学的角度探索知觉刺激，为我们揭开心与身之间的联结提供了宝贵的知识财富。我们了解 NCC 神经学原理的另外一扇窗口来自对于人脑所做的手术。下一章会介绍这些内容。

第17章

分裂大脑,分裂意识

> 仿佛有两个意念在脑内激烈辩论。一个意念发出很清晰的"声音",非常尖锐,又十分威严。这个声音总是正确的,我听从它的指示行动。另一个意念则会断断续续地浮现出许多情景、记忆以及希望。当我"听"从"声音"的命令时,后者也仿佛浮现在脑际。"我必须到冰壁上面去,我必须爬上去。"当时的我只能想到这么多。我脑海中的意念逐渐变得清晰而专注。最后,我能想到的只有"爬上冰壁"这一个目标,别的什么也不想。那个"声音"告诉我该怎么做,我就按它说的做。而我脑中的另一个意念,则恍恍惚惚地从一个想法跳到另一个想法。
>
> ——摘自辛普森*《触及巅峰》

---

* 辛普森(Joe Simpson,1960—),英国登山家和作家。他写于1988年的《触及巅峰》(*Touching the void*)是其成名作,并于2003年被改编成电影。——译者注

如果意识定位于脑的某个部分，那么将这个部分一分为二，是否就可以分裂意识？这个点子虽然听起来很傻，但是的确已经做过类似的实验。

脑包含两个大脑半球、两个丘脑，以及两组基底神经节（basal ganglia），如此等等。它具有很高的对称性。这种对称性是它最显著的特征。因为意识通常只对应单一的体验，故而你有可能会认为，意识的神经元基础一定是单一的物理结构。若是 NCC 在左右半球都存在，那么意识的统一性该怎么解释呢？基于这种想法，笛卡尔在 17 世纪提出，灵魂位于松果体（pineal gland）内[1]。因为该腺体是脑中线上为数不多的单一结构之一。

像连体婴儿一样相连的两个大脑半球，要是被分裂开来会有什么后果呢？如果人或动物经历了半球分裂之后还能活下来，他们会受到多严重的损伤呢？他们对世界的感知是否也会分裂开来呢？

17.1　你若不清楚要找什么，想要找到东西也难

胼胝体是直接连接左右大脑半球的纤维中最大的一束（图 17.1）。另一束较小的连接纤维叫做前联合（anterior commissure）。在三维脑成像中，前联合是一个重要的标志，它常被用来表示坐标原点[2]。

为了治疗某些无法用药物控制的癫痫，有时左右半球间的通路不得不被部分或全部切断，这样可以阻止某个半球的异常放电活动传到另一个半球而导致全身性的惊厥。这类手术始于 20 世纪 40 年代，即便在今天也还会偶尔实施。这类手术的确可以缓解癫痫。而最令人惊讶的是，裂脑患者在手术恢复之后，在日常生活中没有什么后遗症。他们的人格和手术前毫无区别。他们就像以前一样看、听、闻；他们

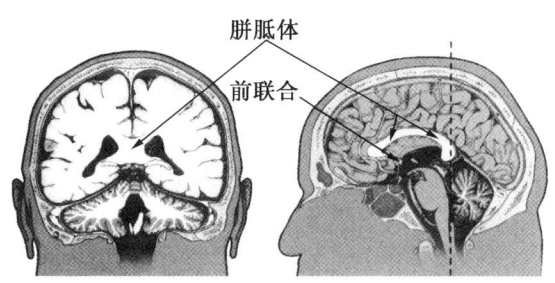

图 17.1 胼胝体（the corpus callosum）
这一结构包含了两亿条神经轴突，再加上较小的前联合，它们将左右大脑半球联系在一起。感觉信息和抽象信息会从一侧传到另一侧。完全裂脑患者的胼胝体和前联合都是被切断的。图片来自 Kretschmann and Weinrich（1992）。

行走、说话、与人交流时，举止也十分自然；他们对自我的认知也很正常；在对世界的感知方面，也没有什么大问题（不会出现左半部视野失明的情况）。医生们对这种毫无症状的状态感到非常困惑。

神经科学家坚信，脑具有高度的适应性。在受到损伤以后，它会以种种手段，从多种渠道获取所需的信息，并进行代偿。除非我们能大概了解哪里可能出错，能预测出会产生什么样的缺陷，否则，我们也许根本就查不出问题。在探索 NCC 的过程中，研究裂脑患者的经验教训是我们必须记住的。

在 20 世纪的 50、60 年代，来自加州理工学院（也就是我的工作单位）的斯佩里（Roger Sperry）以其先驱性的工作使人们对这一领域的认识大为改观。这项研究也让他获得了 1981 年的诺贝尔生理学或医学奖。通过观察青蛙、啮齿类、猫、猴子以及大猩猩在大脑半球联接被切断后的行为，斯佩里与其合作者提出，这些动物都具有两个心智[3]。其中一个半球可以习得一种反应，而另一半球可以对同样的刺激习得另外一种、甚至是相反的反应。

博根（Joe Bogen）是一名在洛杉矶洛玛·林达（Loma Linda）

大学医学院工作的神经外科医生。他与斯佩里及其学生加扎尼加［Michael Gazzaniga；现就职于加州大学圣巴巴拉分校。他是认知神经科学（cognitive neuroscience）的奠基人之一］，依照他们在动物实验上的发现，对裂脑患者进行测试。令人吃惊的是，以前在患者身上很难找到的异常，现在却很轻松地被检查了出来，这些患者的确存在严重的缺陷[4]。

17.2 两个大脑半球并非用于同样的功能

除了根据裂脑患者来研究脑半球特异性，我们还可以采用向某一侧颈动脉注射速效的异戊巴比妥酸钠（又称为"吐真剂"）的实验方式。这种药物可以使由该颈动脉供血的大脑半球陷入睡眠数分钟时间。这样一来，我们就可以对另一侧清醒的大脑半球进行试验。

在这方面的研究中，最著名的一个实验是发现了说话的能力仅限于一侧的优势（dominant）半球内，理解语言的能力在较小程度上也是这样。在 10 名受试者中，至少有 9 人能够自如地使用左脑进行交谈、书面交流以及其他语言行为。这些受试者的右脑只能进行非常有限的语言理解，却无法说话（可以唱歌）[5]。当一个裂脑患者讲话时，是他的优势半球在这样做，非优势半球则不能说话。但是非优势半球还是可以发出某些信号，诸如点头，或者用对侧的手做出有意义的手势。

在今天，功能成像技术是一种既方便又安全的手段。健康受试者的脑半球特异性得以凭借该技术直接呈现出来。成像结果与临床学上的推理相吻合：对于大多数人来说，左半球前额叶皮层的布罗卡区和颞叶的韦尔尼克（Wernicke）区（图 15.2）负责语言处理。本章假定左半球就是优势半球[6]。

相对地，右半球对于空间认知、空间关系、视觉注意（10.3节提到的空间忽视以及消退症，它们通常都是由于右侧顶叶受损引起的）、视知觉（诸如人脸识别以及想象）等任务更为擅长。实际上，在正常受试者（就脑功能成像而言，参见8.5节）脑内右侧梭状回内的梭状脸区要远比左侧的大。

左右半球的差异已成为街谈巷议与卡通的素材。这些发现甚至衍生出了一大批书籍，教你如何训练某半边的大脑，从而增强创造力或思考能力，或者开拓未开发的脑区——其实这些说法都是毫无根据的。

17.3　一个身体里的两个意识

我们都知道，左侧视野或者说左侧身体的感觉信息，都在右侧大脑半球内得到表达。如果我们将一把刀放在裂脑患者的右手，使其位于视野之外（或者蒙住眼睛），患者仍然可以轻松地说出这是一把刀。因为右手上的触觉感受器投射到左侧体感皮层（somatosensory cortex），而这也正是语言中枢所在的皮层。但当把刀放在患者左手上时，触觉信息传递到右侧那个不会讲话的半球，他就无法说出这物体是什么。如果我们给他一张图表，患者可以用左手指出刀的图案（而并不用右手）。在问及为什么选择那张图片时，他也不知道为什么。因为他的语言半球对他左手抓着什么东西一无所知（在实验中，不允许患者看到手中的物体）。与其一言不发，患者常常会杜撰出各种解释，来掩饰他对左手为何这样指点一无所知的事实。

裂脑患者的一侧大脑半球完全不知道另一侧大脑半球的运作，可能会引起一些令人啼笑皆非的情形。北达科他大学的神经学家马克

（Victor Mark）录制了一段他与某位完全裂脑患者的访谈。当问及她最近有过几次癫痫发作时，她的右手伸出了两根手指；接着，她伸出左手，想去压下右手的手指。在试着数了好几次之后，她稍微停顿了一下，然后同时伸出两只手，右手伸出三根手指，左手一根。当马克问到两只手的差异时，患者解释道，她的左手常常自作主张做些动作。她两只手互相争执，就像在做才艺表演一样。但患者本人却因此苦恼万分，甚至哭了起来，这才让人意识到她的情况其实是个悲剧[7]。

其他的临床例子包括患者用一只手解开衣裤的扣子，再用另一只手扣上。幸运的是，两个半球竞争的现象，通常在手术几周后消失。

在视觉搜索任务中（参见图 9.2），裂脑患者会同时打开两束独立注意力的探照灯光，分别在左右两侧视野进行扫描[8]。如果胼胝体没有受损，左右半球间的竞争就会减慢搜索速度，从而表现为单一的空间注意力聚焦。

在完全切断胼胝体和前联合之后，脑内剩余的连接就不足以传递像"在左上视野有一个红色竖条"这样的特定感觉或符号信息。但是，像喜怒哀乐这种更为弥散的感情状态，依然可以在左右半球间传播。例如，当一侧半球看到与性有关的令人尴尬的图片时，另一侧大脑半球也会察觉到这种情感，但不知道为什么。

优势半球的智力水平与正常大脑没有太大区别。或者换句话说，一个正常的、完整的大脑，它的智力与占优势的那一侧半球差不多。这就解释了为什么绝大多数裂脑患者看上去似乎没有什么缺陷——尤其是当别人问及他们自身感受的时候，因为说话的语言半球也正是优势半球。

两侧半球的认知和运动能力虽不尽相同，但具有同样的一般特性。右半球可以访问外显记忆（explicit memory）以及符号化的处理过程

(symbolic processing),这些都是僵尸系统所不能完成的。它自然也能顺利通过用来测验意识的延迟测试(delay test;详见13.6节)[9]。

因为左右半球都可以完成复杂的、计划要做的行为,所以这两个半球很可能都能够产生有意识的知觉——也许感受的特点和内容不一定完全相同。斯佩里着重强调了这种在同一个身体里的两个"头脑"(mind)拥有既相对独立又有共享之处的体验。

尽管有些权威学者一直不愿意承认独立的非优势半球有意识,但是我们对大量不依赖语言的实验的解读是:非优势半球自身的确也是有意识的系统。它有自己的感知、思考、记忆、推理、意志以及情感能力,这些能力都达到了正常人的高度。并且,左右半球可以同时并行地经历两种不同的、甚至是互斥的精神体验[10]。

这种独立性在双眼竞争实验中得到了证实(上章讲过这个问题)。两个半球所表现出来的优势和抑制特性,就像有两个多少有些独立的大脑所表现出来的情形[11]。

不会说话的那个半球总是与一直说话的优势半球共存在一个头颅里面,它会有什么样的感受?因为右半球没有语言能力,它的自我意识是否会比另一半弱?其意识内容是否会更像大猩猩和猴子等没有语言能力的灵长类动物?我们可以想象在其他脑间连接内静静涌动的信息湍流,右半球就是通过这些通道对身体各部分加以控制的(左半球也是)[12]。将来会不会有技术能直接访问非优势半球及其内部的意识?

在裂脑患者的两个半球内,也至少以部分独立的形式,都存在有NCC(我们不否认,有某类知觉仅存在于一侧半球)。那么在完整的大脑内，意识是如何整合在一起的呢？NCC 一定是通过胼胝体纤维，从而才能在整个前脑建立起单一的优势集群，形成单一而非两个有意识的感觉。

但是，意识是否真的总是得到整合呢？日常生活中，我们是否也能发现两侧半球相互争斗的蛛丝马迹？让我们回到本章开头的引语，其中描述辛普森落入冰缝时的痛苦情景。他在死亡边缘徘徊，最终拖着一条断腿爬上冰壁。那时的"声音"，很可能来自他的左脑，促使他尽快下山；而右脑，除了用一些暗示性的影像来干扰他之外，并没有什么其他的作用。在健身的时候你是否也经历过内心斗争，有一个"上进的自我"，坚持要再跑上一公里，或者在杠铃上再加重，与此同时，另外一个"懦弱的自我"总会寻找各种理由来说服自己要适可而止？这是不是也反映了两个半球？这是否也反映了代表偏语言和偏视觉的两个半球之不同态度？裂脑患者，或者那些失去了半边脑的人们，是不是就完全不会有类似的意识流冲突了呢？[13]

17.4 小　　结

从宏观上说，脑就像身体一样，具有很强的左右对称性。而思想却是一条而非两条意识流。在正常情况下，2 亿条胼胝体纤维，再加上前联合及其他次要连接，将前脑两侧的神经活动整合在一起，产生出一个优势集群，支撑起单一的知觉。

对于裂脑患者，为了防止癫痫从一侧皮层半球传递到另一侧，胼胝体和前联合都被切断了。值得注意的是，这些患者在术后恢复之后，其行动、语言以及感觉都与手术前无异。没有人抱怨说自己失去了一半的视野或有别的什么严重缺陷。但若是仔细观察，我们能发现持久并且严重的裂脑综合征。其中的一侧半球无法收到另一侧半球接收到的信息。

这一临床经验被后来的 fMRI 实验所证实。对于绝大多数人，左侧皮层专司语言处理（包括读和写）。虽然右侧皮层不会说话，但它可以通过用手指点、点头或唱歌来交流。就像是作为一种补偿，右侧皮层专长于视觉注意与视觉感知的各种功能，例如人脸识别。

我们推测，裂脑患者的左右脑各有自己的意识。对于这些患者，NCC 必然在每一侧都独立存在着。在完整的脑内，两侧半球的活动互相竞争，最后剩下唯一的集群，促成了单一的意识知觉。

这个主管意识的优势集群，究竟是遍及整个脑前部——也就是高级精神官能之所在，还是说，有些区域会被排斥在觉知和主观感受之外？我们将会在下一章探讨这些问题——这些讨论将会比本章更带有猜测性。

第 18 章

关于思想和无意识
微型人的进一步思考

  我不知道你有没有过这种经历，我就碰到过：有时若是被一个问题难住了，只要一觉睡到早上，答案自然就想出来了。那些研究这个问题的大人物们说，这和下意识的心智有关，我觉得他们很有可能是对的。倒不是说"好吧！我什么都不用管了，反正我有下意识的心智"，而是说，虽然我察觉不到这个心智，但它一定是存在的，而且在现实中的"我"呼呼大睡的那 8 个小时里，它一定在写字台前玩命工作。

    ——摘自沃德豪斯*《干得好，吉夫斯》(Right Ho, Jeeves)

  你是否意识到了自己内心最深处的想法、计划和意图？绝大多数人会不假思索地说：当然了！绝大多数人会把意识放在知觉信息处理

---

* 沃德豪斯（Sir Pelham Grenville Wodehouse, 1881—1975），英国作家，擅长写小说、短篇故事和音乐剧。——译者注

金字塔的顶点。这个金字塔以眼、耳、鼻及其他感官为最底层的基础；而在所有知觉和记忆的最高峰，则是"有知觉的自我"。在这信息处理的等级结构中，它是对所有执行功能和运动控制的最终仲裁者。

我认为，这个观点是错误的，它不过是一个荒诞的幻想。在靠近全书尾声的本章，我将再一次以轻松自由的形式讨论弗朗西斯和我都非常欣赏的观点，即在认知结构中，NCC 介于对外部物理世界的表达与内在、隐性的内心世界之间。这个观点会引出许多令人惊奇的推论。

18.1 意识的中层理论

主观体验特性是构成意识体验的基本单元。主观体验特性是我所觉知的内容：在我下方万丈深渊的景象，阳光照在我背上的炎热感，当我抓住岩石时双手绷紧的感觉，在攀登峭壁时心中恐惧与兴奋并存的特殊感觉。这些都是主观的感受。14.1 节提到过，这些感受是为了总结客观世界事物的当前状态，并将这个"执行概要"送至计划单元。

上文绝不是说，意识可以直达内心深处，在那里考虑种种不同的动作过程，作各种决定，评估以及更新远期目标。

实际上，心理学上一直有这样一个看似自相矛盾的观点：我并不能直接意识到我自己的思维（thoughts）。至于"思维"，我指的是对感官或者更抽象数据或模式的各种处理。比如说，辨别桌上两只手套是一双还是同一只手的，就是一种思维。该论点的结论是，我们所意识到的只是思维活动（thoughts）的感觉层面，而思维本身——也就是上例中我们把两只手套进行对比的过程——则并不能觉知到。构成我们精神生活那庞大而连续不断的意识，并不是思维本身，而只是思维的反映。

为了进一步阐述这个问题，我们可以参考认知科学家杰肯道夫（Ray Jackendoff）的著作。杰肯道夫是波士顿郊外布兰迪斯（Brandieis）大学的教授*。在1987年出版的《意识与计算心智》（*Consciousness and the Computational Mind*）一书中，杰肯道夫表达了对意识中层理论的支持。杰肯道夫的论点基于语言学和乐理学的深层知识，也讨论到了视知觉[1]。

杰肯道夫的分析将心身问题分为三个组成部分：物理的脑、计算的心智，以及可感知到（phenomenological）的心智。有关脑的范畴包括了我们熟悉的突触、神经元，以及它们活动的方方面面。计算的心智提取感觉的输入信号，进行一系列操作，改变生物体的内部状态，并产生运动输出。从原理上说，计算的心智和一台配备了类似的输入输出能力的机器人没什么区别。可感知到的心智这一部分则能够真正产生感受，并体验到主观体验特性。杰肯道夫承认，他不知道主观体验特性是如何从计算中产生的。他这是对查默斯提出的困难问题（14.4节）的一种响应。和查默斯一样，杰肯道夫也并不关注NCC，他关心的问题是哪一类计算会产生出主观体验特性。

常识告诉我们，觉知与思维密不可分，而且内省（introspection）可以揭示心智（mind）的内容。杰肯道夫以很长的篇幅论证，这两个观念都是错的。思维，即对概念、感觉数据或抽象模式的运算，在很大程度上都是意识不到的。对于思维，我们能意识得到的只有与感觉的中层表达相关的图像、声音、内心独白，以及较次要的其他体感[2]。但不论是思维的处理过程，抑或是思维本身，都是意识不到的。我们

---

* 杰肯道夫（Ray Jackendoff, 1945—   ），美国语言学家，现在是塔夫茨大学（Tufts University）的哲学教授。——译者注

并不能直接意识到我们的内心世界,虽然你老是有一种错觉以为你意识到了!

为了说清这个问题,我们举一个例子。一个懂两种语言的人可以用任意一种语言来表达思维。但是不论用什么语言,词句背后的思维却始终是深藏不露的。思维只能通过可以引发联想的意象,或是在心中默念的独白,或是将一个动作具体化,才能传达给意识。正如那句谚语说的:"要是不说出来,我怎么知道我在想什么?"

这个观点让人眼前一亮。虽然很少有脑科学家注意到了这一问题,但类似的想法至少可以追溯到哲学家康德(Immanuel Kant)。弗洛伊德通过对大量精神失常患者的研究,也得出了类似的结论。比如下面这句:

> 在心理分析中,我们别无选择,只能假设精神过程本身是无意识的,并且把通过意识知觉到精神过程(mental process)这一说法,和通过感觉器官知觉外部世界进行类比[3]。

20世纪中叶,美国很有影响力的神经科学家拉什利(Karl Lashley)将类似的想法向前推进了一步。

> *任何心智的活动都是无意识的*(原文就是斜体字)。这听起来像悖论,却是真的。心智活动有其规律和组织,但我们无法体验到这种规律是如何产生的。这样的例子太多了,却从来没有一个反例。我举几个例子就足够说明问题。考虑一个复杂场景,在朦胧的背景前面,我清楚地看到几个物体:桌子、椅子、人脸。其中每个物体都包含数个较简单的感觉因素(sensation),但我没法体验我是如何把它们组合在一起的。对我而言,物体"一下子"

就出现了。当我们想事情*的时候,思维会以合乎语法的方式表达出来,主语、动词、宾语、从句都出现在正确的位置,可我们一点也不知道句子结构是怎么产生的……很明显,体验(experience)本身并没有给出它是如何组织起来的任何线索[4]。

两位作者的出发点及研究习惯都完全不同[5],却得到了完全一样的结论。

我们只能间接地意识到我们对外部物体(包括我们自己身体)或者内心事件的表达。对任何东西,比如一把椅子,我都不能直接意识到它,我们意识到的只是由它引起的视觉和触觉在皮层中的表达。椅子就在那,我对此能直接知晓的只有通过感官在脑内产生的显式、中层表达。椅子的许多具体细节都被我忽略了,例如光照在椅子上的明暗变化,射入我眼睛光线的具体波长分布,以及其他视网膜神经元能感受到的细微变化。这和回忆或想象的事物情况很类似。大体上说,这些因素会被映射为视觉、听觉、嗅觉、味觉、内耳前庭觉、触觉,以及本体感觉表达。这些表达中的一部分构成 NCC,进而被我作为主观体验特性而体验到(experience)。整个过程需要一个或数个获胜神经元集群(18.3 节)将后部皮层区域与较前部的区域联结在一起。

18.2 无意识微型人

意识的中层理论能很好地解释一个普遍一直都有的感觉:在我的脑袋里,有一个微型人(homunculus),他通过我的感官对外部世界产

---

* 这里指使用母语。——译者注

生知觉，他能思考，还能做计划，并且让我的身体可以随意运动。科学家和哲学家经常取笑微型人这一概念，但这个概念本身却有非常吸引人之处，因为它与我们日常体验到的"自我"极其吻合。

这种强烈的体验很可能反映了前脑（forebrain）的神经解剖学特点。实际上，弗朗西斯和我相信[6]在额叶内的某处，会存在一个在各方面都非常类似微型人的神经网络。这样的微型人是无意识的，它接收大量来自后皮层（back of the cortex）的感觉输入（嗅觉通路*例外），做决策，并将决策传达到相应的运动处理单元。粗略地说，这样的微型人是在"监视"后皮层。从神经解剖学角度说，这意味着后皮层会将很强的驱动性联结投射到其输入层（7.4节），而从微型人到后皮层的反向连接则与输入连接完全不同。

心理学家阿特尼夫（Fred Attneave）总结出两类针对微型人的反对意见[7]。第一类源自对二元论的反感——认为微型人概念很可能讲到的是"无法精确定义的非物质（nonmatter）"，并且"无法进行科学研究"。这种批评与我们的理论无关，因为这里探讨的微型人对应于真实物理系统的活动。这个系统位于额叶以及一些与之密切相关的区域，如基底神经节。第二类质疑则将重点放在概念的递归性上。究竟又是谁在监视微型人的脑状态呢？这不就等于在第一个微型人里面还需要另一个微型人负责控制和计划他的行动么？这就好像一套永无止境的俄罗斯套娃，打开每个娃娃，就会有一个更小的娃娃。每个微型人都被一个更小的微型人控制，这样的递归永无止境。但是在我们的理论中，微型人并不需要解释主观体验特性，故而也就不存在这样的递归（14.6节）。我们提出的微型人，更像是一个计算模块。

---

* 它直接来自丘脑。——译者注

无意识微型人这个概念非常重要。正如前几章讨论的那样，思维、概念形成、计划等复杂处理过程都由它产生。实际上，要是考虑这些处理过程在心智层次结构中的位置，我倾向于称它们为超心智（supramental）。超心智的处理过程无法被意识所知觉。与之相对的还有亚心智（submental）。亚心智是一类更基本的处理过程，意识也无法访问到它们。

无意识微型人的理论对于其他一些难题诸如创造力、问题求解、灵感，也有新的启示。一直以来总有人主张，许多创造力都是无意识的。法国数学家阿达马（Jacques Hadamard）曾经调查过知名科学家和他的一些数学家同事创新灵感的来源。他们都说，对于一个问题长时间的思考酝酿，再加上一夜好觉或是几天的放松，通常就会让关键的点子在脑中闪现出来。意识无法触及灵感，这已经通过最近关于问题求解的研究得到了证实[8]。

我也有过类似的经历，其中最离奇的要数下面这次了。我平时睡得很熟，但是前几年有一天，我突然在半夜惊醒，意识到我会死：不是说立刻死去，而是说在将来一定会死。我并非预感会发生事故或者突然得癌症，而仅仅是意识到我的生命总会有结束的那一天。我不知道为什么我会突然惊醒，更不知为何会突然考虑起死亡。10年前家人的去世让我体验过生离死别，但是打那以后我就再也没想过这个问题。那次半夜惊醒的经历，直到今天还在我心中挥之不去。由此猜想，我的无意识微型人很可能被死亡这个问题困扰了很长一段时间。

18.3 主观体验特性的本质

14.6节提出主观体验特性是一些符号，它们是高度并行网络的一种特别属性,用以表达大量的显式及隐式信息。其中,显式信息在不同主节点处以 NCC 表达,而隐式信息则分布于构成 NCC 意识背景的大量神经元中。

正如人工规定的符号会有不同种类(字母、数字、象形文字、交通信号)一样,不同类主观体验特性所包含的神经符号也存在很大差异。和不同主观体验特性相对应的神经符号不仅内容不同,它们的时长、强度,以及是简单还是复合,均可能有差异。

一束红色的亮光会触发一种颜色的主观体验特性,看见一条狗或者一张人脸则会带来更丰富细致的知觉。这三种主观体验特性的产生都非常迅速,并且也会很快消退。相反,似曾经历的错觉(déjà vu)或者愤怒心情所对应的主观体验特性,产生或消退都要慢一些,而它们对其他知觉、意识或者记忆所产生的关联也会相对少些。

一般说来,由想象和记忆引起的感知觉,不像因受外部刺激而产生的感觉那么生动——当然,不同人臆想事物的能力也有很大差异[9]。在我写这段文字的时候,我家那只棕色的哈士奇*-牧羊犬混血狗就躺在我脚边。我能清楚地看到它的长鼻子、尖耳朵、有神的双眼正盯着我的一举一动,还有那身漂亮的毛。如果我闭上双眼,想要回忆它,我对狗的印象就变得模糊不清了。相比真实的知觉,与想象相关联的主观体验特性更弱,缺乏真实感,并且细节也较少[10]。

我认为,感觉的生动程度在神经元层次也有其表现,它取决于表示 NCC 的集群分布有多广。获胜集群神经元分布得越广,越多的细节就可以在意识中得到表达,知觉也就越生动。

正如 5.4 节提到过的,对患者单神经元的记录以及对志愿者进行

---

* 哈士奇(Husky),也称西伯利亚雪橇犬,是源自西伯利亚东北的雪橇犬品种。——译者注

fMRI 扫描的结果都说明，在知觉性视觉通路的较高层，对想象图片的响应与真正看到图片得到的响应几乎一样强[11]。较初级的视觉皮层，诸如 V1、V2 和 V3，对于想象的响应就不像从视网膜受到刺激那么强烈了。换句话说，在视觉等级结构中，某个皮层区域的层次越低，它就越少参与想象活动，而且该区域对应的感受，对于内心之所见（the mind's eye）也就越模糊。从前皮层一直到脑后端的反馈通路可能不具备空间选择性，无法精确地影响脑后端的发放活动。从某种意义上说，这不是个坏事儿，否则我们也许很难分清幻觉和真实。

有一类有意识的感受，它们和直接的感官知觉不同。这类感觉包括熟悉感、新鲜感，名字到了嘴边却想不起来的感觉；或者是恍然大悟的感觉，以及各种情感。有意识想做某个动作时的那种感觉——又称主体感*，也在上述那种感觉的范畴之内。这种感觉让动作者感觉自己可以随意做举手、推动手杆等各种运动[12]。这些感觉和感知觉比较起来较为模糊也缺乏细节，与此对应的主观体验特性究竟是独立地另成一类，还是各种肉体感觉稍加变化之后的混合体？这个问题至今还没有答案。

视知觉的 NCC 需要腹侧通路高层集群参与，第 16 章总结了这一论断的有力证据。第 14 章和第 15 章提出，来自额叶的反馈通路很可能是维持获胜集群所必需的。这样的集群可能会包含从高层的视觉皮层到前额叶皮层的神经元。如果某个获胜集群的神经元大多来自额叶，它的功能与视觉皮层的集群会不会完全不同，由此是不是可以解释不同类的主观体验特性？清楚而快速感觉的主观体验特性，与不够生动、模糊而缓慢的抽象主观体验特性之间的差别，会不会是由前后皮层神

---

* 主体感（authorship），即感到自己是动作主体的感觉。——译者注

经元集群的差别所造成的？在对前扣带皮层（anterior singular cortices）有更深入的解剖学与生理学理解之前，我们还很难对这些问题作出回答。我们甚至不知道，这部分皮层是否和感觉皮层一样具有等级结构。

18.4 小　　结

本章介绍了杰肯道夫提出的意识的中层理论。该理论提出，那些由思维和概念构成的内在世界，与包括身体在内的物理外在世界，都是意识所无法触及的。

由这个假说我们可以推出这样的结论：高层认知的许多方面，诸如决策、规划以及创造性等，都超出了觉知（awareness）的范围。这些操作都是由位于前脑前端的无意识微型人完成的。微型人会接收来自脑后部感觉区域的输入，并将自己的输出中转到运动系统。

再进一步，我们可以得到这样的结论：你无法直接意识到你自己的思想。通过视觉想象或内心独白等感觉的主观体验特性，你所意识到的只是对思维的又一次表达。

换一个角度来说，大量的神经元重点负责"亚心智"层次的处理——将感觉输入转换成运动输出。而另一部分神经元，它们能够接触到外部世界的显式表达，这足以构成某种特定的有意识的知觉。思维，以及对其他复杂知觉或抽象数据与模式的处理，也就是"超心智"层次的处理，则发生在无意识微型人所在的高层，其内容无法被意识直接察觉到。意识仅存在于外在世界与内在世界的表达相交汇的位置。

真实的物理刺激通常会带来比想象的刺激更强烈、更复杂的主观体验特性。其原因很可能是在没有输入信号时，从前皮层到相关感觉区域的皮层-皮层反馈通路要是没有感觉输入的话，就很难产生一个足够大的集群，从而完整地表达一个物体或者事件的各个方面。前后皮层内的获胜神经元集群所对应的主观体验特性，可能具有不同的特性。

这一理论描绘出的情景十分优美而对称。我们从来无法直接了解外在世界。实际上，我们能够意识到的只是由我们神经系统对外部世界的一些表达，经过计算后得到的结果。同样，我们也无法得知内心最深处的思维。我们所能意识到的也只是由这些精神活动所引起的知觉表达。如果这一切都是真的，那将会对历史悠久的西方哲学[它可以概括为那句古谚"认识你自己（Know thyself）[13]"]产生深远的影响。

在了解完这一理论之后，我们必须清醒地认识到，主观体验特性产生了主观世界，这是你我与僵尸的最大区别——它给我们的生活带来色彩、音乐、气味、美味，还有乐趣。这一切都与一组神经元微妙而变化多端的神经脉冲模式紧密相关，而这组神经元就位于外在与内在世界之间的关键部位。

第 19 章

一个有关意识的理论框架

只有那些勇往直前的人，才能知道自己究竟能走多远。

——艾略特*

本书第 2～18 章详细介绍了意识的生物学与心理学基础。本章将把这些线索集中起来综合讨论。弗朗西斯和我的最终目标是给所有与意识相关的概念都找到对应的突触、动作电位、神经元乃至神经元集群的性质。我们的研究项目一直是以意识的神经相关集合（NCC）为中心。就像第 5 章所提到的那样，我们不太在乎产生意识所必需的前提因素，我们更希望能揭示产生某种特定知觉的一系列神经活动。

思考这些问题的学者们，不论他们的哲学或宗教倾向如何，都承认在脑中存在与意识相关联的物质，其特性可以通过科学手段进行分

---

* 艾略特（Thomas Stearns Eliot，1888—1965）美裔英国诗人、剧作家和文学评论家。获 1948 年诺贝尔文学奖，被普遍认为是 20 世纪最重要的用英语写作的诗人之一。——译者注

析。并且其中绝大部分（虽然不是全部）学者认为，发现 NCC 对任何有关意识的最终理论均会有所帮助。

F·克里克在 1979 年为《科学美国人》杂志（Scientific American）*所写的一篇评述脑科学现状的文章中提出，"我们现在最紧缺的是一个能够解释所有这些不同方法的理论框架"。到现在，我们终于提出了这样一个可用于思考有意识心智的框架了。

我们决定把我们的思路总结成 10 条工作假说**，用以明确阐述我们所有的假设，并发表于 2003 年的《自然·神经科学》（Nature Neuroscience）杂志上[1]。在本书的结尾把这些互有联系的观点罗列出来并加以讨论，是再合适不过的了。我们的框架并非一套简洁的公式化论点，而只是我们为解开这一最难的科学问题所提出的观点。生物学与物理学的不同之处在于，很少有非常严格的原理和定律。自然选择造成了大大小小各种各样的机制，几乎每一条生物学定律都存在例外。故而，一个好的框架应当适用于已有的科学数据，并且在大体上是对的。要想做到每个细节都完全正确是不太可能的。

19.1 为理解心身问题而提出的 10 条工作假设

在正式开始之前，必须先提一下我的哲学背景假设。

哲学背景假设

客观的脑活动与主观的意识活动，它们之间密切联系的本质是什

---

* 该杂志有中文版，中文版的刊名曾译为《科学》，现改为《环球科学》。——译者注
** 工作假说是指暂时还没有更好替代的临时假设。——译者注

么呢？在回答这个问题时，我竭力避免把自己归到某种特定的意识形态。面对着持续了2 000多年的学术争论，现在我们知道得还太少，无法对这个问题下定论。

按照我们的思路，我们应当把精力集中到心身问题中那些最容易用实验验证的方面，也就是有关知觉的意识方面。这样做更容易上手，因为可以在动物身上研究知觉的神经机制。我们暂时不去研究情绪、心情和语言对意识的知觉方面的贡献。

我们可以有把握地假设，任何可感知（phenomenological）的"状态"——看见一条狗，感到疼痛，等等——都取决于脑的状态。意识的神经相关集合（NCC）是指足够产生特定有意识的可感知状态所需的神经活动的最小集合（在满足合适前提条件的背景下，参见5.1节）。每个知觉都会伴随特定的NCC。

心身问题的核心是主观体验特性，它是意识的基本元素。弗朗西斯和我力图解释主观体验特性是如何从神经系统的活动中产生出来的。

假设1：无意识的微型人

考虑大脑皮层的总体行为，一个方便的思路是前皮层在监视后皮层。这句话的意思是，从后皮层投射出的长距离连接是强联结（参见7.4节），这些连接足以驱动位于前皮层第4层的突触后靶细胞。这一观点与大多数人对自身的感觉相吻合：人们普遍感到在大脑内住着一个微型人，它在观察着外部世界。

NCC和一个（或数个，参见2.1节及11.3节）前脑神经元集群相关。NCC可能和前脑内负责决策、计划以及其他高级认知功能的区域没有直接的联系。换句话说，意识可能仅限于脑的中层（18.1节）。若真是这样，那么位于前额叶的这个众所周知的微型人很可能是无意识的。由于主观体验特性不是由微型人自己产生的，因而这样的划分可以保证不会出现无限递归（18.2 节）*。

也无法直接意识到思想（第 18 章）。只有当思想反映在感觉上，并以内心自语（inner speech）及想象重新表达的时候，意识才与它取得直接联系。

假设 2：僵尸体和意识

绝大多数对外部事件的运动动作反应都是迅速、短暂、模式化，而且是无意识的。这些动作都是由高度特化、经过训练的僵尸体来调控的。这些僵尸体与意识知觉之间没有关联。可以把它们当作一种泛化的皮层反射系统（第 12、13 章）。

意识负责处理的是外部世界中那些范围更广、更加不寻常、更难于处理的事物，以及其在想象中的反映（第 14 章）。意识对于规划和在许多可能的行动序列中作出选择是必需的。否则，为处理现实世界中所有可能遇到的事件，就需要有大量的僵尸体。意识的功能就在于以简洁的表达对外部世界的当前状态进行总结，并形成一份"执行概要"供脑内的规划单元使用（14.1 节），该单元包括了无意识微型人。这份摘要的内容也就是意识的内容。

速度较慢的意识系统可能会影响到与其同时工作的僵尸体。某种最初需要意识才能完成的感觉-运动行为（例如网球中的反手击球）在经过足够多次的训练后，就可以自动由僵尸系统轻松完成（14.2 节）。

当动作电位的网波从外周感觉神经元传入时，它以一种前馈的方

---

* 否则，如果微型人是有意识的，那么在它内部一定还要存在另外一个更小的微型人来处理微型人的意识。——译者注

式传导到中枢结构，并最终到达肌肉。这个过程可能是在不引起意识觉知的情况下，触发僵尸行为（12.3 节及 15.3 节）。

假设 3：神经元集群

前脑是一个高度互联、高度复杂的神经网络。不论一个知觉是真实的还是想象出来的，它总会对应于某个神经元集群。神经元集群会增强其神经元的发放活动——这个过程很可能是靠锋电位发放的同步化来完成的，同时该神经元集群还会削弱参与竞争的其他集群。集群间的动态特性非常复杂。我们现在只知道"赢者全取"的竞争在其中起到了关键作用。

在每个时刻，代表了当时意识内容的获胜集群会持续存在。而那些短暂出现的集群则对应着转瞬即逝的意识（9.3 节）。我们可以形象地把这比作为民主国家选举过程的种种幕后活动（2.1 节）。

集群的大小和特性都不一样。例如在看到一个场景时，意识所对应的集群就与在其后闭上眼想象这个场景所对应的集群不同。想象到的场景不如真正看到的生动，其必需的集群也不如真正看到场景时产生的集群在脑中分布得那样广泛。而且很可能的是，想象所对应的集群无法深入到皮层等级结构的较低层（18.3 节）。

由于意识知觉要么存在，要么不存在，两者必居其一（15.2 节），因此表达某个特征的神经活动必须超过某个阈值（不同属性的阈值有不同）。未分出胜负的集群，其神经活动可能无法超过阈值。有意识感知到的某个属性所对应的神经活动，也就是 NCC，会在阈值之上保持一段时间，这很可能需要借助来自额叶的结构，如前扣带回以及前额叶的反馈通路。NCC 的某些方面很可能是二中取一的，比如说，发放率只能取自两个固定值之一。并且，还有可能出现滞后现象，即是说，神经活动在其支持机制*消失之后，仍会存在一段时间。某个知觉的不同意识方面可能会在略微不同的时间点超过阈值而被感知到，这就造成了单一的意识会在这些时间点被打散。

假设 4：外显表征和主节点

对于某刺激属性的外显表征，那就是一组神经元。该组神经元无须后续处理就可以直接"检测"到该特征（2.2 节）。如果该组神经元不存在或是被毁，则受试者无法有意识地知觉该属性。在每个直接的意识知觉背后，都有一个外显表征（这就是"活动原则"，图 2.5）。外显编码是一组神经元的属性。

我们认为，脑皮层——至少是感觉区——存在着各种节点。每个节点表达某个知觉的某个方面。只有有了这样的主节点，该属性才能被意识感知到（2.2 节）。主节点是 NCC 的必要但非充分条件。NCC 还需要其他必要条件，诸如投射到脑的前端，并在某些时候收到超过阈值的合适反馈信号（12.3 节及 15.3 节）。如果某类主节点（诸如，对应于颜色的主节点）损坏，受试者就会丧失该类知觉，但知觉的其他属性则不会受到影响。

单一的节点本身并不能产生意识。如果输出的突触未被激活，那么即便该神经元正在发放锋电位，也不会产生很大的响应。每个节点都是整个网络的一部分。一个意识知觉所对应的集群，包含多处主节点的活动，其中每个主节点代表某种属性。

外显编码和主节点这一对概念的神经基质，很可能就是皮层的柱状信息组织（2.2 节）。一个功能柱就可以被看作一个最小的有用节点。

---

* 指输入刺激或者反馈输入等增强神经元活动强度的机制。——译者注

同一个功能柱内的不同神经元具有相似的感受野特性，该特性就被外显地表达了出来。功能柱通常是某个主节点的一部分，主节点所表达的内容，即是功能柱所对应的感受野特性。

假设 5：高层优先原则

眼球运动会使新的视野映入眼帘。随之而来的神经活动和网波就会快速移动，沿着视觉等级结构向上传播直至前额叶皮层以及相关的运动单元。这种前向活动至少是某些无意识僵尸行为的基础（12.3 节及 15.3 节）。

到达前额叶皮层后，信号会反过来沿着等级结构向下传播。因此，形成意识的第一步是在较高层级发生的。接下来，从前额叶区域向下，信号经过的层级逐步下降。在高层区域，场景要点的神经表征负责控制那种"仿佛一眼看到全部场景"的生动感觉，但这不过是一种强烈的错觉而已（9.3 节）。

最初产生的网波能传到多高的层级，取决于观察者对场景的期望，以及选择性注意的机制。

腹侧视觉通路（或称知觉性视觉通路）的较高层，位于下颞叶皮层及其周围，并包括其突触后结构。这一区域最有可能找到与视觉意识相关的神经元（16.3 节）。NCC 细胞不大可能出现在初级视皮层（第 6 章）或者更早的地方；而背侧通路对形状、颜色或物体识别（object identity）的意识知觉并不重要。

假设 6：驱动性联结和调制性联结

在考虑集群的动态特性时，关键是要理解神经元联结的类型。我们对不同神经元（突触）输入类型的系统分类方法还很粗糙。

兴奋性细胞可简单分成两类：驱动，或调制其靶结构（target structure）（7.4节）。前向投射可以使神经元猛烈发放锋电位，故而它们是驱动性的；反馈投射则是用来调制细胞反应的。从后皮层投射到前皮层的大部分联结大概都是驱动型的。这也就是为什么前皮层看上去像"监视着"后皮层一样。反之，从前皮层到后皮层的反向联结，大都是调制性的。这种驱动性和调制性的联结分类，也同样适用于丘脑（7.3节）。皮层到皮层之间或者皮层到丘脑之间，很少出现全部由强联结（即驱动性联结）构成的回路。

假设7：快照

知觉意识可以对应于一系列的静态快照——快照不光包含静态信息，运动信息也以静态的形式记录在快照中（15.5节）。也就是说，知觉发生在离散的时段，每个时段的长度不等（约在20～200毫秒之间）。这与电影通过快速切换静态图片所造成的运动错觉非常相似。

与计算机中的时钟周期不同，相继两个快照的时长可能不一样，这时间可能取决于输入的显著性、眼动、习惯化、期望等不同条件。而且，对（同一物体）不同属性的快照可能不会在绝对相同的时间出现。

为什么其成员在时间上作连续发放的亚稳定神经元集群，却可以产生离散的快照？这一点是对快照问题的最大挑战。

假设8：注意与绑定

选择性注意机制至少可以分成两种形式：一种是自下而上，由显著性驱动的；另一种是自上而下，由意向控制的。自下而上的注意速度快，而且自动完成。这种注意机制完全由输入数据流控制，它表达了物体或特征之于其周边环境的显著程度。自上而下的注意与当前的任务相关，它可以导向到空间中的特定位置，或者处于整个视野任何一处的某特定属性，或者某特定物体（9.1 节及 9.2 节）。

这些心理学概念全都可以用相关的神经元网络表达出来。如果多个物体或事件的表达在相关的丘脑及皮层网络上没有交叠的话，则可以同时知觉到多个物体；否则，自下而上的注意倾向于选择最显著的一个。如果多个物体的显著度差不多，那就需要自上而下的注意机制通过忽视其他物体来加强注意到的物体的神经元表达。就是说，注意机制会左右集群的竞争——尤其对形成中的集群，这种影响尤其大（10.1 节和 10.2 节）。

在没有这种交叠的情况下，自上而下的注意对感知物体并不是必需的（9.3 节）。例如，当自上而下的注意在处理其他事物时，我们也可以对单一、熟悉、孤立的物体产生有意识的知觉。要点知觉很可能就绕过了注意选择机制。

就像前面提到过的，注意机制与意识的关系可能非常密切，但其本身很可能是通过另外一套神经机制实现的。故而，注意的焦点与当前意识的内容可能并非总能够一一对应。

一个物体的各种属性，像颜色、速度、所发出的声音等，是由皮层各处的许多主节点外显地表征出来的。绑定问题的一个子问题是要研究这些信息是如何整合起来，产生出一个统一的知觉（9.4 节），另一个子问题则是如何使不同物体的信息彼此不相混淆。

我们需要区分 3 种绑定机制。第 1 种，有些细胞群是在发育过程中分化成专门对特定的输入组合（如 V1 区细胞对位置与朝向）起反应。第 2 种，伴随着观察者经验的增加，神经元还可以联结起来对人脸、语音、熟人或名人的举止等对象进行编码。这 2 种绑定可能与自上而下的注意无关。第 3 种绑定针对的是新奇或很少碰到的事物。在这种情况下，自上而下的选择性注意很可能会将彼此分开的一些主节点的活动（每个主节点负责编码知觉到物体的单一属性）绑定在一起。

假设 9：发放模式

同步且有节律的动作电位放电（尤其是在 30～60 Hz 频段）可在不需要改变其平均发放率的条件下，增强突触后作用的力度（2.3 节）。这种特性可能会帮助一个新生的神经元集群在集群竞争中战胜其他刚刚形成的集群。注意机制可通过调整一个集群内神经元的同步率，来增强该集群的突触后作用，从而实现左右集群竞争的效果。

当胜出的神经元集群进入意识之后，它可能不再需要保持其内部神经元的同步化放电，因为即使没有同步化的帮助，该集群至少也还可以保持存在一段时间。

在 4～12 Hz 频段的发放节律，可能对应于离散的快照处理机制。

假设 10：意识背景、意义以及主观体验特性

获胜的集群会募集来自皮层、丘脑、基底神经节及其他相关网络的神经元。这样的集群会影响大量不属于 NCC 的神经元——它们是 NCC 的意识背景（penumbra）。意识背景是一系列内容的神经基质，这些内容包括以往的关联、NCC 的预期结果、认知背景，以及对未来的规划。从严格的意义上讲，意识背景并不属于 NCC。当意识转移时，意识背景的某些元素可能会成为下一个意识的一部分。意识背景为脑提供了相关主节点的意义和内涵（14.5 节）。

现在我们还不知道，仅靠意识背景的突触活动，是否就能够产生意义，抑或一定需要 NCC 触发意识背景内细胞的动作电位。这个问题的答案也许取决于从意识背景投射回NCC的联结是否能维持NCC。

主观体验特性以符号的形式表达了与NCC相关的全部外显或内隐的海量信息。它们用以代表意识背景。主观体验特性是脑内并行反馈网络的性质，这些网络的活动时间非常短暂。

为什么主观体验特性会带给人如此感受，仍然是一个谜。

19.2 与他人工作的关系

最近20年来，从生物学角度提出的各种和NCC相关的理论层出不穷。这些工作为解决意识问题提出了全新的方向，值得人们注意。若是再早几年，这些清新的观点在学术圈内会被人耻笑[2]。在前面的相关章节中，我早就提到了许多人的思路。其中，有些学者明确地认为，应该持续通过用细胞神经生物学的方法进行检验，来研究这个问题。这一思路与我们的想法不谋而合。那么，我们工作和他们工作的关系又如何呢？

第5章提到，埃德尔曼本人以及在他与托诺尼的合作中，历时多年，建立了一套复杂的框架用以解释意识[3]。埃德尔曼和托诺尼理论的出发点来自这样一对现象：意识既可以被体验为一个整体（意识的统一性），又是高度分化的（可能感知到的状态多到数不胜数）。他们由此推测，丘脑和皮层中有大量的神经元组成一个高度复杂的统一神经处理过程，即所谓的"动态核心"（dynamic core）。有意识的体验就是从这个集群中产生的。由于存在大量反馈联结［埃德尔曼称之为"复馈"（reentrant）信号回路］，这个集群会在几百毫秒内稳定下来。这个集群是由其功能需求来确定的，以使核心内部的相互作用强于核心与脑其他部位的作用。动态核心的概念与我们提出的NCC作为获胜的神经元集群并延伸至半个皮层的想法并无很大差异。

埃德尔曼和托诺尼认为，特定神经元回路、皮层区域以及神经元的局部内在属性，在意识的神经基础中都没有特别意义。他们更强调动态核心的全局特征，尤其是通过多组神经元形成近乎无限种高复杂度网络的子集群这样的能力。可是，此类整体理论的通病在于难以用实验来验证，并且无法解释为什么大量的脑活动和行为并不需要意识感知。

与我们思路最为吻合的是德阿纳（15.3节）及巴黎巴斯德研究院（Institut Pasteur）的著名分子生物学家尚热（Jean-Pierre Changeux）所主张的理论框架[4]。在这个框架中，他们以一个视觉选择性注意神经活动的计算机模型作为依据，提出意识的主要相关物是一种突然增加的神经活动——这些活动可以自我放大，并且通过前额叶、扣带回以及顶叶的反馈信号维持。这些活动的强度一旦超过阈值，就可以使用由双向联结的长程投射神经元构成的全局网络，从而可以访问到工作记忆以及规划等各种认知资源。这个框架用神经机制解释了巴尔斯（B.J.Baars）的全局工作空间理论（第5章注释26）。通过网络内的竞争，使得在一个时刻仅存在一个神经元集群。自下而上和自上而下的注意信号会影响到对全局工作空间的访问。

显然，这个理论与我们的理论有很多相似之处。两者之间的决定性差异在于，我们的理论考虑了外显编码、主节点，并将某些区域——如初级视皮层以及无意识微型人所在的部分前额叶皮层——排除在NCC之外。

让我感到鼓舞的是，总体上看，许多理论殊途同归，虽然表达方法不尽相同，但概念本身都颇为相似。

本书中的想法与其他思路有一个明显的区别。绝大多数学者强调脑整体的格式塔式的性质及其网络对于理解意识是何等重要。这本身无可厚非——许多全局特性正是产生意识的关键核心。但是我们也不能忽略突触、神经元的各种属性，以及它们之间特定组织结构的作用。分子生物学家已经充分证实，让生物体在一生中编码和复制信息的是各个分子间的特定相互作用。我们的思路是通过综合意识的局部特性与整体特性，为这个古老的问题提供新的思路。

19.3 下一步要做什么？

在本章的结束，我想对今后为解决意识本质问题所需的方法和实验做一些大胆的猜测。

关键是要对前脑神经元大大小小的集群的特性建立原理性的认识。这可以通过电生理记录或光学成像，从适当训练过的动物脑内记录锋电位序列来实现。仅通过一次实验，就可以获取数十亿比特的信号。如何对这些信号进行辨认、显示乃至理解，需要新的计算手段和算法。

当猴子在经历双眼竞争、闪现遏制、动致盲以及其他知觉刺激（指同样的刺激可以给予受试者不同的知觉，见第 16 章）时，我们已经可以在其视觉等级结构的许多层次，以及在皮层额叶的许多神经元中同时记录其锋电位发放活动。现代麻醉技术使我们可以在将电极埋置于脑内的情况下，快速使猴子陷入睡眠或再醒来。这种技术使我们可以对有意识和无意识的状态进行直接比较，因此有可能提供发现 NCC 的关键线索。

在一些特殊的情况下，我们还可以将多电极长期植入清醒患者的脑中。在取得患者同意的条件下，我们可以在他们进行有意识的知觉或想象时，得到少量有关神经元行为的非常重要的知识。如果能进一步以合适的方式用这类电极刺激皮层组织，让受试者产生特定的知觉、想法或行为[5]，将有无法估量的价值。

磁共振成像技术的精度，还需要进一步提高。虽然这种技术的时间分辨率不像微电极那么高，但是它可以监视整个脑的代谢、血氧动力学或神经元活动。通过使用复杂的磁共振染料，我们可以监视动物细胞内钙离子或基因产物的浓度有否上升。这种实验手段需要引起特别的注意[6]。用于检测即早基因（early-immediate genes；例如 *c-fos*）的侵入式手段，可以反映神经元的活动强度。它们可以从啮齿类或其他脑较小的动物脑中，找出单个活动的神经元。这种研究手段将会大显身手[7]。

作为本书研究内容的关键背景，神经解剖学的重要性无以复加，这就像人类基因组计划在理解分子生物学中的地位一样。我们需要大规模拓展对皮层及丘脑内具体联结模式的了解，尤其是对每个皮层区域中不同类型的锥体细胞：它们的外观是什么样子？它们投射到哪里？它们是否有特定的遗传标记？有没有某种锥体细胞只出现在部分皮层区域？当我们从一个神经元记录锋电位活动时，如果能知道该细胞的类型以及它向何处投射，将会对我们很有帮助。我们对额叶皮层结构布局的认识还处在很原始的状态，这一现状亟待改变。在额叶，会不会像视觉系统一样，有某种等级结构——或者还可能有某种逆向的等级结构（7.2 节）？

正如我在全书中一贯强调的那样，神经元并不是一种仅仅死板地将突触输入转换成动作电位序列的机器。它们有自己独一无二的特性——其中一大特性就是神经元的轴突会投射到脑内不同位置，与不同种类的细胞相连。根据靶细胞性质的不同，很可能神经元发放的信号也不相同。通过位于神经元附近的电极，我们能监视某个神经元的输出。接下来，搞清楚到底是谁在接收这个神经元的信号，就变得相当重要。现今广泛使用的记录手段都是"匿名"的*，光用这种技术来分析产生知觉的神经回路是远远不够的。我们需要发展相关技术（诸如逆行刺激，或者光激活），使得它们可以作为常规手段应用在可行动的动物身上。如果我们能够了解某一区域内投射神经元的详细种类，这对整个研究的帮助将会是巨大的。

在脑内回路的探寻和分析上，分子生物学才刚刚开始发挥它巨大的潜力。一些正在研究的新方法可以抑制包含特定基因的哺乳动物神经元集群，这种抑制具有选择性，反应在瞬间完成，并且该过程可逆[8]。用这种实验手段分析相关回路，就可以验证本书中提到的很多观点。例如我们可以假想，通过干扰相关突触，我们可以阻断或恢复某类皮层到皮层的反馈通路联结，而不会干扰前向通路。这样我们就有可能直接估计自上而下的反馈信号对选择性注意和意识所起的重要作用。要想充分了解这类分子技术的广阔前景，我们需要先为小鼠或更简单的果蝇等生物体设计出测试它们注意力和意识的方法。这些测试必须足够鲁棒，并且便于实际操作，使我们可以从大量行为有突变的生物中进行筛选。

19.4 小　　结

这一章把弗朗西斯和我多年的概念性基础工作总结成 10 条工作假说。这个临时性的框架为建立更具体的假说提供了方向，新的假说可以用现有的实验结果作检验。这个框架还可以为进一步实验提供建议。在今后数十年内，一个新的理论大厦将会最终替代我们的简单框架。

---

* 意指无法得知靶神经元的特性。——译者注

弗朗西斯和我力图用特定神经细胞的活动、其相互联结，以及神经元集群的动态特性，解释意识第一人称视角的全部问题。这有点像下一盘三维的象棋：我们需要同时注意到意识的现象、生物体的行为，以及行为背后的神经活动。这样的研究做起来非常难。当然，任何有意义的工作都不会很简单。

在科学的发展史上，我们正处在一个独一无二的时刻。我们有希望用各种技术揭示并分析主观心智是如何从客观大脑中产生的。对于解释意识之谜，今后几年将是决定性的。

第 20 章

访 谈 录

"请你告诉我这是什么意思好吗?"爱丽丝说。

矮胖子看上去很高兴:"你这会儿说起话来总算像个讲道理的孩子了。我说'莫可名状',意思是这个话题我们已经谈得够久了,还是说说你接下来打算干什么吧。反正你也不会一直停留在这一个话题上。"

——摘自路易斯·卡罗尔《爱丽丝镜中奇遇记》

这一切,对世间万物意味着什么?思考"意识"这一概念自然而然就会引出一系列问题:意义、动物实验、自由意志,以及机器觉知的可能性,等等。这最后一章打算以问答的形式回答一部分问题。这种假想的访谈形式对思考很有帮助。

主持人: 首先我想请问,在着手解决意识这个问题时,您的整体策略是什么?

科　赫: 首先,我坚信意识是一种我们需要加以解释的客观现象。

第一人称视角、感受、主观体验特性、觉知、感知觉体验（phenomenal experience）——无论你怎么称呼它们，这些真实存在的现象是从某些特别的脑活动中产生出来的。从太平洋上日落的深红色、玫瑰的香味，到看见狗被虐待时心中涌起的震怒，在电视上看到挑战者号航天飞机爆炸时的记忆等等——这一切，构成了有意识生活的方方面面。如果科学无法解释为什么某些物理系统能够产生这种主观状态，那么我们对宇宙的理解就不能说是全面的。

其次，我认为在现今阶段，我们应该暂时回避"为什么意识会让我们有诸如'看''听'或者'感受自我'等体验？"对于这个复杂问题，哲学家们已经争论不休了。而我们则应该把精力集中在寻找意识的分子和神经相关物（NCC）上。我所关注的具体问题是我们至少需要哪些神经机制，才足以产生某个特定的意识知觉。供脑科学家们使用的工具已经非常强大了：操纵哺乳动物的基因组，在猴脑中同时记录上百个神经元，以及对活人的脑进行成像……寻找NCC是一个有迹可循、定义清晰的问题，并且已经可以通过学科间的交叉合作对其进行研究了。

主持人：您的意思是，发现了NCC就能解开意识之谜？

科　赫：当然不是！最终我们要回答的问题是：为什么某种类型的复杂生物个体会产生主观体验？在何种环境下才能产生主观体验？为什么体验会以这种形式存在？我们要对这些问题给出原理性的解释。2 000年来，人们做了种种尝试企图揭开这个谜团。这个问题真的很难。

回想当年DNA双螺旋结构的发现，它对我们了解分子复制的机制起了多么巨大的作用！两条由弱氢键连接的糖、磷酸、碱基长链——这个结构在暗示着某种机制。遗传信息就是这样表达、复制并传到下一代的。DNA 分子结构把我们对遗传学的理解提升到了一个全新的高度，这是我们之前几代化学家和生物学家想都不敢想的。类似地，如果有朝一日，我们能够找到产生某个特定知觉的神经组织的具体位置，辨明它们的输入和输出，了解它们的发放模式，并知道它们从出生到成年的发育过程，如此等等，这很可能会像 DNA 之于遗传学一样，为研究完整的意识理论带来飞跃。

主持人：您这么想，会不会太乐观？

科　赫：也许吧。但除了先确定 NCC 之外，目前还没有其他途径有望解决意识的问题。在最近的 200 年以前，逻辑推理（logical argumentation）和内省（introspection）是两种最常用的研究手段。但事实证明，这两种手段都不足以揭开意识之谜。你没法光靠思考就能解释意识。脑太复杂，受太多随机事件和进化过程中偶然因素的影响。这类空想的研究手段很难揭示问题的本质，你需要转而去寻找事实。脑具体是怎么由神经元搭建起来的？同步发放现象对形成意识是否起了关键的作用？在皮层和丘脑中错综复杂的反馈通路有多重要？构成 NCC 是否需要某种特别的神经细胞？

主持人：那么，在您对意识的科学探索中，哲学家扮演了什么样的角色呢？

科　赫：从历史上看，无论是有关宇宙的起源和发展、生命的起源，还是有关意识的本质、先天与后天的重要性等许多有关自然界的问题，哲学家们很少能给出明确答案。在彬彬有礼的学术圈，一般不会提及这个话题。但是，哲学家们会站在科学家一般不会考虑的角度，提出各种概念性的问题。比如，意识的困难问题与简单问题、感知觉意识（phenomenal consciousness）与功能意识，又如意识的内容与意识本身、意识的统一性（unity）、产生意识的因果条件，如此等等，这些问题都是非常值得科学家多加思考的。故而，我会听取哲学家提出的问题，但是不会被他们的解答所左右。对哲学家提出的"僵尸"这一概念，我就是如此处理的。

主持人：僵尸？您是说被邪灵附身、伸着双臂走动的尸体？

科　赫：不。我是说像你我一样的人，但是他们自身没有一丁点儿意识。查默斯和其他哲学家们借用了这种没有灵魂的虚构生物，来说明我们并不能从宇宙的物理定律中推出意识。就算我们懂得了物理学、生物学、心理学，我们还是无法理解为什么宇宙中会存在"体验"这个事物，或者体验究竟是如何生成的。要理解这些问题，我们还需要别的一些东西。

哲学家们所提出的虚构的"僵尸"概念对我并没有很大帮助。弗朗西斯和我对原概念略作限定，用这个通俗易懂的名词来指一组快速而模式化的感觉-运动行为，但这些行为本身并不能产生有意识的感觉。运动控制就是最好的例子。当你想在一条跑道上跑步，你跑就是了（"just do it"*）。你的本体（proprioceptive）感受器、神经元以及骨骼肌系统会负责其余的工作，于是你就跑起来了。然而若是想对这个问题进行内省，你脑中可能只是一片空白。意识无法触及这类看似简单行为背后的一连串极复杂的计算和动作。

主持人：那么可不可以说，僵尸行为只不过是一些更复杂的反射？

科　赫：是的，你可以把它当作是在皮层上的反射。要想拿一杯水，你需要伸开手臂，自动张开手，并握住杯子。这个动作就包含了从视觉输入到控制胳膊和手的僵尸动作。日常生活中，你每天都要做上千个这样的动作。当然，你能够"看见"杯子，但这类有意识的知

---

* 耐克品牌的广告语。意为，想做就做。——译者注

觉是通过另外一套系统的神经活动才得以实现的。

主持人：您的意思是，在有意识的正常人身体里，也同时存在着下意识的僵尸系统？

科　赫：完全正确！在人们日常行为中，僵尸行为的比例大得令人吃惊：无论是（以自动挡）开车上班、移动双眼、刷牙、系鞋带，还是在大厅里和同事打招呼，或者打理家务，这些活动都是自动完成的。另外一些经过充分训练的活动，诸如攀岩、跳舞、武术或者网球，都要在无意识的、不刻意思考的情况下，才能有最佳的表现。如果在某一步运动上考虑太多，反倒会影响这个流畅的执行过程。

主持人：那要意识有什么用呢？我可不可以就是一具僵尸？

科　赫：从逻辑上说，没问题。但你若是真的选择做一具僵尸，那种完全没有感觉的生活也许会很无聊（当然，作为僵尸，你自然也不会产生无聊的"感觉"）。不过，在这个星球上的生物，还是选择了有意识进化的那条路。

某些非常简单的生物也许除了一系列僵尸体之外，就没有别的什么了。所以说，也许蜗牛或者蛔虫之类的生物不会有任何感受。

但对于有着无数输入感受器和输出效应器的生物体——比如哺乳动物，如果为每种可能的输入输出组合建立起一套僵尸系统，这代价就太高了，装在颅腔内恐怕也会太占地方。生物在进化过程中选择了另外一条路：以处理意外状况和对将来做计划为主要任务，进化出一套强大而灵活的系统。NCC 采用了一种简洁的方式，选择性地表达环境中你所关注的那部分信息。这些信息会通过某种即时记忆，传达到脑内的决策单元。

用计算机的术语来说，"觉知"的当前状态对应着 CPU 的缓存。当意识流从视觉性知觉转移到记忆或者话语，缓存的内容也随之发生着变化。

主持人：我明白了。意识的功能，是在缺乏自动机制的时候，对一些特殊情况进行处理。这么说确实有些道理。但是为什么这一切要与主观体验密切相连？

科　赫：哈，问题就出在这儿了！对这个问题，现在还没有一个确切的回答。或者具体些讲，现在的各种回答还存在各种问题，没有哪个理论听起来很可靠，或者被广为接受。弗朗西斯和我认为，"意义"在意识中起到了重要的作用。

主持人：就像用在词义中的"意义"的意思吗？

科　赫：不，不是语言学上的"意义"。我看到、听到或者感受到的外界物体，并不是一个毫无意义的符号，而是还能引起许多联想。就拿这个漂亮的瓷杯来说吧，淡青色的花纹让我想到我小时候的事，我还知道我可以用这个杯子泡茶，而且如果这个杯子摔到地上它一定会碎。这些联想并不一定要是外显的。它们是在我一生中，通过无数与外在世界的感觉-运动相互作用，而慢慢积累起来的。这种难以言表的意义，就相当于表征这个瓷杯的神经元与对应其他概念和记忆的神经元之间全部突触相互作用的总和。这些大量的信息通过与杯子知觉相关的主观体验特性，以一种非常简洁的形式表现出来。这就是你体验到的东西。

暂且先不谈"意义"。数百年来，对于意识的探讨一直充斥着各种无凭无据的猜想，我们的理论框架的重要之处在于，根据这一框架可以对意识作具体的测试。僵尸体只在当时当地起作用，所以它并不需要短时记忆。但如果你看到有人向你伸手，于是你也伸过手去同他握手。这时，因为从看到对方的手到伸出自己的手存在一个时间差，僵尸就无法处理了——它并不是为了处理这种事情而进化出来的。我们需要一个虽然慢一点，但功能更强的意识系统来取代它。

我们可以通过一个简单的实验区分意识与僵尸在动物、婴儿以及因病失去交流能力的患者身上的区别。我们强令受试个体延迟几秒钟后作出某种选择——比如令他（它）抑制某种本能行为。如果该生物不需要大量的训练就可以把这件事做好，那么他（它）一定使用了某个规划的模块——至少对人类而言，这个模块与意识的关系非常紧密。如果用某种方法破坏了产生这种动作的 NCC（或者使之暂时失灵），那就不再能作出延迟反应。

主持人： 这个测试听起来不怎么严格啊。

科　赫： 现在要给一个明确的定义还为时尚早。请回想一下 20 世纪 50 年代的情形，要是分子生物学家们在那时对基因的确切定义顾虑重重，他们又能有多少新发现呢？即便到今天，要想说清楚基因是什么都还不是件容易的事。你可以把我的方案比作为某种图灵试验，只不过图灵试验是针对智能，而这里是针对意识。这个试验能很好地应用到梦游的人、猴子、小鼠以及蝇类上。这才是这个测试的意义所在。

主持人： 等一下，您是想说昆虫也可能有意识么？

科　赫： 很多学者认为，意识需要语言，还需要对"自我"的表达，因为有了"自我"才能够进行内省。毫无疑问，人类可以自己思考自己。然而，这种能力只不过是某种早已存在的更为基本的生物现象的一种最新的表达形式。

意识可以和非常基本的感受有关，比如你看到紫色或者感到疼痛。这些感觉难道需要语言，或者需要高度进化的"自我感"吗？即便是患有重度自闭症的儿童，或者是严重的自我妄想症（self delusion）和人格解体症*的患者，他们仍然具有基本的知觉意识，也就是能看、听和嗅。

我所研究的这类知觉意识，比语言更早诞生。于是自然会有人问，

---

* 人格解体症患者对自身所处的环境感到陌生，无法通过意识控制自己的行为，并且对自我的觉知也出现障碍。——译者注

意识可以追溯到生物进化史的哪个时期？Ur-NCC*是在什么时候出现的？根据不同哺乳动物在进化史上的同源关系，以及人、猴子、狗、猫脑结构的相似性，我认为，他（它）们都能够对他（它）们看到、听到、闻到的东西有所觉知。

主持人：那小鼠呢？它们可是生物学和医学实验室里最常用的哺乳动物啊！

科　赫：操纵小鼠的基因组，无论是添加新的基因还是剔除原有的，都比较简单。分子神经生物学家可以用延迟测试来实际区分僵尸与意识。就研究 NCC 的基础而言，这是一种非常有用的模型。我的实验室和其他一些人正在探讨用经典的巴甫洛夫条件反射，以小鼠为模型来研究注意和觉知。

主持人：等一下。为什么您刚才说"觉知"而不说"意识"（consciousness）呢？这两个概念有什么不同？

科　赫：没什么不同，这其实只不过是社会上的一种习惯。一提到"意识"二字，某些同行就会异常反感。所以在写科研项目申请或者提交学术论文的时候，改用"觉知"更容易瞒天过海。

回到刚才关于动物意识的话题，为什么我们的研究最多就到小鼠，或者说，就到哺乳动物？为什么要惟皮层是从呢？我们真的能够确定，大脑及其附属组织对知觉意识是必需的？鱿鱼根本就没有皮层，它有意识吗？蜜蜂呢？蜜蜂有上百万个神经元，它们可以完成非常复杂的动作，甚至包括视觉模式匹配。据我所知，10万个神经元就足够一个生物体看、闻，甚至感受疼痛！也许连果蝇都具有某种非常有限的意识呢，只是我们今天还不知道而已。

---

* Ur 是一个德文字，意思为"古老的"。这句问话的意思就是，什么动物在它的哪种感觉模式中首先出现意识？——译者注

主持人：这听起来也像是"无凭无据的猜想"。

科　赫：到现在为止，确实还只是猜想。但行为学和生理学的实验会让我们从猜想走向实践，而这正是我们的理论框架的新意所在。在此之前，根本谈不上对意识进行测试的问题。

主持人：这些实验能用来测试机器是否有意识么？

科　赫：我不光是加州理工的生物学教授，还是工程和应用科学系的教授。所以我自然会从和神经生物学进行类比的角度，考虑人工意识。任何机体只要能表现出超越本能以外的行为，并且这种行为还以某种方式表达符号的意义，那么这种机体就有可能存在知觉。

因特网作为一个整体，是一个拥有无数计算机节点的分布式互联系统，它是产生式系统（emergent system）的一个生动例子。的确，尽管确实有文件交换系统将海量的计算机联系起来，并且还有各种分布式的算法，把数学上难解的问题分散到上千台机器上求解。但是计算机间的这种组织和脑内互相兴奋/抑制的神经元集群相去甚远。整个互联网上，不存在集体行为。我还没见过事先没有在软件中设计好，而能够自发产生的大规模的、有目的的行为。除非它不依靠设计者，能自己实现像控制电力供给、管理航空路线，或者操纵金融市场这样的行为，否则我们不能说互联网有意识。随着自主运行的电脑病毒和蠕虫的诞生，也许将来情况会有所改观。

主持人：那假如有一种机器人，它能做出各种类似反射的行为，比如规避障碍，防止电池耗尽，或者与其他机器人交流等等，它还有一个通用的规划模块，它能算是有意识的吗？

科　赫：如果通用模块强大到能表达机器当前感受到的环境，比如他自己身体的信息，以及从记忆中提取的与当前环境相关的信息，因此可以独立完成有意义的行为；此外，再假定这个机器人可以学着把感官事件同正负目标状态*联系起来,得以借此引导自身的行为,比如环境高温会导致机器的供电电压降低,这是它一定要竭力避免发生的情况——那么在这种情况下,温度升高之于机器人,就不仅仅是抽象的数字了——它与该个体的健康息息相关。对于这样一个机器人,我们认为它可能具备了某种程度的原始意识。

主持人: 这好像只有很原始的意义啊。

科 赫: 的确是这样。但是在你出生的时候,你除了能感到疼痛或快乐之外,还能有多少更为丰富的意识?当然,"意义"也可以源自其他地方。我们可以想象,这个机器人通过非监督式学习,建立起某种感觉-运动表达。它会在跌跌撞撞中吸取教训,并发现它的动作会导致某种可预测的结果。同时,它还可以通过比较多种感觉模态的信息,建立更为抽象的表达(比如,嘴唇的运动和某种断断续续的声音模式**常常一起出现)。某个概念外显表征的程度越高,其意义也就越丰富。

要想建立这些意义,最简单的办法就是让设计者完全仿照儿童的发育期来设计机器人。

主持人: 这就像电影《2001 太空漫游》里面那个偏执狂计算机 HAL!*** 不过您还没回答我刚才的问题呢。延迟测试是否能把真正有意识的机器和假装成有意识的冒牌货区分开来呢?

科 赫: 这个测试是用来区分生物体的反射系统和意识系统的,但并不意味着同样的测试对机器也有效。

---

* 机器人以达到正目标状态、避免负目标状态为目的。——译者注
** 这里指人说话所发出的声音。——译者注
*** HAL 的全称是"启发式编程算法计算机"(heuristically programmed ALgorithmic computer)。HAL 具有高度的智能和意识。在剧中,它为了圆满执行任务,谋杀了飞船上的全部船员,所以主持人会说 HAL 是"偏执狂计算机"。——译者注

因为有些生物在进化、行为或者结构上都与人类相似，我们可以说，"因为我是有意识的，所以和我越相似的物种就越可能有意识"，并以此作为判断某些生物是否具有知觉能力的标准。但是机器就其设计、起源和外形来说是根本不同的，上述判定准则就不适用了。

主持人：那我们换个话题。您能谈谈在意识的神经相关集合（NCC）上，您最早的想法吗？您和弗朗西斯提出了什么？

科　赫：在1990年，我们首次合作发表了一篇关于NCC的论文。文中提出，有一种形式的意识需要，与不同皮层区域神经活动的动态绑定相关。

主持人：等一等，什么叫"绑定"（binding）？

科　赫：想象一辆呼啸而过的法拉利跑车。这一景象会诱发脑内无数位置产生神经活动。但是你只看到一个红色的车形物体往某个方向运动，并且发出巨大的噪声。这个完整的知觉需要融合各种神经元活动，包括表达运动、色彩、形状和声音的神经元。与此同时，你还注意到有一个遛狗的行人走过。这情景也需要某种神经表征，而且这种表达不能与法拉利的表达相混淆。

与我们1990年发表那篇论文的同时，由辛格和埃克杭（Reinhard Eckhorn）分别领导的两个德国研究小组各自独立发现了在某种条件下，猫视皮层的神经放电存在同步现象。通常，这种现象会周期性地发生，于是产生了著名的40 Hz振荡。我们提出，这一现象是意识在神经元层次上的标志。

主持人：这些实验依据现在看起来如何？

科　赫：在神经科学界，在同步和振荡问题上至今还分成两派。如果某个学术期刊先发表了一篇文章论述它们的功能意义，那么下一期就会有文章站出来否定这整个概念。这种情况和毫无根据的冷核聚变*不同，20～70 Hz 频段之间的神经元振荡和同步发放现象已经被人们广为接受。但是有争议之处还很多。我们对数据的解读是这样的：同步振荡的发放会使代表了某一个知觉的集群抑制其他集群，最终取得主导地位。这一机制很可能对注意偏好起到了至关重要的作用。但是我们现在不再认为 40 Hz 振荡是产生意识的必要条件了。

这类不确定性的症结在于，现有的工具并不适合于探索作为产生心智基础的神经网络。皮层包含数以十亿计的细胞，而最先进的电生理技术可以同时监听上百个神经元发放的脉冲。这个数字只占全部神经细胞的千万分之一。而我们真正需要的，是同时记录几万或者几十万个脑细胞。

主持人： 所以，如果 NCC 真的是基于神经元集群，那么它们很容易被淹没在数十亿个神经元互相通信的噪声之中。

科　赫： 完全正确。这就像随机找几个人，记录他们每天的谈话，而我们却要用这个数据来预测下一次大选。

主持人： 我明白了。您可不可以介绍一下您接下来的工作？

科　赫： 这就要提到我们 1995 年关于意识的功能的工作了，在此之前，我们一直没有考虑这一点。我们猜想意识的主要功能是为将来做计划，使得生物体可以快速应对紧急状况。这个观点本身和其他一些学者的想法并没有很大区别，但我们关注的是意识的功能会在神经解剖学上产生何种结果，这就将问题向前推进了一步。因为脑的规划单元位于额叶，所以 NCC 一定要直接和这些脑区打交道。结果我们发现，在猴子的大脑中，位于脑后部的初级视皮层（即 V1 区）内的神经完全没有输出到脑的前端。于是我们的结论是，V1 区神经元不足以产

---

* 指弗莱西曼－庞斯（Martin Fleischmann and Stanley Pons）的实验。他们在 1989 年宣布，在常温常压下实现了核聚变反应。消息一经公布，就有大量的科学家们试图重复这一实验，但都无法得到同样结果。该实验最终被否定，并成为科学史上著名的反面教材。——译者注

生视觉性知觉，视觉意识需要更高级的皮层区域参与。

这并不是说完好的 V1 区对看到东西不是必需的。我的意思是，你眼中的神经活动和你的视觉性知觉不一样——要不然的话，你会在盲点处看到一个灰色的圆盘了。因为视神经汇聚在盲点处离开视网膜，所以在那个位置没有光感受器——V1 区的活动对于视觉来说是必要但不充分的。可能对视觉想象和有视觉体验的梦，V1 区都不是必需的。

主持人：我没法理解您为什么要就这个问题说那么多。就算 NCC 不在 V1 区，又会怎样呢？

科　赫：如果 NCC 不在 V1（而现有的证据表明这是很可能的），那么我们的假说就让意识的探索向前迈出了坚实的一小步。之所以如此让人鼓舞是因为这表明，如果用了正确的方法，科学家们就可以逐步揭开意识的物质基础。而且我们的假说也同时意味着，有的皮层活动并没有在意识中表达出来。

主持人：可皮层那么大，NCC 究竟在哪呢？

科　赫：如果要讨论视觉意识，你就要到知觉性视觉的通路中去找。下颞叶皮层（IT）及其周围的一个集群在其中起到了关键作用，它收到来自扣带回（cingulate）及前额叶皮层细胞的反馈。通过这种回响反馈活动，该集群在竞争中最终获胜。用 EEG 或功能性脑成像技术能检测到这种竞争的痕迹。

针对这些区域的电生理学探索正在飞速进展，其中视错觉是一个颇为流行的思路。发生视错觉时，图像与相关的知觉并非一一对应。虽然输入还是同样的输入，但是你看到的时而是一个东西，时而则是另一个。比如内克尔立方体就是这类双稳态知觉的一个经典例子。我们可以利用这类双稳态知觉，来追踪前脑不同类神经元中关于意识的蛛丝马迹。

主持人： 为什么一定要引入从皮层感觉区到脑前端的回路呢？

科　赫： 就像我刚才所说的，意识在生物体生活中所扮演的重要角色，就是应对各种无意识感觉-运动体所无法处理的突发事件。很有可能正是额叶的传入传出投射在负责规划、思考、推理以及产生自我，即让我强烈地感到，在我的脑袋里存在着一个微型人，那才是真正的"自我"。"微型人"的原本意思就是指脑袋里的这个小人，作为前皮层的一部分监视着后部皮层。或者用解剖学的术语来说，前扣带回（anterior cingulate）、前额叶（prefrontal）以及前运动（premotor）皮层，这些区域收到了来自后皮层的很强的驱动性突触输入。

主持人： 那在微型人的脑袋里，又坐着谁呢？您这不是循环论证吗？

科　赫： 不是。只要微型人本身没有意识，或者同有意识的心智相比，微型人所行使的职能更少，那就没有问题。

主持人： 微型人可以自由地产生动作吗？

科　赫： 对意志的知觉与意志力（force of will）本身，这两个概念必须要区分清楚。比如说，我举起我的手，我会自然地觉得"我"想这么做。没有人叫我这么做，而且在几秒钟之前我也没想过要举手。这种控制力、主体感（authorship）——我能控制我身体的这种感觉——对生存是非常重要的。这样，我的大脑就会将这些动作记为我自身的（对于主体感的知觉当然也有其对应的NCC）。神经心理学家韦格纳（Daniel Wegner）指出，这种"我能完成某个动作"的信念，可以被看成某种乐观主义。它使我能够充满信心，而又自在地完成那些悲观主义者们从未尝试过的动作。

主持人： 那您觉得，您举手是因为刚才发生的事导致的呢，还是因为自由意志？

科　赫：你是想问，从形而上学的观点看，在物理学定律之内可否存在某种"自由"的意志吗？对于这个古老问题，每个人都有自己的见解，不过现在还没有一个广为接受的解释。我确实知道，存在很多动作与意图相分离的情况。在日常生活中，你会经常看到此类错误。比如在攀岩时，你想爬上那个平台，身体却跟不上，因为身体已经被吓住了。或者在山路间跑步时，你的意识已经松懈下来，但双腿还在前进。想做某个动作的体验与动作本身，还可以通过更极端的形式分离开，例如，催眠、碟仙、笔仙、辅助沟通疗法、灵魂附身、在群体中的去个性化，以及人格解离症＊。然而我举手的动作是否就自由得像瓦格纳《尼伯龙根的指环》中齐格弗里德摧毁诸神的旧秩序那样＊＊"自由"？我表示怀疑。

主持人：从您刚才的话听起来，你是否认为，对于 NCC 的探索可以和自由意志的问题分开来谈？

科　赫：是的，无论自由意志是否存在，你总还得解释体验和感觉之谜。

主持人：那如果真的发现了 NCC，会带来怎样的结果呢？

科　赫：最显而易见的是实际应用上的结果。我们可以跟踪 NCC 的状态。这种意识计可供医务人员监测早产儿、婴儿、重度自闭症患者、早老性痴呆症患者，以及因伤不能讲话甚至不能做任何表示的患者，观察他们是否有意识。它还可以改善麻醉师的工作。在了解了意识的脑基础后，科学家可以确定哪些物种具有知觉能力。是不是全部灵长目都能够对他们看到听到的产生体验？所有哺乳动物的情况呢？所有多细胞生物的情况呢？如果真的发现 NCC，那会对动物权利的讨

＊ 即多重人格。该症状的患者同时存在多个独立的意志。——译者注
＊＊ 在歌剧中，齐格弗里德不受感情、道德甚至命运的任何约束，堪称最"自由"的人。——译者注

论产生深远影响。

主持人：这个怎么说？

科　赫：对于没有 NCC 的物种，我们可以认为它们只不过拥有固定的感觉-运动回路，但不存在主观体验的僵尸。我们对这些物种的保护力度就可以比那些在某种条件下表现出 NCC 的动物弱一些。

主持人：那么是不是您不会用任何能感受到痛苦的动物做实验？

科　赫：在理想的情况下，我不会用的。但是，我的一个女儿在 8 周大的时候死于婴幼儿突然死亡综合征。我父亲在经历了 12 年帕金森病的痛苦之后，最终并发阿尔茨海默病去世。我一个好友因为不堪精神分裂症的痛楚而自杀。我们需要动物实验来消除这种种折磨人类的神经疾病。进行动物实验应当小心谨慎，充满同情，并且尽可能获得动物的配合（就像本书中所讲的大量猴子实验一样）。

主持人：这些理论对伦理和宗教能产生什么影响呢？

科　赫：从形而上学的角度看，重要的问题是神经学家能否成功地从相关性的研究进一步深入到因果关系的研究。科学要给出一条从神经活动到主观知觉的因果链。它需要一个理论来回答"什么样的生物体、在什么条件下可以产生主观感受？""这些感受是做什么用的？"以及"感受是如何产生的？"这一连串问题。

如果我们大胆地假设，若真的不用借助新的、无法客观定义或衡量的实体，就可以建立起关于意识的理论，那么自从文艺复兴以来的科学追求，就能够着手解决人类所面临的最后一个挑战；人类就能对心智如何从物质中诞生这一问题给出一个完备、定量的解释。这必将对伦理学产生深远的影响，包括给出"人类"的全新定义，此定义很可能会与不同时代、不同文化的人们所总结出的传统定义大相径庭。

主持人：但是并非所有人都赞同您说的这些。很可能有许多人会把这种成功看作是科学暴戾而没有人性的一面——它要把整个宇宙的意义与重要性铲除干净。

科　赫：为什么要这样想呢？为什么我对周围世界的欣赏会因为这些知识而减弱呢？我所看到、闻到、尝到、摸到的一切，无论是你、我、这本书、我们呼吸的空气、我们立足的大地、天空的星星，这全都是由 92 个元素构成的，我对此深感惊奇。这些元素还可以按一定周期排布。而这些，又都是建立在更为基础的质子、中子、电子 3 种基本粒子上的。究竟卡巴拉*知识的何种秘教形式可以给人带来更大的满足感呢？但是，全部这些知识都丝毫不会影响我对生命，对人、狗、自然、书籍以及音乐的热爱。

主持人：关于宗教信仰呢？世界上绝大多数人都相信人死之后，灵魂会以某种形式继续存在。你想对这些人说些什么？

科　赫：很多这样的信仰都与现今的科学世界观相矛盾。我们现在已经搞清楚的一点是，任何有意识的动作或动机都和某种物理基础相关。当生命结束时，意识会灭亡，因为没有脑就没有心智。但是这些毋庸置疑的事实，不能用来排除某些关于灵魂、复活或者上帝的信仰。

主持人：您花 5 年时间写书的任务终于结束了，您的孩子也都考上了大学，那您下一步打算做些什么？

科　赫：就像 M·赫佐格（Maurice Herzog）在第一次登上喜马拉雅山脉安纳普尔纳峰**时说的那样："每个人的一生中都有下一个安纳普尔纳"。

---

* "卡巴拉"（Kabbalah）是希伯来语，字面意思为"接受"。犹太教的一个神秘主义派别称卡巴拉派，该派别认为卡巴拉知识包含了宇宙的全部真理和智慧。——译者注
** 该次登顶是当时人类登顶的最高纪录。——译者注

术语表

40 Hz 振荡　40 Hz oscillation　参见"振荡"。

NMDA 受体　NMDA receptor　参见"谷氨酸"。

V1　V1　参见"初级视皮层"。

γ-氨基丁酸　GABA　在前脑，快速突触抑制主要受 GABA 的调控。这种神经递质来自突触前末梢。

γ 振荡　gamma oscillations　参见"振荡"。

绑定问题　binding problem　该问题旨在研究一个（或几个）对象的众多不同属性（这些属性由分布各处的神经活动分别表征）是如何组织起来，并形成统一的知觉的（9.4 节）。举例来说，当一辆红色法拉利跑车疾驰而过时，它的颜色、运动、声音分别由不同皮层的神经活动来表征，这些神经信号如何整合成单一的知觉？并且，这一表征又是如何与同时知觉到的另一辆摩托车的表征相区分的？

背侧通路　dorsal pathway　始于初级视皮层、经 MT 区投射到后顶叶皮层的大量解剖通路（anatomical stream）。从后顶叶皮层出发，背侧通路的轴突进一步投射到前额叶皮层背外侧区。背侧通路又称动作视觉通路，或"何处"通路（where pathway）。

变化盲　change blindness　以极短的时间扫视图片或场景*（参见图

---

* 通常包含两幅图片，一幅原始图片，另一幅则是对第一幅图片进行局部修改（例如增加或隐去某个物体）后的图片。——译者注

9.1），观察者认为自己已经看到图片的全部内容，却未能发现图片或场景中的明显变化。

表层　superficial layers　新皮层的1、2、3层（4.2节），又称上层。某个区域的表层神经元会投射到等级结构的较高层次。同时，这些层也接收大量的输入信号。这些信号分别来自柱内第4层神经元、皮层反馈通路以及丘脑基质神经元。其中，后两种输入信号使得表层所处理的信息不只局限于当地，而是范围还要广得多。

补插　filling-in　补插包括了一系列的过程，由此某种未出现的属性可通过其（时间或空间的）背景推断出来。例如对于视盲点的补插（第2章注释5及3.3节）。这有时也会造成误导。

层位　laminar position　神经元细胞体在皮层中处于哪一层的信息。层位是分析细胞形态、输入、输出以及功能的重要依据（图4.1以及图版4）。

长时记忆　long-term memory　一组可将信息保存几天、几个月甚至几年的过程。长时记忆既包括内隐的感觉-运动技能，又包括过去经历中的各种细节，以及客观事实这样的陈述性记忆（11.2节）。

初级视皮层　primary visual cortex　枕叶皮层末端，位于整个皮层的最后部，接收来自视网膜经由外侧膝状体传递的视觉输入。又称为V1区、纹状区或布罗德曼17区（第4章、图7.2及图8.1）。

磁共振成像　MRI　参见"fMRI"。

大脑皮层　cerebral cortex　简称皮层。皮层由大脑表面左右两大片褶皱的神经组织构成，厚度约几毫米，面积不定。人脑皮层的面积和一张大号比萨饼（$1\,000\,cm^2$，大约是14英寸的比萨饼）的大小差不多。脑皮层有明显的分层结构（参见"层位"）。皮层可以再细分为新皮层（仅哺乳动物才有的皮层）及较古的区域，比如嗅皮层和海马等区域（4.2节）。

胆碱能传递　cholinergic transmission　参见"乙酰胆碱"。

等级结构　hierarchy　依照解剖学的准则，与视觉相关的30余个皮层可以按一定的等级结构排列（参见图版1、图版2）。某一个区域接收来自较低等级的前向输入信号，并将该信号投射到较高等级的区域，或者通过侧向连接投射到同等级的区域。反馈通路则将信息从较高等级传送到较低等级。这种等级结构既不是绝对的，也不是唯一的。研究表明，在体感区和听觉区也存在类似的等级结构。但现在仍不清楚前皮层中究竟在多大程度上也有这样的等级结构。

第三人称视角　third-person perspective　一个外部观测者的角度。从这个视角可以得知某一有意识受试者的行为及其脑的状态（例如通过观测神经元），却无法得知他的体验。历史上，生物学家和心理学家的研究几乎全部采用第三人称视角（比如维也纳学派*或行为主义**），而忽略了第一人称视角。

第一人称视角 first-person perspective 有意识的个体体验世界、感知事件的一种独特视角。这个问题的神秘之处在于，第一人称视角为何能与第三人称视角兼容，并用后者解释前者。虽然一些哲学家并不反对一些人宣称自己具有体验，但他们认为主观状态并不存在（第8页）。

电极 electrode 一个电导体，通常是一根只有尖端导电的金属丝。与放大器连接后，可以测量神经元内部或外部的电位变化，有的电极还可以直接刺激神经元。通常，细胞外记录可采集到两类信号：一个或相邻数个神经元的动作电位序列，以及电极周围数以千计的神经放电活动信号的叠加，又称局部场电位。通过电极阵列，可同时记录电极附近上百个神经元的放电活动。电极记录以极高的时间分辨率（亚毫秒级）对单神经元的活动进行采样。这种技术最大的局限在于覆盖率太低——每次只能针对一个区域内极小一部分神经元进行记录，并且实验者也无法确切知道自己测量的是哪一个神经元。

调制性联结 modulatory connections 来自丘脑或皮层某区域的轴突，终止于表层皮层或丘脑神经元远端树突***。通常情况下，调制性联结无法独立刺激其靶神经元而使其强烈发放。但是，当靶神经元受到驱动性联结的刺激时，调制性联结可以调节发放率。反馈通路很可能是调制性的。目前仍不清楚前皮层的联结是否也有调制性和驱动性之分。

动作电位 action potential 指神经细胞跨膜电位以"全或无"的方式产生的脉冲式变化。每个动作电位的幅值约 100 mV，持续 0.5～1 毫秒。动作电位又称锋电位（亦称锋形放电或放电活动），是神经元之间以及神经元到肌肉间快速传递特定信息的主要渠道（2.3节）。

动作视觉通路 vision-for-action pathway 参见"背侧通路"。

短时记忆 short term memory 在几十秒时间范围内储存信息能力的统称。工作记忆就是这样一种短时记忆（11.3节）。

对侧（的） contralateral 表示"另一侧"的神经科学术语，如可以

---

* 该学派认为知识源于经验，并且认为分析传统哲学问题必须借助于逻辑学。——译者注

** 该学派主张通过研究那些容易被定量分析的行为来解释心理学的问题。由于第一人称视角无法被证实，该学派反对意识的研究。——译者注

*** 远端树突（distal dendrite）是锥体细胞顶树突（apical dendrite）中的一种。——译者注

说:"左侧的初级视皮层接收来自右侧(对侧)视野的输入。"类似地,同侧(ipsilateral)表示"同一侧"。

发放率编码 firing rate code 该假说认为,一个神经元所表达的全部信息都包含在一定时间段内(约在100毫秒数量级,2.3节)该神经元发放的锋电位个数的平均值。

反馈通路 feedback pathways 在前脑,解剖组织结构有高级、低级之分(参见"等级结构")。反馈[埃德尔曼等人亦称之为"复馈"(reentrant)]通路由锥体神经元的轴突从较高等级联结到一层或几层较低等级的突触而形成(例如从MT区投射到V1区,或从V1区投射到LGN)。根据笔者的观点,从脑前部到后部的反馈通路一旦被阻断,意识也会随之消失。

非经典感受野 nonclassical receptive field 参见"感受野"。

锋电位 spike 参见"动作电位"。

锋电位同步化 spike synchrony 参见"同步化"。

腹侧通路 ventral pathway 解剖学上始于初级视皮层投射到V4和下颞叶皮层(IT)的一组通路。这些通路进一步上行到前额叶皮层腹外侧区。该通路又称知觉性视觉通路,或"什么"通路(what pathway)(图7.3)。

感觉-运动体 sensory-motor agents 参见"僵尸体"。

感受野 receptive field 视觉神经元的经典感受野指视野中某个位置及其特定形状。当视觉刺激在该位置出现的时候,可直接兴奋该细胞。视网膜和外侧膝状体的感受野具有中心-周边组织。初级视皮层细胞对具有特定朝向的条状刺激有最佳的感受特性。细胞的非经典感受野包含一个更大的区域,在该区域内的视觉刺激可以调控细胞的响应。举例来说,如果位于非经典感受野长条的朝向与位于中心的长条相同,两者形成了一种均一的纹理,可能会造成该细胞停止反应;但是如果位于非经典感受野长条的朝向与位于中心的长条垂直,就会引起猛烈的发放(4.4节)。非经典感受野把细胞的基本反应特性放到了一个更广阔的环境背景中去进行调制。

工作记忆 working memory 一种得到充分研究的记忆模块。工作记忆可以将当前任务所需的信息(例如一个电话号码)存储数十秒钟(11.3节)。

功能性磁共振成像 functional magnetic resonance imaging(fMRI) 本方法基于核磁共振,记录清醒状态下受试者的脑信号,是一种无损、安全并且方便的记录手段。一种最常用的技术是依赖于血氧浓度的对比成像。该技术测量血液容积以及由新陈代谢(由于突触和锋电位活动)引起的血液流动的局部变化。fMRI 的依据是缺氧血和含氧血在磁场下表现出的细微差异。fMRI 并不能直接记录快速的突触和锋电位活动，它需要通过血流动力学指标间接地得到结果。fMRI 的时间分辨率很差，要以秒为单位，其空间分辨率可以达到毫米级（参见第 8 章注释 2）。

谷氨酸　glutamate　在前脑，快速突触兴奋是通过谷氨酸实现的。谷氨酸可以作用在几种不同的突触后受体上。前脑的绝大多数突触传递都依靠谷氨酸受体，每种这样的受体反应大约持续数毫秒。除了谷氨酸之外，还有另外一种 N- 甲基 -D- 天冬氨酸（NMDA）受体，这类受体的开关时间相对较慢（50～100 毫秒）。NMDA 受体对产生突触可塑性起非常重要的作用。

光流视场　optical flow field　在视网膜上，由图像亮度变化导致的二维矢量场。光流视场是由于头或眼的运动，或者外部物体运动所致。

毫秒　msec　千分之一秒。快速的兴奋性突触输入以及动作电位的发生都可以在 1 毫秒内产生。

核团　nucleus（nuclei）　三维的神经元集团。核团中的神经元普遍具有某种神经化学或神经解剖学特性。例如，它们全都用同一种神经递质，或者它们全都投射到某个目标区域。

猴子　monkeys　它们与猿和人类同属于灵长动物（第 1 章注释 21）。恒河猴不是一种濒危物，在人工环境下饲育和训练恒河猴很容易。虽然猴子的脑远比人脑小，但是它的大体构造和处理单元与人脑非常类似。因此，在知觉与认知的神经基础的研究中，猴子是最常用的模式生物。

后皮层（皮层后部）back of the cortex　位于中央沟后的皮层的简称，包括了几乎所有纯粹与感觉相关的区域（特别注意：嗅觉例外）。本词条与前皮层互补。

后效　aftereffect　在长时间持续受到某种刺激*之后，观察者短期内减弱了检测该种刺激的能力（6.2 节讨论了与朝向相关的后效）。在某些情况下，观察者可以"看"到与该刺激相反的情形。例如在运动后效中，当观察者已习惯于观察自上而下的运动之后，他就会产生"原来静止的物体都在向上运动"的感觉（又称作瀑布错觉，参见 8.3 节）。类似的情形在颜色后效中也存在。一般认为，后效是由相关神经元的重新校准（recalibration）或适应性调节引起的。

---

* 这里我们仅讨论视觉刺激的情况。——译者注

忽略症　neglect　一种神经学综合征。这一病症通常与右侧后顶叶皮层的损伤相关。患者无法对受损视野内的信息作出反应。但是患者的初级视觉通路（包括从视网膜到V1的部分）是完整的。更确切地说，该病症又称为视觉空间半侧忽略症。与忽略症相关的另一种综合征叫做消退症。消退症患者可以看见独立出现在受损视野内的物体，但是如果在未受损的对侧视野内同时出现另外一个视觉刺激，则会丧失对受损视野内物体的视觉感知（10.3节）。

唤醒或门控系统　arousal or gating system　包括脑干上部（中脑网状结构；图5.1）、下丘脑以及位于中线的丘脑结构（midline thalamic structures）（丘脑板内核和网状核）。该系统负责调控觉醒的状态（清醒/睡眠）。如果这些组织遭受双侧损伤，将导致昏迷。唤醒系统正常工作是一切意识活动的必要条件。该组织是NCC_e的一部分（5.1节）。

昏迷　coma　一种有临床定义的症状。昏迷患者无法被唤醒，也没有迹象表明患者能够产生有意识的感觉或非反射行为（5.1节）。昏迷状态可在几周内转变为植物人状态。此时，患者会有周期性觉醒（在"睡醒"后睁眼一段时间，然后再闭眼，两个阶段交替进行），但没有觉知的迹象。如果这样的症状持续超过一个月，患者即被认定进入永久性植物人状态。

基底神经节　basal ganglia　深藏于皮层以下的一系列核团。主司随意运动、程序性学习、序列学习（sequence learning）以及相关行为的调控。这些核团接收来自整个大脑皮层以及丘脑板内核的输入信号，并通过丘脑，将输出信号投射回皮层额叶（7.6节）。许多神经退行性疾病，诸如帕金森病、亨廷顿病，都会侵袭基底神经节的神经元。

计算的逻辑深度　logical depth of computation　对于任意一种计算所需要的步数的度量。比如，视网膜神经节细胞可用来检测点光源，其逻辑深度要远小于在IT区表征人脸的某个神经元。一个神经元逻辑深度越浅，则突触后神经回路为提取相关信息而须做的计算就越多（2.2节）。

计算深度　depth of computation　参见"计算的逻辑深度"。

记忆　memory　一系列对不同表征进行操作的心理过程，以及把信息保存一段时间的生理机制。记忆包括了以下几个重要的类别：长时记忆、短时记忆或即时记忆（immediate memory），以及图像记忆或瞬时记忆（fleeting memory）（第11章）。

简单问题　easy problem　某些哲学家用这个术语来描述本书的核心问题；发现并描述意识的神经基础——或者更广泛地说，意识的物质基础。由于意识总是具有某些功能，那么依照物理学定律去了解这些功能的起源，从原理上讲是很直接的过程（即使从学术理论和实践的角度来看非常困难）。然而，即便依这个思路解决了简单问题，还是无法解释为什么会有主观体验，这就是所谓的困难问题。正如那些曾经困扰哲学家许久的问题（例如，为什么视网膜的像是倒立的，而人却看到正立的世界）一样，笔者推测，只要理解了简单问题，困难问题就会不攻自破。

僵尸体　zombie agents　在不需要自己产生任何意识感觉的条件下，快速、轻松地完成特定行为的感知-运动系统。意识可能在行为之后产生（通过反馈通路），或者根本没有必要产生意识。关于僵尸体的例子包括眼动、走路、跑步、骑车、跳舞、开车、攀岩，以及其他经过特别训练的活动（第12章及第13章）。

经典感受野　classical receptive field　参见"感受野"。

局部场电位　local field potential（LFP）　用电极尖端在神经组织中测量到的电位，毫米级范围内的神经活动形成LFP（2.3节）。

觉知　awareness　本书中，觉知与意识等价（参见第1章注释2）。

快速眼动睡眠　rapid-eye-movement（REM）sleep　与深度睡眠相对，是正常睡眠周期的一部分。REM睡眠的特点是眼球快速移动，其他随意肌则进入松弛状态，并经常伴随清晰的梦。

快照　snapshots　参见"知觉时刻"。

困难问题　hard problem　哲学家查默斯所推崇的一个术语，表示要想从一个合理的还原论者的角度解释下列问题为什么会那样难：为什么从物理系统中可以产生出感知觉（14.4节）？为什么有些脑部活动和主观感受与主观体验特性密切相关？从这个角度讲，本书的目的则是发现并描述在脑中与意识相关联的物理实体，这是一个简单问题。

灵长目动物　primates　灵长目动物包括猴子、猿以及人。参见第1章注释21。

盲视　blindsight　在毫无视觉体验的情况下残存的视觉-运动行为。患者声称自己的部分视野已失明，却可以对来自失明视野的简单刺激做出适当反应。这是行为和意识之间选择性分离的一个例子（13.2节）。

面容失认症　prosopagnosia　对人脸识别这一视觉能力的特异性丧失。某些患者甚至不能识别名人或熟人的脸（8.5节）。

内侧颞叶　medial temporal lobe（MTL）　位于前脑的组织，参与意识记忆的巩固和情感的处理。包括海马及其周边的内嗅皮层（布罗德曼 28 区）、嗅周皮层（布罗德曼 35、36 区）、旁海马皮层（布罗德曼 37 区），以及杏仁核（参见图版 1、图 7.1，还有图 7.2 上部）。注意区分 MTL 与中颞叶（MT）区。

内隐编码或**内隐表征** implicit coding or implicit representation　与外显编码对立的一个概念。

脑电图 electroencephalogram（EEG）　一种非侵入式的记录手段，通过在头皮上安放大量电极来记录脑电位。根据 EEG 采集到的不同频段（θ、α、β、γ 等频段，2.3 节）的振荡活动，可大致描述出不同的认知状态，并作为临床诊断的依据。EEG 具有很高的时间分辨率（毫秒级），但由于空间分辨率太低（厘米级），这项技术很难用来分别检测不同的神经元集群。

脑干 brainstem　脑的一部分，包含中脑、脑桥和延髓（见图版 1）。

旁触相互作用 ephaptic interaction　邻近的神经元突起通过细胞外电位而非化学或电突触进行相互作用。因为受到神经元生物物理特性的限制，这种相互作用的电位变化幅度及突触特异性都受到很大限制。对于意识而言，细胞外电位很可能仅起到较次要的作用（2.3 节）。

皮层处理的等级结构 cortical processing hierarchy　参见"等级结构"。

偏盲 hemianopia　一侧视野的全盲，即完全丧失视觉感知的能力。这种病症是由 LGN 到 V1 的通路或更上行的通路受损所致。

偏心度 eccentricity　参见"视觉偏心度"。

胼胝体 corpus callosum　连接左右大脑半球的组织，约有 2 亿根神经纤维。由于裂脑患者的胼胝体被切断，造成在同一个颅腔中同时有两个头脑（参见图 17.1）。

频率编码 rate code　参见"发放率编码"。

启动效应 priming　当对一种刺激的处理会影响到很长时间之后出现的另一个刺激，心理学家称之为启动效应。这一效应很可能与突触权重的变化有关。第一个刺激甚至不需要被意识觉察，就可以提高第二个刺激被检测到的概率（11.3 节）。

前扣带皮层 anterior cingulate cortex（ACC）　额叶中执行中枢的一部分，可能对于 NCC 有重要意义（参见图版 1 及 7.6 节）。它位于布罗德曼区 24、25、32、33（图 7.1）。ACC 负责监控复杂的行为，在发生认知冲突或犯错时，该区域的反应尤其活跃。

前脑 forebrain　脑的一部分，包括大脑皮层、基底神经节、杏仁核、嗅球以及丘脑（参见图版 1）。前脑神经元负责调控意识内容。前脑与前皮层这两个概念不同，需要注意区分。

前皮层（皮层前部） front of the cortex 位于中央沟之前的全部皮层的简称。包括运动皮层、运动前皮层、前额叶皮层、前扣带皮层（参见图版 1 的额叶图谱）。前皮层包括的皮层区域负责接收从基底神经节经过丘脑传入的重要输入信号。需要注意区分前皮层与前脑。

前提因素 enabling factors 形成意识必备的生理机制（例如胆碱能突触传递和谷氨酸能突触传递，以及充足的血供）。前提因素即是 NCC_e（5.1 节）。

强联结或驱动性联结 strong or driving connection 指部分发自丘脑或某一皮层区域，并终止于皮层第 4 层或丘脑神经元胞体附近的轴突。此类轴突可以独立驱动靶细胞产生强烈的动作电位。从 LGN 到 V1，从 V1 到 MT，视觉等级结构中上行的前向联结都是驱动性联结。笔者与克里克猜测，在丘脑-皮层系统中，不存在全部由强联结构成的回路（7.4 节）。

丘脑 thalamus 位于中脑上方的一对结构，调控进入新皮层的全部输入信号。如果失去丘脑，精神生活将不复存在。每侧的丘脑都包括许多核团，核团之间没有直接连通。这些核团收到大量来自皮层的反馈。笔者认为丘脑是负责注意的器官（图 5.1 及 7.3 节）。

丘脑板内核 intralaminar nuclei of the thalamus（ILN） 指贯穿每一侧丘脑的一组小核。该部位到基底神经节有很强的输出，而到皮层的许多地方有弥散性的输出。丘脑板内核的双侧损伤会直接导致觉醒能力的丧失。如果是完全受损，则会导致患者进入植物人状态。它是 NCC 的前提因素之一（NCC_e）。

丘脑核心细胞 core of the thalamus 两大类丘脑中继细胞的一种（参见"丘脑基质细胞"）。核心神经元将特定的信息传递到对应皮层靶区的输入层（7.3 节）。

丘脑基质细胞 matrix of the thalamus 两大类丘脑中继神经元之一（另见"丘脑核心细胞"）。

驱动性联结 driving connections 参见"强联结"。

全色盲 achromatopsia 由梭状回的局部损伤所导致的对颜色知觉的特定缺陷（8.2 节）。

群体编码 population coding 一种神经编码机制。在群体编码中，信息被分散在整个集群的全部神经元里，其中单个神经元并不具有很高的选择性。通过把神经元组合成不同的子集，信息能被可靠而有效地表征出来（图 2.3 及

2.3 节）。与此相对的另外一种编码机制称为稀疏表征。

上层　upper layers　参见"表层"。

深层　deep layers　指新皮层的第 5 层和第 6 层（4.2 节及图版 4），又称作下层。位于深层的锥体细胞投射出皮层，进入丘脑，直至上丘以及更远的靶神经元（例如脊髓）。

（神经）活动原则　activity principle　这一假说认为，每个直接知觉（看到红色时的视觉、闻到潮湿苔藓时的嗅觉，以及做某个动作时的体感知觉）的不同属性都是通过一个或一组神经元外显地表征出来的。

神经元集群　coalition of neurons　一组以单个或多个突触连接的前脑神经元，它们对某种单一的知觉、事件或概念进行编码。神经元集群的产生和解体时间大约在几分之一秒或更长的量级。同一集群内的细胞会互相激励，并遏制与自己竞争的其他集群。注意可以左右集群间的竞争。同步化和振荡发放机制对于增强集群的内聚性，从而增强某个集群，弱化其他集群起着重要的作用。对应于任何一个有意识的知觉，都有一个神经元集群外显地表征感受到的特性（2.1 节）。

时间编码　temporal code　该假说认为，同一个神经元或一组细胞产生动作电位的时间包含了相关的信息。40 Hz 频率的振荡放电和同步化是支持这一假说的两个最重要的例子（2.3 节、图 2.6 及图 2.7）。这种编码很可能在选择性注意的神经表征中起到了重要的作用。

视差　disparity　参见"双眼视差"。

视觉偏心度　visual eccentricity　偏心度是指距视锐度最高的中央凹的相对角度。一个物体所处位置的偏心度越高，就越难以被清晰地看见（图 3.2）。

视网膜神经节细胞　retinal ganglion cell　在视网膜中，神经节细胞的数目在 100 万个以上。它们将光感受器、水平细胞、双极细胞以及无长突细胞收集的视觉信息汇总，并以动作电位的形式传送到脑的其他位置。神经节细胞的轴突构成了视神经。神经节细胞的活动并不足以产生有意识的视知觉（第 3 章）。

视网膜拓扑组织　retinotoptic organization　拓扑组织的一种。在视觉空间上邻近的点，被映射到相邻的神经元上。相比视觉的外周区域，对中央凹的表征被大大地夸张了（图 4.2）。

疏忽盲　inattentional blindness　有些心理学实验生动地表明，如果有某个刺激出乎受试者的预料，那么哪怕受试者正对着它看，也可能看不到该物体

(9.1节以及第9章注释9)。疏忽盲重点揭示了期望在感知过程中的重要作用。

双稳态错觉 bistable illusions 同一种感觉输入可以产生两种互不相容的知觉,并在这两种状态之间变换,例如内克尔立方体错觉(图16.1),以及双眼竞争。参见"知觉刺激"。

双眼竞争 binocular rivalry 知觉刺激的一种。在这类刺激中,一幅图片投射进入左眼,另一幅不同的图片则被投射到右眼相应的位置上。受试者看到的并不是这两幅图片的重叠,而是看到这两幅图片交替出现。这一现象非常生动地体现了神经元集群的"赢者全取"动态特性:当一个知觉"获胜"时,其他知觉会被完全遏制(第16章)。

双眼神经元 binocular neurons 来自任意一只眼的输入信号都可驱动双眼神经元,这类神经元最早出现于初级视皮层(4.4节)。单眼神经元仅对来自特定眼的输入刺激产生响应。

双眼视差 binocular disparity 同一对象在左右眼视网膜上像的相对位置差异。视差可以用来提取观察对象和头部之间的距离(即深度)信息。

瞬时记忆 fleeting memory 参见"图标记忆"。

梭状回 fusiform gyrus 梭状回位于皮层下侧。自枕叶延伸至颞叶(参见"下颞叶皮层"、图版1及8.5节)。

探照灯 searchlight 参见"自上而下的注意"。

同步或**锋电位同步** synchrony or spike synchrony 指一个神经元发放锋电位的时间与另一个神经元发放时间相同(或相近)的程度(例如图2.7)。一组神经元的发放高度同步(相关发放)时比未同步时更容易驱动靶细胞(它们会为靶细胞带来更强的突触输入)。锋电位同步很可能是造成神经元间竞争偏好的一项重要机制。

同侧 ipsilateral 参见"对侧"。

突触 synapse 指突触前神经元和突触后神经元之间一个高度特化的接触点。对于化学突触,突触前末梢(神经终末)可以释放神经递质分子。这些分子与突触后神经元细胞膜上的受体结合,触发一系列快速的电反应(既可以是兴奋性的,又可以是抑制性的),以及较慢的生物化学反应。在前脑,谷氨酸和GABA分别是主要的兴奋性和抑制性神经递质。在 1 mm^3 的皮层组织内,存在上亿个突触。电突触(又称缝隙连接)是细胞间一种直接的低电阻连接。在皮层中,此类连接可能使不同的抑制性中间神经元相互达成同步(第2章注释20)。

突触可塑性 synaptic plasticity 增强或减弱突触连接有效强度的生物物理或生物化学变化。这类变化的时长从几分钟到几天甚至更长的时间不等。突触可塑性被认为是长时记忆的关键（11.1 节）。

图标记忆 iconic memory 一种容量非常高、但会迅速（在数秒内）衰减的视觉记忆。这种记忆也存在于其他感觉模态。笔者称这类记忆为瞬时记忆，并指出它们是感知觉意识所必备的条件之一。

拓扑组织 topographic organization 观察发现，空间中两个邻近的点通常是由相邻神经元表征的。LGN、低级的视觉皮层、听觉和体感皮层均有拓扑组织结构。腹侧通路的较高层区域则不具有这种组织结构。

外侧膝状体 lateral geniculate nucleus（LGN） 绝大多数视网膜神经节细胞将其轴突聚在一起形成视神经，传入 LGN。它共有 6 层，是丘脑核团之一。LGN 的神经元继而投射到初级视皮层。和其他丘脑核团一样，LGN 上也存在大量来自皮层的反馈，但是这些反馈的功能尚不清楚（图 3.6 以及图 7.2 下数第 2 排）。

外显编码或**外显表征** explicit coding or explicit representation 在外显表征下，朝向、颜色、面容等编码信息都可以很容易地被提取出来（第 2 章注释 9）。相比内隐编码，外显编码的计算逻辑深度更深（2.2 节）。神经元的集群可在外显表征某个属性的同时，内隐地表达另外一个属性。例如，在看见一张人脸图片时，初级视皮层的神经元外显地表达朝向信息，但是内隐地表达面容信息。2.2 节提出，这种外显表征是 NCC 的必要但并非充分条件。这一思想贯穿全书。参见"活动原则"。

网波 net-wave 由感觉输入诱发的锋形放电活动的波阵面。它以一种可预测的模式飞快地传播。该波阵面始于感觉外周，经历皮层处理等级结构的各个阶段（7.2 节）。

微刺激 microstimulation 用电极插入相关脑区进行的直接电刺激。在皮层，这种刺激会诱发初级甚至高级的知觉和运动动作（8.3 节）。

微电极 microelectrode 参见"电极"。

微米 μm 百万分之一米，或者千分之一毫米。在皮层中，一个突触的宽度约为 0.5 μm。

微型人 homunculus 在头颅内的小人，参见"微型人谬论"。

微型人谬论 fallacy of the homunculus 这是一个很容易让人相信的错觉：在一个人意识的中心，存在着一个有意识的"自我"，它一直在观察外部世界，并主导一切行动。18.2节推测，在神经解剖学上，前皮层和后皮层之间的联结正好可以体现这种错觉。也请参看"无意识微型人"。

微意识 microconsicousness 泽基提出的一个概念，用来表达针对某个知觉的一个特定属性所产生的意识，以及其相关的NCC。在观察一个物体时，我们可能在不同的时刻分别感知到对于该物体运动的微意识和对于该物体颜色的微意识。这一概念可能使得人们有关单一意识的想法难再成立。

纹外皮层 extrastriate cortex 位于脑后部的枕叶、环绕在初级视皮层外围的一片皮层，主管视觉（图8.1）。

纹状皮层 striate cortex 初级视皮层的解剖学名称。

无意识的 nonconscious 与有意识的感受、感觉与记忆不直接相关的动作或计算。下意识的知觉就是一种无意识处理。

无意识微型人 nonconscious homunculus 这种推测（18.2节）认为，前皮层的神经网络监视后皮层，借助处理过的感觉信息进行规划、决策，并将信号提供给相关的运动处理单元。绝大部分此类的神经活动对形成意识内容并无帮助。这些网络就像一个无意识的微型人一样运作。

稀疏表征 sparse representation 一种神经编码机制。在该机制下，信息被少数具有较强区分度的神经元所表征。与群体编码相比，稀疏表征的优越性在于对信息的外显表征。稀疏表征的极端情况是单个细胞仅对一个人或者一类物体编码（图2.2及2.2节）。

稀疏时间编码 sparse temporal coding 这种神经编码使用少数在特定时间点发放（就像音乐的音符一样）的锋电位来表达信息。比较而言，发放率编码至少需要数分之一秒才能通过缓慢的发放率变化来表达信息。稀疏时间编码不但节省了能量，还减少了在学习过程中受干扰的可能。

下层 lower layers 参见"深层"。

下颞叶皮层 inferior temporal or inferotemporal cortex（IT） 在猴子大脑皮层中，该区域始于V4区前方，延伸到接近颞端（temporal pole）。该区域包含PIT、CIT和AIT*的背侧和腹侧（图版1以及图7.3）。对应于人类皮层，该皮层位于枕-颞叶皮层前，沿颞叶的腹侧面（梭状回）延伸。新皮层中的这一条狭长区域对意识和视觉感知起着非常关键的作用。

---

* PIT: posterior Inferotemporal，后下颞叶皮层；CIT: central Inferotemporal，中下颞叶皮层；AIT: anterior Inferotemporal，前下颞叶皮层。——译者注

相关发放　correlated firing　两个神经元发放动作电位的时间相关程度。如果在一个神经元发放锋电位后的一个固定时间内，另一个神经元随之放电，或者两个神经元总是同时放电，则这两个神经元是高度相关的（图2.7）。参见"同步化"。

消退症　extinction　参见"忽略症"。

心身问题　mind-body problem　与意识相关的一组问题。在对意识的探索中，笔者将以下问题作为研究纲领（1.1节）：为什么特定意识感觉的神经基础会恰好针对该意识感觉，而不是其他某种意识感觉或无意识状态？神经系统是靠什么样的机制才做到这一点的？各种感觉的组织为何要与现实中大脑的构造一样？感觉如何获得它们的意义，感觉又为什么是私密的？最后，为什么还存在许多独立于意识之外的行为（参见"僵尸体"）？

新皮层　neocortex　参见"大脑皮层"。

血氧水平依赖信号　BOLD signal　参见"fMRI"。

血流动力学（活动）　hemodynamic activity　突触释放神经递质，神经元产生和传导动作电位以及其他神经活动，均需要新陈代谢能量。当神经活动增强时，代谢需求也会随之上升，这就需要血流中的血红蛋白分子迅速供氧。整个供氧过程同时伴有血液容积和流量的变化——通称为血流动力学活动，各种脑成像技术正是在捕捉这样的变化。这些技术包括：内源性光学成像、PET以及fMRI。这类技术的时间、空间分辨率在亚毫米秒（sub-millimeter-second）的量级。

延迟测试　delay test　一种实验手段。通过训练受试者（动物、婴儿或者无法交谈的患者）在刺激和运动反应之间施加延迟，来验证是否存在有意识的行为。参见"意识计"。

掩蔽　masking　当一个刺激a消除了观察者对另外一个（时间或空间意义上）邻近的刺激b的知觉，就说a掩蔽了b。对于视觉或听觉刺激设计掩蔽，是一门复杂的学问（15.3节）。

眼球跳动　saccade or saccadic eye movement　一种非常快的、有方向的眼球运动。人类和其他灵长目动物通常通过眼球跳动来观察和探索世界。这种眼球跳动在日常生活中每秒都会发生数次（3.7节）。

要点　gist　视觉场景的一种非常稀疏的高层表达。这使得变化盲类实验变得非常有趣。在这类实验中，场景发生了很大的变化，但是观察者无法察觉——因为该场景的要点并没有发生变化（9.3节）。

乙酰胆碱 acetylcholine 由突触分泌的一种重要神经递质。在外周神经系统中，它将运动神经元的动作电位转为肌肉运动。在脑中，乙酰胆碱的分泌又被称作胆碱能传递。它既可以快速、直接地兴奋突触后的靶细胞，也可以缓慢地上调或者下调这些靶细胞的兴奋性。胆碱能神经元活动的增强与觉醒程度的提高相关。

意识 consciousness 本书的主要内容。由于对意识这一现象的科学研究刚刚起步，我们现在还很难给出一个严格的定义。一般来说，意识需要某种选择性注意以及短期信息存储机制。从策略上考虑，笔者重点研究那些能产生有意识的感官知觉的脑状态——这些状态又被称为意识的神经相关集合（NCC）。如此一来，笔者就不必在涉及 NCC 与意识体验的具体关系的论战中采取某种特定的意识形态立场。

意识背景 penumbra 这个概念用来指那些接收来自 NCC 突触输入、但本身又不属于 NCC 的神经处理过程（14.5 节）。意识背景包括涉及下列信息所必需的神经组织：有关过去经历、预期结果和有意识知觉的认知背景。意识背景为知觉提供了意义和内涵。主观体验特性则使意识背景内包含的大量外显或内隐的信息具象化。

意识的场理论 field theories of consciousness 这一类理论认为，有意识的感觉需要建立在某种物理媒介之上，而该媒介是一种场。笔者对这类理论持保守态度，因为脑内存在的电磁场非常微弱，而且太一般性，因而不能表达某种特定的意识内容（参见"旁触相互作用"及 2.3 节）。

意识的神经相关集合 neuronal correlates of consciousness（NCC） 某些神经机制或事件的集合。该集合是形成某个特定知觉或体验所需要的最小集合（图 1.1 及第 5 章）。这一概念是本书的核心。

意识的私密性 privacy of consciousness 意识知觉是私密的。知觉的内容不能直接表达出来，而只能通过例子和类比来进行描述。比如，谈及某种红色时，可以描述为"这个红色看上去就像中国国旗的颜色"（1.1 节）。

意识的中层理论 intermediate-level theory of consciousness 该假说由杰肯道夫等人提出，认为只有中层的表征才能够意识到，而最原始的感觉表征或高层次的、负责许多认知功能的概念表征都意识不到。由此得出的一个令人惊讶的结论是：思维是下意识的，思维所能意识到的只是通过形象、内心独白（silent speech）和其他感觉所表征出来的东西。

意识计 consciousness-ometer 一种可以测量人或动物意识状态（或者

有无意识）的假想仪器。现今还没有一种手段能够可靠地测量意识。事实上，不少哲学家都认为测量意识这个想法很愚蠢。另外一个办法是通过一系列实验来确定某些行为是否需要意识，例如延迟测试。

意识内容　content of consciousness　某种特定的、有意识的知觉或记忆。在每一个时刻，意识的内容构成了意识流（例如，看见"红苹果"*这个过程，就是一个意识流）的一部分。不管是哪种内容，都可由某个特定的NCC产生出来（5.1节）。

意识神经相关物的前提条件　NCC_e　产生任何意识都必须具备的神经前提条件。

意义　meaning　有意识的状态一定意味着什么，它们代表了一些事物。它们基于发生过的事情、对未来的计划，以及相关事物。14.5节提出，"意义"只有在相关主节点和神经元的无数突触连接中（也就是在任何意识知觉的意识背景中）才能得到体现。

因果关系　causation　在满足下述两个条件时，我们称a事件为b事件的原因：（1）a事件在b事件之前发生；（2）如果阻止了a事件，则b事件不会发生。如果除了a事件之外，c事件也可能引起b事件发生，那么上述定义还需要进一步拓展。在分子生物学、细胞生物学、神经生物学中，一个网络通常是高度交织、高冗余，且具有高度的适应性的。在这种情况下，要从相关性来推出因果关系并不是一件容易的事。

赢者全取　winner-take-all　在神经网络中很容易实现的一种操作。只有那些受到最强输入刺激的神经元才能保持输出。由于竞争性突触间的相互作用，受到较弱输入刺激的神经元会部分（软性"赢者全取"）或全部（硬性"赢者全取"）被抑制。构成NCC的集群（coalition）一定具有"赢者全取"的特点。

诱发电位　evoked potential　在看到图像（视觉诱发）、听到声音（听觉诱发）或者正在经历某种内在的认知事件（例如在操作中出现失误；事件相关电位）时，头皮电位的变化。诱发电位是将上百次EEG实验的信号平均后得到的（2.3节）。

运动盲（运动视觉不能）　akinetopsia　由MT区及其附近的皮层损伤所

---

* 在这个过程中，需要对物体的各种属性（诸如颜色和类别信息）进行有意识的知觉。——译者注

导致的对运动视觉的特定缺陷（参见 8.3 节）。

振荡　oscillations　可以在 EEG、诱发电位或局部场电位中观察到的一种半规则的周期性阵发活动（通俗的说法叫脑波），它可以落在不同的频段。周期性的锋电位发放也可以被微电极记录到，但是相对比较困难。在 30～70 Hz 之间的振荡（通常称为 40 Hz 波或 γ 波）须特别注意。该振荡的功能很可能与注意相关。

帧　frames　参见"知觉时刻"。

知觉刺激　perceptual stimuli　对于同一个感觉刺激，例如一幅图片，同时存在多种有意识的知觉。双稳态错觉就是一种知觉刺激，例如内克尔立方体（图 16.1）、双眼竞争、动致盲以及闪现遏制。在上述每个例子中，同样的视网膜输入（同样的物理刺激）可以导致不同的知觉。探究与知觉刺激相关联的 NCC 给我们提供了一种很有前途的实验手段，用这种手段有希望辨明产生意识的神经机制（第 16 章）。

知觉时刻　perceptual moments　该假说认为，知觉发生在离散的时间段内。笔者称这些片段为帧或快照。意识流是包含了无穷多这样帧的序列，就像电影一样。同一帧内的各种属性（包括运动知觉在内）在体验上都是恒定不变的。NCC 需要反映这种拟周期的动态特性。每个这样的时间片段的长度不一，约在 20～200 毫秒之间。

知觉性视觉通路　vision-for-perception pathway　参见"腹侧通路"。

执行概要假说　executive summary hypothesis　笔者认为，意识的神经相关集合，其功能是总结当前环境的状态，并将其交予脑内的计划单元（这就像公司经理要在短时间内完成复杂决定时一定急需一份执行概要一样）。这和众多感觉-运动体（sensory-motor agents）或者说僵尸体截然相反。由于后者只处理输入输出范围非常有限的情况，故而并不需要执行概要。

植物人状态　vegetative state　参见"昏迷"。

中颞叶区　middle temporal area（MT）　皮层中一个很小的区域，负责运动感知。该区域又被称作 V5（图 7.2、图 8.1）。注意区分 MT 与内侧颞叶（medial temporal lobe）。

中心-周边组织　center-surround organization　视网膜神经元的感受野是视野中的某个区域，一个神经元仅接收（通俗地说，就是该神经元在"看"）来自其对应感受野的视觉输入。感受野由一个近似圆形的中心区域及其周边的环形区域构成。环形区域的感受特性与中心相反。例如，一个"给光"细胞会对照在感受野中心区域的光束产生强烈反应。但若有环形的输入光照射在周边区域，则该细胞的发放就会受到抑制（图 3.4）。

主观体验特性　qualia（quale）　构成意识体验的最基本感受（例如看见一张人脸或听到一个音调）。主观体验特性是心身问题的关键。14.6 节提出，主观体验特性用一种简洁的形式将获胜集群的意识背景中大量外显和内隐的信息具象化。这个集群是形成某个意识知觉的充分条件。

主节点　essential node　皮层的一个区域受损会使人丧失意识的某种特定属性，比如对颜色或运动的感知，这类区域称为主节点。泽基认为，实现某个意识特定属性的 NCC 一定位于主节点上（2.2 节）。

注意　attention　一种能够专注于某一特定的刺激、事件或者想法，并排除干扰的能力。选择性注意对于绝大多数有意识的知觉都是必不可少的。注意可粗略地分为两大类：自上而下的注意，以及自下而上的注意（第 9 章）。

注意的探照灯　attentional searchlight　参见"自上而下的注意"。

柱状组织　columnar organization　皮层中广泛存在的一种构造形式。在一小片皮层以下的柱状空间各层内，全部神经元都对一个或几个共通的特征（例如竖直朝向）进行编码。在 V1 区的视觉朝向表征（图 4.4）和在 MT 区的运动方向表征（图 8.3），都具有这种构造。2.2 节提出，柱状组织将属性外显地表征了出来。参见"外显编码"。

自上而下的注意　top-down attention　一种受意识控制、集中于某一点，并且与任务相关的内源性选择机制。该机制可作用于视觉及其他感觉（表 9.1）。对于自上而下的注意，一个通俗的比喻是注意的探照灯，注意的"灯光"投射到要观察的物体上，会增强对这些物体的处理能力。在神经元层次，注意的一个主要功能是偏向于选择编码这些物体的集群（coalitions）。注意与有意识的知觉并不是同一个过程（9.3 节）。

自下而上的注意　bottom-up attention　一种快速、自动的选择性注意，这种选择仅取决于输入信号的内在属性（外源性注意）。在视觉领域，这种注意又被称为基于显著性的注意。图像内的某个位置或物体越显著，它就越有可能吸引注意力（表 9.1）。

做梦　dreaming　生动且有意识的幻觉，能给人身临其境一般的感觉。通常，做梦发生在快速眼动睡眠期间。

注　释

第 1 章

[1] 英语中意识（consciousness）一词是从拉丁文 *conscientia* 来的，后者由 *cum*（"伴随"或者"在一起"的意思）和 *scire*（"认识"的意思）两部分组成。直到 17 世纪初，这个词都用来表达道德的是非对错，也就是今天所说的良心（conscience）。

[2] 各个学科对如何使用有关主观性的术语和有关客观性的术语还未达成一致意见。在本书中笔者采用下列约定：检测（detection）和行为（behavior）是两个可操作的客观性的术语（参阅 Dennett, 1991）。例如"视网膜检测红色闪光，观察者按手指作为反应"。没有意识的时候也可以有检测和行为。本书中的感觉（sensation）、知觉（perception）、看见（seeing）、体验（experience）、心智（mind）和感受（feeling）用来表示主观性的意思，例如"有意识的感觉"等等；既然讲到约定问题，那么本书还有另一个约定，即把觉知（awareness）和意识（consciousness）[或者有觉知的（aware）和有意识的（conscious）] 当作同义词来用。有些学者从本体论的角度（Chalmers, 1996）、概念的角度（Block, 1995）或者从心理学的角度（Tulving, 1995）出发，对这两个术语加以区分，但现在还没有什么经验证据表明，把这两个术语区分开来是有道理的（不过也请参阅 Lamme, 2003），也许将来某一天我会不得不修正自己的立场。说来古怪，目前的科学文献不赞成使用"意识"一词，但是用"觉

知"这个术语却没有任何问题。与其说这里面有什么深层次的考虑，不如说这反映了某种社会学的趋势。

[3] 主观体验特性和意义之间的确切关系还不清楚（请参阅 Chalmers, 2002 的选集）。

[4] 严格讲起来，我并不知道你是否有意识。你还可能是一个僵尸！但是因为你能够像我一样地动作和说话，因为你的脑和我的脑非常类似，因为你和我共享同样的进化遗产，我可以有根据地假定你也是有意识的。目前，对意识的科学认识还不足以证明这一点，但是自然界所发生的一切都和这个假定相容不悖。**精神唯我论**（mental solipsism）否认这一点，并且争辩说只有主体（subject）自己才真正是有意识的，而所有其他人都只不过是一些僵尸。这种论点看起来不大可能成立，并且也相当随意——到底为什么我该被从全世界所有的人中挑出来，而独具意识呢？

[5] 我不可能对所有这些深奥的论点作出公平的评判。那些对种种曲折微妙之处甚感兴趣的读者，我强烈推荐他们去读一下布洛克他们三人共同主编的论文集（Block, Flanagan and Güzeldere, 1997），以及梅青格尔主编的论文集（Metzinger, 1995）。哲学家丘奇兰（Patricia Churchland）写的教科书（Churchland, 2002）则重点从神经科学的角度对心身问题的不同方面做了概述。我也愿意推荐瑟尔写的既简明又颇具可读性的专题论文（Searle, 1997）。关于神学家对这些讨论的反响，则请参阅布朗等合著的书（Brown, Murphy and Malony, 1998），以及颇有创见的麦克马林的书（McMullin, 2000）。

[6] 我在虔诚的罗马天主教徒家庭中长大，所以相当同情这种观点。Flanagan，2002 探讨了灵魂（还有自由意志）观念和现代科学观点之间的冲突问题，后者倾向于否定前两者（也请参阅 Murphy, 1998）。

[7] Popper and Eccles（1977）争辩说，由于海森伯（Werner Heisenberg）的测不准原理，脑-灵魂相互作用不易发现。按照这一原理，不可能同时精确地确定某个微观系统（例如电子）的位置和矩。Eccles（1986）提出有意识的心智可以在不违反能量守恒定律而又足以影响脑的行为的情况下，影响突触囊泡的释放概率。他的这些思想并没有受到科学界的热情认同。但是 Popper and Eccles（1997）的这篇论文在一点上是有新意的，即它严肃认真地考虑了意识问题。他们假定感觉是进化用以实现某种功能的产物（请特别参阅 Eccles, 1991）。在完全忽视意识的行为主义统治

几十年之后，这是一个卓越的观点。

[8] 神秘主义这个术语源自 Flanagan（1992），用以表示 Lucas（1961）、Nagel（1974）、McGinn（1991）所用的方法。

[9] 第三人称观点只承认客观的事件，例如某种波长的光落在视网膜上就使人声称："我看到红色。"而第一人称观点则牵涉到主观的事件，例如红色的感觉。已故的瓦雷拉（Francisco Varela）把将主体本身的体验映射到脑区的程序（program）称为神经现象论（neurophenomenology）（Varela, 1996）。

[10] 请参阅丹尼特的书（Dennett, 1991），以及 Dennett and Kinsbourne（1992）。关于早期的行为主义传统请参阅 Ryle（1949）。关于丹尼特的最近观点请参阅 Dennett（2001）。丹尼特在他1991年的书中正确地强调了"笛卡儿戏院（Cartisian theater）"（脑中发生有意识的知觉的单个部位）的思想（请注意这并不排除下列可能性，即在任一时刻可能有分布各处的多个神经过程共同表达意识）。他提出了一种多草案（multiple drafts）模型来解释意识的许多令人困惑的方面，例如时间在经验组织（organization of experience）中所起的非直观的作用。丹尼特写作的一个特点是他善于使用丰富多彩的隐喻和类比，对此他可能喜欢过了头，很难把这些隐喻和类比与特定的神经机制联系起来。

[11] 这些问题目前都还不清楚。丹尼特反驳说天真地把感受当作是可以进行解释的事实的想法是危险的。他还反驳说，谈论真实的主观体验特性就像假定存在有"真正的魔法"一样，这是一种非常唯心主义的做法，其中隐含了许多认识论问题（Dennett, 2004）。

[12] 彭罗斯的书（Penrose, 1989, 1994）是我读过的有关图灵机、哥德尔定理、计算以及近代物理的书中写得最好、也是最容易读懂的。但是这两本书虽然也号称讨论人的心智和脑，却同样惊人地几乎完全没有任何有关心理学和神经科学的严肃讨论。Hameroff and Penrose（1996）概述了他们的想法。他们认为，作为细胞骨架的主要组成部分的微管，在意识产生的过程中起关键作用。这一想法的阿喀琉斯之踵是，缺乏使神经元（而不只是身体中的任何细胞）能够基于量子相干效应在脑的大片区域中迅速形成高度特异性集合的生物物理机制。当然，所有这一切都还要在体温条件下实现，这种温度对于在宏观尺度下维持量子相干性是非常不利的。对此有个有力的评论，请参阅 Grush and Churchland（1995）。

[13] 我强烈推荐查默斯的书（Chalmers, 1996），特别是该书的第 8 章。说到有关基于复杂性度量和信息论之上的理论研究，请参阅 Tononi and Edelman（1998）、Edelman and Tononi（2000）。Nagel（1988）则考察了泛心论的有关问题。

[14] 这一运动的鼓吹者是 O'regan and Noë（2001）。也请参阅 Noë（2004）、Järvilehto（2000）。从历史上看，在哲学和心理学方面，行动主义运动的先行者分别是 Marleau-Ponty（1962）和 Gibson（1966）。

[15] 当然，做梦的时候眼睛在动。Revonsuo（2000）、Flanagan（2000）概述了梦境内容的形式和可能的功能。

[16] 瞬间麻痹是发作性睡病（一种神经障碍）的典型症状之一。强烈的情绪（大笑、窘困、发怒、兴奋）会使患者突然失去骨骼肌的张力，但意识始终清楚。这种猝倒可持续好几分钟，患者瘫倒在地，完全不能动弹或发出信号，但完全能够觉知到周围的一切（Guilleminault, 1976; Siegel, 2000）。

[17] 其中最富戏剧性的病例表现出闭锁综合征（Feldman, 1971. 也请参阅 Celesia, 1997）。试举法国时尚杂志《世界时装之苑》(*Elle*) 的编辑博比（Jean-Dominique Bauby）这个病例，他在一次大面积中风后除了两眼还能上下运动之外，什么都不能动。他以眼睛的运动作为莫尔斯电码，写出了一本有关自己内心体验的书。博比在 1997 年出版的《潜水钟与蝴蝶》(*Le Scaphandre et le Papillon*；英译本为 *The Diving-Bell and the Butterfly*) 是在极其糟糕的环境下写出的一本非常激励人心、催人奋进的书。如果他和外部世界的最后联系——也就是他眼睛的垂直运动也损坏了的话，那么博比就会生活在一种看上去完全像死人、然而却完全有意识的生活之中。他和其他这样的患者能够有意识地知觉到这个世界，虽然还没有科学家系统地对此进行过研究。第 7 章注释 24 中提到的"不能动弹的瘾君子"（frozen addicts）是这种完全不能行动但仍然有意识的另一个生动证明。

[18] 如果系统的各个部分没有这些性质而系统有，就说某个系统具有突现性质。这里并没有什么像新时代（New-Age）教派那样的神秘色彩。从这种意义上说，遗传定律是从 DNA 和别的大分子的性质中突现出来的，轴突纤维上动作电位的产生和传播是从镶嵌在神经元膜上的电压依赖性离子通道的特性中突现出来的。对于突现问题的一般性介绍请参阅

Beckermann, Flohr and Kim（1992）。

[19] Searle（1997）有关意识经验的定义，忽略了常被人们忽视的整个领域，就是与真实生活难以区分的栩栩如生的梦境。有关意识的更为精细的定义也没有多少用。举例来说，两位诊治严重神经损伤患者的神经病学家Schiff and Plum（2000）说道："最低限度，正常人的意识是由一串对自我及环境的有时序的、有组织的、有约束的以及有反思的觉知构成的。此外，它是对各种不同程度的复杂性和量的体验。"这个定义尽管在临床上很有用，但是它预先假定了觉知、自我等等观念。《牛津英语词典》也好不到哪里去，它在"意识"这个词条下面有8个词目，而在"有意识的"这个词条下面有12个词目。

[20] 关于"基因"一词的变化多端的历史请参阅Keller（2000）和Ridley（2003）。关于定义在科学中的作用问题请参阅Churchland（1986, 2002），尤其请参阅Farber and Churchland（1995）的论文。

[21] 关于大约200种灵长类动物中的某些动物，还要再说上几句。人类只不过是其中的一种而已。灵长目可以分成两个亚目，也就是原猴亚目（从字面意义来说就是"在猴子以前的"）和类人猿亚目（其中包括猴、猩猩和人）。猴子有两类总科：新大陆猴和旧大陆猴，它们的地理分布不同。旧大陆猴（其中包括狒狒和猕猴）比起新大陆猴来，它们的脑更大，皱褶也更多，它们更容易圈养，也不是濒危物种。在研究人脑组织方面，它们是应用极广的模型系统。大猩猩、猩猩和两种黑猩猩构成大类人猿。由于它们高度发达的认知能力以及与人之间的亲缘关系，基本不对它们做有创研究。关于它们脑的大部分知识是从尸体解剖得来的。

[22] 以前广为流行着"只有人才是有意识的，而动物只不过是一些自动机"的观念，其最著名的鼓吹者是笛卡尔。在达尔文和进化论学说兴起以后，这种观念逐渐式微。但直至今天还是有人争辩说，语言是意识的必要条件（Macphail, 1998）。Griffin（2001）是概述动物界意识问题的经典文献。

[23] 动致盲是由Bonneh, Cooperman and Sagi（2001）发现的。

[24] Kandel（2001）。

[25] 请参阅Damasio（1999）。在Damasio（2000）中你可以读到有关其想法的简洁表述。多伦多大学的认知心理学家图尔文（Endel Tulving）把知觉当作是包含知晓（noetic）的意识，与此成对照的是自我知晓（autonoetic）的意识，其特征是有情景记忆（Tulving, 1985）。Edelman

and Tononi（2000）则讲到初级（primary）和高级（higher-order）意识。布洛克则把感知觉意识作为意识的一种类型，而把反身性的（reflective）自我意识作为另一种类型（Block, 1995）。

[26] Blackmore（1982）、Grüsser and Landis（1991）、Blanke et al.（2002）描述了灵魂出窍体验的心理学和神经学问题。直到最近，这种非常吸引人的现象几乎完全是现代神秘主义者的话题。幻觉是人在清醒状态下内在产生的一种知觉，这种知觉与由外部刺激产生的知觉很难区分，这是精神分裂症和其他精神失常的典型症状。目前正通过脑成像技术来探索其神经基础（Frith, 1996; Flytche et al., 1998; Manford and Andermann, 1998; Vogeley, 1999）。

[27] 我也遵从把脊椎动物的脑分成前脑（forebrain）、中脑（midbrain）和后脑（hindbrain）的三分法。大体说来，前脑又是由新皮层、基底神经节、海马、杏仁核、嗅球以及丘脑及其相关结构组成的。后脑则包括脑桥、延髓和小脑。

[28] 这种立场也就是说，如果没有物理载体，那就没有意识。简单一句话，如果没有物质，就永远不会有心智。

[29] NCC和亚细胞过程密切相关的说法，并没有像初听起来那样奇怪。在过去的一些年，细胞生物物理学家已经认识到，神经元内部钙离子的分布是信息处理和存储的一个重要变量（Koch, 1999）。钙离子通过电压门控通道进入侧棘和树突。这一过程随同钙离子的扩散、缓冲，并从细胞器中释放出钙离子来共同快速地局部调节钙浓度。钙浓度反过来又影响到膜电位（通过依赖于钙的膜电导），并且通过结合到缓冲物和酶上以开启或关闭细胞内的信号通路，由此造成可塑性并成为学习的基础。钙在粗大的树突和细胞体中的动力学性质，正好适合知觉的时间尺度（几百毫秒数量级）。在对蟋蟀的实验研究中确实发现了下列关系：ω中间神经元中细胞内自由钙离子的浓度与听觉掩蔽程度有很好的相关性，而听觉掩蔽是这些动物听觉敏感性随时间变化的一种调制（Sobel and Tank, 1994）。

[30] 神经胶质细胞与神经元一样，数目很多，但是不太引人注意。它们的行为不那么活跃，也没有神经元所表现出来的那种很精妙的敏感性（Laming, 1998）。这是为什么它们不大可能在知觉中扮演直接角色的原因。某些神经胶质细胞也有类似于动作电位那样"全或无"的可传播的钙事件，不过其时间跨度要好几秒（Cornell-Bell et al., 1990; Sanderson, 1996）。

[31] "解释的鸿沟（explanatory gap）"一词是 Levine（1983）引进的。我们不能保证科学一定会发现某种最终的、客观的意识理论。正如 Chalmers（1996）和别的一些人所争辩的那样，我们也许不得不接受对意识的某种非还原论的物理主义解释，或是某种本体论的二元论，这种理论有把主观体验和客观现实联系起来的严格而定量的原理。只有时间才能判断一切。

[32] 关于这个问题及其许许多多的变种，有大量的哲学文献。我向对此有兴趣的读者推荐 Churchland（1986，2002），书中对这个问题做了广泛的介绍。

第2章

[1] 之所以会产生这种矛盾，是因为当研究的是复杂的机体时，实验条件很难精确复制。即使是在两个"完全相同"的实验方案中看来微不足道的差别，诸如背景光的强度、要求动物注视某处还是允许随意浏览、动物是成年的还是幼小的、饲养的条件等等，都可能极大地影响实验结果。无疑，在所观察到的差异性中，有些源自实验对象的不同遗传性状。但即使是遗传上完全相同的、克隆出来的动物，按照完全一样的进食和昼夜时间表饲养，它们的行为依然会表现出惊人的差异性。某个动物显示出某种效应，而另一个动物则没有任何效应。

[2] 特征检测器是如何形成的呢？广义来说，神经元通过检测其输入中共有的相关性（common correlations），并改变其突触（或许还有一些别的性质），使之更容易对这些输入起反应，就实现了特征检测。

[3] 关于脑损伤的问题，我在第 13 章中还要再讲。关于对不同刺激特性有特异性的皮层区域问题，则放到第 8 章讲。

[4] 这种不确定性用数学术语形式化地讲，就是知觉为一组不适定问题（ill-posed problems; Poggio, Torre and Koch, 1985）。

[5] 补插是与多种知觉现象有关的一个含义甚广的术语，这些现象包括错觉边界（图 2.5）、视网膜盲点（3.3 节）、一个点消失在一个遮蔽物之后时的表观运动（apparent motion）、部分被遮挡的物体的性状，以及你觉得清楚地看到了其实却并不存在的其他物体（如果你要了解对这些现象的分类，以及它们对心智哲学的含义，请参阅 Pessoa, Thompson and Noë, 1998）。对不完整的甚至是相互矛盾的资料作补插，使得人的语言易于为人理解。把克里克接受采访谈论我们工作的录像片段与确切的、逐字记

录下来的打字稿进行比较,我对我所听到的与弗朗西斯实际说过的之间差异如此之大十分吃惊。我根本就没有注意到他的一些不完整的句子、漏掉的词以及重复之处。人们在社会生活中通过生活经验所形成的强烈而下意识的成见(表现为性别偏见、种族偏见或年龄偏见),是补插在认知层次上的一种表现。就像福尔摩斯(Sherlock Holmes)根据蛛丝马迹循迹追踪一样,所有这些效应都不会给逻辑推断带来问题。脑自动推断出刺激中缺失掉的一些方面,并得到非常精致的知觉。

[6] 关于知觉的基础是一群神经细胞(神经集群)的思想可追溯到很久以前。20世纪中,这一思想最著名的鼓吹者是赫布(Hebb, 1949)。也请参阅Freeman(1975)、Palm(1982, 1990)、Flohr(2000)、Varela et al.(2001)、Harris et al.(2003)。集群(coalition)意指神经元群及其间的竞争。Desimone and Duncan(1995)提出有关注意帮助集群中某一个体胜出的思想。这一点在第10章还要再讲。

[7] 也许会错误地认为,在神经竞争中只可能有唯一一个赢家。

[8] Bennett(1988)讨论了逻辑深度。Norretranders(1998)以生动可读的方式讲述了如何将此应用于计算机和脑的问题。

[9] 有关外显和内隐的概念可以表述如下,即要求通过有适当加权的线性或非线性的细胞组合,来推断所要表征的特性或对象。这样的话,某张脸的外显表征就是指某个单层神经网络可以通过一群神经元的发放活动来确定有没有一张脸出现。用这种方法就可以定义与观察者无关的外显表征。一般说来,任何外显表征都必须以较前的内隐阶段为基础。

[10] 当然,猴子不会生来就有"曲别针细胞"。相反,当训练动物区分不同形状的曲别针时,皮层突触会发生变化,以执行这个任务(Logothetis et al., 1994; Logothetis and Pauls, 1995)。实验者之所以选择曲别针,是因为动物不可能在受训练前看到过它们。Kobatake, Wang and Tanaka(1998)、Sheinberg and Logothetis(2001)讨论了训练如何影响细胞反应的问题。

[11] 自从德诺(Lorente de No)和芒卡斯尔(V. B. Mountcastle)的研究发现之后,人们已公认有共同胚胎学起源的新皮层神经元的垂直柱是脑组织的关键成分。其亚单元是微柱(minicolumn),大概包含100个的神经元,许多微柱构成一个柱(Rakic, 1995; Mountcastle, 1998; Buxhoeveden and Casanova, 2002)。

[12] 参阅第4章注释17。

[13] 祖母细胞也称诺斯替神经元（Gnostic neuron，或可译为识别神经元），这一概念是由波兰神经生理学家科诺尔斯基（Jerzy Konorski）在其著作（Konorksi, 1967）中相当详细地提来的。英国电生理学家巴洛（Horace Barlow, 1972）最先对此进行评论，他提出一种编码方案，据此1 000 个主教细胞（cardinal cell）表达单个知觉。麻省理工学院的格罗斯（Charles Gross）及其同事发现，IT 中的细胞选择性地对手和脸有发放，这极大支持了科诺尔斯基的想法（Gross, Bender and Rocha-Miranda, 1969; Gross, Rocha-Miranda and Bender, 1972）。Barlow（1995）和 Gross（2002）对这段历史做了综述。下列教科书对神经元群体表征信息的各种方式做了详细讨论：Dayan and Abbott（2001）; Rao, Olshausen and Lewicki（2002）; Rolls and Deco（2002）。

[14] 极少记录人的皮层中单个神经元的发放活动。几乎所有这种数据都是通过研究某些癫痫患者得到的。为了消除或减少他们无法用药物控制的癫痫频繁发作，必须通过手术损毁触发癫痫发作的那部分脑组织。这就给研究人员以机会，在动手术时或是在手术前长达一周的监护期里，记录单细胞活动。这时直接把电极埋藏在患者的脑中，以帮助定位癫痫的原发病灶。有关这方面的科普作品有 Calvin and Ojemann（1994），它的可读性非常强；学术味更浓的是 Ojemann, Ojemann and Fried（1998）。我提到的有关人单个皮层神经元的视觉表征的工作是由克赖曼（Gabriel Kreiman）做出的，他当时是我的实验室里的一名研究生，由弗里德指导工作（Kreiman, Koch and Fried, 2000a, b; Kreiman, 2001; Kreiman, Fried and Koch, 2002）。

[15] Abbott, Rolls and Touvee（1996）估计只要 25 个颞叶皮层的神经元，就能以显著大于 50% 的概率识别出 3 000 张脸中的一张。也就是说，这样小的网络也能把每张脸标注为熟悉或不熟悉。也有人计算过大鼠海马的位置细胞利用视觉线索或其他线索，定位其身体所在位置的能力。几百个位置细胞就能以几厘米的空间分辨率，编码 $1\ m^2$ 的区域（Zhang et al., 1998; Brown et al., 1998）。类似地，大约 100 个皮层细胞就可以标明一群运动点的运动方向（Shadlen et al., 1996）。

[16] Zeki（2001）; Zeki and Bartels（1999）; Adolphs et al.（1999）.

[17] 有关全部或半侧全色盲的经典文献，见 Meadows（1974）、Zeki（1990）。这与基因有粗略的对应关系。基因通常在细胞中是成对出现的（一个来

自母亲，另一个来自父亲）。突变体可以是隐性或者显性，或居于两者之间。隐性突变必须在来自父亲或母亲的基因中都发生，才能改变表现型，而显性突变只要在两者之一中发生就可以了。表现型中的某些性质，很大程度上是由单个基因控制的。更为常见的是，表现型要受到多个基因的控制。反过来说，单个基因可以影响表现型的好多方面。在脑中，关于主节点的想法也会碰到类似的复杂情况。

[18] 对某些很小的动物来说，这一点并不成立。正如出自理论上的考虑所预言过的那样（Niebur and Erdös, 1993），线虫（*C. elegans*）并没有钠通道，而钠通道是快速的动作电位所必需的。脊椎动物、节肢动物和其他一些门类的动物，普遍具有钠通道（Bargmann, 1998）。

[19] Holt and Koch（1999）对轴突和神经元之间的旁触相互作用的生物物理问题，建立了一个模型。神经元中的分级电位也能在短距离内交流信息，视网膜中就有这种情况。

[20] 由缝隙连接所联结起来的皮层抑制性中间神经元所组成的网络，常常表现出 8 Hz 左右的节律性同步活动（Gibson, Beierlein and Connors, 1999; Beierlein, Gibson and Connors, 2000; Blatow et al., 2003）。

[21] 单个锋电位可以传输几个比特的刺激信息，这已接近有噪声的神经元通信通道中信息传输的上限。Rieke et al.（1996）这本极其出色的书，介绍了神经编码的信息理论方法。

[22] 突触受体受到修饰的转基因鼠易于癫痫发作。基于这一点，防止兴奋失控肯定已成为一种主要的进化约束。Crick and Koch（1998a）讨论了皮层解剖结构的含义。

[23] EEG 主要反映突触和树突膜电流的贡献，动作电位只有间接的贡献（Freeman, 1975; Creutzfeldt and Houchin, 1984; Creutafeldt, 1995; Mountcastle, 1998）。

[24] Kahana et al.（1999）和 Klimesch（1999）描述了人的 θ 振荡。至于啮齿动物的单细胞记录的相关资料则见 O'Keefe and Recce（1993）、Buzsáki（2002）。

[25] 加州大学伯克利分校的弗里曼（Walter Freeman）更早认识到这种振荡对嗅觉信息处理的潜在重要性（Freeman, 1975）。而激起对 40 Hz 振荡的现代探索的原创性出版物则是 Gray and Singer（1989）。其他的有关研究包括 Eckhorn et al.（1988）、Engel et al.（1990）、Kreiter and Singer（1992）、

Eckhorn et al.（1993）。对有关文献的综述，请参阅 Ritz and Sejnowski（1997）、Friedman-Hill, Maldonado and Gray（2000）。

[26] Revonsuo et al.（1997）、Keil et al.（1999）、Rodriguez et al.（1999）、Tallon-Baudry and Bertrand（1999）、Klemm, Li and Hernandez（2000）把视知觉的某些特定方面与γ频段功率的增大（经常还伴随有 EEG 中低频率成分的减少）联系起来。Engel and Singer（2001）对这些文献作了综述。因为 EEG 表示的是很大一块区域中脑组织（每立方毫米包含 100 000 个以上神经元）电活动的总和，这就使得要用作为其基础的神经机制来解释这些资料成了问题。Varela et al.（2001）对用 EEG 来解释动态变化的脑的问题和前景作了总结。最近在计算技术方面的进展（Makeig et al., 2002）减轻了对信号进行几百次叠加所带来的不利影响。

[27] 由人头皮上记录到的听觉诱发电位，清楚地显示出有 2～3 个相隔 20～25 毫秒的波（Galambos, Makeig and Talmachoff, 1981）。与麻醉学的关系请参阅 Madler and Pöppel（1987）、Sennholz（2000）。

[28] 如果突触输入在空间上聚集于主顶树突上或其周围，并且有电压依赖性的钠电流和钙电流（即使密度比较低），那么触发一个锋电位所需的突触数可大大降低。在生物物理性质上真实的仿真表明，原则上说，在树突上也有电压依赖性电流的锥体神经元可对亚毫秒级突触输入的同时出现敏感（Softky, 1995）。细胞静息电位的持续增大，可使神经元更接近于阈值，以致只要较少的突触输入就足以触发动作电位。说明皮层细胞中突触整合的教科书可参看 Koch（1999）。

[29] von der Malsburg 的原始报告（1981）较难读懂。比较容易理解的是最近的一个综述，请参看 von der Malsburg（1999）。

[30] 报道猫 V1 细胞同步活动的原始文献是 Gray et al.（1989）。Kreiter and Singer（1996）把这些结果推广到了清醒猕猴的 MT 区（不过请参阅 Thiele and Stoner, 2003）。

[31] 有关的综述请参看 Gray（1999）、Singer（1999）、Engel and Singer（2001）。Shadlen and Movshon（1999）对这些思想作了评论。加州理工学院的劳伦特（Gilles Laurent）及其研究组对昆虫嗅觉系统所做的工作，给出了有关振荡与同步活动以及行为之间关系的最使人感兴趣的工作（Stopfer et al., 1997; Macleod, Backer and Laurent, 1998; Laurent, 1999; Laurent et al., 2001）。

[32] Engle et al.（1991）.

[33] 原始出版物是 Crick and Koch（1990a, b），也请参看 Crick（1994）。Horgan（1996）带有"科学之没落"的偏见，对此作了有趣的新闻记者式的讲述。Metzinger（2000）、Engel and Singer（2001）综述了有利于我们推断的相关证据。

[34] 有一个问题是，要知道当时正在记录的神经元究竟是什么类型的，它要投射到何处去，它从哪儿接收到其大部分输入。另一个主要的困难是，要在成千上万个神经元的集合中检测其中两个之间的互相关。在任何两个神经元之间的相关所增加的量可能是很小的。要检测出这一点，需要无数次重复以得出有统计显著性的结果，而这又使人担心受试者从中学会了以自动的、下意识的方式作出反应。此外，还必须把由刺激本身所引起的同步和由交互连接或反馈连接所引起的同步区分开来（如果两个神经元的发放率由每秒 2 次增加到每秒 20 次，那么同时发生的锋电位数就会自动增加 100 倍，即使两者都在随机发放也是如此）。所有这些问题都需要先进的实验技术和计算技术。这些问题要解决起来都很难，但科学还是胜任这个任务的！

[35] 输入之间只要有一点同步，就有利于增强它们的突触后作用（Salinas and Sejnowski, 2001）。

[36] 蟋蟀的嗅觉系统（Perez-Orive et al., 2002）以及鸣禽的运动通路（Hahnloser, Kozhevnikov and Fee, 2002）最能体现时间上的超稀疏编码特征。如果与 NCC 有关的皮层神经元也采用同样的编码原则，那就难于研究了。如果不能确切知道记录到的神经元究竟是怎样的神经元，要想从更为杂乱的周围神经元发放所造成的噪声中检测和解释这些神经元发出的消息就更为困难。

[37] 另一些神经元的编码方案包括同步发放链（synfire chain）模型（Abeles, 1991; Abeles et al., 1993）和锋电位第一时间（first-time-to-spike）模型（Van Rullen and Thorpe, 2001）。Ermentrout and Kleinfeld（2001）综述了有关皮层组织中的行波、驻波和旋波（rotating wave）的问题。Crick（1984）、Koch and Crick（1994）、Lisman（1997）详细研究了簇状放电（bursting）与知觉以及记忆的可能关系。所谓一个簇状放电就是在 10～40 毫秒里出现 2～5 个形式一定的动作电位序列，并且还随之以深度的不应期（Koch, 1999）。Rao, Olshausen and Lewicki（2002）一书对

这些以及另一些概率编码策略作了极好的阐述。

第 3 章

[1] 哺乳动物视网膜中的细胞类型超过 50 种，每一种都有不同的功能（DeVries and Baylor, 1997; MacNeil and Masland, 2001; Dacey et al., 2003）。在 4.3 节中还要回过来再讲这个问题。

[2] 有关视网膜中所发生的生物物理过程和计算过程，请参阅 Dowling（1987）、Wandell（1995）以及 Rodieck（1998）的图解版教科书。

[3] 在中央凹中心部分，视角大概为 1° 的范围——伸直手臂时所看到的拇指宽度的视角大概是 1.5°～2°——这部分视网膜区域是专门保证有尽可能清楚的视觉的。

[4] 某些妇女的视网膜有两种形式的 L 视色素，虽然它们都对光谱的长波部分敏感，但它们的波长相差 4～7 nm（Nathans, 1999）。精密的心理物理学检验可以评估这些"异常"妇女的颜色知觉（Jordan and Mollon, 1993; Jameson, Highnote and Wasserman, 2001）。如果视皮层学会从处理这种额外的波长信息中得益，那么这些**四色**的妇女也许可以体验到其余人永远也体验不到的微妙色调差异。特别地，她们应该能够区分两种在三色者看来是一样的颜色。

[5] Williams, MacLeod and Hayhoe（1981）、Williams et al.（1991）描述了原始的心理物理学实验。Curcio et al.（1991）直接给出了人视网膜中 S（短波长敏感）视锥的分布图。

[6] 对人视网膜的分析（Roorda and Williams, 1999）发现了里面只含有 L（长波长敏感）视锥或 M（中波长敏感）视锥的视角为 0.1° 的小片，这制约了人知觉颜色细微差异的能力。

[7] 盲点位于视网膜水平子午线鼻侧大约 15° 处。要想找到它，只需闭上左眼（如果闭上双眼就什么也看不到了），伸直左臂，让右眼注视自己的左拇指尖。现在再伸直右臂，使右手的食指从外侧慢慢移向左手的拇指，同时保持右眼盯着这个固定不动的拇指，会发现右手食指移动到某些位置时（两个手指大约相距 15～25 cm），食指的指尖就消失不见了。但是食指继续往前移动就又能看到了。你会发现仅在一块视角大小为 5° 的小片内看不到任何东西。令人惊奇的是，这个现在连大多数学童都知道的简单观察现象，直到 17 世纪后半叶才由法国人马里奥特（l'Abbé Edme

Mariotte）发现。他对视网膜进行仔细解剖后推断出盲点的存在（Finger, 1994给出了有关的历史内容）。希腊、罗马以及别的古代文明尽管在智慧、艺术和政体等方面取得了巨大的成就，但都没有认识到视觉的这个基本方面。

[8] 已经在猴子中记录到表达盲点的V1神经元的活动。这些细胞有一直延伸到盲点以外的很大的双眼感受野，并且会告知脑的其余部分存在这样的包括盲点在内的大片区域（Fiorani et al., 1992; Komatsu and Murakamim, 1994; Komatsu, Kinoshita and Murakami, 2000）。与之相关的用人工盲点来探查插值的生理学实验请参阅Murakami, Komatso and Kinoshita（1997）、DeWeerd et al.（1995）。

[9] Ramachandran and Gregory（1991）; Ramachandran（1992）. Kamitani and Shimojo（1999）用经颅磁刺激诱导出人工盲点。有关补插的详尽清单请看Pessoa and DeWeerd（2003）。Dennett（1991; 也请参看Churchland and Ramachandran, 1993）正确地强调指出，这并不意味着在某种内心屏幕上按像素逐点恢复丢失的信息，取而代之的是一种主动的神经机制在进行欺骗，把本来应该看不到任何东西的地方当成存在某些信息。

[10] Kuffler（1952）; Ratliff and Hartline（1959）.

[11] 从形式上说，给光中心细胞和撤光中心细胞分别编码正半波和负半波整流后的局部图像反差。如果反差为正，则给光中心细胞有反应，撤光中心细胞没有反应；如果反差为负，则情形正好相反。

[12] 关于从相关的视网膜神经节细胞群锋电位中可得到多少信息的问题，还有不同的看法，请参看Meister（1996）、Warland, Reinagel and Meister（1997）、Nirenberg et al.（2001）。

[13] 但是这并不意味着，在双眼立体视觉或者眼睛的会聚运动中，就不利用源眼信息。人们通常只是意识不到这些信息而已（von Helmholtz, 1962; Ono and Barbeito, 1985; Kolb and Braun, 1995）。请参阅6.5节。

[14] 想了解卡哈尔（Ramòn y Cajal）最著名的工作，包括广泛的评论，可参阅Ramòn y Cajal（1991）英文译本。对灵长类动物视网膜的现代研究是由波利亚克（Stephen Polyak）开创的（Polyak, 1941; Zrenner, 1983; Kaplan, 1991）。当代对视网膜的解剖和生理的出色总结请参阅Rodieck（1998）。

[15] 有关这些前向通路和反馈通路的解剖学问题请参看Sherman and Koch

（1998）、专著 Sherman and Guillery（2001）以及 7.3 节。许多研究者相信皮层－膝状体通路，或更普遍一些，从皮层到所有丘脑核团的反馈通路，有助于预测刺激的出现。这被称为预测性编码（predicting coding. Koch, 1987; Mumford, 1991, 1994; Rao and Ballard, 1999）。Przybyszewski et al.（2000）冷却猫的 V1 区，因此把它断开了，其结果是影响到了膝状体神经元的视觉反差响应曲线（visual contrast-response curve）。

[16] 系统有冗余性：破坏了大细胞层还会残留部分的运动视觉；同样，无论哪个系统对深度知觉都有用（Schiller and Logothestis, 1990; Merigan and Maunsell, 1993）。

[17] 尘粒状细胞膝状体神经元是由特殊类型的视网膜神经节细胞所驱动的。有关它们的性质，请参看 Decey（1996）、Nthans（1999）、Calkins（2000）、Chatterjee and Callaway（2002）。

[18] 有关临床证据的记述，请参看 Brindley, Gautier-Smith and Lewin（1969）、Aldrich et al.（1987）、Celesia et al.（1991）。

[19] Schall（1991）、Corbetta（1998）、Schiller and Chou（1998）总结了眼动的神经生理学。

[20] 图像消退的时间从几分之一秒起到 1 分钟或更长（Tulunay-Keesey, 1982; Coppola and Purves, 1996）。消退与受试者是否注意图像、图像是否有意义等有关（Pritchard, Heron and Hebb, 1960）。

[21] 正如患有神经性疾病的患者 R.W. 所深知的那样（Haarmeier et al., 1997），世界看上去并非总得是稳定的。当他用眼睛或者头去追踪某个东西时，他的世界会向相反方向旋转。他的视锐度和判断运动的能力都正常，但他两侧顶枕叶皮层的损伤破坏了运动补偿。

[22] 这一切究竟是怎么产生的，依然是一个还在激烈争论的问题。有一派认为眼动主动遏制了跳动时的运动处理，而其对立阵营则认为类似于前向掩蔽和逆向掩蔽这样的视觉因素造成了遏制（Burr, Morrone and Ross, 1994; Castet and Masson, 2000）。更有可能是多种过程都有贡献。要指出的一点是，跳动并不完全阻止视觉（Bridgeman, Hendry and Stark, 1975）。在运动的火车上作与车行方向相反的跳动时，看着铁轨枕木可以确定跳动时还是能看到某些东西的。艺术家贝尔（Bill Bell）在其艺术作品《电筒》（Lightsticks）中就利用了这一点。在黑背景中，观察者的眼在闪烁着的发光二极管组成的一些竖条上作快速跳动时，这些竖条在其视网膜

上画出了由动物、旗子或脸组成的图画。然而直接注视它们时，却只看到闪烁的红色光条。

[23] McConkie and Currie（1996）.
[24] Volkmann, Riggs and Morre（1980）; Skoyles（1997）.

第4章

[1] 有关新皮层的细节、组成成分、构造及进化谱系，请参看 White（1989）、Abeles（1991）、Braitenberg and Schüz（1991）、Zeki（1993）、Peters and Rockland（1994）、Mouncastle（1998）。还有 Allman（1999）关于进化的清楚易懂的著作。

[2] 并不是所有的皮层区域在进化中都以同样的比例扩展，例如猴子的V1要占皮层的12%，而人的V1只占3%。前额叶皮层在猴子中占10%，而在人脑中增加到了30%（Allman, 1999）。

[3] 梭状神经元也就是 von Economo and Koskinas（1925）中的科尔克齐尔（Korkzieher）细胞，其特点是在皮层的输出层——第5层的下部，有长长的大细胞体（Nimchinski et al., 1999）。在新生儿中没有这种细胞，在成人中这种细胞的数目是稳定的，在前扣带皮层中大约有40 000个，而在额叶的另一个区域 FI（frontoinsular，额岛叶）区中大约有100 000个。这些区域与自我评估、监视以及注意控制有关。

[4] 利用 fMRI 技术分析这两个种的视皮层区域的组构之后，Brewer et al.（2002）强调了两者的相似之处，而 Vanduffel et al.（2002）强调了两者的差异。Preuss, Qi and Kaas（1999）描述了猿与人在V1的微观解剖上的细微差异。Preuss（2000）谈到了"如果说人脑在构筑方面有什么独特之处的话，那么究竟独特在什么地方"的问题。

[5] 有关新皮层的大小、密度和厚度的定量文献请参阅 Passingham（1993）、Felleman and Van Essen（1991）。有关 1 mm^2 皮层下恒定细胞数的解剖学文献参阅 Rockel, Hiorns and Powell（1980）。已知脑中的细胞密度为 50 000 个细胞/mm^3，总面积为 $2\times 100\,000$ mm^2，而厚度大约为 2 mm，那么平均说来，人大脑皮层中神经元的数量级在 200 亿，而突触数大约为 200 万亿（2×10^{14}）。

[6] Elston, Tweedale and Rosa（1999）; Elston（2000）; Elston and Rosa（1997, 1998）.

［7］考虑到 V1 中的神经元可以轻易地为视觉刺激所兴奋,但这些细胞上的突触只有极其微小的比例来自膝状体,这确实令人惊奇(LeVay and Gilbert, 1976; White, 1989; Ahmed et al., 1994; Douglas et al., 1995)。Budd(1998)在从 V2 到 V1 的反馈问题上也响应这个观点,只有很少一部分突触来自源于其他皮层区域(V2、MT 等)的轴突。

［8］这些计算包括但并不限于减法、否决运算(veto operations)、延迟(delays)、对数等等(Koch, 1999),以及控制同步和振荡的启动及范围(Lytton and Sejnowski, 1991)。McBain and Fisahn(2001)对有关皮层中间神经元的文献作了综述。

［9］Freund and Buzsáki(1996)、Parra, Gulyas and Miles(1998)已鉴别出海马中几十种抑制性细胞的类型。有关对 V1 的表层神经元数目的估计,请看 Dantzker and Callaway(2000)、Sawatari and Callaway(2000)。如果考虑下列因素:细胞体的层位、树突的形状和大小、轴突投射到何处、突触输入所在层的特异性、细胞是兴奋性的还是抑制性的,那么**任意皮层区域中的细胞类型数,很容易就超过 100**。

［10］覆盖假说(tiling hypothesis)是指,每种细胞类型至少采样视野中的每个点一次。这一假说是由克里克在 1983 年提出来的(未正式发表)。举例来说,如果锥体神经元基树突的平均半径是 100 μm,那么大约需要 32 个某一类型的锥体神经元,才能均匀地覆盖 1 mm^2 的皮层一次。有关覆盖问题的讨论,请参阅 Stevens(1998)。

［11］18 世纪末意大利人真纳里(Francesco Gennari)报道,在头背部穿过皮层灰质大致一半处,可看见一条线或者纹路。这一条纹由来自 LGN 而终止于第 4 层的有鞘轴突组成,它陡然终止于与次级视区(V2)的交界处。由于这一条纹肉眼可见,因此 V1 也称为**纹状皮层**(striate cortex)。

［12］解剖学家把这称为对侧投射,而把到头部同侧组织的投射称为同侧投射。

［13］中心区 10° 在 V1 的代表区要占到整个 V1 区的一半多。有关 V1 的映射性质,请参看 Horton and Hoyt(1991a)、DeYoe et al.(1996)、Tootell et al.(1998b)、Van Essen et al.(2001)。

［14］最初描述 V1 中有朝向选择性细胞的文章是 Hubel and Wiesel(1959),里面用了 1 000 个电极。也请参看 Hubel and Wiesel(1962)、Livingstone(1998)。

［15］对人所做的视觉心理物理实验(特别是适应和掩蔽)表明,存在朝向选

择性的滤波器，它们与由电生理记录所得出的滤波器的形状类似，并且还有不同的空间尺度（Wilson et al., 1990）。对简单细胞感受野外形的一个相当好的近似是加博尔（Gabor）滤波函数，它是高斯函数和正弦波形之积（Palmer, Jones and Sejnowski, 1991）。Wandell（1995）的这本教科书把有关早期视觉系统的心理物理学、电生理学、fMRI 成像以及计算建模都联系了起来。

[16] 有关非经典感受野的作用以及背景调制（contextual modulation）的文献很多，并且还在增多。重要的论文有 Allman（1985）、Gallant, Connor and Van Essen（1997）、Shapley and Ringach（2000）、Lamme and Specreijse（2000）。

[17] 有假说认为，线虫（C. elegans）的整个神经系统都贯彻最小布线长度约束（minimal wiring length constraint）。线虫是目前研究得最多的多细胞生物，有 302 个神经元（Cherniak, 1995）。对灵长类视皮层的类似研究，请参见 Koulakov and Chklovskii（2001）。当在超大规模集成电路中规划几百万个晶体管、电容器以及其他元件的位置，以尽量减小整个布线长度时，电气工程师也遇到类似的约束问题。

[18] 猕猴中的眼优势柱是由 Hubel and Wiesel（1968）发现的，LeVay et al.（1985）把它可视化了。在人脑中，这种柱体大约有 800 μm 宽（Horton and Hedley-Whyte, 1984）。

[19] 除了第 2 层和第 3 层中无朝向选择性的细胞斑块，以及输入层 4c 中神经元间的朝向选择性断裂带（LeVay and Nelson, 1991），朝向柱穿过所有各层。

[20] Blasdel（1992）; Das and Gilbert（1997）.

[21] Wong-Riley（1994）.

[22] 有关猴 V1 中空间和颜色拮抗细胞的证据，请参看 Michael（1978）、Livingstone and Hubel（1984）、Conway, Hubel and Livingstone（2002）。但是把双拮抗细胞作为单独的一类，一直受到某些人的质疑（Lennie, 2000）。

[23] Hübener et al.（1997）对皮层中可能有多少个映射区的问题给出了一种答案，Swindale（2000）则从皮层发育的角度讨论了这个问题。也请参看 Dow（2002）。

第 5 章

[1] 在哲学家梅青格尔（Metzinger, 2000）编辑的论文集中，可以找到当前

有关 NCC 的种种思想。特别地，Chalmers（2000）仔细分析了精确定义 NCC 的种种困难。也请看《认知》（*Cognition*）杂志 2001 年"意识"专刊中的各篇文章。Teller and Pugh（1983）和 Teller（1984）把体验的神经基质称为桥位点（bridge locus），这个概念与 NCC 没有太大的不同。然而并不是每个人都相信，对每个有意识的体验都有其活动足以产生这种体验的 NCC。关于反对这类心物同态说（isomorphism）的争论，请参看 Pessoa, Thompson and Noë（1998）、O'Regan and Noë（2001）。

[2] 有关文献包括 Moore（1922）、Grossman（1980）、Baars（1988, 1995）、Bogen（1995a）、Searle（2000）。

[3] 冥想的技巧就在于排除万念而只集中于一个想法、观念或者知觉。这要经过多年的修炼，才能遏制注意力的不断转换（第9章），把注意力长时间集中在一件事上而又不昏昏入睡。由于神经的适应性无时不在，对单件事的觉知会逐渐消退，使得脑中一片空白，主观上没有任何意识内容，但人还是清醒的。

[4] 对健康的青年男性来说，血液供应断绝 6.8 秒就会丧失意识！这一点是通过在志愿者的颈动脉外加压从而突然阻断颈动脉血流得知的（Rossen, Kabat and Anderson, 1943）。从有意识到突然丧失意识到再恢复意识的一般过程（醒来时常常伴有视幻觉和愉悦感），也为飞行员和其他志愿者在离心器中高速旋转时由加速度引起的眩晕所证实（Forster and Whinnery, 1988; Whinnery and Whinnery, 1990）。意识丧失的神经生物学问题是一个非常吸引人但还鲜有研究的领域，它与濒死体验、失神性发作和其他一些罕见的现象有关。

[5] Moruzzi and Magoun（1949）、Magoun（1952）介绍了他们在猫身上所做的原始实验。也请参看 Hunter and Jasper（1949）。Hobson（1989）、Steriade and McCarley（1990）给出了有关脑干控制觉醒和睡眠的近代观点。

[6] 要想对脑干核团及其与意识的关系作进一步的了解，请查阅 Parvizi and Damasio（2001）、Zeman（2001）的出色论文。

[7] Foote, Aston-Jones and Bloom（1980）; Foote and Morrison（1987）; Hobson（1999）. 当蓝斑神经元不活动的时候，海马和其他部位的发放活动也大为降低。这或许可以解释为什么人会记不得梦境，这是因为不能把短时记忆转化为长时记忆。要不要用生物工程的方法开发出一种药物，促使海马在 REM 睡眠期释放去甲肾上腺素，从而得以回忆起梦境？这会

不会因此打开了本来被压抑了的顽念、记忆和思想的潘多拉之盒？
[8] 类似地，蓝斑核的神经元在猝倒症发作时也没有发放，一般说来这种时候当事人是完全清醒的（Wu et al., 1999）。也请参阅第 1 章注释 16。
[9] Hille（2001）全面地评述了神经递质对离子通道的作用。
[10] Steriade and McCarley（1990）；Woolf（2002）.
[11] 有关乙酰胆碱对意识的作用问题，Perry et al.（1999）一文讲得最为清楚。也请查阅 Hobson（1999），还有 Perry, Ashton and Young（2002）。
[12] Hunter and Jasper（1949）、Llinás and Paré（1991）、Bogen（1995b）、Newman（1997）、Purpura and Schiff（1997）、Cotterill（1998）都一致强调丘脑板内核对产生意识的关键作用。ILN 大量投射到基底神经节，也以更为分散的方式投射到许多新皮层区域。ILN 几乎没有来自感觉新皮层（例如 V1、MT 或 IT）的输入。我曾经提出过（Koch, 1995），ILN 内的活动并不能负责特异性的感觉状态，这是因为 ILN 细胞缺少必要的外显表征。
[13] 昆兰（Karen Ann Quinlan）案件在 20 世纪 70 年代上了报纸的头条。她 21 岁时服用了处方镇静剂和酒的混合物，导致心跳停止，继之有局部缺血性脑损伤。昆兰再也没有清醒过来，陷入了永久性植物人状态，其特点是有完整的睡眠-清醒周期，偶尔有无目的运动，但是没有明显的认知或觉知。她的父母赢得法院的许可从她身上拔掉人工呼吸器。但是她又活了 9 年，直到因意外感染而去世。尸体检查（Kinney et al., 1994）发现昆兰的两侧丘脑，包括 ILN，都大面积地受到了损伤，但是她的大脑皮层和脑干相对完好。
[14] Plum and Posner（1983）、Giacino（1997）、Schiff and Plum（2000）、Zeman（2001）、Zafonte and Zasler（2002）、Schiff（2004）从临床的角度讨论了警觉程度逐步降低的神经相关物问题。
[15] Schlag and Schlag-Rey（1984）报道了在猴 ILN 中的细胞有很大的感受野，并且对刺激的维度和亮度很不敏感。Minamimoto and Kimura（2002）断言 ILN 区在动物把目光转向需要它采取行动的事件中起关键作用。
[16] Damasio（1999）的书《感受发生的一切》(*The Feeling of What happens*) 很大程度上是根据临床病例的启发写就的，读起来兴味盎然。LeDoux（1996）的书介绍了有关情绪的神经生物学。Dolan（2002）对功能性脑成像在认识情绪和行为方面所起的突出作用进行了综述。

[17] 至少意图如此。但是麻醉常常可能是不完全的。偶尔有这样的情况，患者从手术中醒来时，惊恐地发现自己完全动不了了，也不能和医务人员交谈（Rosen and Lunn, 1987）。如果有办法估定手术期间的觉知程度，那么这种情况就有可能避免。令人遗憾的是，还没有可靠的意识计，虽然基于脑电估测各种频段功率的方法显露出一些希望（Madler and Pöppel, 1987; Kulli and Koch, 1991; Drummond, 2000）。

[18] Franks and Lieb（1994, 1998）、Antkowiak（2001）总结了全身麻醉的分子基础。Flohr, Glade and Motzko（1998）、Flohr（2000）介绍了弗洛尔（H.Flohr）的理论，Franks and Lieb（2000）则对此作了评述性的综述。Watkins and Collingridge（1989）编辑的文集提供了有关 NMDA 受体的背景信息。Miller, Chapman and Stryker（1989）在猫的 V1 区阻断了 NMDA 受体，由此观察到许多多刺激所诱发的细胞反应都消失了。

[19] 神经组织本身并没有痛感受器，虽然说来奇怪，只有皮层才是最后引起痛觉的物质基础。这一点使得长期监视单个神经元成为可能。

[20] 因为麻醉动物也是麻痹的，所以就剥夺了从关节和肌肉到脑的反馈。麻痹大概可以解释为什么与计划和执行运动有关的皮层区的反应会变慢。

[21] 在技术上要求直接比较在清醒状态和麻醉状态下的神经反应，因为必须使猴子迅速而安全地入睡和再清醒，而又不干扰电生理参数（Lamme, Zipser and Spekreijse, 1998; Tamura and Tanaka, 2001）。功能成像是显示清醒脑和麻醉脑差别的另一种手段（Alkire et al., 1997, 1999; Logothetis et al., 1999, 2001）。

[22] 我和一位麻醉学家合写的有关此领域的一篇综述（Kulli and Koch, 1991）表现了我当时对麻醉的迷恋。果真找到 NCC 的话，就能用对 NCC 有作用的药物，使麻醉手段比现有的更安全，并且副作用更少。

[23] 表中没有列出意识的病理状态。

[24] 我不强调"必要"条件，因为在生物的网络中会发现巨大的冗余度。虽然在某些情况下，某神经细胞群的活动会产生某种知觉，但是人在失去这些细胞后，仍有可能从其他神经元群获得代偿。

[25] 这相当于丹尼特穷追不舍地追问"接下来又发生了什么……"的神经版本。

[26] 正如在第 12、13 和 14 章将要说的那样，许多行为是由高度特异化和高效的感觉-运动通路负责，而不经过意识。它们有自己独特的信息来源，诸如眼睛和肢体的确切位置之类。与此成对照的是产生意识的信息。一

旦你觉知到某个刺激，你可以谈论它，以后你还可以想起它来，你可以不理这个刺激而去做别的一些动作。Baars（1988, 1997, 2002；也请参看 Dennett, 1991）用了一种黑板隐喻来强调这一差异。一群相互竞争或合作的专家可自由地在黑板上书写信息或者复原信息，以发布消息。在任何时刻所发布的消息相当于意识的内容，传给了社区中的其他人。但在这后面还有许多动作在塑造着黑板的状态，但是所有这些幕后活动都落在意识之外。巴黎的德阿纳（S. Dehaene）、尚热（J.P.Changeux）及其同事在神经的框架内对全局工作空间概念作了推广和细化（Changeux, 1983; Dehaene and Naccache, 2001; Dehaene, Sergent and Changeux, 2003）。

[27] Zeki（1998）；Zeki and Bartels（1999）. 在第15章中还要回过头来讲微意识的问题。

[28] 在下一章讲V1的时候，还要再回到梦的神经学问题上来。Louie and Wilson（2001）通过研究大鼠做梦跑迷宫来直接研究这个问题。

[29] "在正常受试者靠近皮层表面处用TMS进行瞬时局部干扰"这一应用正热门，尽管其生理基础还不清楚。其主要优点是时间精度很高，最大的缺点则是空间定位差。Cowey and Walsh（2001）对文献进行了综述。Kamitani and Shimojo（1999）很精彩地介绍了如何用TMS显示V1的构筑。

[30] 在文献中可找到以前有关神经元特异性的思想。从历史上来说，有关特定的神经元子集是产生意识经验的基础这一假设的一种最有预见的说法，是1895年弗洛伊德在其未发表的著作《科学心理学》（*Project for a Scientific Psychology*）中所提出的有关 ω 神经元的概念。在这一篇短小然而很有见地的论文中，弗洛伊德试图在当时新提出的神经元理论的基础上建立心理学（他在其关于螯虾胃神经节的神经解剖学的论文中就谈了这个问题；Shepherd, 1991）。弗洛伊德介绍了三种类型的神经元：φ、ψ 和 ω 神经元。第一类神经元负责知觉，第二类负责记忆；弗洛伊德也确实提出过，记忆就表征为 ψ 神经元相互间在其接触壁垒（也就是突触）处易化的思想。第三类神经元则负责意识和主观体验特性，尽管弗洛伊德也承认："当然，还不能解释 ω 神经元的兴奋过程如何能同时引起意识。这只是在我们所体验到的意识特性和与之并行发生的 ω 神经元中的过程正巧同时发生的问题。"当你读这篇论文的余下部分时，就会更清楚地懂得，弗洛伊德为什么对自己试图把脑和心智联系起来不满意。那时，对于神经元的生物物理性质和神经元之间通信的方法还几乎

一无所知，人们还不太知道布罗卡的语言区，关于视觉功能在枕叶的定位还存在很大争论。后来，弗洛伊德放弃了神经学，而专志于纯粹心理学（Freud, 1966；有关讨论请参阅 Kitcher, 1992）。

[31] 宣传意识的整体论思想的神经科学家的两个例子，请参阅 Popper and Eccles（1977）、Libet（1993）。有些人（例如 Dennett, 1978, 1991）声称把有关红色的知觉归因于某个特定的神经元群的工作是犯了 Ryle（1949）所称的范畴性错误。

[32] Edelman（1989）；Edelman and Tononi（2000）（即《意识的宇宙》）。有关他们的**动态核心**（dynamic core）假设的一个简短的总结请参阅 Tononi and Edelman（1998）。

[33] Judson（1979）论证了有关特异性是近代生物学主题的论点。在单个电压依赖性通道（这是神经系统中所有处理的基础）层次也可发现分子特异性。一个典型的跨膜钾通道可以 10 000 倍的效率，把半径为 0.133 nm 的钾离子与其他的阳离子（比如半径为 0.095 nm 的钠离子）区分开来，并且这还能以高达每秒 1 亿个离子的速率进行（Doyle et al., 1998; Hille, 2001）。此外，这些通道蛋白质还在要求的条件下演化着，在由几千个氨基酸构成的长链的两个关键位点之一以一种氨基酸取代另一种氨基酸，这样就把原本是钠选择性的通道改变成了钙选择性的通道（Heinemann et al., 1992）。

[34] 在光感受器中所表现出来的这两种色素的差别，使得它们各自最敏感的波长相差大约 4 nm（Asenjo, Rim and Oprian, 1994; Nathans, 1999）。

[35] 非皮层锥体细胞的细胞体上通常没有兴奋性突触，可能是因为这种突触太强了。但是在几十亿个皮层细胞中，很容易漏检具有这种性质的小群神经元，除非专门去寻找它们。

第 6 章

[1] 远在人们得知这里讲到的绝大多数材料以前，我们就提出了这一假设（Crick and Koch, 1995）。Block（1996）以哲学家的眼光对我们的说法作了评论。

[2] 要想看有关偏盲的概述，请参看 Celesia et al.（1991）。有些偏盲患者还残留部分视动行为，而在受损视野中并没有任何视觉体验。在 13.2 节中还要更详细地讨论这种被称为盲视（blindsight）的有趣症状。在初级视

皮层损伤时间很长的患者脑中，有可能发生了某种重新组织，使这些患者在没有 V1 的情况下也有最低限度的有感知的视觉（Ffytche, Guy and Zeki, 1996; Stoerig and Barth, 2001）。

［3］由此造成的 1/4 偏盲（quadrantanopia）是早期视区布局（layout）的结果（Horton and Hoyt, 1991b）。

［4］He, Cavanagh and Intriligator（1996）. 也请参看 Koch and Tootell（1996）所写的评论。何生及其同事所做的实验是 Blake and Fox（1974）在先前所做实验的变种，后者断言看不到的刺激有可能引起可测量的结果（参阅第 16 章）。Hofstötter et al.（2003）对负后像（afterimages）也说了同样的话。不管能不能有意识地看到某个有颜色的光斑，这对其后像的持续时间或是强度都没有关系。它们只取决于视觉脑有多长时间暴露在光斑之下。

［5］Dragoi, Sharma and Sur（2000）.

［6］He and MacLeod（2001）.

［7］现在把心理物理方法和成像方法结合起来探索后效和视觉觉知的关系问题的研究相当活跃（Blake, 1998; Hofstötter et al., 2003; Montaser-Kouhsari et al., 2004）。

［8］Braun et al.（1998）报道了对正在做梦的脑的成像研究，而 Hobson, Stickgold and Pace-Schott（1998）对此作了评论。在 REM 睡眠期 V1 区的皮层血流和休息闭眼时的情形没有什么不同。纹外皮层（extrastriate）和内侧颞叶皮层在 REM 睡眠期跟视觉输入在功能上是隔离的，但是这时它们的活跃程度却很明显。顺便说一句，根据详尽的 V1 视觉映射区可知，REM 睡眠期 V1 不活动很可能意味着做视觉梦时的空间分辨率要比正常看东西时低。这是不是可以说明为什么我从来也不在梦中阅读？

［9］有关脑损伤患者做梦的神经学问题，请看 Solms（1997）和 Kaplan-Solms and Solms（2000）。

［10］Penfield（1975）. Penfield and Perot（1963）把所有有关的病例都无一遗漏地列举在此文中了。

［11］Schmidt et al.（1996）报道了这种假体的一个很有前途的案例。有一位 42 岁的妇女完全失明已有 22 年，在 4 个月的试验期里，她志愿地接受把一个发刷状、由 38 个微电极组成的阵列埋置在她的 V1 区（后来又给取了出来）。如果有个别电极给刺激，她看到斑点状的光幻视。电刺激的

强度必须超过某个阈值，她才能产生视觉。说来奇怪，增强刺激电流，光幻视的大小反而减小，这可能是由于激活了远距抑制的缘故。当电流很小的时候，光幻视经常是彩色的。当刺激的持续时间超过 1 秒，光幻视通常在刺激停止以前就已经消失不见了。这位患者几乎从来没有报告过看到有一定朝向的线条或者拉得很长的斑块。在有关皮层刺激的全部文献中确实极少有朝向知觉或者运动知觉，可能是由于这要求兴奋区域必须限于对同一朝向或者运动方向编码的柱体。Norman et al.（1996）和 Dobelle（2000）讲到了有关人工视觉的另一些计划。

[12] 卡明和帕克用三种不同的方法记录了对视差有选择性的 V1 细胞，这些方法是为了把这些细胞的反应和深度知觉区分开来而设计的（Cumming and Parker, 1997, 1999 and 2000）。Poggio and Poggio（1984）对深度知觉的神经基础给出了一个很好的总结，虽然稍微有点过时。Grunewald, Bradley and Andersen（2002）通过对可以行动的猴子的 V1 和 MT 中的放电活动进行比较，下结论说 V1 并没有直接参与产生"由运动推断结构"（structure-from-motion）（形状）的知觉。

[13] 对此你可以自己试一下。用双眼同时看你伸向前方的手中拿着的一支竖立的铅笔。现在闭上你的一只眼睛。当你闭上某一只眼睛时铅笔的位置变动了很多，而当你闭上另一个眼睛的时候则变动很小，这是因为绝大多数人（并非所有人）都有一只优势眼（dominant eye）（通常是右眼）。因此，当你在看东西的时候，经常只有一只眼睛起主要作用，虽然你并不觉察到这一点。对源眼的研究一直可以追溯到 20 世纪中叶（Smith, 1945; Pickersgill, 1961; Blake and Cormack, 1979; Porac and Coren, 1986）。

[14] 最后这一点是 C.Q. 吴（Charles Q. Wu）在与弗朗西斯和我的私人通信中提出的。

[15] Gawne and Martin（2000）.

[16] 使这些神经元得以把自主产生的运动和由外界产生的运动区分开来，可能有赖于两种信号：来自控制运动的运动中枢的信号，或是来自眼肌本身的反馈信号。Ilg and Their（1996）进行了有关平滑追踪的电生理研究，而 Thiele et al.（2002）则对跳动进行了相应的研究。

[17] Gur and Snodderly（1997）的报道进一步提示 V1 细胞并不表达可以感知到的视觉（phenomenal vision），他们报道说当光栅的颜色在红绿之间来回转换时，V1 中的颜色拮抗神经元的发放也很快地上下调制。这是很令

人惊奇的，这是因为当转换速率很高时，人并不能辨认出其中的单个颜色，人看到的是融合在一起的黄色，而不是分开的红色和绿色（也请参看 Engel, Zhang and Wandell, 1997）。

[18] Pollen（1995, 1999, 2003）、Lamme and Roelfsema（2000）、Lamme and Spekreijse（2000）、Kosslyn（2001）、Bullier（2001）介绍了表明视觉觉知中皮层-皮层反馈联结的一些生理实验。我在这里只简单提一下 Supèr, Spekreijse and Lamme（2001）所做的一个极棒的实验。他们训练猴子学会利用纹理线索从随机背景中把图形检测出来，同时测量 V1 中的电活动。他们对动物能够正确地检测出图形的那些次实验和给了图形然而动物检测不出来的那些次实验进行比较。实验者观察到，在动物检测出图形的场合（也就是假定动物看到了图形），从有发放反应起 60 毫秒以后活动开始增强。这些神经生理学家认为，这种经过一段时间延迟的活动增强非常可能反映了来自高级区域的反馈。

[19] 对人做 fMRI 研究所得的资料，看上去和这一点似乎有些矛盾。但是正如我在第 8 章注释 2 和 16.2 节中要讲到的那样，有关磁共振反应和神经元发放之间的关系在方法论上的不确定性，对这些成像研究的标准解释提出了疑问。

[20] 对处于永久性植物人状态的患者所做的脑成像，明确无误地表明在给予适当的刺激以后，在初级听皮层和初级体感皮层有强烈的局域性的激活，而没有任何意识的迹象（Laureys et al., 2000, 2002）。因此很可能没有哪种初级感觉中枢对该模态的有意识的知觉是充分的。

第 7 章

[1] 我推荐 Braak（1980）的小册子作为人大脑皮层的神经解剖图谱的背景材料。你不要被图 7.1 和图 7.2 误导，而相信皮层区的边界是分得很清楚的。它们可能是很模糊的，有复杂的过渡区。

[2] Allman and Kaas（1971）; Zeki（1974）. 也请看他们所著的书 Zeki（1993）和 Allman（1999）。

[3] 例如，V1 区和 V2 区接收来自下颞叶区和旁海马区的分布很广的反馈联结（Rockland and van Hoesen, 1994; Rockland, 1997）。Salin and Bullier（1995）和 Johnson and Burkhalter（1997）详细讨论了有关皮层-皮层联结的问题。

[4] 有关这一系列进展的最重要的 3 篇文章是 Rockland and Pandya（1979）、Maunsell and Van Essen（1983）和 Felleman and Van Essen（1991）。Kennedy and Bullier（1985）、Barbas（1986）、Zeki and Shipp（1988）和 Andersen et al.（1990）提出了有关的或不同的等级方案。如果要看详尽的综述，请参阅 Salin and Bullier（1995）。Young（2000）提出了一张组织图，其中包括猴大脑皮层中迄今为止描述过的所有 72 个区域。图 7.2 也有了更新版，以反映我们现在关于下颞叶和内侧颞叶之间联结和区域的新知识（Lewis and Van Essen, 2000; Saleem et al., 2000）。

[5] Hilgetag, O'Neil and Young（1996）对等级结构唯一性的思想作了批评，他们用进化优化算法来寻求尽可能完美的等级结构。他们的结论是，在视觉系统 30 个以上的区域彼此之间有大约 300 条皮层-皮层联结。视觉系统绝对是有等级结构的，然而并不精确，这种等级结构中的层次数在 13～24 之间（Young, 2002）。

[6] Zeki（1993）.

[7] Webster, Bachevalier and Ungerleider（1994）下结论说："没有任何一种简单的办法可以把用于建立视觉和听觉系统内等级关系的规则推广到额叶皮层区之间的联结。"也请看 Rempel-Clower and Barbas（2000）。

[8] Schmolesky et al.（1998）和 Nowak and Bullier（1997）综述了信号在各个皮层区中的定时问题。

[9] Marsálek, Koch and Maunsell（1997）; Bair and Koch（1996）; Bair（1999）. 网波在 5～10 毫秒的时间内传播过皮层的一级（a cortical stage）。

[10] 嗅球是鼻子中感受器输出的接受方，嗅球直接投射到嗅皮层。初级嗅皮层比新皮层更为古老也更原始，从初级嗅皮层出发的纤维束下行到丘脑，回过头来再上行到次级嗅皮层。绕开丘脑的其他皮层传入通路包括分布很广的调制性上行脑干通路和前脑基底部通路（5.1 节）、从杏仁核出发的联结，以及从名为屏状核（claustrum）的新皮层的一个很小的附属器官出发的投射。

[11] 当我讲到丘脑的时候，我指的是背侧丘脑（dorsal thalamus）。关于丘脑的解剖学详情，请查看 Jones（1985）的巨著。Sherman and Guillery（2001）则总结了丘脑的电生理特性。

[12] 有些视网膜神经节细胞直接把它们的轴突投射到下丘脑枕核（inferior

pulvinar nucleus）。丘脑枕的其余部分则是通过上丘接受视觉输入（请参看图版 1C）。丘脑枕的 3 个主要的视觉核团和不同的视觉皮层区（包括后顶叶皮层和下颞叶皮层）有很强的双向相互联结，而它的第四个部分则发出分布很广的网状输出，包括到前额叶区和眶额叶区（orbitofrontal area）去的双向联结（Grieve, Acuna and Cudeiro, 2000）。

[13] 有一个有很好的对照成像研究发现，和休息以及随机运动比较起来，高度警觉和中脑的中心部分（focal midbrain）以及 ILN 的活动有关（Kinomura et al., 1996）。Robinson and Cowie（1997）对丘脑枕在注意转移以及眼动中的作用作了综述。

[14] Jones（2002）总结了有关核心细胞和基质丘脑细胞的最新进展（emerging story）。LGN 中的尘粒状细胞是基质细胞的例子。

[15] Barone et al.（2000）提出了一种很有前途的方法，可以量化前向投射和反向投射的强度。

[16] Hupe et al.（1998）可逆性地使 MT 失活，并同时记录 V1、V2 和 V3。MT 的反馈以推挽的方式（a push-pull fashion）起作用，对落在经典感受野中最优刺激的反应进行放大。同时，对于大到能覆盖经典感受野和非经典感受野而又不显眼的视觉刺激，此反馈削弱了相应的反应。

[17] Ojima（1994）；Rockland（1994, 1996）；Bourassa and Deschenes（1995）.

[18] Crick and Koch（1998a）提出了强投射和调制性投射之间的区别，以及不存在强回路的假设。

[19] Crick and Jones（1993）为此类研究大声疾呼。弥散张量磁共振成像（diffusion tensor magnetic resonance imaging）是追踪活人白质束的一种很有希望的技术。

[20] 在进化上先是把视觉中枢分为皮层视觉中枢和皮层下视觉中枢，现在又加上了这两种皮层视觉流的进一步分工（Ungerleider and Mishkin, 1982）。Milner and Goodale（1995）的书对临床学家和神经科学家认识这种区分的努力作了出色的历史回顾。心理学家更早就推想，有不同的认知和由运动决定的视觉映射区（motor-oriented visual map）（例如，Bridgeman et al., 1979）。

[21] 图 7.2 左边的区域是背侧视觉信息流通路的一部分，右边的区域则是腹侧通路的一部分。介于这两者之间的区域 STPa、STPp 和 FST 则很难归

入其中任何一类（Saleem et al., 2000; Karnath, 2001）。Baizer, Ungerleider and Desimone（1991）则定出联结 IT 和 PP 的神经投射。

[22] PFC 在猫科动物的皮层中只占容积的 3.5%，而在狗的皮层中占到 7%［犬类爱好者笔记（dog lovers, note）］，在猴的皮层中占 10.5%，到了人的皮层中几乎要占到 30%。额叶并不普遍都像 PFC 那样相对于脑的其余部分大肆扩张（Preuss, 2000）。前额叶区之间的确切的等级关系（特别是特异性神经子集群起源和终止的层次）还不清楚（请看 Carmichael and Price, 1994）。下面是一些有关 PFC 的很好的参考书和神经科学及临床的文献：Passingham（1993）; Grafman, Holyoak and Boller（1995）; Fuster（1997）; Goldberg（2001）; Miller and Cohen（2001）。

[23] 额叶皮层和基底神经节之间的投射是特异性的和双向的。前额叶 9 区投射到纹状体的一部分，而后者通过两个中转站又把纤维发送回 9 区。前运动区 6 区投射到纹状体的其他部位，后者最终又把这个输入送回去。

[24] 在一次富于戏剧性的"自然"实验中，加利福尼亚 6 位年轻的瘾君子表现出晚期帕金森病的所有严重症状。他们是完全有意识的（正如他们后来回想时说的那样），但就是不能动和不能说。他们还可以按照命令睁开眼睛，但要苦苦努力 30 秒钟才能做到这一点。如果医生把患者的手臂拉到前面再放掉，手臂会缓慢地下落并在经过 3～4 分钟之后才最终回复到患者的身体两侧。所有这 6 个患者都是在几天以前服用了自己配制的合成海洛因。不幸的是这些毒品受到一种名叫 MPTP 的物质污染，这种物质选择性地永久破坏了他们的基底神经节中产生多巴胺的神经元。有关这些不能动弹的瘾君子的故事，在 Langston and Palfreman（1995）的这样一本非常有趣的书中有介绍。这些患者开创了医学的历史，并再一次提供证据说明，意识和有功能的运动输出并没有关系（请看 1.2 节）。

第 8 章

[1] Bullier, Girard and Salin（1994）综述了 V1 在负责纹外视觉皮层中的作用。他们认为 V1 是腹侧的知觉视觉流的主要驱动者，而不是背侧的动作视觉流的驱动者。

[2] Engel, Glover and Wandell（1997）和 Tootell et al.（1998）介绍了这些映射区。fMRI 和它的姐妹方法正电子发射断层扫描（PET）以及内源性信号光学成像类似，所测量的也是由激活突触、神经元及神经胶质细胞使

代谢需要增加而引起的局部血流变化。由于目前在技术方面的限制,对人所做的成像的空间分辨率限于 1 mm 以上。时间动力学则在很大程度上取决于调节局部血流的速度,一般要好几秒。一般认为,血流动力学活动直接和发放活动成正比。因此,如果记录到的 fMRI 信号越大,则引起它的神经元的发放率也越高。在一些案例中采用间接的方法证实了这一假定(Heeger et al., 2000; Rees, Friston and Koch, 2000),这一假定也通过同时记录局域电信号和 fMRI 活动这样一种技术上令人叹为观止的方法得到证实(Logothetis et al., 1999, 2001)。不幸的是这两者之间的关系并非总是如此简单。强烈的血流动力学活动也可伴随以恒定的甚或下降的神经发放率(Mathiesen et al., 1998; Logothetis et al., 2001; Harrison et al., 2002)。血流和氧合水平的升高和突触的活动、神经递质的释放与吸收,以及代谢梯度的恢复关系最密切,和发放活动的关系就不那么密切。产生和传播动作电位的代谢需要只占脑需要的总能量中很小的一部分。因此 fMRI 信号可能主要只反映某一区域中的突触输入和局域处理,而不反映神经元的输出——也就是发送到远处去的动作电位序列(Logothetis, 2002)。

[3] Livingstone and Hubel(1987)、Levitt, Kiper and Movshon(1994)、Roe and Ts'o(1997)、von der Heydt, Zhou and Friedman(2000)以及 Thomas, Cumming and Parker(2002)列举了 V2 细胞的电生理性质。V2 也有和 V1 的斑块系统(blob system)相关的非常明显的细胞色素氧化酶构筑,Wong-Riley(1994)对此作了全面的介绍。除非另外指出,本章中所用的材料全部来自对猕猴所做的研究。许多细节(而不是原理)很可能和人的皮层有所不同。

[4] Kanizsa(1979)和 Gregory(1972)研究了错觉边界的心理学问题。von der Heydt, Peterhans and Baumgartner(1984)和 Peterhans and von der Heydt(1991)介绍了电生理研究的结果。

[5] Merigan, Nealey and Maunsell(1993)切除 V2 并观察到猴子在行为上的缺陷。

[6] Burkhalter and Van Essen(1986)和 Newsome, Maunsell and Van Essen(1986)报道了猴单细胞的原始实验。Tootell et al.(1997)用 fMRI 确定了人脑中的相应区域。有人对把 V3 进一步分成许多小区的必要性提出疑问(Lyon and Kaas, 2002; Zeki, 2003)。

[7] 可以用多种方式来说明这一点，请参看 Bryne and Hilbert（1997）有关颜色的入门读物。
[8] Zeki（1973, 1983）。这些有关猴和人的研究总结在 Zeki（1993）的巨著中了。对相邻部分进行比较的计算是颜色恒常性的关键所在，它发生在从视网膜到 V1 和 V4 的多个阶段中（Wachtler, Sejnowski and Albright, 2003）。
[9] Meadows（1974）、Damasio et al.（1980）和 Zeki（1990）讨论了有关的临床文献。有一位患者，他的损伤部位正好使他只丧失视野中一个象限处的颜色知觉（Gallant, Shoup and Mazer, 2000；也请参看第 2 章注释 17）。值得注意的是，这个患者和别的一些像他这样的患者，并不注意到在自己视野的一部分中只看到灰色，而在另一部分中则看到颜色。
[10] Zeki et al.（1991）；Cowey and Heywood（1997）；Zeki et al.（1998）；Hadjikhani et al.（1998）；Tootell and Hadjikhani（2001）；Wade et al.（2002）.
[11] Sakai et al.（1995）；Hadjikhani et al.（1998）.
[12] Nunn et al.（2002）；Paulesu et al.（1995）. 有关联觉的背景知识请参看 Cytowic（1993）、Ramachandran and Hubbard（2001）、Grossenbacher and Lovelace（2001）。
[13] 在新大陆猴中发现这一区域的人把它称为 MT（Allman and Kaas, 1971），而那些首先在旧大陆猴中发现它的人则称之为 V5（Zeki, 1974）。人的相应区域则通常称为 MT/V5。我采用 MT 这个术语。Albright（1993）和 Andersen（1997）总结了有关 MT 及与之关系密切的运动处理区的性质。
[14] 这是在尸体材料上通过髓鞘染色或者抗体染色得出的（Tootell and Taylor, 1995）。
[15] Tootell et al.（1995）、Goebel et al.（1998）、Heeger et al.（1999）及 Huk, Ress and Heeger（2001）把人 MT 区的 fMRI 活动和各种运动知觉属性联系了起来。Tootell and Taylor（1995）用髓鞘、代谢标记物以及单克隆抗体（monoclonal antibody）把人脑中的 MT 勾画了出来。
[16] 按照这一论点，可以预期在给予某个恒定不变的强刺激以后，编码此运动方向的神经元群体的 fMRI 的净活动会减小。希格（David Heeger）及其同事的一个巧妙的 fMRI 研究（Huk, Ress and Heeger, 2001）证实了这一点。他们报道说，绝大多数早期视区都有方向选择性的运动适应，这种现象在 MT 达到最大。在猴子中，以相同方式对向上运动和向下运

动起反应的细胞在适应以后打破了原来在输出方面的平衡（Tolias et al., 2001）。目前研究者们区分出对不同特性（例如平移、螺旋运动）的不同运动后效。在 Mather, Verstraten and Anstis（1998）的文章中有更细致的介绍。

[17] 有关已故患者 L.M. 的症状细节请看 Zihl, von Cramon and Mai（1983），上面的引语就是从这本书中摘录下来的。也请参看 Hess, Baker and Zihl（1989）及 Heywood and Zihl（1999）。如果有一个对象清楚地慢慢移动（<10°/秒），L.M. 可以推断其运动，很可能是靠位置变化推断出来的。有一位德国士兵由于地雷爆炸使枕叶受伤，完全看不到运动（Goldstein and Gelb, 1918）。他虽然完全看不到运动，却能知觉到在手或臂皮肤上的触觉运动。当要他追踪表针的连续运动时，他会指出一些离散的位置，并声称他只看到指针要么在"这里"，要么在"那里"，但是"绝看不到在两者之间"。Zeki（1991）在其历史背景中介绍了这些少见的运动盲病例。

[18] Britten et al.（1992）报道了全部细节。Shadlen et al.（1996）则评估了它对神经编码的意义。Schall（2001）的文章则从决策的角度讨论了这些实验。Cook and Maunsell（2002）、Williams et al.（2003）和 Ditterich, Mazurek and Shadlen（2003）则进行了类似的、然而和环境关系更密切的反应时实验。

[19] 所用的计算上的度量称为**选择概率**（choice probability）（Britten et al., 1996）。这是用严格的方法测试知觉生理学的一种强有力的计算技术（Paker and Newsome, 1998）。

[20] 由电极注入的电流的效应是高度特异性的。只有当 MT 受刺激处的感受野和那片运动点的部位重叠时，才会影响到动物的决策。有时候，刺激电极有利于某个方向的运动，然后仅仅移动电极 300 μm 使之进入反方向的柱体（图 8.3），此时这同一个电极刺激却影响向这个新方向的运动了（Salzman et al., 1992; Salzman and Newsome, 1994）。

[21] 这种效应可能是内隐和下意识的，就像在凝视空白屏幕时得到的运动后效。当视野中空无所有时，后效不能依附到任何边框上去，因此也看不到运动。

[22] 为了更好地理解 MT 在运动知觉中的作用，把它和生物化学作下列类比：血红蛋白是一种大的蛋白质，它有 2 个 α 亚单位和 2 个 β 亚单位。在每个 α 链和 β 链中的血红素基团（heme group）中心的铁原子可以当作是

主节点，因为氧就结合于此。氧的结合如果受到干扰就会发生问题。但是如果组成血红蛋白的某些氨基酸不能适当地围绕铁-氧复合体折叠或是多少有些阻碍这个分子的 4 个亚单位适当地耦合起来，那么血红蛋白也会失去活性。但是在另一方面，对不同的种族来说，血红蛋白的氨基酸序列表现出很大的差异性，这意味着有许多氨基酸对血红蛋白的功能并不那么重要。此外，别的一些分子，例如肌红蛋白也能和氧结合。因此脑也可能是这样的。MT 是运动的主节点，但不是分析和表达运动信息的唯一场所。甚至和皮层 MT 相距甚远的小脑损伤都可能干扰运动知觉的许多方面（Their et al., 1999）。

[23] Cook and Maunsell（2002）在 MT 上所做的记录是迄今为止最有力的证据，表明正是网波的波阵面最终决定了动物对运动刺激的反应有多快。

[24] Maunsell and Van Essen（1983）、DeAngelis, Cumming and Newsome（1998）及 Cumming and DeAngelis（2001）讨论了 MT 中双眼深度知觉的生理学问题。

[25] Bradley, Chang and Andersen（1998）所进行的一项很巧妙的电生理研究表明，MT 把深度和运动信息结合了起来。Grunewald, Bradley and Andersen（2002）的有关实验进一步表明，V1 细胞并不直接和知觉有关（此处是根据运动线索推知三维结构），而 MT 细胞则确实和动物的知觉有关。

[26] Andersen（1995）、Gross and Graziano（1995）、Colby and Goldberg（1999）、Snyder, Batista and Andersen（2000）、Batista and Andersen（2001）以及 Bisley and Goldberg（2003）对后顶叶皮层、注意、意向以及空间编码问题进行了讨论。Glickstein（2000）对视区和运动区之间的联结问题作了综述。对忽略症的更详细的介绍请参看 10.3 节。

[27] 这一术语是由 Zipser and Andersen（1988）引进的。Andersen et al.（1997）、Pouget and Sejnowski（1997）、Salinas and Abbott（1995）对这种空间的内隐表征的计算结果作了综述和讨论。

[28] O'Keefe and Nadel（1978）首先报道了位置细胞。只要动物还可以利用嗅觉、触觉和别的一些线索来帮助自己定向，那么这些细胞即使在黑暗的条件下依然具有选择性。这样的空间分辨力相当好，电生理学家靠同时记录几十个海马位置细胞的活动即可确定动物的位置，其精度达到几毫米。Wilson and McNaughton（1993）、Zhang et al.（1998）、Frank,

Brown and Wilson（2000）介绍了根据30～100个细胞的发放活动，重构大鼠在迷宫中跑动的路径。Rolls（1999）和 Nadel and Eichenbaum（1999）报道了猴脑中的位置细胞，而 Ekstrom et al.（2003）则报道了人的位置细胞。

[29] Miyashita et al.（1996）、Naya, Yoshida and Miyashita（2001）收集了有关到 IT 的这一反馈通路在视觉联想记忆中所起重要作用的直接证据。

[30] Sheinberg and Logothetis（2001）。IT 细胞和背侧通路中的神经元不一样，它对眼动不敏感。

[31] Young and Yamane（1992）、Tanaka（1996, 1997, 2003）、Logothetis and Sheinberg（1996）、DiCarlo and Maunsell（2000）、Tamura and Tanaka（2001）、Gross（2002）、Tsunoda et al.（2001）讨论了猴 IT 皮层的视觉反应性质和柱状结构。第 2 章注释 14 也提及有关人内侧颞叶皮层的资料。

[32] 对几乎所有的受试者来说，都可以在右侧的中梭状回（mid-fusiform gyrus）发现 FFA，有些人两侧都有（Kanwisher, McDermott and Chun, 1997; Tong et al., 2000）。FFA 的活动受到注意的调制（Vuilleumier et al., 2001）。FFA 并不是脑中为脸所激活的唯一区域。也不是 FFA 的所有活动都只和脸的知觉有关（Haxby, Hoffman and Gobbini, 2000）。关于沿腹侧通路的视觉对象反应的其他 fMRI 研究，请参看 Epstein and Kanwisher（1998）、Ishai et al.（2000）和 Haxbi et al.（2001）。

[33] Benton and Tranel（1993）对临床文献作了概述。Wada and Yamamoto（2001）报道了一例患者，他的损伤仅限于这个区域，他也认不出脸。

第 9 章

[1] 你所意识到的是以相当高层次的对象（例如键盘上的字母、跑动的狗、蔚蓝色天空下的群山）所表示的有关世界的一个经过处理以后的景象。这也是为什么要艺术表现真实景色如此困难的原因之一。没有经过训练的人就以他们看东西的方式，用抽象的对象来作画，结果画出来的就像小儿涂鸦。要经过大量的实践，才能利用有差别的表面亮度与边界，以及微妙的纹理变化来绘画。

[2] Ullman（1984）和 Tsotsos（1990）从计算的角度出发，对脑及其大规模的平行构筑为什么需要会聚式注意（focal attention）提出了解释。Lennie（2003）则根据发放的代谢代价作出了解释。

［3］ 注意还有更全局性的含义。当一位教师要她的学生集中注意，看着她，并执行她的命令时，她会对学生说："请注意！"注意的这种全局性形式和警觉有关，它隐含有空间朝向反应（转动眼睛和头部），并把所有的智力资源都用于当前面临的任务。警觉和蓝斑以及别的一些脑干核团有关（第5章）。

［4］ Krakauer（1990）.

［5］ 引自他的传世之作《心理学原理》(*The Principles of Psychology*)（James, 1890）。

［6］ 近年来下列作品对选择性注意作了概括性的介绍：Treisman（1988）; Nakayama and Mackeben（1989）; Braun and Sagi（1990）; Braun and Julesz（1998）; Pashler（1998）; Parasuraman（1998）; Braun, Koch and Davis（2001）。

［7］ Rensink, O'Regan and Clark（1997）的一些实验使变化盲广为人知。他们闪现自然景色，而在中间以短暂的空白隔开（O'Regan, Rensink and Clark, 1999）。也请参阅 Blackmore et al.（1995）、Grimes（1996）及 Simons and Levin（1997）。在最简抽象艺术*的画中也可以出现变化盲（Wilken, 2001）。这种现象可追溯到19世纪测量领悟所需时间（the span of apprehension）的一些实验。你应该到有关的网站上自己去体验一番这种错觉。

［8］ Simons and Levin（1997, 1998）. Simons and Chabris（1999）报道说，当让受试者盯着看一场球赛中的两个球的时候，他们可能对打扮成黑猩猩模样的学生缓慢地走过场视而不见。类似地，电影观众通常除了最明显的前后不一致（continuity errors）以外，对其余的错误也都觉察不到（Dmytryk, 1984）。举例来说，演员的穿着从一个镜头到另一个镜头可能不同，一幕中的动作也可能在时间上接不到下一个镜头，演员的头发从雨中进来时可能是湿的，但是到了屋子里面突然就变干了。斯科特**的影片《银翼杀手》(*Blade Runner*，一部神秘的科幻电影)的粉丝们可曾觉察到过，在这部风靡一时的经典电影里，有好几十处镜头对不起来，还

---

* 最简抽象艺术（minimalism），20世纪60年代美国的一种艺术，把作品削减到它最基本的抽象成分。——译者注
** 斯科特（Ridley Scott），英国电影导演和制片人，他导演的影片得到过金球奖等多个奖项。——译者注

有搞错了的对话和别的一些错误（Sammon, 1996）？

[9] Mack and Rock（1998）介绍了疏忽盲。要求受试者注视一个十字符号，并判断十字的水平臂和垂直臂哪个更长。在这样做三轮以后，不加预告地在显示屏上添一个未能预料到的对象，比如说一小块彩色的方块或三角形。紧接着询问受试者，他们注意到了什么没有。在只有十字的条件下又进行了三轮之后，把同一个额外对象再次添加到显示屏上。在最后一个对照实验中，告诉受试者不必去管那个十字的两臂孰长孰短，但要报告那个额外的刺激（不过同时还得继续注视十字）。当刺激是完全出乎意料的时候（第4轮实验），有1/4的受试者根本没看到刺激。有较多的观察者能相当好地说出刺激的朝向、颜色、运动和位置。但是，没有一个人能辨别出刺激的形状（例如是三角形、十字形，还是长方形）。但是在最后一轮中，每个人都清楚地看到了这个额外的对象。把这个实验稍加改变，将十字投射到偏离注视点的位置，使得受试者只能用眼角余光看到十字。当要求受试者以视网膜外周来完成对照实验，而对象在没有预料到的条件下闪现于中央凹时，几乎没有一个人看到它。

[10] 当给飞行员看这些着陆的录像时，他们为自己未能作出反应而惊愕不已（Haines, 1991）。Gladwell（2001）认为，许多交通事故都是由缺乏注意所致。

[11] 注意能大大降低空间分辨和检测任务中的阈值（Wen, Koch and Braun, 1997; Lee et al., 1999）。Posner, Snyder and Davidson（1980）介绍了波斯纳的实验。注意所带来的好处可能要远大于这个用几乎完全空白的计算机屏幕的实验所得出的30～50毫秒。

[12] Cave and Bichot（1999）对探照灯隐喻提出批评，他们认为这个隐喻对注意动作（the action of attention）的看法是不对的。Sperling and Weichselgartner（1995）提出了舞台灯的类比。

[13] 在各轮实验中有一半实验并没有目标，受试者不许移动眼睛，却要把目标找出来（Treisman and Gelade, 1980; Julesz, 1981; Bergen and Julesz, 1983; Treisman, 1988, 1998; Wolfe, 1992, 1998a）。这种视觉搜索的模式甚至被移植到了儿童读物中去，例如要求读者从几百个稀奇古怪的人物、动物和其他东西中找出身穿红白条纹翻领衫、头戴滑稽小帽的沃尔多。

[14] 请看Koffka（1935）和Khler（1969）的经典文献。Palmer（1999）的教科书则给出了相关的近代观点。

[15] 请注意对目标的微小改变就有可能把并行搜索变成串行搜索。图 9.2 中"+"会跳出而"T"不会跳出,虽然两者都是由同样的两条相互垂直的线段构成,而且隐藏在由同一些元素构成的干扰项之中(Julesz,1981)。

[16] Chun and Wolfe (1996) 对这种解释提出了挑战。

[17] Wolfe (1994) 很好地综述了有关基于特性的注意的心理物理学问题。有关基于对象的注意心理学问题,请看 Duncan (1984)、Jolicoeur, Ullman and MacKay (1986)、Kanwisher and Driver (1997)、Driver and Baylis (1998)。Rock and Gutman (1981) 介绍了有关注意两个交叠在一起的图形之一的经典实验。

[18] 在新兵训练营中,操练军士常常由于受到某些微不足道的冒犯而对倒霉的新兵尖声叫喊,而新兵则必须笔直地立正,凝视前方。显示出纪律要求通过皮层抑制上丘*。

[19] Shepherd, Findlay and Hockey (1986) 从心理学的角度探讨了眼动和移动"内在眼(inner eye)"之间的联系,Corbetta (1998) 和 Astafiev et al. (2003) 则从神经学的层次探讨了这个问题。根据前运动理论(pre-motor theory),注意转移到视野中的某一点是因为眼动系统(oculo-motor system)正准备把眼睛转到这个部位(Sheliga, Riggio and Rizzolatti, 1994; Kustov and Robinson, 1996)。

[20] 并不一定要改变事物的外表才能改变显著性(Blaser, Sperling and Lu, 1999)。

[21] Koch and Ullman (1985) 最先提出作为注意选择策略的视网膜拓扑显著性映射区(retinotopic saliency map)。Treisman and Gelade (1980) 和 Wolfe (1994) 从传统心理学的角度也提出了类似的想法。Itti, Koch and Niebur (1998) 和 Itti and Koch (2000) 据此作出一套算法,并应用于视频或自然场景。根据显著性映射区建立的机器视觉系统在检测、追踪和识别"有趣的"对象方面表现很好(Walther et al., 2002)。Itti and Koch (2001) 综述了脑中显著性映射区的神经生理学证据和心理学证据。另外的一些注意模型(Hamker and Worcester, 2002; Rolls and Deco, 2002;

---

* 上丘是眼动控制中枢所在的部位,当周围环境中有新奇的事物出现时,上丘会下意识地控制眼动去凝视该事物,但是军纪要求新兵不去理会它,而凝视前方,这就要求皮层有意识地抑制上丘。这里作者用这句俏皮话说明"几乎总是忍不住想把眼睛转到目标上去",而想克制这一点,就需要来自皮层的有意识的抑制作用。——译者注

Hamker, 2004）则避免用外显的显著性映射区，而是基于皮层区之间的动态递归相互作用（dynamically recurrent interaction）。

[22] 这一理论框架可追溯到 James（1890）。这两类注意也被称为外源性（exogenous；自下而上）和内源性注意（endogenous attention；自上而下）。请参看 Nakayama and Mackeben（1989）、Shimojo, Tanaka and Watanabe（1996）、Egeth and Yantis（1997）、Braun and Julesz（1998）、Duncan（1998）、VanRullen and Koch（2003a）。此处我用"自上而下的注意"这一术语来表示像双重任务和视觉搜索任务中所用的那种意思。

[23] 但是患有巴林特（Balint）综合征的患者有时候会发生这种情形，在 10.3 节我们将讨论这种罕见的神经症状。

[24] Sperling and Dosher（1986）；Braun and Sagi（1990）；Braun（1994）；Braun and Julesz（1998）. 一边开车一边打手机就是日常生活中双重任务的一个例子。不幸的是，实验表明（Strayer and Johnston, 2001）通话使人分心而大大降低了对交通信号的注意，并增大驾驶者对交通信号的反应时。至于究竟是否用手拿着手机倒没有什么差别。因此，万勿一边开车一边打电话！也请参看 de Fockert et al.（2001）。

[25] Li et al.（2002）；也请参看 Rousselet, Fabre-Thorpe and Thorpe（2002）。Braun（2003）对此作了广泛的评论。类似的实验说明，要把男子的脸从女子的脸中区分出来也不需要会聚式注意（Reddy, Wilken and Koch, 2004）。

[26] 要点不受疏忽盲的影响（Mack and Rock, 1998）。

[27] 有关视觉要点的心理物理学问题，请参看 Potter and Levi（1969）、Biederman（1972）、Wolfe and Bennett（1997）、Wolfe（1998b）。人内侧颞叶中的单个神经元对相当高层次的语义范畴起反应（例如动物或是名人的图像）（Kreiman, Koch and Fried, 2000a）。它们可能是要点知觉的神经相关物的一部分。就其本质而言，要点在景色的内容发生很大变化的时候还是不变的。因此在发生变化盲时，对图像所作的改变不会影响到要点（图 9.1）。

[28] Hochstein and Ahissar（2002）提出了类似的说法。

[29] Naccache, Blandin and Dehaene（2002）说明只有当受试者注意刺激的时候才会产生无意识的单词启动效应。如果没有注意，根本就不会有启动效应。注意受到掩蔽的刺激足以产生启动效应，但是不足以看到这个单

词。也有报道说在盲视的情况下也有无视觉觉知的注意（请看 13.2 节和 Kentridge, Heywood and Weiskrantz, 1999）。

[30] 也请参看 Lamme（2003）和 Hardcastle（2003）。

[31] VanRullen and Koch（2003a）；VanRullen, Reddy and Koch（2004）.

[32] 如果对此注意的话，那么它就可以得到加强，并进入记忆或者计划阶段（Rensink, 2000a, b）。与此有关的一个思想是詹姆斯的边缘意识（fringe consciousness）（James, 1962; Galin, 1997）。

[33] 关于绑定问题的根源，在某种形式上可以追溯到 18 世纪末的康德（Immanuel Kant）。Milner（1974）和 von der Malsburg（1981）提出通过神经元之间的同步实现绑定的思想。有关这方面的更新的表述请参看 von der Malsburg（1995, 1999）、Treisman（1996）、Robertson（2003）。15.2 节中要讨论的某些最新的实验对把多个属性绑定成单个知觉的时间精度提出疑问。在 50 毫秒的时间尺度里，单一的知觉可以分裂。

[34] 引自 Crick and Koch（1990a）。

[35] 这种学习机制有多快取决于有关的神经元位于处理的等级结构的哪个层次。早期区域（例如 V1）学习低层次的特性需要多次，但是内侧颞叶只要一次就可能记得。

[36] 有一个顶叶皮层受损伤的病例表明，可以有瞬时性的绑定而又不产生觉知（Wojciulik and Kanwisher, 1998）。这就是说，光是绑定还不足以产生有意识的知觉。

[37] Treisman and Schmidt（1982）、Treisman（1998）、Tsal（1989）和 Wolfe and Cave（1999）给出另一种解释。

[38] 要把不同的属性绑定成不同的对象，可以通过许多不同的途径：采用不同的频率、某一特定频率的不同相位延迟，或是把两个不同的频段乘起来（就像在调频电台中所用的低频载波和高频信号）（Lisman and Idiart, 1995）。你可能想回到 2.3 节再读一下那个有关在圣诞树上闪烁的电珠的类比。

第 10 章

[1] 哲学家斯特普尔顿（Olaf Stapledon）在《造星者》（*Star Maker*）一书中认为，星系可能会朝某种有（自我）意识的方向进化（Stapledon, 1937）。但这是不大可能的。虽然一个大的星系中的星星数比人脑中的神

经元的数目还要多，又尽管星星是复杂的实体，但这些星系的成员是通过重力彼此耦合起来的，而这种力的影响在空间中是各向同性地衰减的。在这样大的宇宙尺度之下，没有任何一种已知的天文物理机制可以使成对的星星之间产生特异性的、可适应的、相对说来还和距离无关的相互作用，而正是这种相互作用成为信息处理、存储和回想的关键所在。

［2］华盛顿特区郊外的美国国立眼研究所的武尔茨（Robert Wurtz）和戈德堡（Michael Goldberg）（Wurtz, Goldberg and Robinson, 1982），以及马里兰州巴尔的摩的约翰·霍普金斯大学的芒卡斯尔（Mountcastle andersen and Motter, 1981），是在能行动的猴身上进行注意的电生理学研究的先驱。

［3］Moran and Desimone（1985）; Miller, Gochin and Gross（1993）; Rolls and Tovee（1995）.有许多实验研究在猴子注意某些对象的同时记录V2、V4、MT、MST和IT区中细胞的发放（Chelazzi et al., 1993; Treue and Maunsell, 1996; Luck et al., 1997; Reynolds, Chelazzi and Desimone, 1999; Rolls, Aggelopoulos and Zheng, 2003）。用fMRI的方法也观察到了人脑纹外皮层中的竞争性遏制（Kastner et al., 1998）。

［4］Desimone and Duncan（1995）.在Crick and Koch（1990b）的文章中，弗朗西斯和我也类似地提出空间注意会引起或大大加强皮层柱内两个刺激之间的竞争。对增加调谐滤波器库之间竞争的计算建模，定量地解释了许多在集中注意或者不集中注意时所测得的心理物理阈值（Lee et al., 1999）。

［5］这种注意上的偏好常常会减弱细胞的反应，就如图10.2从底数起的第二条曲线所示。Reynolds and Desimone（1999）观察到刺激的显著性会对细胞感受野中两个刺激之间的竞争起调制作用。例如假定图10.2中的水平条反差很低。当猴子注意这个刺激时，增强其反差会进一步减小细胞的输出，尽管这时对细胞的最优刺激始终是存在的。这一点用竞争假设很好理解。

［6］V4和后下颞叶皮层（posterior inferotemporal cortex, PIT）在注意对知觉任务的调制中起主要作用。没有了这些区域，动物还能区分孤立目标，但是当把目标混在稠密的视觉对象之间时，它就区分不出来了。脑需要V4和PIT把目标从背景中分离出来（DeWeerd et al., 1999）。

［7］Motter（1993）和Ito and Gilbert（1999）介绍了猴V1细胞的注意调制。有许多研究组报道了人LGN和视皮层中受到注意调制的血流动力学反应

（Watanabe et al., 1998; Somers et al., 1999; Gandhi, Heeger and Boynton, 1999; Brefczynski and DeYoe, 1999; Kastner and Ungeileider, 2000; O'Connor et al., 2002）。如果不谈眼动（这是注意的一种形式），那么只有视网膜不受这种注意调制的影响，因为没有或很少有纤维投射回眼睛（Spinelli, Pribram and Weingarten, 1965; Brooke, Downes and Powell, 1965）。

[8] 在有10个独立地运动着的球的显示中，当要求受试者同时追踪2、3、4甚或5个随机滚动的球时，**注意负载**（attentional load）增加。在选定的顶叶区域中 fMRI 信号的幅度和任务的难度成比例地增强（Culham et al., 1998; Jovicich et al., 2001）。

[9] 在有一个实验中，要求猴子集中注意看半个视野中一片向下运动的光点。这也增强了对侧视野（the opposite field of view）中 MT 细胞的发放，如果这些细胞的最优方向也是向下的话（Treue and Martinez-Trujillo, 1999; 也请参看 McAdams and Maunsell, 2000）。用 fMRI 研究人的基于特性的注意，一项最吸引人的工作是 Saenz, Buracas and Boynton（2002）所做的。在另一个实验室中，训练猴子注意两条拉长的线条中的一条。当受到注意的那条线越过 V1 细胞的感受野时，比起动物不注意的情况，神经元的反应增大了大约 1/4（Roelfsema, Lamme and Spekreijse, 1998）。

[10] McAdams and Maunsell（1999）及 Treue and Martinez Trujillo（1999）观察到有很不相同的神经元反应，可能和不同的细胞类型有关。有一小部分（数目还是很多的）V4 细胞当不注意时不表现出对朝向的调谐特性，但在注意时则对朝向的辨别大大增强。另一些细胞则不受注意的影响。从这些注意效应的定时，可以预测行为上相关事件的定时（Ghose and Maunsell, 2002）。

[11] 在可以行动的猴子的视皮层（Fries et al., 2001b）和体感皮层（Steinmetz et al., 2000）所做的多电极记录发现，表征受到注意的特性的神经元之间发放的同步性增强了。1994年 Niebur and Koch（1994）对这一效应就提出过假设并建立了模型（也请参看 Niebur, Koch and Rosin, 1993; Niebur, Hsiao and Johnson, 2002）。van Swinderen and Greenspan（2003）在果蝇中也观察到类似的现象。他们的发现使得目前还无法在哺乳动物身上进行的一些有目标的遗传干预得以实现。

[12] Noesselt et al.（2002）。

[13] 其腹内侧区对显著性驱动的注意起很重要的作用（Robinson and Petersen,

1992; Robinson and Cowie, 1997）。这一区域包含对侧半视野的映射区，并且和后顶叶皮层有双向联结。当动物眼球要跳动到感受野中去时，或当注意感受野中的某个刺激时，背内侧的神经元也有反应（Desimone et al., 1990）。丘脑大面积损伤的患者很难注意对侧视野（Rafal and Posner, 1987; LaBerge and Buchsbaum, 1990）。对单个醒目的对象来说，使丘脑枕核暂时失活并不会有什么影响。如果你在"有偏竞争"的框架中考虑问题，那么这并不奇怪。

[14] 顶叶的表达受到空间注意（8.4节）特别是刺激驱动的显著性（stimulus-driven saliency）的调制（Gottlieb, Kusunoki and Goldberg, 1998; Colby and Goldberg, 1999; Bisley and Goldberg, 2003）。

[15] 前眼视区和控制跳动以及注意转移的关系非常密切（Huerta, Krubitzer and Kaas, 1986; Schall, 1997）。

[16] Robertson and Marshall（1993）; Rafal（1997a）; Swick and Knight（1998）; Driver and Mattingley（1998）; Heilman, Watson and Valenstein（2003）。为什么人在空间认知方面有明显的右侧优势，这依然是许多理论研究的源泉（Husain and Rorden, 2003）。正确的提法应该是讲同侧和对侧的损伤。但是这样讲起来有些累赘，所以我就假定损伤发生在右半球皮层，由此引起左侧视野的缺陷。关于忽略症中受到损伤的确切区域究竟在哪里的问题，还存在激烈的争论。Karnath, Ferber and Himmelbach（2001）认为，造成忽略症的关键部位同时也是对空间觉知起关键作用的部位，这也就是上颞叶皮层，而不是传统上认为的下顶叶皮层，或者颞叶、顶叶和枕叶三者的交界处。

[17] 请回想一下左视野映射到脑的右边，反之亦然。

[18] 要想把忽略症和消退症区分开来，可以让患者一直注视你的鼻子，然后问他是否能看到你的手正在他左侧受损伤的视野中运动。忽略症的患者看不到，而消退症的患者则看得到。如果同时让你的另一只手在他正常的右半视野中挥动，这会吸引他的注意，这时他就看不到你在他左边的那只手了。

[19] Bisiach and Luzzatti（1978）; Driver and Mattingley（1998）; Mattingley et al.（1998）。

[20] 忽略症并不必然就破坏了和受到损伤的半侧视野有关的空间表征。请想一下 Vuilleumier et al.（1996）所介绍的那位患者的奇怪病例。在经过第

一次右侧下顶叶脑梗以后，患者表现出左侧空间忽略症的全部典型症状。在医院里他又经历了在左前眼视区的第二次中风。虽然这次中风造成了短时间的语言问题，他的忽略症症状却消失了，使得这次中风成了脑梗反而得益的罕见例子。这件趣事告诉我们［也得到了动物实验结果的支持（Sprague, 1966; Schiller, True and Conway, 1979; Payne et al., 1996）］，忽略症是由过度竞争或者抑制不平衡造成的，而不是由完全丧失空间信息造成的。

［21］ Berti and Rizzolatti（1992）；Driver and Mattingley（1998）。
［22］ Rees et al.（2000）.关于有关的病例报告请参看 Vuilleumier et al.（2002）。
［23］ Rafal（1997b）；Robertson et al.（1997）；Robertson（2003）。

第 11 章

［1］ 计算机也有和生物记忆系统类似的多个存储系统。既有存储在硬盘、磁带和 DVD 上容量很大、存取慢的长期信息存储，也有作短时记忆用、存取快、容量小的 RAM，以及速度非常快、但是容量非常有限的 CPU 本身中的缓存记忆（cache memory）。

［2］ Squire and Kandel（1999）和 Eichenbaum（2002）是有关记忆及其分子和神经基础的两本非常出色的入门读物。进一步可参考 Dudai（1989）、Baddeley（1990）、LeDoux（1996）、Kesner（1998）。

［3］ 普林斯顿大学的钱卓（Joe Tsien）及其同事在一个非常出色的实验中，用基因工程方法在成年鼠的海马中表达幼年鼠的 NMDA 受体形式（Tang et al., 1999）。他们通过一系列的测试说明，这些转基因动物的学习能力和记忆都增强了。NMDA 受体在其成年和幼年形式方面的主要区别，是流过受体的电流衰减时间不同。在幼年动物中，这个时间要长得多，这或许可以解释为什么儿童比成人更容易学习。Wittenberg and Tsien（2002）讨论了在这个蓬勃发展领域中的新发现。

［4］ 把记忆分成依赖于活动的记忆和结构记忆，这种两分法并不像我在这儿讲的那样绝对。比如说，如果考虑细胞体内钙离子浓度升高（这引起发放率降低），那会怎样呢？

［5］ 在心血管外科手术中作低温循环暂停（hypothermic circulatory arrest）时，患者的心跳慢慢停下来。为了尽量减少神经上的损害，血液温度降低到只有 10 ℃。这使脑的代谢降低到只有其基准值的 1/10，并遏制了几乎所

有的 EEG 活动。但是患者还是能够保持他们的长时记忆（McCullough et al., 1999）。若干年前克里克有过这样的经历，他的 EEG 变平坦达半小时之久，并没有什么不良后果。

[6] 这一工作最终使坎德尔得以分享2000年的诺贝尔生理学或医学奖（Kandel, 2001）。

[7] 有关条件反射的文献极多。相关综述可参看 Mackintosh（1983）、Gallistel（1990）、Tully（1998）、Squire and Kandel（1999）、Fendt and Fanselow（1999）、Eichenbaum（2002）、Medina et al.（2002）。

[8] Clark and Squire（1998）实际上进行的是一个比这儿讲的还要更复杂一点的条件反射实验。在他们的实验中，有一个声音（比如说2 000 Hz 的纯音）预示吹气，而在第二种声音（例如嘶嘶声）之后则从来也不随之以无条件刺激。能够建立痕迹条件反射的受试者讲得出这两种联系的声音和强化吹气之间的关系（例如，"在给纯音后再过了一小段时间有气吹来，而在噪声之后就没有"）。那些不能建立痕迹条件反射的受试者则讲不出这三者之间的关系。这种外显的知识对延迟条件反射则不起作用（也请看 Clark and Squire, 1999）。很久以来就一直有人猜想，有许多不同的联合型条件反射都需要觉知（Baer and Fuhrer, 1970; Dawson and Furedy, 1976）。有关的实验请参看 Öhman and Soares（1998）、Carrillo, Gabrieli and Disterhoft（2000）、Knuttinen et al.（2001）、Carter et al.（2002）、Lovibond and Shanks（2002）。由于注意和觉知存在着密切的关系（9.3 节），今后的工作必须说清楚，两者在建立条件反射中起何种作用。

[9] 在这种分心的情况下，背景恐惧条件反射（contextual fear conditioning）也不减弱。Han et al.（2003）介绍了这些实验。

[10] 我们已通过向小鼠注射毁损前扣带皮层的药物，说明这部分前额叶皮层是建立痕迹条件反射所必需的，而和建立延迟条件反射或背景条件反射无关（Han et al., 2003）。与此平行，我们也说明了人的痕迹条件反射容易受到同时要做的工作记忆或注意任务的影响（Carter et al., 2003）。

[11] 这并没有像听上去那么稀奇古怪。果蝇可以有很复杂的行为，其中包括抉择，以及基于显著性的选择性注意（saliency-based attention）（Heisenberg and Wolf, 1984; Tang and Guo, 2001; van Swinderen and Greenspan, 2003）。此外，它们还能在延迟条件反射或痕迹条件反射的方案中，学会把气味和电击联系起来（Tully and Quinn, 1985）。那么，腐烂

水果的难闻气味会不会干扰果蝇的痕迹条件反射，却对延迟条件反射没有影响？有关动物意识的全面讨论，请参看 Griffin and Speck（2004）。

[12] 介绍 H.M. 症状的原始文献（Scoville and Milner, 1957），一直到今天还是行为的脑研究中引用最多的论文之一。Milner（1972）、Corkin et al.（1997）及 Milner, Squire and Kandel（1998）介绍了后续研究。神经外科医生斯科维尔（W.B.Scoville）切除了双侧的杏仁核、旁嗅皮层、内嗅皮层和前海马。旁海马皮层（parahippocampal cortices）和颞叶新皮层则大部分保留了下来。

[13] 遗忘症（amnesia）指的是永久性地丧失记住新的事实或情况的能力（顺行性遗忘症，anterograde amnesia），也指在不同程度上失去记忆（逆行性遗忘症，retrograde amnesia），但是短时记忆没有受到损伤，智力和认知能力也都正常。

[14] 神经学家萨克斯（Oliver Sacks）在《迷失的玛林纳》（*The Lost Mariner*）一书中，详细讲述了另一位这种患者的故事，这位患者永远生活在过去之中（Sacks, 1985）。

[15] 在他病后几个月，他开始不断强迫性地写字。他在日记中一页复一页地写满了诸如"第一次醒来"，"我刚刚第一次醒来"，"我真的醒着，也活着"这样的话（Wilson and Wearing, 1995）。在 Damasio et al.（1985）一文中，你可以读到另一个人的病史，这个患者也得了病毒性感染，损坏了前颞叶区，因而不能回忆或认出他一生中的任何情景。

[16] 电影《记忆碎片》（*noir Momento*）生动地描写了永远生活在现在的感觉会是什么样。这部电影采取第一人称倒叙的手法讲述了一个名叫伦尼（Lenny）的人的故事。在一次深夜入室抢劫案中，他的妻子被人杀死，而他自己的海马也给毁了。为了对谋杀他妻子的凶手进行复仇，他竭力想出一些惊世骇俗的方法来解决他转瞬即忘的问题。《记忆碎片》除了是一部给人以强烈感受的心理剧之外，也是迄今为止大众传媒上对不同记忆系统的最为精确的描写。这部电影是由诺兰（Christopher Nolan）导演，并在 2001 年上演。Sternberg（2001）从神经科学角度对这部电影作了评论。

[17] 由于 MTL 处在一个关键的部位，和视觉处理等级结构的高级部位及前额叶皮层都有密切关系，因此某些海马神经元的活动很可能对意识的当前内容会有直接贡献，但丧失了这些神经元还是可以得到补偿。

[18] 有关工作记忆的思想在许多方面要归功于心理学家巴德利（Alan Baddeley）的工作（Baddeley, 1986, 1990, 2000）。
[19] 你有没有过这样的经验：你听不明白别人的话而要她再说一遍，但是在她还没有来得及重复的时候，你却已经突然恍然大悟。这很可能是由于你处理存储在语音回路中的言语片段的语言模态有延迟效应的缘故。
[20] 请参阅第9章注释24中有关边驱车边兴奋地通话造成认知干扰的发人深省的故事。
[21] 最初的估计值 7±2 是由 Miller（1956）提出来的。这既是对数据的总结，也是作为一种修辞手法。与完全没有意义的数列相比，如果材料的内涵有某种意思（例如生日、历史事件、纪念日等），就会容易记忆得多。
[22] 启动效应可以持续很长时间，它也是内隐记忆的一个例子。
[23] VanRullen and Koch（2003a）. 如果在几分钟以前把这些物体的图片以每次一张的速率呈现，那么有意识地能记住的对象数可以增加几乎接近一半。这是正启动效应的另一个有说服力的例子。也就是说，一旦看到过某个对象，以后再在图像中把它检测出来的概率就会增加约 50%。在潜意识启动效应（subliminal priming）的情况下，出现启动效应甚至无须有意识地知觉过这个图像（Bar and Biederman, 1998, 1999）。潜意识知觉（subliminal perception）的强度很弱，持续时间也短，也不像街谈巷议所说的那样神奇，广告效果也不强（Merikle and Daneman, 1998）。
[24] Shallice（1988）; Vallar and Shallice（1990）.
[25] Riddoch and Humphreys（1995）.
[26] 确实有一些提取（retrieval）实验说明，对存储在工作记忆中的内容可能是串行地取出的（Sternberg, 1966）。
[27] Fuster（1995, 1997）; Goldman-Rakic, Scalaidhe and Chafee（2000）. Romo et al.（1999）对前额叶皮层触觉信息的工作记忆作了出色的研究。
[28] Compte et al.（2000）; Aksay et al.（2001）.
[29] 这就是说，如果动物要记住图像"A"，然后受到其他图像的干扰，前额叶细胞依然表征"A"。与之相反，IT 细胞只有在猴子没有受到其他图像的干扰时才编码"A"（Miller, Erickson and Desimone, 1996）。Rao, Rainer and Miller（1997）以及 Miller（1999）介绍了米勒（E.K.Miller）有关 46 区中特征特异性记忆神经元、位置特异性记忆神经元以及对两者都有特异性的记忆神经元的实验。

[30] 人的工作记忆任务激活了额叶皮层区，其中包括运动皮层和前运动皮层，以及某些后面的皮层区（Courtney et al., 1998; de Fockert et al., 2001; Pochon et al., 2001）。

[31] 这一经典实验是Sperling（1960）做出的，并成为他博士论文的一个部分。有关的最新进展请查阅Potter and Levy（1969）、Loftus, Duncan and Gehrig（1992）、Potter（1993）、Gegenfurtner and Sperling（1993），还有Coltheart（1999）编辑的内容广泛的文集。

[32] Crick（1984）和Billock（1997）曾经提出过一种理论，强调了回响性皮层-丘脑回路的作用。

[33] Levick and Zacks（1970）；Rolls and Tovee（1994）；Keysers and Perrett（2002）.

[34] Freedman et al.（2001, 1002）用计算机产生一些像猫、狗或者介于两者之间的图形，他发现IT中的"猴子细胞"只关心图形本身，而PFC中的细胞则更在乎输入的类别究竟是猫还是狗。

第12章

[1] 有关哲学家传统上的僵尸观，请参阅Cambell（1970）、Kirk（1974）、Chalmers（1996）。

[2] Ellenberger（1970）从历史的角度讨论了无意识和下意识的问题。要想严格研究无意识的感觉-运动，从方法论上来说很困难。很难把快速而自动发动的动作和以后由动作命令或正在执行的动作自身所触发产生的有意识的信号区分开来。另一个困难之处是，为了统计分析必须多次做实验，而多次重复同一任务会让受试者得到足够的反馈信息，从而使受试者学会意识到其行为的某些方面。如果想知道综述和有关实验，请参看Cheesman and Merikle（1986）、Holender（1986）、Merikle（1992）、Kolb and Braun（1995）、Berns, Cohen and Mintun（1997）、Merikle, Smilek and Eastwood（2001）、Destrebecqz and Cheeremans（2001）、Curran（2001）。

[3] 一般说来，我尽量避免用充满弗洛伊德色彩的"下意识"（unconscious）这一术语，我宁愿用更中性的"无意识"（nonconscious）来表示还达不到可感知到程度的操作或计算。

[4] 如果在跳动的过程中目标移动过大的话，受试者会注意到这一变化而执行一个大而比较缓慢的调整。Goodale, Pélisson and Prablanc（1986）介

绍了这里所讲的实验，他们根据加州大学圣克鲁斯（Santa Cruz）分校的布里奇曼（Bruce Bridgeman）先前的工作，专门研究了视知觉与眼或手的运动相分离（dissociations）的问题（Bridgeman et al., 1979; Bridgeman, Kirch and Sperling, 1981）。

［5］ Lee and Lishman（1975）。

［6］ 推荐阅读一位突然失去颈部以下所有知觉的19岁患者的发人深思的病史（Cole, 1995）。这位患者在丧失了所有的躯体本体反馈之后，以惊人的毅力学会靠目光有意识地控制四肢。这本书生动地说明了日常生活是怎样高度地依赖于无意识的处理。

［7］ Proffitt et al.（1995）。

［8］ 当受试者负重，或体力不支、年老、健康不佳等的时候，也有类似的情形（Bhalla and Proffitt, 1999）。普罗菲特认为，在实际陡度和知觉到的陡度之间的关系变化，反映出机体的行为潜能。主观上的倾斜知觉对应于你爬山的能力。这是一项艰巨的任务而不应轻易承担。如果你疲劳了，身体虚弱，或是背负重物，这个任务就变得更为艰巨。

［9］ 我证实了必须有外周视觉，因为如果你带了一副只留出中心视觉而把其余各处都遮蔽起来的眼镜的话，你就再也摸不着路了。

［10］ 腹侧的知觉性视觉通路中的感受野，集中于中央凹或其附近区域。

［11］ 推荐他们的内容丰富的书——Milner and Goodale（1995）。有关的观点可以参看 Rossetti（1998）。

［12］ Wong and Mack（1981）、Abrams and Landgraf（1990），以及特别地由 Bridgeman, Peery and Anand（1997）所作的研究。

［13］ 把有意识的行为从无意识的行为中区分出来的问题，称为过程纯净问题（process purity problem）（Reingold and Merikle, 1990; Jacoby, 1991）。

［14］ 几何学指出，线段的长短和距离成反比。但是离你5 m远的人，看起来并不比离你10 m远时高出一倍。Aglioto, DeSouza and Goodale（1995）给出证据表明，大小恒常性只对知觉起作用，而对视动没有影响。Franz et al.（2000）则发现，并没有这种分离现象（也请参看 Yamagishi, Anderson and Ashida, 2001; Carey, 2001; Milner and Dyde, 2003）。

［15］ 在一次走路的实验中，让受试者判断某一清晰可见目标的距离（1～5 m 之间）。把这一估计数和让受试者闭上眼睛走近（假定的）目标位置时推测到的估计数进行比较。当目标很近时，两者都高估了距离；而当目标

较远时，两者都低估了距离（Philbeck and Loomis, 1997）。因为两者对实际距离都表现出同样的偏差，所以两种估计用的是同样的信息，这和上一节中估计坡度的情形是不一样的。

[16] 例如在无头青蛙的背部施以伤害性刺激，青蛙就会用腿去抓它。去头动物或去大脑动物的这些卓越的感觉-运动能力，是19世纪下半叶有关脊髓在多大程度上参与意识的论战的核心（Fearing, 1970）。

[17] Castiello, Paulignan and Jeannerod（1991）. Jeannerod（1997）是有关动作的神经心理学的一本教科书。

[18] McClintock（1998）、Weller et al.（1999）、Schank（2001）提出证据支持或否定月经同步化。Gangestad, Thornhill and Garver（2002）报道了妇女的性欲以及她们男伴的反应是如何随排卵而上下波动的。

[19] Stern and McClintock（1998）。

[20] Pantages and Dulac（2000）。

[21] 由睾酮衍生出来的外激素，可以触发女性下丘脑的反应，但对男性不起作用；而和雌激素有关的物质则能使男性的下丘脑兴奋，而对女性无效（Savic et al., 2001; Savic, 2002）。甚至在人还没有觉察到这类气味的情况下，就有某些脑活动（Sobel et al., 1999）。

[22] Johnston（1998）和Keverne（1999）对学术文献作了综述，Watson（2001）则从普及的角度概述了这一问题。Holy, Dulac and Meister（2000）发现鼠的单个犁鼻神经元能够区分雄鼠的尿和雌鼠的尿。

[23] 研究人员现在已能培育出敲除了犁鼻器的小鼠。这种转基因动物的雄性和雄性之间不发生争斗，相反它们无论对雄鼠还是对雌鼠都表现求偶行为。

第13章

[1] Farah（1990）; Damasio, Tranel and Rizzo（2000）; Bauer and Demery（2003）. Grüsser and Landis（1991）对失认症的临床文献作了详尽无遗的综述。

[2] 最原始的病例报道见 Milner et al.（1991）。详细情况请见 Milner and Goodale（1995）及 Goodale and Milner（2004）所写的两本专著。对D.F.所做的脑成像证实她的腹侧通路受到的损伤比背侧通路更严重。

[3] Goodale, Jakobson and Keillor（1994）介绍了这些有延迟的操作以及它们对D.F.和正常人伸手运动的影响（也请参看 Bridgeman, Peery and Anand,

1997)。Hu and Goodale(2000)进一步详细说明了正常受试者负责握取动作的不同计算。

[4] 有关盲视的原始报告是根据一些视野有缺陷的患者写就的,这些患者可以通过指点他们盲视野中的刺激而表明他们检测到了这些刺激,但是他们否认看见了这些刺激(Pöppel, Held and Frost, 1973)。最新的参考书是 Weiskrantz(1997)内容全面的专著,Cowey and Stoerig(1991)及 Weiskrantz(1996)则给出了简明的总结。Kentridge, Heywood and Weiskrantz(1997)、Wessinger, Fendrich and Gazzaniga(1997)、Zeki(1995)介绍了环绕盲视患者所进行的争论。

[5] Perenin and Rossetti(1996);Rossetti(1998);A. Cowey(私人通信)。

[6] 从 LGN 有一小部分神经投射到 V2 或高级皮层区,这是另一种可能的路径。

[7] Cowey and Stoerig(1995). Stoerig, Zontanou and Cowey(2002)对他们开创性的动物实验又做了进一步的深入研究,他们把对这些猴子的实验结果和 4 名单侧视野有缺陷的患者作了对比。这证实了他们方法的可行性,也就是说,猴子和人的反应是类似的。这也强烈地提醒我们,人与猴两个物种的视觉在神经解剖学和心理学方面都是类似的。

[8] 所谓发作可以定义为一段超同步的、自行维持的神经元放电。受到影响的神经元发放加快并高度同步,而不像通常发放比较稀疏也比较散乱的形式。

[9] 我向读者推荐下列读物:对于复杂的局部发作的入门性读物请看 Fried(1997)或 Elger(2000)。Penfield and Jasper(1954)是有关这一问题的经典著作,Oxbury, Polkey and Duchowny(2000)则对此作了全面的介绍。对发作时意识丧失的问题,有两篇思想深刻的论文:Gloor, Oliver and Ives(1980)和 Gloor(1986)。对于发作的多种多样性,我有极深刻的印象(简单发作, simple seizures;复杂发作, complex seizures;失神性发作, absences;肌阵挛发作, myoclonic seizures;全身性阵挛性强直发作, generalized tonic-clonic seizures)。这些发作的起源和其后波及的其他脑区变化多端,它们的时程、症状和相关的先兆也各不相同。我在这里讲到的主要是成人颞叶的局部发作。另一个非常有意思的问题是**失神性发作**(absent seizures)或**小发作**(petit mal)。这些发作是在一小段时间里,患者清醒但是没有意识。这种患者绝大多数是儿童。失神性发作突然打断

患者正在进行的脑力或体力活动几秒钟。在回复到现实生活以前，儿童会一动不动地凝视空处。失神性发作和丘脑皮层回路中发生异常的振荡放电有关（Crunelli and Leresche, 2002）。这种发作可以常常发生，并不一定都有肌肉活动，并且能很好地用事件相关 fMRI 来进行研究。

[10] Pedley and Guilleminault（1977）.

[11] 比如说，假定让患者在发作时听到某个低沉的或是尖利的纯音。几秒钟后再次呈现同一纯音或者一个不同的纯音，如果这两个纯音是相同的话，就要求患者用他的手、臂或头指向地；如果两者不同的话，则指向天。为完成这个实验，患者在发作时必须能记得这些指令，至少要在某种程度上能控制自己的肢体，也要能听到这些纯音（M. Kurthen, T. Grunwald and C. Koch，私人通信）。

[12] Ebner et al.（1995）; Inoue and Mihara（1998）; Lux et al.（2002）. 左半球通常有语言优势（第 17 章），这就使人猜测在临床上测得的意识丧失和失语症之间有关系。至少有一个病例（C. Elger，私人通信），患者的右半球是语言优势半球（用和田试验*来检验），这位患者的左颞叶发生局部发作时也丧失意识。因此，无行为、无意识跟左颞叶的关系，并不能完全用语言来解释。癫痫发作究竟至少要波及脑的哪些结构才会造成意识的丧失？对这一问题还没有答案（Reeves, 1985）。

[13] 梦游患者典型地都睡得很熟，很难把他们叫醒，也不大记得起做过什么梦。有关梦游的综述请看 Kavey et al.（1990）、Masand, Popli and Weilburg（1995）和 Vgontzas and Kales（1999）。Revonsuo et al.（2000）讨论了梦游和意识之间的可能关系。

[14] 这是莎士比亚早就知道了的。在《麦克白》第五幕第一场中，医生指出麦克白夫人正在到处游荡。医生说："你瞧，她的眼睛开着呢。"**对此女侍应声道："嗯，可是她的视觉却关闭着。"也请参阅 Jacobson et al.（1965）。

[15] 见 Moldofsky et al.（1995），p738。

[16] 有关一例结果造成伤亡的梦游案例及其所带来的法律问题的深入讨论，

---

* 所谓和田试验，就是只麻醉半侧大脑来研究另半侧大脑的功能，例如向一侧颈动脉注射麻醉药物等。该试验的首创者为和田淳（Juhn Atsushi Wada），是日本裔加拿大科学家。——译者注
** 医生和侍女对话的译文引自译林出版社《莎士比亚全集》第 6 卷。——译者注

请看 Broughton et al.（1994）。Moldofsky et al.（1995）和 Schenck and Mahowald（1998）讨论了另外一些例子。

[17] 原始论文简洁优雅，值得一读（Turing, 1950）。Millican and Clark（1999）则对图灵试验作了历史回顾，并介绍了此问题的现状。

第14章

[1] 当然，并非所有复杂的、高度进化的器官都有知觉。肝就没有，免疫系统也没有。**肠神经系统**（enteric nervous system）（在你的肠壁上排列着的一亿个以上的神经元）看来也是无意识地工作的（如果肠胃也有自己心智的话，它也没有告诉脑）。这也是一件好事，偶尔它也会提供有关胃胀或恶心的信号（Gershon, 1998）。

[2] 更详细的讨论请参阅 Johnson-Laird（1983）、Minsky（1985）、Velmans（1991）、Mandler（2002），以及 Baars（1988）一书的第10章。把脑/心智看作为并行计算机，只不过是对它的一长串技术隐喻中最新的一个。追溯上去，这些隐喻还包括并行计算机和冯·诺依曼计算机、电话交换机、蒸汽机、钟表、供水系统，一直到古希腊的蜡版。

[3] Crick and Koch（1995a）。

[4] 虽然有许多推理也可以无须意识就能产生（第18章）。

[5] 当你在红灯前不耐烦地等待时，你的本能是绿灯一亮就驱车向前，但是如果当时还有人在穿马路，那么这种冲动就一定得加以校核。Anderson and Green（2001）以及 Mitchell, Macrae and Gilchrist（2002）给出了遏制记忆和行为的证据。

[6] 心理学家杰恩斯（Julian Jaynes, 1976）在《意识在双重脑中的起源》（*The Origin of Consciousness in the breakdown of the Bicameral Mind*）*一书中，把意识看作是某种学得的过程。这种过程始于公元前两千多年以前的某处，当时人类最终认识到他们头脑中的声音并非上帝在对他们说话，而是他们自己在对自己说话。这本书具有高度的可读性，书中充满了有趣的考古学上的发现、文学和心理学上的观察，但是一点也没有涉及脑科学，也没有任何可以进行检验的假设。这本书的中心论题当然是完全错误的。

---

* 此书的书名很难翻译，其中 Bicameral Mind 是作者创造的一个术语，意指我们的头脑可以分成两个部分，其中一部分是说话者，另一部分是倾听者。——译者注

哲学家奎因（W. V. Quine）问杰恩斯：人们在"发现意识"之前所体验到的该是什么样的？他对此的回答使他在当时声名大噪："人体验到的并不比一张桌子所体验到的更多！"（Ned Block，私人通信）。

[7] 这并不是说所有的学习都需要意识。有许多研究工作涉及内隐学习（implicit learning），特别是对运动序列的无意识学习（Cleeremans et al., 1998; Destrebecqz and Cleeremans, 2001）。

[8] 如果这个星球上的进化未产生有意识的生物的话，那么你我也就不会在这里思考意识问题了。从这个意义上说，这有点类似于宇宙学中的人择原理（anthropic principle）。该学说假定，宇宙中一切物理定律似乎都是为了突现产生生命（emergence of life）的（Barrow and Tipler, 1986）。

[9] 这段话引自1884年赫胥黎在英国科学促进协会（The British Association for the Advancement of Science）上所发表的著名演说。他不同意笛卡尔的下列信念：动物只不过是一些机器或者自动机，既没有理性，也没有任何形式的意识。反之，赫胥黎认为由于生物界具有连续性，某些动物物种一定也会分享人所具有的意识的某些方面。然而一旦讲到意识的功能，他就茫然若失了。

[10] Block（1995）介绍了功能意识和感知觉意识之间的区别（也请参看Block, 1996）。Block, Flanagan and Güzeldere（1997）主编的文集对这一问题作了进一步的发挥。正如在第1章讲过的，我对这两者不加区分。有关简单问题和困难问题的微妙而极具争议性的问题请读Chalmers（1996）。由这种两分法又产生出新一波的大量文献（Shear, 1997）。毫无疑问，在21世纪初的今天，意识的感知觉方面还是非常令人困惑不解的，是名副其实的困难问题。至于它是不是就一直那么困难无解，让我们拭目以待。另一些哲学家则认为，并不真正存在什么主观体验特性的问题（例如Dennett, 1991）。对他们来说，一旦我们搞懂了功能意识及其在脑中的物质体现，就不必再为心身难题烦恼了。

[11] 有关意向、意义和心智的文献，可以追溯到两千多年前雅典古典时期的画廊学派（Stoa）。总体上说，学者们研究意义怎样从脑中突现出来的问题还只是近几十年的事（Dennett, 1969; Eliasmith, 2000; Churchland, 2002）。

[12] 如果使用某种非常灵敏的测试方法，也许就有可能检测出：丧失一个这样的细胞，会在行为上造成何种微妙的变化。

[13] 米奇森（Graeme Mitchison）提出的这一术语其实William James（1890）

早就在这种语境中用过了。
[14] 下意识的启动效应很可能就产生在联系 NCC 及其意识背景的突触上。这意味着紧接下去更容易激活有关的概念。
[15] 请参阅 Chalmers（1996）第 8 章、Edelman and Tononi（2000）、Edelman（2003）。
[16] 这样集中精力在其他地方同样有用。我们不能令人满意地回答下列问题："为什么宇宙中有物质存在，而并非一片空虚？"（Why is there someing rather than nothing?）这并没有显著阻碍物理学的发展。
[17] 这种解释并不排除下列可能性，就是将来会有新的技术，使外界观察者可以直接窥探我的颜色主节点。
[18] 除了和其他事物之间的关系而外，任何事物的本性［也就是康德著名的"物自体"（Das Ding an sich）*］都是无法表达的。这也许是一条普遍的规则。
[19] 举例来说，额叶损伤患者。
[20] 在人脑中已追踪到了从右半球 IT 到左半球布罗卡区的单突触跨半球连接（Di Virgilio and Clarke, 1997）。
[21] 即使丹迪**的著名患者（Brickner, 1936）也保留有布罗卡区，并且能够继续讲话。有关额叶损伤患者的综述，请参阅 Damasio and Anderson（2003），其中绝大多数患者都是单侧损伤。
[22] Nakamura and Mishkin（1980, 1986）. 为进行这些实验必须大规模地破坏神经组织，这使我对这种严重的干扰所得出结论的可信度有所保留。
[23] Barcelo, Suwazono and Knight（2000）.
[24] 对人的皮层-皮层联结的详细模式几乎还一无所知，因此这里所引的参考文献都是有关猕猴的脑。V1 到前眼视区并没有直接的投射，也没有直接投射到达主沟（principal sulcus）周围以及包括主沟在内的广大前额区（Felleman and Van Essen, 1991），就我们所知也并不直接投射到任何别的额区。此外，V1 也不投射到基底神经节的尾核（Saint-Cyr, Ungerleider and Desimone, 1990）、丘脑板内核、带状核（Sherk, 1986）或脑干［唯一的例外是由 V1 外周到脑桥的一小束投射（Fries, 1990）］。然而，V1 确实提供了到绝大部分后视觉皮层区（包括 V2、V3、V4 和 MT 在内）去的主要视觉

---

* 指离开意识而独立存在的不可知的自在之物。——译者注
** 丹迪（Walter Dandy, 1886—1946），美国神经外科医生，有"神经外科之父"的美誉。——译者注

输入。就皮层下靶区来说，V1 投射到上丘、LGN 和丘脑枕（第 4 章）。

第 15 章

［1］ 最早的实验在 Thorpe, Fize and Marlot（1996）中有记载。放开按钮响应时间的中值为 450 毫秒。反应时取决于感觉处理过程的复杂程度以及运动反应的种类（Luce, 1986），这时间可以低至 350 毫秒（van Rullen and Thorpe, 2001）。对照实验表明，我们在这里把动物作为寻找的目标并无特别的考虑。在城市或高速公路图片中寻找是否有车辆的实验，也得到了类似的反应时。

［2］ 脑与计算机的一大区别表现于：为完成一项任务所需的时间和它们的基本处理单元（在脑是神经元，而在计算机则是晶体管）的"开关速度"之比。在你识别出一张人脸时，这个比值还不足 100；而对在现代计算机上运行的人脸识别算法来说，这种比值要高达几十亿。存在这种差异是因为脑具有高度的并行性（Koch, 1999）。

［3］ 对于包含简单几何形状的图，受试者的反应一样快。这和他们是否知觉到刺激物没有关系。这一实验表明，反应时可以完全与产生意识所必需的时间相分离（Taylor and McCloskey, 1990）。

［4］ 布洛赫定律（Bloch's Law）指出，对时长小于 1/10 秒的短暂刺激物，知觉到的亮度是刺激强度与时长的积。即，如果刺激物的强度加倍，出现时间减半，则知觉到的亮度相等。

［5］ Bachmann（1994, 2000）。我强烈推荐 Bachmann（2000）这本书。全书浅显易懂，表达直接，书中还对流行的心理学和生物学意识理论作了有趣的点评。

［6］ Broca and Sulzer（1902）。Efron（1967）和 Bachmann（2000）对与"感觉沿时间的演化"这一问题相关的文献进行了探讨。

［7］ 仔细观察图 15.1b 中 NCC 的示意曲线，我们可以发现超过阈值的活动在时域上的细微变化。这类变化很可能会被某种突触后机制所读取，并最终影响到行为。假如 NCC 的内部机制对主节点放电活动在时间上的激烈变化不敏感，那么受试者仅会产生某种恒定不变的知觉。

［8］ 顺带提及一些技术细节，如图 15.1b 所示，令意识消失的阈值可能要比产生意识的阈值低。物理学家称这类现象为滞后（hysterisis）。滞后使得系统会受到历史状态的影响。发放活动会随着输入的增强而一点点增强，

在到达某个阈值后,突然发生跃变。但当输入开始减弱时,活动强度并不会立刻弱化。只有当输入低到一定程度(低于另一个阈值)时,活动强度才会再次跳变回到低活动状态。在图 15.1b 中,这两个阈值很可能是动态变化的,其强度在不同实验中依环境与内在状态等因素而定。一旦超过了产生有意识知觉的阈值后——对应在神经元上,即有大量的锋电位同时发放,神经元集合的发放在降至停止阈值之前至少会持续一段时间。换句话说,NCC 的存在时间是有下界的。事实上,心理学家们提出过存在最短知觉瞬间(minimal perceptual moment)这样的理论(例如 Efron, 1970b, 1973a)。从数学角度看,知觉的全或无特性也可能并非由一个真实存在的阈值决定,它反映的是响应曲线中由自激励所产生的剧变特性。

[9] 参见 Kolb and Braun(1995)或 Kunimoto, Miller and Pashler(2001)。

[10] 参见 Moutoussis and Zeki(1997a, b)、Zeki and Moutoussis(1997)。Arnold, Clifford and Wenderoth(2001)也公布了类似的结果。Zeki(1998)及 Zeki and Bartels(1999)讨论了知觉不同步会带来的各种影响。也有人认为,上述发现并不具有普遍意义(Nishida and Johnston, 2002)。在解释此类数据时,对于比较对象究竟是什么要尤其慎重。如果我们给受试者的指令是"判断颜色改变与运动方向改变是否同时发生",这就与"判断某颜色的改变是否总伴随着某运动方向的改变"完全不同。Dennett and Kinsbourne(1992)中的讨论与这一问题相关。

[11] Efron(1973b);Yund, Morgan and Efron(1983). 另见 Herzog et al.(2003)。

[12] 区分两个刺激所需的最短时间反比于彩色闪烁融合频率(chromatic flicker fushing frequency)。通过连续快速切换图片内的颜色,可以确定这一频率。使用的两种颜色在切换速度较慢时可以明显区分,但是当切换频率快到一定程度时,两种颜色就混在一起形成单色知觉(Gur and Snodderly, 1997; Gowdy, Stromeyer and Kronauer, 1999)。对于听觉而言,能够正确地区分相连续的若干语音(严格地说,区分音素*),是处理语言的基础。有些患失读症(dyslexia)等语言或读写障碍的婴幼儿,对区分和辨别快速切换的连续的声音刺激就有很大困难(Tallal et al., 1998; Nagarajan et al.,

---

* 音素(phonemes),语言学中语音的最小单位。——译者注

1999)。这些人很可能对处理快速信号具有某种普遍的缺陷。

[13] 有的时候并不会发生混合现象。例如在特征继承（feature inheritance）现象中，知觉到的物体可以继承前一个在知觉上并未看到的图像的特征（Herzog and Koch, 2001）。

[14] Westheimer and McKee（1977）；Fahle（1993）.

[15] 心理学家使用3种形式的掩蔽：后向（backward）、前向（forward）以及偏对比掩蔽（metacontrast masking）（参见 Breitmeyer, 1984; Bachmann, 1994; Breitmeyer and Ögmen, 2000; Enns and DiLollo, 2000）。哲学家（例如 Dennet, 1991; Flanagan, 1992）讨论了掩蔽对意识（mind）理论的可能意义。在这3种掩蔽中，掩蔽物都不会实际干扰刺激物*。

[16] Dehaene et al.（2001）. 右侧半球的反应更为稀疏。这同语言的半球特异性相符**。

[17] Rolls and Tovee（1994）；Macknik and livingstone（1998）；Thompson and Schall（1999）；Macknik, Martinez-Conde and Haglund（2000）. Keysers and Perrett（2002）在猴子皮层中研究了掩蔽的神经相关物。Thompson and Schall（2000）用掩蔽分析了前眼视区内的 NCC。掩蔽的作用可能是选择性地影响了刺激诱发神经元活动的首尾部分，这两部分分别对应于刺激开始和结束的信号。

[18] vanRullen and Koch（2003b）的实验使得这一点更为可信。在这一掩蔽实验中，受试者虽然看不到字母，但仍能快而正确地猜出答案。

[19] 闪现滞后现象最初在格式塔心理学中有所记载，后又被 Nijhawan（1994, 1997）再次发现。在当代，对于这一错觉的实验研究已经有了非常丰硕的成果（Sheth, Nijhawan and Shimojo, 2000; Eagleman and Sejnowski, 2000; Krekelberg and Lappe, 2001; Schlag and Schlag-Ray, 2002）。

[20] 这并不是说，知觉的时间（$T_\text{关} - T_\text{开}$）非要和刺激的时间（$t_\text{关} - t_\text{开}$）相等才行。

[21] Cauller and Kulics（1991）、Lamme and Roelfsema（2000）、DiLollo, Enns and Rensink（2000）、Bullier（2001）、Supèr, Spekreijse and Lamm（2001）、Pollen（2003）都极力主张这一理论。然而在上述文章中，没有

---

* 换句话说，掩蔽物的作用仅仅是扰乱意识。——译者注
** 对于大多数人，语言中枢位于左侧半球。——译者注

一个理论认为某种特定的反馈活动一定能产生意识。如果米尔纳和古德尔的两条视觉通路假说是正确的话（参见12.2节），我们不禁要问，为什么背侧通路上的反馈还不足以产生NCC呢？

[22] 这种易化反馈（facilitatory feedback）的生物物理学基础可能与顶丛（apical tuft）有关。顶丛是新皮层第5层中大锥体神经元树突树（dendritic tree）的最顶端部分。这些顶丛所处的位置非常关键：它们恰好在皮层-皮层反馈通路的终点处，再加上那里还有依赖于电压控制的（跨膜）电流，这些特性使得该区域比细胞体更容易受到多个同时发生的突触输入的影响（参见Williams and Stuart, 2002; Rhodes and Llinás, 2001）。也就是说，这种锥体细神经元处在视觉皮层的特殊位置，它们能够对来自前皮层多个位置的同步输入进行反应，并发放大量锋电位。

[23] Grossberg（1999）认为，驻波并非比喻，而是真实存在的。

[24] Libet（1966, 1973, 1993）. 现在正进行的实验细化并拓展了利贝最初的观测（Ray et al., 1999; Meador et al., 2000）。

[25] Libet（1993）.

[26] 我们认为，这个模型可能是**有泄漏的整合后发放过程**（leaky integrate-and-fire process；参见Koch, 1999）。可以设想，有一个持续电流为电容充电，使得电容两端电压升高。同时，电流还会通过另外一个电阻慢慢泄漏。在没有输入电流时，电压会呈指数衰减，这会抵消持续电流提升电压的效果。一旦电容电压超过阈值，就会触发某种机制*重置电压，然后整个过程重新开始。如果流入的电流很小，那么到达阈值所需的时间就会较长。反之如果输入电流大，则很快就能到达阈值。输入电流至少要与电阻的泄漏电流相等，否则永远也达不到阈值。如果我们选择时间常数为250毫秒，则该模型的行为与图15.3中所示的曲线非常接近。在年轻癫痫患者颅内植入电极进行的刺激实验，进一步证实了我们的模型——使用非常短暂的脉冲，也可以令患者产生某种感知觉（Ray et al., 1999）。

[27] 这种想法最早可以追溯至19世纪，并且存在各种变体（Stroud, 1956; White, 1963; Harter, 1967; Pöppel, 1978; Geissler, Schebera and Kompass, 1999）。

---

* 例如产生一个锋电位。——译者注

[28] Venables（1960）；White and Harter（1969）；Pöppel and Logothetis（1986）；Dehaene（1993）. VanRullen and Koch（2003c）综述并总结了相关发现。

[29] 这是车轮错觉（wagon wheel illusion）在稳恒光源下的一个变体（Purves, Paydarfar and Andrews, 1996）。该错觉与一般的车轮错觉不同，受试者只能在部分时间看到错觉。这是由于播放电视或电影时，帧与帧之间的离散特性造成的。

[30] 在某个特定的闪光间隔之下，受试者"看"到单一闪光与两个连续闪光的概率相等（Wertheimer, 1912）。Gho and Varela（1988）提出，闪光的给光时刻相对于 α 波节律的相位对此起关键作用。但是 Rufin Van Rullen and David Eagleman（私人通信）在各自的独立实验中都无法证明这一点。

[31] Kristofferson（1967）；Hirsh and Sherrick（1961）；Lichtenstein（1961）；White and Harter（1969）；Efron（1970a）.

[32] Makeig et al.（2002）用先进的信息分析手段对传统 EEG 的单次实验数据进行分析（另见 Varela et al., 2001）。这一分析发现了由刺激诱发的 α 波具有相位重置的特性。Rizzuto et al.（2003）以患者的颅内电极进行研究，得到了类似的结论。他们发现，在时间上随机出现的刺激会重置 7~16 Hz 振荡的相位，或使之产生相位漂移。Sanford（1971）对较早的文献作了综述。

[33a] Sacks（1984）. 偏头痛时感到的闪烁频率约在 6~12 Hz。

[33] 萨克斯的描述摘自 Sacks（1970）。另见《觉醒》（*Awakening*；Sacks, 1973）一书中的脑炎后（post-encephalitic）患者 H.Y. 的案例。

[34] 用具体的数值打比方可能会有助于理解。假设正常情况下，单个帧的时长为 100 毫秒，即每过 10 帧在知觉上就是过了 1 秒。如果帧长度增加到 200 毫秒，那么在物理上相同的 1 秒就只能包含 5 帧，感觉上就像过了平时半秒钟一样。这就是说，知觉到的时间短了，时间的流逝仿佛加快了。反过来，如果帧长度缩短为 50 毫秒，每秒就能容纳 20 帧，这样就会觉得 1 秒像 2 秒，时间的脚步变慢了。

[35] 关于时间主观感知的现象学问题，有大量文章探讨（Dennett and Kinsbourne, 1992; Pastor and Artieda, 1996; Pöppel, 1978, 1997）。和本文最有关的是 Flaherty（1999）。

[36] Fries et al.（2001a）记述了视觉皮层中相邻细胞发放活动的起伏现象，这

种自发而协调的起伏可能对受试者的正确率造成影响。

［37］Burle and Bonnet（1997, 1999）的实验记载了这样一个现象：通过一系列无关的短声刺激，可以控制视觉反应时的节奏。

第 16 章

［1］Gregory（1997）对各种双稳态及交变图给出了通俗的解释。Seckel（2000, 2002）对这类现象以及其他许多错觉图进行了总结。

［2］参见 Bayne and Chalmers（2003），以及 Cleeremans ed.（2003）中的相关章节。

［3］一对多刺激的更简单例子是第 15 章注释 30 处提到的双光序列。有的时候你只看到单个闪光，有的时候则有两个。

［4］Yang, Rose and Blake（1992）描述了双眼竞争的感知觉特性。Blake and Logothetis（2002）对他们长期的心理学和生理学实验观察作了一个总结。Lee and Blake（1999）论述了在何种情况下，可以由双眼的不同输入图片产生双稳态知觉。Andrews and Purves（1997）提出，双眼竞争在日常生活中发生的频率比我们想象的更为频繁，并给出了可靠的依据。

［5］如果用不同优势期出现的频率做直方图，我们能看到一个光滑函数（Levelt, 1965）。换言之，虽然优势期的时长在单次试验中不好预测，它却服从某种有规律的随机过程。一幅图片所对应的优势期，与其后一个优势期在统计上相互独立。抑郁症或者其他情绪失调会显著增大优势期的时长（Pettigrew and Miller, 1998）。优势期的时长同时也受选择性注意的影响。

［6］Blake（1989）总结了认为竞争是由早期视觉处理阶段神经元之间的互抑制引起的看法。Leopard and Logothetis（1999）有力地提出了如下观点：竞争是在位于额叶的高层认知过程控制下的探索行为的一种表现。另参见 Lumer and Rees（1999）。竞争机制究竟是由低层感官驱动的，还是由高层心智控制？这个问题在近 200 年来，一直在科学界争论不休。

［7］这些实验都是在清醒且在做注视动作的猴子身上进行的（Kehky and Maunsell, 1996）。

［8］最先研究猴子双眼竞争实验的是 Myerson, Miezin and Allman（1981）。洛戈塞蒂斯从神经生理学和心理物理学对猴子和人的双稳态知觉进行了大量研究，包括 Logothetis and Schall（1989）、Logothetis, Leopold and Sheinberg（1996）、Sheinberg and Logothetis（1997）、Leopold and

Logothetis（1999）、Leopold et al.（2002）。综述性文章请参考 Logothetis（1998）、Blake and Logothetis（2002）。

［9］ 在竞争实验中，猴子与人优势期的时长分布十分相似，刺激图反差变化对时长的影响方式也一样。洛戈塞蒂斯还用了额外的对照组来保证猴子能够正确报告它们所知觉到的内容。

［10］ 花几年时间训练几只猴子来进行这样的实验，其花费也的确是"价值连城"。这样的实验需要精通这一领域的科学家和技术人员，以及许多定做的设备和器械。这些需要上百万美元的经费支持。

［11］ 这些实验结果与 Macknik and Martinez-Conde（2004）中提出的"未能在 V1 双眼神经元中找到有效的两眼间抑制（intereye inhibition）"的实验结论相吻合。Gail, Brinksmeyer and Eckhorn（2004）训练猴子在双眼竞争实验中表示它们所知觉到的内容，在实验中他们同时记录了猴子V1 区内许多神经元的局部场电位（LFP）与锋电位信号。和 Leopold and Logothetis（1996）一样，他们也没有发现猴子在知觉到不同内容时，神经元的锋电位活动有什么不同。奇怪的是，LFP 在 30 Hz 以下的成分受到猴子知觉状态的调控。在 Fries et al.（1997）及 Fries et al.（2001c）中发现，在猫的双眼竞争实验中，竞争并不能影响 V1 神经元的平均发放率。但是 30～70 Hz 频段的锋电位同步程度却体现出是否有知觉优势发生。猫科动物的 V1 神经元在编码优势刺激时，比编码非优势视觉刺激时的锋电位相干性（coherency）更强。知觉变化对 V1 以外的皮层在不同频段上究竟有什么样的因果关系？这个问题我们现在还无法回答。

［12］ Blake and Fox（1974）；Blake（1998）.

［13］ Polonsky et al.（2000）.

［14］ Tong and Engel（2001）.

［15］ Logothetis（2004）做了一个非常漂亮的实验。洛戈塞蒂斯通过在局部注射化学试剂，抑制猴子 V1 区内的锥体神经元，又通过电极记录确保这些神经元的确没有发放。同时他还记录了猴子的血流动力学活动。令人惊讶的是，通过视觉输入诱发的 LFP 信号与磁共振信号大致没有受到影响。换言之，fMRI 技术可以测量由感觉诱发的突触释放所需的新陈代谢能，即便这些细胞并没有发放动作电位；而如果要把这些信息传输到别的脑区，则发放动作电位是必需的。若要进一步了解，请参考第 8 章注释 2。

[16] Leopold and Logothetis（1996）.

[17] Sheinberg and Logothetis（1997）; Logothetis（1998）.

[18] Tong et al.（1998）. 另见 Epstein and Kanwisher（1998）。

[19] Wolfe（1984）研究了人闪现遏制的心理学问题，他指出，产生这一现象并不是由于前向掩蔽（Forward masking）或对亮度的适应或者其他因素使第一幅图的可视度降低而造成的。在加闪现图形以前，先把呈现给另一只眼的图形用空屏代替很短一段时间，并不影响结果。

[20] 如果将下颞叶（IT）或者上颞叶沟（STS）神经元的锋电位放大后接到音箱上，我们甚至仅凭听音就可以判断出猴子会扳哪个手杆。通过严格的统计我们已经证实，几乎所有的 IT 或 STS 神经元在时间上的调制，都可以反映出动物的行为（Sheinberg and Logothetis, 1997）。因为 IT 和 STS 这两个区域距离猴子的运动区非常远，这就排除了记录到的信号是猴子准备移动手时运动区神经元的活动这一可能性。

[21] D.Leopold and N.Logothetis（私人通信）.

[22] 闪现遏制实验在未经训练并有意识的患者身上记录了杏仁核、内嗅皮层（entorhinal cortex）、海马和海马旁回的单神经元活动（Kreiman, Fried and Koch, 2002）。猕猴的 IT 和 MTL 之间有很强的联系。

[23] 辛格及其同事认为，当 V1 区神经元在编码对应优势知觉的图片时，相比编码被抑制知觉的图片，其同步率更高（Engel et al., 1999; Engel and Singer, 2001. 另参见本章注释 11）。在可行动的猴子身上所做的多电极记录还未能解决这个问题。Murayama, Leopold and Logothesis（2000）发现，比起两眼为不同图形刺激时，当两眼看同一图形时，V1、V2 和 V4 的神经元活动的同步程度要更高。

[24] Gold and Shadlen（2002）; Parker and Krug（2003）.

[25] 我们之所以猜测竞争会有某类特定的细胞参与，是因为在运动光栅实验中偶然发现，随这种知觉变化其发放率的 MT 神经元全都位于深层（Logothetis and Schall, 1989）。

[26] 参见 Lima, Vogit and Morrison（1990）。研究人员在猴子前额叶皮层主沟附近注射一种示踪剂。这种示踪剂可被轴突的突触吸收，并逆行传导到细胞体内。几周以后，将实验动物杀死，研究人员对它的下颞叶回（inferior temporal gyrus）的切片进行观察，寻找神经元中示踪剂的痕迹。对这种标记不太清楚的神经元，又往细胞内注射第二种染料，迅

速将整个树突及细胞体全部标记出来。这样就可以很精确地重建细胞的解剖形态。通过这种方式,莫里森和他的学生总共恢复出了 400 多个细胞。这些细胞表面都有突棘,说明它们都是兴奋性细胞。光动力染色技术(photodynamic staining techniques)也许能使得这项费时费力的工作加快些速度(Dacey et al., 2003)。

[27] Lumer and Rees(1999),另见 Lumber, Friston and Rees(1998)。在观察各种双稳态图片时[例如内克尔立方体或者鲁宾(Rubin)的人脸/花瓶图案;参见 Kleinschmidt et al.(1998)],顶叶和额叶的类似区域也有活动。

[28] 右额叶受损的那些患者在观察双稳态知觉对象时,无法从一个知觉转换到另一个知觉(Wilkins, Schallice and McCarthy, 1987; Ricci and Blundo, 1990; Meenan and Miller, 1994)。

[29] 如果真是这样,那么工作记忆就和知觉优势有关*。我们是否可以用工作记忆的不同,来解释为什么优势期时长的个体差异会如此巨大?

第 17 章

[1] 参见笛卡尔 1649 年所著《论灵魂的激情》(*Les passions de l'âme*)第 32 节。笛卡尔的推理源于对下列观察的错误解释:若失去松果体,人就会死去。脑内另一个主要的单一器官是脑垂体。

[2] 胼胝体内的绝大多数轴突都有髓鞘。轴突始于第 2 层和第 3 层的锥体细胞,投射到另一侧半球靶区的第 4 层(Aboitiz et al., 1992)。另外两个大脑半球间通路分别是前联合和海马联合(hippocampal commissure)。在大脑以下,有位于两丘(colliculi)之间的顶盖间联合(intertectal commissure)、将中脑连在一起的后联合(posterior commissure),以及在脑干层次上的其他联结。

[3] 完全切断两个半球的联系是产生裂脑缺陷的关键。特别地,前联合也必须被切断。这里包含了连接颞叶及前额叶皮层的神经纤维。它们负责传递特定的视觉信息。详见 Sperry(1961)。

[4] Bogen, Fisher and Vogel(1965); Bogen and Gazzaniga(1965). 关于裂脑患者神经学研究的权威综述文章参见 Bogen(1993)。有关的历史另见

---

* 额叶对于工作记忆起重要作用。——译者注

Akelaitis（1941，1944）和 Bogen（1997b）。

[5] Bogen and Gordon（1970，1974）记载了裂脑患者唱歌的实验。Gazzaniga（1995）根据裂脑患者的研究，对脑组织的一些基本原理作了非常出色的综述。Geschwind and Galaburda（1987）讨论了动物和人类大脑偏侧优势的生物机制。

[6] 对几乎所有的右利手者，言语优势半球位于左侧。左利手者的情况稍微复杂些，其中有一些人的左半球具有完全优势，有些人则是右侧半球优势，还有少数人根本不存在偏侧优势。

[7] 这位患者非常特殊，她的左右半球都有语言能力。这就导致了两个半球的来回切换。当马克重复她以前说过的"我对左手没有任何感觉"时，她坚持认为自己左手没有麻木，但接下来，是一连串的肯定与否定。最后，患者绝望地说"我不知道！"具体细节请参见 Mark（1996）。

[8] 从 4 位裂脑患者的反应时来看，当干扰项和隐藏目标布满整个视野时，他们找到目标所需的时间要比干扰项和目标仅在半边时快一倍。而对照的一组正常受试者的反应时则没有这种显著差别（Luke et al., 1989, 1994）。

[9] 举例来说，如果蒙住一位裂脑患者的双眼，让他用左手摸一下某个星形物体，他随后可以用左手在一个装了各种物体的袋子中顺利找出刚才摸过的物体（Bogen, 1997c）。

[10] 参见 Sperry（1974）。关于大脑有两个半球这样的组织结构必然会表现为有双重心智的观点，可以追溯到 19 世纪中叶（Wigan, 1844）。

[11] O'Shea and Corballis（2001）报道了对裂脑患者的双眼竞争实验。他们的数据否定了另一个非常有趣但不大可能的假说：在双眼竞争中，左右半球互相竞争，分别倾向于各自不同的知觉（Pettigrew and Miller, 1998; Miller et al., 2000）。

[12] 马契阿范娃-彼格那米（Marchiafava-Bignami）病是一种由长期酗酒引起的罕见综合征，其特征是胼胝体和前联合坏死并萎缩（Kocler et al., 2000）。哲学家普瑟梯（Puccetti, 1973）写了一出审判裂脑患者的虚构故事。被告的非优势半球以一种非常残忍的方式杀害了他的妻子。但陪审团发现这位丈夫——更确切地说，是他的语言半球，其实是无罪的。我还没听说过有谁站在一侧半球的角度，描述裂脑患者的内心生活（可以参见 Schiffer, 2000）。

[13] 参见 Bogen（1986）。

第 18 章

[1] Jackendoff（1987, 1996）.

[2] Jackendoff（1987）提出的观点是，所有思维都是以感觉的形式表达出来的。对于这个观点，自然也有不同意见（Strawson, 1996、Siewert, 1998，以及大量针对 Crick and Koch, 2000 的评论文章）。

[3] 摘自弗洛伊德的随笔《下意识》(*The Unconscious*)（Freud, 1915）。

[4] Lashley（1956）.

[5] Stevens（1997）以另外一套术语，也表达了类似的观点。从哲学角度对这些理论的评述，请参阅 Metzinger（1995）。

[6] Crick and Koch（2000, 2003）.

[7] 参见 Attneave（1961）的随笔《为微型人辩护》(*In Defence of Homuculi*)。他猜想微型人位于皮层下的区域，比如中脑网状结构。阿特尼夫（F.Attneave）还认为，微型人是有意识的。除此之外，他的观点和我们的较为相似。

[8] 参见 Hadamard（1945）和 Poincaré（1952）的这两篇著名文章。对于创造力的不可知（即无意识）这个假说，认知科学领域的依据请参见 Schooler, Ohlsson and Brooks（1993）以及 Schooler and Melcher（1995）。

[9] Sacks（2003）讨论了这种想象能力的差异。他在文中提到，他的母亲是一位外科医生和解剖学家，当她花一分钟时间认真观察一具蜥蜴的骨架后，不用再看标本一眼，就能画出一系列草图，每张图对应旋转 30° 的视角。与母亲比起来，萨克斯（O.Sacks）自己的想象力很不清晰，而且消失得非常快。

[10] 某类知觉，诸如嗅觉和疼痛，很难通过想象来体验（幸亏疼痛是属于这类知觉）。这可能是因为主管这些知觉的嗅皮层和岛叶皮层（insular cortex）缺乏皮层到皮层的反馈投射。

[11] 对于想象的单神经记录参见 Kreiman, Koch and Fried（2000b），fMRI 实验见 Kosslyn, Thompson and Alpert（1997）、O'Craven and Kanwisher（2000）、Kosslyn, Ganis and Thompson（2001）。Tomita et al.（1999）设计了一个非常巧妙的实验，并推测猴子的回忆信息来自前额叶。

[12] Wegner（2002）以实验室研究和日常生活为例，分别给出了主体感知

（authorship）与真实情况不符的例子。在某种情况下，受试者确信自己做了某个动作，但其实该动作是由其他人完成的；另外一种相反的情况是，受试者否认自己执行了某个动作，但实际上却做了该动作。从这些实验看，人脑的某个部分很可能对"自己是否做了某一动作"产生知觉（feeling and percept）。主体感知的NCC会不会位于运动皮层或运动前皮层？

[13] 此句相传为刻于阿波罗神庙的三句箴言之一。

第19章

[1] Crick and Koch（2003）.
[2] 除了前文提到的工作，还有 Greenfield（1995）、Cotterill（1998）、Calvin（1998）、Llinas et al.（1998）、Jaspers（1998）、Taylor（1998）。
[3] Edelman（1989, 2003）; Tononi and Edelman（1998）; Edelman and Tononi（2000）.
[4] Changeux（1983）; Dehaene and Naccache（2001）; Dehaene, Sergent and Changeux（2003）; Dehaene and Changeux（2004）.
[5] Friedet al.（1998）; Graziano, Taylor and Moore（2002）.
[6] Li et al.（2002）; Alauddin et al.（2003）.
[7] 尽管这种方法操作起来非常烦琐。Dragunow and Faull（1989）; Han et al.（2003）.
[8] Lechner, Lein and Callaway（2002）; Slimko et al.（2002）; Yamamaoto et al.（2003）.

参考文献

Abbott, L.F., Rolls, E.T., and Tovee, M.J. "Representational capacity of face coding in monkeys," *Cerebral Cortex* **6**:498–505 (1996).

Abeles, M. *Corticonics: Neural Circuits of the Cerebral Cortex*. Cambridge, UK: Cambridge University Press (1991).

Abeles, M., Bergman, H., Margalit, E., and Vaadia, E. "Spatiotemporal firing patterns in the frontal cortex of behaving monkeys," *J. Neurophysiol.* **70**:1629–1638 (1993).

Aboitiz, F., Scheibel, A.B., Fisher, R.S., and Zaidel, E. "Fiber composition of the human corpus callosum," *Brain Res.* **598**:143–153 (1992).

Abrams, R.A. and Landgraf, J.Z. "Differential use of distance and location information for spatial localization," *Perception & Psychophysics* **47**:349–359 (1990).

Achenbach, J. *Captured by Aliens: The Search for Life and Truth in a Very Large Universe*. New York: Simon & Schuster (1999).

Adolphs, R., Tranel, D., Hamann, S., Young, A.W., Calder, A.J., Phelps, E.A., Anderson, A., Lee G.P., and Damasio, A.R. "Recognition of facial emotion in nine individuals with bilateral amygdala damage," *Neuropsychologia* **37**:1111–1117 (1999).

Aglioto, S., DeSouza, J.F.X., and Goodale, M.A. "Size-contrast illusions deceive the eye but not the hand," *Curr. Biol.* **5**:679–685 (1995).

Ahmed, B., Anderson, J., Douglas, R., Martin, K., and Nelson, C. "Polyneuronal innervation of spiny stellate neurons in cat visual cortex," *J. Comp. Neurol.* **341**:39–49 (1994).

Akelaitis, A.J. "Studies on corpus callosum: Higher visual functions in each homonymous field following complete section of corpus callosum," *Arch. Neurol. Psych. (Chicago)* **45**:788–798 (1941).

Akelaitis, A.J. "A study of gnosis, praxis and language following section of the corpus callosum and anterior commisure," *J. Neurosurg.* **1**:94–102 (1944).

Aksay, E., Gamkrelidze, G., Seung, H.S., Baker, R., and Tank, D.W. "*In vivo* intracellular recording and perturbation of persistent activity in a neural integrator," *Nature Neurosci.* **4**:184–193 (2001).

Alauddin, M.M., Louie, A.Y., Shahinian, A., Meade, T.J., and Conti, P.S. "Receptor mediated uptake of a radiolabeled contrast agent sensitive to beta-galactosidase activity," *Nucl. Med. Biol.* **30**:261–265 (2003).

Albright, T.D. "Cortical processing of visual motion," *Rev. Oculomot. Res.* **51**:77–201 (1993).

Aldrich, M.S., Alessi, A.G., Beck, R.W., and Gilman, S. "Cortical blindness: Etiology, diagnosis and prognosis," *Ann. Neurol.* **21**:149–158 (1987).

Alkire, M.T., Haier, R.J., Shah, N.K., and Anderson, C.T. "Positron emission tomograpy study of regional cerebral metabolism in humans during isoflurane anesthesia," *Anesthesiology* **86**:549–557 (1997).

Alkire, M.T., Pomfrett, C.J.D., Haier, R.J., Gianzero, M.V., Chan, C.M., Jacobsen, B.P., and Fallon, J.H. "Functional brain imaging during anesthesia in humans," *Anesthesiology* **90**:701–709 (1999).

Allen, W. *Getting Even*. New York: Random House (1978).

Allman, J.M. "Stimulus specific responses from beyond the classical receptive field: Neurophysiological mechanisms for local-global comparisons in visual neurons," *Ann. Rev. Neurosci.* **8**:407–430 (1985).

Allman, J.M. *Evolving Brains*. New York: Scientific American Library (1999).

Allman, J.M. and Kaas, J.H. "A representation of the visual field in the caudal third of the middle temporal gyrus of the owl monkey (*Aotus trivirgatus*)," *Brain Res.* **31**:85–105 (1971).

Anderson, M.C. and Green, C. "Suppressing unwanted memories by executive control," *Nature* **410**:366–369 (2001).

Andersen, R.A. "Neural mechanisms of visual motion perception in primates," *Neuron* **18**:865–872 (1997).

Andersen, R.A. "Encoding of intention and spatial location in the posterior parietal cortex," *Cerebral Cortex* **5**:457–469 (1995).

Andersen, R.A., Asanuma, C., Essick, G., and Siegel, R.M. "Cortico-cortical connections of anatomically and physiologically defined subdivisions within the inferior parietal lobule," *J. Comp. Neurol.* **296**:65–113 (1990).

Andersen, R.A, Essick, G., and Siegel, R. "Encoding of spatial location by posterior parietal neurons," *Science* **230**:456–458 (1985).

Andersen, R.A., Snyder L.H., Bradley, D.C., and Xing, J. "Multimodal representation of space in the posterior parietal cortex and its use in planning movements," *Ann. Rev. Neurosci.* **20**:303–330 (1997).

Andrews, T.J., Halpern, S.D., and Purves, D. "Correlated size variations in human visual cortex, lateral geniculate nucleus and optic tract," *J. Neurosci.* **17**:2859–2868 (1997).

Andrews, T.J., and Purves, D. "Similarities in normal and binocularly rivalrous viewing," *Proc. Natl. Acad. Sci. USA* **94**:9905–9908 (1997).

Antkowiak, B. "How do general anesthetics work," *Naturwissenschaften* **88**:201–213 (2001).

Arnold, D.H., Clifford, C.W.G., and Wenderoth, P. "Asynchronous processing in vision: Color leads motion," *Curr. Biol.* **11**:596–600 (2001).

Asenjo, A.B., Rim, J., and Oprian, D.D. "Molecular determinants of human red/green color discrimination," *Neuron* **12**:1131–1138 (1994).

Astafiev, S.V., Shulman, G.L., Stanley, C.M., Snyder, A.Z., Van Essen, D.C., and Corbetta, M. "Functional Organization of Human Intraparietal and Frontal Cortex for Attending, Looking, and Pointing," *J. Neurosci.* **23**:4689–4699 (2003).

Attneave, F. "In defense of homunculi." In: *Sensory Communication*. Rosenblith W.A., ed., pp. 777–782. New York: MIT Press (1961).

Baars, B.J. *A Cognitive Theory of Consciousness*. Cambridge, UK: Cambridge University Press (1988).

Baars, B.J. "Surprisingly small subcortical structures are needed for the *state* of waking consciousness, while cortical projection areas seem to provide perceptual *contents* of consciousness," *Consc. & Cognition* **4**:159–162 (1995).

Baars, B.J. *In the Theater of Consciousness*. New York: Oxford University Press (1997).

Baars, B.J. "The conscious access hypothesis: Origins and recent evidence," *Trends Cogn. Sci.* **6**:47–52 (2002).

Bachmann, T. *Psychophysiology of Visual Masking*. Commack, NY: Nova Science Publishers (1994).

Bachmann T. *Microgenetic Approach to the Conscious Mind*. Amsterdam, Netherlands: Johns Benjamins (2000).

Baddeley, A. *Working Memory*. London, UK: Oxford University Press (1986).

Baddeley, A. *Human Memory: Theory and Practice*. Boston: Allyn & Bacon (1990).

Baddeley, A. "The episodic buffer: A new component of working memory?" *Trends Cogn. Sci.* **4**:417–423 (2000).

Baer, P.E., and Fuhrer, M.J. "Cognitive processes in the differential trace conditioning of electrodermal and vasomotor activity," *J. Exp. Psychology* **84**:176–178 (1970).

Bair, W. "Spike timing in the mammalian visual system," *Curr. Opinion Neurobiol.* **9**:447–453 (1999).

Bair, W. and Koch, C. "Temporal precision of spike trains in extrastriate cortex of the behaving monkey," *Neural Comp.* **8**:1185–1202 (1996).

Baizer, J.A., Ungerleider, L.G., and Desimone, R. "Organization of visual inputs to the inferior temporal and posterior parietal cortex in macaques," *J. Neurosci.* **11**:168–190 (1991).

Bar, M. and Biederman, I. "Subliminal visual priming," *Psychological Science* **9**:464–469 (1998).

Bar, M. and Biederman, I. "Localizing the cortical region mediating visual awareness of object identity," *Proc. Natl. Acad. Sci. USA* **96**:1790–1793 (1999).

Barbas, H. "Pattern in the laminar origin of corticocortical connections," *J. Comp. Neurol.* **252**:415–422 (1986).

Barcelo, F., Suwazono, S., and Knight, R.T. "Prefrontal modulation of visual processing in humans," *Nature Neurosci.* **3**:399–403 (2000).

Bargmann, C.I. "Neurobiology of the *Caenorhabditis elegans* genome," *Science* **282**:2028–2033 (1998).

Barlow, H.B. "Single units and sensation: A neuron doctrine for perceptual psychology," *Perception* **1**:371–394 (1972).

Barlow, H.B. "The neuron doctrine in perception." In: *The Cognitive Neurosciences*. 1st ed., Gazzaniga, M., ed., pp. 415–435. Cambridge, MA: MIT Press (1995).

Barone, P., Batardiere, A., Knoblauch, K., and Kennedy, H. "Laminar distribution of neurons in extrastriate areas projecting to visual areas V1 and V4 correlates with the hierarchical rank and indicates the operation of a distance rule," *J. Neurosci.* **20**:3263–3281 (2000).

Barrow, J.D., and Tipler, F.J. *The Anthropic Cosmological Principle*. Oxford, UK: Oxford University Press (1986).

Bateson, W. "Review of *The Mechanism of Mendelian Heredity* by T.H. Morgan, A.H. Sturtevant, H.J. Muller, and C.B. Bridges," *Science* **44**:536–543 (1916).

Batista, A.P. and Andersen, R.A. "The parietal reach region codes the next planned movement in a sequential reach task," *J. Neurophysiol.* **85**:539–544 (2001).

Bauby, J.-D. *The Diving Bell and the Butterfly: A Memoir of Life in Death*. New York: Alfred A. Knopf (1997).

Bauer, R.M. and Demery, J.A. "Agnosia." In: *Clinical Neuropsychology*. 4th ed., Heilman, K.M., and Valenstein, E., eds., pp. 236–295. New York: Oxford University Press (2003).

Bayne, T. and Chalmers, D.J. "What is the unity of consciousness?" In: *The Unity of Consciousness*. Cleeremans, A., ed., pp. 23–58. Oxford, UK: Oxford University Press (2003).

Beckermann, A., Flohr, H., and Kim, J., eds. *Emergence or Reduction? Essays on the Prospects of Nonreductive Physicalism*. Berlin: Walter de Gruyter (1992).

Beierlein, M., Gibson, J.R., and Connors, B.W. "A network of electrically coupled interneurons drives synchronized inhibition in neocortex," *Nature Neurosci.* **3**:904–910 (2000).

Bennett, C.H. "Logical depth and physical complexity." In: *The Universal Turing Machine. A Half-Century Survey*. Herken, R., ed., pp. 227–258. Oxford, UK: Oxford University Press (1988).

Benton, A. and Tranel, D. "Visuoperceptual, visuospatial, and visuoconstructive disorders." In: *Clinical Neurosychology*. 3rd ed., Heilman, K.M. and Valenstein, E., eds., pp. 165–278. New York: Oxford University Press (1993).

Bergen, J.R. and Julesz, B. "Parallel versus serial processing in rapid pattern discrimination," *Nature* **303**:696–698 (1983).

Berns, G.S., Cohen, J.D., and Mintun, M.A. "Brain regions responsive to novelty in the absence of awareness," *Science* **276**:1272–1275 (1997).

Berti, A. and Rizzolatti, G. "Visual processing without awareness: Evidence from unilateral neglect," *J. Cogn. Neurosci.* **4**:345–351 (1992).

Bhalla, M. and Proffitt, D.R. "Visual-motor recalibration in geographical slant perception," *J. Exp. Psychol.: Human Perception & Performance* **25**:1076–1096 (1999).

Bialek W., Rieke, F., van Steveninck, R.R.D., and Warland, D. "Reading a neural code," *Science* **252**:1854–1857 (1991).

Biederman, I. "Perceiving real-world scenes," *Science* **177**:77–80 (1972).

Billock, V.A. "Very short term visual memory via reverberation: A role for the corticothalamic excitatory circuit in temporal filling-in during blinks and saccades?" *Vision Res.* **37**:949–953 (1997).

Bisiach, E. and Luzzatti, C. "Unilateral neglect of representational space," *Cortex* **14**:129–133 (1978).

Bisley, J.W. and Goldberg, M.E. "Neuronal activity in the lateral intraparietal area and spatial attention," *Science* **299**:81–86 (2003).

Blackmore, S.J. *Beyond the Body: An Investigation of Out-Of-The-Body Experiences.* London: Heinemann (1982).

Blackmore, S., Brelstaff, G., Nelson, K., and Tsoscianko, T. "Is the richness of our visual world an illusion? Transsaccadic memory for complex scenes," *Perception* **24**:1075–1081 (1995).

Blake, R. "A neural theory of binocular rivalry," *Psychol. Rev.* **96**:145–167 (1989).

Blake, R. "What can be "perceived" in the absence of visual awareness?" *Curr. Direction Psychol. Sci.* **6**:157–162 (1998).

Blake, R. and Cormack, R.H. "On utrocular discrimination," *Perception & Psychophysics* **26**:53–68 (1979).

Blake, R. and Fox, R. "Adaptation to invisible gratings and the site of binocular rivalry suppression," *Nature* **249**:488–490 (1974).

Blake, R. and Logothetis, N.K. "Visual Competition," *Nature Rev. Neurosci.* **3**:13–21 (2002).

Blanke, O., Ortigue, S., Landis, T., and Seeck, M. "Stimulating illusory own-body perceptions," *Nature* **419**:269–270 (2002).

Blasdel, G.G. "Orientation selectivity, preference, and continuity in monkey striate cortex," *J. Neurosci.* **12**:3139–3161 (1992).

Blasdel, G.G. and Lund, J.S. "Termination of afferent axons in macaque striate cortex," *J. Neurosci.* **3**:1389–1413 (1983).

Blaser, E., Sperling, G., and Lu, Z.-L. "Measuring the amplification of attention," *Proc. Natl. Acad. Sci. USA* **96**:11681–11686 (1999).

Blatow, M., Rozov, A., Katona, I., Hormuzdi, S.G., Meyer, A.H., Whittington, M.A., Caputi, A., and Monyer, H. "A novel network of multipolar bursting interneurons generates theta frequency oscillations in neocortex," *Neuron* **38**:805–817 (2003).

Block, N. "On a confusion about a function of consciousness," *Behav. Brain Sci.* **18**:227–247 (1995).

Block, N. "How can we find the neural correlate of consciousness?" *Trends Neurosci.* **19**:456–459 (1996).

Block, N., Flanagan, O., and Güzeldere, G., eds. *Consciousness: Philosophical Debates*. Cambridge, MA: MIT Press (1997).

Bogen, J.E. "Mental duality in the intact brain," *Bull. Clinical Neurosci.* **51**:3–29 (1986).

Bogen, J.E. "The callosal syndromes." In: *Clinical Neuropsychology*. 3rd ed., Heilman, K.M. and Valenstein, E., eds., pp. 337–407. New York: Oxford University Press (1993).

Bogen, J.E. "On the neurophysiology of consciousness: I. An overview," *Consc. & Cognition* **4**:52–62 (1995a).

Bogen, J.E. "On the neurophysiology of consciousness: II. Constraining the semantic problem," *Consc. & Cognition* **4**:137–158 (1995b).

Bogen, J.E. "Some neurophysiologic aspects of consciousness," *Sem. Neurobiol.* **17**:95–103 (1997a).

Bogen, J.E. "The neurosurgeon's interest in the corpus callosum." In: *A History of Neurosurgery in its Scientific and Professional Contexts*. Greenblatt S.H., ed., chapter 24. Park Ridge, IL: American Association of Neurological Surgeons (1997b).

Bogen, J.E. "Does cognition in the disconnected right hemisphere require right hemisphere possession of language?" *Brain & Language* **57**:12–21 (1997c).

Bogen, J.E., Fisher, E.D., and Vogel, P.J. "Cerebral commissurotomy: A second case report," *J. Am. Med. Assoc.* **194**:1328–1329 (1965).

Bogen, J.E. and Gazzaniga, M.S. "Cerebral commissurotomy in man: Minor hemisphere dominance for certain visuospatial functions," *J. Neurosurg.* **23**:394–399 (1965).

Bogen, J.E. and Gordon, H. W. "Musical tests for functional lateralization with intracarotid amobarbital," *Nature* **230**:524–525 (1970).

Bonneh, Y.S., Cooperman, A., and Sagi, D. "Motion-induced blindness in normal observers," *Nature* **411**:798–801 (2001).

Booth, M.C.A. and Rolls, E.T. "View-invariant representations of familiar objects by neurons in the inferior temporal visual cortex," *Cerebral Cortex* **8**:510–523 (1998).

Borrell, V. and Callaway, E.M. "Reorganization of exuberant axonal arbors contributes to the development of laminar specificity in ferret visual cortex," *J. Neurosci.* **22**:6682–6695 (2002).

Bourassa, J. and Deschenes, M. "Corticothalamic projections from the primary visual cortex in rats: A single fiber study using biocytin as an anterograde tracer," *Neurosci.* **66**:253–263 (1995).

Braak, H. "On the striate area of the human isocortex. A Golgi and pigmentarchitectonic study," *J. Comp. Neurol.* **166**:341–364 (1976).
Braak, H. *Architectonics of the Human Telencephalic Cortex.* Berlin: Springer (1980).
Bradley, D.C., Chang, G.C., and Andersen, R.A. "Encoding of three-dimensional structure-from-motion by primate area MT neurons," *Nature* **392**:714–717 (1998).
Braitenberg, V. and Schüz, A. *Anatomy of the Cortex.* Heidelberg: Springer (1991).
Braun, J. "Visual search among items of different salience: Removal of visual attention mimics a lesion in extrastriate area V4," *J. Neurosci.* **14**:554–567 (1994).
Braun, J. "Natural scenes upset the visual applecart," *Trends Cogn. Neurosci.* **7**:7–9 (2003).
Braun, A.R., Balkin, T.J., Wesensten, N.J., Gwadry, F., Carson, R.E., Varga, M., Baldwin, P., Belenky, G., and Herscovitch, P. "Dissociated pattern of activity in visual cortices and their projections during human rapid eye movement sleep," *Science* **279**:91–95 (1998).
Braun, J. and Julesz, B. "Withdrawing attention at little or no cost: Detection and discrimination tasks," *Perception & Psychophysics* **60**:1–23 (1998).
Braun, J., Koch, C., and Davis, J.L., eds. *Visual Attention and Cortical Circuits.* Cambridge, MA: MIT Press (2001).
Braun, J. and Sagi, D. "Vision outside the focus of attention," *Perception & Psychophysics* **48**:277–294 (1990).
Brefczynski, J.A. and DeYoe, E.A. "A physiological correlate of the 'spotlight' of visual attention," *Nature Neurosci.* **2**:370–374 (1999).
Breitmeyer, B.G. *Visual Masking: An Integrative Approach.* Oxford, UK: Oxford University Press (1984).
Breitmeyer, B.G. and Ögmen, H. "Recent models and findings in backward visual masking: A comparison, review and update," *Percept. & Psychophysics* **62**:1572–1595 (2000).
Brewer, A.A., Press, W.A., Logothetis, N.K., and Wandell, B.A. "Visual areas in macaque cortex measured using functional magnetic resonance imaging," *J. Neurosci.* **22**:10416–10426 (2002).
Brickner, R.M. *The Intellectual Functions of the Frontal Lobes.* New York: Macmillan (1936).
Bridgeman, B., Hendry, D., and Stark, L. "Failure to detect displacement of the visual world during saccadic eye movements," *Vision Res.* **15**:719–722 (1975).
Bridgeman, B., Kirch, M., and Sperling, A. "Segregation of cognitive and motor aspects of visual function using induced motion," *Percept. Psychophys.* **29**:336–342 (1981).
Bridgeman, B., Lewis, S., Heit, G., and Nagle, M. "Relation between cognitive and motor-oriented systems of visual position perception," *J. Exp. Psychol. Hum. Percept.* **5**:692–700 (1979).
Bridgeman, B., Peery S., and Anand, S. "Interaction of cognitive and sensorimotor

maps of visual space," *Perception & Psychophysics* **59**:456–469 (1997).

Brindley, G.S., Gautier-Smith, P.C., and Lewin, W. "Cortical blindness and the functions of the non-geniculate fibres of the optic tracts," *J. Neurol. Neurosurg. Psychiatry* **32**:259–264 (1969).

Britten, K.H., Newsome, W.T., Shadlen, M.N., Celebrini, S., and Movshon, J.A. "A relationship between behavioral choice and the visual responses of neurons in macaque MT," *Visual Neurosci.* **13**:87–100 (1996).

Britten, K.H., Shadlen, M.N., Newsome, W.T., and Movshon, A. "The analysis of visual motion: A comparison of neuronal and psychophysical performance," *J. Neurosci.* **12**:4745–4765 (1992).

Broca, A. and Sulzer, D. "La sensation lumineuse fonction du temps," *J. de Physiol. Taphol. Generale* **4**:632–640 (1902).

Brodmann, K. "Physiologie des Gehirns," *Neue Deutsche Chirurgie* **11**:85–426 (1914).

Brooke, R.N., Downes, J., and Powell, T.P. "Centrifugal fibres to the retina in the monkey and cat," *Nature* **207**:1365–1367 (1965).

Broughton, R., Billings, R., Cartwright, R., Doucette, D., Edmeads, J., Edwardh, M., Ervin, F., Orchard, B., Hill, R., and Turrell, G. "Homicidal somnambulism: A case report," *Sleep* **17**:253–264 (1994).

Brown, E.N., Frank, L.M., Tang, D., Quirk, M.C., and Wilson, M.A. "A statistical paradigm for neural spike train decoding applied to position prediction from ensemble firing patterns of rat hippocampal place cells," *J. Neurosci.* **18**:7411–7425 (1998).

Brown, W.S., Murphy, N., and Malony, H.N., eds. *Whatever Happened to the Soul? Scientific and Theological Portraits of Human Nature.* Minneapolis, MN: Fortress Press (1998).

Bruce, C.J., Desimone, R., and Gross, C.G. "Both striate cortex and superior colliculus contribute to visual properties of neurons in superior temporal polysensory area of the macaque monkey," *J. Neurophysiol.* **55**:1057–1075 (1986).

Budd, J.M. "Extrastriate feedback to primary visual cortex in primates: A quantitative analysis of connectivity," *Proc. R. Soc. Lond. B* **265**:1037–1044 (1998).

Bullier, J. "Feedback connections and conscious vision," *Trends Cogn. Sci.* **5**:369–370 (2001).

Bullier, J., Girard, P., and Salin, P.-A. "The role of area 17 in the transfer of information to extrastriate visual cortex." In: *Cerebral Cortex Vol. 10*. Peters, A. and Rockland, K.S., eds., pp. 301–330. New York: Plenum Press (1994).

Burkhalter, A. and Van Essen, D.C. "Processing of color, form and disparity information in visual areas VP and V2 of ventral extrastiriate cortex in the macaque monkey," *J. Neurosci.* **6**:2327–2351 (1986).

Burle, B. and Bonnet, M. "Further argument for the existence of a pacemaker in the human information processing system," *Acta Psychol.* **97**:129–143 (1997).

Burle, B. and Bonnet, M. "What's an internal clock for? From temporal information processing to temporal processing of information," *Behavioural Processes* **45**:59–72 (1999).

Burr, D.C., Morrone, M.C., and Ross, R. "Selective suppression of the magnocellular visual pathway during saccadic eye movements," *Nature* **371**:511–513 (1994).

Buxhoeveden, D.P. and Casanova, M.F. "The minicolumn hypothesis in neuroscience," *Brain* **125**:935–951 (2002).

Buzsáki, G. "Theta oscillations in the hippocampus," *Neuron* **33**:325–340 (2002).

Byrne, A. and Hilbert, D.R., eds. *Readings on Color: The Science of Color*. Vol. 2. Cambridge, MA: MIT Press (1997).

Calkins, D.J. "Representation of cone signals in the primate retina," *J. Optical Soc. Am. A* **17**:597–606 (2000).

Callaway, E.M. and Wiser, A.K. "Contributions of individual layer 2–5 spiny neurons to local circuits in macaque primary visual cortex," *Vis. Neurosci.* **13**:907–922 (1996).

Calvin, W.H. "Competing for consciousness: A Darwinian mechanism of an appropriate level of explanation." *J. Consc. Studies* **5**:389–404 (1998).

Calvin, W.H. and Ojemann, G.A. *Conversations with Neil's Brain*. Reading, MA: Addison-Wesley (1994).

Campbell, K.K. *Body and Mind*. New York: Doubleday (1970).

Carey, D.P. "Do action systems resist visual illusions?" *Trends Cogn. Sci.* **5**:109–113 (2001).

Carmichael, S.T. and Price, J.L. "Architectonic subdivision of the orbital and medial prefrontal cortex in the macaque monkey," *J. Comp. Neurol.* **346**:366–402 (1994).

Carrillo, M.C., Gabrieli, J.D.E., and Disterhoft, J.F. "Selective effects of division of attention on discrimination conditioning," *PsychoBiol.* **28**:293–302 (2000).

Carter, R.M., Hofstötter, C., Tsuchiya, N., and Koch, C. "Working memory and fear conditoning," *Proc. Natl. Acad. Sci. USA* **100**:1399–1404 (2003).

Castet, E. and Masson, G.S. "Motion perception during saccadic eye movements," *Nature Neurosci.* **3**:177–183 (2000).

Castiello, U., Paulignan, Y., and Jeannerod, M. "Temporal dissociation of motor responses and subjective awareness," *Brain* **114**:2639–2655 (1991).

Cauller, L.J. and Kulics, A.T. "The neural basis of the behaviorally relevant N1 component of the somatosensory-evoked potential in SI cortex of awake monkeys: Evidence that backward cortical projections signal conscious touch sensation," *Exp. Brain Res.* **84**:607–619 (1991).

Cave, K.R. and Bichot, N.P. "Visuospatial attention: Beyond a spotlight model," *Psychonomic Bull. Rev.* **6**:204–223 (1999).

Celesia, G.G. "Persistent vegetative state: Clinical and ethical issues," *Theor. Medicine* **18**:221–236 (1997).

Celesia, G.G., Bushnell, D., Cone-Toleikis, S., and Brigell, M.G. "Cortical blindness and residual vision: Is the second visual system in humans capable of more than rudimentary visual perception?" *Neurol.* **41**:862–869 (1991).

Chalmers, D.J. *The Conscious Mind: In Search of a Fundamental Theory.* New York: Oxford University Press (1996).

Chalmers, D.J. "What is a neural correlate of consciousness?" In: *Neural Correlates of Consciousness: Empirical and Conceptual Questions.* Metzinger, T., ed., pp. 17–40. Cambridge, MA: MIT Press (2000).

Chalmers, D.J., ed. *Philosophy of Mind: Classical and Contemporary Readings.* Oxford, UK: Oxford University Press (2002).

Changeux, J.P. *L'homme neuronal.* Paris: Fayard (1983).

Chatterjee, S. and Callaway, E.M. "S cone contributions to the magnocellular visual pathway in macaque monkey," *Neuron* **35**:1135–1146 (2002).

Cheesman J. and Merikle, P.M. "Distinguishing conscious from unconscious perceptual processes," *Can. J. Psychol.* **40**:3433–367 (1986).

Chelazzi, L., Miller, E.K., Duncan, J., and Desimone, R. "A neural basis for visual search in inferior temporal cortex," *Nature* **363**:345–347 (1993).

Cherniak, C. "Neural component placement," *Trends Neurosci.* **18**:522–527 (1995).

Chun, M. M. and Wolfe, J. M. "Just say no: How are visual searches terminated when there is no target present?" *Cogn. Psychology* **30**:39–78 (1996).

Churchland, P.S. *Neurophilosophy.* Cambridge, MA: MIT Press (1986).

Churchland, P.S. *Brain-Wise: Studies in Neurophilosophy.* Cambridge, MA: MIT Press (2002).

Churchland, P.S. and Ramachandran, V.S. "Filling in: Why Dennett is wrong." In: *Dennett and His Critics: Demystifying Mind.* Dahlbom, B., ed., pp. 28–52. Oxford, UK: Blackwell Scientific (1993).

Clark, R.E. and Squire, L.R. "Classical conditioning and brain systems: The role of awareness," *Science* **280**:77–81 (1998).

Clark, R.E. and Squire, L.R. "Human eyeblink classical conditioning: Effects of manipulating awareness of the stimulus contingencies," *Psychological Sci.* **10**:14–18 (1999).

Cleeremans, A., et al. "Implicit learning: News from the front," *Trends Cogn. Sci.* **2**:406–416 (1998).

Cleeremans, A., ed. *The Unity of Consciousness.* Oxford, UK: Oxford University Press (2003).

Clifford, C.W.G., Arnold, D.H., and Pearson, J. "A paradox of temporal perception revealed by a stimulus oscillating in colour and orientation," *Vision Res.* **43**:2245–2253 (2003).

Colby, C.L. and Goldberg, M.E. "Space and attention in parietal cortex," *Ann. Rev. Neurosci.* **22**:319–349 (1999).

Cole, J. *Pride and a Daily Marathon.* Cambridge, MA: MIT Press (1995).

Coltheart, M. "Iconic memory," *Phil. Trans. R. Soc. Lond. B* **302**:283–294 (1983).

Coltheart, V., ed. *Fleeting Memories: Cognition of Brief Visual Stimuli.* Cambridge, MA: MIT Press (1999).

Colvin, M.K., Dunbar, K., and Grafman, J. "The effects of frontal lobe lesions on goal achievement in the water jug task," *J. Cogn. Neurosci.* **13**:1139–1147 (2001).

Compte, A., Brunel, N., Goldman-Rakic, P.S., and Wang, X.J. "Synaptic mechanisms and network dynamics underlying spatial working memory in a cortical network model," *Cerebral Cortex* **10**:10–123 (2000).

Conway, B.R., Hubel, D.H., and Livingstone, M.S. "Color contrast in macaque V1," *Cerebral Cortex* **12**:915–925 (2002).

Cook, E.P. and Maunsell, J.H.R. "Dynamics of neuronal responses in macaque MT and VIP during motion detection," *Nature Neurosci.* **5**:985–994 (2002).

Coppola, D. and Purves, D. "The extraordinary rapid disappearance of entoptic images," *Proc. Natl. Acad. Sci. USA* **93**:8001–8004 (1996).

Corbetta, M. "Frontoparietal cortical networks for directing attention and the eye to visual locations: Identical, independent, or overlapping neural systems?" *Proc. Natl. Acad. Sci. USA* **95**:831–838 (1998).

Corkin, S., Amaral, D.G., Gonzalez, R.G., Johnson, K.A., and Hyman, B.T. "H. M.'s medial temporal lobe lesion: Findings from magnetic resonance imaging," *J. Neurosci.* **17**:3964–3979 (1997).

Cornell-Bell, A.H., Finkbeiner, S.M., Cooper, M.S., and Smith, S.J. "Glutamate induces calcium waves in cultured astrocytes: Long-range glial signaling," *Science* **247**:470–473 (1990).

Cotterill, R. *Enchanted Looms: Conscious Networks in Brains and Computers.* Cambridge, UK: Cambridge University Press (1998).

Courtney, S.M., Petit, L., Maisog, J.M., Ungerleider, L.G., and Haxby, J.V. "An area specialized for spatial working memory in human frontal cortex," *Science* **279**:1347–1351 (1998).

Cowan, N. "The magical number 4 in short-term memory: A reconsideration of mental storage capacity," *Behav. Brain Sci.* **24**:87–185 (2001).

Cowey, A. and Heywood, C.A. "Cerebral achromatopsia: Color blindness despite wavelength processing," *Trends Cogn. Sci.* **1**:133–139 (1997).

Cowey, A. and Stoerig, P. "The neurobiology of blindsight," *Trends Neurosci.* **14**:140–145 (1991).

Cowey, A. and Stoerig, P. "Blindsight in monkeys," *Nature* **373**:247–249 (1995).

Cowey, A. and Walsh, V. "Tickling the brain: Studying visual sensation, perception and cognition by transcranial magnetic stimulation," *Prog Brain Research* **134**:411–425 (2001).

Creutzfeldt, O.D. *Cortex Cerebri: Performance, Structural and Functional Organization of the Cortex.* Oxford, UK: Oxford University Press (1995).

Creutzfeldt, O.D. and Houchin, J. "Neuronal basis of EEG waves." In: *Handbook of Electroencephalography and Clinical Neurophysiology.* Vol. 2., Remond, A., ed., pp. 3–55. Amsterdam, Netherlands: Elsevier (1984).

Crick, F.C. "Thinking about the brain," *Scientific American* **241**:219–232 (1979).

Crick, F.C. "Function of the thalamic reticular complex: The searchlight hypothesis," *Proc. Natl. Acad. Sci. USA* **81**:4586–4590 (1984).

Crick, F.C. *The Astonishing Hypothesis.* New York: Charles Scribner's Sons (1994).

Crick, F.C. and Jones, E.G. "Backwardness of human neuroanatomy," *Nature* **361**:109–110 (1993).

Crick, F.C. and Koch, C. "Towards a neurobiological theory of consciousness," *Sem. Neurosci.* **2**:263–275 (1990a).

Crick, F.C. and Koch, C. "Some reflections on visual awareness," *Cold Spring Harbor Symp. Quant. Biol.* **55**:953–962 (1990b).

Crick, F.C. and Koch, C. "The problem of consciousness," *Sci. Am.* **267**:153–159 (1992).

Crick, F.C. and Koch, C. "Are we aware of neural activity in primary visual cortex?" *Nature* **375**:121–123 (1995a).

Crick, F.C. and Koch, C. "Why neuroscience may be able to explain consciousness," *Sci. Am.* **273**:84–85 (1995b).

Crick, F.C. and Koch, C. "Constraints on cortical and thalamic projections: The no-strong-loops hypothesis," *Nature* **391**:245–250 (1998a).

Crick, F.C. and Koch, C. "Consciousness and neuroscience," *Cerebral Cortex* **8**:97–107 (1998b).

Crick, F.C. and Koch, C. "The Unconscious Homunculus. With commentaries by multiple authors," *Neuro-Psychoanalysis* **2**:3–59 (2000).

Crick, F.C. and Koch, C. "A framework for consciousness," *Nature Neurosci.* **6**:119–126 (2003).

Crunelli, V. and Leresche, N. "Childhood absence epilepsy: Genes, channels, neurons and networks," *Nature Rev. Neurosci.* **3**:371–382 (2002).

Culham, J.C., Brandt, S.A., Cavanagh, P., Kanwisher, N.G., Dale, A.M., and Tootell, R.B. "Cortical fMRI activation produced by attentive tracking of moving targets," *J. Neurophysiol.* **80**:2657–2670 (1998).

Cumming, B.G. and DeAngelis, G.C. "The physiology of stereopsis," *Ann. Rev. Neurosci.* **24**:203–238 (2001).

Cumming, B.G. and Parker, A.J. "Responses of primary visual cortical neurons to binocular disparity without depth perception," *Nature* **389**:280–283 (1997).

Cumming, B.G. and Parker, A.J. "Binocular neurons in V1 of awake monkeys are selective for absolute, not relative, disparity," *J. Neurosci.* **19**:5602–5618 (1999).

Cumming, B.G. and Parker, A.J. "Local disparity not perceived depth is signalled by binocular neurons in cortical area V1 of the macaque," *J. Neurosci.* **20**:4758–4767 (2000).

Curcio, C.A., Allen, K.A., Sloan, K.R., Lerea, C.L. Hurley, J.B., Klock, I.B., and Milam, A.H. "Distribution and morphology of human cone photoreceptors stained with anti-blue opsin," *J. Comp. Neurol.* **312**:610–624 (1991).

Curran, T. "Implicit learning revealed by the method of opposition," *Trends Cogn. Sci.* 5:503–504 (2001).

Cytowic, R.E. *The Man Who Tasted Shapes*. Cambridge, MA: MIT Press (1993).

Dacey, D.M. "Circuitry for color coding in the primate retina," *Proc. Natl. Acad. Sci. USA* **93**:582–588 (1996).

Dacey, D.M., Peterson, B.B., Robinson, F.R., and Gamlin, P.D. "Fireworks in the primate retina: In vitro photodynamics reveals diverse LGN-projecting ganglion cell types," *Neuron* **37**:15–27 (2003).

Damasio, A.R. *The Feeling of What Happens: Body and Emotion in the Making of Consciousness*. New York: Harcourt Brace (1999).

Damasio, A.R. "A neurobiology for consciousness." In: *Neural Correlates of Consciousness: Empirical and Conceptual Questions*. Metzinger, T., ed., pp. 111–120. Cambridge, MA: MIT Press (2000).

Damasio, A.R. and Anderson, S.W. "The frontal lobes." In: *Clinical Neuropsychology*. 4th ed., Heilman, K.M. and Valenstein, E. eds., pp. 404–446. New York: Oxford University Press (2003).

Damasio, A.R., Eslinger, P., Damasio, H., Van Hoesen, G.W., and Cornell, S. "Multimodal amnesic syndrome following bilateral temporal and basal forebrain damage," *Arch. Neurol.* **42**:252–259 (1985).

Damasio, A.R., Tranel, D., and Rizzo, M. "Disorders of complex visual processing." In: *Principles of Behavioral and Cognitive Neurology*. Mesulam, M.M., ed., pp. 332–372. Oxford, UK: Oxford University Press (2000).

Damasio, A.R., Yamada, T., Damasio, H., Corbet, J., and McKee, J. "Central achromatopsia: Behavioral, anatomic and physiologic aspects," *Neurol.* **30**:1064–1071 (1980).

Dantzker, J.L. and Callaway, E.M. "Laminar sources of synaptic input to cortical inhibitory interneurons and pyramidal neurons," *Nature Neurosci.* **7**:701–707 (2000).

Das, A. and Gilbert, C.D. "Distortions of visuotopic map match orientation singularities in primary visual cortex," *Nature* **387**:594–598 (1997).

Davis, W. *Passage of Darkness: The Ethnobiology of the Haitian Zombie*. Chapel Hill, NC: University of North Carolina Press (1988).

Dawson M.E. and Furedy, J.J. "The role of awareness in human differential autonomic classical conditioning: The necessary gate hypothesis," *Psychophysiology* **13**:50–53 (1976).

Dayan P. and Abbott, L. *Theoretical Neuroscience*. Cambridge, MA: MIT Press (2001).

DeAngelis, G.C., Cumming, B.G., and Newsome, W.T. "Cortical area MT and the perception of stereoscopic depth," *Nature* **394**:677–680 (1998).

DeAngelis, G.C. and Newsome, W.T. "Organization of disparity-selective neurons in macaque area MT," *J. Neurosci.* **19**:1398–1415 (1999).

de Fockert, J.W., Rees, G., Frith, C.D., and Lavie, N. "The role of working memory in visual selective attention," *Science* **291**:1803–1806 (2001).

Dehaene, S. "Temporal oscillations in human perception," *Psychol. Sci.* **4**:264–270 (1993).

Dehaene, S. and Changeux, J.-P. "Neural mechanisms for access to consciousness." In: *The Cognitive Neurosciences*. 3rd ed., Gazzaniga, M., ed., in press. Cambridge, MA: MIT Press (2004).

Dehaene, S. and Naccache, L. "Towards a cognitive neuroscience of consciousness: Basic evidence and a workspace framework," *Cognition* **79**:1–37 (2001).

Dehaene, S., Naccache, L., Cohen, L., Le Bihan, D., Mangin J.-F., Poline J.-B., and Rivère, D. "Cerebral mechanisms of word masking and unconscious repetition priming," *Nature Neurosci.* **4**:752–758 (2001).

Dehaene, S., Sergent, C., and Changeux, J.P. "A neuronal model linking subjective report and objective neurophysiological data during conscious perception," *Proc. Natl. Acad. Sci. USA* **100**:8520–8525 (2003).

de Lima, A.D., Voigt, T., and Morrison, J.H. "Morphology of the cells within the inferior temporal gyrus that project to the prefrontal cortex in the macaque monkey," *J. Comp. Neurol.* **296**:159–172 (1990).

Dennett, D. *Content and Consciousness*. Cambridge, MA: MIT Press (1969).

Dennett, D. *Brainstorms*. Cambridge, MA: MIT Press (1978).

Dennett, D. *Consciousness Explained*. Boston: Little & Brown (1991).

Dennett, D. "Are we explaining consciousness yet?" *Cognition* **79**:221–237 (2001).

Dennett, D. "The gift horse of philosophical instruction," *Trends Cogn. Sci.*, in press (2004).

Dennett, D. and Kinsbourne, M. "Time and the observer," *Behavioral & Brain Sci.* **15**:183–247 (1992).

Desimone, R. and Duncan, J. "Neural mechanisms of selective visual attention," *Ann. Rev. Neurosci.* **18**:193–222 (1995).

Desimone, R., Wessinger M., Thomas, L., and Schneider, W. "Attentional control of visual perception: Cortical and subcortical mechanisms," *Cold Spring Harbor Symp. Quant. Biol.* **55**:963–971 (1990).

Destrebecqz, A. and Cleeremans, A. "Can sequence learning be implicit? New evidence with the process dissociation procedure," *Psychonomic Bull. Rev.* **8**:343–350 (2001).

DeVries, S.H. and Baylor, D.A. "Mosaic arrangement of ganglion cell receptive fields in rabbit retina," *J. Neurophysiol.* **78**:2048–2060 (1997).

DeWeerd, P., Gattass, R., Desimone, R., and Ungerleider, L.G. "Responses of cells in monkey visual cortex during perceptual filling-in of an artificial scotoma," *Nature* **377**:731–734 (1995).

DeWeerd, P., Peralta, III M.R., Desimone, R., and Ungerleider, L.G. "Loss of attentional stimulus selection after extrastriate cortical lesions in macaques," *Nature Neurosci.*

2:753–758 (1999).

DeYoe, E.A., Carman, G.J., Bandettini, P., Glickman, S., Wieser, J., Cox, R., Miller, D., and Neitz, J. "Mapping striate and extrastriate visual areas in human cerebral cortex," *Proc. Natl. Acad. Sci. USA* **93**:2382–2386 (1996).

DiCarlo, J.J. and Maunsell, J.H.R. "Form representation in monkey inferotemporal cortex is virtually unaltered by free viewing," *Nature Neurosci.* **3**:814–821 (2000).

DiLollo, V., Enns, J.T., and Rensink, R.A. "Competition for consciousness among visual events: The psychophysics of reentrant visual processes," *J. Exp. Psychol. Gen.* **129**:481–507 (2000).

Ditterich, J., Mazurek, M.E., and Shadlen, M.N. "Microstimulation of visual cortex affects the speed of perceptual decisions," *Nature Neurosci.* **6**:891–898 (2003).

Di Virgilio, G. and Clarke, S. "Direct interhemisphere visual input to human speech areas," *Human Brain Map.* **5**:347–354 (1997).

Dmytryk, E. *On Film Editing: An Introduction to the Art of Film Construction.* Boston: Focal Press (1984).

Dobelle, W.H. "Artificial vision for the blind by connecting a television camera to the visual cortex," *Am. Soc. Artificial Internal Organs J.* **46**:3–9 (2000).

Dolan, R.J. "Emotion, cognition, and behavior," *Science* **298**:1191–1194 (2002).

Dosher, B. A. and Sperling, G. "A century of human information processing theory: Vision, attention, memory." In: *Perception and Cognition at Century's End.* Hochberg J., ed., pp. 201–254. New York: Academic Press (1998).

Douglas, R., Koch, C., Mahowald, M., Martin, K., and Suarez, H. "Recurrent excitation in neocortical circuits," *Science* **269**:981–985 (1995).

Dow, B.M. "Orientation and color columns in monkey visual cortex," *Cerebral Cortex* **12**:1005–1015 (2002).

Dowling, J.E. *The Retina: An Approachable Part of the Brain.* Cambridge, MA: Harvard University Press (1987).

Doyle, D.A., Cabral, J.M., Pfuetzner, R.A., Kuo, A., Gulbis, J.M., Cohen, S.L., Chait, B.T., and MacKinnon, R. "The structure of the potassium channel: Molecular basis of K^+ conduction and selectivity," *Science* **280**:69–77 (1998).

Dragoi, V., Sharma, J., and Sur, M. "Adaptation-induced plasticity of orientation tuning in adult visual cortex," *Neuron* **28**:287–298 (2000).

Dragunow, M. and Faull, R. "The use of c-fos as a metabolic marker in neuronal pathway tracing," *J. Neurosci. Methods*, **29**:261–265 (1989).

Driver, J. and Baylis, G.C. "Attention and visual object segmentation." In: *The Attentive Brain.* Parasurama R., ed., pp. 299–325. Cambridge, MA: MIT Press (1998).

Driver, J. and Mattingley, J.B. "Parietal neglect and visual awareness," *Nature Neurosci.* **1**:17–22 (1998).

Drummond, J.C. "Monitoring depth of anesthesia: With emphasis on the application of the bispectral index and the middle latency auditory evoked response to the prevention of recall," *Anesthesiology* **93**:876–882 (2000).

Dudai, Y. *The Neurobiology of Memory: Concepts, Findings, Trends.* New York: Oxford University Press (1989).

Duncan, J. "Selective attention and the organization of visual information," *J. Exp. Psychology: General* **113**:501–517 (1984).

Duncan, J. "Converging levels of analysis in the cognitive neuroscience of visual attention," *Phil. Trans. R. Soc. Lond. B* **353**:1307–1317 (1998).

Duncan, J. "An adaptive coding model of neural function in prefrontal cortex," *Nature Rev. Neurosci.* **2**:820–829 (2001).

Eagleman, D.M. and Sejnowski, T.J. "Motion integration and postdiction in visual awareness," *Science* **287**:2036–2038 (2000).

Ebner, A., Dinner, D.S., Noachtar, S., and Lüders, H. "Automatisms with preserved responsiveness: A lateralizing sign in psychomotor seizures," *Neurology* **45**:61–64 (1995).

Eccles, J.C. "Do mental events cause neural events analogously to the probability fields of quantum mechanics?" *Proc. Roy. Soc. Lond. B* **227**:411–428 (1986).

Eccles, J.C. *Evolution of the Brain: Creation of the Self.* London: Routledge (1988).

Eckhorn, R., Bauer, R., Jordan, W., Brosch, M., Kruse, W., Munk, M., and Reitböck, H.J. "Coherent oscillations: a mechanism of feature linking in the visual cortex?" *Biol. Cybern.* **60**:121–130 (1988).

Eckhorn, R., Frien, A., Bauer, R., Woelbern, T., and Kehr, H. "High frequency (60–90 Hz) oscillations in primary visual cortex of awake monkey," *Neuroreport* **4**:243–246 (1993).

Edelman, G.M. *The Remembered Present: A Biological Theory of Consciousness.* New York: Basic Books (1989).

Edelman, G.M. "Naturalizing consciousness: A theoretical framework," *Proc. Natl. Acad. Sci. USA* **100**:5520–5524 (2003).

Edelman, G.M. and Tononi, G. *A Universe of Consciousness.* New York: Basic Books (2000).

Efron, R. "The duration of the present," *Annals New York Acad. Sci.* **138**:713–729 (1967).

Efron, R. "The minimum duration of a perception," *Neuropsychologia* **8**:57–63 (1970a).

Efron, R. "The relationship between the duration of a stimulus and the duration of a perception," *Neuropsychologia* **8**:37–55 (1970b).

Efron, R. "An invariant characteristic of perceptual systems in the time domain," *Attention and Performance* **4**:713–736 (1973a).

Efron, R. "Conservation of temporal information by perceptual systems," *Perception & Psychophysics* **14**:518–530 (1973b).

Egeth, H.E. and Yantis, S. "Visual attention: Control, representation, and time course," *Ann. Rev. Psychol.* **48**:269–297 (1997).

Eichenbaum, H. *The Cognitive Neuroscience of Memory*. New York: Oxford University Press (2002).

Ekstrom, A.D., Kahana, M.J., Caplan, J.B., Fields, T.A., Isham, E.A., Newman, E.L., and Fried, I. "Cellular networks underlying human spatial navigation," *Nature* **425**:184–188 (2003).

Elger, C.E. "Semeiology of temporal lobe seizures." In: *Intractable Focal Epilepsy*. Oxbury, J., Polkey, C.E., and Duchowny, M., eds., pp. 63–68. Philadelphia: Saunders (2000).

Eliasmith, C. *How Neurons Mean: A Neurocomputational Theory of Representational Content*. Ph.D. Dissertation, Dept. of Philosophy, Washington University, St. Louis, MO (2000).

Ellenberger, H.F. *The Discovery of the Unconscious*. New York: Basic Books (1970).

Elston, G.N. "Pyramidal cells of the frontal lobe: All the more spinous to think with," *J. Neurosci.* **20**:RC95 (1–4) (2000).

Elston, G.N. and Rosa, M.G.P. "The occipitoparietal pathway of the macaque monkey: Comparison of pyramidal cell morphology in layer III of functionally related cortical visual areas," *Cerebral Cortex* **7**:432–452 (1997).

Elston, G.N. and Rosa, M.G.P. "Morphological variation of layer III pyramidal neurones in the occipitotemporal pathway of the macaque monkey visual cortex," *Cerebral Cortex* **8**:278–294 (1998).

Elston, G.N., Tweedale, R., and Rosa, M.G.P. "Cortical integration in the visual system of the macaque monkey: Large-scale morphological differences in the pyramidal neurons in the occipital, parietal and temporal lobes," *Proc. R. Soc. Lond. B* **266**:1367–1374 (1999).

Engel, A.K., Fries, P., König, P., Brecht, M., and Singer, W. "Temporal binding, binocular rivalry, and consciousness," *Consc. & Cognition* **8**:128–151 (1999).

Engel, S.A., Glover, G.H., and Wandell, B.A. "Retinotopic organization in human visual cortex and the spatial precision of functional MRI," *Cerebral Cortex* **7**:181–192 (1997).

Engel, A.K., König, P., Gray, C.M., and Singer, W. "Stimulus-dependent neuronal oscillations in cat visual cortex: Inter-columnar interaction as determined by cross-correlation analysis," *Eur. J. Neurosci.* **2**:588–606 (1990).

Engel, A.K., König, P., Kreiter, A.K., and Singer, W. "Interhemispheric synchronization of oscillatory neuronal responses in cat visual cortex," *Science* **252**:1177–1179 (1991).

Engel, A.K. and Singer, W. "Temporal binding and the neural correlates of sensory awareness," *Trends Cogn. Sci.* **5**:16–25 (2001).

Engel, S.A., Zhang, X., and Wandell, B.A. "Colour tuning in human visual cortex measured with functional magnetic resonance imaging," *Nature* **388**:68–71 (1997).

Enns, J.T. and DiLollo, V. "What's new in visual masking," *Trends Cogn. Sci.* **4**:345–352 (2000).

Enroth-Cugell, C. and Robson, J.G. "Functional characteristics and diversity of cat retinal ganglion cells," *Inv. Ophthalmol. Vis. Sci.* **25**:250–267 (1984).

Epstein, R. and Kanwisher, N. "A cortical representation of the local visual environment," *Nature* **392**:598–601 (1998).

Ermentrout, B.G. and Kleinfeld, D. "Traveling electrical waves in cortex: Insights form phase dynamics and speculation on a computational role," *Neuron* **29**:33–44 (2001).

Fahle, M. "Figure-ground discrimination from temporal information," *Proc. R. Soc. Lond. B* **254**:199–203 (1993).

Farah, M.J. *Visual Agnosia.* Cambridge, MA: MIT Press (1990).

Farber, I. and Churchland, P.S. "Consciousness and the neurosciences: Philosophical and theoretical issues." In: *The Cognitive Neurosciences.* 1st ed., Gazzaniga, M.S., ed., pp. 1295–1306. Cambridge, MA: MIT Press (1995).

Fearing, F. *Reflex Action.* Cambridge, MA: MIT Press (1970).

Feldman, M.H. "Physiological observations in a chronic case of locked-in syndrome," *Neurol.* **21**:459–478 (1971).

Felleman, D.J. and Van Essen, D.C. "Distributed hierarchical processing in the primate cerebral cortex," *Cerebral Cortex* **1**:1–47 (1991).

Fendt, M. and Fanselow, M.S. "The neuroanatomical and neurochemical basis of conditioned fear," *Neurosci. & Biobehavioral Rev.* **23**:743–760 (1999).

Ffytche, D.H., Guy, C.N., and Zeki, S. "Motion specific responses from a blind hemifield," *Brain* **119**:1971–1982 (1996).

Ffytche, D.H., Howard, R.J., Brammer, M.J., David, A., Woodruff, P., and Williams, S. "The anatomy of conscious vision: An fMRI study of visual hallucinations," *Nature Neurosci.* **1**:738–742 (1998).

Finger, S. *Origins of Neuroscience.* New York: Oxford University Press (1994).

Fiorani, M. Jr., Rosa, M.G.P., Gattass, R., and Rocha-Miranda, C.E. "Dynamic surrounds of receptive fields in primate striate cortex: A physiological basis for perceptual completion?" *Proc. Natl. Acad. Sci. USA* **89**:8547–8551 (1992).

Flaherty, M.G. *A Watched Pot: How We Experience Time.* New York: University Press (1999).

Flanagan, O. *Consciousness Reconsidered.* Cambridge, MA: MIT Press (1992).

Flanagan, O. *Dreaming Souls.* New York: Oxford University Press (2000).

Flanagan, O. *The Problem of the Soul.* New York: Basic Books (2002).

Flohr, H. "NMDA receptor-mediated computational processes and phenomenal consciousness." In: *Neural Correlates of Consciousness: Empirical and Conceptual Questions.* Metzinger, T., ed., pp. 245–258. Cambridge, MA: MIT Press (2000).

Flohr, H., Glade, U., and Motzko, D. "The role of the NMDA synapse in general anesthesia," *Toxicology Lett.* **100**:23–29 (1998).

Foote, S.L., Aston-Jones, G., and Bloom, F.E. "Impulse activity of locus coeruleus neurons in awake rats and monkeys is a function of sensory stimulation and arousal," *Proc. Natl. Acad. Sci. USA* **77**:3033–3037 (1980).

Foote, S.L. and Morrison, J.H. "Extrathalamic modulation of cortical function," *Ann. Rev. Neurosci.* **10**:67–95 (1987).

Forster, E.M. and Whinnery, J.E. "Recovery from G_z-induced loss of consciousness: Psychophysiologic considerations," *Aviation, Space, Env. Med.* **59**:517–522 (1988).

Frank, L.M., Brown, E.N., and Wilson, M. "Trajectory encoding in the hippocampus and entorhinal cortex," *Neuron* **27**:169–178 (2000).

Franks, N.P. and Lieb, W.R. "Molecular and cellular mkechanisms of general anesthesia," *Nature* **367**:607–614 (1994).

Franks, N.P. and Lieb, W.R. "The molecular basis of general anesthesia: Current ideas." In: *Toward a Science of Consciousness II.* Hameroff, S.R., Kaszniak, A.W., and Scott, A.C., eds., pp.443–457. Cambridge, MA: MIT Press (1998).

Franks, N.P. and Lieb, W.R. "The role of NMDA receptors in consciounsess: What can we learn from anesthetic mechanisms?" In: *Neural Correlates of Consciousness: Empirical and Conceptual Questions.* Metzinger, T., ed., pp. 265–269. Cambridge, MA: MIT Press (2000).

Franz, V.H., Gegenfurtner, K.R., Bülthoff, H.H., and Fahle, M. "Grasping visual illusions: No evidence for a dissociation between perception and action," *Psychol. Sci.* **11**:20–25 (2000).

Freedman, D.J., Riesenhuber, M., Poggio, T., and Miller, E.K. "Categorical representation of visual stimuli in the primate prefrontal cortex," *Science* **291**:312–316 (2001).

Freedman, D.J., Riesenhuber, M., Poggio, T., and Miller, E.K. "Visual categorization and the primate prefrontal cortex: Neurophysiology and behavior," *J. Neurophysiol.* **88**:929–941 (2002).

Freeman, W.J. *Mass Action in the Nervous System.* New York: Academic Press (1975).

Freud, S. "Das Unbewusste," *Int. Zeitschrift Psychoanal.* **3(4)**:189–203 and **3(5)**:257–269 (1915).

Freud, S. *The Standard Edition of the Complete Psychological Works of Sigmund Freund,* Vol. 1: 1886–1899. Strachey, J., ed., London: The Hogart Press (1966).

Freund, T.F. and Buzsáki, G. "Interneurons in the hippocampus," *Hippocampus* **6**:347–470 (1996).

Fried, I. "Auras and experiental responses arising in the temporal lobe." In: *The Neuropsychiatry of Limbic and Subcortical Disorders.* Salloway S., Malloy P., and Cummings J.L., eds., pp. 113–122. Washington, DC: American Psychiatric Press (1997).

Fried, I., Wilson, C.L., MacDonald, K.A., and Behnke, E.J. "Electric current stimulates laughter," *Nature* **391**:650 (1998).

Friedman-Hill, S., Maldonado, P.E., and Gray, C.M. "Dynamics of striate cortical activity in the alert macaque: I. Incidence and stimulus-dependence of gamma-band neuronal oscillations," *Cerebral Cortex* **10**:1105–1116 (2000).

Fries, P., Neuenschwander, S., Engel, A.K., Goebel, R., and Singer, W. "Rapid feature selective neuronal synchronization through correlated latency shifting," *Nature Neurosci.* **4**:194–200 (2001a).

Fries, P., Reynolds, J.H., Rorie, A.E., and Desimone, R. "Modulation of oscillatory neuronal synchronization by selective visual attention," *Science* **291**:1560–1563 (2001b).
Fries, P., Schröder, J.-H., Singer, W., and Engel, A.K. "Conditions of perceptual selection and suppression during interocular rivalry in strabismic and normal cats," *Vision Res.* **41**:771–783 (2001c).
Fries, W. "Pontine projection from striate and prestriate visual cortex in the macaque monkey: An anterograde study," *Vis. Neurosci.* **4**:205–216 (1990).
Fries, P., Roelfsema, P.R., Engel, A.K., König, P., and Singer, W. "Synchronization of oscillatory responses in visual cortex correlates with perception in interocular rivalry," *Proc. Natl. Acad. Sci. USA* **94**:12699–12704 (1997).
Frith, C.D. "The role of prefrontal cortex in self-consciousness: The case of auditory hallucinations," *Phil. Trans. Roy. Soc. Lond.* B **351**:1505–1512 (1996).
Fuster, J.M. "Unit activity in prefrontal cortex during delayed-response performance: Neuronal correlates of transient memory," *J. Neurophysiol.* **36**:61–78 (1973).
Fuster, J.M. *Memory in the Cerebral Cortex*. Cambridge, MA: MIT Press (1995).
Fuster, J.M. *The Prefrontal Cortex: Anatomy, Physiology, and Neuropsychology of the Frontal Lobe*. 3rd ed. Philadelphia: Lippincott-Raven (1997).
Fuster, J.M. "Executive frontal functions," *Exp. Brain Res.* **133**:66–70 (2000).
Gail, A., Brinksmeyer, H.J., and Eckhorn, R. "Perception-related modulations of local field potential power and coherence in primary visual cortex of awake monkey during binocular rivalry," *Cerebral Cortex*, in press (2004).
Galambos, R., Makeig, S., and Talmachoff, P.J. "A 40-Hz auditory potential recorded from the human scalp," *Proc. Natl. Acad. Sci.* **78**:2643–2647 (1981).
Galin, D. "The structure of awareness: Contemporary applications of William James' forgotten concept of 'the fringe'," *J. Mind & Behavior* **15**:375–402 (1997).
Gallant, J.L., Connor, C.E., and Van Essen, D.C. "Neural activity in areas V1, V2 and V4 during free viewing of natural scenes compared to controlled viewing," *Neuroreport* **9**:2153–2158 (1997).
Gallant, J.L., Shoup, R.E., and Mazer, J.A. "A human extrastriate area functionally homologous to macaque V4," *Neuron* **27**:227–235 (2000).
Gallistel, C.R. *The Organization of Learning*. Cambridge, MA: MIT Press (1990).
Gandhi, S.P., Heeger, D.J., and Boynton, G.M. "Spatial attention affects brain activity in human primary visual cortex," *Proc. Natl. Acad. Sci. USA* **96**:3314–3319 (1999).
Gangestad, S.W., Thornhill, R., and Garver, C.E. "Changes in women's sexual interests and their partners' mate-retention tactics across the menstrual cycle: Evidence for shifting conflicts of interest," *Proc. Roy. Soc. Lond.* B **269**:975–982 (2002).
Gawne, T.J. and Martin, J.M. "Activity of primate V1 cortical neurons during blinks," *J. Neurophysiol.* **84**:2691–2694 (2000).
Gazzaniga, M.S. "Principles of human brain organization derived from split-brain studies," *Neuron* **14**:217–228 (1995).

Gegenfurtner, K. R. and Sperling, G. "Information transfer in iconic memory experiments," *J. Exp. Psychol.* **19**:845–866 (1993).

Geissler, H.G., Schebera, F.U., and Kompass, R. "Ultra-precise quantal timing: evidence from simultaneity thresholds in long-range apparent movement," *Percept. Psychophys.* **61**:707–726 (1999).

Gershon, M.D. *The Second Brain: The Scientific Basis of Gut Instinct.* New York: Harper Collins (1998).

Geschwind, N. and Galaburda, A.M. *Cerebral Laterization.* Cambridge, MA: MIT Press (1987).

Gho, M. and Varela, F.J. "A quantitative assessment of the dependency of the visual temporal frame upon the cortical rhythm," *J. Physiol. Paris* **83**:95–101 (1988).

Ghose, G.M. and Maunsell, J.H.R. "Attentional modulation in visual cortex depends on task timing," *Nature* **419**:616–620 (2002).

Giacino, J.T. "Disorders of consciousness: Differential diagnosis and neuropathologic features," *Seminars Neurol.* **17**:105–111 (1997).

Gibson, J.J. *The Senses Considered as a Perceptual System.* Boston: Houghton Mifflin (1966).

Gibson, J.R., Beierlein, M., and Connors, B.W. "Two networks of electrically coupled inhibitory neurons in neocortex," *Nature* **402**:75–79 (1999).

Gladwell, M. "Wrong turn," *The New Yorker*, June 11, 50–61 (2001).

Glickstein, M. "How are visual areas of the brain connected to motor areas for the sensory guidance of movement?" *Trends Neurosci.* **23**:613–617 (2000).

Gloor, P. "Consciousness as a neurological concept in epileptology: A critical review," *Epilepsia* **27 (Suppl 2)**:S14–S26 (1986).

Gloor, P., Olivier A., and Ives J. "Loss of consciousness in temporal lobe seizures: Observations obained with stereotaxic depth electrode recordings and stimulations." In: *Adv. in Epileptology: 11th Epilepsy Intl. Symposium.* Canger, R., Angeleri, F., and Penry, J.K., eds., pp. 349–353. New York: Raven Press (1980).

Goebel, R., Khorram-Sefat, D., Muckli, L., Hacker, H., and Singer, W. "The constructive nature of vision: Direct evidence from functional magnetic resonance imaging studies of apparent motion and motion imagery," *Eur. J. Neurosci.* **10**:1563–1573 (1998).

Gold, J.L. and Shadlen, M.N. "Banburismus and the brain: Decoding the relationship between sensory stimuli, decisions, and reward," *Neuron* **36**:299–308 (2002).

Goldberg, E. *The Executive Brain: Frontal Lobes and the Civilized Mind.* New York: Oxford University Press (2001).

Goldman-Rakic, P.S. "Architecture of the prefrontal cortex and the central executive," *Annals New York Acad. Sci.* **769**:71–83 (1995).

Goldman-Rakic, P.S., Scalaidhe, S.P.O., and Chafee, M.W. "Domain specificity in cognitive systems." In: *The New Cognitive Neurosciences.* 2nd ed., Gazzaniga, M.S., ed., pp. 733–742. Cambridge, MA: MIT Press (2000).

Goldstein, K. and Gelb, A. "Psychologische Analysen hirnpathologischer Fälle auf Grund von Untersuchungen Hirnverletzter. I Zur Psychologie des optische Wahrnehmungs-und Erkennungsvorganges," *Z. Neurologie & Psychiatrie* **41**:1–142 (1918).

Goodale, M.A. "Perception and action in the human visual system." In: *The New Cognitive Neurosciences.* 2nd ed., Gazzaniga, M.S., ed., pp. 365–377. Cambridge, MA: MIT Press (2000).

Goodale, M.A., Jakobson, L.S., and Keillor, J.M. "Differences in the visual control of pantomimed and natural grasping movements," *Neuropsychologia* **32**:1159–1178 (1994).

Goodale, M.A. and Milner, A.D. *Sight Unseen.* Oxford, UK: Oxford University Press (2004).

Goodale, M.A., Pélisson, D., and Prablanc, C. "Large adjustments in visually guided reaching do not depend on vision of the hand or perception of target displacement," *Nature* **320**:748–750 (1986).

Gordon, H. W. and Bogen, J.E. "Hemispheric lateralization of singing after intracarotid sodium amylobarbitone," *J. Neurol. Neurosurg. Psychiat.* **37**:727–738 (1974).

Gottlieb, J.P., Kusunoki, M., and Goldberg, M.E. "The representation of visual salience in monkey parietal cortex," *Nature* **391**:481–484 (1998).

Gowdy, P.D., Stromeyer, C.F. III, and Kronauer, R.E. "Detection of flickering edges: Absence of a red-green edge detector," *Vision Res.* **39**:4186–4191 (1999).

Grafman, J., Holyoak, K.J., and Boller, F., eds. *Structure and Function of the Human Prefrontal Cortex. Annals New York Acad. Sci.* **769** (1995).

Granon, S., Faure, P., and Changeux, J.P. "Executive and social behaviors under nicotinic receptor regulation," *Proc. Natl. Acad. Sci. USA* **100**:9596–9601 (2003).

Gray, C.M. "The temporal correlation hypothesis of visual feature integration: Still alive and well," *Neuron* **24**:31–47 (1999).

Gray, C.M., König, P., Engel, A.K., and Singer, W. "Oscillatory responses in cat visual cortex exhibit inter-columnar synchronization which reflects global stimulus properties," *Nature* **338**:334–337 (1989).

Gray, C.M. and Singer, W. "Stimulus-specific neuronal oscillations in orientation columns of cat visual cortex," *Proc. Natl. Acad. Sci. USA* **86**:1698–1702 (1989).

Graziano, M.S.A., Taylor, C.R.S., and Moore, T. "Complex movements evoked by microstimulation of precentral cortex," *Neuron* **34**:841–851 (2002).

Greenfield, S.A. *Journeys to the Centers of the Mind. Toward a Science of Consciousness.* New York: W.H. Freeman (1995).

Gregory, R.L. "Cognitive contours," *Nature* **238**:51–52 (1972).

Gregory, R.L. *Eye and Brain: The Psychology of Seeing.* 5th ed. Princeton, NJ: Princeton University Press (1997).

Grieve, K.L., Acuna, C., and Cudeiro, J. "The primate pulvinar nuclei: Vision and action," *Trends Neurosci.* **23**:35–38 (2000).

Griffin, D.R. *Animal Minds: Beyond Cognition to Consciousness.* Chicago, IL: University of Chicago Press (2001).

Griffin, D.R. and Speck, G.B. "New evidence of animal consciousness," *Animal Cognition*, in press (2004).

Grimes, J. "On the failure to detect changes in scenes across saccades." In: *Perception (Vancouver Studies in Cognitive Science, Vol. 2).* Akins, K., ed., pp. 89–110. Oxford, UK: Oxford University Press (1996).

Gross, C.G. *Brain, Vision, Memory: Tales in the History of Neuroscience.* Cambridge, MA: MIT Press (1998).

Gross, C.G. "Genealogy of the 'Grandmother cell'," *Neuroscientist* **8**:512–518 (2002).

Gross, C.G., Bender, D.B., and Rocha-Miranda, C.E. "Visual receptive fields of neurons in inferotemporal cortex of the monkey," *Science* **166**:1303–1306 (1969).

Gross, C.G. and Graziano, M.S.A. "Multiple representations of space in the brain," *Neuroscientist* **1**:43–50 (1995).

Gross, C.G., Rocha-Miranda C.E., and Bender D.B. "Visual properties of neurons in inferotemporal cortex of the macaque," *J. Neurophysiol.* **35**:96–111 (1972).

Grossberg, S. "The link between brain learning, attention, and consciousness," *Conscious. Cogn.* **8**:1–44 (1999).

Grossenbacher, P.G. and Lovelace, C.T. "Mechanisms of synaesthesia: Cognitive and physiological constraints," *Trends Cogn. Sci.* **5**:36–41 (2001).

Grossmann, R.G. "Are current concepts and methods in neuroscience inadequate for studying the neural basis of consciosuness and mental activity?" In: *Information Processing in the Nervous System*, Pinsker, H.M. and Willis, W.D. Jr., eds. New York: Raven Press (1980).

Grunewald, A., Bradley, D.C., and Andersen, R.A. "Neural correlates of structure-from-motion perception in macaque V1 and MT," *J. Neurosci.* **22**:6195–6207 (2002).

Grush, R. and Churchland, P.S. "Gaps in Penrose's toilings," *J. Consc. Studies* **2**:10–29 (1995).

Grüsser, O.J. and Landis, T. *Visual Agnosias and Other Disturbances of Visual Perception and Cognition.* Houndmills, UK: MacMillan Press (1991).

Guilleminault, C. "Cataplexy." In: *Narcolepsy*. Guilleminault, C., Dennet, W.C., and Passouant, P. eds., pp. 125–143. New York: Spectrum (1976).

Gur, M. and Snodderly, D.M. "A dissociation between brain activity and perception: Chromatically opponent cortical neurons signal chromatic flicker that is not perceived," *Vision Res.* **37**:377–382 (1997).

Haarmeier, T., Thier, P., Repnow, M., and Petersen, D. "False perception of motion in a patient who cannot compensate for eye movements," *Nature* **389**:849–852 (1997).

Hadamard, J. *The Mathematician's Mind.* Princeton, NJ: Princeton University Press (1945).

Hadjikhani, N., Liu, A.K., Dale, A.M., Cavanagh, P., and Tootell, R.B. "Retinotopy and color sensitivity in human visual cortical area V8," *Nature Neurosci.* **1**:235–241 (1998).

Hahnloser, R.H.R., Kozhevnikov, A.A., and Fee, M.S. "An ultra-sparse code underlies the generation of neural sequences in a songbird," *Nature* **419**:65–70 (2002).

Haines, R.F. "A breakdown in simultaneous information processing." In: *Presbyopia Research: From Molecular Biology to Visual Adaptation*. Obrecht, G. and Stark, L., eds., pp. 171–175. New York: Plenum Press (1991).

Hameroff, S.R. and Penrose, R. "Orchestrated reduction of quantum coherence in brain microtubules: A model for consciousness." In: *Toward a Science of Consciousness*. Hameroff, S.R., Kaszniak, A.W., and Scott, A.C., eds., pp. 507–540. Cambridge, MA: MIT Press (1996).

Hamker, F.H. "A dynamic model of how feature cues guide spatial attention," *Vision Res.*, in press (2004).

Hamker F.H. and Worcester, J. "Object detection in natural scenes by feedback." In: *Biologically Motivated Computer Vision. Lecture Notes in Computer Science*. Büelthoff, H.H., ed., pp. 398–407. Berlin: Springer (2002).

Han, C.J., O'Tuathaigh, C.M., van Trigt, L., Quinn, J.J., Fanselow, M.S., Mongeau, R., Koch, C., and Anderson, D.J. "Trace but not delay fear conditioning requires attention and the anterior cingulate cortex," *Proc. Natl. Acad. Sci. USA*, **100**:13087–13092 (2003).

Hardcastle, V.G. "Attention versus consciousness." In: *Neural Basis of Consciousness*. Osaka N., ed., pp. 105–121. Amsterdam, Netherlands: John Benjamins (2003).

Hardin, C.L. *Color for Philosophers: Unweaving the Rainbow.* Indianapolis, IN: Hackett Publishing Company (1988).

Harris, K.D., Csicsvar, J., Hirase, H., Dragoi, G., and Buzsáki, G. "Organization of cell assembles in the hippocampus," *Nature* **424**:552–556 (2003).

Harrison, R.V., Harel, N., Panesar, J., and Mount, R.J. "Blood capillary distribution correlates with hemodynamic-based functional imaging in cerebral cortex," *Cerebral Cortex* **12**:225–233 (2002).

Harter, M.R., "Excitability cycles and cortical scanning: A review of two hypotheses of central intermittency in perception," *Psychol. Bull.* **68**:47–58 (1967).

Haxby, J.V., Gobbini, M.I., Furey, M.L., Ishai, A., Schouten, J.L., and Pietrini, P. "Distributed and overlapping representations of faces and objects in ventral temporal cortex," *Science* **293**:2425–2430 (2001).

Haxby, J.V., Hoffman, E.A., and Gobbini, M.I. "The distributed human neural system for face perception," *Trends Cogn. Sci.* **4**:223–233 (2000).

He, S., Cavanagh, P., and Intrilligator, J. "Attentional resolution and the locus of visual awareness," *Nature* **383**:334–337 (1996).

He, S., Cohen, E.R., and Hu, X. "Close correlation between activity in brain area MT/V5 and the perception of a visual motion aftereffect," *Curr. Biol.* **8**:1215–1218 (1998).

He, S. and MacLeod, D.I.A. "Orientation-selective adaptation and tilt aftereffect from invisible patterns," *Nature* **411**:473–476 (2001).

Hebb, D.O. *The Organization of Behavior: A Neuropsychological Theory.* New York: Wiley (1949).

Heeger, D.J., Boynton, G.M., Demb, J.B., Seideman, E., and Newsome, W.T. "Motion opponency in visual cortex," *J. Neurosci.* **19**:7162–7174 (1999).

Heeger, D.J., Huk, A.C., Geisler, W.S., and Albrecht, D.G. "Spikes versus BOLD: What does neuroimaging tell us about neuronal activity," *Nature Neurosci.* **3**:631–633 (2000).

Heilman, K.M., Watson, R.T., and Valenstein, E. "Neglect and related disorders." In: *Clinical Neuropsychology.* 4th ed., Heilman, K.M. and Valenstein, E., eds., pp. 296–346. New York: Oxford University Press (2003).

Heinemann, S.H., Terlau, H., Stühmer, W., Imoto, K., and Numa, S. "Calcium-channel characteristics conferred on the sodium-channel by single mutations," *Nature* **356**:441–443 (1992).

Heisenberg, M. and Wolf, R. *Vision in Drosophila: Genetics of Microbehavior. Studies in Brain Function, Vol. 12.* Heidelberg, Germany: Springer (1984).

Herrigel, E. *Zen in the Art of Archery.* New York: Pantheon Books (1953).

Herzog, M. and Koch, C. "Seeing properties of an invisible object: Feature inheritance and shine-through," *Proc. Natl. Acad. Sci. USA* **98**:4271–4275 (2001).

Herzog, M., Parish, L., Koch, C., and Fahle, M. "Fusion of competing features is not serial," *Vision Res.* **43**:1951–1960 (2003).

Hess, R.H., Baker, C.L., and Zihl, J. "The motion-blind patient: Low-level spatial and temporal filters," *J. Neurosci.* **9**:1628–1640 (1989).

Heywood, C.A. and Zihl, J. "Motion blindness." In: *Case Studies in the Neuropsychology of Vision.* Humphreys, G.W., ed., pp. 1–16. Psychology Press (1999).

Hilgetag, C.-C., O'Neill, M.A., and Young, M.P. "Indeterminate organization of the visual system," *Science* **271**: 776–777 (1996).

Hille, B. *Ionic Channels of Excitable Membranes.* 3rd ed. Sunderland, MA: Sinauer Associates: (2001).

Hirsh, I.J. and Sherrick, C.E. "Perceived order in different sense modalities," *J. Exp. Psychol.* **62**:423–432 (1961).

Hobson, J.A. *Sleep.* New York: Scientific American Library, Freeman (1989).

Hobson, J.A. *Consciousness.* New York: Scientific American Library, Freeman (1999).

Hobson, J.A., Stickgold, R., and Pace-Schott, E.F. "The neurophysiology of REM sleep dreaming," *Neuroreport* **9**:R1–R14 (1998).

Hochstein, S. and Ahissar, M. "View from the top: Hierarchies and reverse hierarchies in the visual system," *Neuron* **36**:791–804 (2002).

Hofstötter, C., Koch, C., and Kiper, D.C. "Absence of high-level contributions to the formation of afterimages," *Soc. Neurosci. Abstr.*, **819**:24 (2003).

Holender, D. "Semantic activation without conscious identification in dichotic listening, parafoveal vision, and visual masking: A survey and appraisal," *Behav. Brain Sci.* **9**:1–23 (1986).

Holt, G.R. and Koch, C. "Electrical interactions via the extracellular potential near cell bodies," *J. Computat. Neurosci.* **6**:169–184 (1999).

Holy, T.E., Dulac, C., and Meister, M. "Responses of vomeronasal neurons to natural stimuli," *Science* **289**:1569–1572 (2000).

Horgan, J. *The End of Science.* Reading, MA: Addison-Wesley (1996).

Horton, J.C. and Hedley-Whyte, E.T. "Mapping of cytochrome oxidase patches and ocular dominance columns in human visual cortex," *Phil. Trans. Roy. Soc. Lond. B* **304**:255–272 (1984).

Horton, J.C. and Hoyt, W.F. "The representation of the visual field in human striate cortex," *Arch. Opthalmology* **109**:816–824 (1991a).

Horton, J.C. and Hoyt, W.F. "Quadratic visual field defects: A hallmark of lesions in extrastriate (V2/V3) cortex," *Brain* **114**:1703–1718 (1991b).

Hu, Y. and Goodale, M.A. "Grasping after a delay shifts size-scaling from absolute to relative metrics," *J. Cogn. Neurosci.* **12**:856–868 (2000).

Hubel, D.H. *Eye, Brain, and Vision.* New York: Scientific American Library (1988).

Hubel, D.H. and Wiesel, T.N. "Receptive fields of single neurons in the cat's striate cortex," *J. Physiol.* **148**:574–591 (1959).

Hubel, D.H. and Wiesel, T.N. "Receptive fields, binocular interaction and functional architecture in the cat's visual cortex," *J. Physiol.* **160**:106–154 (1962).

Hubel, D.H. and Wiesel, T.N. "Receptive fields and functional architecture of monkey striate cortex," *J. Physiol.* **195**:215–243 (1968).

Hübener M., Shoham, D., Grinvald, A., and Bonhoeffer, T. "Spatial relationships among three columnar systems in cat area 17," *J. Neurosci.* **17**:9270–9284 (1997).

Huerta, M.F., Krubitzer, L.A., and Kaas, J.H. "Frontal eye field as defined by intracortical microstimulation in squirrel monkeys, owl monkeys and macaque monkeys: I. Subcortical connections," *J. Comp. Neurol.* **253**:415–439 (1986).

Huk, A.C., Ress, D., and Heeger, D.J. "Neuronal basis of the motion aftereffect reconsidered," *Neuron* **32**:161–172 (2001).

Hunter, J. and Jasper, H.H. "Effects of thalamic stimulation in unanesthetized cats," *EEG Clin. Neurophysiol.* **1**:305–315 (1949).

Hupe, J.M., James, A.C., Payne, B.R., Lomber, S.G., Girard, P., and Bullier, J. "Cortical feedback improves discrimination between figure and background by V1, V2, and V3 neurons," *Nature* **394**:784–787 (1998).

Husain, M. and Rorden, C. "Non-spatially lateralized mechanisms in hemispatial neglect," *Nature Rev. Neurosci.* **4**:26–36 (2003).

Huxley, T.H. *Animal Automatism, and Other Essays.* Humboldt Library of Popular Science Literature. New York: J. Fitzgerald (1884).

Ilg, U.J. and Thier, P. "Inability of rhesus monkey area V1 to discriminate between self-induced and externally induced retinal image slip," *Eur. J. Neurosci.* **8**:1156–1166 (1996).

Inoue, Y. and Mihara, T. "Awareness and responsiveness during partial seizures," *Epilepsia* **39**:7–10 (1998).

Ishai, A., Ungerleider, L.G., Martin, A., and Haxby, J.V. "The representation of objects in the human occipital and temporal cortex," *J. Cogn. Neurosci.* **12 (Suppl. 2)**:35–51 (2000).

Ito, M. and Gilbert, C.D. "Attention modulates contextual influences in the primary visual cortex of alert monkeys," *Neuron* **22**:593–604 (1999).

Ito, M., Tamura, H., Fujita, I., and Tanaka, K. "Size and position invariance of neuronal responses in monkey inferotemporal cortex," *J. Neurophysiol.* **73**:218–226 (1995).

Itti, L. and Koch, C. "A saliency-based search mechanism for overt and covert shifts of visual attention," *Vision Res.* **40**:1489–1506 (2000).

Itti, L. and Koch, C. "Computational modeling of visual attention," *Nature Rev. Neurosci.* **2**:194–204 (2001).

Itti, L., Koch, C., and Niebur, E. "A model of saliency-based visual attention for rapid scene analysis," *IEEE Trans. Pattern Analysis & Machine Intell. (PAMI)* **20**:1254–1259 (1998).

Jackendoff, R. *Consciousness and the Computational Mind.* Cambridge, MA: MIT Press (1987).

Jackendoff, R. "How language helps us think," *Pragmatics & Cognition* **4**:1–34 (1996).

Jacobson, A., Kales, A., Lehmann, D., and Zweizig, J.R. "Somnambulism: All-night electroencephalographic studies," *Science* **148**:975–977 (1965).

Jacoby, L.L. "A process dissociation framework: Separating automatic from intentional uses of memory," *J. Memory Lang.* **30**:513–541 (1991).

James, W. *The Principles of Psychology.* New York: Dover Publications (1890).

James, W. *Psychology: Briefer Course.* New York: Collier Books (1962).

Jameson, K.A., Highnote, S.M., and Wasserman, L.M. "Richer color experience in observers with multiple photopigment opsin genes," *Psychonomic Bulletin & Rev.* **8**:244–261 (2001).

Järvilehto, T. "The theory of the organism-environment system: IV. The problem of mental activity and consciousness," *Int. Physiol. Behav. Sci.* **35**:35–57 (2000).

Jasper, H.H. "Sensory information and conscious experience," *Adv. Neurol.* **77**:33–48 (1998).

Jaynes, J. *The Origin of Consciousness in the Breakdown of the Bicameral Mind.* Boston: Houghton Mifflin (1976).

Jeannerod, M. *The Cognitive Neuroscience of Action.* Oxford, UK: Blackwell (1997).

Johnson, R.R. and Burkhalter, A. "A polysynaptic feedback circuit in rat visual cortex," *J. Neurosci.* **17**:129–140 (1997).

Johnson-Laird, P.N. "A computational analysis of consciousness," *Cognition & Brain Theory* **6**:499–508 (1983).

Johnston, R.W. "Pheromones, the vomeronasal system, and communication." In: *Olfaction and Taste XII: An International Symposium*. Murphy, C., ed., pp. 333–348. *Annals New York Acad. Sci.* **855** (1998).

Jolicoeur, P., Ullman, S., and MacKay, M. "Curve tracing: A possible basic operation in the perception of spatial relations," *Mem. Cognition* **14**:129–140 (1986).

Jones, E.G. *The Thalamus*. New York: Plenum Press (1985).

Jones, E.G. "Thalamic organization and function after Cajal," *Progress Brain Res.* **136**:333–357 (2002).

Jordan, G. and Mollon, J.D. "A study of women heterozygous for color deficiencies," *Vision Res.* **33**:1495–1508 (1993).

Jovicich, J., Peters, R.J., Koch, C., Braun, J., Chang, L., and Ernst, T. "Brain areas specific for attentional load in a motion tracking task," *J. Cogn. Neurosci.* **13**:1048–1058 (2001).

Judson, H.J. *The Eighth Day of Creation*. London: Penguin Books (1979).

Julesz, B. *Foundations of Cyclopean Perception*. Chicago, IL: University of Chicago Press (1971).

Julesz, B. "Textons, the elements of texture perception, and their interactions," *Nature* **290**:91–97 (1981).

Kahana, M.K., Sekuler, R., Caplan, J.B., Kirschen, M., and Madsen, J.R. "Human theta oscillations exhibit task dependence during virtual maze navigation," *Nature* **399**:781–784 (1999).

Kamitani, Y. and Shimojo, S. "Manifestation of scotomas created by transcranial magnetic stimulation of human visual cortex," *Nature Neurosci.* **2**:767–771 (1999).

Kandel, E.R. "A new intellectual framework for psychiatry," *Am. J. Psychiatry* **155**:457–469 (1998).

Kandel, E.R. "The molecular biology of memory storage: A dialogue between genes and synapses," *Science* **294**:1030–1038 (2001).

Kanizsa, G. *Organization in Vision: Essays in Gestalt Perception*. New York: Praeger (1979).

Kanwisher, N. and Driver, J. "Objects, attributes, and visual attention: Which, what and where," *Curr. Direct. Psychol. Sci.* **1**:26–31 (1997).

Kanwisher, N., McDermott, J., and Chun, M.M. "The fusiform face area: A module in human extrastriate cortex specialized for face perception," *J. Neurosci.* **17**:4302–4311 (1997).

Kaplan, E. "The receptive field structure of retinal ganglion cells in cat and monkey." In: *The Neural Basis of Visual Function*. Leventhal, A.G., ed., pp. 10–40. Boca Raton, FL: CRC Press (1991).

Kaplan-Solms, K. and Solms M. *Clinical Studies in Neuro-Psychoanalysis*. London: Karnac Books (2000).

Karnath, H.-O. "New insights into the functions of the superior temporal cortex," *Nature Rev. Neurosci.* **2**:568–576 (2001).

Karnath, H.-O., Ferber, S., and Himmelbach, M. "Spatial awareness is a function of the temporal, not the posterior parietal lobe," *Nature* **411**:950–954 (2001).

Kastner, S., De Weerd, P., Desimone, R., and Ungerleider, L.G. "Mechanisms of directed attention in the human extrastriate cortex as revealed by functional MRI," *Science* **282**:108–111 (1998).

Kastner, S. and Ungerleider, L.G. "Mechanisms of visual attention in the human cortex," *Ann. Rev. Neurosci.* **23**:315–341 (2000).

Kavey, N.B., Whyte, J., Resor, S.R. Jr., and Gidro-Frank, S. "Somnambulism in adults," *Neurol.* **40**:749–752 (1990).

Keil, A., Müller, M.M., Ray, W.J., Gruber, T., and Elbert, T. "Human gamma band activity and perception of a gestalt," *J. Neurosci.* **19**:7152–7161 (1999).

Keller, E.F. *The Century of the Gene*. Cambridge, MA: Harvard University Press (2000).

Kennedy, H. and Bullier, J. "A double-labelling investigation of the afferent connectivity to cortical areas V1 and V2," *J. Neurosci.* **5**:2815–2830 (1985).

Kentridge, R.W., Heywood, C.A., and Weiskrantz, L. "Residual vision in multiple retinal locations within a scotoma: Implications for blindsight," *J. Cogn. Neurosci.* **9**:191–202 (1997).

Kentridge, R.W., Heywood, C.A., and Weiskrantz, L. "Attention without awareness in blindsight," *Proc. Roy. Soc. Lond. B* **266**:1805–1811 (1999).

Kessel, R.G. and Kardon, R.H. *Tissues and Organs: A Text-Atlas of Scanning Electron Microscopy*. San Francisco, CA: Freeman (1979).

Keverne, E.B. "The vomeronasal organ," *Science* **286**:716–720 (1999).

Keysers, C. and Perrett, D.I. "Visual masking and RSVP reveal neural competition," *Trends Cogn. Sci.* **6**:120–125 (2002).

Keysers, C., Xiao, D.-K., Földiák, P., and Perrett, D.I. "The speed of sight," *J. Cogn. Neurosci.* **13**:1–12 (2001).

Kinney, H.C., Korein, J., Panigrahy, A., Dikkes, P., and Goode, R. "Neuropathological findings in the brain of Karen Ann Quinlan," *New England J. Med.* **330**:1469–1475 (1994).

Kinomura, S., Larsson, J., Gulyás, B., and Roland, P.E. "Activation by attention of the human reticular formation and thalamic intralaminar nuclei," *Science* **271**:512–515 (1996).

Kirk, R. "Zombies versus materialists," *Aristotelian Society* **48 (suppl.)**:135–152 (1974).

Kitcher, P. *Freud's Dream: A Complete Interdisciplinary Science of Mind*. Cambridge, MA: MIT Press (1992).

Kleinschmidt, A., Buchel, C., Zeki, S., and Frackowiak, R.S.J. "Human brain activity during spontaneously reversing perception of ambiguous figures," *Proc. R. Soc. Lond. B* **265**:2427–2433 (1998).

Klemm, W.R., Li, T.H., and Hernandez, J.L. "Coherent EEG indicators of cognitive binding during ambigious figure tasks," *Consc. & Cognition* **9**:66–85 (2000).

Klimesch, W. "EEG alpha and theta oscillations reflect cognitive and memory performance: A review and analysis," *Brain Res. Rev.* **29**:169–195 (1999).

Knuttinen, M.-G., Power, J.M., Preston, A.R., and Disterhoft, J.F. "Awareness in classical differential eyeblink conditioning in young and aging humans," *Behav. Neurosci.* **115**:747–757 (2001).

Kobatake, E., Wang, G., and Tanaka, K. "Effects of shape-discrimination training on the selectivity of inferotemporal cells in adult monkeys," *J. Neurophysiol.* **80**:324–330 (1998).

Koch, C. "The action of the corticofugal pathway on sensory thalamic nuclei: A hypothesis," *Neurosci.* **23**:399–406 (1987).

Koch, C. "Visual awareness and the thalamic intralaminar nuclei," *Consc. & Cognition* **4**:163–165 (1995).

Koch, C. *Biophysics of Computation.* New York: Oxford University Press (1999).

Koch, C. and Crick, F.C. "Some further ideas regarding the neuronal basis of awareness." In: *Large-Scale Neuronal Theories of the Brain.* Koch, C. and Davis, J., eds., pp. 93–110, Cambridge, MA: MIT Press (1994).

Koch, C. and Laurent, G. "Complexity and the nervous system," *Science* **284**:96–98 (1999).

Koch, C. and Tootell, R.B. "Stimulating brain but not mind," *Nature* **383**:301–303 (1996).

Koch, C. and Ullman, S. "Shifts in selective visual attention: Towards the underlying neural circuitry," *Human NeuroBiol.* **4**:219–227 (1985).

Koffka, K. *Principles of Gestalt Psychology.* New York: Hartcourt (1935).

Kohler, C.G., Ances, B.M., Coleman, A.R., Ragland, J.D., Lazarev, M., and Gur, R.C. "Marchiafava-Bignami disease: Literature review and case report," *Neuropsychiatry, Neuropsychol. Behav. Neurol.* **13**:67–76 (2000).

Köhler, W. *The Task of Gestalt Psychology.* Princeton, NJ: Princeton University Press (1969).

Kolb, F.C. and Braun, J. "Blindsight in normal observers," *Nature* **377**:336–338 (1995).

Komatsu, H., Kinoshita, M., and Murakami, I. "Neural responses in the retinotopic representation of the blind spot in the macaque V1 to stimuli for perceptual filling-in," *J. Neurosci.* **20**:9310–9319 (2000).

Komatsu, H. and Murakami, I. "Behavioral evidence of filling-in at the blind spot of the monkey," *Vis. Neurosci.* **11**:1103–1113 (1994).

Konorski, J. *Integrative Activity of the Brain.* Chicago, IL: University of Chicago Press (1967).

Kosslyn, S.M. "Visual Consciousness." In: *Finding Consciousness in the Brain.* Grossenbacher P.G., ed., pp. 79–103. Amsterdam, Netherlands: John Benjamins (2001).

Kosslyn, S.M., Ganis, G., and Thompson, W.L. "Neural foundations of imagery," *Nature Rev. Neurosci.* **2**:635–642 (2001).

Kosslyn, S.M., Thompson, W.L., and Alpert, N.M. "Neural systems shared by visual imagery and visual perception: A PET study," *Neuroimage* **6**:320–334 (1997).

Koulakov, A.A. and Chklovskii, D.B. "Orientation preference patterns in mammalian visual cortex: A wire length minimization approach," *Neuron* **29**:519–527 (2001).

Krakauer, J. *Eiger Dreams*. New York: Lyons & Burford (1990).

Kreiman, G. *On the neuronal activity in the human brain during visual recognition, imagery and binocular rivalry*. Ph.D. Thesis. Pasadena: California Institute of Technology (2001).

Kreiman G., Fried, I., and Koch, C. "Single-neuron correlates of subjective vision in the human medial temporal lobe," *Proc. Natl. Acad. Sci. USA* **99**:8378–8383 (2002).

Kreiman, G., Koch, C., and Fried, I. "Category-specific visual responses of single neurons in the human medial temporal lobe," *Nature Neurosci.* **3**:946–953 (2000a).

Kreiman, G., Koch, C., and Fried, I. "Imagery neurons in the human brain," *Nature* **408**:357–361 (2000b).

Kreiter, A.K. and Singer, W. "Oscillatory neuronal responses in the visual cortex of the awake macaque monkey," *Eur. J. Neurosci.* **4**:369–375 (1992).

Kreiter, A.K. and Singer, W. "Stimulus-dependent synchronization of neuronal responses in the visual cortex of the awake macaque monkey," *J. Neurosci.* **16**:2381–2396 (1996).

Krekelberg, B. and Lappe, M. "Neuronal latencies and the position of moving objects," *Trends Neurosci.* **24**:335–339 (2001).

Kretschmann, H.-J. and Weinrich, W. *Cranial Neuroimaging and Clinical Neuroanatomy*. Stuttgart, Germany: Georg Thieme (1992).

Kristofferson, A.B. "Successiveness discrimination as a two-state, quantal process," *Science* **158**:1337–1339 (1967).

Kuffler, S.W. "Neurons in the retina: Organization, inhibition and excitatory problems," *Cold Spring Harbor Symp. Quant. Biol.* **17**:281–292 (1952).

Kulli, J. and Koch, C. "Does anesthesia cause loss of consciousness?" *Trends Neurosci.* **14**:6–10 (1991).

Kunimoto, C., Miller, J., and Pashler, H. "Confidence and accuracy of near-threshold discrimination responses," *Cons. & Cogn.* **10**:294–340 (2001).

Kustov, A.A. and Robinson, D.L. "Shared neural control of attentional shifts and eye movements," *Nature* **384**:74–77 (1996).

LaBerge, D. and Buchsbaum, M.S. "Positron emission tomographic measurements of pulvinar activity during an attention task. *J. Neurosci.* **10**:613–619 (1990).

Laming, P.R., Syková, E., Reichenbach, A., Hatton, G.I., and Bauer, H., *Glia Cells: Their Role in Behavior*. Cambridge, UK: Cambridge University Press (1998).

Lamme, V.A.F. "Why visual attention and awareness are different," *Trends Cogn. Sci.* **7**:12–18 (2003).

Lamme, V.A.F. and Roelfsema, P.R. "The distinct modes of vision offered by feedforward and recurrent processing," *Trends Neurosci.* **23**:571–579 (2000).

Lamme, V.A.F. and Spekreijse, H. "Contextual modulation in primary visual cortex and scene perception." In: *The New Cognitive Neurosciences*. 2nd ed., Gazzaniga, M.S., ed., pp. 279–290. Cambridge, MA: MIT Press (2000).

Lamme, V.A.F., Zipser, K., and Spekreijse, H. "Figure-ground activity in primary visual cortex is suppressed by anesthesia," *Proc. Natl. Acad. Sci. USA* **95**:3263–3268 (1998).

Langston, J.W. and Palfreman, J. *The Case of the Frozen Addicts*. New York: Vintage Books (1995).

Lashley, K.S. "Cerebral organization and behavior." In: *The Brain and Human Behavior. Proc. Ass. Nervous & Mental Disease*, pp. 1–18. New York: Hafner (1956).

Laurent, G. "A systems perspective on early olfactory coding," *Science* **286**:723–728 (1999).

Laurent, G., Stopfer, M., Friedrich, R.W., Rabinovich, M.I., Volkovskii, A., and Abarbanel, H.D. "Odor encoding as an active, dynamical process: Experiments, computation, and theory," *Ann. Rev. Neurosci.* **24**:263–297 (2001).

Laureys, S., Faymonville, M.E., Degueldre, C., Fiore, G.D., Damas, P., Lambermont, B., Janssens, N., Aerts, J., Franck, G., Luxen, A., Moonen, G., Lamy, M., and Maquet, P. "Auditory processing in the vegetative state," *Brain* **123**:1589–1601 (2000).

Laureys, S., Faymonville, M.E., Peigneux, P., Damas, P., Lambermont, B., Del Fiore, G., Degueldre, C., Aerts, J., Luxen, A., Franck, G., Lamy, M., Moonen, G., and Maquet, P. "Cortical processing of noxious somatosensory stimuli in the persistent vegetative state," *Neuroimage* **17**:732–741 (2002).

Le Bihan, D., Mangin, J.F., Poupon, C., Clark, C.A., Pappata, S., Molko, N., and Chabriat, H. "Diffusion tensor imaging: Concepts and applications," *J. Magnetic Resonance Imaging* **13**:534–546 (2001).

Lechner, H.A.E., Lein, E.S., and Callaway, E.M. "A genetic method for selective and quickly reversible silencing of mammalian neurons," *J. Neurosci.* **22**:5287–5290 (2002).

LeDoux, J. *The Emotional Brain*. New York: Simon and Schuster (1996).

Lee, D.K., Itti, L., Koch, C., and Braun, J. "Attention activates winner-take-all competition amongst visual filters," *Nature Neurosci.* **2**:375–381 (1999).

Lee, D.N. and Lishman, J.R. "Visual proprioceptive control of stance," *J. Human Movement Studies* **1**:87–95 (1975).

Lee, S.-H. and Blake, R. "Rival ideas about binocular rivalry," *Vision Res.* **39**:1447–1454 (1999).

Lehky, S.R. and Maunsell, J.H.R. "No binocular rivalry in the LGN of alert macaque monkeys," *Vision Res.* **36**:1225–1234 (1996).

Lehky, S.R. and Sejnowski, T.J. "Network model of shape-from-shading: Neural function arises from both receptive and projective fields", *Nature* **333**:452–454 (1988).

Lennie, P. "Color vision." In: *Principles of Neural Science*. 4th ed., Kandel, E.R., Schwartz, J.H., and Jessel, T.M. eds., pp. 583–599. New York: McGraw Hill (2000).

Lennie, P. "The cost of cortical computation," *Current Biol.* **13**:493–497 (2003).

Leopold, D.A. and Logothetis, N.K. "Activity changes in early visual cortex reflects monkeys' percepts during binocular rivalry," *Nature* **379**:549–553 (1996).

Leopold, D.A. and Logothetis, N.K. "Multistable phenomena: Changing views in perception," *Trends Cogn. Sci.* **3**:254–264 (1999).

Leopold, D.A., Wilke, M., Maier, A., and Logothetis, N.K. "Stable perception of visually ambiguous patterns," *Nature Neurosci.* **5**:605–609 (2002).

LeVay, S., Connolly, M., Houde, J., and Van Essen, D.C. "The complete pattern of ocular dominance stripes in the striate cortex and visual field of the macaque monkey," *J. Neurosci.* **5**:486–501 (1985).

LeVay, S. and Gilbert, C.D. "Laminar patterns of geniculocortical projection in the cat," *Brain Res.* **113**:1–19 (1976).

LeVay, S. and Nelson, S.B. "Columnar organization of the visual cortex." In: *The Neural Basis of Visual Function*. Leventhal, A.G., ed., pp. 266–314. Boca Raton, FL: CRC Press (1991).

Levelt, W. *On Binocular Rivalry*. Soesterberg, Netherlands: Institute for Perception RVO-TNO (1965).

Levick, W.R. and Zacks, J.L. "Responses of cat retinal ganglion cells to brief flashes of light," *J. Physiol.* **206**:677–700 (1970).

Levine, J. "Materialism and qualia: The explanatory gap." *Pacific Philos. Quart.* **64**:354–361 (1983).

Levitt, J.B., Kiper, D.C., and Movshon, J.A. "Receptive fields and functional architecture of macaque V2," *J. Neurophysiol.* **71**:2517–2542 (1994).

Lewis, J.W. and Van Essen, D.C. "Mapping of architectonic subdivisions in the macaque monkey, with emphasis on parieto-occipital cortex," *J. Comp. Neurol.* **428**:79–111 (2000).

Li, F.F., VanRullen, R., Koch, C., and Perona, P. "Rapid natural scene categorization in the near absence of attention," *Proc. Natl. Acad. Sci. USA* **99**:9596–9601 (2002).

Li, W.H., Parigi, G., Fragai, M., Luchinat, C., and Meade, T.J. "Mechanistic studies of a calcium-dependent MRI contrast agent," *Inorg. Chem.* **41**:4018–4024 (2002).

Liang, J., Williams, D.R., and Miller, D.T. "Supernormal vision and high-resolution retinal imaging through adaptive optics," *J. Opt. Soc. Am. A* **14**:2884–2892 (1997).

Libet, B. "Brain stimulation and the threshold of conscious experience." In: *Brain and Conscious Experience*. Eccles, J.C., ed., pp. 165–181. Berlin: Springer (1966).

Libet, B. "Electrical stimulation of cortex in human subjects and conscious sensory aspects." In: *Handbook of Sensory Physiology, Vol II: Somatosensory Systems*. Iggo, A. ed., pp. 743–790. Berlin: Springer (1973).

Libet, B. *Neurophysiology of Consciousness: Selected Papers and New Essays by Benjamin Libet*. Boston: Birkhäuser (1993).

Lichtenstein, M. "Phenomenal simultaneity with irregular timing of components of the visual stimulus," *Percept. Mot. Skills* **12**:47–60 (1961).

Lisman, J.E. "Bursts as a unit of neural information: Making unreliable synapses reliable," *Trends Neurosci.* **20**:38–43 (1997).

Lisman, J.E. and Idiart, M. A. "Storage of 7±2 short-term memories in oscillatory subcycles," *Science* **267**:1512–1515 (1995).

Livingstone, M.S. "Mechanisms of direction selectivity in macaque V1," *Neuron* **20**:509–526 (1998).

Livingstone, M.S. and Hubel, D.H. "Effects of sleep and rousal on the processing of visual information in the cat," *Science* **291**:554–561 (1981).

Livingstone, M.S. and Hubel, D.H. "Anatomy and physiology of a color system in the primate visual system," *J. Neurosci.* **4**:309–356 (1984).

Livingstone, M.S. and Hubel, D.H. "Connections between layer 4B of area 17 and thick cytochrome oxidase stripes of area 18 in the squirrel monkey," *J. Neurosci.* **7**:3371–3377 (1987).

Llinás, R.R. and Paré, D. "Of dreaming and wakefulness," *Neurosci.* **44**:521–535 (1991).

Llinás, R.R., Ribary, U., Contreras, D., and Pedroarena, C. "The neuronal basis for consciousness," *Phil. Trans. R. Soc. Lond. B. Biol. Sci.* **353**:1841–1849 (1998).

Loftus, G.R., Duncan, J., and Gehrig, P. "On the time course of perceptual information that results from a brief visual presentation," *J. Exp. Psychol. Human Percept. & Perform.* **18**:530–549 (1992).

Logothetis, N.K. "Single units and conscious vision," *Phil. Trans. R. Soc. Lond. B* **353**:1801–1818 (1998).

Logothetis, N.K. "The neural basis of the blood-oxygen-level-dependent functional magnetic resonance imaging signal," *Phil. Trans. R. Soc. Lond. B* **357**:1003–1037 (2002).

Logothetis, N.K. "MR imaging in the non-human primate: Studies of function and dynamic connectivity," *Curr. Opinion Neurobiol.* in press (2004).

Logothetis, N.K., Guggenberger, H., Peled, S., and Pauls, J. "Functional imaging of the monkey brain," *Nature Neurosci.* **2**:555–562 (1999).

Logothetis, N.K., Leopold, D.A., and Sheinberg, D.L. "What is rivalling during binocular rivalry," *Nature* **380**:621–624 (1996).

Logothetis, N.K. and Pauls, J. "Psychophysical and physiological evidence for viewer-centered object representations in the primate," *Cerebral Cortex* **5**:270–288 (1995).

Logothetis, N.K., Pauls, J., Augath, M., Trinath, T., and Oeltermann, A. "Neurophysiological investigation of the basis of the fMRI signal," *Nature* **412**:150–157 (2001).

Logothetis, N.K., Pauls, J., Bülthoff, H.H., and Poggio, T. "View-dependent object recognition by monkeys," *Curr. Biol.* **4**:401–414 (1994).

Logothetis, N.K. and Schall, J.D. "Neuronal correlates of subjective visual perception," *Science* **245**:761–763 (1989).

Logothetis, N.K. and Sheinberg, D.L. "Visual object recognition," *Ann. Rev. Neurosci.* **19**:577–621 (1996).

Louie, K. and Wilson, M.A. "Temporally structured replay of awake hippocampal ensemble activity during rapid eye movement sleep," *Neuron* **29**:145–156 (2001).

Lovibond, P.F. and Shanks, D.R. "The role of awareness in Pavlovian conditioning: Empirical evidence and theoretical implications," *J. Exp. Psychology: Animal Behavior Processes* **28**:3–26 (2002).

Lucas, J.R. "Minds, machines and Gödel," *Philosophy* **36**:112–127 (1961).

Luce, R.D. *Response Times.* Oxford, UK: Oxford University Press (1986).

Luck, S.J., Chelazzi, L., Hillyard, S.A., and Desimone, R. "Neural mechanisms of spatial attention in areas V1, V2, and V4 of macaque visual cortex," *J. Neurophysiol.* **77**:24–42 (1997).

Luck, S.J., Hillyard, S.A., Mangun, G.R., and Gazzaniga, M.S. "Independent hemispheric attentional systems mediate visual search in split-brain patients," *Nature* **342**:543–545 (1989).

Luck, S.J., Hillyard, S.A., Mangun, G.R., and Gazzaniga, M.S. "Independent attentional scanning in the separated hemispheres of split-brain patients," *J. Cogn. Neurosci.* **6**:84–91 (1994).

Lumer, E.D., Friston, K.J., and Rees, G. "Neural correlates of perceptual rivalry in the human brain," *Science* **280**:1930–1934 (1998).

Lumer, E.D. and Rees, G. "Covariation of activity in visual and prefrontal cortex associated with subjective visual perception," *Proc. Natl. Acad. Sci. USA* **96**:1669–1673 (1999).

Lux, S., Kurthen, M., Helmstaedter C., Hartje, W., Reuber, M., and Elger, C.E. "The localizing value of ictal consciousness and its constituent functions," *Brain* **125**:2691–2698 (2002).

Lyon, D.C. and Kaas, J.H. "Evidence for a modified V3 with dorsal and ventral halves in macaque monkeys," *Neuron* **33**:453–461 (2002).

Lytton, W.W. and Sejnowski, T.J. "Simulations of cortical pyramidal neurons synchronized by inhibitory interneurons," *J. Neurophysiol.* **66**:1059–1079 (1991).

Mack, A. and Rock, I. *Inattentional Blindness*. Cambridge, MA: MIT Press (1998).

Mackintosh, N.J. *Conditioning and Associative Learning*. Oxford, UK: Clarendon Press (1983).

Macknik, S.L. and Livingstone, M.S. "Neuronal correlates of visibility and invisibility in the primate visual system," *Nat Neurosci.* **1**:144–149 (1998).

Macknik, S.L. and Martinez-Conde, S. "Dichoptic visual masking in the geniculocortical system of awake primates," *J. Cogn. Neurosci.* in press (2004).

Macknik, S.L., Martinez-Conde, S., and Haglund, M.M. "The role of spatiotemporal edges in visibility and visual masking," *Proc. Natl. Acad. Sci. USA.* **97**:7556–7560 (2000).

MacLeod, K., Backer, A., and Laurent, G. "Who reads temporal information contained across synchronized and oscillatory spike trains?" *Nature* **395**:693–698 (1998).

MacNeil, M.A. and Masland, R.H. "Extreme diversity among amacrine cells: Implication for function," *Neuron* **20**:971–982 (1998).

Macphail, E.M. *The Evolution of Consciousness*. Oxford, UK: Oxford University Press (1998).

Madler, C. and Pöppel, E. "Auditory evoked potentials indicate the loss of neuronal oscillations during general anaesthesia," *Naturwissenschaften* **74**:42–43 (1987).

Magoun, H.W. "An ascending reticular activating system in the brain stem," *Arch. Neurol. Psychiatry* **67**:145–154 (1952).

Makeig, S., Westerfield, M., Jung, T.P., Enghoff, S., Townsend, J., Courchesne, E., and Sejnowski, T.J. "Dynamic brain sources of visual evoked responses," *Science* **295**:690–694 (2002).

Mandler, G. *Consciousness Recovered: Psychological Functions and Origins of Conscious Thought*. Amsterdam, Netherlands: John Benjamins (2002).

Manford, M. and Andermann, F. "Complex visual hallucinations: Clinical and neurobiological insights," *Brain* **121**:1819–1840 (1998).

Mark, V. "Conflicting communicative behavior in a split-brain patient: Support for dual consciousness." In: *Toward a Science of Consciousness: The First Tucson Discussions and Debates*. Hameroff, S.R., Kaszniak, A.W., and Scott, A.C., eds., pp. 189–196. Cambridge, MA: MIT Press (1996).

Marr, D. *Vision*. San Francisco, CA: Freeman (1982).

Marsálek, P., Koch, C., and Maunsell, J.H.R. "On the Relationship between Synaptic Input and Spike Output Jitter in Individual Neurons," *Proc. Natl. Acad. Sci. USA* **94**:735–740 (1997).

Martinez, J.L. and Kesner, R.P., eds. *Neurobiology of Learning and Memory*. New York: Academic Press (1998).

Masand P., Popli, A.P., and Weilburg, J.B. "Sleepwalking," *Am. Fam. Physician* **51**:649–654 (1995).

Masland, R.H. "Neuronal diversity in the retina," *Curr. Opinion Neurobiol.* **11**:431–436 (2001).

Mather, G., Verstraten, F., and Anstis, S. *The Motion Aftereffect: A Modern Perspective*. Cambridge, MA: MIT Press (1998).

Mathiesen, C., Caesar, K., Ören, N.A., and Lauritzen, M. "Modification of activity-dependent increases of cerebral blood flow by excitatory synaptic activity and spikes in rat cerebellar cortex," *J. Physiology* **512**:555–566 (1998).

Mattingley, J.B., Husain, M., Rorden, C., Kennard, C., and Driver, J. "Motor role of human inferior parietal lobe revealed in unilateral neglect patients," *Nature* **392**:179–182 (1998).

Maunsell, J.H.R. and Van Essen, D.C. "Functional properties of neurons in middle temporal visual area of the macaque monkey. II. Binocular interactions and sensitivity to binocular disparity," *J. Neurophysiol.* **49**:1148–1167 (1983).

McAdams, C.J. and Maunsell, J.H.R. "Effects of attention on orientation-tuning functions of single neurons in macaque cortical area V4," *J. Neurosci.* **19**:431–441 (1999).

McAdams, C.J. and Maunsell, J.H.R. "Attention to both space and feature modulates neuronal responses in macaque area V4," *J. Neurophysiol.* **83**:1751–1755 (2000).

McBain, C.J. and Fisahn, A. "Interneurons unbound," *Nature Rev. Neurosci.* **2**:11–23 (2001).

McClintock, M.K. "Whither menstrual synchrony?" *Ann. Rev. Sex Res.* **9**:77–95 (1998).

McComas, A.J. and Cupido, C.M. "The RULER model. Is this how somatosensory cortex works?" *Clinical Neurophysiol.* **110**:1987–1994 (1999).

McConkie, G.W. and Currie, C.B. "Visual stability across saccades while viewing complex pictures," *J. Exp. Psych.: Human Perception & Performance* **22**:563–581 (1996).

McCullough, J.N., Zhang, N., Reich, D.L., Juvonen, T.S., Klein, J.J., Spielvogel, D., Ergin, M.A., and Griepp, R.B. "Cerebral metabolic suppression during hypothermic circulatory arrest in humans," *Ann. Thorac. Surg.* **67**:1895–1899 (1999).

McGinn, C. *The Problem of Consciousness.* Oxford, UK: Blackwell (1991).

McMullin, E. "Biology and the theology of the human." In: *Controlling Our Destinies.* Sloan, P.R., ed., pp. 367–400. Notre Dame, IN: University of Notre Dame Press (2000).

Meador, K.J., Ray, P.G., Day, L.J., and Loring, D.W. "Train duration effects on perception: Sensory deficit, neglect and cerebral lateralization," *J. Clinical Neurophysiol.* **17**:406–413 (2000).

Meadows, J.C. "Disturbed perception of colours associated with localized cerebral lesions," *Brain* **97**:615–632 (1974).

Medina, J.F., Repa, J.C., Mauk, M.D., and LeDoux, J.E. "Parallels between cerebellum- and amygdala-dependent conditioning," *Nature Rev. Neurosci.* **3**:122–131 (2002).

Meenan, J.P. and Miller, L.A. "Perceptual flexibility after frontal or temporal lobectomy," *Neuropsychologia* **32**:1145–1149 (1994).

Meister, M. "Multineuronal codes in retinal signaling," *Proc. Natl. Acad. Sci. USA* **93**:609–614 (1996).

Merigan, W.H. and Maunsell, J.H.R. "How parallel are the primate visual pathways?" *Ann. Rev. Neurosci.* **16**:369–402 (1993).

Merigan, W.H., Nealey, T.A., and Maunsell, J.H.R. "Visual effects of lesions of cortical area V2 in macaques," *J. Neurosci.* **13**:3180–3191 (1993).

Merikle, P.M. "Perception without awareness. Critical issues," *Am. Psychol.* **47**:792–795 (1992).

Merikle, P.M. and Daneman, M. "Psychological investigations of unconscious perception," *J. Consc. Studies* **5**:5–18 (1998).

Merikle, P.M., Smilek, D., and Eastwood, J.D. "Perception without awareness: Perspectives from cognitive psychology," *Cognition* **79**:115–134 (2001).

Merleau-Ponty, M. *The Phenomenology of Perception.* C. Smith, transl., London: Routledge & Kegan Paul (1962).

Metzinger, T., ed. *Conscious Experience.* Exeter, UK: Imprint Academic (1995).

Metzinger, T., ed. *Neural Correlates of Consciousness: Empirical and Conceptual Questions.* Cambridge, MA: MIT Press (2000).

Michael, C.R. "Color vision mechanisms in monkey striate cortex: Dual-opponent cells with concentric receptive fields," *J. Neurophysiol.* **41**:572–588 (1978).

Michael, C.R. "Columnar organization of color cells in monkey's striate cortex," *J. Neurophysiol.* **46**:587–604 (1981).

Miller, E.K. "The prefrontal cortex: Complex neural properties for complex behavior," *Neuron* **22**:15–17 (1999).

Miller, E.K. and Cohen, J.D. "An integrative theory of prefrontal cortex function," *Ann. Rev. Neurosci.* **24**:167–202 (2001).

Miller, E.K., Gochin, P.M., and Gross, C.G. "Suppression of visual responses of neurons in inferior temporal cortex of the awake macaque by addition of a second stimulus," *Brain Res.* **616**:25–29 (1993).

Miller, E.K., Erickson, C.A., and Desimone, R. "Neural mechanisms of visual working memory in prefrontal cortex of the macaque," *J. Neurosci.* **16**:5154–5167 (1996).

Miller, G.A. "The magical number seven, plus or minus two: Some limits on our capacity for processing information," *Psychol. Rev.* **63**:81–97 (1956).

Miller, K.D., Chapman, B., and Stryker, M.P. "Visual responses in adult cat visual cortex depend on N-methyl-D-aspartate receptors," *Proc. Natl. Acad. Sci. USA* **86**:5183–5187 (1989).

Miller, S.M., Liu, G.B., Ngo, T.T., Hooper, G., Riek, S., Carson, R.G., and Pettigrew, J.D. "Interhemispheric switching mediates perceptual rivalry," *Curr. Biol.* **10**:383–392 (2000).

Millican, P. and Clark, A., eds. *Machines and Thought: The Legacy of Alan Turing.* Oxford, UK: Oxford University Press (1999).

Milner, A.D. and Dyde, R. "Why do some perceptual illusions affect visually guided action, when others don't?" *Trends Cogn. Sci.* **7**:10–11 (2003).

Milner, A.D. and Goodale, M.A. *The Visual Brain in Action.* Oxford, UK: Oxford University Press (1995).

Milner, A.D., Perrett, D.I., Johnston, R.S., Benson, P.J., Jordan, T.R., Heeley, D.W., Bettucci, D., Mortara, F., Mutani, R., Terazzi, E., and Davidson, D.L.W. "Perception and action in form agnosia," *Brain* **114**:405–428 (1991).

Milner, B. "Disorders of learning and memory after temporal lobe lesions in man," *Clin. Neurosurg.* **19**:421–446 (1972).

Milner, B., Squire, L.R., and Kandel, E.R. "Cognitive neuroscience and the study of memory," *Neuron* **20**:445–468 (1998).

Milner, P. "A model for visual shape recognition," *Psychol. Rev.* **81**:521–535 (1974).

Minamimoto, T. and Kimura, M. "Participation of the thalamic CM-Pf complex in attentional orienting," *J. Neurophysiol.* **87**:3090–3101 (2002).

Minsky, M. *The Society of Mind.* New York: Simon and Schuster (1985).

Mitchell, J.P., Macrae, C.N., and Gilchrist, I.D. "Working memory and the suppression of reflexive saccades," *J. Cogn. Neurosci.* **14**:95–103 (2002).

Miyashita, Y., Okuno, H., Tokuyama, W., Ihara, T., and Nakajima, K. "Feedback signal from medial temporal lobe mediates visual associative mnemonic codes of inferotemporal neurons," *Brain Res. Cogn. Brain Res.* **5**:81–86 (1996).

Moldofsky, H., Gilbert, R., Lue, F.A., and MacLean, A.W. "Sleep-related violence," *Sleep* **18**:731–739 (1995).

Montaser-Kouhsari, L., Moradi, F., Zand-Vakili, A., and Esteky, H. "Orientation selective adaptation during motion-induced blindness," *Perception*, in press (2004).

Moore, G.E. *Philosophical Studies*. London: Routledge & Kegan Paul (1922).

Moran, J. and Desimone, R. "Selective attention gates visual processing in extrastriate cortex," *Science* **229**:782–784 (1985).

Morris, J.S., Ohman, A., and Dolan, R.J. "A subcortical pathway to the right amygdala mediating 'unseen' fear," *Proc. Natl. Acad. Sci. USA* **96**:1680–1685 (1999).

Moruzzi, G. and Magoun, H.W. "Brain stem reticular formation and activation of the EEG," *EEG Clin. Neurophysiol.* **1**:455–473 (1949).

Motter, B.C. "Focal attention produces spatially selective processing in visual cortical areas V1, V2, and V4 in the presence of competing stimuli," *J. Neurophysiol.* **70**:909–919 (1993).

Mountcastle, V.B. "Modality and topographic properties of single neurons of cat's somatic sensory cortex," *J. Neurophysiol.* **20**:408–434 (1957).

Mountcastle, V.B. *Perceptual Neuroscience*. Cambridge, MA: Harvard University Press (1998).

Mountcastle, V.B., Andersen, R.A., and Motter, B.C. "The influence of attentive fixation upon the excitability of light-sensitive neurons of the posterior parietal cortex," *J. Neurosci.* **1**:1218–1235 (1981).

Moutoussis, K. and Zeki, S. "Functional segregation and temporal hierarchy of the visual perceptive systems," *Proc. R. Soc. Lond. B* **264**:1407–1415 (1997a).

Moutoussis, K. and Zeki, S. "A direct demonstration of perceptual asynchrony in vision," *Proc. R. Soc. Lond. B* **264**:393–399 (1997b).

Mumford, D. "On the computational architecture of the neocortex. I. The role of the thalamo-cortical loop," *Biol. Cybernetics* **65**:135–145 (1991).

Mumford, D. "Neuronal architectures for pattern-theoretic problems." In: *Large Scale Neuronal Theories of the Brain*. Koch, C., and Davis, J.L., eds, pp. 125–152. Cambridge, MA: MIT Press (1994).

Murakami, I., Komatsu, H., and Kinoshita, M. "Perceptual filling-in at the scotoma following a monocular retinal lesion in the monkey," *Visual Neurosci.* **14**:89–101 (1997).

Murayama, Y., Leopold, D.A., and Logothetis, N.K. "Neural activity during binocular rivalry in the anesthetized monkey," *Soc. Neurosci. Abstr.* 448.11 (2000).

Murphy, N. "Human nature: Historical, scientific, and religious issues." In: *Whatever Happened to the Soul? Scientific and Theological Portraits of Human Nature*. Brown, W.S., Murphy, N., and Malony H.N., eds., pp. 1–30. Minneapolis, MN: Fortress Press (1998).

Myerson, J., Miezin, F., and Allman, J.M. "Binocular rivalry in macaque monkeys and humans: A comparative study in perception," *Behav. Anal. Lett.* **1**:149–159 (1981).

Naccache, L., Blandin, E., and Dehaene, S. "Unconscious masked priming depends on temporal attention," *Psychol. Sci.* **13**:416–424 (2002).

Nadel, L. and Eichenbaum, H. "Introduction to the special issue on place cells," *Hippocampus* **9**:341–345 (1999).

Nagarajan, S., Mahncke, H., Salz, T., Tallal, P., Roberts, T., and Merzenich, M.M. "Cortical auditory signal processing in poor readers," *Proc. Natl. Acad. Sci. USA* **96**:6483–6488 (1999).

Nagel, T. "What is it like to be a bat?" *Philosophical Rev.* **83**:435–450 (1974).

Nagel, T. "Panpsychism." In: *Mortal Questions*. Nagel, T., ed., pp. 181–195. Cambridge, UK: Cambridge University Press (1988).

Nakamura, R.K. and Mishkin, M. "Blindness in monkeys following non-visual cortical lesions," *Brain Res.* **188**:572–577 (1980).

Nakamura, R.K. and Mishkin, M. "Chronic 'blindness' following lesions of nonvisual cortex in the monkey," *Exp. Brain Res.* **63**:173–184 (1986).

Nakayama, K. and Mackeben, M. "Sustained and transient components of focal visual attention," *Vision Res.* **29**:1631–1647 (1989).

Nathans, J. "The evolution and physiology of human color vision: Insights from molecular genetic studies of visual pigments," *Neuron* **24**:299–312 (1999).

Naya, Y., Yoshida, M., and Miyashita, Y. "Backward spreading of memory-retrieval signal in the primate temporal cortex," *Science* **291**:661–664 (2001).

Newman, J.B. "Putting the puzzle together: Toward a general theory of the neural correlates of consciousness," *J. Consc. Studies* **4**:47–66 (1997).

Newsome, W.T., Britten, K.H. and Movshon, J.A. "Neuronal correlates of a perceptual decision," *Nature* **341**:52–54 (1989).

Newsome, W.T., Maunsell, J.H.R., and Van Essen, D.C. "Ventral posterior visual area of the macaque: Visual topography and areal boundaries," *J. Comp. Neurol.* **252**:139–153 (1986).

Newsome, W.T. and Pare, E.B. "A selective impairment of motion perception following lesions of the Middle Temporal visual area (MT)," *J. Neurosci.* **8**:2201–2211 (1988).

Niebur, E. and Erdős, P. "Theory of the locomotion of nematodes: Control of the somatic motor neurons by interneurons," *Math. Biosci.* **118**:51–82 (1993).

Niebur, E., Hsiao, S.S., and Johnson, K.O. "Synchrony: A neuronal mechanism for attentional selection?" *Curr. Opinion Neurobiol.* **12**:190–194 (2002).

Niebur, E. and Koch, C. "A model for the neuronal implementation of selective visual attention based on temporal correlation among neurons," *J. Computational Neurosci.* **1**:141–158 (1994).

Niebur, E., Koch, C., and Rosin, C. "An oscillation-based model for the neuronal basis of attention," *Vision Research* **33**:2789–2802 (1993).

Nijhawan, R. "Motion extrapolation in catching," *Nature* **370**:256–257 (1994).

Nijhawan, R. "Visual decomposition of colour through motion extrapolation," *Nature* **386**:66–69 (1997).

Nimchinsky, E.A., Gilissen, E., Allman, J.M., Perl, D.P., Erwin J.M., and Hof, P.R. "A neuronal morphologic type unique to humans and great apes," *Proc. Natl. Acad. Sci. USA* **96**:5268–5273 (1999).

Nirenberg, S., Carcieri, S.M., Jacobs, A.L., and Latham, P.E. "Retinal ganglion cells act largely as independent encoders," *Nature* **411**:698–701 (2001).

Nishida, S. and Johnston, A. "Marker correspondence, not processing latency, determines temporal binding of visual attributes," *Curr. Biol.* **12**:359–368 (2002).

Noë, A. *Action in Perception.* Cambridge, MA: MIT Press (2004).

Noesselt, T., Hillyard, S.A., Woldorff, M.G., Schoenfeld, A., Hagner, T., Jancke, L., Tempelmann, C., Hinrichs, H., and Heinze, H.J. "Delayed striate cortical activation during spatial attention," *Neuron* **35**:575–587 (2002).

Nordby, K. "Vision in a complete achromat: A personal account." In: *Night Vision: Basic, Clinical and Applied Aspects.* Hess, R.F., Sharpe, L.T., and Nordby, K., eds., pp. 290–315. Cambridge, UK: Cambridge University Press (1990).

Norman, R.A., Maynard, E.M., Guillory, K.S., and Warren, D.J. "Cortical implants for the blind," *IEEE Spectrum* **33**:54–59 (1996).

Norretranders, T. *The User Illusion.* New York: Penguin (1998).

Nowak, L.G. and Bullier, J. "The timing of information transfer in the visual system." In: *Extrastriate Cortex in Primates, Vol. 12.* Rockland, K.S., Kaas, J.H., and Peters, A., eds., pp. 205–241. New York: Plenum (1997).

Nunn, J.A., Gregory, L.J., Brammer, M., Williams, S.C.R., Parslow, D.M., Morgan, M.J., Morris, R.G., Bullmore, E.T., Baron-Cohen, S., and Gray, J.A. "Functional magnetic resonance imaging of synesthesia: Activation of V4/V8 by spoken words," *Nature Neurosci.* **5**:371–375 (2002).

O'Connor, D.H., Fukui, M.M., Pinsk, M.A., and Kastner, S. "Attention modulates responses in the human lateral geniculate nucleus," *Nature Neurosci.* **5**:1203–1209 (2002).

O'Craven, K. and Kanwisher, N. "Mental imagery of faces and places activates corresponding stimulus-specific brain regions," *J. Cogn. Neursci.* **12**:1013–1023 (2000).

Öhman, A. and Soares, J.J. "Emotional conditioning to masked stimuli: Expectancies for aversive outcomes following nonrecognized fear-relevant stimuli," *J. Exp. Psychol. Gen.* **127**:69–82 (1998).

Ojemann, G.A., Ojemann, S.G., and Fried, I. "Lessons from the human brain: Neuronal activity related to cognition," *Neuroscientist* **4**:285–300 (1998).

Ojima, H. "Terminal morphology and distribution of corticothalamic fibers originating from layers 5 and 6 of cat primary auditory cortex," *Cerebral Cortex* **4**:646–663 (1994).

O'Keefe, J. and Nadel, L. *The Hippocampus as a Cognitive Map.* Oxford, UK: Clarendon (1978).

O'Keefe, J. and Recce, M.L. "Phase relationship btween hippocampal place units and the EEG theta rhythm," *Hippocampus* **3**:317–330 (1993).

Ono, H. and Barbeito, R. "Ultocular discrimination is not sufficient for utrocular identification," *Vision Res.* **25**:289–299 (1985).

O'Regan, J.K. "Solving the 'real' mysteries of visual perception: The world as an outside memory," *Canadian J. Psychol.* **46**:461–488 (1992).

O'Regan, J.K. and Noë, A. "A sensorimotor account of vision and visual consciousness," *Behav. Brain Sci.* **24**:939–1001 (2001).

O'Regan, J.K., Rensink, R.A., and Clark, J.J. "Change-blindness as a result of mud-splashes," *Nature* **398**:34 (1999).

O'Shea, R.P. and Corballis, P.M. "Binocular rivalry between complex stimuli in split-brain observers," *Brain & Mind* **2**:151–160 (2001).

Oxbury, J., Polkey, C.E., and Duchowny, M., eds. *Intractable Focal Epilepsy*. Philadelphia: Saunders (2000).

Pagels, H. *The Dreams of Reason*. New York: Simon and Schuster (1988).

Palm, G. *Neural Assemblies: An Alternative Approach to Artificial Intelligence*. Berlin: Springer (1982).

Palm, G. "Cell assemblies as a guideline for brain research," *Concepts Neurosci.* **1**:133–147 (1990).

Palmer, L.A., Jones, J.P., and Stepnoski, R.A. "Striate receptive fields as linear filters: Characterization in two dimensions of space." In: *The Neural Basis of Visual Function*. Leventhal, A.G., ed., pp. 246–265. Boca Raton, FL: CRC Press (1991).

Palmer, S. *Vision Science: Photons to Phenomenology*. Cambridge, MA: MIT Press (1999).

Pantages, E. and Dulac, C. "A novel family of candidate pheromone receptors in mammals," *Neuron* **28**:835–845 (2000).

Parasuraman, R., ed. *The Attentive Brain*. Cambridge, MA: MIT Press (1998).

Parker, A.J. and Krug, K. "Neuronal mechanisms for the perception of ambiguous stimuli," *Curr. Opinion Neurobiol.* **13**:433–439 (2003).

Parker, A.J. and Newsome, W.T. "Sense and the single neuron: Probing the physiology of perception," *Ann. Rev. Neurosci.* **21**:227–277 (1998).

Parra, G., Gulyas, A.I., and Miles, R. "How many subtypes of inhibitory cells in the hippocampus?" *Neuron* **20**:983–993 (1998).

Parvizi, J. and Damasio, A.R. "Consciousness and the brainstem," *Cognition* **79**:135–159 (2001).

Pashler, H.E. *The Psychology of Attention*. Cambridge, MA: MIT Press (1998).

Passingham, R. *The Frontal Lobes and Voluntary Action*. Oxford, UK: Oxford University Press (1993).

Pastor, M.A. and Artieda, J., eds. *Time, Internal Clocks, and Movement*. Amsterdam, Netherlands: Elsevier (1996).

Paulesu, E., Harrison, J., Baron-Cohen, S., Watson, J.D., Goldstein, L., Heather, J., Frackowiak, R.S.J., and Frith, C.D. "The physiology of coloured hearing. A PET activation study of colour-word synaesthesia," *Brain* **118**:661–676 (1995).

Payne, B.R., Lomber, S.G., Villa, A.E., and Bullier, J. "Reversible deactivation of cerebral network components," *Trends Neurosci.* **19**:535–542 (1996).

Pedley, T.A. and Guilleminault, C. "Episodic nocturnal wanderings responsive to anticonvulsant drug therapy," *Ann. Neurol.* **2**:30–35 (1977).

Penfield, W. *The Mystery of the Mind*. Princeton, NJ: Princeton University Press (1975).

Penfield, W. and Jasper, H. *Epilepsy and the Functional Anatomy of the Human Brain*. Boston: Little & Brown (1954).

Penfield, W. and Perot, P. "The brain's record of auditory and visual experience: A final summary and discussion," *Brain* **86**:595–696 (1963).

Penrose, R. *The Emperor's New Mind*. Oxford, UK: Oxford University Press (1989).

Penrose, R. *Shadows of the Mind*. Oxford, UK: Oxford University Press (1994).

Perenin, M.T. and Rossetti, Y. "Grasping without form discrimination in a hemianopic field," *Neuroreport* **7**:793–797 (1996).

Perez-Orive, J., Mazor, O., Turner, G.C., Cassenaer, S., Wilson, R.I., and Laurent, G. "Oscillations and sparsening of odor representation in the mushroom body," *Science* **297**:359–365 (2002).

Perrett, D.I., Hietanen, J.K., Oram, M.W., and Benson, P.J. "Organization and functions of cells responsive to faces in the temporal cortex," *Phil. Trans. Roy. Soc. Lond. B* **335**:23–30 (1992).

Perry, E., Ashton, H., and Young, A., eds. *Neurochemistry of Consciousness*. Amsterdam, Netherlands: John Benjamins (2002).

Perry, E., Walker, M., Grace, J., and Perry, R. "Acetylcholine in mind: A neurotransmitter correlate of consciousness," *Trends Neurosci.* **22**:273–280 (1999).

Perry, E. and Young, A. "Neurotransmitter networks." In: *Neurochemistry of Consciousness*. Perry, E., Ashton, H., and Young, A., eds., pp. 3–23. Amsterdam, Netherlands: John Benjamins (2002).

Pessoa, L. and DeWeerd, P., eds. *Filling-In: From Perceptual Completion to Cortical Reorganization*. New York: Oxford University Press (2003).

Pessoa, L., Thompson, E., and Noë, A. "Finding out about filling in: A guide to perceptual completion for visual science and the philosophy of perception," *Behavioral and Brain Sci.* **21**:723–802 (1998).

Peterhans, E. "Functional organization of area V2 in the awake monkey." In: *Cerebral Cortex, Vol 12*. Rockland, K.S., Kaas, J.H., and Peters, A., eds., pp. 335–358. New York: Plenum Press (1997).

Peterhans, E. and von der Heydt, R. "Subjective contours: Bridging the gap between psychophysics and physiology," *Trends Neurosci.* **14**:112–119 (1991).

Peters, A. and Rockland, K.S., eds. *Cerebral Cortex. Vol. 10*. New York: Plenum Press (1994).

Pettigrew, J.D. and Miller, S.M. "A 'sticky' interhemishperic switch in bipolar disorder?" *Proc. R. Soc. Lond. B Biol. Sci.* **265**:2141–2148 (1998).

Philbeck, J.W. and Loomis, J.M. "Comparisons of two indicators of perceived egocentric distance under full-cue and reduced-cue conditions," *J. Exp. Psychology: Human Perception & Performance* **23**:72–85 (1997).

Pickersgill, M.J. "On knowing with which eye one is seeing," *Quart. J. Exp. Psychol.* **13**:168–172 (1961).

Pitts, W. and McCulloch, W.S. "How we know universals: The perception of auditory and visual forms," *Bull. Math. Biophysics* **9**:127–147 (1947).

Plum, F. and Posner, J.B. *The Diagnosis of Stupor and Coma*. 3rd ed. Philadelphia: FA Davis (1983).

Pochon, J.-B., Levy, R., Poline, J.-B., Crozier, S., Lehéricy, S., Pillon, B., Deweer, B., Le Bihan, D., and Dubois, B. "The role of dorsolateral prefrontal cortex in the preparation of forthcoming actions: An fMRI study," *Cerebral Cortex* **11**:260–266 (2001).

Poggio, G.F. and Poggio, T. "The analysis of stereopsis," *Ann. Rev. Neurosci.* **7**:379–412 (1984).

Poggio, T. "A theory of how the brain might work," *Cold Spring Harbor Symp. Quant. Biol.* **55**:899–910 (1990).

Poggio, T., Torre, V., and Koch, C. "Computational vision and regularization theory," *Nature* **317**:314–319 (1985).

Poincaré, H. "Mathematical discovery." In: *Science and Method*. pp. 46–63. New York: Dover Books (1952).

Pollen, D.A. "Cortical areas in visual awareness," *Nature* **377**:293–294 (1995).

Pollen, D.A. "On the neural correlates of visual perception," *Cerebral Cortex* **9**:4–19 (1999).

Pollen, D.A. "Explicit neural representations, recursive neural networks and conscious visual perception," *Cerebral Cortex* **13**:807–814 (2003).

Polonsky, A., Blake, R., Braun, J., and Heeger, D. "Neuronal activity in human primary visual cortex correlates with perception during binocular rivalry," *Nature Neurosci.* **3**:1153–1159 (2000).

Polyak, S.L. *The Retina*. Chicago, IL: University of Chicago Press (1941).

Pöppel, E. "Time perception." In: *Handbook of Sensory Physiology. Vol. 8: Perception*. Held, R., Leibowitz, H.W., and Teuber, H.-L. eds., pp. 713–729. Berlin: Springer (1978).

Pöppel, E. "A hierarchical model of temporal perception," *Trends Cogn. Sci.* **1**:56–61 (1997).

Pöppel, E., Held, R., and Frost, D. "Residual visual function after brain wounds involving the central visual pathways in man," *Nature* **243**:295–296 (1973).

Pöppel, E. and Logothetis, N.K. "Neural oscillations in the brain. Discontinuous initiations of pursuit eye movements indicate a 30-Hz temporal framework for visual information processing," *Naturwissenschaften* **73**:267–268 (1986).

Popper, K.R. and Eccles, J.C. *The Self and its Brain*. Berlin: Springer (1977).

Porac, C. and Coren, S. "Sighting dominance and utrocular discrimination," *Percept. Psychophys.* **39**:449–41 (1986).

Posner, M.I. and Gilbert, C.D. "Attention and primary visual cortex," *Proc. Natl. Acad. Sci. USA* **16**:2585–2587 (1999).

Posner, M.I., Snyder, C.R.R. and Davidson, B.J. "Attention and the detection of signals," *J. exp. Psychol.: General* **109**:160–174 (1980).

Potter, M.C. "Very short-term conceptual memory," *Memory & Cognition* **21**:156–161 (1993).

Potter, M.C. and Levy, E.I. "Recognition memory for a rapid sequence of pictures," *J. Exp. Psychol.* **81**:10–15 (1969).

Pouget, A. and Sejnowski, T.J. "Spatial transformations in the parietal cortex using basis functions," *J. Cogn. Neurosci.* **9**:222–237 (1997).

Preuss, T.M. "What's human about the human brain?" In: *The New Cognitive Neurosciences*. 2nd ed., Gazzaniga, M.S., ed., pp. 1219–1234. Cambridge, MA: MIT Press (2000).

Preuss, T.M., Qi, H., and Kaas, J.H. "Distinctive compartmental organization of human primary visual cortex," *Proc. Natl. Acad. Sci. USA* **96**:11601–11606 (1999).

Pritchard, R.M., Heron, W., and Hebb, D.O. "Visual perception approached by the method of stabilized images," *Canad. J. Psychol.* **14**:67–77 (1960).

Proffitt, D.R., Bhalla, M., Gossweiler, R., and Midgett, J. "Perceiving geographical slant," *Psychonomic Bulletin & Rev.* **2**:409–428 (1995).

Przybyszewski, A.W., Gaska, J.P., Foote, W., and Pollen, D.A. "Striate cortex increases contrast gain of macaque LGN neurons," *Visual Neurosci.* **17**:485–494 (2000).

Puccetti, R. *The Trial of John and Henry Norton*. London: Hutchinson (1973).

Purpura, K.P. and Schiff, N.D. "The thalamic intralaminar nuclei: Role in visual awareness," *Neuroscientist* **3**:8–14 (1997).

Purves, D., Paydarfar, J.A., and Andrews, T.J. "The wagon wheel illusion in movies and reality," *Proc. Natl. Acad. Sci. USA* **93**:3693–3697 (1996).

Quinn, J.J., Oommen, S.S., Morrison, G.E., and Fanselow, M.S. "Post-training excitotoxic lesions of the dorsal hippocampus attenuate forward trace, backward trace, and delay fear conditioning in a temporally-specific manner," *Hippocampus* **12**:495–504 (2002).

Rafal, R.D. "Hemispatial neglect: Cognitive neuropsychological aspects." In: *Behavioral Neurology and Neuropsychology*. Feinberg, T.E. and Farah, M.J., eds., pp. 319–336. New York: McGraw-Hill (1997a).

Rafal, R.D. "Balint syndrome." In: *Behavioral Neurology and Neuropsychology*. Feinberg, T.E. and Farah, M.J., eds., pp. 337–356. New York: McGraw-Hill (1997b).

Rafal, R.D. and Posner, M. "Deficits in human visual spatial attention following thalamic lesions," *Proc. Natl. Acad. Sci. USA* **84**:7349–7353 (1987).

Rakic, P. "A small step for the cell, a giant leap for mankind: A hypothesis of neocortical expansion during evolution," *Trends Neurosci.* **18**:383–388 (1995).

Ramachandran, V.S. "Blind spots," *Sci. Am.* **266**:86–91 (1992).

Ramachandran, V.S. and Gregory, R.L. "Perceptual filling in of artificially induced scotomas in human vision," *Nature* **350**:699–702 (1991).

Ramachandram, V.S. and Hubbard, E.M. "Psychophysical investigations into the neural basis of synaesthesia," *Proc. R. Soc. Lond. B* **268**:979–983 (2001).

Ramòn y Cajal, S. "New ideas on the structure of the nervous system of man and vertebrates." Translated by Swanson, N. and Swanson, L.M. from *Les nouvelles idées sur la structure du système nerveux chez l'homme et chez les vertébrés*. Cambridge, MA: MIT Press (1991).

Rao, R.P.N. and Ballard, D.H. "Predictive coding in the visual cortex: A functional interpretation of some extra-classical receptive-field effects," *Nature Neurosci.* **2**:79–87 (1999).

Rao, R.P.N, Olshausen, B.A., and Lewicki, M.S., eds. *Probabilistic Models of the Brain.* Cambridge, MA: MIT Press (2002).

Rao, S.C., Rainer, G., and Miller, E.K. "Integration of what and where in the primate prefrontal cortex," *Science* **276**:821–824 (1997).

Ratliff, F. and Hartline, H.K. "The responses of Limulus optic nerve fibers to patterns of illumination on the receptor mosaic," *J. Gen. Physiol.* **42**:1241–1255 (1959).

Ray, P.G., Meador, K.J., Smith, J.R., Wheless, J.W., Sittenfeld, M., and Clifton, G.L. "Cortical stimulation and recording in humans," *Neurology* **52**:1044–1049 (1999).

Reddy, L., Wilken, P., and Koch, C. "Face-gender discrimination in the near-absence of attention," *J. Vision*, in press (2004).

Rees, G., Friston, K., and Koch, C. "A direct quantitative relationship between the functional properties of human and macaque V5," *Nature Neurosci.* **3**:716–723 (2000).

Rees, G., Wojciulik, E., Clarke, K., Husain, M., Frith, C., and Driver, J. "Unconscious activation of visual cortex in the damaged right hemisphere of a parietal patient with extinction," *Brain* **123**:1624–1633 (2000).

Reeves, A.G., ed. *Epilepsy and the Corpus Callosum.* New York: Plenum Press (1985).

Reingold, E.M. and Merikle, P.M. "On the inter-relatedness of theory and measurement in the study of unconscious processes," *Mind Lang.* **5**:9–28 (1990).

Rempel-Clower, N.L. and Barbas, H. "The laminar pattern of connections between prefrontal and anterior temporal cortices in the rhesus monkey is related to cortical structure and function," *Cerebral Cortex* **10**:851–865 (2000).

Rensink, R.A. "Seeing, sensing, and scrutinizing," *Vision Res.* **40**:1469–1487 (2000a).

Rensink, R.A. "The dynamic representation of scenes," *Visual Cognition* **7**:17–42 (2000b).

Rensink, R.A., O'Regan, J.K., and Clark, J.J. "To see or not to see: The need for attention to perceive changes in scenes," *Psychological Sci.* **8**:368–373 (1997).

Revonsuo, A. "The reinterpretation of dreams: An evolutionary hypothesis of the function of dreaming," *Behav. Brain Sci.* **23**:877–901 (2000).

Revonsuo, A., Johanson, M., Wedlund, J.-E., and Chaplin, J. "The zombie among us." In: *Beyond Dissociation.* Rossetti, Y. and Revonsuo, A., eds., pp. 331–351. Amsterdam, Netherlands: John Benjamins (2000).

Revonsuo, A., Wilenius-Emet, M., Kuusela, J., and Lehto, M. "The neural generation of a unified illusion in human vision," *Neuroreport* **8**:3867–3870 (1997).

Reynolds, J.H., Chelazzi, L., and Desimone, R. "Competitive mechanisms subserve attention in macaque areas V2 and V4," *J. Neurosci.* **19**:1736–1753 (1999).

Reynolds, J.H. and Desimone, R. "The role of neural mechanisms of attention in solving the binding problem," *Neuron* **24**:19–29 (1999).

Rhodes P.A. and Llinás, R.R. "Apical tuft input efficacy in layer 5 pyramidal cells from rat visual cortex," *J. Physiol.* **536**:167–187 (2001).

Ricci, C. and Blundo, C. "Perception of ambiguous figures after focal brain lesions," *Neuropsychologia* **28**:1163–73 (1990).

Riddoch, M.J. and Humphreys, G.W. "17 + 14 = 41? Three cases of working memory impairment." In: *Broken Memories: Case Studies in Memory Impairment*. Campbell, R. and Conway, M.A., eds., pp. 253–266. Oxford, UK: Blackwell (1995).

Ridley, M. *Nature Via Nurture*. New York: Harper Collins (2003).

Rieke, F., Warland, D., van Steveninck, R.R.D., and Bialek, W. *Spikes: Exploring the Neural Code*. Cambridge, MA: MIT Press (1996).

Ritz, R. and Sejnowski, T.J. "Synchronous oscillatory activity in sensory systems: New vistas on mechanisms," *Curr. Opinion Neurobiol.* 7:536–546 (1997).

Rizzuto, D.S., Madsen, J.R., Bromfield, E.B., Schulze-Bonhage, A., Seelig, D., Aschenbrenner-Scheibe, R., and Kahana, M.J. "Reset of human neocortical oscillations during a working memory task," *Proc. Natl. Acad. Sci. USA* 100:7931–7936 (2003).

Robertson, L. "Binding, spatial attention, and perceptual awareness," *Nature Rev. Neurosci.* 4:93–102 (2003).

Robertson, I.H. and Marshall, J.C., eds. *Unilateral Neglect: Clinical and Experimental Studies*. Hove, UK: Lawrence Erlbaum (1993).

Robertson, L., Treisman, A., Friedman-Hill, S., and Grabowecky, M. "The interaction of spatial and object pathways: Evidence from Balint's syndrome," *J. Cogn. Neurosci.* 9:295–317 (1997).

Robinson, D.L. and Cowie, R.J. "The primate pulvinar: Stuctural, functional, and behavioral components of visual salience." In: *The Thalamus*. Jones, E.G., Steriade, M., and McCormick, D.A., eds., pp. 53–92. Amsterdam: Elsevier (1997).

Robinson, D.L. and Petersen, S.E. "The pulvinar and visual salience," *Trends Neurosci.* 15:127–132 (1992).

Rock, I. and Gutman, D. "The effect of inattention on form perception," *J. Exp. Psychol. Hum. Perception & Performance* 7:275–285 (1981).

Rockel, A.J., Hiorns, R.W., and Powell, T.P.S. "The basic uniformity in structure of the neocortex," *Brain* 103:221–244 (1980).

Rockland, K.S. "Further evidence for two types of corticopulvinar neurons," *Neuroreport* 5:1865–1868 (1994).

Rockland, K.S. "Two types of corticopulvinar terminations: Round (type 2) and elongate (type 1)," *J. Comp. Neurol.* 368:57–87 (1996).

Rockland, K.S. "Elements of cortical architecture: Hierarchy revisited." In: *Cerebral Cortex, Vol. 12*. Rockland, K.S., Kaas, J.H., and Peters, A., eds., pp. 243–293. New York: Plenum Press (1997).

Rockland, K.S. and Pandya, D.N. "Laminar origins and terminations of cortical connections of the occipital lobe in the rhesus monkey," *Brain Res.* 179:3–20 (1979).

Rockland, K.S. and Van Hoesen, G.W. "Direct temporal-occipital feedback connections to striate cortex (V1) in the macaque monkey," *Cerebral Cortex* 4:300–313 (1994).

Rodieck, R.W. *The First Steps in Seeing*. Sunderland, MA: Sinauer Associates (1998).

Rodieck, R.W., Binmoeller, K.F., and Dineen, J.T. "Parasol and midget ganglion cells of the human retina," *J. Comp. Neurol.* 233:115–132 (1985).

Rodriguez, E., George, N., Lachaux, J.-P., Martinerie, J., Renault, B., and Varela, F.J. "Perception's shadow: Long-distance synchronziation of human brain activity," *Nature* **397**:430–433 (1999).

Roe, A.W. and Ts'o, D.Y. "The functional architecture of area V2 in the macaque monkey: Physiology, topography, and connectivity." In *Cerebral Cortex, Vol 12: Extrastriate Cortex in Primates*, Rockland, K.S., Kaas, J.H., and Peters, A., eds., pp. 295–334. New York: Plenum Press (1997).

Roelfsema, P.R., Lamme, V.A.F., and Spekreijse, H. "Oject-based attention in the primary visual cortex of the macaque monkey," *Nature* **395**:376–381 (1998).

Rolls, E.T. "Spatial view cells and the representation of place in the primate hippocampus," *Hippocampus* **9**:467–480 (1999).

Rolls, E.T., Aggelopoulos, N.C., and Zheng, F. "The receptive fields of inferior temporal cortex neurons in natural scenes," *J. Neurosci.* **23**:339–348 (2003).

Rolls, E.T. and Deco, G. *Computational Neuroscience of Vision*. Oxford, UK: Oxford University Press (2002).

Rolls, E.T. and Tovee, M.J. "Processing speed in the cerebral cortex and the neurophysiology of visual masking," *Proc. R. Soc. Lond. B* **257**:9–15 (1994).

Rolls, E.T. and Tovee, M.J. "The responses of single neurons in the temporal visual cortical areas of the macaque when more than one stimulus is present in the receptive field," *Exp. Brain Res.* **103**:409–420 (1995).

Romo, R., Brody, C.D., Hernández, A., and Lemus, L. "Neuronal correlates of parametric working memory in the prefrontal cortex," *Nature* **399**:470–473 (1999).

Roorda, A. and Williams, D.R. "The arrangement of the three cone classes in the living human eye," *Nature* **397**:520–522 (1999).

Rosen, M. and Lunn, J.N., eds. *Consciousness, Awareness, and Pain in General Anaesthesia*. London: Butterworths (1987).

Rossen, R., Kabat, H., and Anderson, J.P. "Acute arrest of cerebral circulation in man," *Arch. Neurol. Psychiatry* **50**:510–528 (1943).

Rossetti, Y. "Implicit short-lived motor representations of space in brain damaged and healthy subjects," *Consc. & Cognition* **7**:520–558 (1998).

Rousselet, G., Fabre-Thorpe, M., and Thorpe, S. "Parallel processing in high-level visual scene categorization," *Nature Neurosci.* **5**:629–630 (2002).

Ryle, G. *The Concept of the Mind* London: Hutchinson (1949).

Sacks, O. *Migraine*. Rev. ed. Berkeley, CA: University of California Press (1970).

Sacks, O. *Awakenings*. New York: E.P. Dutton (1973).

Sacks, O. *A Leg to Stand On*. New York: Summit Books (1984).

Sacks, O. *The Man Who Mistook His Wife for a Hat*. New York: Harper & Row (1985).

Sacks, O. "The mind's eye: What the blind see." *The New Yorker*, July 28, pp. 48–59 (2003).

Saenz, M., Buracas, G.T., and Boynton, G.M. "Global effects of feature-based attention in human visual cortex," *Nature Neurosci.* **5**:631–632 (2002).

Saint-Cyr, J.A., Ungerleider, L.G., and Desimone, R. "Organization of visual cortical inputs to the striatum and subsequent outputs to the pallido-nigral complex in the monkey," *J. Compa. Neurol.* **298**:129–156 (1990).

Sakai, K., Watanabe, E., Onodera, Y., Uchida, I., Kato, H., Yamamoto, E., Koizumi, H., and Miyashita, Y. "Functional mapping of the human colour centre with echo-planar magnetic resonance imaging," *Proc. R. Soc. Lond. B* **261**:89–98 (1995).

Saleem, K.S., Suzuki, W., Tanaka, K., and Hashikawa, T. "Connections between anterior inferotemporal cortex and superior temporal sulcus regions in the macaque monkey," *J. Neurosci.* **20**:5083–5101 (2000).

Salin, P.-A. and Bullier, J. "Corticocortical connections in the visual system: Structure and Function," *Physiol. Rev.* **75**:107–154 (1995).

Salinas, E. and Abbott, L.F. "Transfer of coded information from sensory to motor networks," *J. Neurosci.* **15**:6461–6474 (1995).

Salinas, E. and Sejnowski, T.J. "Correlated neuronal activity and the flow of neural information," *Nature Rev. Neurosci.* **2**:539–550 (2001).

Salzman, C.D., Murasugi, C.M., Britten, K.H., and Newsome, W.T. "Microstimulation in visual area MT: Effects on direction discrimination performance," *J. Neurosci.* **12**:2331–2355 (1992).

Salzman, C.D. and Newsome, W.T. "Neural mechanisms for forming a perceptual decision," *Science* **264**:231–237 (1994).

Sammon, P.M. *Future Noir: The Making of Blade Runner.* New York, HarperPrims (1996).

Sanderson, M.J. "Intercellular waves of communication," *New Physiol. Sci.* **11**:262–269 (1996).

Sanford, A.J. "A periodic basis for perception and action." In: *Biological Rhythms and Human Performance.* Colquhuon, W., ed., pp. 179–209. New York: Academic Press (1971).

Savic, I. "Imaging of brain activation by odorants in humans," *Curr. Opinion Neurobiol.* **12**:455–461 (2002).

Savic, I., Berglund, H., Gulyas, B., and Roland, P. "Smelling of odorous sex hormone-like compounds causes sex-differentiated hypothalamic activations in humans," *Neuron* **31**:661–668 (2001).

Sawatari, A. and Callaway, E.M. "Diversity and cell type specificity of local excitatory connections to neurons in layer 3B of monkey primary visual cortex," *Neuron* **25**:459–471 (2000).

Scalaidhe, S.P., Wilson, F.A., and Goldman-Rakic, P.S. "Areal segregation of face-processing neurons in prefrontal cortex," *Science* **278**:1135–1138 (1997).

Schall, J.D. "Neural basis of saccadic eye movements in primates." In: *The Neural Basis of Visual Function.* Leventhal, A.G., ed., pp. 388–441. Boca Raton, FL: CRC Press (1991).

Schall, J.D. "Visuomotor areas of the frontal lobe. In: *Cerebral Cortex. Vol. 12.* Rockland, K.S., Kaas, J.H., and Peters, A., eds., pp. 527–638. New York: Plenum Press (1997).

Schall, J.D. "Neural basis of deciding, choosing and acting," *Nature Rev. Neurosci.* **2**:33–42 (2001).

Schank, J.C. "Menstrual-cycle synchrony: Problems and new directions for research," *J. Comp. Psychology* **115**:3–15 (2001).

Schenck, C.H. and Mahowald, M.W. "An analysis of a recent criminal trial involving sexual misconduct with a child, alcohol abuse and a successful sleepwalking defence: Arguments supporting two proposed new forensic categories," *Med. Sci. Law* **38**:147–152 (1998).

Schiff, N.D. "The neurology of impaired consciousness: Challenges for cognitive neuroscience." In: *The New Cognitive Neurosciences*. Gazzaniga, M., ed. Cambridge, MA: MIT Press (2004).

Schiff, N.D. and Plum, F. "The role of arousal and 'gating' systems in the neurology of impaired consciousness," *J. Clinical Neurophysiol.* **17**:438–452 (2000).

Schiffer, F. "Can the different cerebral hemispheres have distinct personalities? Evidence and its implications for theory and treatment of PTSD and other disorders?" *J. Traum. Dissoc.* **1**:83–104 (2000).

Schiller, P.H. and Chou, I.H. "The effects of frontal eye field and dorsomedial frontal-cortex lesions on visually guided eye-movements," *Nature Neurosci.* **1**:248–253 (1998).

Schiller, P.H. and Logothetis, N.K. "The color-opponent and broad-based channels of the primate visual system," *Trends Neurosci.* **13**:392–398 (1990).

Schiller, P.H., True, S.D., and Conway, J.L. "Effects of frontal eye field and superior colliculus ablations on eye movements," *Science* **206**:590–592 (1979).

Schlag, J. and Schlag-Rey, M. "Visuomotor functions of central thalamus in monkey. II. Unit activity related to visual events, targeting, and fixation," *J. Neurophysiol.* **51**:1175–1195 (1984).

Schlag, J. and Schlag-Rey, M. "Through the eye, slowly: Delays and localization errors in the visual system," *Nature Rev. Neurosci.* **3**:191–215 (2002).

Schmidt, E.M., Bak, M.J., Hambrecht, F.T., Kufta, C.V., O'Rourke, D.K., and Vallabhanath, P. "Feasibility of a visual prosthesis for the blind based on intracortical microstimulation of the visual cortex," *Brain* **119**:507–522 (1996).

Schmolesky, M.T., Wang, Y., Hanes, D.P., Leutgeb, S., Schall, J.B., and Leventhal, A.G. "Signal timing across the macaque visual system," *J. Neurophysiol.* **79**:3272–3280 (1998).

Schooler, J.W. and Melcher, J. "The ineffability of insight." In: *The Creative Cognition Approach*. Smith, S.M., Ward, T.B., and Finke, R.A., eds., pp. 97–133. Cambridge, MA: MIT Press (1995).

Schooler, J.W., Ohlsson, S., and Brooks, K. "Thoughts beyond words: When language overshadows insight," *J. Exp. Psychol. Gen.* **122**:166–183 (1993).

Schrödinger, E. *What Is Life?* Cambridge, UK: Cambridge University Press (1944).

Scoville, W.B. and Milner, B. "Loss of recent memory after bilateral hippocampal lesions," *J. Neurochem.* **20**:11–21 (1957).

Searle, J.R. *The Mystery of Consciousness*. New York: The New York Review of Books (1997).
Searle, J.R. "Consciousness," *Ann. Rev. Neurosci.* **23**:557–578 (2000).
Seckel, A. *The Art of Optical Illusions*. Carlton Books (2000).
Seckel, A. *More Optical Illusions*. Carlton Books (2002).
Sennholz, G. "Bispectral analysis technology and equipment," *Minerva Anestesiol.* **66**:386–388 (2000).
Shadlen, M.N., Britten, K.H., Newsome, W.T., and Movshon, J.A. "A computational analysis of the relationship between neuronal and behavioral responses to visual motion," *J. Neurosci.* **16**:1486–1510 (1996).
Shadlen, M.N. and Movshon, J.A. "Synchrony unbound: A critical evaluation of the temporal binding hypothesis," *Neuron* **24**:67–77 (1999).
Shallice, T. *From Neuropsychology to Mental Structure*. Cambridge, UK: Cambridge University Press (1988).
Shapley, R. and Ringach, D. "Dynamics of responses in visual cortex." In: *The New Cognitive Neurosciences*. 2nd ed., Gazzaniga, M.S., ed., pp. 253–261. Cambridge, MA: MIT Press (2000).
Shear, J., ed. *Explaining Consciousness: The Hard Problem*. Cambridge, MA: MIT Press (1997).
Sheinberg, D.L. and Logothetis, N.K. "The role of temporal cortical areas in perceptual organization," *Proc. Natl. Acad. Sci. USA* **94**:3408–3413 (1997).
Sheinberg, D.L. and Logothetis, N.K. "Noticing familiar objects in real world scenes: The role of temporal cortical neurons in natural vision," *J. Neurosci.* **15**:1340–1350 (2001).
Sheliga, B.M., Riggio, L., and Rizzolatti, G. "Orienting of attention and eye movements," *Exp. Brain Res.* **98**:507–522 (1994).
Shepherd, G.M. *Foundations of the Neuron Doctrine*. New York: Oxford University Press (1991).
Shepherd, M., Findlay, J.M., and Hockey, R.J. "The relationship between eye movements and spatial attention," *Quart. J. Exp. Psychol.* **38**:475–491 (1986).
Sherk, H. "The claustrum." In: *Cerebral Cortex Vol. 5*. Jones, E.G. and Peters, A., eds., pp. 467–499. New York: Plenum (1986).
Sherman, S.M. and Guillery, R. *Exploring the Thalamus*. San Diego, CA: Academic Press (2001).
Sherman, S.M. and Koch, C. "Thalamus." In: *The Synaptic Organization of the Brain*. 4th ed., Shepherd, G. ed., pp. 289–328. New York: Oxford University Press (1998).
Sheth, B.R., Nijhawan, R., and Shimojo, S. "Changing objects lead briefly flashed ones," *Nature Neurosci.* **3**:489–495 (2000).
Shimojo, S., Tanaka, Y., and Watanabe, K. "Stimulus-driven facilitation and inhibition of visual information processing in environmental and retinotopic representations of space," *Brain Res. Cogn. Brain Res.* **5**:11–21 (1996).
Siegel, J.M. "Nacrolepsy," *Scientific American* **282**:76–81 (2000).

Siewert, C.P. *The Significance of Consciousness*. Princeton, NJ: Princeton University Press (1998).
Simons, D.J. and Chabris, C.F. "Gorillas in our midst: Sustained inattentional blindness for dynamic events," *Perception* **28**:1059–1074 (1999).
Simons, D.J. and Levin, D.T. "Change blindness," *Trends Cogn. Sci.* **1**:261–267 (1997).
Simons, D.J. and Levin, D.T. "Failure to detect changes to people during a real-world interaction," *Psychonomic Bull. & Rev.* **5**:644–649 (1998).
Simpson, J. *Touching the Void*. New York: HarperPerennial (1988).
Singer, W. "Neuronal synchrony: A versatile code for the definition of relations?" *Neuron* **24**:49–65 (1999).
Skoyles, J.R. "Another variety of vision," *Trends Neurosci.* **20**:22–23 (1997).
Slimko, E.M., McKinney, S., Anderson, D.J., Davidson, N., and Lester, H.A. "Selective electrical silencing of mammalian neurons in vitro by the use of invertebrate ligand-gated chloride channels," *J. Neurosci.* **22**:7373–7379 (2002).
Smith, S. "Utrocular, or 'which eye' discrimination," *J. Exp. Psychology* **35**:1–14 (1945).
Snyder, L.H., Batista, A.P., and Andersen, R.A. "Intention-related activity in the posterior parietal cortex: A review," *Vis. Res.* **40**:1433–1441 (2000).
Sobel, E.S. and Tank, D.W. "In vivo Ca^{2+} dynamics in a cricket auditory neuron: An example of chemical computation," *Science* **263**:823–826 (1994).
Sobel, N., Prabhakaran, V., Hartely, C.A., Desmond, J.E., Glover, G.H., Sullivan, E.V., and Gabrieli, D.E. "Blindsmell: Brain activation induced by an undetected air-borne chemical," *Brain* **122**:209–217 (1999).
Softky, W.R. "Simple codes versus efficient codes," *Curr. Opinion Neurobiol.* **5**:239–247 (1995).
Solms, M. *The Neuropsychology of Dreams*. Mahwah, NJ: Lawrence Erlbaum (1997).
Somers, D.C., Dale, A.M., Seiffert, A.E., and Tootell, R.B. "Functional MRI reveals spatially specific attentional modulation in human primary visual cortex," *Proc. Natl. Acad. Sci. USA* **96**:1663–1668 (1999).
Sperling, G. "The information available in brief presentation," *Psychological Monographs* **74**. Whole No. 498 (1960).
Sperling, G. and Dosher, B. "Strategy and optimization in human information processing." In: *Handbook of Perception and Performance* Vol. 1. Boff, K., Kaufman, L., and Thomas, J., eds., pp. 1–65. New York: Wiley (1986).
Sperling, G. and Weichselgartner, E. "Episodic theory of the dynamics of spatial attention," *Psych. Rev.* **102**:503–532 (1995).
Sperry, R.W. "Cerebral organization and behavior," *Science* **133**:1749–1757 (1961).
Sperry, R.W. "Lateral specialization in the surgically separated hemispheres." In: *Neuroscience 3rd Study Program*. Schmitt, F.O. and Worden, F.G., eds. Cambridge, MA: MIT Press (1974).
Spinelli, D.W., Pribram, K.H., and Weingarten, M. "Centrifugal optic nerve responses evoked by auditory and somatic stimulation," *Exp. Neurol.* **12**:303–318 (1965).
Sprague, J.M. "Interaction of cortex and superior colliculus in mediation of visually guided behavior in the cat," *Science* **153**:1544–1547 (1966).

Squire, L.R. and Kandel, E.R. *Memory: From Mind to Molecules.* New York: Scientific American Library, Freeman (1999).

Standing, L. "Learning 10,000 pictures," *Quart. J. Exp. Psychol.* **25**:207–222 (1973).

Stapledon, O. *Star Maker.* New York: Dover Publications (1937).

Steinmetz, P.N., Roy, A., Fitzgerald, P.J., Hsiao, S.S., Johnson, K.O., and Niebur, E. "Attention modulates synchronized neuronal firing in primary somatosensory cortex," *Nature* **404**:187–190 (2000).

Steriade, M. and McCarley, R.W. *Brainstem Control of Wakefullness and Sleep.* New York: Plenum Press (1990).

Stern, K. and McClintock, M.K. "Regulation of ovulation by human pheromones," *Nature* **392**:177–179 (1998).

Sternberg, E.M. "Piercing together a puzzling world: Memento," *Science* **292**:1661–1662 (2001).

Sternberg, S. "High-speed scanning in human memory," *Science* **153**:652–654 (1966).

Stevens, C.F. "Neuronal diversity: Too many cell types for comfort?" *Curr. Biol.* **8**:R708–R710 (1998).

Stevens, R. "Western phenomenological approaches to the study of conscious experience and their implications." In: *Methodologies for the Study of Consciousness: A New Synthesis.* Richardson, J. and Velmans, M., eds., pp. 100–123. Kalamazoo, MI: Fetzer Institute (1997).

Stoerig, P. and Barth, E. "Low-level phenomenal vision despite unilateral destruction of primary visual cortex," *Consc. & Cognition* **10**:574–587 (2001).

Stoerig, P., Zontanou, A., and Cowey, A. "Aware or unaware: Assessment of cortical blindness in four men and a monkey," *Cerebral Cortex* **12**:565–574 (2002).

Stopfer, M., Bhagavan, S., Smith, B.H., and Laurent, G. "Impaired odour discrimination on desynchronization of odour-encoding neural assemblies," *Nature* **390**:70–74 (1997).

Stowers, L., Holy, T.E., Meister, M., Dulac, C., and Koentges, G. "Loss of sex discrimination and male-male aggression in mice deficient for TRP2," *Science* **295**:1493–1500 (2002).

Strayer, D.L. and Johnston, W.A. "Driven to distraction: Dual-task studies of simulated driving and conversing on a cellular phone," *Psychol. Sci.* **12**:462–466 (2001).

Stroud, J.M. "The fine structure of psychological time." In: *Information Theory in Psychology.* Quastler, H., ed., pp. 174–205. Glencoe, IL: Free Press (1956).

Strawson, G. *Mental Reality.* Cambridge, MA: MIT Press (1996).

Supèr, H., Spekreijse, H., and Lamme, V.A.F. "Two distinct modes of sensory processing observed in monkey primary visual cortex," *Nature Neurosci.* **4**:304–310 (2001).

Swick, D. and Knight, R.T. "Cortical lesions and attention." In: *The Attentive Brain.* Parasurama R., ed., pp. 143–161. Cambridge, MA: MIT Press (1998).

Swindale, N.V. "How many maps are there in visual cortex," *Cerebral Cortex* **10**:633–643 (2000).

Tallal, P., Merzenich, M., Miller, S., and Jenkins, W. "Language learning impairment: Integrating basic science, technology and remediation," *Exp. Brain Res.* **123**:210–219 (1998).

Tallon-Baudry, C. and Bertrand, O. "Oscillatory gamma activity in humans and its role in object representation," *Trends Cogn. Sci.* **3**:151–161 (1999).

Tamura, H. and Tanaka, K. "Visual response properties of cells in the ventral and dorsal parts of the macque inferotemporal cortex," *Cerebral Cortex* **11**:384–399 (2001).

Tanaka, K. "Inferotemporal cortex and object vision," *Ann. Rev. Neurosci.* **19**:109–139 (1996).

Tanaka, K. "Columnar organization in the inferotemporal cortex." In: *Cerebral Cortex. Vol. 12.* Rockland, K.S., Kaas, J.H., and Peters, A., eds., pp. 469–498. New York: Plenum Press (1997).

Tanaka, K. "Columns for complex visual object features in the inferotemporal cortex: Clustering of cells with similar but slightly different stimulus selectivities," *Cerebral Cortex* **13**:90–99 (2003).

Tang, S. and Guo, A. "Choice behavior of Drosophila facing contradictory visual cues," *Science* **294**:1543–1547 (2001).

Tang, Y.-P., Shimizu, E., Dube, G.R., Rampon, C., Kerchner, G.A., Zhuo, M., Liu, G., and Tsien, J.Z. "Genetic enhancement of learning and memory in mice," *Nature* **401**:63–69 (1999).

Taylor, J.G. *The Race for Consciousness.* Cambridge, UK: MIT Press (1998).

Taylor, J.L. and McCloskey, D.I. "Triggering of preprogrammed movements as reactions to masked stimuli," *J. Neurophysiol.* **63**:439–444 (1990).

Teller, D.Y. "Linking propositions," *Vision Res.* **24**:1233–1246 (1984).

Teller, D.Y. and Pugh, E.N. Jr. "Linking propositions in color vision." In: *Color Vision: Physiology and Psychophysics.* Mollon, J.D. and Sharpe, L.T., eds., London: Academic Press (1983).

Thiele, A., Henning, P., Kubschik, M., and Hoffmann, K.-P. "Neural mechanisms of saccadic suppression," *Science* **295**:2460–2462 (2002).

Thiele, A. and Stoner, G. "Neuronal synchrony does not correlate with motion coherence in cortical area MT," *Nature* **23**:366–370 (2003).

Thier P., Haarmeier, T., Treue, S., and Barash, S. "Absence of a common functional denominator of visual disturbance in cerebellar disease," *Brain* **122**:2133–2146 (1999).

Thomas, O.M., Cumming, B.G., and Parker, A.J. "A specialization for relative disparity in V2," *Nature Neurosci.* **5**:472–478 (2002).

Thompson, K.G. and Schall, J.D. "The detection of visual signals by macaque frontal eye field during masking," *Nature Neurosci.* **2**:283–288 (1999).

Thompson, K.G., and Schall, J.D. "Antecedents and correlates of visual detection and awareness in macaque prefrontal cortex," *Vision Res.* **40**:1523–1538 (2000).

Thorpe, S., Fize, D., and Marlot, C. "Speed of processing in the human visual system," *Nature* **381**:520–522 (1996).

Tolias, A.S., Smirnakis, S.M., Augath, M.A., Trinath, T., and Logothetis, N.K. "Motion processing in the macaque: Revisited with functional magnetic resonance imaging," *J. Neurosci.* **21**:8594–8601 (2001).

Tomita, H., Ohbayashi, M., Nakahara, K., Hasegawa, I., and Miyashita, Y. "Top-down signal from prefrontal cortex in executive control of memory retrieval," *Nature* **401**:699–703 (1999).

Tong, F. and Engel, S.A. "Interocular rivalry revealed in the human cortical blind-spot representation," *Nature* **411**:195–199 (2001).

Tong, F., Nakayama, K., Vaughan, J.T., and Kanwisher, N. "Binocular rivalry and visual awareness in human extrastriate cortex," *Neuron* **21**:753–759 (1998).

Tong, F., Nakayama, K., Moscovitch, M., Weinrib, O., and Kanwisher, N. "Response properties of the human fusiform face area," *Cogn. Neuropsychol.* **17**:257–279 (2000).

Tononi, G. and Edelman, G.M. "Consciousness and complexity," *Science* **282**:1846–1851 (1998).

Tootell, R.B. and Hadjikhani, N. "Where is 'dorsal V4' in human visual cortex? Retinotopic, topographic, and functional evidence," *Cerebral Cortex* **11**:298–311 (2001).

Tootell, R.B., Hadjikhani, N., Mendola, J.D., Marrett, S., and Dale, A.M. "From retinotopy to recognition: Functional MRI in human visual cortex," *Trends Cogn. Sci.* **2**:174–183 (1998).

Tootell, R.B., Mendola, J.D., Hadjikhani, N., Ledden, P.J., Liu, A.K., Reppas, J.B., Sereno, M.I., and Dale, A.M. "Functional analysis of V3A and related areas in human visual cortex," *J. Neurosci.* **17**:7060–7078 (1997).

Tootell, R.B., Reppas, J.B., Dale, A.M., Look, R.B., Sereno, M.I., Malach, R., Brady, T.J., and Rosen, B.R. "Visual motion aftereffect in human cortical area MT revealed by functional magnetic resonance imaging," *Nature* **375**:139–141 (1995).

Tootell, R.B. and Taylor, J.B. "Anatomical evidence for MT and additional cortical visual areas in humans," *Cerebral Cortex* **5**:39–55 (1995).

Tranel, D. and Damasio, A.R. "Knowledge without awareness: An autonomic index of facial recognition by prosopagnosics," *Science* **228**:1453–1454 (1985).

Treisman, A. "Features and Objects: The Fourteenth Bartlett Memorial Lecture," *Quart. J. Exp. Psychology* **40A**:201–237 (1988).

Treisman, A. "The binding problem," *Curr. Opinion Neurobiol.* **6**:171–178 (1996).

Treisman, A. "Feature binding, attention and object perception," *Proc. R. Soc. Lond. B* **353**:1295–1306 (1998).

Treisman, A. and Gelade, G. "A feature-integration theory of attention," *Cogn. Psychol.* **12**:97–136 (1980).

Treisman, A. and Schmidt, H. "Illusory conjunctions in the perception of objects," *Cogn. Psychol.* **14**:107–141 (1982).

Treue, S. and Martinez-Trujillo, J.C. "Feature-based attention influences motion processing gain in macaque visual cortex," *Nature* **399**:575–578 (1999).

Treue, S. and Maunsell, J.H.R. "Attentional modulation of visual motion processing in cortical areas MT and MST," *Nature* **382**:539–541 (1996).

Tsal, Y. "Do illusory conjunctions support feature integration theory? A critical review of theory and findings," *J. Exp. Psychol. Hum. Percept. Perform.* **15**:394–400 (1989).

Tsotsos, J.K. "Analyzing vision at the complexity level," *Behav.Brain Sci.* **13**:423–469 (1990).

Tsunoda, K., Yamane, Y., Nishizaki, M., and Tanifuji, M. "Complex objects represented in macaque inferotemporal cortex by the combination of feature columns," *Nature Neurosci.* **4**:832–838 (2001).

Tully, T. "Toward a molecular biology of memory: The light's coming on!," *Nature Neurosci.* **1**:543–545 (1998).

Tully, T. and Quinn, W.G. "Classical conditioning and retention in normal and mutant Drosophila melanogaster," *J. Comp. Physiol. A* **157**:263–277 (1985).

Tulunay-Keesey, Ü. "Fading of stabilized retina images," *J. Opt. Soc. Am.* **72**:440–447 (1982).

Tulving, E. "Memory and consciousness," *Canadian Psychology* **26**:1–26 (1985).

Tulving, E. "Varieties of consciousness and levels of awareness in memory." In: *Attention: Selection, Awareness and Control. A Tribute to Donald Broadbent.* Baddeley, A. and Weiskrantz, L., eds., pp. 283–299. Oxford, UK: Oxford University Press (1993).

Turing, A. "Computing machinery and intelligence," *Mind* **59**:433–460 (1950).

Ullman, S. "Visual routines," *Cognition* **18**:97–159 (1984).

Ungerleider, L.G. and Mishkin, M. "Two cortical visual systems." In: *Analysis of Visual Behavior.* Ingle, D.J., Goodale, M.A., and Mansfield, R.J.W., eds., pp. 549–586. Cambridge, MA: MIT Press (1982).

Vallar, G. and Shallice, T., eds. *Neuropsychological Impairments of Short-Term Memory.* Cambridge, UK: Cambridge University Press (1990).

Vanduffel, W., Fize, D., Peuskens, H., Denys, K., Sunaert, S., Todd, J.T., and Orban, G.A. "Extracting 3D from motion: Differences in human and monkey intraparietal cortex," *Science* **298**:413–415 (2002).

Van Essen, D.C. and Gallant, J.L. "Neural mechanisms of form and motion processing in the primate visual system," *Neuron* **13**:1–10 (1994).

Van Essen, D.C., Lewis, J.W., Drury, H.A., Hadjikhani, N., Tootell, R.B., Bakircioglu, M., and Miller, M.I. "Mapping visual cortex in monkeys and humans using surface-based atlases," *Vision Res.* **41**:1359–1378 (2001).

VanRullen, R. and Koch, C. "Competition and selection during visual processing of natural scenes and objects," *J. Vision* **3**:75–85 (2003a).

VanRullen, R. and Koch, C. "Visual selective behavior can be triggered by a feed-forward process," *J. Cogn. Neurosci.* **15**:209–217 (2003b).

VanRullen, R. and Koch, C. "Is perception discrete or continuous?" *Trends Cogn. Sci.* **7**:207–213 (2003c).

VanRullen, R., Reddy L., and Koch, C. "Parallel and preattentive processing are not equivalent," *J. Cogn. Neurosci.*, in press (2004).

VanRullen, R. and Thorpe, S. "The time course of visual processing: From early perception to decision making," *J. Cogn. Neurosci.* **13**:454–461 (2001).
van Swinderen, B. and Greenspan, R.J. "Salience modulates 20–30 Hz brain activity in *Drosophila*," *Nature Neurosci.* **6**:579–586 (2003).
Varela, F. "Neurophenomenology: A methodological remedy to the hard problem," *J. Consc. Studies* **3**:330–350 (1996).
Varela, F., Lachaux, J.-P., Rodriguez, E., and Martinerie, J. "The brainweb: Phase synchronization and large-scale integration," *Nature Rev. Neurosci.* **2**:229–239 (2001).
Velmans, M. "Is human information processing conscious?" *Behav. Brain Sci.* **14**:651–726 (1991).
Venables, P.H. "Periodicity in reaction time," *Br. J. Psychol.* **51**:37–43 (1960).
Vgontzas, A.N. and Kales, A. "Sleep and its disorders," *Ann. Rev. Med.* **50**:387–400 (1999).
Vogeley, K. "Hallucinations emerge from an imbalance of self-monitoring and reality modeling," *Monist* **82**:626–644 (1999).
Volkmann, F.C., Riggs, L.A., and Moore, R.K. "Eyeblinks and visual suppression," *Science* **207**:900–902 (1980).
von der Heydt, R., Peterhans, E., and Baumgartner, G. "Illusory contours and cortical neuron responses," *Science* **224**:1260–1262 (1984).
von der Heydt, R., Zhou, H., and Friedman, H.S. "Representation of stereoscopic edges in monkey visual cortex," *Vision Res.* **40**:1955–1967 (2000).
von der Malsburg, C. "The correlation theory of brain function." MPI Biophysical Chemistry, Internal Report 81-2 (1981). Reprinted in *Models of Neural Networks II*, Domany, E., van Hemmen, J.L., and Schulten, K., eds. Berlin: Springer (1994).
von der Malsburg, C. "Binding in models of perception and brain function," *Curr. Opin. Neurobiol.* **5**:520–526 (1995).
von der Malsburg, C. "The what and why of binding: The modeler's perspective," *Neuron* **24**:95–104 (1999).
von Economo, C. and Koskinas, G.N. *Die Cytoarchitektonik der Hirnrinde des erwachsenen Menschen*. Wien, Austria: Julius Springer (1925).
von Helmholtz, H. *Handbook of Physiological Optics*. New York: Dover. (1962). Translation of *Handbuch der physiologischen Optik*. 3 volumes, ed. and trans. by Southall, J.P.C., Hamburg, Voss, 1856, 1860, and 1988.
Von Senden, M. *Space and Sight: The Perception of Space and Shape in the Congenitally Blind Before and After Operation*. Glencoe, IL: Free Press (1960).
Vuilleumier, P., Armony, J.L., Clarke, K., Husain, M., Driver, J., and Dolan, R.J. "Neural response to emotional faces with and without awareness: Event-related fMRI in a parietal patient with visual extinction and spatial neglect," *Neuropsychologia* **40**:156–166 (2002).
Vuilleumier, P., Armony, J.L., Driver, J., and Dolan, R.J. "Effects of attention and emotion on face processing in the human brain: An event-related fMRI study," *Neuron* **30**:829–841 (2001).

Vuilleumier, P., Hester, D., Assal, G., and Regli, F. "Unilateral spatial neglect recovery after sequential strokes," *Neurol.* **46**:184–189 (1996).

Wachtler, T., Sejnowski, T.J., and Albright, T.D. "Representation of color stimuli in awake macaque primary visual cortex," *Neuron* **37**:681–691 (2003).

Wada, Y. and Yamamoto, T. "Selective impairment of facial recognition due to a haematoma restricted to the right fusiform and lateral occipital region," *J. Neurol. Neurosurg. Psychiatry* **71**:254–257 (2001).

Wade, A.R., Brewer, A.A., Rieger, J.W., and Wandell, B.A. "Functional measurements of human ventral occipital cortex: Retinotopy and colour," *Phil. Trans. R. Soc. Lond. B* **357**:963–973 (2002).

Walther, D., Itti, L., Riesenhuber, M., Poggio, T., and Koch, C. "Attentional selection for object recognition—A gentle way." In: *Biologically Motivated Computer Vision*. Bülthoff, H.H., Lee, S.-W., Poggio, T., and Wallraven, C., eds., pp. 472–479. Berlin: Springer (2002).

Wandell, B.A. *Foundations of Vision*. Sunderland, MA: Sinauer (1995).

Wang, G., Tanaka, K., and Tanifuji, M. "Optical imaging of functional organization in the monkey inferotemporal cortex," *Science* **272**:1665–1668 (1996).

Warland, D.K., Reinagel, P., and Meister, M. "Decoding visual information from a population of retinal ganglion cells," *J. Neurophysiol.* **78**:2336–2350 (1997).

Watanabe, T., Harner, A.M., Miyauchi, S., Sasaki, Y., Nielsen, M., Palomo, D., and Mukai, I. "Task-dependent influences of attention on the activation of human primary visual cortex," *Proc. Natl. Acad. Sci. USA* **95**:11489–11492 (1998).

Watanabe, M. and Rodieck, R.W. "Parasol and midget ganglion cells of the primate retina," *J. Comp. Neurol.* **289**:434–454 (1989).

Watkins, J.C. and Collingridge, G.L., eds. *The NMDA Receptor*. Oxford, UK: IRL Press (1989).

Watson, L. *Jacobson's Organ and the Remarkable Nature of Smell*. New York: Plume Books (2001).

Webster, M.J., Bachevalier, J., and Ungerleider, L.G. "Connections of inferior temporal areas TEO and TE with parietal and frontal cortex in macaque monkeys," *Cerebral Cortex* **4**:470–483 (1994).

Wegner, D.M. *The Illusion of Conscious Will*. Cambridge, MA: MIT Press (2002).

Weiskrantz, L. "Blindsight revisited," *Curr. Opinion Neurobiol.* **6**:215–220 (1996).

Weiskrantz, L. *Consciousness Lost and Found*. Oxford, UK: Oxford University Press (1997).

Weller, L., Weller, A., Koresh-Kamin, H., and Ben-Shoshan, R. "Menstrual synchrony in a sample of working women," *Psychoneuroendocrinology* **24**:449–459 (1999).

Wen, J., Koch, C., and Braun, J. "Spatial vision thresholds in the near absence of attention," *Vision Res.* **37**:2409–2418 (1997).

Wertheimer, M. "Experimentelle Studien über das Sehen von Bewegung," *Z. Psychologie* **61**:161–265 (1912).

Wessinger, C.M., Fendrich, R., and Gazzaniga, M.S. "Islands of residual vision in hemianopic patients," *J. Cogn. Neurosci.* **9**:203–211 (1997).

Westheimer, G. and McKee, S.P. "Perception of temporal order in adjacent visual stimuli," *Vision Res.* **17**:887–892 (1977).

Whinnery, J.E. and Whinnery, A.M. "Acceleration-induced loss of consciousness," *Archive Neurol.* **47**:764–776 (1990).

White, C. "Temporal numerosity and the psychological unit of duration," *Psychol. Monographs: General & Appl.* **77**:1–37 (1963).

White, C. and Harter, M.R. "Intermittency in reaction time and perception, and evoked response correlates of image quality," *Acta Psychol.* **30**:368–377 (1969).

White, E.L. *Cortical Circuits.* Boston: Birkhäuser (1989).

Wigan, A.L. "Duality of the mind, proved by the structure, functions, and diseases of the brain," *Lancet* **1**:39–41 (1844).

Wilken, P.C. "Capacity limits for the detection and identification of change: Implications for models of visual short-term memory." Ph.D. Thesis. University of Melbourne, Australia (2001).

Wilkins, A.J., Shallice, T., and McCarthy, R. "Frontal lesions and sustained attention," *Neuropsychologia* **25**:359–65 (1987).

Williams, D.R., MacLeod, D.E.A., and Hayhoe, M.M. "Foveal tritanopia," *Vision Res.* **21**:1341–1356 (1981).

Williams, D.R., Sekiguchi, N., Haake, W., Brainard, D., and Packer, O. "The cost of trichromacy for spatial vision." In: *Pigments to Perception.* Lee, B. and Valberg, A., eds., pp. 11–22. New York: Plenum Press (1991).

Williams, S.R. and Stuart, G.J. "Dependence of EPSP efficacy on synapse location in neocortical pyramidal neurons," *Science* **295**:1907–1910 (2002).

Williams, S.R. and Stuart, G.J. "Role of dendritic synapse location in the control of action potential output," *Trends Neurosci.* **26**:147–154 (2003).

Williams, T. *The Milk Train Doesn't Stop Here Anymore.* Norfolk, CT: A New Directions Book (1964).

Williams, Z.M., Elfar, J.C., Eskandar, E.N., Toth, L.J., and Assad, J.A. "Parietal activity and the perceived direction of ambiguous apparent motion," *Nature Neurosci.* **6**:616–623 (2003).

Wilson, B.A. and Wearing, D. "Prisoner of consciousness: A state of just awakening following Herpes Simplex Encephalitis." In: *Broken Memories: Neuropsychological Case Studies.* Campbell, R. and Conway, M., eds., pp. 15–30. Oxford, UK: Blackwell (1995).

Wilson, H.R., Levi, D., Maffei, L., Rovamo, J., and DeValois, R. "The Perception of Form: Retina to Striate Cortex." In: *Visual Perception: The Neurophysiological Foundations.* Spillman, L. and Werner, J.S., eds., pp. 231–272. San Diego, CA: Academic Press (1990).

Wilson, M.A. and McNaughton, B.L. "Dynamics of the hippocampal ensemble code for space," *Science* **261**:1055–1058 (1993).

Wittenberg, G.M. and Tsien, J.Z. "An emerging molecular and cellular framework for memory processing by the hippocampus," *Trends Neurosci.* **25**:501–505 (2002).

Wojciulik, E. and Kanwisher, N. "Implicit but not explicit feature binding in a Balint's patient," *Visual Cognition* **5**:157–181 (1998).

Wolfe, J.M. "Reversing ocular dominance and suppression in a single flash," *Vision Res.* **24**:471–478 (1984).

Wolfe, J.M. "'Effortless' texture segmentation and 'parallel' visual search are not the same thing," *Vision Res.* **32**:757–763 (1992).

Wolfe, J.M. "Guided search 2.0: A revised model of visual search," *Psychon. Bull. Rev.* **1**:202–238 (1994).

Wolfe, J.M. "Visual Search." In: *The Psychology of Attention.* Pashler, H., ed., pp. 13–73. Cambridge, MA: MIT Press (1998a).

Wolfe, J.M. "Visual Memory: What do you know about what you saw?" *Curr. Biol.* **8**:R303–R304 (1998b).

Wolfe, J.M. "Inattentional amnesia." In: *Fleeting Memories.* Coltheart, V., ed., pp. 71–94. Cambridge, MA: MIT Press (1999).

Wolfe, J.M. and Bennett, S.C. "Preattentive object files: Shapeless bundles of basic features," *Vision Res.* **37**:25–44 (1997).

Wolfe, J.M. and Cave, K.R. "The psychophysical evidence for a binding problem in human vision," *Neuron* **24**:11–17 (1999).

Wong, E. and Mack, A. "Saccadic programming and perceived location," *Acta Psychologica* **48**:123–131 (1981).

Wong-Riley, M.T.T. "Primate visual cortex: Dynamic metabolic organization and plasticity revealed by cytochrome oxidase." In: *Cerebral Cortex. Vol. 10.* Peters, A. and Rockland, K.S., eds., pp. 141–200. New York: Plenum Press (1994).

Woolf, N.J. "Cholinergic transmission: Novel signal transduction." In: *Neurochemistry of Consciousness.* Perry, E., Ashton, H., and Young, A., eds., pp. 25–41. Amsterdam: John Benjamins (2002).

Wu, M.-F., Gulyani, S.A., Yau, E., Mignot, E., Phan, B., and Siegel, J.M. "Locus coeruleus neurons: Cessation of activity during cataplexy," *Neurosci.* **91**:1389–1399 (1999).

Wurtz, R.H., Goldberg, M.E., and Robinson, D.L. "Brain mechanisms of visual attention," *Sci. Am.* **246**:124–135 (1982).

Yabuta, N.H., Sawatari, A., and Callaway, E.M. "Two functional channels from primary visual cortex to dorsal visual cortical areas," *Science* **292**:297–300 (2001).

Yamagishi, N., Anderson, S.J., and Ashida H. "Evidence for dissociation between the perceptual and visuomotor systems in humans," *Proc. R. Soc. Lond. B* **268**:973–977 (2001).

Yamamoto, M., Wada, N., Kitabatake, Y., Watanabe, D., Anzai, M., Yokoyama, M., Teranishi, Y., and Nakanishi, S. "Reversible suppression of glutamatergic neurotransmission of cerebellar granule cells *in vivo* by genetically manipulated expression of tetanus neurotoxin light chain," *J. Neurosci.* **23**:6759–6767 (2003).

Yang, Y., Rose, D., and Blake, R. "On the variety of percepts associated with dichoptic viewing of dissimilar monocular stimuli," *Perception* **21**:47–62 (1992).

Young, M.P. "Connectional organisation and function in the macaque cerebral cortex. In: *Cortical Areas: Unity and Diversity*, Schüz, A. and Miller, R., eds., pp. 351–375. London: Taylor and Francis (2002).

Young, M.P. and Yamane, S. "Sparse population coding of faces in the inferotemporal cortex," *Science* **256**:1327–1331 (1992).

Yund, E.W., Morgan, H., and Efron, R. "The micropattern effect and visible persistence," *Perception & Psychophysics* **34**:209–213 (1983).

Zafonte, R.D. and Zasler, N.D. "The minimally conscious state: Definition and diagnostic criteria," *Neurology* **58**:349–353 (2002).

Zeki, S. "Color coding in rhesus monkey prestriate cortex," *Brain Res.* **27**:422–427 (1973).

Zeki, S. "Functional organization of a visual area in the posterior bank of the superior temporal sulcus of the rhesus monkey," *J. Physiol.* **236**:549–573 (1974).

Zeki, S."Colour coding in the cerebral cortex: The responses of wavelength-selective and color-coded cells in monkey visual cortex to changes in wavelength composition," *Neurosci.* **9**:767–781 (1983).

Zeki, S. "A century of cerebral achromatopsia," *Brain* **113**:1721–1777 (1990).

Zeki, S. "Cerebral akinetopsia (Visual motion blindness)," *Brain* **114**:811–824 (1991).

Zeki, S. *A Vision of the Brain*. Oxford, UK: Oxford University Press (1993).

Zeki, S. "The motion vision of the blind," *Neuroimage* **2**:231–235 (1995).

Zeki, S. "Parallel processing, asynchronous perception, and a distributed system of consciousness in vision," *Neuroscientist* **4**:365–372 (1998).

Zeki, S. "Localization and globalization in conscious vision," *Ann. Rev. Neurosci.* **24**:57–86 (2001).

Zeki, S. "Improbable areas in the visual brain," *Trends Neurosci.* **26**:23–26 (2003).

Zeki, S. and Bartels, A. "Toward a theory of visual consciousness," *Consc. & Cognition* **8**:225–259 (1999).

Zeki, S., McKeefry, D.J., Bartels, A., and Frackowiak, R.S.J. "Has a new color area been discovered?" *Nature Neurosci.* **1**:335–336 (1998).

Zeki, S. and Moutoussis, K. "Temporal hierarchy of the visual perceptive systems in the Mondrian world," *Proc. R. Soc. Lond. B* **264**:1415–1419 (1997).

Zeki, S. and Shipp, S. "The functional logic of cortical connections," *Nature* **335**:311–317 (1988).

Zeki, S., Watson, J.D., Lueck, C.J., Friston, K.J., Kennard, C., and Frackowiak, R.S.J. "A direct demonstration of functional specialization in human visual cortex," *J. Neurosci.* **11**:641–649 (1991).

Zeki, S., Watson, J.D., and Frackowiak, R.S.J. "Going beyond the information given: The relation of illusory motion to brain activity," *Proc. Roy. Soc. Lond. B* **252**:215–222 (1993).

Zeman, A. "Consciousness," *Brain* **124**:1263–1289 (2001).

Zhang, K., Ginzburg, I., McNaughton, B.L., and Sejnowski, T.J. "Interpreting neuronal population activity by reconstruction: Unified framework with application to hippocampal place cells," *J. Neurophysiol.* **79**:1017–1044 (1998).

Zihl J., von Cramon, D., and Mai, N. "Selective disturbance of movement vision after bilateral brain-damage," *Brain* **106**:313–340 (1983).

Zipser, D. and Andersen, R.A. "A back-propagation programmed network that simulates response properties of a subset of posterior parietal neurons," *Nature* **331**:679–684 (1988).

Zrenner, E. *Neurophysiological Aspects of Color Vision in Primates: Comparative Studies on Simian Retinal Ganglion Cells and the Human Visual System.* Berlin: Springer (1983).

索 引

1/4 偏盲　Quadrantanopia　405
5-羟色胺　Serotonin　80, 96
NCC_e　95－98, 101, 110, 122, 244, 369, 372, 379
N-甲基-1236-四氢吡啶　MPTP　410
N-甲基-D-天冬氨酸（NMDA）突触　N-methyl-D-aspartate（NMDA）synapses　101, 199
REM 睡眠，参见"快速眼动睡眠"　REM sleep, See Rapid-eye-movement sleep　96, 97, 116, 370, 400, 405
V1　30, 31, 38, 52, 65－67, 69, 75－78, 80－86, 88－92, 111－123, 128, 132, 134, 135, 137, 138, 140, 142, 143, 145－147, 152, 156, 159, 169, 181, 182, 186, 189－191, 193, 194, 216, 238－240, 267, 269, 272, 283, 298, 299, 304, 309, 310, 328, 339, 358, 359, 364, 365, 367, 369, 371, 372, 381, 392, 395－399, 401－403, 405－407, 409－412, 414, 420－422, 435, 436, 442, 443
V1 中的多重映射图　Multiple maps, V1　90
V2　118, 129, 132, 138, 142－145, 147, 156, 159, 169, 181, 189, 216, 309, 328, 398, 407, 409, 411, 421, 431, 435, 443
V3　142, 145, 159, 328, 409, 411, 435
V4　104, 129, 132, 138, 142, 145, 146, 156, 159, 160, 187, 189－191, 267, 284, 299, 300, 310, 367, 376, 412, 421, 422, 435, 443
V5　380, 412
α 频段（脑电波）　Alpha band（EEG）　43, 288
α 阻断　Alpha blockade　43
β 频段（脑电波）　Beta band（EEG）　43
γ-氨基丁酸（GABA）　Gamma-amino butyric acid（GABA）　81

γ 频段（脑电波） Gamma band（EEG） 43, 45, 50, 392

γ 振荡 Gamma oscillations 44, 364

δ 频段（脑电波） Delta band（EEG） 43

θ 频段（脑电波） Theta band（EEG） 43

阿达马，雅克 Hadamard, Jacques 326

阿德里安爵士 Adrian, Lord 44

阿尔茨海默病 Alzheimer's disease 97, 362

阿奎那，托马斯 Aquinas, Thomas 6

阿特尼夫，弗雷德 Attneave, Fred 325

埃德尔曼，杰拉尔德 Edelman, Gerald 108

埃尔斯顿，盖伊 Elston, Guy 80

埃弗龙，罗伯特 Efron, Robert 274

埃克尔斯，约翰 Eccles, John 6

埃克杭，莱因哈德 Eckhorn, Reinhard 357

安德森，戴维 Anderson, David 109

昂格莱德，莱斯莉 Ungerleider, Leslie 136

奥尔曼，约翰 Allman, John 127

奥图阿泰夫，科尔姆 O'Tuathaigh, Colm 204

巴尔斯，伯纳德 Baars, Bernard 104

巴甫洛夫，伊凡 Pavlov, Ivan 200

巴甫洛夫条件反射 Pavlovian conditioning 17, 217, 354

巴克曼，泰利斯 Bachmann, Talis 273

巴林特综合征（皮层性注视麻痹综合征） Balint's syndrome 194, 196

巴洛，霍勒斯 Barlow, Horace 390

白质 White matter 77, 128, 409

斑块系统 Blob system 89, 90, 411

绑定问题 Binding problem 48, 161, 176, 178-180, 183, 277, 339, 364, 420

贝特森，威廉 Beteson, William 12

背侧丘脑 Dorsal thalamus 139, 408

背侧通路 Dorsal pathway 136, 138, 140, 156, 160, 189, 232, 245, 337, 364, 366, 415, 430, 439

背景恐惧条件反射 Context fear conditioning 201, 425

苯环己哌啶 Phencyclidine（PCP） 100, 101

比夏克，埃杜阿图 Bisiach, Eduardo 193

彼得汉斯，埃斯特 Peterhans, Ester 144

边界 Contour 36, 59, 104, 127, 142-144, 407, 415

边缘意识 Fringe consciousness 420

编码 Coding 12, 14, 25-31, 33-36, 38, 40-42, 46-48, 51, 52, 56, 62, 63, 73, 87, 88, 90, 98, 109, 119, 148, 151, 153-156, 159-161, 171, 175, 176, 180, 181, 183, 188, 191, 195, 199, 206, 212, 213, 217, 231, 232, 252, 263, 265, 268, 272, 305, 306, 309, 310, 336, 339, 340, 342, 343, 371-373, 375, 376, 381, 390, 391, 393-395, 406, 412-414, 427, 442, 443

变化盲　Change blindness　164, 166, 172, 177, 182, 364, 377, 416, 419

表层（上层）　Superficial（upper）layers　77, 365

并行流　Parallel streams　90

并行搜索　Parallel search　168, 418

波焦，托玛索　Poggio, Tomaso　9, 12, 29

波普尔，卡尔　Popper, Karl　6

波斯纳，迈克尔　Posner, Michael　166

柏拉图　Plato　5, 6

博比，让-多明戈　Bauby, Jean-Dominque　385

博根，乔　Bogen, Joe　313

补足　Completion　59

哺乳动物　Mammals　14, 15, 22, 53, 58, 74, 75, 203, 231, 247, 345, 348, 351, 354, 361, 365, 394, 422

不能动弹的瘾君子　Frozen addicts　385, 410

布朗，约亨　Braun, Jochen　173

布罗德曼17区　Brodmann's area 17　82, 365

布罗德曼18区　Brodmann's area 18, 125

布罗德曼，科尔宾年　Brodmann, Korbinian　125

布罗卡区　Broca's area　266, 314, 435

布洛赫定律　Bloch's law　436

布洛克，内德　Block, Ned　258

彩色闪烁融合频率　Chromatic flicker fusion frequency　437

操作条件反射　Operant conditioning　205

侧向联结　Lateral connections　129, 284

侧枝　Collaterals　79

层位　Laminar position　77, 79, 91, 307, 365, 376, 398

插值　Interpolation　59, 395

查默斯，戴维　Chalmers, David　9

长波视锥（L视锥）　Long-wavelength cones　58

长时记忆　Long-term memory　199, 200, 208, 210, 265, 365, 369, 375, 400, 425

肠神经系统　Enteric nervous system　433

超量学习　Overlearning　179, 180, 186

超稀疏时间编码　Ultra-sparse temporal coding　51

超心智的处理过程　Supramental processing　326

朝向　Orientation　4, 25, 30, 31, 49, 52, 59, 69, 78, 83 – 92, 98, 104, 114 – 116, 122, 141, 144, 158, 160, 169, 171, 173, 179, 188, 190, 191, 200, 211, 232, 236 – 238, 247, 293 – 295, 298, 339, 367, 368, 375, 381, 398, 399, 406, 416, 417, 422

潮汐表　Tide-tables　28

车轮错觉　Wagon wheel illusion　440

撤光中心细胞　Off-center cell　61, 62, 395

尘粒状细胞 Koniocellular neurons 66, 68, 73, 90, 396, 409

程序性学习 Procedural learning 205, 206, 369

初级视皮层 Primary visual cortex 30, 45, 66, 73-75, 78, 79, 81, 82, 84, 102, 105, 112, 117, 118, 122, 125, 141, 142, 192, 194, 238, 267, 296, 298, 337, 342, 358, 364, 365, 367, 374-376

触觉 Touch 253, 315, 324, 413, 414, 427

串行搜索 Serial search 168, 169, 418

创造性 Creativity 37, 250, 329

刺激 Stimulus 11, 14, 16, 18, 25, 30, 33, 35, 38, 41, 42, 44, 45, 48, 51, 52, 60-63, 67, 69, 84-88, 90-92, 95, 98, 100, 103, 105-108, 111, 114, 115, 117, 118, 121, 122, 132, 134, 144-148, 150, 151, 154-156, 158, 159, 162, 166, 169-171, 173, 176-178, 180, 186, 188-192, 195, 196, 200-204, 213-217, 227, 229, 239, 243, 247, 257, 261, 267, 270, 271, 274, 275, 278-282, 284-288, 290-294, 296-305, 308, 310, 313, 327-329, 336, 343-345, 366-371, 373-375, 377, 379-381, 387-389, 391, 393, 395, 396, 398, 401-403, 405-407, 409, 412-414, 417, 419, 421, 423, 425, 430, 431, 436-443

错觉 Illusions 8, 16, 36, 57, 76, 144, 147, 148, 160, 166, 181, 228, 277, 288, 289, 302, 323, 337, 338, 359, 374-376, 380, 416, 438, 440, 441

错觉边界 Illusory edges 36, 143, 144, 159, 388, 411

错觉结合 Illusory conjunctions 181, 183

达马西奥，安东尼奥 Damasio, Antonio 17, 99

打喷嚏 Sneezing 221

大发作 Grand mal seizures 241

大脑皮层 Cerebral cortex 24, 25, 74, 76, 97, 104, 117, 123-125, 128, 139, 141, 222, 235, 285, 297, 333, 365, 369, 371, 376, 377, 397, 401, 407, 408

大脑左半球 Left hemisphere 314, 317, 432, 435, 445

大细胞神经元 Magnocellular neurons 67, 68, 73

大细胞通路 Magnocellular pathway 66, 68, 73, 277

大小 Size 28, 30, 63-65, 67, 76, 82, 91, 119, 133, 139, 142, 147, 158, 167, 168, 186, 197, 203, 216, 222, 228, 229, 232, 237, 239, 332, 335, 343, 365, 394, 397, 398, 406, 429

大猩猩 Gorillas 127, 313, 317, 386

丹尼特，丹尼尔 Dennett, Daniel 7, 8, 384, 402

单细胞的电生理学 Single cell electrophysiology 47

单眼细胞 Monocular cells 120

胆碱能传递 Cholinergic transmission 96, 365, 378

蛋白质 Protein 12, 82, 101, 108–110, 136, 199, 284, 308, 404, 413

德阿纳，斯坦尼斯拉斯 Dehaene, Stanislas 280, 342, 403

德尔布吕克，马克斯 Delbrück, Max 13, 16

德诺，洛伦特 De No, Lorente 389

德西蒙，罗伯特 Desimone, Robert 188

等级结构 Hierarchical structure 10, 20, 25, 26, 101, 102, 124, 127, 129–132, 135, 136, 140, 156, 159, 176, 189, 195, 216, 248, 275, 321, 329, 335, 337, 344, 365, 367, 371, 375, 408, 420, 426

邓肯，约翰 Duncan, John 188

低温循环暂停 Hypothermic circulatory arrest 424

迪安杰利斯，格里高利 DeAngelis, Gregory 153

笛卡儿 Descartes, René 384

笛卡尔戏院 Cartesian theater 384

第三人称视角 Third-person perspective 264, 365, 366

第一人称视角 First-person perspective 346, 348, 366

癫痫患者 Epileptic patients 152, 248, 304, 390, 439

癫痫发作 Seizures 39, 43, 117, 135, 206, 241, 242, 316, 390, 391, 432

电磁场 Electromagnetic field 39, 378

电极 Electrode 39, 43, 46, 48, 60, 87–89, 91, 117, 151, 153, 285, 286, 290, 298, 304, 305, 343, 344, 366, 370, 371, 375, 390, 398, 405, 413, 422, 439, 440, 442, 443

电突触 Electrical synapses 40, 371, 374

顶丛 Apical tuft 439

顶树突 Apical dendrite 78, 80, 81, 366, 392

定时 Timing 39, 52, 62, 71, 134, 169, 180, 284, 367, 376, 377, 380, 408, 422

动态核心 Dynamic core 341, 342, 404

动物实验 Animal experimentation 297, 314, 347, 362, 424, 431

动致盲 Motion-induced blindness 16, 108, 166, 263, 294, 343, 380, 386

动作 Action 2–4, 10, 11, 17, 24, 39, 57, 91, 120, 137–140, 142, 153, 157, 163, 166, 185, 205, 217, 220–224, 227–230, 232, 237–248, 250, 252–254, 256, 260, 268, 271, 284, 289, 290, 298, 316, 321, 323, 328, 334, 350, 353, 354, 356, 360, 361, 363, 373, 375, 376, 383, 385, 403, 410, 416, 417, 428, 430, 431, 441, 447

动作电位 Action potential 18, 19, 29, 39–41, 44, 47, 48, 52, 55, 61, 78, 81, 96, 102, 105, 109, 121, 189, 261, 262,

299, 331, 334, 340, 344, 366−368, 372, 373, 377, 378, 385, 387, 391−393, 411, 442

动作视觉通路 Vision-for-action pathway 138, 213, 364, 366

杜达伊，雅丁 Dudai, Yadin 198

短波视锥（S 视锥） Short-wavelength cones 58, 59, 68

短时记忆 Short-term memory 208, 250, 306, 309, 352, 366, 369, 400, 424, 426

断续影像错觉 Cinematographic illusion 288

对侧投射 Contralateral projection 398

对经过时间的知觉 Passage of time, perception of 289

对象（物体） Object 171

对意识的非还原论物理主义观点 Nonreductionist physicalist account of consciousness 388

对于新鲜物体（各种属性）的绑定 Novel objects, binding 420

多巴胺 Dopamine 96, 410

额叶 Frontal lobe 70, 75, 91, 96, 100, 103, 113, 131−133, 136−140, 154, 157, 176, 188, 189, 191, 196, 199, 207, 212, 213, 233, 255, 265−269, 280, 281, 283, 304−309, 314, 325, 328, 333, 335, 337, 342−344, 358−360, 364, 367, 369, 371, 372, 397, 408−410, 425−428, 435, 441, 443, 444, 446

儿童，失神发作 Children, absence seizures 431

二元论 Dualism 6, 325, 388

发放率编码 Firing rate code 41, 42, 51, 52, 367, 371, 376

发放率代码 Rate code, See Firing rate code 42

发作性睡病 Narcolepsy 385

反差 Contrast 28, 67, 68, 115, 144, 167, 190, 239, 295, 395, 396, 421, 442

反馈 Feedback 20, 26, 42, 43, 50, 66, 77, 79, 81, 87, 107, 121, 122, 128, 129, 131, 135, 136, 140, 153, 157, 176, 190, 191, 216−218, 221, 233, 237, 239, 244, 245, 263, 265, 266, 275, 281−284, 291, 299, 308, 328, 329, 335, 336, 338, 341, 342, 345, 349, 359, 365−367, 370, 372, 375, 393, 395, 396, 398, 402, 406, 407, 409, 415, 428, 429, 439, 446

反射 Reflex 3, 21, 58, 70, 98, 120, 143, 158, 200, 201, 205, 221, 222, 229, 232, 244, 334, 350, 355, 356, 369

反应倾向 Reactive dispositions 8

反应时 Reaction time 150, 166−169, 271, 272, 288, 290, 413, 419, 436, 441, 445

反应速度 Response speed 282

泛心论 Panpsychism 10, 264, 385

范埃森，戴维 Van Essen, David 435

范罗伦，拉芬 VanRullen, Rufin 210

范泽洛，迈克尔 Fanselow, Michael 204
非常规的任务 Nonroutine tasks 13
非陈述性记忆 Nondeclarative memory 206
非经典感受野 Nonclassical receptive field 86, 87, 91, 102, 135, 367, 399, 409
非精神病的自动症 Noninsane automatism 243
非联合型记忆 Nonassociative memories 200
非特异性丘脑核 Nonspecific thalamic nuclei 98
非物质的灵魂 Soul, immaterial 5
狒狒 Baboon 386
费勒曼，丹尼尔 Felleman, Daniel 129
分布式表征 Distributed representation 33, 34
分层规则 Laminar rules 129
分心，干扰 Distraction 166, 202, 204, 209, 419, 425
分子生物学 Molecular biology 13, 16, 17, 108, 109, 111, 203, 308, 342−345, 353, 379
分子特异性 Molecules, specificity of 109, 404
锋电位 Spike 18, 39−42, 44, 46−49, 51, 52, 55, 60, 62, 77, 78, 81, 86, 132, 135, 144, 150, 178, 182, 190, 191, 218, 248, 252, 275, 283, 287, 292, 297, 301, 303, 309, 335, 336, 338, 343, 344, 366−368, 374, 376, 377, 380, 391−393, 395, 437, 439, 442, 443
锋电位第一时间模型 First-time-to-spike model 393
锋电位同步 Spike synchrony 48, 49, 305, 367, 374, 442
冯德海特，吕迪格 Von der Heydt Rüdiger 143
冯·德·马尔斯伯格，克里斯托夫 Von der Malsburg, Christoph 48
缝隙连接 Gap junctions 40, 374, 391
弗里德，伊特扎克 Fried, Itzhak 31
弗里曼，沃尔特 Freeman, Walter 391
弗洛尔，汉斯 Flohr, Hans 101
弗洛伊德，西格蒙德 Freud, Sigmund 4
妇女 Women 50, 230, 231, 394, 405, 430
复杂细胞 Complex cells 86
副现象 Epiphenomenon 220, 257, 268
富斯特，乔钦 Fuster, Joaqin 212
腹侧通路 Ventral pathway 136, 142, 145, 156−158, 176, 189, 194, 232, 239, 245, 248, 266, 280−282, 310, 328, 367, 375, 380, 409, 415, 430
覆盖假说 Tiling hypothesis 398
钙离子 Calcium ions 19, 344, 387, 424
概念 Concepts 6, 7, 15, 16, 18, 22, 27, 31, 37, 38, 52, 60, 62, 92, 93, 112, 163, 207, 208, 238, 248, 258,

259, 261, 268, 277, 322, 325, 326, 329, 331, 336, 339, 341, 342, 345, 347, 349, 350, 352, 354, 356, 357, 360, 371-373, 376, 378, 382, 389, 390, 400, 403, 435

感觉 Sensation 2-5, 8-10, 13, 15-17, 20, 21, 37, 42, 57, 62, 67, 71, 74, 81, 94, 95, 97-101, 103, 110, 116, 117, 122, 128, 131, 133, 138, 139, 147, 148, 152-154, 157, 160-163, 178, 182, 183, 193, 205-209, 214, 220, 221, 223, 227, 230, 232, 233, 235, 237, 239, 241, 243-246, 248, 249, 252-256, 260-263, 265, 268, 273, 274, 277, 279, 280, 282, 284, 285, 289, 291, 296, 309, 316, 318, 321-325, 327-329, 333, 334, 336, 337, 350-354, 356, 360-362, 365, 367-370, 374-378, 380-384, 401, 402, 407, 426, 428, 430, 436, 440, 442, 445, 446

感觉、感受、感情 Feelings 2

感觉记忆, 参见 "主观体验特性" Sensory memory, See Qualia 2

感觉皮层 Sensory cortex 25, 30, 123, 127, 139, 329

感觉系统 Sensory system 24, 25

感觉信息 Sensory information 26, 101, 253, 266, 283, 313, 315, 376

感觉-运动体 Sensory-motor agents 380

感受野 Receptive field 48, 52, 60-65, 67, 83-91, 102, 111, 132, 142, 143, 145, 146, 151, 155, 157, 159, 186, 187, 190, 191, 195, 196, 337, 367, 370, 380, 381, 395, 399, 401, 413, 421-423, 429

感知觉能力 Sentience 13, 257

感知觉意识 Phenomenal consciousness 258, 349, 375, 387, 434

感知觉状态 Phenomenal content 103, 292, 294

高恩, 蒂莫西 Gawne, Timothy 120

高级意识 Higher-order consciousness 93, 253

戈尔德曼-拉基奇, 帕特里夏 Goldman-Rakic, Patricia 212

格雷, 查尔斯 Gray, Charles 44

格罗斯, 查尔斯 Gross, Charles 390

格式塔(完形)运动 Gestalt movement 36, 87, 107, 169, 343

给光中心细胞 On-center cell, 56 61, 62, 395

工作记忆 Working memory 44, 208-213, 216-218, 227, 232, 237, 242, 244, 246, 283, 342, 366, 367, 425, 427, 428, 444

工作记忆缺陷 Deficit in working memory 210

功能性磁共振成像(fMRI) Functional magnetic resonance imaging (fMRI) 142, 148

功能意识 Access consciousness 258, 349, 434

共振, 动作电位 Resonance, action potential 366

狗 Dog 2, 33, 181, 182, 200, 210, 247, 252, 327, 333, 348, 354, 357, 363, 410, 415, 428

估计山坡陡度 Hills, estimating steepness of 224

古德尔，梅尔文 Goodale, Melvyn 222, 227, 228

谷氨酸 Glutamate 79, 101, 284, 364, 368, 372, 374

光感受器 Photoreceptors 28, 33, 55-57, 59, 64, 73, 76, 109, 113, 145, 265, 273, 296, 359, 373, 404

光幻视 Phosphenes 117, 122, 152, 405, 406

光流视场 Optical flow field 152, 160, 368

光学成像 Optical imaging 88, 158, 343, 377, 410

广播 Broadcasting 80

果蝇 Fruitflies 15, 205, 345, 354, 422, 425, 426

过程纯化问题 Process purity problem 429

哈梅罗夫，斯图亚特 Hameroff, Stuart 9

哈特兰，凯弗 Hartline, Keffer 60

海马 Hippocampus 43, 51, 74, 97, 139, 156, 199, 207, 208, 218, 302, 365, 371, 387, 390, 398, 400, 407, 414, 424, 426, 443, 444

海森伯的测不准原理 Heisenberg's uncertainty principle 185

海兔 Aplysia 16, 200

海蜗牛（海兔） Marine snail（Aplysia）

亥姆霍尔兹，赫尔曼·冯 Von Helmholtz, Hermann 74

韩，C.J. Han, C.J. 204

汉弗莱斯，格林 Humphreys, Glyn 211

毫秒 msec 18, 24, 39, 41, 42, 44, 46-51, 53, 70, 71, 87, 109, 120, 132, 166, 167, 170, 172, 191, 215, 216, 230, 254, 272, 275, 277-283, 288, 290, 291, 338, 341, 366-368, 371, 380, 387, 392, 393, 407, 408, 417, 420, 436, 439, 440

"何处"通路，参见"背侧通路" Where pathway, See Dorsal pathway 138, 364

何生 He, Sheng 114-116, 350, 405

核团 Nucleus（nuclei） 31, 65, 66, 68, 69, 95-98, 104, 110, 133-136, 139, 140, 216, 222, 368, 369, 372, 375, 396, 400, 409, 416

核心细胞 Core cells 134, 409

核心意识 Core consciousness 17

赫里格尔，尤金 Herrigel, Eugen 255

赫胥黎，奥尔德斯 Huxley, Aldous 147

赫胥黎的《知觉之门》 Doors of perception（Huxley） 147

黑猩猩 Chimpanzee 386, 416

痕迹条件反射 Trace conditioning 202-204, 218, 246, 425, 426

亨廷顿病 Huntington's disease 139, 369

红-绿拮抗细胞 Red-green opponent cells 67

猴子 Monkeys 14, 18, 22, 29, 30, 35, 41, 68, 75, 76, 85, 102, 110, 118, 121, 137, 144, 148, 150-152, 154-158, 160, 186-189, 203, 212, 213, 240, 244, 259, 266, 267, 269, 284, 294, 297 -304, 306, 309, 313, 317, 343, 353, 354, 358, 362, 368, 370, 376, 386, 389, 395, 397, 402, 406, 407, 411, 412, 421, 422, 427, 428, 431, 438, 441-443, 446

后发放高潮 Afterglow 216, 218

后脑 Hindbrain 117, 387

后皮层（皮层后部） Back of the cortex 368

后下颞叶皮层（PIT） Posterior inferotemporal cortex（PIT） 156

后向掩蔽 Backward masking 280, 282, 283, 291

后像 Afterimage 146, 210, 405

后效 Aftereffect 114-116, 191, 200, 267, 298, 310, 368, 405, 413

忽略症 Neglect 154, 192-194, 196, 369, 377, 414, 423, 424

互联网 Internet 355

唤醒系统（觉醒系统） Arousal system 369

黄-赖利，玛格丽特 Wong-Riley, Margaret 89

黄-蓝拮抗 Blue-yellow opponency 68

恍然大悟（的感觉） Understanding, rush of 328

回缩反射 Withdrawal reflexes 229

会聚式注意 Focal attention 167, 168, 170-177, 180, 182, 183, 186, 189, 216, 415, 419

昏迷 Coma 13, 95, 98, 369, 380

活动原则 Activity principle 35, 36, 143, 336, 373, 375

机器人 Robot 155, 247, 257, 264, 322, 355, 356

机器意识 Machine consciousness 247

基底神经节 Basal ganglion 76, 78, 97, 133, 139, 157, 206, 245, 255, 283, 312, 325, 340, 369, 371, 372, 387, 401, 410, 435

基树突 Basal dendrite 78, 80, 398

基因 Gene 12, 14, 20, 58, 106, 109, 179, 199, 203, 204, 231, 232, 252, 265, 284, 305, 344, 345, 348, 353, 354, 386, 390, 391, 424, 430

计划 Planning 4, 7, 70, 113, 122, 139, 189, 195, 217, 220, 223, 228, 239, 250, 252, 253, 255 -258, 262, 265 -269, 283, 308, 317, 320, 321, 325, 326, 333, 344, 351, 358, 379, 380, 402, 406, 420

计算的逻辑深度 Logical depth of computation 27, 369

计算机 Computers 9, 15, 32, 45-47, 66, 114, 120, 124, 127, 155, 168, 171,

177, 199, 203, 213, 240, 247, 251, 257, 263, 264, 271, 338, 342, 351, 355, 356, 389, 417, 424, 428, 433, 436

计算深度 Depth of computation 27, 32, 52, 369

记忆 Memory 2, 3, 10, 16, 17, 24, 74, 100, 101, 157, 167, 189, 195–199, 201, 205–208, 211–215, 217, 218, 220, 221, 227, 236, 243, 248, 253, 254, 260, 265, 311, 317, 321, 327, 348, 351, 352, 355, 365, 367, 369, 375, 376, 379, 393, 401, 403, 415, 420, 424, 426, 427, 433

记忆跨度 Span, memory 209

《记忆碎片》(电影片名) *Memento* (film noir) 426

技能和习惯 Skills and habits 205

加博尔滤波函数 Gabor filter functions 399

加扎尼加，迈克尔 Gazzaniga, Michael 314

检测 Detection 2, 6, 25, 39, 41, 44, 48, 68, 86, 132, 138, 149, 150, 167, 171–173, 180, 210, 221, 238, 240, 250, 275, 290, 336, 344, 359, 368, 369, 371, 382, 388, 393, 407, 417, 418, 427, 431, 434

简单问题 Easy problem 258, 349, 369, 370, 434

简单细胞 Simple cells 85, 86, 399

僵尸 Zombies 3, 20, 54, 218–222, 229, 230, 233, 234, 237, 239, 242–246, 248, 250, 253, 256, 268, 283, 284, 317, 330, 334, 335, 337, 350–352, 354, 362, 383, 428

僵尸体 Zombie agent 4, 205, 206, 221, 223, 224, 227–230, 232, 234, 242–244, 246, 248, 249, 254–256, 268, 282, 334, 351, 352, 367, 370, 377, 380

角膜 Cornea 55, 72

杰恩斯，朱利安 Jaynes, Julian 433

杰肯道夫，雷 Jackendoff, Ray 322

结构 Structure 2, 14, 15, 17, 31, 43, 46, 53, 55, 61, 63, 65–67, 72, 73, 75–78, 80, 83, 87, 89–91, 95, 97, 98, 101, 104, 108, 110, 111, 117, 123–125, 127, 129–133, 136, 139, 152, 154, 158, 159, 177, 189, 191, 192, 195, 199, 206, 207, 212, 218, 231, 245, 255, 264, 266, 268, 269, 307, 308, 310, 312, 313, 321, 324, 326, 335, 337, 338, 343, 344, 348, 349, 354, 357, 365, 367, 369, 372, 375, 387, 391, 406, 414, 415, 424, 432, 445, 446

结合错误 Conjunction errors 181

进化、演化 Evolution 269, 273, 287, 291, 306

经典感受野 Classical receptive field 86, 87, 90, 155, 367, 370, 409

经典条件反射 Classical conditioning 200

经颅磁刺激（TMS） Transcranial magnetic stimulation（TMS） 211, 289

经验、体验、经历 Experience 264, 324, 383

惊跳反应 Startle reflex 201

精神分裂症　Schizophrenia　106, 362, 387

精神失常　Mental disorders　323, 387

警觉　Alertness, vigilance　96, 134, 255, 401, 409, 416

竞争　Competition　25-27, 47, 51, 52, 148, 170, 176-178, 183, 185-189, 191, 195, 196, 217, 250, 254, 275, 278, 280, 293, 295-300, 302, 305, 308-310, 316, 319, 335, 339, 340, 342, 359, 373, 374, 379, 389, 403, 421, 424, 441-443, 445

旧大陆猴　Old World monkeys　58, 127, 386, 412

局部深度　Local depth　118, 141

距状裂　Calcarine fissure　82, 84, 113

决策　Decision making　4, 124, 139, 151, 189, 230, 250, 251, 253, 256, 268, 325, 329, 333, 351, 376, 413

觉知　Awareness　4, 13-17, 19, 26, 27, 74, 76, 98, 99, 103, 106, 108, 111, 114, 115, 121, 122, 134, 152, 154, 156, 167, 173, 176, 177, 182, 184, 185, 189, 193, 194, 196, 201-204, 217, 222, 223, 229, 230, 234, 254, 261, 266, 283, 284, 319, 321, 322, 329, 335, 347, 348, 351, 353, 354, 369, 370, 382, 385, 386, 400-403, 405, 407, 420, 423, 425

觉知的感觉形式　Sensory form of awareness　17

卡明，布鲁斯　Cumming, Bruce　119

卡尼萨，伽泰诺　Kanizsa, Gaetano　36

卡尼萨三角形　Kanizsa Triangle　36

卡普格拉综合征　Capgras syndrome　235

卡斯，乔恩　Kaas, Jon　127

卡瓦纳，帕特里克　Cavanagh, Patrick　114

坎德尔，埃里克　Kandel, Eric　16

坎威协尔，南希　Kanwisher, Nancy　302

看　Seeing　2-4, 7, 9-17, 20-24, 27-38, 40, 41, 44, 46-48, 50, 54-60, 63, 65, 69-75, 77-79, 82-84, 89, 90, 92, 94, 99, 100, 102, 104-106, 108, 110, 112-117, 119-124, 127, 129-131, 133-138, 141-143, 145-149, 151-158, 160, 162, 165-167, 171-181, 183, 186-190, 192-196, 199, 200, 202, 206-214, 216, 220-224, 226-232, 235-244, 247, 249, 251, 252, 257, 259, 260, 262-268, 270-272, 275-283, 287-291, 293-304, 309, 312, 315, 316, 321, 323, 327, 328, 335-338, 342, 347-350, 352-354, 357, 359-363, 365, 368, 370, 373, 374, 376, 378-380, 383-385, 388, 389, 392-400, 403-410, 412-420, 422-434, 437, 438, 440, 441, 443, 445-447

看见　Sight, See, Seeing　2, 20, 29, 38, 73, 94, 114, 115, 261, 271, 281, 282, 294-296, 302, 303, 327, 333, 348, 350, 369, 373, 375, 379, 381, 382, 398, 431

考威，阿兰　Cowey, Alan　238
科尔克齐尔细胞　Korkzieher cells　397
科诺尔斯基，杰齐　Konorski, Jerzy　390
咳嗽　Coughing　221
克拉考尔，乔恩　Krakauer, Jon　163
克拉克，罗伯特　Clark, Robert　201
克赖曼，加布里尔　Kreiman, Gabriel　304
克里克，弗朗西斯　Crick, Francis　332
克林顿，比尔　Clinton, Bill　31, 32, 261, 262
克他命　Ketamine　101
空间半侧忽略症　Spatial hemi-neglect　192, 369
空间分辨　Spatial discrimination　46, 272, 368, 371, 377, 390, 405, 411, 414, 417
空间增益野　Space gain fields　155
恐惧　Fear　52, 99, 201, 204, 321
库夫勒，斯蒂芬　Kuffler, Stephen　60
跨区通信　Communication, inter-areal　79
跨跳动整合　Trans-saccadic integration　72
快速眼动（REM）睡眠　Rapid-eye-movement（REM）sleep　370
快照　Snapshots　214, 217, 286-291, 338, 340, 370, 380
奎因，W.V.　Quine, W.V.　434
奎因，珍妮弗　Quinn, Jennifer　204
昆兰，卡伦·安　Quinlan, Karen Ann

困倦　Drowsiness　43
困难问题　Hard problem　258, 322, 349, 370, 434
拉马钱德兰，维拉亚努尔　Ramachandran, Vilayanur　60
拉什利，卡尔　Lashley, Karl　323
赖尔，吉尔伯特　Ryle, Gillbert　6
蓝斑神经元　Locus coeruleus neurons　96, 400
篮状细胞　Basket cells　75, 82
劳伦特，吉勒斯　Laurent, Gilles　12
雷蒙-卡哈尔，圣地亚哥　Ramòn y Cajal, Santiago　63
类人猿　Anthropods, Apes　76, 143, 386
犁鼻器　Vomeronasal organ　231, 430
李飞飞（音译）　Li, Feifei　173
里多克，简　Riddoch, Jane　211
里斯，杰兰特　Rees, Geraint　308
利奥波德，戴维　Leopold, David　297
利贝，本杰明　Libet, Benjamin　284
连续性错误　Continuity errors　416
联合皮层　Association cortex　127
联合型条件反射　Associative conditioning　200, 217, 425
联结　Connections　123, 127-136, 138-140, 154, 179, 180, 183, 265, 266, 269, 284, 310, 324, 325, 333, 337-339, 341, 342, 344-346, 366, 367, 372, 376, 391, 407-410, 414, 423, 435, 444
脸　Face　8, 28, 33-35, 37, 38, 48, 52, 70, 86, 92, 94, 104, 105, 148, 149, 157-

160, 177–180, 186, 188, 194, 228, 235, 247, 262, 276, 289, 295, 300–303, 305, 315, 319, 323, 327, 339, 369, 370, 375, 381, 389, 390, 397, 415, 419, 436, 444

良心 Conscience 382

亮度 Luminosity 28, 58, 68, 73, 118, 274–276, 286, 306, 368, 401, 415, 443

裂脑 Split brain 15, 312–319, 371, 444, 445

灵长类动物 Primates 15, 37, 69, 75, 153, 198, 203, 317, 386, 395

灵感 Insight 4, 326

零方向 Null direction 84

卢默，埃里克 Lumer, Erik 308

颅内脑电记录 Intracranial EEG, recordings 43

伦理 Ethics 1, 14, 203, 245, 362

伦辛克，罗纳德 Rensink, Ronald 177

罗克兰，凯瑟琳 Rockland, Kathleen 128

罗马天主教灵魂学说 Roman Catholic doctrine of soul 6

洛戈塞蒂斯，尼可斯 Logothetis, Nikos 29

麻醉 Anesthesia 3, 9, 20, 46, 48, 94, 100–102, 110, 146, 199, 306, 343, 361, 392, 402, 432

马丁，朱莉 Martin, Julie 120

马古恩，霍勒斯 Mogoun, Horace 95

马克，维克托 Mark, Victor 316

马里奥特，伊阿贝·埃德姆 Mariotte' l'Abbé Edme 395

马契阿范娃-彼格那米病 Marchiafava-Bignami disease 445

麦克劳德，唐 MacLeod, Don 116

麦克林托克，玛莎 McClintock, Martha 231

麦克亚当斯，卡丽 McAdams, Carrie 190

曼塞尔，约翰 Maunsell, John 128

芒卡斯尔，弗农 Mountcastle, Vernon

盲 Blindness 11, 15, 109, 149, 235, 238, 240, 243, 247, 287, 290, 371, 379, 413

盲点 Blind spot 57, 59, 60, 73, 299, 359, 388, 394, 395

盲点的补插 Filling-in blind spot 365

盲估 Dead reckoning 224

盲视 Blindsight 142, 234, 238–241, 246, 247, 370, 404, 420, 431

猫 Cat 44, 45, 48, 49, 62, 66, 76, 313, 354, 357, 392, 396, 400, 402, 410, 428, 442

梅青格尔，托马斯 Metzinger, Thomas 383, 399

门控系统 Gating system 369

梦游 Sleepwalking 3, 234, 243, 244, 248, 353, 432

猕猴 Macaque monkey 29, 75, 76, 80, 120, 128, 143, 146, 154, 212, 240, 267, 386, 392, 399, 411, 435, 443

米勒，戴维 Miller, David 427

米什金，莫特 Mishkin, Mort

面容失认症　Prosopagnosia　158, 235, 370

敏感化　Sensitization　200

明斯基，马文　Minsky, Marvin　251

鸣禽　Songbird　393

冥想　Meditation　18, 95, 255, 400

模仿游戏　Imitation game　246

魔术表演　Magic acts　182

莫里森，约翰　Morrison, John　306

莫鲁齐，吉塞珀　Moruzzi, Giuseppe　95

木僵　Freezing　201, 204

穆夫雄，安东尼　Movshon, Anthony　12, 41, 150

脑　Brain　2-11, 13-22, 24-28, 31-34, 36-39, 41-44, 46-48, 50, 52, 54-60, 62, 66, 69-73, 75-77, 79, 80, 82, 83, 89, 94-106, 108, 112, 113, 115-118, 120, 122, 124-126, 128-132, 134-137, 140, 141, 143, 146-148, 152, 154-156, 158-163, 173, 178, 179, 181-186, 188, 189, 191, 194, 195, 198, 201, 203, 205-208, 210-213, 215, 217, 218, 220, 222, 225, 229, 234-236, 238, 241, 242, 244-246, 249, 251-254, 256, 257, 259-266, 268, 270-273, 275-281, 283, 284, 287-294, 296, 297, 299, 300, 302, 304, 305, 309-319, 322-326, 328, 329, 331-336, 340-346, 348-351, 354, 355, 357-361, 363, 365-368, 370, 371, 373, 375-378, 380, 383, 384, 386-392, 395, 397, 399-403, 405, 407, 410-412, 414, 415, 418, 420, 421, 423, 424, 426, 430-436, 440, 442, 444, 445, 447

脑的对称性　Symmetry, brain　142

脑电图（EEG）　Electroencephalogram（EEG）　271

脑干　Brainstem　66, 69, 73, 76, 80, 95-98, 110, 154, 222, 244, 369, 371, 400, 401, 408, 416, 435, 444

脑桥　Pons　95, 96, 371, 387, 435

内侧颞叶　Medial temporal lobe（MTL）　31, 117, 136, 139, 157, 160, 189, 206, 217, 218, 266, 283, 304, 310, 370, 380, 405, 408, 415, 419, 420

内耳　Inner ear　223, 324

内涵　Aboutness　16, 17, 262, 340, 378, 427

内克尔立方体　Necker cube　293, 359, 374, 380, 444

内省　Introspection　15, 17, 116, 198, 267, 268, 322, 349, 350, 353

内心世界　Inner world　321, 323

内隐编码　Implicit coding　58, 92, 371, 375

内隐表征　Implicit representation　28, 52, 155, 371, 414

内隐记忆　Implicit memory　206, 427

内隐学习　Implicit learning　434

内源性注意　Endogenous attention　419

内在属性　Intrinsic attributes　171, 342, 381

尼布尔，恩斯特　Niebur, Ernst　13, 191

尼采，弗里德里克 Nietzsche, Friedrich 10

逆行性遗忘 Retrograde amnesia 207, 426

颞叶 Temporal lobe 25, 29, 102, 103, 131, 137–140, 146, 147, 152, 156, 158–160, 189, 207, 213, 242, 266, 291, 300–302, 305, 307, 308, 314, 337, 371, 374, 376, 380, 390, 407–409, 421, 423, 426, 431, 432, 443, 444

纽瑟姆，威廉 Newsome, William 12, 41, 150

帕金森病 Parkinson's disease 97, 139, 284, 362, 369, 410

帕克，安德鲁 Parker, Andrew 119

潘德亚，迪派克 Pandya, Deepak 128

旁触相互作用 Ephaptic interaction 39, 371, 378, 391

彭菲尔德，怀尔德 Penfield, Wilder 117

彭罗斯，罗杰 Penrose, Roger 8

皮层 Cortex 24–26, 28–32, 35–38, 40, 41, 43–46, 48, 49, 51, 52, 54, 56, 59, 64–66, 69, 70, 73–84, 86–91, 93, 95–105, 108–110, 112, 113, 116–118, 120, 121, 123–143, 145, 147, 151–154, 156–160, 176, 178, 179, 181, 184, 186–189, 191, 192, 194–196, 199, 206, 207, 212, 213, 216, 231, 239, 245, 248, 255, 260, 261, 265–269, 274, 275, 280–284, 289, 290, 297–300, 302, 303, 305–309, 314, 315, 318, 319, 324, 325, 328–330, 333–345, 349, 350, 354, 357–360, 364–369, 371–376, 379–381, 388–394, 396–399, 402–411, 414, 415, 418–423, 425–428, 431, 432, 435, 436, 438–440, 442–444, 446, 447

皮层处理的等级结构 Cortical processing hierarchy 371

皮层脊髓束 Corticospinal tract 80

皮肤电导 Galvanic skin conductance 201

偏对比掩蔽 Metacontrast masking 438

偏盲 Hemianopia 113, 193, 371, 404

偏头痛 Migraine headaches 288, 289, 440

偏心度 Eccentricity 56, 57, 64, 66, 84, 371, 373

胼胝体 Corpus callosum 79, 129, 157, 312, 313, 316, 318, 371, 444, 445

平滑追踪眼动 Smooth pursuit eye movement 70

普罗菲特，丹尼斯 Proffitt, Dennis 224

瀑布错觉 Waterfall illusion 114, 148, 368

期望 Expectation 167, 178, 260, 337, 338, 374

启动时理论 Time-on theory 285

启动效应 Priming 210, 275, 371, 419, 427, 435

气体分子类比 Gas molecule analogy 20

前额叶皮层（PFC） Prefrontal cortex
（PFC） 139, 212

前扣带皮层（ACC） Anterior cingulate
cortex（ACC） 127, 138, 265, 266,
269, 329, 371, 372, 397, 425

前联合 Anterior commissure 312, 313,
316, 318, 444, 445

前脑 Forebrain 18, 27, 50, 80, 95,
97, 98, 110, 139, 254, 291, 318, 325,
329, 333, 335, 343, 359, 364, 367,
368, 370-374, 387, 408

前皮层（皮层前部） Front of the
cortex 372

前下颞叶皮层（AIT） Anterior part of
inferior temporal cortex（AIT） 376

前向联结 Forward connection 128,
372

前向掩蔽 Forward masking 280, 396,
443

钱卓，乔 Tsien, Joe 424

强联结或驱动性联结 Strong or
driving connections 372

强制选择空间定位 Forced-choice
localization 240

桥位点 Bridge locus 400

亲人被冒名顶替 Imposter, loved one
taken over by 235

情景记忆 Episodic memory 206, 217,
218, 386

情绪 Emotion 17, 21, 94, 99, 100, 110,
138, 242, 333, 385, 401, 441

丘脑 Thalamus 64-66, 69, 73, 76-79,
93, 96-100, 103, 104, 110, 133-136,
139, 140, 189, 192, 216, 217, 281, 284,
290, 312, 325, 338-341, 344, 349, 366,
369, 372, 373, 375, 387, 396, 401, 408,
409, 423, 428, 432, 435

丘脑板内核（ILN） Intralaminar nucleus
of the thalamus（ILN） 369, 372, 401,
435

丘脑核心细胞 Core of the thalamus
372

丘脑基质 Matrix of the thalamus 365,
372

丘脑枕 Pulvinar 69, 133, 134, 140,
192, 196, 216, 239, 408, 409, 423,
436

丘奇兰，帕特里夏 Churchland, Patricia
383

区 Region 6, 14, 17, 25, 26, 28-32,
35-38, 40, 42, 46, 48, 49, 51, 56-64,
66, 69, 70, 74-88, 90, 91, 94-96, 98,
101, 103-105, 107, 108, 112, 113, 116-
118, 121-123, 125-136, 138-149,
151-161, 166, 167, 169-171, 173, 176,
178, 179, 181, 182, 184, 187, 189-194,
196, 198, 199, 203, 204, 206, 207, 209,
212, 216, 217, 225, 228, 230, 233, 235,
239, 242, 245, 246, 248, 252, 253,
261, 265, 266, 269, 272, 275-277,
279, 282-284, 286, 289, 294, 296,
297, 299-310, 312, 314-316, 319,
322, 324, 325, 328-330, 333, 336,
337, 339, 342, 344, 345, 352-354,

356-360, 364-369, 371-373, 375, 376, 379-382, 384, 386-390, 392-399, 401-415, 418-424, 426-431, 434-439, 442-444, 446

区分时序所需最小阈值 Order discrimination thresholds 279

驱动性联结和调制性联结 Driving and modulatory connections 134, 337

去甲肾上腺素 Noradrenaline 80, 96, 400

全局工作空间模型 Global workspace model 104

全色盲 Achromatopsia 37, 146, 235, 372, 390

群体编码 Population coding 31, 33-35, 156, 275, 372, 376

染色体 Chromosomes 12

让纳罗，马克 Jeannerod, Marc 229

人工刺激 Artificial stimulation 122

人工智能 Artificial intelligence 86, 124, 225, 251

人类 Humans 2, 3, 6, 7, 9, 11, 14-16, 18, 21, 22, 58, 75, 76, 82, 130, 221, 231, 249, 253, 267, 294, 297, 310, 344, 353, 357, 362, 363, 368, 376, 377, 386, 433, 445

人择原理 Anthropic principle 434

认知不能症 Acognita 261

认知操作 Cognitive operations 43

任务 Tasks 4, 25, 28, 76, 137, 150, 153, 160, 163, 164, 168-175, 178, 186, 189, 191, 196, 202, 203, 209, 221, 222, 227, 232, 238, 240, 250, 253, 254, 257, 268, 279, 297, 315, 316, 339, 351, 356, 363, 367, 381, 389, 393, 416, 417, 419, 421, 422, 425, 428, 429, 436

萨克斯，奥列佛 Sacks, Oliver 288, 426

伞形细胞 Parasol cells 64, 66

色调 Hue 25, 33, 38, 109, 145-147, 160, 178, 209, 263, 394

色觉 Color 57, 58, 146

色觉的三色理论 Trichomacy theory of color vision 58

瑟尔，约翰 Searle, John 13

沙尔，杰弗里 Schall, Jeffrey 297

沙因贝格，戴维 Sheinberg, David 12, 35, 297

闪光 Light, flashes of 11, 41, 117, 166, 167, 202, 204, 240, 247, 273-276, 279, 282, 288, 382, 440, 441

闪现遏制 Flash suppression 166, 294, 302, 304, 306, 309, 343, 380, 443

闪现滞后错觉 Flash-lag illusion 282

上层 Upper layers 77, 120, 128, 310, 365, 373

上颞叶沟 Superior temporal sulcus (STS) 300, 303, 443

上颞叶皮层 Superior temporal cortex 138, 423

上丘 Superior colliculus（SC） 65, 68-70, 73, 77, 133, 142, 152, 226, 239, 373, 409, 418, 436

上行激活系统 Ascending activation system 95, 98

尚热，让－彼埃尔 Changeux, Jean-Pierre 342, 403

深（浅）层 Deep (lower) layers 77, 373

深度信息 Depth information 119, 153

神经递质 Neurotransmitters 81, 96–98, 101, 284, 299, 364, 368, 374, 377, 378, 401, 411

神经化学扩散 Neurochemical diffusion 39

神经集群 Neural assemblies, Coalition of neurons 183, 185, 216, 275, 302, 389

神经假体 Neuroprosthetic 11, 118

神经胶质细胞 Glia cells 19, 95, 387, 410

神经节细胞 Ganglion cells 28, 55–57, 59–65, 67–69, 73, 155, 239, 294, 373

神经竞争 Neuronal competition 389

神经语义学 Neurosemantics 259

神经元 Neuron 2, 3, 9, 11, 12, 14, 17–20, 23–53, 56, 57, 59, 60, 62–66, 68, 69, 71, 72, 75–82, 84–94, 96–111, 113, 116–123, 125, 128, 129, 132, 134, 135, 138, 139, 142–148, 150–160, 170, 175–183, 186–189, 191, 194–196, 199, 203–206, 212–214, 216, 217, 239, 245, 248, 259, 261–263, 265, 266, 268–273, 275, 277, 283, 285, 286, 290–292, 294, 296–310, 312, 322, 324, 327–331, 333–346, 348–350, 352, 354, 355, 357–359, 365–369, 371–381, 384, 385, 387–393, 395–399, 401–404, 406, 407, 410–412, 415, 419, 420, 422, 423, 426, 427, 430, 431, 433, 436–439, 441–443

神经元的发放活动 Firing activity, neuronal 18, 19, 29, 47, 48, 50, 97, 298, 335, 389, 390

神秘主义的立场 Mysterian position 384, 387

生机论 Vitalism 11

生物学 Biology 7, 11, 23, 40, 67, 94, 108, 111, 127–129, 150, 173, 198, 214, 231, 265, 273, 304, 305, 308, 331, 332, 341, 349, 350, 354, 355, 366, 379, 400, 401, 404, 436

失神发作 Absence (petit mal) seizure

失语症 Aphasia 17, 432

施特里希，佩特拉 Stoerig, Petra 238, 240

"什么"通路 What pathway 367

时间 Time 10, 11, 19, 22, 24, 25, 27, 28, 38–40, 42, 44, 47–49, 51–53, 62, 68, 70–73, 86, 97, 103, 107, 109, 114, 115, 120, 122, 132, 136, 146, 148–150, 154, 165, 167–169, 172, 176, 177, 181–183, 191, 198, 200, 202, 205, 207–209, 211, 214–219, 223, 225, 227, 229, 230, 233, 239–241, 243, 245, 246, 248, 252–255, 261, 263, 270–279, 282, 284–286, 288–291, 294,

295, 302, 306, 308, 314, 326, 335, 336, 338, 340, 341, 344, 352, 363-366, 368, 369, 371, 373-375, 377, 380, 384, 387, 388, 393, 396, 400, 403, 405-408, 411, 416, 420, 424, 425, 427, 431, 436-440, 442, 443, 445, 446

时间编码　Temporal code　373

时间上的同步化　Temporal synchronization　46

时延　Protracted duration　289

识别神经元（诺斯替神经元）　Gnostic neuron　390

实时系统　On-line systems　227

事件　Event　19, 20, 26, 39, 40, 51, 94, 100, 103, 106, 107, 110, 163, 166, 176, 184, 185, 200, 206, 207, 217, 244, 252, 254, 258, 264, 267, 273, 279, 280, 282, 283, 285, 288-291, 305, 324, 330, 334, 339, 349, 356, 360, 366, 373, 378, 379, 381, 384, 387, 401, 422, 427, 432

视差　Disparity　87, 119, 153, 373, 374, 406

视觉便笺簿（视觉缓冲器）　Scratchpad　208

视觉等级结构　Visual hierarchy　33, 132, 142, 179, 216, 218, 239, 283, 328, 337, 343, 372

视觉分辨　Resolution, visual　203

视觉共济失调（视觉协调不能）　Optic ataxia　154

视觉缓冲器　Visual buffer　208, 209

视觉偏心度　Visual eccentricity　371, 373

视觉失认症　Visual agnosia　235, 236, 238, 247

视觉世界的镜像表征　Mirror-image representation of visual world　145

视觉搜索研究　Visual search studies　166-168, 182, 191, 316

视觉信息　Visual information　28, 55, 65, 68, 132, 136-138, 140, 156, 157, 186, 196, 208, 218, 237, 239, 248, 266, 283, 290, 373, 409, 444

视觉诱发电位　Visually evoked potential　45

视觉诱发的头皮电位　Scalp potentials, visually evoked　272

视神经　Optic nerve　39, 55-57, 61, 65, 70, 73, 132, 133, 163, 252, 359, 373, 375

视网膜　Retina　16, 28, 29, 33, 54-58, 60, 62-69, 71-73, 75, 82-84, 86, 91, 102, 103, 113, 116, 118, 121, 123, 128, 131, 133, 136, 142, 143, 145, 152, 153, 155, 156, 159, 189, 193, 216, 228, 235, 237, 239, 245, 260, 267, 272, 273, 282, 294, 296, 302, 308, 324, 328, 359, 365, 367-370, 373, 374, 380, 382, 384, 388, 391, 394-396, 412, 417, 418, 422

视网膜神经节细胞　Retinal ganglion cells　61, 64, 67, 69, 83, 216, 369, 373, 375, 395, 396, 408

视网膜拓扑组织　Retinotopic organization　373

视锥　Cones　33, 56-59, 63, 64, 67, 68, 76, 109, 145, 394

适应　Adaptation　14, 52, 73, 75, 114, 115, 148, 200, 222, 257, 275, 286, 313, 368, 379, 398, 400, 412, 413, 421, 443

叔本华，阿瑟　Schopenhauer, Arthur　10, 145

疏忽盲　Inattentional blindness　165, 166, 177, 182, 373, 374, 417, 419

熟悉感　Familiarity, feeling of　328

双拮抗神经元　Double-opponent neurons　90

双视觉系统假设　Two visual system hypothesis　227

双稳态知觉或错觉　Bistable percept or illusions　293, 297, 305, 309, 359, 374, 380, 441, 444

双眼竞争　Binocular rivalry　166, 294-299, 301-303, 305, 308, 309, 317, 343, 374, 380, 441, 442, 445

双眼神经元　Binocular neurons　374, 442

双眼视差　Binocular disparity　118, 119, 153, 373, 374

双眼细胞　Binocular cells　87, 118, 119

双重任务　Dual tasks　173, 174, 178, 180, 182, 189, 202, 419

睡眠　Sleep　13, 43, 96-99, 102, 103, 110, 116, 117, 243, 244, 286, 306, 314, 343, 369, 370, 381, 400, 401, 405

睡眠-觉醒周期　Sleep-wake cycle　97, 98, 99

顺行性遗忘　Anterograde amnesia　426

瞬时记忆　Fleeting memory　199, 214-216, 369, 374, 375

思维实体　Res cogitans　6

斯金纳，B.E.　Skinner, B.E.　205

斯夸尔，拉里　Squire, Larry　12, 201

斯佩里，罗杰　Sperry, Roger　313

斯珀林，乔治　Sperling, George　214

斯特普尔顿，奥拉夫　Stapledon, Olaf　420

似曾经历的错觉　Déjà vu　327

松果体　Pineal gland　312, 444

速度　Speed　25, 39, 69, 73, 85, 110, 123, 132, 147-149, 160, 185, 223, 268, 283, 286, 289, 316, 334, 338, 339, 400, 411, 424, 436, 437, 444

速示器　Tachistoscope　273

损伤　Lesions　4, 25, 31, 37, 38, 70, 98, 113, 122, 134, 137, 142, 154, 158, 192, 194, 196, 210, 218, 222, 235, 236, 238, 245, 246, 249, 265, 266, 312, 313, 369, 372, 379, 386, 388, 396, 401, 405, 412, 414, 415, 420, 423, 426, 430, 435

梭状回脸区　Fusiform face area（FFA）　178

梭状神经元　Spindle neurons　397

索普，西蒙　Thorpe, Simon　272

塔尔文，恩德尔　Tulving, Endel　12

探照灯隐喻　Searchlight　190, 417

索　引　531

特丽丝曼，安　Treisman, Ann　167
特征继承　Feature inheritance　438
体感皮层　Somatosensory cortex　48, 123, 284, 285, 315, 375, 407, 422
体感区　Somatosensory domain　365
体验灵魂出窍　Out-of-body experience　18, 387
田中启治　Tanaka, Keiji　158
条件反射　Conditioning　200-202, 204, 205, 217, 425
调制性联结　Modulatory connections　366
听觉　Hearing　15, 25, 44, 62, 129, 133, 154, 160, 178, 192, 230, 253, 259, 279, 324, 365, 375, 377, 379, 387, 408, 437
听觉掩蔽　Auditory masking　387
听觉诱发电位　Auditory evoked potential　46, 392
听皮层　Auditory cortex　123, 407
通过外科手术改变脑　Surgery, brain altered by　117
通路　Pathways　63-70, 73, 79, 80, 83, 87, 90, 91, 97, 107, 118, 121, 128, 133, 135-138, 140, 142, 154, 156, 186, 187, 196, 213, 222, 232, 237-240, 245, 248, 252, 266, 272, 277, 281, 283, 284, 296, 312, 325, 328, 329, 335, 337, 345, 349, 359, 364-367, 369-371, 387, 393, 395, 396, 402, 408, 409, 415, 439, 444
同步　Synchrony　19, 38, 43, 46-53, 70, 93, 95, 103, 106, 134, 179, 181, 182, 186, 190, 230, 231, 245, 260, 275, 277, 305, 306, 335, 340, 349, 357, 358, 367, 373, 374, 377, 391-393, 398, 420, 422, 430, 431, 437, 439, 443
同步发放链模型　Synfire chain model　393
同侧投射　Ipsilateral projection　398
同态说　Isomorphism　400
童年经历　Childhood experience　208
痛觉　Pain　17, 96, 402
头皮电记录　Electrical scalp recordings　272, 392
突触　Synapse　11, 24, 26, 39, 40, 47, 66, 76, 78-82, 90, 96, 101, 107-109, 129, 180, 190, 191, 199, 206, 212, 245, 261-263, 266, 268, 272, 275, 284, 299, 308, 322, 331, 333, 336, 337, 340, 343-345, 352, 360, 364, 367-369, 371-375, 377-379, 383, 388, 389, 391-393, 397, 398, 403, 404, 410, 411, 435, 436, 439, 442, 443
突触后细胞　Postsynaptic cell　81
突触可塑性　Synaptic plasticity　199, 368, 375
突现（涌现）　Emergence　23
图标记忆　Iconic memory　214-218, 374, 375
图灵，阿兰　Turing, Alan　203, 246
图像模糊　Image blurring　71, 73
兔　Rabbit　44, 55
托诺尼，裘利奥　Tononi, Giulio　108

拓扑组织 Topographic organization 83, 134, 157, 373, 375

外部世界和内心世界之间的关系 Outer world, relationship to inner 321

外侧膝状体（LGN） Lateral geniculate nucleus（LGN） 65, 133

外激素 Pheromones 231, 430

外显编码/外显表达 Explicit coding/explicit representation 88

外显记忆 Explicit memory 4, 205, 207, 282, 316

外延意识 Extended consciousness 17, 99

外源性（自下而上的）注意 Exogenous（bottom-up）attention 381

外周，"给光"中心细胞和"撤光"中心细胞 Surround, on-center and off-center cells 61, 62, 395

外周视觉 Peripheral vision 142, 429

网波 Net-wave 132, 133, 140, 152, 216, 233, 245, 248, 272, 280 − 283, 287, 334, 337, 375, 408, 414

威塞尔，托斯腾 Wiesel, Torsten 83, 84, 85, 88

微刺激 Microstimulation 151 − 153, 160, 305, 375

微电极 Microelectrode 20, 25, 60, 61, 75, 143, 145, 290, 304, 344, 375, 380, 405

微发作 Microseizure 286

微管 Microtubules 9, 384

微米（μm） Micrometer（μm） 39, 82, 375

微型人 Homunculus 37, 320, 324 − 326, 329, 333, 334, 342, 360, 375, 376, 446

微意识 Microconsciousness 105, 277, 376, 403

微柱 Minicolumn 389

韦尔林，克莱夫 Wearing, Clive 207, 208

韦尔尼克区 Wernicke's area 314

韦格纳，丹尼尔 Wegner, Daniel 360

韦斯克兰茨，拉里 Weiskrantz, Larry 238

唯我论 Solipsism 383

位置细胞 Place cells 156, 390, 414, 415

纹外皮层 Extrastriate cortex 125, 127, 275, 277, 376, 405, 421

纹状皮层 Striate cortex 376, 398

问题求解 Problem solving 124, 326

沃尔夫，杰里米 Wolfe, Jeremy 302

无棘光滑神经元 Smooth neurons 81

无意识的 Nonconscious 4, 5, 103, 223, 224, 228, 231, 242 − 244, 250, 283, 323, 325, 326, 333, 334, 343, 351, 376, 419, 428, 429

物理学 Physics 6, 8, 9, 11, 13, 19, 22, 56, 60, 123, 141, 182, 185, 227, 266, 283, 292, 332, 350, 361, 370, 387, 394, 399, 418, 419, 435, 436, 439, 441

物理主义 Physicalism 20, 388

希格，戴维　Heeger, David　412

稀疏表征　Sparse representation　33, 34, 373, 376

稀疏时间编码　Sparse temporal coding　376

膝状体-皮层通路　Geniculo-cortical pathway　66

膝状体轴突　Geniculate axons　81, 83, 134

蟋蟀　Cricket　387, 393

习惯化　Habituation　200, 338

细胞　Cells　9, 11, 16, 18-21, 24, 26-36, 38-45, 47-49, 51, 52, 55, 56, 58-68, 73, 75-87, 89-92, 95-97, 101-114, 116, 118-122, 125-128, 132, 134, 135, 140, 142-144, 146, 148, 150-157, 159, 160, 176, 182, 183, 185-188, 190, 191, 199, 200, 212, 213, 216, 235, 246, 259, 261, 262, 264, 267, 272, 277, 286, 294, 297-301, 303, 305-310, 333, 337-341, 344, 346, 349, 358, 359, 361, 365-367, 371-374, 376, 378-381, 384, 387, 389-392, 394-399, 401, 402, 404, 406, 409, 411, 413-415, 421, 422, 424, 427, 428, 434, 439, 440, 442-444

细胞色素氧化酶　Cytochrome oxidase（CO）　89, 411

下层　Lower layers　25, 77, 81, 373, 376

下颞叶皮层（IT）　Inferior temporal or inferotemporal cortex（IT）　157, 186, 214, 359, 367

下丘脑　Hypothalamus　139, 369, 430

下行联结　Descending connections　128

下意识，见"无意识的"　Subconscious, See Nonconscious　133, 138

下意识启动效应　Subliminal priming　427

先兆　Aura　241, 431

显著性映射区　Saliency map　418, 419

现实感　Real, sense of the　177

线虫　Roundworm（C.elegans）　15, 264, 391, 399

线索，反应时实验　Cue, reaction time experiment　413

相关　Correlation　10, 12, 14, 17-19, 21, 30, 32, 39, 42, 43, 45, 46, 48-51, 54, 63, 67, 71, 88, 90, 91, 93, 95, 104, 106, 107, 111, 112, 122, 127, 138, 151, 152, 172, 180, 184, 212, 216, 218, 220, 231, 232, 239, 252, 261, 263, 265, 266, 268, 273, 276, 278, 283, 284, 290, 294, 298, 299, 305, 310, 322, 325, 327, 329-331, 333, 337, 339-342, 345, 348, 352, 355-357, 359, 362, 363, 365, 368-370, 373, 375-381, 387, 388, 391, 393, 395, 401, 411, 417, 419, 422, 425, 431, 432, 436-438, 440, 441

相关发放　Correlated firing　374, 377

想象　Imagery　3, 8, 9, 12, 21, 40, 47, 58, 76, 86, 94, 123, 132, 163, 167, 193, 216, 220, 241, 258, 261, 270, 279, 286, 293, 315, 317, 324, 327-329, 334, 335, 343, 356, 357, 359, 441, 446

消退症 Extinction 192-194, 196, 315, 369, 377, 423
小发作 Petit mal seizure 431
小脑 Cerebellum 206, 255, 387, 414
小鼠 Mice 17, 201-204, 217, 244, 284, 345, 353, 354, 425, 430
小鼠的基因组 Genome, mouse 354
小细胞神经元 Parvocellular neurons 67, 68, 73
小细胞通路 Parvocellular pathway 66, 73, 91
心情、情绪 Mood 99
心身问题 Mind-body problem 1, 2, 5, 7, 21, 148, 248, 257, 264, 322, 332, 333, 377, 381, 383
心血管外科手术 Cardiovascular surgery 424
辛格，沃尔夫 Singer, Wolf 12, 44, 48, 357, 443
新大陆猴 New World monkey 127, 386, 412
新皮层 Neocortex 19, 74-77, 79, 126, 133, 136, 138, 139, 207, 365, 372, 373, 376, 377, 387, 389, 397, 401, 408, 426, 439
新鲜感 Novelty, feeling of 328
信号 Signal 41-46, 48, 56, 59, 68, 73, 77, 96, 121, 132, 134, 150, 151, 153-155, 165, 188, 190, 191, 194, 196, 215, 231, 240, 244, 267, 271, 272, 286, 287, 298-302, 305, 306, 308, 314, 322, 327, 329, 336, 337, 341-345, 364-367, 369, 372, 374, 376, 377, 379, 381, 385, 387, 392, 406, 408, 410, 411, 419, 420, 422, 428, 433, 438, 442, 443
兴奋 Excitation 18, 29, 37, 47, 48, 67, 71, 75, 78-82, 84, 90, 91, 96, 101, 109, 118, 129, 132, 134, 151, 182, 195, 203, 261, 284, 286, 289, 298, 299, 321, 338, 355, 367, 368, 374, 378, 385, 391, 398, 403, 404, 406, 427, 430, 444
兴奋性神经元 Excitatory neurons 27, 80-82
猩猩 Orangutan 7, 14, 303, 386
行为 Behavior 3-5, 7, 8, 10, 11, 14, 15, 18, 20, 21, 24, 26-28, 41, 43, 60, 65, 67, 69, 76, 89, 95, 99, 103, 106-109, 120, 121, 133-136, 141, 142, 145, 150-154, 156, 160, 171, 193, 194, 204, 205, 214, 220-222, 226, 227, 230-234, 237, 238, 240-249, 253-255, 264, 266, 268, 275, 281, 283, 284, 299, 301, 303, 305, 306, 309, 310, 313, 314, 317, 333-335, 337, 342-346, 350, 351, 353, 355-357, 366, 369-371, 377, 379, 382-384, 387, 388, 392, 401, 402, 404, 411, 422, 425, 426, 428-430, 432-434, 436, 439, 441, 443
形而上学的角度的自由意志 Metaphysical free will 264, 361
杏仁核 Amygdala 31, 32, 37, 97, 139, 231, 371, 387, 408, 426, 443

性别差异　Gender difference　231
休伯尔，戴维　Hubel, David　83, 84, 85, 88
嗅觉　Smell　15, 17, 133, 230−232, 241, 253, 324, 325, 368, 373, 391, 414, 446
嗅觉系统　Olfactory system　44, 48, 392, 393
嗅球　Olfactory bulb　231, 387, 408
需要视觉导引的活动，见"运动任务"　Visual guidance, activities requiring, See Visual tasks　41, 76, 151, 244
选举　Election　27, 184, 185, 189, 190, 335
选择概率　Choice probability　413
选择性注意　Selective attention　103, 164, 169, 170, 178, 191, 195, 217, 278, 337, 338, 340, 342, 345, 373, 378, 381, 416, 425, 441
薛定谔，埃尔文　Schrödinger, Erwin
学习　Learning　8, 11, 25, 101, 139, 179, 183, 199, 200, 204−206, 208, 213, 217, 245, 250, 254, 356, 369, 376, 387, 420, 424, 434
血红蛋白　Hemoglobin　377, 413, 414
血流动力学活动　Hemodynamic activity　194, 280, 302, 377, 411, 442
血液供应　Blood supply　95, 400
训练　Training　4, 14, 29, 30, 41, 68, 76, 127, 150, 173, 178, 186, 203, 205, 240, 254, 255, 268, 272, 297, 298, 301, 303, 304, 315, 334, 343, 351, 353, 368, 370, 377, 389, 407, 415, 418, 422, 442, 443

雅各布森器官　Jacobson's organ　231
亚里士多德　Aristotle　6, 162
亚心智处理过程　Submental processing　326, 329
延迟测试　Delay test　248, 317, 354, 356, 377, 379
延迟反应实验　Delayed response trial　213
延迟条件反射　Delay conditioning　202, 204, 425, 426
延髓　Medulla　95, 371, 387
言语　Speech　74, 427, 445
研究意识的理论框架　Framework for consciousness　331
掩蔽　Masking　114, 115, 210, 278−282, 377, 396, 398, 419, 438
眼动　Eye movement　54, 65, 69−71, 73, 76, 96, 103, 120−122, 132, 134, 138, 155, 160, 171, 222, 223, 227, 243, 244, 338, 370, 381, 396, 409, 415, 418, 422
眼睛　Eye　2, 4, 11, 16, 38, 43, 55−59, 63, 68−73, 76, 83, 102, 113, 116, 118−121, 137, 138, 152−156, 162, 163, 171, 177, 182, 192, 193, 201, 202, 222, 223, 225, 232, 243, 244, 247, 256, 275, 287, 295, 298, 303, 304, 309, 315, 324, 385, 395, 396, 402, 406, 410, 416−418, 422, 429, 432
眼球跳动（跳动）　Saccade　377, 423

眼-手运动　Eye-hand movement　255
眼优势柱/条　Ocular dominance columns/strips　90, 92, 399
扬, 托马斯　Young, Thomas　58
要点知觉　Gist perception　175-177, 339, 419
"要么进攻要么逃跑"反应　Fight-or-flight reactions　96
要想画得栩栩如生的困难所在　Drawing, difficulty of rendering realistic scene　386
夜游　Night walking　225, 226, 232
一瞥之下能看到多少　Details, Seen in a glance　209
遗传机制　Heredity, mechanics underlying　11
遗忘症（失忆症，健忘症）　Amnesia　207, 208, 218, 426
乙酰胆碱　Acetylcholine　80, 96-98, 110, 365, 378, 401
异常的意识状态　Altered states of consciousness　18
抑制　Inhibition　10, 26, 27, 40, 52, 61, 67, 75, 78, 81, 82, 90, 101, 109, 117, 134, 172, 188, 263, 284, 286, 295-300, 303, 304, 309, 310, 317, 345, 353, 355, 358, 364, 374, 379, 381, 391, 398, 406, 418, 424, 441-443
意识　Consciousness　1-27, 29-31, 33-41, 43, 45-47, 49-55, 57, 59, 61, 63, 65, 67-71, 73-75, 77, 79, 81, 83, 85, 87, 89, 91, 93-117, 119-123, 125, 127, 129, 131, 133-135, 137-143, 145, 147, 149, 151-153, 155-157, 159-163, 165, 167, 169, 171-173, 175-179, 181-185, 187, 189, 191, 193-199, 201-211, 213-235, 237-259, 261-273, 275, 277-285, 287-295, 297-305, 307-313, 315-343, 345-363, 365-367, 369-373, 375-389, 391, 393, 395, 397, 399-405, 407, 409-411, 413, 415, 417-421, 423, 425-439, 441, 443, 445, 446
意识背景　Penumbra　261-263, 268, 327, 340, 341, 378, 379, 381, 435
意识的场理论　Field theories of consciousness　378
意识的工作定义　Definition, working of consciousness　14
意识的功能　Functions of consciousness　229, 248, 334, 352, 358, 434
意识的黑板隐喻　Blackboard metaphor for consciousness　403
意识的内容　Content of consciousness　50, 94, 99, 122, 334, 339, 349, 379, 403
意识的前提因素　Enabling factor for consciousness　97, 98
意识的神经相关集合（NCC）　Neuronal correlates of consciousness（NCC）　93, 110, 331, 333, 357, 378
意识的私密性　Privacy of consciousness　4, 378
意识的特异性因素　Specific factors,

for consciousness 94

意识的统一性 Unity of consciousness 294, 312, 341, 349

意识的图灵试验 Turing test for consciousness 203

意识的微构法 Microgenetic approach to consciousness 273

意识的行动主义学说 Enactive account of consciousness 10, 385

意识的中层理论 Intermediate-level theory of consciousness 321, 324, 329, 378

意识计 Consciousness-ometer 93, 256, 361, 377, 378, 402

意识丧失 Loss of consciousness 400, 431, 432

意向控制的注意 Volitional-controlled attention 170, 189

意义 Meaning 2, 5, 9, 20, 28, 34, 37, 40-43, 48, 62, 94, 95, 100, 106, 119-121, 179, 200, 220, 221, 237, 245, 246, 248, 259-263, 265, 268, 279, 293, 302, 306, 309, 314, 328, 340, 342, 346, 347, 352, 353, 355-357, 363, 371, 377-379, 383, 385, 386, 396, 413, 427, 434, 437, 438

因果关系 Causation 63, 107, 150, 151, 257, 305, 362, 379, 442

因特里利盖特, 詹姆斯 Intriligator, James 114

《银翼杀手》(电影名) *Blade runner* 416

蝇 Fly 200, 205, 353

赢者全取 Winner-take-all 26, 171, 306, 335, 374, 379

永久性植物人状态 Persistent vegetative state 98, 369, 401, 407

用以实现平衡的僵尸体 Balance, zombie agent for 370

优势 Dominance 25, 88-90, 92, 176, 177, 244, 266, 275, 282, 287, 295-297, 300, 305, 306, 310, 314-319, 399, 423, 432, 441-445

优势眼 Dominant eye 295, 406

尤勒茨, 贝拉 Julesz, Bela 167

有空间范围的物理实体 Res extensa

有棘星状细胞 Spiny stellate cells 75, 77, 81

有赖于血氧水平的信号 BOLD signal 377

有偏竞争 Biased competition 186, 188, 195, 423

有色听觉 Colored-hearing 147

有四种视锥的妇女(四色的妇女) Tetrachromat women 58

有泄漏的整合后发放过程 Leaky integrate-and-fire process 439

有意识的行为, 以与无意识的行为相区分 Conscious behavior, separating from nonconscious 429

右侧下顶叶脑梗 Right inferior parietal lobe, infarct involving 424

右利手 Right-handedness 445

诱发电位 Evoked potential 45, 272,

379, 380

宇宙学中的人择原理 Cosmology, anthropic principle in 434

语言 Language 15, 17, 21, 42, 76, 90, 138, 178, 209, 235, 246, 250, 253, 259, 263, 265, 266, 309, 314-319, 322, 323, 333, 352, 353, 386, 388, 404, 424, 427, 432, 437, 438, 445

语义记忆 Semantic memory 206, 217

语音回路 Phonological language loop 209, 211, 427

预测性编码 Predictive coding 396

原对象 Proto-objects 177, 183, 284

原猴亚目的猴 Prosimians 175, 386

源眼信息 Eye-of-origin information 120, 395

约翰逊-莱尔德，菲利普 Johnson-Laird Philip 251, 433

月经周期同步化 Menstrual cycles, cynchronization of 230

运动 Motion, Sports 4, 8, 10, 11, 16, 20, 21, 25, 31, 32, 38, 39, 41, 42, 48, 52, 54, 57, 59, 62, 67, 69-74, 76-79, 84-87, 90, 91, 96, 98, 100, 103-105, 112, 116, 117, 121, 130-132, 136-140, 142-144, 147-155, 159, 160, 168, 170, 171, 177, 178, 189, 190, 192, 196, 201, 205, 206, 221, 223, 224, 227, 228, 230, 232, 235, 237-239, 241, 243, 244, 246-249, 252, 254-256, 260, 262, 263, 265-269, 272, 277, 279, 282, 283, 285-289, 291, 298, 300, 306, 316, 321, 322, 325, 328, 329, 334, 337, 338, 350-352, 356, 357, 360, 362, 364, 365, 367-370, 372, 375-381, 385, 388, 390, 393, 395, 396, 401, 402, 406, 409, 410, 412-414, 417, 418, 422, 423, 428-430, 434, 436, 437, 443, 447

运动后效 Motion aftereffect 116, 148, 368, 413

运动盲（运动知觉不能） Akinetopsia 149, 235, 287, 379, 413

运动任务 Motor tasks 41, 76, 151, 244

早产儿 Premature babies 361

泽基，塞米尔 Zeki, Semir 12, 37, 105, 127, 130, 146, 149, 160, 277, 376, 381

增益野 Gain fields 155, 156

眨眼（瞬目） Blinks 63, 68, 71-73, 120, 122, 201, 221, 234

眨眼条件反射 Eye blink conditioning 201

詹姆斯，威廉 James, William 164

哲学 Philosophy 1-3, 5-9, 13, 15, 16, 124, 145, 164, 198, 219-221, 239, 250, 251, 255, 258, 259, 277, 292, 322, 323, 325, 330-332, 348-350, 366, 369, 370, 379, 383, 385, 388, 399, 404, 420, 428, 434, 438, 445, 446

枕颞叶神经元 Occipital-temporal neurons 376

枕叶 Occipital lobe 117, 142, 143, 146, 158, 365, 374, 376, 396, 404, 413, 423

振荡 Oscillations 38, 42-46, 48, 50-53, 116, 135, 140, 179, 181, 357, 358, 364, 371, 373, 380, 391, 392, 398, 432, 440

整合期 Integration period 278, 279, 282, 284, 288

帧 Frames 59, 149, 165, 271, 277, 281, 286-290, 380, 440

知觉 Perception, Percepts 3, 4, 8, 10, 11, 13-24, 27, 30, 32-41, 45, 48, 51-53, 59, 62, 63, 65, 68, 71, 73-76, 84, 87, 89, 91, 93-95, 97, 99, 100, 102-107, 109-111, 113, 114, 117-123, 134, 137, 138, 140-143, 145-150, 152-154, 156, 157, 160-162, 166, 167, 176-179, 182-184, 187, 188, 192, 194-196, 199, 200, 205, 206, 211, 213, 215-218, 221, 223, 224, 226-230, 232, 233, 235, 239, 241, 245, 247, 248, 250, 252, 253, 261-269, 271, 273-291, 293-306, 308-310, 315, 317-323, 325-331, 333-340, 343-345, 348, 349, 351-355, 357-362, 364, 368, 370, 372-382, 384-390, 392-394, 396, 400, 402-404, 406, 407, 410, 412-415, 420, 421, 427, 429, 433, 434, 436-447

知觉刺激 Perceptual stimuli 292, 294, 304, 309, 310, 343, 374, 380

知觉到的亮度 Brightness, perceived 274, 275, 436

知觉遏制 Perceptual suppression 296, 298

知觉决策 Perceptual decisions 150

知觉瞬间 Perceptual moments 288, 437

知觉性视觉通路 Vision-for-perception pathway 238, 310, 328, 337, 367, 380, 429

知觉优势 Perceptual dominance 293, 308, 309, 442, 444

知晓的意识 Noetic consciousness 386

执行概要假设 Executive summary hypothesis 266, 267, 269

执行中枢 Executive, central 113, 371

执行中心 Executive seat 173

植物人状态 Vegetative state 369, 372, 380

滞后 Hysteresis 277, 335, 436, 438

中波视锥（M视锥） Middle-wavelength cones 59, 67, 68

中风 Stroke 25, 113, 117, 234, 385, 424

中间插入的空屏 Blanks, interposed 443

中脑 Midbrain 65, 69, 95, 133, 369, 371, 372, 387, 392, 409, 444, 446

中脑网状结构（MRF） Mesencephalic reticular formation（MRF） 95

中颞叶区（MT） Middle temporal area （MT） 135

中心－周边组织 Center-surround

organization　61, 62, 68, 367, 380

中央凹　Fovea　56-60, 63, 64, 70, 73, 76, 83, 84, 145, 157, 171, 173, 186, 223, 373, 394, 417, 429

终端神经元　End-stopped neurons　86, 143

轴突　Axon　31, 39, 40, 55-57, 59, 63, 65, 69, 73, 77-81, 91, 96, 105, 110, 125, 128-130, 134, 135, 139, 140, 157, 231, 261, 267, 299, 307, 313, 344, 364, 366, 367, 372, 373, 375, 385, 391, 398, 408, 443, 444

侏儒神经元　Midget neurons　63

主观体验特性　Quaia　2, 8, 11, 20, 54, 205, 248, 251, 252, 257, 258, 261-264, 267-269, 321, 322, 324-330, 333, 334, 340, 341, 348, 352, 370, 378, 381, 383, 384, 403, 434

主观体验特性作为一种符号　Symbols, qualia as　262

主教细胞　Cardinal cells　390

主节点　Essential node　22, 27, 37, 38, 52, 105, 106, 122, 146, 152, 160, 235, 261, 262, 265, 266, 274-277, 283, 287, 291, 327, 336, 337, 339, 340, 342, 379, 381, 391, 414, 435, 436

主体感　Authorship　139, 328, 360, 446, 447

注意　Attention　13, 16, 19, 26, 27, 32, 50-53, 92, 93, 102, 103, 105, 114, 120, 124, 128, 134, 154, 162-167, 169-174, 176-178, 181-193, 195, 196, 200, 202-204, 206, 209, 212-214, 216, 220, 222, 234, 235, 240, 244, 247, 254, 255, 258, 267, 274, 276, 277, 284, 293, 296, 315, 316, 318, 319, 323, 338-341, 344-346, 354, 357, 358, 368, 371-373, 380, 381, 384, 387, 389, 396, 397, 400, 409, 412, 414-423, 425, 428

注意的探照灯隐喻　Attentional searchlight　381, 417

注意负载　Attentional load　422

注意瓶颈　Bottleneck, attentional　184, 186, 195

注意特征　Features, attending to　167

柱状组织　Columnar organization　27, 30, 31, 34, 37, 52, 122, 153, 160, 381

转换　Switching　52, 55, 56, 65, 86, 142, 153, 232, 237, 295, 298, 305, 306, 309, 329, 344, 400, 406, 407, 444

追踪目标　Tracking target　232

锥体细胞　Pyramidal cells　47, 77-81, 91, 104, 109, 135, 185, 344, 366, 373, 404, 444

姿势　Posture　103, 223, 227, 232, 244

字母　Letters　57, 167, 170, 174, 179, 192, 209, 211, 214 -217, 280, 327, 415, 438

自闭症（孤独症）　Autism　15, 17, 106, 353, 361

自动症　Automatism　241, 242, 248

自上而下的注意　Top-down attention

170, 173, 177, 180, 182, 190, 245, 248, 250, 290, 339, 342, 374, 381, 419

自下而上的注意　Bottom-up attention　171, 338, 339, 381

自由意志　Free will　16, 347, 360, 361, 383

自知晓意识　Autonoetic conscious　386

自传体记忆　Autobiographical memory　206

宗教　Religion　6, 221, 331, 362, 363

祖母神经元　Grandmother neurons　31, 33

最小布线长度约束　Minimal wiring length constraint　399

最小意识状态　Minimally conscious state　98

最优方向　Preferred direction　84, 147, 300, 422

做梦　Dreaming　3, 18, 96, 105, 116, 117, 123, 381, 385, 403, 405

译后记

2000年诺贝尔生理学或医学奖得主坎德尔（E.Kandel）说过："到目前为止，科学面临的最富挑战性的任务就是意识问题。"但是直到20世纪80年代，意识研究在自然科学家中间几乎还是一个禁忌的话题。正是本书作者科赫教授及其忘年交克里克教授开辟了用神经科学方法研究意识问题的道路。本书可以说是他们合作研究20年的总结，值得一切对意识问题感兴趣的读者认真阅读。本书中文版的面世，首先要感谢科赫教授慷慨授权，并在翻译过程中给予热情支持，还专门为中文版写了序。

译者之一的顾凡及近20年来也一直对意识问题颇有兴趣，几年前还翻译出版了另一位诺奖得主埃德尔曼（G.Edelman）有关意识问题的专著《意识的宇宙》。2008年末在查找资料过程中发现了科赫教授的这本《意识探秘——意识的神经生物学》，遂向上海科学技术出版社推荐；又幸得机缘，与科赫教授的博士研究生侯晓迪共同承担本书的翻译工作。侯晓迪对脑与神经科学的兴趣始于人工智能，其博士研究课题是仿照脑对视觉信息的处理，设计下一代的计算机视觉系统。在加州理工学院学习的2年多时间里，侯晓迪深深感到脑与意识这一新兴科学领域的深远意义。

本书的中文版序、第 15～20 章及术语表由侯晓迪翻译，顾凡及翻译了其余部分；侯晓迪校对了序、前言、第 1～6 章和第 13、14 章以及索引，顾凡及校阅了其余部分；最后由顾凡及对全书进行了统稿。译者在译校中都反复进行了推敲，一改再改，有些部分甚至十易其稿，希望能以"信、达、雅"的标准，把科赫教授的这一杰作原汁原味地翻译过来，介绍给中国读者。全书翻译过程中 69 处译者不能确定的问题均一一向科赫教授本人咨询并据以解决。对于一些极难定夺的译名，例如"僵尸（zombie）""意识背景（penumbra）"等，甚至将诸多候选中文译名再反译回英文，与科赫教授一起权衡优劣，从而确保译文的形神兼备。这种面对面的交流，也使得原书中许多隐藏的小故事被发掘出来，从古希腊传说到犹太教神话，从"弗洛伊德被提名诺贝尔文学奖"到"《尼伯龙根的指环》中的齐格弗里德很可能是自闭症患者"。译者与科赫教授都希望能将阅读的快乐，以最完整的形式呈现给各位读者。

　　作者在书中旁征博引，提到了许多西方的名人和文化背景，考虑到其中有些材料国内读者不一定熟悉，因此在作者给出的大量注释之外，译者在这种地方又加了不少的译注。

　　考虑到行文体例，对于一些全书大量出现且业界通行的英文缩写，根据上下文的语境，在绝大多数情况下仍旧沿用，例如脑皮层的中颞叶区直接写作 MT 区。对于大部分专业名词，在其首次出现时同时给出英文，以方便有兴趣的读者更好地把握其涵义。另外有些词既在日常生活中常用，在这里又有专门的意思，如 feeling 之类，要在一定的上下文中翻出确切的意思确非易事，所以此类译名后也会加注原文。还有一些较难翻译的微妙用语，也在译文后面加注了原文。另外有些有相同意义的术语，在不同学科中有不同的中文通用译名，例如 response 在生命科学中译为"反应"，在信息科学中译为"响应"。这类术语均根据上下文选择了相应的译名。还有某些名词国内还没有通用译名，已尽可能给出易于理解且与原意吻合的译名，并在后面加注了原文，例如 zombie 译为"僵尸"，substrate 译为"基质"等。当然，囿于译者水平，书中不当甚至错误之处恐难完全避免，我们期待读者的批评指正。

  本书涉及面极广，对其中出现的神经生物学、解剖学、心理学、计算机科学、分子生物学术语，译者不可能全部了解相关领域国内同行的通用译名，而且其中有许多还未纳入由各个相关学会审定的名词手册。在这方面，有幸得到国内权威专家的鼎力相助。要感谢上海交通大学梁培基教授对一些难句的理解提出意见，复旦大学杨雄里院士、寿天德教授为本书订正了许多有关神经解剖和视觉生理方面术语的标准译名，中国科学院昆明动物研究所马原野研究员为本书核对了不少有关认知科学和心理学术语的标准译名，复旦大学张志鸿教授为一些分子生物学和遗传学术语的准确翻译提供了帮助，中国科学院上海神经科学研究所郭爱克院士解答了一些译名上的困惑，上海交通大学张丽清教授订正了一些计算机科学方面的术语，中国科学院上海生命科学研究院孙复川研究员订正了眼动上的术语译名，复旦大学梅岩艾教授在一些法文译名上给予了指教。特别是寿天德教授审阅了大量的术语译名。他们的帮助使本书中所用术语的中译名尽可能是国内同行通用的，避免闹出把"突触"译为"神经键"、"正反馈"译成"积极反馈"之类的笑话。在此，要向上述各位教授表达最深切的谢意。

顾凡及

2010 年 10 月于复旦大学

侯晓迪

2010 年 10 月于加州理工学院

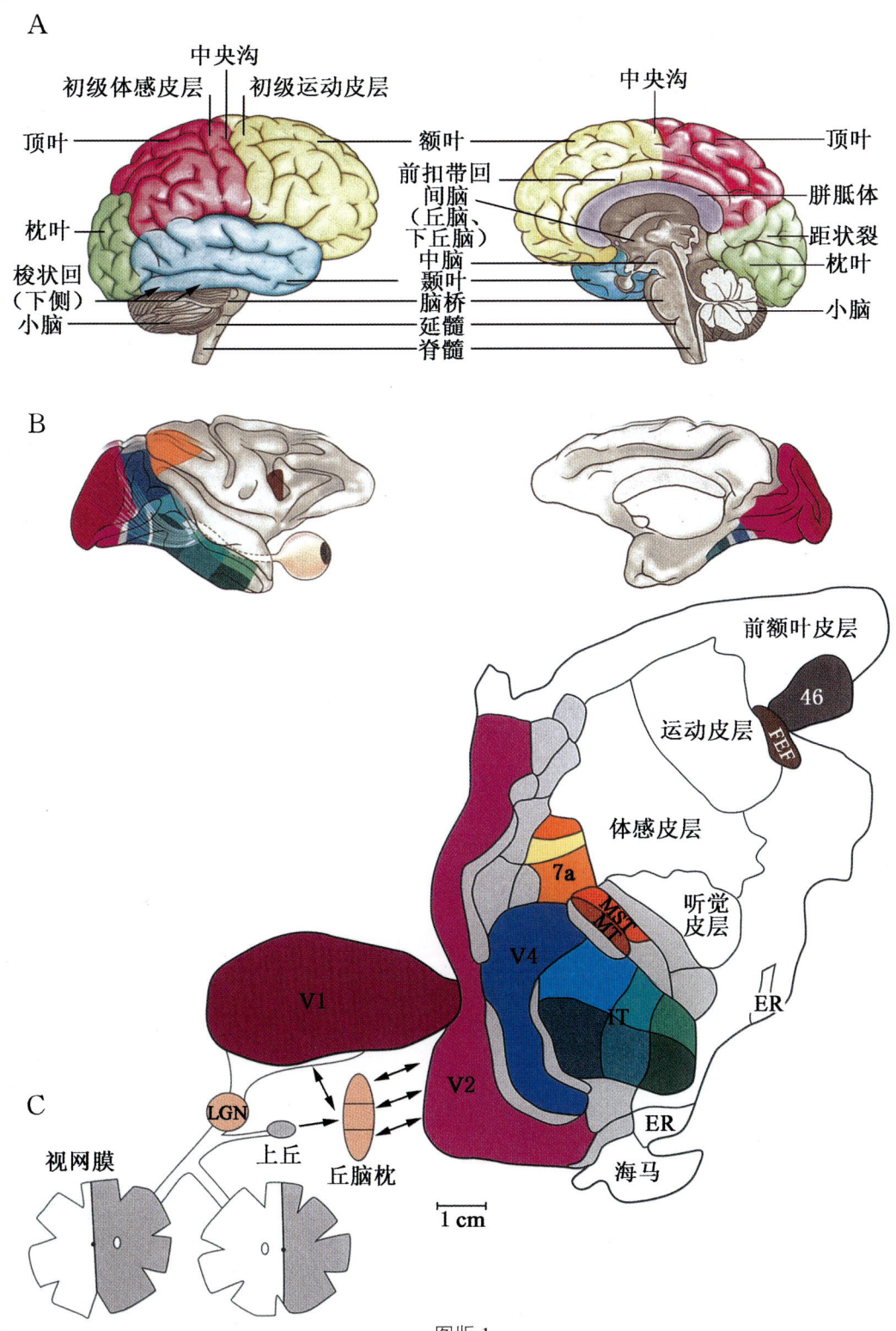

图版 1

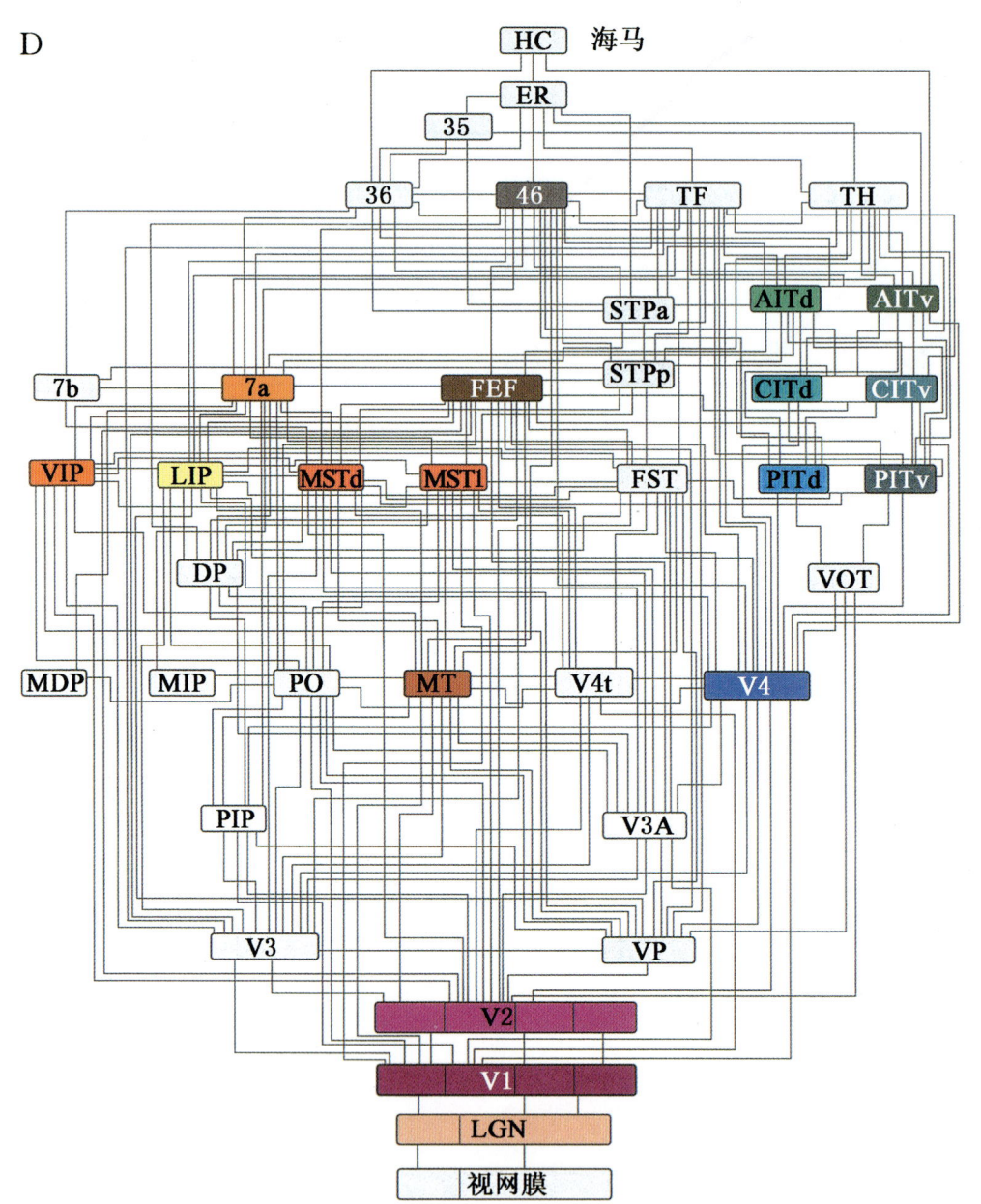

（A）人脑的外侧面（左图）和内侧面视图（右图）。（B）两个类似的视图。（C）把猕猴脑表面铺开摊平以后得到的图。所有非白色的部分都和视觉处理有关。人脑和猴脑没有按同一标尺来画。（D）猴视觉系统的组织图（organizational chart）。从视网膜发出的视觉信息以近乎等级结构的形式通过许许多多皮层区。其中的绝大多数联系都是双向的。只对视网膜、LGN、V1 和 V2 画出了它们的部分亚结构。其中（B）—（D）据 Van Essen and Gallant（1994）和 Felleman and Van Essen（1991）改画。如要了解更多的解剖信息，请登录网站 http://brainmap.wustl.edu。（A）（B）（C）在图版 1，（D）在图版 2。

图版 2

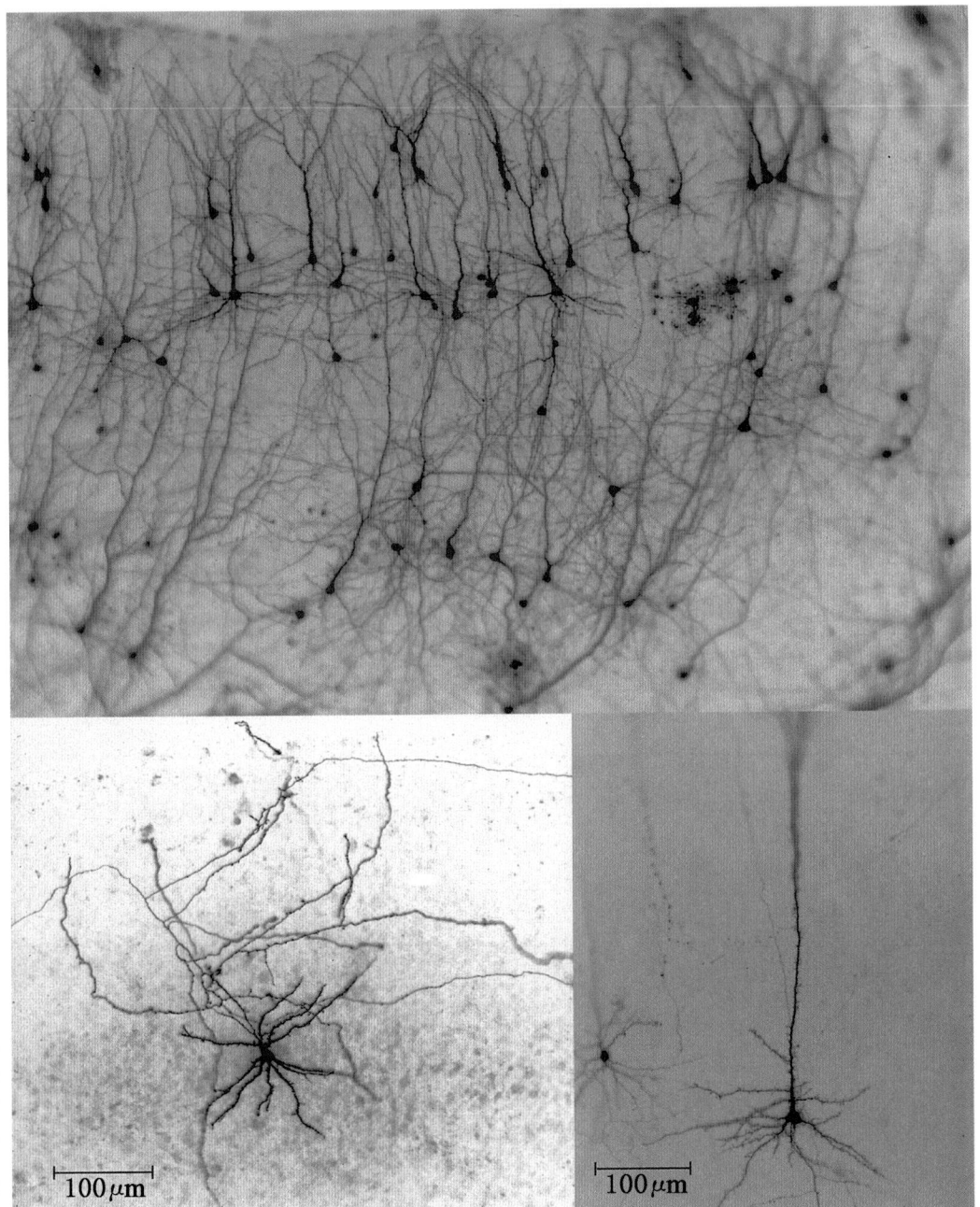

上图：雪貂初级视皮层中的神经元。只有一小部分神经元（绝大多数是锥体细胞）给染上了色。

下图：高倍放大以后的神经元形态。左图：抑制性星状细胞；右图：锥体细胞。[据 Borrell and Callaway（2002）略加改动]

图版 4 的插图：用尼氏染色的猴初级视皮层切片。所有的细胞体都给染上了色。矩形所标的部分经放大后图示在顶上，有 5 个神经元给重构了出来（其树突用红色表示），还有一个轴突输入（图左侧）。据 E.Callaway（私人通信）。详情请看 Blasdel and Lund（1983）、Callaway and Wiser（1996）、Yabuta，Sawatari and Callaway（2001）。

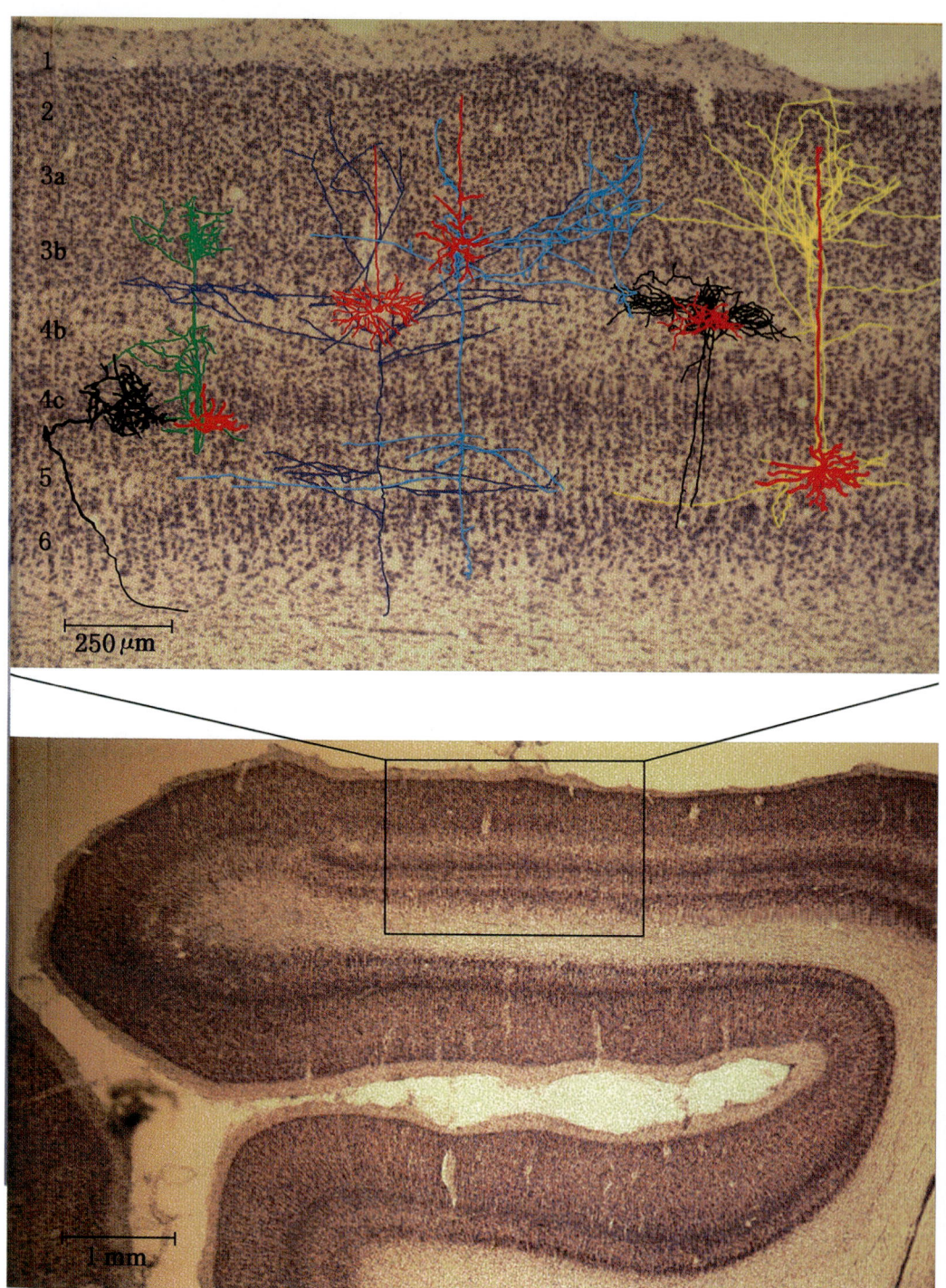

图版 4